Markus Hundeck

Weltbejahung und Gemeinschaft

VERLAG KARL ALBER

Markus Hundeck

Weltbejahung und Gemeinschaft

Studien zum Werk
Paul Häberlins

Mit einem Vorwort
von Michael Winkler

Verlag Karl Alber Freiburg / München

Markus Hundeck

World Affirmation and Community

Studies on the Work of Paul Häberlin

The present work is dedicated to the Swiss philosopher, psychologist and educator Paul Häberlin (1878–1960) and attempts to clarify hermeneutic and heuristic requirements for his work and to dissolve them as a matter of course. In extensive studies, the complex work of Häberlin is broken down in detail into philosophical and pedagogical reflections, whereby the fragmentary is not celebrated as an achievement of an enlightened mind, but rather is shown as its convergence. Häberlin's functional ontological design as a treatment of modernity with its dichotomy of unity and multiplicity enables connections that indicate interfaces and negotiate open questions of disciplinary discourse. In addition, currently discussed concepts are being confronted with systematic opposites that have been sidelined as historical impossibilities by the »dialectics« of the Enlightenment.

The author:

Markus Hundeck. Dr. theol., phil. habil., born 1965 in Radevormwald. Professor of ethics and methods of social work at the Ernst-Abbe-University in Jena and private lecturer for philosophy of education at the Institute for Education and Culture at the Friedrich-Schiller-University in Jena.

Markus Hundeck

Weltbejahung und Gemeinschaft

Studien zum Werk Paul Häberlins

Die vorliegende Arbeit widmet sich dem Schweizer Philosophen, Psychologen und Pädagogen Paul Häberlin (1878–1960) und unternimmt den Versuch, hermeneutische und heuristische Voraussetzungen zu dessen Werk zu klären und Selbstverständlichkeiten aufzulösen. In ausgreifenden Studien wird das komplexe Werk Häberlins detailliert in philosophische und pädagogische Reflexionen gebrochen, wobei nicht das Fragmentarische als Errungenschaft eines aufgeklärten Geistes gefeiert, sondern als dessen Konvergenz ausgewiesen wird. Häberlins funktionsontologischer Entwurf als Bearbeitung der Moderne mit deren Dichotomie von Einheit und Vielheit ermöglicht Anknüpfungen, die Schnittstellen bezeichnen und offene Fragen der disziplinären Diskurse verhandeln. Darüber hinaus werden aktuell diskutierte Konzeptionen mit systematischen Entgegensetzungen konfrontiert, die durch die »Dialektiken« der Aufklärung als historische Unmöglichkeiten ins Abseits geschoben wurden.

Die Herausgeber:

Markus Hundeck. Dr. theol., phil. habil., 1965 in Radevormwald geboren. Professor für Ethik und Methoden der Sozialen Arbeit an der Ernst-Abbe-Hochschule Jena und Privatdozent für Erziehungs- und Bildungsphilosophie am Institut für Bildung und Kultur der Friedrich-Schiller-Universität Jena.

© VERLAG KARL ALBER
in der Verlag Herder GmbH, Freiburg / München 2020
Alle Rechte vorbehalten
www.verlag-alber.de

Satz: SatzWeise, Bad Wünnenberg
Herstellung: CPI books GmbH, Leck

Printed in Germany

ISBN 978-3-495-49161-4

Meinem Vater
Georg Hundeck (1937–2017)

und

meinem Doktorvater
Josef Wohlmuth (1938)

in Dankbarkeit gewidmet

»Die Universalität der Wahrheit ist so umfassend, daß sie von keiner beschränkenden Definition umfaßt wird, daß vielmehr alles Definieren den umfassenden Raum der Wahrheit voraussetzt, innerhalb dessen es vor sich geht. Es gibt keine begrenzte Geographie des Landes der Wahrheit, da ihr Wesen und ihr Bereich ebenso unbeschränkt ist wie das Wesen und der Bereich des Seins selbst.«
    (Hans Urs von Balthasar, Theologik I: Die Wahrheit der Welt)

»Nur Geist und Ungeist zusammen machen das Leben aus. Leben ist, für uns Menschen jedenfalls, geradezu der Prozess der Auseinandersetzung des Geistes mit dem Ungeist. Kein Leben ohne Individualität, subjektives Wollen, Werden und Auseinandersetzung, kein menschliches Leben aber auch ohne Protest des Geistes gegen die Verlorenheit an jene Subjektivität.«
    (Paul Häberlin, Wider den Ungeist)

»Lieben, ja, aber geliebt werden! ... Nein, wir müssen weitergehen. Man würde gerne stehen bleiben. Weiter! Weiter! Man möchte die Arme ausbreiten, sich gehenlassen. Aber die widerwärtige Ungerechtigkeit klebt an uns wie Leim. Weiter! Und wir sind verdammt, größer zu sein als wir selber. Menschliche Wesen, Gesichter möchten wir lieben. Liebe statt Gerechtigkeit! Nein, wir müssen weitergehen.«
    (Albert Camus, Die Gerechten, 5. Akt)

Inhaltsverzeichnis

Michael Winkler
Über Liebe als Grund der Erziehung. Wie Markus Hundeck
Paul Häberlin für die Sozialpädagogik entdeckt   17

Prolog   33
1. Gegen den Strom   33
2. Die kosmische Oase   35
3. Justierung der Fragen   38

I. Grundlegungen und Präliminarien

1. Disziplinäre Verortungen vor dem vagen Kontext der
   Moderne   45
   1.1 In Dilemmata gefangen? – Skizzierende Bearbeitungen
       zur Moderne und Ausblicke auf eine Coincidentia
       oppositorum   45
   1.2. Gegnerschaften und ihre geheime Konditionalität in der
        Lebensphilosophie   48
   1.3. Die Verschränkung von Anthropologie und Ethik –
        ihre notwendige Konditionalität und ihre mögliche
        Dichotomie   52
   1.4. Sozialpädagogik im Dreieck oder drei Zugänge einer
        anthropologischen Pädagogik?   56
   1.5. Ein dritter Zugang? Der Standpunkt des Perfectum als
        ontologisch-anthropologische Voraussetzung von
        Pädagogik resp. Sozialpädagogik   61

Inhaltsverzeichnis

1.6. Optionale Zugänge zur Sozialpädagogik mit den Augen Häberlins 70
1.7. Angesichts polytheistischer Ethiken: Metaethik als episteme und sophia 80

2. **Präliminarien – heuristisch und zeitlogisch gewendet** ... 94
2.1. Heuristik und Kritik 95
2.2. Kritik und Krise 97
2.3. Krise als pathologische Metapher 101
2.4. Exkurs: Kritik und Krise oder Die utopische Einheit der Welt reproduziert ihre eigene Spaltung 109
2.5. Kritik als Verlaufsform und Index der Zeit 116
2.6. Kritik, Vollendung und die Gegenwart der Zeit 118

II. Studien zum Werk Paul Häberlins

Vorbemerkung 127

1. **Zur Biographie Häberlins: Situative Kontexte und Annotationen** 130
1.1. Metaphorische Deutung der geistesgeschichtlichen Situation 130
1.2. Die Krise des Historismus oder der Graben zwischen Vergangenheit und Zukunft 133
1.3. Die Krise der Wirklichkeit: Geisteswissenschaften vs. Naturwissenschaften 136
1.4. Karl Joël: Die philosophische Krisis der Gegenwart (1913) 139
1.5. Der Imperativ der Wahrheit 144
1.6. Paul Häberlin: Leben, Entwicklungsgeschichte und Werk . 150
1.7. Exkurs 1: Biographische Berufsnotizen im Blick auf die Schweiz 158
1.8. Exkurs 2: Anna Tumarkin über das Wesen und Werden der schweizerischen Philosophie 162
1.9. Zwei Erlebnisse als philosophische Präliminarien 173

1.10.	Exkurs 3: Erstes Erlebnis und Interpretation – Kosmologie	174
1.11.	Exkurs 4: Zweites Erlebnis und Interpretation – Naturphilosophische Betrachtungen I und II	179
2.	**Philosophische Skizzierungen einer *Philosophia perennis***	**188**
2.1.	Auf dem Weg zu einer Philosophia perennis	188
2.2.	Exkurs: Philosophia perennis	193
2.3.	Kritische Überleitung zur Philosophia perennis bei Häberlin	197
2.4.	Häberlins Ontologie im Gespräch mit Parmenides und Descartes	200
2.5.	Die Realität des Objekts im Subjektsein	204
2.6.	Relativität und Existenz	208
2.7.	Absolutheit und Unabhängigkeit oder Einiges im Horizont von Spinoza und Kant	212
2.8.	Häberlins Kosmologie im Gespräch mit Leibniz und Kant	216
2.9.	Anthropologische Konsequenzen aus einer Philosophia perennis und der Horizont der Pädagogik	221
3.	**Bausteine und Perspektiven zu einer Allgemeinen Pädagogik und Sozialpädagogik**	**227**
3.1.	Von der Intention des Studiums zum Leitmotiv der Pädagogik	229
3.2.	Aspekte der pädagogischen Situation	239
3.3.	Thesen	239
3.4.	Anthropologische Aspekte der pädagogischen Situation	241
3.5.	Signifikatorische Aspekte der Erziehung	243
3.6.	Annotationen zum pädagogischen Prinzip	249
3.7.	Exkurs: Das Konzept der »Neuen Autorität«	253
3.8.	Methodische Theorie und hypothetische Methodik	254
3.9.	Exkurs 2: Bemerkungen zu Herman Nohls Diktum »Pädagogischer Bezug« – ein konträrer Verdacht	261
3.10.	Kurze synoptische Kritik Nohl – Häberlin	268
3.11.	Reformpädagogische Schnittstellen: Der Pädagogische Eros – Perspektiven und Abgründe	276

3.12. Martin Bubers Paradigma einer »um«fassenden Liebe als
pädagogisches Prinzip 286
3.13. Möglichkeiten und Grenzen der Erziehung 294
3.14. Besinnung auf die Möglichkeit (von Erziehung) 299

III. Gemeinschaft und Weltbejahung – Bündelungen, Anknüpfungen und Kritik

1. Präliminarien, nochmals: Gemeinschaft 309
   1.1. Gemeinschaft – ein retrotopischer oder reaktiver Begriff? 309
   1.2. Gemeinschaft als Resultat des ethischen Prozesses 312
   1.3. Gesellschaft als abergläubische Vorform der Gemeinschaft 315
   1.4. Gemeinschaft und Gesellschaft – ein heteronomer Diskurs 320
   1.5. Häberlins Pädagogik und Horizonte einer Sozialpädagogik 324

2. Anknüpfungen und Kritik – Koinzidierungsversuche 327
   2.1. Anknüpfung I: Häberlins philosophische Antwortversuche auf die Probleme der Moderne 328
   2.2. Anknüpfung II: Schleiermacher und darüber hinaus . . . 330
       1. *Joëls Deutung Schleiermachers* 331
       2. *Pädagogische Analogien* 333
   2.3. Anknüpfung III: Eine (Re-)Ontologisierung der Pädagogik? 336
   2.4. Anknüfung IV: Die intrikate Beziehung von Theorie und Praxis 346
   2.5. Anknüpfung V: Eine Ethik des Verstehens 353
   2.6. Anknüpfung VI: Das große Ja oder: Plädoyer für eine Pädagogik als ethische Bildung 355
   2.7. Anknüpfung VII: Kritik der Kritik 361

Epilog 366
1. Metaphysischer Optimismus, begründbar? 367
2. Pädagogik als philosophische Seelsorge 370
3. Sub specie aeternitatis 373

Literaturverzeichnis	375
Primärliteratur	375
Sekundärliteratur	381
Index	409
Danksagung	415

Hinweis:
Die zitierte Literatur wird nach der geisteswissenschaftlich üblichen Weise mit Kurztiteln in den jeweiligen Anmerkungen wiedergegeben; der vollständige Titel der jeweiligen Literatur ist im Literaturverzeichnis einsehbar.

Die Schriften Paul Häberlins werden ohne Namensnennung, nur mit Kurztiteln in den Anmerkungen zitiert und können ebenso in ihrer ausführlichen Fassung in der Kategorie Primärliteratur nachverfolgt werden.

Hinweis 2:
Im Folgenden wird auf eine gendergerechte Sprache geachtet, sollte diese fehlerhaft an einer gebotenen Stelle ausbleiben, so bitte ich die hier gegebene Intention in der entsprechenden Absicht zu betrachten.

Michael Winkler

Über Liebe als Grund der Erziehung.
Wie Markus Hundeck Paul Häberlin für die Sozialpädagogik entdeckt

1. Zu den Eigentümlichkeiten erfolgreicher Professionen und ihrer Disziplinen gehört eine zunehmende Selbstvergessenheit – zumindest soweit sie als geistes- oder (mit allem Vorbehalt) sozialwissenschaftliche Disziplinen gelten, die sich mit einer Profession befassen, welche das menschliche Leben gestaltet. Das überrascht eigentlich gar nicht. Denn etwas boshaft zugespitzt lässt sich sogar behaupten: wer sich in einer Gesellschaft als nahezu funktional unabweisbar etabliert hat, kann sich meist das Bedenken sparen und tut dies auch. Die Bedenken halten nämlich auf, das Bedenken kostet Zeit und verwirrt. Jedes Bedenken – wie der Ausdruck doch in einem mehrfachen Verstande gemeint sein könnte: Als Denken, mithin als eine auf Vernunft gestützte Weise des Umgangs mit Erfahrung wird es zu Gunsten einer methodischen Sicherung von Erfahrung suspendiert, neudeutsch: der Evidenzbasierung. Also des sicheren Festhaltens an dem, was als gegeben gilt, selbst wenn – um Hegel zu paraphrasieren – sich dies eher peinlich für die Tatsachen erweisen mag. Als Denken, das sich der Grundlagen vergewissert, um ein Fundament für die Sachverhalte zu finden, die erkannt, begriffen, bestimmt und möglicherweise praktisch realisiert werden sollen. Als Bedenken, das mit Skepsis einhergeht, gegenüber vorgeblichen Selbstverständlichkeiten sowie gegenüber einem professionellen Tun, das zunehmend in Abhängigkeit von gesellschaftlichen und politischen Erwartungen gerät, um so zu einer Art von Sozialtechnik zu verkümmern. Denken tendiert zur Kritik – und die mag niemand so recht.

Theorie, grundlegende allzumal, wird daher obsolet. Zumindest meinen das wohl die Beteiligten. Wer erfolgreich ist, braucht die Grundlegung nicht mehr, das System funktioniert. So gesehen war es weder eine Überraschung, wenn Pädagogik und Erziehungswissenschaft, Sozialpädagogik und Soziale Arbeit sich schon länger von einer Vergewisserung verabschiedet haben, die früher als philosophisch bezeichnet worden wäre; wobei Philosophie selbst sich verändert hat, hin zu den analytischen Zugängen oder gar in jene Trivialisierung hinein, nach welcher selbst Autokonzerne eine eigene Philosophie vertreten. Pädagogik stand, so fair muss man sein, keineswegs an erster Stelle derjenigen, die sich von Theorie verabschiedet haben. Denn sie hat sich, ein wenig vereinfacht dargestellt, in der Selbstbeobachtung und -analyse lange Zeit auf die Rezeption Foucaults verlassen, sofern sie nach einer kritischen Instanz suchte. Wo sie eher die eigene Realentwicklung begreifen wollte, bezog sie sich hingegen auf die Systemtheorie allzumal Luhmannscher Prägung, die aber ihrerseits dann langsam und leise aus dem Denkhorizont ausgetreten ist. Gleich, ob es um das sogenannte Bildungssystem geht, das besser Ausbildungssystem oder Schulsystem heißen sollte, oder um das – wie es im Jargon heißt – soziale System der Wohlfahrtsproduktion mit seinen personenbezogenen Dienstleistungen, deutlich ist: die reflexive Vergewisserung, das Verstehen und die Arbeit am Begriff, sind in den Hintergrund getreten.

Man könnte sogar von einer Preisgabe der Vernunft sprechen, zumindest davon – folgt man kritischer Theorie im Horkheimerschen Sinne – dass ihre instrumentelle Verengung nun verschattend, als eclipse gleichsam, maßgebend geworden ist In der wissenschaftlichen Beobachtung und Analyse des pädagogischen Geschehens dominiert nämlich eine empirische Forschung, zugegeben in methodisch pluraler Weise, jedoch auf kontrollierte Tatsachenerhebung gerichtet; mit dem kleinen Problem, dass diese Tatsachen in ihrer Grundstruktur als gegeben gelten, gewissermaßen positiv und als Phänomene, jedoch in phänomenologischer Unhintergehbarkeit. Was sichtbar ist, durch operationale Definition benannt und dann messbar, bestimmt strikt szientifisch die Auseinandersetzung. Die gegenständliche Konstitution erledigen dann allerdings andere, die Disziplin und das wissenschaftliche Denken prüfen nur noch, ob und wie die Profession den Erwartungen gehorcht. Politik, Öffentlichkeit und Medien, ihre Anforderungen und Zumutungen gelten, vorgeblich bestätigt durch die Ausweitung gesellschaftlicher Nachfrage. Die Zunahme von Aufgaben und Leistungen, selbstredend, wenngleich oft beklagt: der Aufwendungen, die rekrutierten und wachsenden Personalbestände lassen dann Theorie erst recht überflüssig werden – und befeuern noch die Anstrengungen, die sich auf die politisch brauchbaren Normen beziehen: Auf Gerechtigkeit etwa oder die Herstellung von Chancen zur Gleichheit, welche Zynismen übrigens solche Versprechen dann ihrerseits beinhalten. Denn: es muss offenbleiben, wie Martha Nussbaum mit Blick auf Behinderung oder Einschränkung festgehalten hat, ob es überhaupt einen hinreichenden Gerechtigkeitsbegriff in der Pädagogik geben kann (oder überhaupt muss), ganz abgesehen davon, dass manche der universalisierten Normen ohne Bezug auf die konkrete Wirklichkeit von menschlicher Subjektivität bleiben (wie das eben in der Inklusionsdebatte geschieht). Heinz-Joachim Heydorn hatte das ja schon in die ebenso schöne wie vieldeutige Formel gebracht: Ungleichheit für alle.

Eine gefährliche Entwicklung also, insbesondere in der Sozialen Arbeit, die oft genug nicht einmal mehr Sozialpädagogik heißen will. Ein Unterschied, der manchen banal erscheint, dies aber ganz und gar nicht ist: Arbeit bleibt eben Herstellung eines Produkts, nach Plan. Und dieses bei Menschen oder an diesen? Wird das Geschehen dann auf ein Treatment beschränkt? Oder als Arbeit an einer Gesellschaft verstanden, möglicherweise jenseits des Willens ihrer Mitglieder? Oder aber eben doch als Ermöglichung und Beförderung einer Entwicklung, im Wissen darum, dass dies nicht jenseits der konkreten individuellen Subjektivität geschieht, gestützt auf Willensbekundungen in einer kooperativen Praxis.

Das alles ist keineswegs trivial. Begründung tut also not, um sich über sachliche Grundlagen und Möglichkeiten, dann über die normativen Rechtfertigungen so zu verständigen, dass eine gelingende Praxis beginnen kann. Vergewisserung und Begründung werden unabdingbar, allzumal, wenn soziale und sozialpolitische Funktionalität mit zuweilen massiven Eingriffen in die Autonomie menschlicher Lebensführung einhergeht. Denn: Sogar Hilfe kann zur fürchterlichen Tat werden, berechtigt ist die gelegentlich im Alltag gebrauchte Formulierung, nach welcher selbst Ratschläge sich als schmerzende Schläge erweisen können. Wer auf Theorie verzichtet, weiß nicht mehr so recht, was sie oder er dann praktisch tut, wie sehr auch Professionalität behauptet sein mag. Die hängt allemal von kritisch geprüftem Gegenstandsverständnis und einem aufgeklärten Ethos ab – dass und wie gegenwärtig Haltung so beschworen wird, belegt das Desiderat. Oder anders gesagt: das Theorie-Praxis Dilemma ist längst zu Gunsten der Praxis entschieden, die indes theorielos kaum ernsthaft als eine solche bezeichnet werden kann.

2. Die jüngeren Entwicklungen in der Sozialpädagogik – um also bewusst bei diesem Begriff zu bleiben – geben deshalb einigen Anlass zur Besorgnis. Wie die Pädagogik insgesamt, auch die von der sogenannten empirischen Bildungsforschung dominierte und einer zu-

Michael Winkler

nehmend durch Psychologie auf Problembearbeitung ausgerichtete Schulpädagogik, leidet Sozialpädagogik unter Theorievergessenheit. Das beginnt banal schon bei der Anknüpfung an Texte, die als klassisch sowohl für das disziplinäre wie für das sachliche Selbstverständnis gelten können. Man tut so, als ob man die Phänomene der Pädagogik beschreiben und verstehen könnte, ohne auf die Sprache und die Ideen zurückgreifen zu müssen, die in der Vergangenheit entstanden sind; nüchtern gesagt hat sich auf diesem Wege einer Ignoranz von Ideen- und Theoriegeschichte ein geradezu kruder Positivismus breit gemacht, der sich damit begnügt, alltagssprachliche oder eher administrative Vorstellungen der Pädagogik zu nutzen. Symptomatisch wäre hier die Ablehnung von *Erziehung* und die Verwendung von *Bildung* als einfache Übersetzung des in den verbreiteten empirischen Untersuchungen gebrauchten *education*, endlich die fast bizarre Vorherrschaft des Begriffs der *Betreuung;* es wird regelmäßig übersehen, dass die so erfasste Praktik eigentlich jenen gilt, denen Mündigkeit bzw. eine substanzielle Vorstellung von Freiheit und Selbständigkeit nicht mehr zukommt.

Zumindest dort, wo es eben um die Grundlagen geht, um die fundamentalen Sachverhalte – das gehört freilich ebenfalls zum Befund: Theoretische Arbeiten finden sich viele, metatheoretische ebenso wie solche, die spezifischen Fragestellungen in einem Feld nachgehen, das sie für arrondiert halten. Manche sprechen dann von Theorien mittlerer Reichweite, die aber schon das Fundamentale immer voraussetzen, es aber hinter sich gelassen haben. Freischwebend also. Das entspricht als normale Wissenschaft einer funktionalen Pragmatik. Doch in dieser funktionalen Pragmatik gehen die grundlegenden Einsichten und Vorstellungen, damit auch die Konzepte verloren, welche in einem strengen Sinne als Ethik ein Handeln leiten, das immer sinnhaft begründet sein muss. Hier scheint aktuell eine allerdings brisante Situation eingetreten: Empirische Forschung verdeutlicht zwar, was geschieht, versteigt sich zu oft nur implizit ausgesprochenen Wertungen, wenn Veränderungen sich in den zuweilen hochaggregierten Zahlen niederschlagen und als Gewinn gefeiert werden. Dass mehr Plätze für die Betreuung von Kleinstkindern eingerichtet wurden, gilt dann als Fortschritt, weil politische oder mediale Vorgaben erfüllt worden sind. Nur leise klingt als Frage nach Qualität an, was mit den Kindern geschieht; zuweilen wirkt das fast ein wenig bizarr, wenn die Antwort auf die Garantie verweist, ein besseres Mittagessen zu servieren. Wobei: selbst darin könnte sogar eine pädagogische Herausforderung liegen. Man muss das nur wissen. Und wiederum zeigt sich: Als Heilmittel für das fehlende pädagogische Wissen wird gegenwärtig die Haltung eingefordert – gewiss richtig und doch insofern unzureichend, weil sie selbst jenseits einer Theorie nicht entstehen kann, die als allgemeine und insofern philosophische zu erkennen ist.

Dabei geht es nicht nur um das Fehlen von Philosophie als begründender und prüfender Instanz im sozialpädagogischen Denken, sondern um die Preisgabe einer Auseinandersetzung mit Texten, die sich als klassisch, weil grundlegend erweisen könnten. Anlass zur Sorge gibt das schon deshalb, weil eine Disziplin und eine Profession in ihrem Bestand gefährdet werden, wenn unklar wird, was sie sachlich auszeichnet, worin die für ihr Denken und ihr Handeln entscheidenden Momente bestehen und in welchem Zusammenhang sie gegeben sind. Wissenschaften und Professionen bewegen sich heute in Kampfzonen, in welchen um Status gerungen wird. Gewiss: von Sachargumenten hängt der Erfolg nur eingeschränkt ab. Gleichwohl: Man kann schnell für überflüssig erklärt oder von anderen übernommen werden, welchen eine solche Sachbestimmung leichter fällt, weil sie sich besser in gesellschaftliche Kommunikationsformen einfügt: Soziologie, Psychologie, Medizin und Psychiatrie, gar Ökonomie übernehmen schnell die Sozialpädagogik, insbesondere wenn sie höhere Wirksamkeit und bessere Effizienz versprechen. Das geht noch leichter, wenn eine Profession sich nicht selbst auszuweisen vermag. Da wird das Geschehen schnell in einfache Formeln gefasst, alltagsnahe oder in verwaltungsrechtliche Festlegungen, die selbstverständlich unbestimmt bleiben, wenn sie an die Wirklichkeit heranrücken; so wie der schöne Begriff des Kindeswohls etwa, der eine wichtige Rolle in der Sozialpädagogik spielt.

Dass dies mit Schwierigkeiten verbunden ist, sei nicht verhehlt. Andere Disziplinen und Professionen stehen ebenfalls vor diesen: Ein Ausgangsproblem aller Einsicht und Erkenntnis sowie der Handlungsbestimmung liegt schon darin, dass die Gegenstände der Untersuchungen, das Tun, nicht unmittelbar als Phänomene zu erfassen sind, auf welche deiktisch verwiesen werden könnte: Erziehung lässt sich ebenso wenig zeigen wie Gesellschaft oder Trauer, in allen Fällen hat man es mit ihnen schon immer mit reflektierten und in subjektiver Erfahrung, mithin mit sinnhaft vermittelten und so thematisch gemachten Sachverhalten zu tun. Man ist dann darauf angewiesen, sich dieser Sachverhalte phänomenologisch und hermeneutisch zu nähern – oder sie eben preiszugeben. In der Erziehungswissenschaft und erst recht in der wissenschaftlichen Beschäftigung mit der Sozialpädagogik hat man zuletzt diesen Weg gewählt, wie sich daran zeigt, dass die Auseinandersetzung mit Erziehung aufgegeben wurde, getreu dem Motto: was man nicht sofort sehen kann, besteht nicht für die Wissenschaft. Umgekehrt folgt man dann der Verpflichtung zur Sichtbarkeit. Das führt wiederum dazu, Bildung mit Schule und scholaren Praktiken zu identifizieren, die inneren Prozesse dann nur soweit in Betracht zu nehmen, als sie sich operationalisiert und ergebnisbezogen in Tests zeigen lassen. Der Rest bleibt sozusagen in einer *black box*, die keiner mehr öffnen will.

3. Normalerweise wenigstens, im normalen Betrieb der Wissenschaft und im normalen Betrieb der Profession. Aber es gibt eben die dann doch erstaunenden Ausnahmen, welche – so viel Plattheit darf gewagt werden – die Regel bestätigen und dennoch den Befund widerlegen. So muss man sich die eben skizzierte Entwicklung in der Sozialen Arbeit und in der Erziehungswissenschaft vor Augen halten, um die Bedeutung der von Markus Hundeck vorgelegten Untersuchung prinzipiell einordnen und beurteilen zu können. Wobei Hundeck selbst ahnt, dass er ein ehrgeiziges Programm entwirft, um Philosophie, Pädagogik und Sozialpädagogik auszubalancieren, ohne sich in metatheoretische Überlegungen zu verirren. Er hat seine Untersuchung mit »Weltbejahung und Gemeinschaft« überschrieben, dann mit einem traditionell, beinahe altmodisch klingenden Untertitel versehen: »Studien zum Werk Paul Häberlins«. Beide, Titel und Untertitel, signalisieren schon einen Zugang, der so gar nicht mehr vertraut ist: Sozusagen unmittelbar auf die Sache zugehend. Provozierend nicht nur in dem auf Häberlin zurückgehenden Optimismus, sondern mit dem Verweis auf eine positive Zuwendung zur Welt und unmittelbarer Sozialität in einer Spannung. Sie verweist sofort auf menschliche Subjektivität und mundan bezogene Entscheidung, eben auf Weltbejahung, einerseits, auf Gemeinschaft andererseits, die doch ein umstrittener Begriff im Zusammenhang dessen ist, was als sozialpädagogischer Diskurs bezeichnet wird. Und dann der vorsichtige Verweis darauf, dass es um einen Autor geht, der als Klassiker gelten darf und muss – von Studien zu sprechen, belegt Achtung und Bescheidenheit, die einem Großen gegenüber geboten sind. Dabei muss diese Größe, muss die Bedeutung als Klassiker überhaupt erst wiedererkannt und hergestellt werden.

Schon deshalb verdienen Hundecks Studien übrigens besondere

Aufmerksamkeit. Denn sie gelten einem Forscher und Denker, der heute nur noch wenigen und selbst dann nur dem Namen nach bekannt ist: Paul Häberlin ist in der Philosophie kaum präsent, obwohl er insbesondere in ihrer phänomenologischen Richtung eine wichtige Stellung einnehmen könnte, weiter reichend zu der des Existenzialismus, der eben wieder entdeckt wird. In der Pädagogik ist er fast vollständig vergessen, obwohl er hier durch seinen gleichermaßen originellen und anregenden sowie unbedingt klärenden Zugang als herausragend bezeichnet werden kann; ganz abgesehen davon, dass er doch ein breites Schrifttum hinterlassen hat, das vielfältige Verknüpfungen erlaubt. Hundeck erschließt nun das philosophisch pädagogische und sozialpädagogische Werk Häberlins in einer hermeneutischen Doppelbewegung, nämlich mit Interesse am Ganzen, allzumal an dem dann doch systematischen Kern eines Begriffs der Erziehung einerseits, andererseits mit vorsichtigen Annäherungen und eher kleinschrittigen Probebohrungen, die den Gedankenwegen Häberlins folgen, etwa in der Rezeption Schleiermachers. Das macht, soviel sei eingestanden, die Lektüre von Hundecks Untersuchung nicht immer einfach, zumal eben diese Probebohrungen selbst noch einigen Reiz ausüben, da sie durchaus neue Interpretationen zumindest eröffnen. Die Empfehlung lautet daher: Es lohnt sich, das Werk doch zwei Mal zu lesen, weil sich dann erst der gedankliche Gewinn umfassend erzielen lässt.

Dabei darf man sich nichts vormachen: Häberlin als Klassiker der Pädagogik und Sozialpädagogik zu bezeichnen, führt möglicherweise zu einer falschen Vorentscheidung. Er ist eben keineswegs bloß als historisch relevanter Theoretiker zu sehen, ganz im Gegenteil. Hundeck legt als systematische Pointe frei, dass und wie Häberlin sich der Aufgabe einer grundlagentheoretischen Vergewisserung von Pädagogik unter Bedingungen der Moderne stellt. Denn Häberlin erhebt den Anspruch, dass Philosophie, dass philosophisches Denken die Wirklichkeit in ihrer praktischen Gegebenheit erst erkennen lässt, auch und besonders, weil dieses Denken der Objektivität verpflichtet ist und sich aller Formen einer partikularen Interessen verpflichteten Inanspruchnahme entschlägt – übrigens noch jener Interessen, die sich einer Allgemeinheit verpflichtet behaupten. Häberlins Aufmerksamkeit richtet sich dabei darauf, *Besinnung* zu initiieren, gewissermaßen in der Hoffnung, Handeln zu unterbrechen, innezuhalten, um eine Praxis zu ermöglichen, die einer Ethik der Pädagogik genügt, welche in der Sache selbst gründet. Es geht ihm dabei um die Er-

Michael Winkler

kenntnis des Daseins, in seinen leitenden Bestimmungen, in seiner Ethik und seiner inneren Widersprüchlichkeit, mithin in dem lebenspraktisch gegebenen Zwang, objektive Gewissheit und subjektives Wollen auszutarieren. Genau darin lässt sich schon die Aufgabe aller Pädagogik erkennen. Insofern zeigt sich mit Blick auf die vorgetragenen Eingangsbemerkungen, dass und wie Häberlin eine systematische Grundlagentheorie der Pädagogik von hoher Aktualität entwirft, die das Erziehungsphänomen und damit den pädagogischen Sachverhalt in seinen Grundstrukturen mundan und weltimmanent, im Weltbinnenraum und insofern als Weltbejahung, erschließt.

Häberlin überrascht demnach mit einem großen Wurf, den er aber doch eher behutsam ausbuchstabiert, mit Überlegungen, die vorsichtig in einander eingeschachtelt sind, einer – wie Hundeck in einem schönen Vergleich festhält – Matrjoschka, also einer russischen Puppe ähnelnd. Alles ist umfasst von einer ethischen Vorstellung, die niemals aufgegeben wird, um am Ende verbindlich zu gelten für den auf die konkrete Praxis gerichteten Blick, fernab aller Ambitionen, die doch junge Menschen nur instrumentalisieren würden, bestimmt aber durch eine tiefgründige menschliche Zuwendung, durch eine ethisch gewordene Liebe. Liebe, die – um Hundecks Auflistung kurz zu folgen – als Selbstausdruck des Subjekts in der pädagogischen Situation zu fassen, Erziehung auszeichnet und so den Zusammenhang von Ethik und Pädagogik konstituiert, dabei jedoch noch wie eine Sprache zur Verständigung über individuelle und intersubjektive Bildungsprozesse wirkt. Liebe, die so das gute gemeinsame Leben schon praktisch bestimmt und zugleich vorwegnimmt.

Es geht also um eine philosophisch pädagogisch gesättigte Vorstellung von guter Lebensführung, von einer Kunst des Lebens, das sich als praktischer Hilfeleistung für eine immer bedürftige Menschheit begründet und rechtfertigt; einer Menschheit, bei der aber nicht das globale Menschentum als Ausrede herangezogen wird. Die bedürftige Menschheit zeigt sich unmittelbar im Anderen, wie er einem in jedem Moment des eigenen Lebens gegenübertritt oder schon gegenübersteht. Und zur Entscheidung herausfordert, die – und darin deutet sich eine Besonderheit bei Häberlin an – einer gemeinsamen guten Praxis gilt.

4. Philosophie fordert nun bei Häberlin ein Denken, das sich auf die Wahrheit und Wirklichkeit des Lebens hin konkretisiert, Verstehen und Hilfe in einer Situation der Entwicklung leitet. Wieder steht im Vordergrund die mundane Fundierung allen pädagogischen

Handelns, die Verpflichtung mithin, den unaufhebbaren, realen Weltbezug der Subjekte theoretisch und praktisch wahrzunehmen. Hundeck vermerkt zurecht, dass darin eine Vorentscheidung anklingt, die zuletzt als heikel gelten musste, übrigens ganz besonders in der (Sozial-)Pädagogik. Denn erstaunlicherweise und wider alle Wahrnehmung kindlicher Aktivität und kindlichen Lernens hat diese die strukturalistische These vom Tod des Subjekts fast zum Dogma erhoben. Von wenigen Ausnahmen abgesehen, stößt Subjekttheorie auf Skepsis, wenngleich hinterrücks dann doch modisch von Agency gesprochen wird. So fehlt die Einsicht in die unaufhebbaren Spannungen zwischen Subjektivität und Objektivität, zwischen Autonomie und Heteronomie, wie sie letztlich eben jede Praxis der Erziehung überschatten und vielleicht gerade darin zu einer Erfahrung von praktischer Gemeinschaft werden lassen. Ein Paradox besteht darin, dass mit dem Begriff des Subjekts zugleich der einer Objektivität suspendiert wurde, wie sie in Gestalt einer gegebenen Kultur sich präsentiert. Aus konservativer Sicht wurde das durchaus moniert, weil um die Verbindlichkeit gefürchtet wurde, die aus Tradition begründet wurde und diese erhalten soll.

Aber um ein solches konservatives Denken geht es Häberlin nicht. Kultur, mithin die gesellschaftliche Organisation, erweisen sich für ihn vielmehr in ihrer Gegebenheit als Möglichkeitsbedingungen subjektiver Praxis. Häberlin denkt Subjekt und Objekt, die Einzelnen und das Ganze in einer für die Pädagogik dann wichtigen – wie ich sie ein wenig dialektisch inspiriert nennen möchte – *vermittelten Unterschiedenheit* von Subjekt und Objekt, mithin in der für Häberlin immer schon gegebenen Fundierung des Subjekts in einer realen Welt. Häberlin entwirft, so die Interpretation Hundecks, eine präzise auf das Subjekt entworfene Sozialpädagogik, die aber doch gerade darin herausfordert. Denn: das Subjekt und seine Subjektivität sind keine einfachen Vorstellungen, sondern Konzepte einer Konstitution des Selbst in den Krisen, die aus Selbsterhaltung, Selbsterfahrung, Selbst- und Fremdbestimmung erwachsen. Das lässt sich weder technisch, therapeutisch, mit Verfahren der Einflussnahme bewältigen, die auf Wirkungen gerichtet sind. Pädagogik hat dann eher mit der Demut zu tun, die als gemeinsame Praxis der Gegenseitigkeit angesichts der Unvermeidlichkeit der Welt gelingen kann. Vielleicht liegt darin schon ein hinreichender Begriff der Sozialpädagogik beschlossen.

Die Unvermeidlichkeit der Welt, Kultur und auch Gesellschaftlichkeit denkt Häberlin, so zeigt Hundeck, nicht als Bedrohung des Subjekts. Sie werden von ihm als Schutz verstanden, mit der Konsequenz, dass Pädagogik immanent bleiben muss. Sie darf nicht durch Erwartungen überfordert werden, die auf eine künftige Gesellschaft gerichtet sind; sie muss am Ende sogar zurückhaltend bleiben gegenüber Vorstellungen, nach welchen Menschen zu verbessern wären – wie dies beispielsweise Wolfgang Brezinka als zentrale Aufgabe der Erziehung behauptet hat. Vielleicht geht es doch nur darum, eine gute gemeinsame Praxis zu ermöglichen. Denn über die Zukunft, auch die eigene, müssen die Subjekte am Ende selbst entscheiden, wie schon Schleiermacher erkannt hatte. Häberlin bleibt hier zurückhaltend und bescheiden und kommt, so fasst Hundeck zusammen, zu einer Ruhigstellung der Zielfrage. In der Pädagogik hat sie eigentlich nichts zu suchen, weil sie im Kern dadurch entschieden ist, dass man sich der Wahrheit einer gegebenen Welt aussetzen muss.

Ein Grund für eine solche Diätetik pädagogischer Ziele liegt darin, dass Häberlin gegenüber jeder Form von missionarischem Eifer geradezu allergisch scheint. Man könnte bei ihm von einem nüchternen Realitätssinn sprechen. Dabei zeigt sich freilich, dass eben diese Realität nicht beschränkt und verengt gesehen werden darf, wie das allzumal in der Sozialpädagogik zu beobachten ist. Sie beschränkt sich nämlich seltsamerweise auf eine Affirmation des Gegebenen, nicht nur, wenn beständig der Anwendungsbezug allen Denkens gefordert wird, sondern vorrangig Hilfen für beobachtete Notstände entwickelt werden, ganz abgesehen davon, dass sich eine Art Industrie der Diagnose und Therapie längst breitgemacht hat, welche die Potentiale der Wirklichkeit übersieht, Potenziale, die eben aus der Spannung von Subjektivität und Objektivität entstehen, die in guter Praxis geborgen werden und eine Idealität entdecken, welche in menschlicher Gemeinschaft entstehen kann.

Dabei zeigt sich ein anderer, für Häberlin tragender Grund, nämlich das unbedingte Vertrauen in ein Moment der Liebe, das schwer zu fassen ist. Es geht Häberlin dabei um ein fundamental philosophisches Element, das einem radikalen Humanismus nahekommt. Er erinnert ein wenig an Erich Fromm: Wahrheit, diese Wahrheit der objektiven Welt ist nicht zu haben, sie ist nur zu lieben, existentiell, conditio humana. Diese Wahrheit spricht dabei für sich selbst, sie steht für sich, weshalb, wie Hundeck erkennt, Wahrheit und pädagogisches Entgegenkommen nicht zu vereinigen sind. Wahrheit ist, so paradox das klingt, ein wenig unerbittlich und doch leidenschaftlich, emotional, das vielleicht einzig tiefgehende Gefühl, das aber doch gelebt werden muss – und dabei zugleich ein Kriterium bietet, um die Welt beurteilen zu können. Eine Paraphrase liegt nahe: es gibt keine Liebe im falschen Leben. Oder anders: wo Liebe sein kann und ist, wird Leben wahr.

Häberlin weiß darum, dass es gar nicht so einfach gelingen will, einer Welt zuzustimmen, die hoch fragwürdig geworden war und ist. Er ist skeptisch gegenüber den sozialen und kulturellen Weltzuständen. Nur: er ist eben ein Theoretiker der Pädagogik, er untersucht Erziehung. Er tut dies philosophisch, mit Argumenten, zugleich aber in einem strikten Bezug auf ihre Gegebenheit, also ontologisch (und insofern nur bedingt anthropologisch). Er tut dies vor allem nicht aus der Distanz des Beobachters, sondern aus der Einsicht desjenigen, der in der »Praxis des gelebten Lebens« steht. Häberlins Philosophie und Pädagogik zeichnet eine »grundsätzlich andere Sicht des Ganzen« aus, er denkt aus der Mitte des Beteiligten, der auch hier wiederum skeptisch ist, nämlich gegenüber allen Vorentscheidungen, wie sie zur Legitimation pädagogischen Handelns gerne angeführt werden: Nicht die Erziehungsbedürftigkeit gibt den Anlass des Nachdenkens, sondern das Miteinander gegenüber der Wirklichkeit der Welt. Das verlangt Offenheit bei allen Beteiligten, die sich in der praktischen Gemeinschaft dann doch gegenseitig unterstützen – oder in der Formulierung von Markus Hundeck: So »bildet Häberlins Pädagogik in der Hilfe für den Partner einen verstehenden und d.h. [.] bejahenden Modus des Subjektes ab, die als Möglichkeit eine Gemeinschaft als reale Formation ontologischer Gewissheit generieren kann.« Ein Satz, der in nuce die zentralen Theoriemomente vornimmt, die Hundeck in seinen Studien verfolgt.

Dabei sieht Häberlin beides, eine Temporaldimension und eine Struktur. Darauf hinzuweisen, mag irritieren, doch wiederum muss man sich die eingangs geschilderte Situation von Profession und Disziplin vor Augen stellen. Tatsächlich vergisst nämlich das jüngere erziehungswissenschaftliche Denken die Temporalität des Geschehens, indem sie vorrangig eine Kausalität annimmt, um den Blick auf Wirkungen zu richten, die man gewissermaßen als Herstellung eines Idealzustands sehen kann. Doch Entwicklungen und Veränderungen vollziehen sich im pädagogischen Geschehen gleichsam in sich verdreht. Häberlin denkt diese Prozessualität deshalb weder transzendent noch utopisch. Es geht ihm wiederum nicht um das perfectum, das als Ziel gefasst wird, wie dies Aufklärungs- und Reformpädagogik eint und in den Fantasien vom idealen Menschen anklingt, wie sie im Sozialismus und im gegenwärtigen Optimierungsdenken gleichermaßen verfolgt werden. Er bleibt gleichsam im Prozess selbst. Zugleich übersieht die jüngere erziehungswissenschaftliche Diskussion die Komplexität der Struktur. Im Grunde reduziert sie, dem Alltagsdenken nahe, Erziehung auf ein hierarchisches Verhältnis von – traditionell gesprochen – Erzieher und Zögling. Sozusagen jenseits der Welt. Häberlin weiß: das gibt es nicht: Erziehung findet in der realen Welt statt, mit aller Unbequemlichkeit, die damit verbunden ist. Erziehung entkommt niemals der Weltbejahung, sie kann das Kind in seiner Entwicklung gar nicht der Welt entziehen. Sie entkommt übrigens auch nicht der Gemeinschaft als einer Grundbedingung dafür, dass überhaupt menschliche Subjektivität entstehen kann – die sich vielleicht dann im freiwilligen, selbst gewählten Rückzug äußert, wie das etwa in den Anfängen des Christentums als Suche nach Unmittelbarkeit zu Gott und als Ausdruck für Individualität geschehen sein mag. Erziehung bleibt in der Welt und muss sich dieser gegenüber verhalten, als einer unausweichlichen Objektivität; dass Erziehung dem Subjekt zur Fähigkeit verhelfen kann, sich ein eigenes Urteil gegenüber dieser Welt zu bilden, ruht auf dieser Bejahung auf. Selbst wenn diese im konkreten Fall doch zutiefst problematisch erscheinen mag, etwa dann, wenn Menschen in totalitären oder menschenverachtenden Verhältnissen aufwachsen müssen.

5. Es geht also um eine Pädagogik, die sich radikal dem Gedanken verweigert, Erziehung könnte den »Neuen Menschen« schaffen und damit Gesellschaft verändern. Damit steht Häberlin durchaus dem nahe, was als pädagogischer Realismus in all den Ansätzen und Theorien sich zeigt, welche Erziehung im sozialen und kulturellen Zusammenhang zu begreifen suchen. Man darf und muss vermuten, dass Häberlin sich hier von Schleiermacher hat inspirieren lassen, über den er schließlich promoviert hat, zwar zu einem eher theologischen Thema, wobei jedoch die für die Pädagogik relevanten Perspektiven in nahezu allen Werken Schleiermachers aufscheinen, nämlich die Einbettung der Erziehung in einen gegebenen Zusammenhang, der aber doch in einer ethisch relevanten Entwicklung begriffen werden kann. Es lassen sich zudem Parallelen zu Lorenz von Stein, Willmann oder Durkheim entdecken, die allesamt ein gewissermaßen soziologisch begründetes Immanenzprinzip für die Pädagogik als Ausgang und Prämisse für das Verständnis von Erziehung festhalten.

Allerdings geht Häberlin einen Schritt weiter, um sich der

Mikrostruktur des pädagogischen Handelns anzunähern und diese zu verstehen. Formal betrachtet erweist sich Häberlins Pädagogik dabei als – um es dann doch ein wenig kompliziert zu formulieren – Zuwendung in einer Gemeinsamkeit der Differenz, die durch das Zueinander in Liebe bestimmt ist. Die Pointe liegt darin, dass es ihm damit gelingt, noch auf die zuweilen eher mikrologischen Zumutungen einer futurisch ausgerichteten Perspektive zu verzichten, um von den (un-)heimlichen Zielen ganz zu schweigen, die sich notorisch in das Erziehungsgeschehen einschleichen und es kontaminieren. Im Gegenteil: die ontologische Wirklichkeit muss als eine des Prozesses und der Veränderung verstanden werden, die aber auf eine weit gefasste Unterstützung eben der Welt- und Objektbeziehung des Subjekts in gemeinsamer Lebenspraxis angewiesen ist: Das macht für Häberlin den Kern des Verstehens und der Liebe aus, in der die dem Subjekt mögliche Vollendung in einer Welt und mit dieser real werden kann, in einer stets vorauszusetzenden »Urgemeinsamkeit des Menschseins«, die aller Erziehung zugrunde liegt. Das Subjekt ist dabei allerdings nicht eindeutig, die menschliche Problematik wird als Zweideutigkeit des Lebens virulent. Insbesondere aber lässt sich die gemeinsame pädagogische Praxis, so sehr sie auf Liebe gestützt ist, nicht auf das reduzieren, was als pädagogischer Bezug lange für Furore gesorgt hat und heute noch unter dem Begriff der Beziehung als konstitutiv für Sozialpädagogik gehalten wird. Hundeck nimmt dies in einer klugen und energischen Auseinandersetzung mit der Pädagogik Herman Nohls auf, die in eine fragwürdige Emotionalisierung des Erziehungsgeschehens führt, geradezu in einen Kult der Leidenschaft. Ein Modell, das doppelt desavouiert ist, systematisch, weil es das gegenständlich kulturelle Moment der Erziehung vernachlässigt, also die Wahrheit des gegebenen Seins, praktisch, weil es am Ende die Übergriffigkeit zu legitimieren vermag, wie sie in Institutionen der Erziehung wahrscheinlich ist. Häberlin versteht das pädagogische Geschehen grundlegend anders. Er verzichtet auf eine die Annahme einer personal gebundenen Asymmetrie, wie sie gerne als anthropologische Differenz begründet wird, um Erziehung zu rechtfertigen. Er macht dagegen als strukturbildendes Problem und fundamentalen Sachverhalt deutlich, wie Menschen auf Kultur angewiesen sind und aus diesem Angewiesensein gar nicht herauskommen, weshalb Erziehung daher als eine gemeinsame Einübung in den Respekt vor der Kultur gefasst werden kann und muss. Sie vollzieht sich also zwischen Partnern, die an der eigenen Vervollkommnung praktisch tätig sind. Es geht ihnen um die gemeinschaftliche Verwirklichung der subjektiven Möglichkeit an Vollkommenheit, wie sie in einer gegebenen Welt nur möglich ist.

6. Hundeck gelingt also etwas, das als richtungsweisend angesehen werden kann, allzumal angesichts der -eingangs angedeuteten – disziplinären Problemlage. In einer als solcher selbst schon verdienstvollen Auseinandersetzung mit dem vergessenen Gesamtwerk vollzieht Hundeck eine Rehabilitation der philosophischen Pädagogik gleich in mehrfacher Hinsicht: Diese bietet einen auf Wahrheit und Objekt gerichteten Wirklichkeitszugang, der alle heute üblich gewordenen Formen eines empirischen Zugangs deutlich überschreitet; er nimmt menschliches Leben und gemeinschaftliche Praxis in den Blick, weit entfernt von einer abstrakten Zahlenmetaphysik, die sich einem utopisch begründeten Steuerungsdenken verpflichtet hat. Dabei rekonstruiert Hundeck den von Häberlin entworfenen Begriff der Erziehung. Einen Begriff der Erziehung, der nicht nur systematisch tragfähig ist, sondern vor allem gegen die aktuellen Verkürzungen in den pädagogischen Debatten geradezu provokativ geltend gemacht werden kann; provokativ, weil er vieldimensional und differenziert angelegt ist, dabei davon ausgeht, dass Erziehung als Miteinander von Subjekten zu begreifen ist, die von Sorge füreinander bewegt werden, angesichts einer sozialen und kulturellen Welt, die ihnen in der Erziehungssituation unvermeidlich und unausweichlich aufgetragen ist, als eine Wahrheit, der sich die beteiligten Subjekte stellen müssen. Diese Wahrheit verpflichtet und belastet zugleich. Unweigerlich gibt das Anlass zu einer Krise des menschlichen Lebens, die in den Entwicklungsprozessen der Beteiligten schmerzhaft werden kann. Denn sie muss ausgehalten und bewältigt werden – Erziehung ermöglicht dies aber, weil Menschen einander in Liebe zugewandt sein können, bewegt von dem Eros, der dann und dort entsteht, wo man sich der Wahrheit dieser Welt stellt. So zeigt Häberlin, wie Erziehung in der gemeinschaftlich getragenen und sozial realisierten Welt verankert ist – so dass auf sie gut verzichtet werden kann, wenn die Welt ordentlich funktioniert. Das impliziert eine Empfehlung zur Zurückhaltung in aller pädagogischen Absicht und allem pädagogischen Tun.

Sie gilt auch und besonders für die Sozialpädagogik. Vorsicht ist angebracht. Denn Erziehung im Kontext der Sozialpädagogik bedeutet weder eine Reparatur gesellschaftlicher Verhältnisse und Problemlagen, auch nicht den dann fast schon therapeutischen Zugriff auf die Subjekte in ihrer Verletztheit. Unbestritten ist gewiss, dass sie verletzbar sind, übrigens noch darin, dass ihnen die Objektivität der Welt, ihrer eigenen Welt, verweigert wird. Erziehung in der Sozialpädagogik meint dann eine gemeinsame Annäherung der Subjekte an ihren je objektiven Sinn, durchaus vermittelt über die Einsicht in ihre gesellschaftliche und kulturelle Situation; das hat übrigens schon Pestalozzi mit der Forderung ausgesprochen, die Armen seien zur Armut zu erziehen. Viele verwerfen diese als geradezu skandalös, ohne zu sehen, dass Menschen ein Recht darauf haben, dass ihnen die Wahrheit ihrer Lebenssituation nicht verborgen wird – weil sie diese nur dann ändern können, wenn sie diese verstanden haben und sich auf den Weg einer gemeinsamen Praxis in Zuwendung machen können. Denn der objektive Sinn der Subjekte liegt nicht in einer gerechten Strukturierung gesellschaftlicher Prozesse, um persönliche Bedürfnisse zu befriedigen und zum Ausgleich zu bringen, Sozialpädagogik begründet sich vielmehr in der Annäherung der Subjekte an ihre objektive Gegebenheit als Teil des Ganzen. An ein Ganzes, über das sie vermögen müssen, weil sie nur so die eigene Subjektivität bestätigen und betätigen können. Sozialpädagogik verfehlt die Wahrheit in ihrer Gegebenheit, wenn sie vorrangig die Umgestaltung von Gesellschaft als ihre Aufgabe ansieht. Sozialpädagogik würde so zu einem bitteren Zynismus werden, weil sie sich selbst als Profession und die potenziellen Akteure überfordert. Subjekte können erst Akteure als solche werden, mithin Subjekte in einem umfassenden Sinne, wenn sie in einer Gesellschaft, in ihrer Gesellschaft angekommen sind. Wie bitter diese Erfahrung auf den ersten Blick auch sein mag; dem zweiten Blick aber zeigt sich, dass so erst eine doppelte Erfahrung möglich wird, die der Gemeinsamkeit und der Gemeinschaft von sich gegenseitig achtenden Menschen gegenüber einer Welt, die bejaht wird – um sie selbst zu verändern.

7. Hundeck hat in seiner bemerkenswerten Untersuchung mit Häberlin einen Autor wieder ans Licht gebracht, der irritiert, weil er möglicherweise auf Dimensionen von Sozialpädagogik verweist, die gegenwärtig im disziplinären und professionellen Diskurs – so es denn einen solchen überhaupt gibt – verschwunden scheinen. Das beginnt schon damit, dass überhaupt Sozialpädagogik in den Blick genommen wird, mithin weder ein sozialpolitischer, auf Verbesserung der Gesellschaft gerichteter Ansatz, noch ein solcher, der als Sozialarbeit eher auf die Bearbeitung von individuellen Belastungen gerichtet ist. Häberlin setzt auf eine gemeinsame Praxis von Subjek-

Michael Winkler

ten, die als solche ethisch geregelt ist, beginnend damit, dass diese Subjekte sich in eben diesem gemeinschaftlichen Zusammenhang selbst und wechselseitig zu begreifen und zu unterstützen vermögen, gerichtet auf die Bewältigung einer ihnen objektiv aufgegebenen kulturellen Welt. Häberlin leugnet nicht, dass diese brüchig geworden ist, dass die Subjekte sich deshalb in einer Krisensituation erleben, die sie aber doch zu bewältigen lernen. Sie tun dies, weil sie der Welt und zugleich einander zugewandt sind, in einer Form, die Häberlin als Liebe bezeichnet. Nicht als erotische, die mit Leidenschaft verbunden ist, sondern als einen tiefgehenden Affekt der Verbundenheit, der gegenseitigen Bejahung in einer Situation, die dann doch als positive so erfahren wird, dass Subjekte sich ihrer Subjektivität vergewissern können.

Liebe – dies mag geradezu anstößig wirken, allzumal in der Differenz zur Leidenschaft des pädagogischen Bezugs oder der Beziehung, wie sie für die Sozialpädagogik beschworen wird. Liebe wirkt seltsam weltfremd gegenüber den Optimierungsvorstellungen, die mit der Sozialen Arbeit verbunden werden. Man wagt schon nicht, diesen Ausdruck zu verwenden – und doch könnte er wenigstens auf eine Lösung der Rätsel verweisen, die mit Pädagogik und Sozialpädagogik grundlegend verbunden sind: Wie es möglich ist, dass Menschen mit anderen sich entwickeln, ohne von diesen dann doch unterworfen zu werden, wie es gelingt, dass Menschen sich mit ihrer Welt auseinandersetzen, die sich ihnen aufdrängen will. Wie Erziehung gelingt.

Prolog

1. Gegen den Strom

Es ist nicht unbedenklich, ja es scheint sogar vermessen, in einer Zeit, die dem Mainstream der Individualisierung und Pluralität huldigt und unser Denken und Handeln diktiert, vergessene Konzeptionen zu reaktivieren und in den aktuellen Diskurs zurückzuführen. Rückwärtsgewandt, regressiv, eigenartig und geschichtsvergessen könnten als erwartbare Reaktionen angenommen werden, zumal dann, wenn Traditionsbestände als nicht mehr zeitgemäß bzw. innovativ zur Ruhe des Vergessens gebettet worden sind. Im Umgang mit Vergangenem lässt sich jedoch der Konjunktiv nicht vollständig beiseiteschieben, denn er enthält mindestens die Frage, ob nicht in dem als vergangen Bezeichneten noch Motive virulent sind, die die großen Fragen des menschlichen Lebens wachhalten. Zu sehr scheint sich der Diskurs wissenschaftlicher Disziplinen in einem exkulpierenden Delta der Interessen entgrenzt zu haben. Die als Narrative deklarierten Anschauungen begründen schon in ihrem Terminus ein gleichberechtigtes Moment. Narration präsentiert sich als Äquivalent eines Systems, das für sich eine Logik reklamiert und damit den Anspruch erhebt, ein kommunikativer Teil im großen Pool der Welterklärungen zu sein. Außerdem erweist sich der Begriff der Narration als eine *petitio principii*, d. h., sie bezeichnet das, was sie voraussetzt, nämlich eine politisch geforderte Gleichwertigkeitsdoktrin.[1] Damit aber wird ein Vorgehen sichtbar, das für sich eine Logik in Anspruch nimmt, die vergangenen Denksystemen abgesprochen wird. Was könnte damit gemeint sein? Oder noch anders gefragt: Warum irritiert uns Vergangenes, da uns doch der Zeitgeist alle Möglichkeiten zur Antwort zu bieten scheint? Jeder Rekurs auf Traditionsbestände ruft Skepsis und Unsicherheit hervor, und zwar dann, wenn der Ausweis auf einen

---
[1] Vgl. Boghossian, Angst vor der Wahrheit, 10.

Prolog

Punkt hinausläuft, der aufgrund geschichtlicher Dispositionen als überwunden angesehen werden muss. Überlegungen zu generellen Fragen sowie prinzipiellen Annahmen können und dürfen nur an Maßstäbe angelegt werden, die in ihrer Normativität Pluralität ermöglichen und den Ballast für das einzelne Subjekt nicht zu schwer machen. Den Menschen daher als Subjekt zu bezeichnen, ist nach dem laut gewordenen Tod des Subjekts mehr als riskant, weil es die anspruchsvolle Aufgabe beinhaltet, den vermeintlichen Widerspruch zwischen Autonomie und Heteronomie von Neuem auszutragen. Vor diesem Hintergrund könnten die folgenden Ausführungen als regressive Revitalisierungen qualifiziert werden, die sie aber nicht sind. Weder zuschreibende Differenzierungen von Rationalität, die gewollten und politisch verwertbaren Argumenten angeheftet werden, noch seltsam anmutende Unplausibilitäten in Diskursen, die ausschließlich einer überformenden Gleichheit gerecht werden wollen, beschreiben zwingend eine Auslassung nicht rezipierter Positionen. Auf der Bühne der hier vorgelegten Studien zu Paul Häberlin agieren deshalb sowohl prinzipielle als auch disziplinäre Partien miteinander, was bedeutet, dass schon gewisse Fragestellungen in ihrer Gestik provozierend und altmodisch erscheinen. Dieser Versuch, das Werk Häberlins zu beschreiben, versteht sich deshalb nicht als eine kritische Reanimation von Themen, sondern vielmehr als Möglichkeit, die Dissonanzen unserer Zeit zu befragen. Wenn Philosophie, Pädagogik und Ethik miteinander korreliert werden, so ergeben sich im Blick auf diese drei Disziplinen Nachfragen zu ihrem Verständnis und ihrer hermeneutischen Relevanz. Darüber hinaus gestaltet sich das Leben in einer globalisierten Welt schwierig, dass vom Plädoyer des Nebeneinanders der Kulturen geprägt ist. Mögliche Aporien machen sich einerseits im Anspruch bemerkbar, gerecht und nicht ausschließend zu sein, und fordern andererseits hinsichtlich ökologischer, ökonomischer und sozialer Notwendigkeiten Lösungen, die ausschließlich pragmatisch und gerade deshalb akzeptabel erscheinen. Aber um welchen Preis? Wird etwa der Gegenstand des Nachdenkens, der immer auch der Gegenstand der jeweiligen Disziplinen ist, für die gesellschaftspolitischen Absichten instrumentalisiert und gerät damit in die normative Falle alles Faktischen? Es ist ein Leichtes, sich von dem als unerkennbar akzeptierten Kern der Gegenstände ab- und einem Kompromiss zuzuwenden, weil dieser gesellschaftlich handhabbar scheint und nicht das vermeintliche Risiko des Ideologems in sich trägt. Angesichts dieses situativen Zwangs gesellschaftlicher Diskurse bleibt es vielleicht bei dem Versuch, der aber ein Dennoch nicht verschweigen kann, weil er Einsicht in die großen Fragen genommen hat, die sich in einer unaufgebbaren Berufung ausfalten.

Die vorgelegten Untersuchungen stellen folglich eine Besinnung auf Mögliches dar, dem derjenige nicht entkommen kann, der Einsicht genommen hat und darum weiß, dass Einsicht und eine daraus folgende Berufung unrevidierbar sind. Positiv gewendet bedeutet Besinnung i. S. einer *consideratio* nicht nur ein gründliches Nachforschen der Motive und lebensverändernden Fragen, sondern auch eine Haltung, die Wertschätzung (considération) gegenüber demjenigen generiert, was ist. Nichts anderes meint der im Titel signalisierte Begriff der Weltbejahung. Hinter diesem Terminus steckt eine Logik, die einer *consideratio* und damit dem Denken Häberlins inhärent ist und die es in den folgenden Ausführungen hermeneutisch und heuristisch zu konturieren gilt: 1. Die Besinnung auf eine Gegenwart zu unternehmen, aus der nicht einfach eine Rezeptur folgt, die zur Intervention und damit zum Handeln berechtigt, weil »man« weiß, was jetzt zu tun ist. 2. In der Rückwendung auf ein »klassisches« Werk der pädagogischen Philosophie heuristische Positionen zu gewinnen, die zur Ausnüchterung aktueller und aufgeregter Diskurse beitragen können.

2. Die kosmische Oase

»Die Erde hat sich als kosmische Ausnahme erwiesen«[2]. Seit der bemannten Raumfahrt können wir die Erde aus dem Weltraum sehen und die Fotos zeigen sie als einen blauen Planeten in den Dunkelheiten des Himmels. Selbst die atemberaubenden Fortschritte der Astrophysik, die mittlerweile, durch die technischen Möglichkeiten der Rotverschiebung, Blicke in ferne Galaxien und bis zu den Anfängen des Universums freigeben, können den einzigartigen Optimismus dieses Bildes nicht auslöschen. In einer Zeit des Klimawandels, der Strenge des Pluralitätsdiskurses und dem unvermindert anhaltenden Ruf nach Freiheit und Gleichheit, erscheint die Erde als kosmische Ausnahme wie ein kontraintuitives Paradox. Die blaue Oase inmitten einer lebensfeindlichen Himmelswüste formuliert eine Bedeutsamkeit, die, angesichts mangelnder Ausweichmöglichkeiten

---

[2] Blumenberg, Die Genesis der kopernikanischen Welt, 787.

und unrealisierbarer Fluchtstrategien, der Menschheit bewusst macht, dass Ausweitungen von individuellen und pluralen Interessen nur in ihrer Vermittlung legitimiert werden können. Die metaphorische Fassung der Erde als positive Ausnahme verdeutlicht allerdings ihre erkenntnistheoretische Spitze darin, dass Einsicht in diese Ausnahme vor aller Erfahrung liegt. 1755 konterkarierte das Erdbeben von Lissabon das Postulat einer guten Ordnung der Welt, was Kant zu seinem erkenntniskritischen Programm veranlasste und damit jedem wissenschaftlichen Denken eine skeptische Grundierung gab. Die Möglichkeiten einer positiven Weltsicht, die nun nicht mehr durch Einsicht erreicht werden konnte, werden von Kant in den Bereich der praktischen Vernunft ausgelagert. Verstärkt wird diese skeptische Dissoziierung durch den Horror der Geschichte, zumal derjenigen des 20. Jahrhunderts, sodass eine Ausnahme, und sollte es eine kosmische sein, nur die Regel einer misstrauischen Sicht auf die Welt bestätigt. Und doch gibt es dieses Bild vom blauen Planeten, welches sich ins visuelle Gedächtnis der Menschheit eingebrannt hat. Im Zeitalter des Klimawandels erfährt dieses Bild eine selbstverständliche Akzeptanz, es stellt einen hoffnungsvoll-farbfrohen Tupfer innerhalb gesellschaftlich bisweilen trüber Mentalitäten dar. Oder ist diese blaue Erde in der für uns kosmisch sicht- wie erreichbaren Nachbarschaft nicht eine provokant gegen den Zeitgeist gebürstete Metapher, die zumindest die Erinnerung daran wachhält, dass es noch eine andere Warte geben könnte, aus der die Welt zu betrachten wäre? Läge dieser Hochsitz einer anderen Sicht auf die Welt im Weltraum oder wie bei den Apollomissionen auf dem Mond? Diese Sicht von einem Außen verdeutlicht jedoch, dass die gesehene Ausnahme die Bestätigung dafür ist, dass es Ausnahmen gibt und diese die Regeln unserer Erkenntnis dahingehend durchbrechen können, indem sie nicht grundsätzlich verweigert werden. In einem anderen Zusammenhang hatte Jürgen Habermas von der Lücke im Schirm der Rationalität gesprochen, die, in einer Welt pluraler Lebensentwürfe und unbedingter Bedürfnisbefriedigung, individueller und sozialer Glücks- und Gerechtigkeitsversprechen, ein Bewusstsein eröffnen könnte, dass etwas fehlt.[3] Was bewirkt diese Unterbrechung in den wissenschaftlichen und gesellschaftlichen Diskursen? Welche Erkenntnisse werden mit einem solchen Bewusstsein generiert, das traditionelle Lösungs- und Erlösungsstrategien, egal ob politischer oder

---

[3] Vgl. Habermas, Bewusstsein von dem, was fehlt.

religiöser Couleur, mit diesem Fehlen konfrontiert? Wird im Blick auf die blaue Oase eine Sehnsucht im Menschen virulent, in einem kalten und unbewohnbaren Universum eine Heimat zu finden? Opponiert dieses Bild nicht gegen eine Kantische Skepsis, die dem Menschen das Heil in der Praxis versprach und ihm suggerierte, die Zerrissenheit des Lebens zwischen Weltvertrauen und Weltangst[4] pragmatisch erträglich machen zu können?

Die hier favorisierte Metapher enthält gerade in ihrer Unbegrifflichkeit eine Dehnungsoption, die das uneingelöste Versprechen der Moderne nach Erweiterung und Vervollkommnung des Menschen zwar in sich einbergen, aber nicht bearbeiten kann. Was bleibt ist eine Sehnsucht nach Transzendenz, wie sie Max Horkheimer am Ende seines Lebens formulierte,[5] die aber eine Wende zu einem korrespondierenden Zugang von Einheit und Vielheit nötig machen würde. Die berechtigten, bisweilen verzweifelten Plädoyers für eine neue Kultur der Relationalität, für einen gerechten Ausgleich und ein solidarisches Miteinander, heben jedoch diese Metapher nicht auf, sie begründen sie erst. Für die Astronauten der Apollomissionen war mit der Landung auf dem Mond die Erde als blauer Planet nur in der Rückwendung zu sehen, sie stellte den Punkt dar, zu dem sie zurückkehren wollten. Doch diese Rückkehr war nicht eine in ein bekanntes Leben, sondern in ein solches, dass sich durch die Erfahrung der Unwirtlichkeit auf dem Mond, ganz neu und anders formatiert hatte. Rückkehr meinte hier Neubeginn, nicht Regression oder hektischer Umgang mit einer Dynamik, die aus subjektiven Interessen heraus nicht bewältigbar war. Rückkehr in diesem Sinne konnotiert die Abkehr von notwendig gehetzter Lösungsorientierung. Abkehr meint Rückkehr zu einer Neugier, die die Motive, die Einstellungen und Erwartungen befragt, die wir hatten, als wir angefangen haben, danach zu fragen. Die *eine* Welt, die planetarische Ökumene, von der Husserl schon in seiner Krisisschrift sprach,[6] versteht sich als philosophischer Topoi, als ethische Metapher, die dem wissenschaftlichen Optimierungswahn sowohl Gründe als auch Ziele nachweisbar abverlangt. Wie also codieren sich unsere wissenschaftlichen Fragen und Disziplinen?

---

[4] Vgl. Schulz, Ich und Welt, 94 ff.
[5] Vgl. Horkheimer, Die Sehnsucht nach dem ganz Anderen, 385–404.
[6] Vgl. Husserl, Krisis der europäischen Wissenschaften, §73; Held, Heimwelt, Fremdwelt, die eine Welt, 305–338.

3. Justierung der Fragen

Weltbejahung und Gemeinschaft lautet der Titel der vorliegenden Arbeit, der ein nicht unerhebliches Programm formuliert, eine retrotopische Ausbalancierung von Pädagogik und Sozialpädagogik. Programme haben ihren Sinn nicht in sich selbst, sondern speisen sich aus Konstellationen, Absichten, Motiven und Einsichten, die zwar etwas Ganzes wollen, aber schon zu Beginn wissen, dass das Ganze nicht einholbar ist.[7] Dieses Unternehmen programmatisch anzugehen, rechnet prinzipiell mit dem Vorbehalt, der jeden Rückgriff, jede Interpretation und jede Analyse begleitet, d. h., es verbleibt in der Vorläufigkeit. Gleichwohl wird mit jedem Programm ein Standpunkt konzidiert, der sich nur dann rechtfertigt, wenn er grundsätzlich nicht ausschließend, sondern eröffnend ist. Weltbejahung und Gemeinschaft werden durch die Konjunktion »und« verbunden, ein versteckter Hinweis darauf, dass beide nicht nur wesentlich etwas miteinander zu tun haben, sondern sich als Wirkzusammenhang erweisen. Wir können nur etwas bejahen, wenn wir in die entsprechende Sache Einsicht genommen haben, ohne Einsicht verebbt jede Sache zu einer bloßen Fatamorgana. Einsicht steht für philosophische Betrachtung und die Beantwortung wesentlicher Fragen des Lebens, die wir als unabweisbare in unserem Daseinsgrund vorfinden und denen wir uns nicht entziehen können.[8] D. h., Philosophie als Einsicht will Orientierung geben, um eine Lebensführung zu gewährleisten. Lebensführung meint einerseits die Gestaltung des eigenen Handelns aus den gewonnenen Einsichten, darin ist sie Ethik, und andererseits eine Lebensführung, die mit der Orientierung der anderen Subjekte konfrontiert ist und deshalb auf eine Teilhabe aller Subjekte an dieser Einsicht auf den Zusammenhang des Ganzen zielt. In dieser Ermöglichung der Teilhabe der anderen Subjekte am gemeinsamen Gestaltungsprozess des Ganzen wird Philosophie zur Pädagogik. Pädagogik und Sozialpädagogik konvenieren hier, sie bleiben disziplinärer Maßstab der Verkehrsstrategien der Subjekte. Vor diesem Hintergrund wird das Werk des weitgehend vergessenen Philosophen und Pädagogen Paul Häberlin nachgezeichnet und interpretiert, um sowohl die disziplinäre Verschränkung aufzuzeigen und zu begründen als auch die Optionen der titelgebenden Kategorien zu erfassen und weiter-

---

[7] Vgl. Blankertz, Geschichte der Pädagogik, 307.
[8] Vgl. Blumenberg, Paradigmen zu einer Metaphorologie, 19.

zuentwickeln. Der zu erwartenden Skepsis kann allerdings der Spiegel vorgehalten werden, indem mit den hemeneutisch-heuristischen Verfahren gefragt wird, wie ohne den Reichtum der Tradition eine disziplinäre Orientierung überhaupt zu bewältigen bzw. zu leisten ist. In Häberlins systematischem Entwurf, der quer zur theoretisch aktuellen Konnotierung der verhandelten Disziplinen steht, fehlen die, den subjektiven Interessen geschuldeten, »eindeutigen« Antworten. Unsere jetzige Zeit, die sich als ein janusköpfiges Zeitalter darstellt und dessen Dual von Singularität und Pluralität möglicherweise gar keiner ist, steht mit seiner pragmatischen Wende nicht »über« oder »nach« einem Systemdenken, weshalb ein solches nicht deshalb als obsolet abgetan werden kann, weil es keine Anhängerschaft zu rekrutieren vermag. Ein Denken, ist es wirklich ein originäres Denken, kommt nicht umhin, die eigene Begrifflichkeit an zeitlosen Kategorien abzumessen und diese fortwährend als Regulativ für die eigenen Intentionen zu verwenden. Nur so setzt die Auseinandersetzung mit den sogenannten »Klassikern« Reizpunkte, die abzutun das aktuelle Tagesgeschäft mit ihrer Auftragsorientierung allzu schnell anbietet.[9] Die Virulenz dieser Tatsache offenbart bspw. die Debatte um Bildung und ihrer Notwendigkeiten, die sich z. T. auf Begriffsdesiderate wie etwa »Sensibilisierung« reduziert. Oder die mit der domianten Kategorie der Geschichtlichkeit bezüglich wissenschaftlicher Theorien gerechtfertigte Skepsis, die als relativistische Wirklichkeitskonstruktionen getarnt zwar die Ansprüche des Zeitgeistes beruhigt, gleichwohl aber anthropologische Grundkonstanten unberücksichtigt lässt und daher in ihren normativen Forderungen theoretisch allzuoft unterbelichtet bleibt. Dies ist am Umgang mit den sogenannten »Klassikern« abzulesen, die wegen ihrer »Stupidität« entweder zu einem Rezeptionsfall für Fachexegeten oder aufgrund ihrer vermeintlich kulturausgrenzenden Reichweite als unbrauchbar zurückgewiesen werden. Dabei hatte etwa Karl Jaspers mit seinem Modell der Achsenzeit verdeutlicht, dass der Mensch kulturübergreifend Denk- und Handlungskategorien entwickelte und so eine höhere Stufe des In-der-Welt-

---

[9] Siehe hierzu für das Feld der Sozialpädagogik die immer noch aktuelle und möglicherweise wieder aktuell werdende Studie Christian Niemeyers zu den »Klassikern der Sozialpädagogik«, die mit der an Nietzsche geschulten Schärfe in Rekonstruktionen klassischer »Theorien« auch den etwaigen Hohlheiten und Ressentiments aktueller Konzeptionen den Spiegel vorhält. Vgl. Niemeyer, Klassiker der Sozialpädagogik.

seins als Option für die gesamte Menschheit generierte.[10] Wobei hier berücksichtigt werden muss, dass die achsenzeitliche Deutung der Weltgeschichte eben ein anthropologisches und kein geschichtliches Theorem darstellt und damit die Relativierung der Geschichte auf einen Subjektivismus vermeidet. Dieser Eros und dieser Respekt eines kulturübergreifenden Ansatzes findet sich auch in Häberlins systematischem Entwurf, in welchem er Spinozas bzw. Schleiermachers Einheitsgedanken und Fichtes Freiheit des Individuums zusammenbindet und so der Gefahr subjektivistischer Ressentiments entgeht.[11] Die bei Häberlin auffindbaren z. T. barschen Zurückweisungen kritischer, empiristischer und relativistischer Provenienz belegen genau diesen Respekt vor dem Anderen, auch, weil sie die interessengeleitete Oberflächlichkeit pragmatischer Programme vermeiden wollen. Analog zu Schleiermachers Gottesbegriff, der Gott nicht vor der Welt, nicht ohne sie denkt und daher das Subjekt nicht ohne ein Objekt denken kann,[12] gewinnt Häberlins Einsatz zur Rettung einer Objektivität[13] ungeahnte Aktualität, die, in der Vermeidung der Totalität des Subjekts und dessen programmatischen Toleranzedikten, durchaus an die Argumente des »Neuen Realismus« anschlussfähig ist.

Vor diesem Hintergrund erläutert sich die Struktur der vorliegenden Arbeit: 1. In einer Grundlegung, die hermeneutische und heuristische Rahmungen anbietet und versucht, Voraussetzungen zu klären und Selbstverständlichkeiten aufzulösen. 2. In ausgreifenden Studien wird das komplexe Werk Häberlins detailliert in philosophische und pädagogische Reflexionen gebrochen, wobei nicht das Fragmentarische als Errungenschaft eines aufgeklärten Geistes gefeiert, sondern als dessen Konvergenz ausgewiesen wird. 3. Schließlich fügt sich Häberlins Bearbeitung der Moderne mit ihren gegensätzlichen Polen von Einheit und Vielheit zu einem summarischen Entwurf. Daraus ergeben sich Anknüpfungen, die Schnittstellen bezeichnen und offene Fragen der disziplinären Diskurse verhandeln und darüber

---

[10] Vgl. Jaspers, Vom Ursprung und Ziel der Geschichte; dazu Assmann, Achsenzeit; Joas, Was ist die Achsenzeit?
[11] Vg. Hierzu Joël, Wandlungen der Weltanschung II, 561 ff.
[12] Vgl. Joël, Wandlungen der Weltanschung II, 563.
[13] Vgl. Sünkel, Erziehungsbegriff und Erziehungsverhältnis, 26. – Sünkel spricht hier von Erziehung als einem transhistorischen Phänomen bezieht sich auf die Einteilung von Pädagogik und Sozialpädagogik, die damit zumindest vorläufig aufgehoben wäre. Begründete Nähen zu Häberlin wie Blankertz sind daher unübersehbar.

hinaus die aktuell »heilversprechenden« Konzeptionen mit systematischen Entgegensetzungen konfrontieren, die durch die »Dialektiken« der Aufklärung und ihrer Thronfolger als historische Unmöglichkeiten ins Abseits abgeschoben wurden. Im Blick auf die Pädagogik hatte Herwig Blankertz gemeint, diese enthalte eine in Bildungstraditionen aufgehobene Realität, die szientistisch nicht einholbar sei und darum nicht im szientistischen Votum gesellschaftlicher Interessen aufgehen dürfe. Diese sei »vielmehr um ihrer kritischen Funktion willen an die Überlieferung von Philosophie und Umgangsweisheit gebunden«[14]. Dies gilt und müsste wohl für das gesamte Konzert der Wissenschaften gelten, womit der Ton der hier vorgelegten Studien für eine Diskussion angestimmt ist, die in der Positionierung der Theoria vor dem Ethos möglicherweise den Gedanken an eine moralistische Entgiftung wissenschaftlicher Pragmatik aufkommen lässt.

---

[14] Blankertz, Geschichte der Pädagogik, 307.

I. Grundlegungen und Präliminarien

1. Disziplinäre Verortungen vor dem vagen Kontext der Moderne

1.1 In Dilemmata gefangen? – Skizzierende Bearbeitungen zur Moderne und Ausblicke auf eine Coincidentia oppositorum

»Bei solchem unerschöpflichen Thema kann es nur gelten, durch einen Wald von Tatsachen Wege zu schlagen, um in Durchschlägen Ausblicke zu gewinnen zur Richtungsorientierung«[1].

Diese Worte Karl Joëls, dem Lehrer Paul Häberlins, formulieren einen Vorbehalt, der die Analyse der Themen vorbereitet und daher erforderlich ist. Ist nun die Moderne selbst dieser Wald, so dient jede geschlagene Schneise nur dazu, eine mögliche Perspektive für eine freie Sicht zu gewinnen. Mehr, so scheint es, ist gerade hinsichtlich jener Begriffstypen nicht möglich, die sich als problematisch, als heterogen, als diffus und widerspenstig erweisen und sich bisweilen als Scheinriese entpuppen. Von *modern* zu sprechen ist daher riskant, setzt sich doch der Gebrauch dieses Wortes sich dem Verdacht einer generellen und allzu pauschalen Verwendung aus. Zuerst ist mit modern noch kein Epochenbegriff, sondern eine Absicht bekundet, gegenwärtig und heutig zu bestimmten Themen und Fragen Stellung zu nehmen. D.h., die Rede über ein Phänomen ist, weil wir es heute besprechen, reflektieren, aus Kontexten lösen und in andere, fremde Kontexte einfügen, zuerst und immer *modern*. Diese schlichte Alltagswendung des Wortes *modern* schützt vor Erwartungen einerseits, so wie das Wort andererseits eine Ambivalenz berücksichtigt, die sich im Verhältnis von Vergangenem und Gegenwärtigem ausdrückt, ein Gebrauch, von dem Zygmunt Bauman meinte, darin zeige sich *ein*, wenn nicht *das* wesentliche Kennzeichen der Moderne.[2] *Modern* als Adjektiv wie *Modern* als Substantiv sind demnach schillernde, unein-

---

[1] Joël, Wandlungen der Weltanschauung Bd. 2, 882.
[2] Vgl. Bauman, Moderne und Ambivalenz.

deutige Begriffe, die semantisch vielfältig überzeichnet und codiert sind. Den Zuschreibungen der Moderne als Epochenbegriff sind ebenfalls diese Ambivalenzen eigen, aber nicht nur das, auch der Epochenbegriff selbst ist zweideutig und begriffsgeschichtlich heterogen.[3] Sprechen wir nun von der klassischen Moderne als einem Begriffspaar, welches schon für sich genommen einem Oxymoron gleichkommt, so wird damit ein Zeitrahmen vom frühen 19. bis zur Mitte des späten 20. Jahrhunderts umfasst. Der hier so gefassten klassischen Moderne kommt aufgrund ihrer mannigfaltigen Themen eine besondere polyvalente Dichte zu, sie wird zum Schmelztiegel unterschiedlichster Weltanschauungen, wissenschaftlicher und politischer Suchbewegungen wie deren Gegensätze. Die Moderne umfasst die Industrialisierung und die damit verbundene Soziale Frage, den Streit zwischen Geistes- und Naturwissenschaften um die Hoheitsrechte der Weltdeutung überhaupt wie die durch die Technik erfolgte Beschleunigung der Lebenswelten; ebenso die Frage nach einem Außerhalb des Subjekts, nach einer Objektivität, die Kants Kritizismus kopernikanisch gewendet wie Darwins Modell der Evolution, das der Welt endgültig die Metaphysik ausgetrieben hatte. Die Moderne wird mit all diesen genannten »epochemachenden Ereignissen« zu einem Rahmen, in dem sich die Verwandlung der Welt vollzieht.[4] Konstatieren wir diese Ereignisse als wesentliche Elemente des zeitlichen Feldes, das Moderne genannt wird, und zeichnet sich Moderne durch Ambivalenz aus, so sind die genannten Elemente des Zeitfeldes Moderne ebenfalls zwei- bzw. uneindeutig, d.h., alle genannten Themen unterliegen diesem diffusen Verdikt. Zweideutigkeit der Moderne und ihrer Elemente bedeutet auch, dass es nicht zu entscheiden ist, welche Argumente und Wege aus dieser Ambivalenz herausführen. Dieser Umstand wird in der Philosophie als Dilemma bezeichnet, als eine Situation, in der jede getroffene Entscheidung immer zu einem negativen Ergebnis führt.[5] Die Negativität jeder Entscheidung besagt zugleich ihre Unlösbarkeit, d.h., derjenige, der sich in einem Dilemma befindet, ist in diesem gefangen. Diese Gefangenschaft aber, bleiben wir bei diesem Bild, weckt nun im Gefangenen die Sehnsucht, aus dieser Situation zu entkommen, weshalb

---

[3] Vgl. Graus, Epochenbewusstsein, Epochenillusion; auch Blumenberg, Die Legitimität der Neuzeit.
[4] Vgl. Osterhammel, Die Verwandlung der Welt; Kocka, Das lange 19. Jahrhundert.
[5] Vgl. Brune, Dilemma, 331–337

die (Er-)Lösung aus dieser Gefangenschaft nicht in einer rigorosen Entscheidung für Lösung A und gegen Lösung B liegen kann, weil beide negativ mit den ihnen entsprechenden Konsequenzen konnotiert sind, vielmehr bedarf es einer abwägenden Bearbeitung der Situation. Wenn die Moderne selbst zweideutig und durch eine Vielzahl von Dilemmata gekennzeichnet ist, so kann daraus der Schluss gezogen werden, dass die Moderne in metaphorischem Sinne selbst ein Dilemma ist, aber auch, dass in jedem die Moderne bildenden Element eine inhärente Sehnsucht vermutet werden kann, um aus der Zwickmühle der Zweideutigkeit zu gelangen. Können die Programme des Zeitfeldes Moderne demnach als Bearbeitungs-, Bewältigungs- oder im Freud'schen Sinne als Sublimierungsstrategien verstanden werden, um Dilemmasituationen zu umgehen, ohne sie bearbeiten zu müssen? Sind Kommunismus und Nationalismus, Historismus und Idealismus, Pragmatismus und Naturalismus, Positivismus usw. als strategische Bearbeitungen zu denken, um soziale Ungerechtigkeiten und gesellschaftliche Deformationen durch den Kapitalismus (Kommunismus), Unsicherheiten durch den Wegfall traditioneller Deutungsmuster (Historismus, Pragmatismus), Werteverfall (Idealismus), völkischem Identitätsverlust (Nationalismus) und die Auflösung der Natur (Relativitätstheorie bzw. moderne Naturwissenschaften) zu kompensieren? Bezeichnen diese ideologischen Verfahren gleichsam eine Steigerung der Prospektivität zur Überwindung des Mangels an Eindeutig- und Zuverlässigkeit? Mangel bezeichnet ein Zuwenig von Etwas, d.h. aber, Mangel ist ein konditionaler Begriff, der deshalb schon programmatisch ist, weil er in sich den Wunsch enthält, diesen Zustand zu beseitigen. Auffällig und deshalb nicht unproblematisch ist bei dieser metaphorischen Ortung der Moderne das erhöhte Aufkommen von -Ismen, denn -Ismen enthalten die Logik, durch die Übersteigerung des Gegenteils den Zustand der Ambivalenz zu überwinden. Dies funktioniert, wie die Geschichte zeigt, nur durch die Aufwendung von Gewalt. Nicht nur aus diesem Grund, so könnte Habermas interpretiert werden, muss die Moderne so lange ein unvollendetes Projekt bleiben, bis gewaltlose Modi zur Bewältigung ihrer Dilemmata gefunden worden sind.[6] Diesen Grund übernehmend, weist sich das Projekt der Postmoderne dadurch aus, dass die »monotheistische« Valenz durch ein Lob des Polytheismus[7]

---

[6] Vgl. Habermas, Die Moderne – ein unvollendetes Projekt, 177–192.
[7] Vgl. Marquard, Lob des Polytheismus, 91–116.

ersetzt wird. Die Postmoderne als Pluralisierungsprogramm der Moderne i. S. eines Pluralismus gestaltet jedoch nicht programmatisch die Überwindung der Moderne, sondern liefert nur ihre Bestätigung in der Vervielfältigung ihrer Ambivalenz. Ismen, so wurde deutlich, ermöglichen keine Bearbeitung und keine Überwindung der Moderne, sie provozieren vielmehr in ihrer Übersteigerung eine Erlösung, die nur die andere Seite einer Verfallsgeschichte zeigen.[8] Es ist nicht unbedeutend, hier von einer Tragik zu sprechen, denn Ismen als Formeln radikaler Bearbeitung der in der Moderne inkludierten Ambi- bzw. Polyvalenzen scheitern letztlich daran, dass das Alte nicht das Neue sein kann und auch nicht sein darf und so jede Kritik wiederum zum Kritizismus wird und sich in dem verfängt, was eigentlich überwunden werden wollte.[9]

1.2. Gegnerschaften und ihre geheime Konditionalität in der Lebensphilosophie

Die Moderne, die einem einenden Weltbild aus ihrer Genese heraus entgegensteht, generiert durch diese Uneinheitlichkeit Ambivalenzen, Dilemmastrukturen und Gegenbewegungen (sogenannte Ismen), die sich durch inhärente Gegnerschaften auszeichnen. Gleichwohl bildet die Zwei- bzw. Vieldeutigkeit der Moderne einerseits zugleich die Ursache ihrer Problematik wie sie andererseits darin ein Entweder-Oder erkennbar werden lässt. Eine Tatsache, die in ihrer

---

[8] Vgl. hierzu Scholem, Erlösung durch Sünde. Scholem zeigt metaphorisch an der Geschichte des Sabbatai Zwi diese Logik der Ismen luzide auf, indem Zwi und seine Anhänger alle Gebote brechen und übertreten, sogar vom Glauben abfallen, um den Messias durch ihre (Un-)Taten herbeizuzwingen. Es kann hier von einer gegen alle Normen stehenden Bearbeitungsstrategie gesprochen werden, ein fatalistischer Rigorismus, der sich als *modus operandi* allzu aktuell ausweist.
[9] Beispielhaft kann hier Heideggers Fundamentalontologie angeführt werden, die, auf dem Boden der apodiktischen Annahme, bisher sei das Sein noch nicht wirklich gedacht worden, eine Überwindung der Moderne in der Radikalisierung des Daseins als Sein des Seienden denkt. Dass diese Fundamentalontologie auf eine letzte Isolierung des Daseins in seiner Sorgestruktur zielt, inhäriert möglicherweise die Konsequenz einer Anarchie, deren radikale Freiheit nur durch einen absoluten »Führer« gelingend stabilisiert werden kann. Dass Heidegger sich philosophisch damit dem Nationalsozialismus andiente und sein Denken sich als ideologisch kongruent erwies, bestätigt nur den Radikalismus seines Denkens. Dies zeigen auch die rezeptiven Anklänge an Max Stirners *Der Einzelne und sein Eigentum* in Sein und Zeit. Vgl. hierzu Heidegger, Sein und Zeit, 180 ff.

immerwährenden logischen Aktualität politische ebenso sehr wie persönliche und ethische Entscheidungsprozesse formatiert. Dieses logische Gefängnis des Freund-Feind-Schemas, für das exemplarisch der Kronjurist des Dritten Reiches Carl Schmitt stehen mag,[10] suggeriert, dass es kein Entkommen, keinen Modus der Bearbeitung geben kann, der in eine mögliche *coincidentia oppositorum* führt. Die von Nietzsche initiierte und mit Dilthey wissenschaftlich etablierte Lebensphilosophie[11] bietet sich als ein nicht dualisierendes Moment zur Bearbeitung der Dilemmata der Moderne an, allerdings bleibt fraglich, wie die Kategorie des Lebens im Horizont der Wissenschaften codiert und als Kriterium für ein Zusammenfallen der Gegensätze verstanden werden kann. Dilthey hatte den Begriff des Lebens als einen Ermöglichungsgrund gesehen, um die Einheit der Wirklichkeit zu garantieren,[12] er berücksichtigte dabei die Tatsache, dass das Leben selbst in sich eine problematische Kategorie sei.[13] Dilthey spannt damit in quasi pantheistischer Manier die Wirklichkeit als Schirm der Einheit (als Einheit von Natur- und Geisteswissenschaften) und als Grund aller Theorie auf. Mit der Kategorie des Lebens einen vereinenden Punkt bestimmt zu haben, der eine Antwort auf die divergierenden Kräfte der Moderne zu sein vermochte, wird ein Angelpunkt der philosophischen wie pädagogischen Diskurse des angehenden und weiterlaufenden 20. Jahrhunderts gesetzt. Beispielhaft dafür steht die Reformpädagogik, die die Auswirkungen der Lebensphilosophie rezipiert[14] und in ihre verschiedenen Konzeptionen einzubinden suchte. Dies bestätigen auch alle Unternehmungen philosophischer Art, Weltanschauung als Einheitsformel zu denken (so Dilthey, Joël, der frühe Häberlin u. a.), weiterhin Ansätze sozialpädagogischer Natur, die im Versuch einer Umbewertung bzw. Neudefinition der Sozialpädagogik die Polyvalenz der Situation zu bearbeiten unternahmen (bspw. Herman Nohl in der Nachfolge Diltheys; Gertud Bäumer u. a.). Eine Lösung schien, gespeist durch die Aporien der Psychoanalyse Freuds und den Katastrophenerfahrungen des 20. Jahrhun-

---

[10] Vgl. Schmitt, Politische Theologie, vor allem 11–21.
[11] Hierzu Fellmann, Lebensphilosophie; Ders., Gelebte Philosophie in Deutschland.
[12] Hierzu Dilthey, Weltanschauung und Analyse des Menschen; Ders.; Die geistige Welt Bd. 1.
[13] Vgl. Das Gute, 10–60.
[14] Vgl. Bollnow, Anthropologische Pädagogik, 5. Verwiesen sei hier auch auf die weiterführende Literatur, die Bollnow in Anm. 9 desselben Beitrags zum Zusammenhang von Lebensphilosophie und Reformpädagogik anführt.

derts, in der Auflösung des Anspruchs auf Einheit und einer damit verbundenen Umbesetzung des Wahrheits- durch den Wirklichkeitsbegriff zu liegen. Diese Umbesetzung kann als eine konsequente Weiterführung des kantischen Abschieds von der Metaphysik gedeutet werden, zumal die aus diesem Vorgang generierte Pluralisierung der Sichtweisen auf die Welt eine Abschmelzung der Absolutismen und zugleich eine differenzierte Reaktion auf wissenschaftliche und gesellschaftliche Heterogenitäten garantierte. In der Philosophie wird dies bemerkbar bspw. an der aufkommenden Dominanz der Phänomenologie, denn diese wie die Lebensphilosophie, ermöglichte eine Überwindung des Kritizismus Kants und vermied zugleich das Problem einer neuen Setzung eines apriorischen Grundes. Dass sich in diesem Zusammenhang etwa die Wertphilosophie von Jonas Cohn[15] und Max Scheler[16] nicht durchsetzen konnte, lässt die Intentionen der Wertphilosophie erkennen, die Tradition an die Strukturen der Moderne anpassen zu wollen, damit aber nicht ihre Anliegen veränderte, sondern nur deren Füllungen. Wie sehr diese These sich in der Rezeption der Wertphilosophie bis hinein in aktuelle Debatten um Werte verifiziert, beweist möglicherweise, dass die Rede von Werten, egal welcher Couleur, durch ihre Insistenz auf einer leitenden Normativität sich nur aus einem einenden Grund rechtfertigen kann, weshalb der Ruf nach Werten bzw. nach einem Wertekanon im wahrsten Sinn des Wortes ein immer wieder *modernes* Beispiel[17] ist. Im Bereich der Sozialpädagogik ist diese Bestätigung der Moderne in analoger Weise zu beobachten, denn die im Zuge von Nohl und Bäumer[18] einhergehende Neucodierung der Sozialpädagogik versteht diese nicht mehr als Metatheorie, die die Um- bzw. Neugestaltungen der Gesellschaft anvisiert,[19] sondern als ein Konglomerat pädagogischer Hilfen für

---

[15] Vgl. Cohn, Wertphilosophie.
[16] Vgl. Scheler, Der Materialismus in der Ethik.
[17] Als Beleg, gerade für den Bereich der Pädagogik, mag hier Brezinka gelten, der von einer Pädagogik in einer wertunsicheren Gesellschaft spricht. Vgl. Brezinka, Pädagogik in einer wertunsicheren Gesellschaft.
[18] Vgl. Bäumer, Die historischen und sozialen Voraussetzungen der Sozialpädagogik, 3–17.
[19] Hierfür steht Natorps Sozialpädagogik und im Grunde die verabschiedende, beinahe verächtliche Reaktion Nohls auf Natorps idealistisch ausgerichtetes Verständnis derselben. Vgl. Niemeyer, Klassiker der Sozialpädagogik, 108. Niemeyer zieht hier eine Rezension Nohls von 1926 zu Natorps Sozialpädagogik heran, in der Nohl Natorps Werk als ein historisch gewordenes Buch bezeichnet, für das sich eine neue bzw. weitere Würdigung erübrige.

differente Arbeitsfelder.[20] Rekonstruktiv-deutende Denkformen[21] und das Mantra eines zunehmenden Anwendungsbezugs[22] übergehen prinzipielle Fragen, bestätigen die Pluralisierung und begründen eine Pädagogik der Nothilfe, d. h., eine Idealitätsverneinung, die einem nüchternen Realitätssinn Platz macht. Nohl, selbst ein Schüler Diltheys, bestätigt diese im Grunde materialistische Sicht auf die gesellschaftliche Situation mit einem unbedingten Handlungsbedarf, der sich aus der Normativität des Faktischen rechtfertigt:

»Die Grundlage aller Gegenbewegungen, die auch unser ganzes pädagogisches Denken bestimmt, ist die neue soziale und sittliche, geistige und körperliche Not, wie sie im Laufe des 19. Jahrhunderts durch die Entwicklung der Industrie, der Großstädte, der Arbeits- und Wohnverhältnisse, aber auch der allgemeinen Aufklärung über die Völker hereingebrochen ist: die Auflösung aller Bindungen, die den einzelnen Menschen halten, ohne die er ins Bodenlose fällt und die sich daraus ergebende völlige Wertlosigkeit des Menschen«[23].

Die mit der Moderne einhergehende Pluralisierung ergab neue Deutungen und Aufgabenstellung von Philosophie wie Sozialpädagogik, wobei sich beide Disziplinen jedoch in der auf den Menschen als Thema zielenden Einheit trafen, d. h., die Anthropologie wurde zum geheimen Konjunktionshorizont, zur Möglichkeit, die Gegensätze der Moderne miteinander zu versöhnen. Folglich bilden sich besondere Ziele heraus, die zu einer kritischen Reflexion drängen und die die Konfrontation des Menschen als Subjekt mit einer Wirklichkeit, die ihn in seinem Sollensanspruch wie in seiner Heimatlosigkeit und totalen Ausgesetztheit offenbart. Dies hatte Nohl mit der Auflösung aller Bindungen verdeutlicht,[24] die den Menschen zum homo abu-

---

[20] Vgl. Winkler, Art. Sozialpädagogik, 916: »Der sozialpädagogische Diskurs expandiert in den nun fachlich einschlägigen Wohlfahrtsorganisationen, welche allerdings mit Begriffsverwahrlosungen konfrontieren.«
[21] Vgl. Winkler, Art. Sozialpädagogik, 917.
[22] Vgl. Winkler, Theorie der Sozialpädagogik. Winkler weist daraufhin, dass sich in der Weimarer Zeit die Sozialpädagogik als Ausbildungswissenschaft etablierte und sich deren Themen aus der Praxis selbst ergaben.
[23] Nohl, Die geistigen Energien der Jugendwohlfahrtsarbeit, 10.
[24] In Teil II dieser Arbeit wird nochmals auf die Problematik der Lebensphilosophie und ihrer Deutung durch Dilthey und dessen Schüler Nohl eingegangen und gezeigt werden, dass die Rettung der Moderne für Dilthey wie für Nohl im Volksgedanken liegt und deshalb notwendigerweise auch daraus eine ideologische Verengung folgen musste. Auch vor diesem Hintergrund ist es sehr zweifelhaft, die im Nohl'schen Sinn transformierte Sozialpädagogik als eine Erfolgsgeschichte, wie es etwa Thiersch tut,

sus[25] hatten werden lassen. Sodann sorgte die naturwissenschaftliche Deutung der Welt dafür, die die Auflösungserscheinungen der Wirklichkeit und damit die Relativität und Unschärfe jeder Orientierung beschrieb, dass jeder Anspruch auf Eindeutigkeit und Wahrheit im Sog politisch-pragmatischer Notwendigkeiten untergehen musste. Damit erwies sich nur noch die Anthropologie als ein letzter Kulminationspunkt, in dem sich diese ethisch auszurichten suchte, was eine Konditionalität von Anthropologie und Ethik impliziert.

1.3. Die Verschränkung von Anthropologie und Ethik – ihre notwendige Konditionalität und ihre mögliche Dichotomie

Hatte Dilthey mit der erkenntnistheoretischen, methodischen und methodologischen Bestimmung der Geisteswissenschaften[26] versucht, den Graben der Moderne zu überbrücken, so stand in dessen Analysen das Gefühl Pate, dass der Mensch einer Welt ausgesetzt sei, die sinnlos und ohne humane Bedeutung sei. Der Mensch, so Dilthey, sei in der Auflösung orientierender Strukturen an das Chaos ausgeliefert und habe damit die Möglichkeit verloren, sich der eigenen *conditio humana* zu vergewissern[27] und die soziale Praxis als humane zu gestalten.[28] Die sich daraus ergebende Situation der Orientierungslosigkeit und des für den Menschen bedrohlichen Sinnvakuums forderten geradezu eine Selbst- wie eine Neubesinnung auf den Logos des Menschen und zugleich auf die Ordnung, in der der Mensch steht und aus welcher heraus er sein Leben und seine Sozialität orientiert. Dilthey sah die Aufgabe der Zeit und damit die Aufgabe der Geisteswissenschaften darin, Prinzipien bzw. Richtlinien dafür zu finden, wie der Mensch sein Leben bewältigen und menschliche wie soziale Praxis ermöglichen kann. Damit formulierte er einen notwendi-

---

zu werten. Dazu Winkler, Soziale Arbeit und Sozialpädagogik, 199; Ders., Geisteswissenschaftliche Traditionslinien, 23–38.

[25] Ich verwende hier Tillmanns Terminus vom Menschen als gebrauchtem und abgenutztem Wesen, der gerade im Blick auf den Kampf der Ideologien und den Katastrophen beider Weltkriege und des Holocaust unbedingt seine Berechtigung findet. Vgl. Tillmann, Trajektivität, 80 ff.; dazu Ried, Sozialpädagogik und Menschenbild, 170 ff.

[26] Vgl. Dilthey, Der Aufbau der geschichtlichen Welt.

[27] Vgl. Dilthey, Die Wissenschaft vom Menschen, 41.

[28] Vgl. Winkler, Geisteswissenschaftliche Traditionslinien, 27.

Die Verschränkung von Anthropologie und Ethik

gen Zusammenhang der Frage nach dem Menschen (resp. dem menschlichen Leben) und dessen Handeln, einer Ethik, auf den schon vor ihm Schleiermacher hingewiesen hatte.[29] Für die weiterführende Überlegung bedeutet dies, dass die Frage nach dem Logos des Menschen unbedingte Auswirkungen auf die Aufgabe und das Ziel hat, die der Mensch an sich erkennt und an denen er sich ausrichtet bzw. ausrichten soll. Ist hier von Aufgabe und Ziel des Menschen die Rede, dann heißt dies zunächst einmal, dass der Weg zum Logos des Menschen die ihm eigentliche Aufgabe und sein eigentliches Ziel ist, Logos und Aufgabe/Ziel bezeichnen hier zwei Pole, den des Kerns und jenen der Schwingung bzw. der Veränderung, und zwischen diesen beiden oszilliert das Leben im Modus von Nähe und Distanz, zwischen Logos und Ziel. D. h., Anthropologie formuliert die Aufgabe des Menschen und dieser Bewältigungsprozess wird bzw. kann durch Erziehung möglich werden. Aus dieser Disposition bestimmt sich das Verhältnis von Anthropologie und Ethik als konditional. Und nicht nur das, auch Erziehung ist aufgrund eben jener Verschränkung selbst wiederum ethisch konnotiert.[30] Diese in sich notwendigen Bedingungen auf Gegenseitigkeit inszenieren sich allerdings vor einem Hintergrund, der hermeneutisch vorgibt, wie der Logos des Menschen (d. i. sein Wesen) verstanden und wie die Anlage der Disziplinen selbst und die sich in den Disziplinen von Pädagogik und Ethik gebende Aufgabe des Menschen realisiert werden kann. Unter dem Eindruck der Moderne hatte Dilthey eine skeptische Sicht auf das Programm der Geisteswissenschaften konstatiert. Er hatte in seiner Rede vom Chaos, vom Menschen als Maschine, dessen Selbstverständnis sich in der Erfüllung bestimmter Funktionen (Leistungen) explorierte,[31] dem allgemeinen Tenor der Moderne als Verfallsgeschichte und der durch Industrialisierung und Kapitalismus aufgekommenen Sozialen Frage mit all ihren Dämmerungsfaktoren zugestimmt. Von diesem Standpunkt aus wird Anthropologie, Pädagogik

---

[29] Vgl. ebd. 26. Winkler interpretiert hier Dilthey in Bezug auf Schleiermacher und seine Hermeneutik, die in Kritik übergeht und damit in einem entsprechenden Handeln münden soll. In allem ist hier die Auffassung vom Menschen und seinem Handeln vor der Hintergrundfolie des Wortes Gottes leitend, also letztlich die Frage, zu welchen Konsequenzen im Bildungsprozess des Menschen (Pädagogik) und in der Gestaltung politischer Verhältnisse der Anspruch des Wortes Gottes führt. Vgl. Schleiermacher, Hermeneutik und Kritik, vor allem 241 ff.
[30] Hierzu Prange, Ethik in der Pädagogik, 16 u. ö.
[31] Vgl. Dilthey, Einleitung in die Geisteswissenschaften, 3.

und Ethik neu geordnet, sie wird nachmetaphysisch an den Bedürfnissen des Menschen und an dessen individueller Ausprägung orientiert. Damit erscheint nicht nur Arnold Gehlens Deutung des Menschen als Mängelwesen am Horizont, sondern auch die damit verbundene Deutung der Kultur als Kompensationsleistung des Menschen (Marquard). Als eine weitere, nicht unerhebliche Konsequenz der chaotischen Struktur der Moderne nährte sich mit der Ausrufung des »Jahrhunderts des Kindes« der Verdacht, Pädagogik gerinne zur reinen Präventionsdisziplin. Doch der Leitgedanke der Reformpädagogik, Kindheit nicht als bloße Vorbereitung auf das Erwachsenendasein zu betrachten, sondern als eine eigenberechtigte Form der Menschheit, die sich im Kind noch unverfälscht von Sozialisationsprozessen in reiner Weise verkörpert, ließ das Kind zum Paradigma des Menschseins selbst werden[32] und widersprach einer interessegeleiteten und auf Systemerhalt ausgerichteten Pädagogik. Anderes galt jedoch für die Sozialpädagogik, die nun Pädagogik nicht mehr als prinzipielle Reflexion gesellschaftlicher Strukturen verstand, aus der sich eine mögliche Ethik entwickelte, wie etwa im Gefolge des Neukantianismus, vielmehr geriet die Sozialpädagogik in Kooperation mit dem Wohlfahrtsgedanken zur Reparaturstrategie sozialer Schieflagen.[33] Dies mag sehr holzschnittartig den Horizont und die sich daraus ergebenden disziplinären Selbstverständnisse beschreiben, schöpft aber ihre Plausibilität aus der Negativität des Hintergrundes. Der Blick auf das sehr ambivalente Wechsel- und Beziehungsverhältnis von Pädagogik und Sozialpädagogik bestätigt dies, in der die Pädagogik als Magd der Sozialpädagogik gedeutet wurde, etwa bei Johann Hinrich Wichern, für den Pädagogik als wohlorganisiertes Handeln letztlich zur Reproduktion der herrschenden bürgerlichen Verhältnisse beitragen sollte, um den Menschen wieder »industrie-

---

[32] Vgl. Bollnow, Anthropologische Pädagogik, 5. Bollnow spricht hier sowohl von Menschheit wie auch von Menschsein, womit er die Bedeutung des Kindes im faktischen Sinn auf die Menschheit selbst bezieht und in einem logischen Sinn auf das Wesen des Menschen. Zum Grundansatz der Reformpädagogik auch Koerrenz/Winkler, Pädagogik, 88–104; Koerrenz, Die Reformpädagogik; Keim/Schwerdt, Reformpädagogik in Deutschland, 9–34

[33] Hatte noch Natorp, gleichsam als Anti-Hobbes, versucht, die Sozialpädagogik ganz gegen Hobbes vor ihrer ausschließlichen politischen Orientierung abzuschirmen, so ist sie spätestens mit dem Perspektivenwechsel von Nohl und Bäumer zum staatlichen Instrumentarium geworden. Vgl. hierzu Niemeyer, Klassiker der Sozialpädagogik, 103.

Die Verschränkung von Anthropologie und Ethik

fähig« zu machen.[34] Im Gegensatz zu Wichern stellt sich die Argumentation bei Karl Mager als eine holistische dar, wo Pädagogik als Erziehung zur Demokratie immer auf eine Sozialpädagogik hinausläuft, ja sogar mit dieser kongruent ist bzw. sein muss.[35] Wenn bei Mager Pädagogik immer Sozialpädagogik zu sein hat, dann kann damit nicht nur die Funktion des Menschen als Garant gesellschaftlicher Verhältnisse benannt, sondern auch der gesellschaftliche Status quo als defizitär gekennzeichnet werden, weil nur bei einem negativen resp. systemgefährdenden Zustand sozialer Bedingungen der Gesellschaft sozialpädagogische Initiativen notwendig sind bzw. sozialpädagogische Programme aufgelegt werden müssen. Daraus folgt: Wissenschaftliche Disziplinen offenbaren ihre Absicht nur vor ihrem jeweiligen Hintergrund und nur in der Verschränkung mit diesem. Diltheys geisteswissenschaftlicher Rechtfertigungswille sieht die Rettung der Moderne nur in der Einheit des Volkes und der Einheit der Nation, als eine reformerische Bewegung, die Nohl aufnehmend zum sozialpädagogischen Paradigmenwechsel führt und die, in Umkehrung der Intentionen Ferdinand Tönnies, die Gemeinschaft in ihrem geisteswissenschaftlichen Inhalt entkernt, um den Modus der Gesellschaft als positive Utopie aufzuwerten.

Ist die Moderne demnach, ohne sie als Verfallsgeschichte sui generis zu qualifizieren, durch die Unüberbrückbarkeit ihrer Differenz in Einheit und Vielheit und der daraus folgenden rhizomartigen Unübersichtlichkeit Ausdruck eines Chaos, so muss das Remedium ihrer Differenz in ihrem Gegenteil liegen. Ein möglich erstes Argument für die Beschäftigung mit dem Werk Paul Häberlins wird hier virulent, indem seine Philosophie als systematischer Gegenentwurf zum Problem der Moderne gefasst wird, d. h., in Häberlins Werk wird der Wille zu einer *coincidentia oppositorum*, zu einer Überbrückung (Zusammenfall) der Gegensätze von Einheit und Vielheit (Pluralität) in seiner ontologischen Ausrichtung erkennbar. Die mit dem Problem von Einheit und Vielheit einhergehende Frage nach dem Standpunkt und der Bedeutung des Subjekts wird nicht in einer Flucht in sub-

---

[34] Vgl. Anhorn, Sozialstruktur und Disziplinarindividuum; ebenso Kuhlmann, Geschichte der Sozialen Arbeit, 38–42. Anhorn bezeichnet mit Blick auf Michel Foucault die Pädagogik Wicherns als Reproduktionsstrategie des Staates und damit als Beiträgerin zur Selbsterhaltung des Systems. Kuhlmann notiert für Wichern die Pädagogik als Wiederherstellung gesellschaftlicher Wirksamkeit. Beide Positionen haben gute Gründe und treffen den Nerv heutiger Debatten um Pädagogik und Sozialpädagogik.
[35] Vgl. Kronen, Sozialpädagogik; Müller, Erziehung zur Demokratie, 9.

jektivistische Utopien, in der sich die Moderne als Postmoderne ausdifferenziert hat, sozusagen in Manifesten der Selbsterhaltung und dem Plädoyer auf Pluralität gesucht, vielmehr konnte für Häberlin eine Rettung des Subjekts nur in einer ontologisch begründeten funktionalen Anthropologie liegen.[36] Oder anders gesagt: In der ontologisch ausgewiesenen Relativität des Menschen (d. i. die Relationalität von Subjekt und Objekt) vor deren äquivalentem Deutehorizont der Kosmologie, stellt sich die Frage nach dem Logos des Menschen in nochmals neuer Weise. Aufgrund der menschlichen Problematik in ihrem Antagonismus von objektivem Sein und subjektivem Wollen werden Philosophie und Pädagogik selbst zu einer verstehenden, d. h., coinzidierenden Aufgabe der Ethik. Es besteht also die Möglichkeit einer *coincidentia oppositorum* als Antwort auf die Moderne, die mehr als ein trotziges Beharren auf der Selbstbehauptung des Subjekts[37] ist, denn es ist für Häberlin philosophisch denkbar, einer Unmöglichkeit einsichtig zu werden,[38] die aus der Zwangslage der Singularität und monadenhaften Existenz und der damit einhergehenden Vereinsamung herausführt.

1.4. Sozialpädagogik im Dreieck oder *drei* Zugänge einer anthropologischen Pädagogik?

Trifft es zu, Häberlins Philosophie und Pädagogik als einen Gegenentwurf zur Moderne zu lesen, so kann diese Sicht nur angesichts seines biographischen Horizontes gedeutet werden. Ohne den nächsten Schritt der vorliegenden Arbeit vorwegzunehmen, so ist die anthropologische Grundierung seines Werkes nicht ohne den Hintergrund einer Kosmologie zu denken, d. h., diese Formatierung bestimmt seine pädagogische Programmatik und jede Ausdeutung einer möglichen Sozialpädagogik, die daraus folgt. Häberlins wissenschaftliche Sozialisation beginnt mit der Theologie, und auch, wenn

---

[36] Anthropologie und Ontologie, 6–28; Der Mensch; Das Gute, 10–60
[37] Vgl. Blumenberg, Selbsterhaltung und Beharrung, 333–383; Ders., Die Legitimität der Neuzeit; 139–259.
[38] Vgl. Marten, Die Möglichkeit der Unmöglichkeit. Inwieweit die Einsicht in die Unmöglichkeit eines gelingenden Lebens schon ethisches Handeln evoziert, kann hier nicht diskutiert werden, dass dies jedoch aus einer ästhetischen Erfahrung heraus geschehen kann und möglich ist, zeigt Marten auf. Weiterhin wird hier in etwa Häberlins ästhetischer Ansatz virulent. Vgl. Allgemeine Ästhetik, 97 ff.

sich sein Denken von einem theologischen zu einem philosophischen gewandelt hatte, so sind doch gewisse Annahmen nur aufgrund ihrer theologischen Färbung zu verstehen. Koerrenz und Winkler haben in ihrer historischen Rekonstruktion der Sozialpädagogik von zwei Paradigmen gesprochen, die für die Bedeutungsgehalte der Pädagogik leitend gewesen seien.[39] Diese Paradigmen, in denen sich das griechische und das hebräische Denken spiegelt, haben zu einem Spannungsverhältnis geführt, dass den Sinn von Pädagogik wesentlich beeinflusst habe. Das griechische Programm der Pädagogik habe »den Hintergrund eines letztlich anthropologischen Optimismus im Hinblick auf die soziale Dimension der Erziehung die Eingliederung in das stadtstaatliche Gemeinwesen betont«[40] und zielte auf das Vertrauen der menschlichen Bildsamkeit. Die griechische Pädagogik war auf die Integration des Einzelnen in die Polis ausgerichtet, ein Konzept, das individualistische wie holistische Elemente miteinander verband.[41] In Spannung dazu sehen Koerrenz/Winkler das hebräische Erziehungsideal der jüdische Antike, welches durch die Tora-Überlieferung vom Brudermord, Sintflut und Turmbau zu Babel eher ein skeptisches Bild vom Menschen vermittelt. Die damit verbundene ideologiekritische Perspektive durch das erste Gebot und eine an Ge- und Verboten normative, advokatorische Ethik[42] prägen eine Pädagogik, die sich zwischen Verhaltensregeln der Verantwortung und den Forderungen nach Rechtssicherheit bewegt.[43] In der hier gegebenen Lesart alttestamentlicher Ethik, die hypostatisch Abfall und Sünde betont und die Bundestheologie als Lösungsmöglichkeit präferiert, muss das Menschenbild seine skeptische Fassung erhalten[44] und da-

---

[39] Vgl. Koerrenz/Winkler, Pädagogik, 33.
[40] Ebd.
[41] Pädagogik im Platonismus zielte auf die Bildung der Seele, deren Ausprägung und Gesundheit als Voraussetzung eines geordneten Staatskörpers angesehen wurde. Vgl. Seitschek, Art. Bildung, 60–63, hier 62, mit Bezug auf Jaeger, Paideia II, 281–285; Ders., Paideia III, 99–104. 289–309.
[42] Verwiesen sei hier auf Brumlik, Advokatorische Ethik, in der dieser Ethik vor einem jüdischen Hintergrund eben in der Spannung von Erbarmen und Forderung interpretiert.
[43] Koerrenz/Winkler, Pädagogik, 33.
[44] Vor allem, wenn eine Ethik des Alten Testaments im Horizont der Bundestheologie stark gemacht wird, wird die harmatologische wie die soteriologische Seite des Heilsgeschehens zu stark betont. Dies hat für die anthropologische Frage enorme Konsequenzen, wird hier doch zuerst der Mensch zwar als Geschöpf, aber doch als Defizitwesen wahrgenommen. Dazu in kritischer Weise Kessler, Der Weg zum Leben,

mit auch jede Pädagogik vor die Aufgabe stellen, den »Fall« des Menschen zu regulieren bzw. zu minimieren. Werden beiden Stränge, integrativer wie advokatorischer Modus, als strukturgebend zur Ausprägung der Disziplin Pädagogik angenommen, so kennzeichnet beide Modi nicht nur eine katalytische wie justifikatorische Dimension, sondern beide sind immer an der ihnen zukommenden anthropologischen Grundgestalt abzumessen.

Pädagogik bzw. Sozialpädagogik in ihrer griechischen Lesart impliziert eine Einfügung des Einzelnen in den Staat und denkt methodologisch den Zusammenhang von Individuum und Gemeinschaft, weshalb auch von einem integrativen Modus der Sozialpädagogik gesprochen werden kann.[45] Sozialpädagogik, die sich jedoch zunehmend geschichtlichen Problemen ausgesetzt sieht und auf diese zu reagieren hat, bedarf einer Neucodierung, weshalb Sozialpädagogik sich nur in Verbindung mit Moralität als plausible Strategie von Integration erweisen kann. Gleichwohl, und hier liegt eine entscheidende Richtungsdifferenz, werden die Gründe für soziale Schieflagen der Gesellschaft als interiore oder exteriore situiert, was zu einer zweifachen Ausprägung der »frühen« Sozialpädagogik führt.[46] Die Stichwortgeber der beiden Richtungen, Karl Marx und Johann Hinrich Wichern, stehen für die Begründungshorizonte sozialpädagogischer Erziehung. So sah Marx in den äußeren Verhältnissen, die durch Industrialisierung und Kapitalismus eine Ungleichheit produziert hatte und in der konstanten Weiterführung bestehender gesellschaftlicher Verhältnisse unaufhörlich weiter reproduzierte, den Grund der Sozialen Frage, die nur durch eine Revolution und eine Neustrukturierung gesellschaftlicher Machtkonstellationen (exterior) gelöst werden konnte.[47] Für Wichern hingegen, evangelischer Pastor und Grün-

---

86 ff. Kesslers (neue) Gesamtdarstellung einer Ethik des Alten Testaments zeichnet nicht nur sehr übersichtlich die verschiedenen Ansätze samt ihrer Konsequenzen nach, sondern versteht Ethik vor dem Horizont einer schöpfungstheologischen Verheißung des Lebens.

[45] Vgl. Koerrenz/Winkler, Pädagogik, 33.

[46] Der chronologische Begriff *frühe* Sozialpädagogik ist für die theoretische Verortung als Hilfsinstrument zu begreifen, die mit dem Artikel Gertrud Bäumers von 1929 im Blick auf das theoretische Selbstverständnis der Sozialpädagogik ihren Limes, ihre Trennlinie, hat. Bäumer hatte mit ihrer Definition, Sozialpädagogik sei all das, was nicht das Erziehungsgeschehen in der Familie und der Schule kennzeichne, diese von ihren pädagogischen Wurzeln abgetrennt. Vgl. Bäumer, Die historischen und sozialen Voraussetzungen der Sozialpädagogik, 3–17.

[47] Zu Marx siehe Kuhlmann, Geschichte der Sozialen Arbeit I, 34–38.

der des Rauen Hauses, lagen die Ursachen der Sozialen Frage in der inneren Verderbtheit und im moralischen Verfall des Menschen, weshalb für ihn nur eine interiore Lösungsmöglichkeit in Betracht kam, eine »innere Mission«, die das Amalgam von Erziehung und Moralität von neuem bestärken sollte.[48] Diese Dichotomie beider Positionen zeigt zugleich auch die Problematik, die in den von Koerrenz und Winkler vorgeschlagenen Interpretationsfiguren von Pädagogik resp. Sozialpädagogik zu finden ist, denn es waren sowohl auf der gesellschaftskritischen wie auf der konfessionell-kirchlichen Seite integrative wie advokatorische Elemente zu entdecken.[49] Als Beispiele seien die durch die Arbeiterbewegung und Sozialdemokratie begründeten Erziehungs- und Bildungsprogramme genannt, die integrativen und fürsorglichen Charakter hatten, ebenso wie die im kirchlichen Raum stattfindenden Initiativen Kettelers und der Katholischen Soziallehre. In anderer Hinsicht bestätigt dies auch die Galionsfigur der frühen Sozialpädagogik, Paul Natorp, der einerseits »im Anschluss an Platon und Kant die sozialintegrative Funktion des Pädagogischen, allerdings im Hinblick auf einen idealen Staat, zur Geltung brachte«[50] und andererseits eine »gereinigte« Religion als eine wesentliche Basis sozialpädagogischen Denkens verstand.[51] Die frühe Sozialpädagogik wurde an ihrer integrativen (griechischen) wie advokatorischen (hebräischen) Linie und in der gegenseitigen Ergänzung beider Kriterien im Prozess der Erziehung verifizierbar, wie dies etwa die sozialpädagogischen Initiativen bei Natorp, vor allem dessen Bezüge auf Platon und die reformpädagogischen Programme verdeutlichen.[52] Anders, gleichwohl der frühen Sozialpädagogik verbunden, werden etwa bei Bollnow die Überlegungen einer anthropologischen Pädagogik methodologisch aufgehoben, wobei eine Differenz immer erkennbar bleibt. Beispielgebend wird dieses pädagogische Amalgam im ursprünglich angenommenen Gutsein des Menschen, etwa im

---

[48] Zu Wichern siehe Kuhlmann, Geschichte der Sozialen Arbeit I, 38–42.
[49] Vgl. hierzu Koerrenz/Winkler, Pädagogik, 35.
[50] Ebd. 35.
[51] Vgl. Natorp, Religion innerhalb der Grenzen der Humanität, 84 ff. Als reformpädagogische Ergänzung zu Natorps Religionsschrift können hier die Äußerungen von Hermann Lietz in seiner programmatischen Schulutopie gelten, die dieser im Anschluss an seinen Aufenthalt in der von Cecil Reddi gegründeten Reformschule »Abbotsholme« gehalten hatte, in der Religion nicht mehr als moralistisches Instrument, sondern als verantwortungsvoller Lebensstil verstanden wird. Siehe Lietz, Religion als Lebensstil, 207–211.
[52] Vgl. Bollnow, Anthropologische Pädagogik, 8.

Umgang mit Fürsorgezöglingen oder in der virulenten Unterscheidung von menschlicher Natur und den Handlungen von Strafgefangenen, die nicht als »schlechte« oder »verworfene« Kreaturen abgewertet werden dürften, sondern als leidende Mitmenschen zu betrachten seien, »die nur durch unglückliche Zufälle vom rechten Wege abgekommen waren und denen eine besondere menschliche Zuwendung gebühr[e]«[53]. Pädagogik wird hier einerseits in ihrem resozialisierenden und damit integrativen Charakter als Sozialpädagogik im griechischen Modus erkennbar und andererseits in der Zuwendung, dem Erbarmen und Mitleiden-können[54] als stellvertretende (advokatorische) Verantwortlichkeit gegenüber dem Mitmenschen ausdrücklich. Einzig die Setzung des ursprünglichen Gut-seins des Menschen macht dieses Amalgam unsicher, stellt die berechtigte Frage, ob darüber so einfach hinwegzugehen ist, denn Gut-sein ist im griechischen Konzept keine dem Menschen zukommende Kennzeichnung, sondern ein Telos, ein Ziel, das durch ein tugendhaftes Leben realisiert werden kann. Auch der hebräische Zugang zur Pädagogik kann die Problematik nicht verdecken, dass durch Sündenfall und Bundestheologie zwar eine grundsätzlich wertschätzende Annahme des Menschen durch Gott »versprochen« ist, die aber in der Gegenüberstellung von Gott und Mensch den Menschen in seinen Defiziten erkennbar werden lässt. Wenn überhaupt, dann ist hier das Gut-sein keine ontologische Qualifikation, dies wäre sie nur schöpfungstheologisch, sondern eine nachträgliche Zuschreibung, die sich deshalb nur aus der liebenden Zuwendung Gottes im Bundesversprechen ableiten ließe. Was aber bedeutet dann Gut-sein, welches Bollnow im Anschluss an die Reformpädagogik als anthropologische Voraussetzung vorgibt? Weder mit Platon noch bundestheologisch-advokatorisch lässt sich das Gut-sein des Menschen wirklich begründen, woraus sich erstens die anthropologische Dringlichkeit jeder Pädagogik ergibt und zweitens, wenn von Gut-sein des Menschen wirklich die Rede sein soll, dann ist dies nur ontologisch, d. h., philosophisch möglich. Dabei zeigt der Diskurs zur philosophischen Anthropologie[55] die

---

[53] Ebd.
[54] Vgl. hierzu Marx, Mitleiden-können als Maß. Werner Marx entwirft hier eine empathische Ethik, die auch als eine Verantwortungsethik gekennzeichnet werden kann. Als französische Variante darf hier die Philosophie von Emmanuel Levinas genannt werden, der Ethik als erste Philosophie versteht und gerade deshalb, bedingungslos advokatorisch, die Verantwortung für den Anderen meint.
[55] Hierzu überblickshaft Marquard, Art. Anthropologie, 362–374. Marquards Dar-

problematischen Konsequenzen auf, die sich aus einer ontologischen Begründung der Anthropologie ergeben können. Sowohl Geschichtsphilosophie als Konkurrenz zur Anthropologie[56] wie Phänomenologie als skeptischer Blick auf geschichtsphilosophische wie anthropologische Kennzeichnungen[57], machen eine anthropologische Bestimmung schwierig, die den Anspruch erhebt, Ausdruck ihrer ontologischen Strukturen zu sein.[58] Um aber das von Bollnow nicht begründete Gut-sein des Menschen nicht aufzugeben, wird ein dritter Zugang zu einer Pädagogik nötig, der die offengebliebenen Aspekte wie die scheinbar dichotomischen Grundannahmen des griechischen wie hebräischen Denkens überwindet.

1.5. Ein dritter Zugang? Der Standpunkt des *Perfectum* als ontologisch-anthropologische Voraussetzung von Pädagogik resp. Sozialpädagogik

Mit dem griechischen wie hebräischen Zugang zur Pädagogik resp. Sozialpädagogik verbindet sich jeweils ein bestimmtes Menschenbild, eine vertrauensvolle Perspektive auf die Bildsamkeit des Menschen einerseits und andererseits eine, die den »Fall« des Menschen regulieren will. Beide Zugänge sind damit durch ein Erziehungsziel charakterisiert, also durch ein Woraufhin des Erziehungsprozesses. In

---

stellung ist nicht nur inspirierend für die Debatte um die Anthropologie und ihr Verhältnis zur Philosophie und den anderen Wissenschaften, sondern in ihrem skeptischen Grundton eine eigene Stellungnahme zu einer Anthropologie post Gehlen.

[56] Vgl. Marquard, Art. Anthropologie, 369–370. Marquard weist im Anschluss an Dilthey darauf hin, dass die Wende der Philosophie zur Anthropologie dazu geführt habe, dass Anthropologie zur Weltanschauung herabgesunken war und ihre wissenschaftliche Funktion verloren hatte. Dies hatte die Gegenwartsphilosophie nicht nur zu berücksichtigen, sondern auch in der Wende zur Lebenswelt zu realisieren versucht. Dabei wurde aber die Konkurrenz von Geschichtsphilosophie und Anthropologie von Neuem heraufbeschworen, die auf die Alternative eines Entweder-Oder beider Ansätze hinauslief. Dieser Hinweis ist im Blick auf Häberlins Anthropologie entscheidend, denn die mangelhafte Rezeption seiner Philosophie zeigt gerade am Vorwurf der Geschichtsvergessenheit den Verlauf des Diskurses selbst.

[57] Vgl. ebd. 370. Marquard spricht hier in der ihm eigenen Diktion von der Absage an die Absage und damit von einer zusätzlichen Konkurrenz von Phänomenologie und Geschichtsphilosophie.

[58] Exemplarisch wirkt hier Heideggers Urteil, dass die Philosophie an der Anthropologie zugrunde gehe, was ihre Unvereinbarkeit bedeute. Vgl. Heidegger, Kant und das Problem der Metaphysik, 193

diesem Telos der Erziehung kulminiert die Bestimmung des Menschen und mit der Erreichung des Ziels ereignet sich simultan die Kritik, denn das Ziel wirft einen Blick zurück auf die anthropologischen Voraussetzungen und auch auf die Methode. Doch was ist das Ziel, das durch Pädagogik erreicht werden soll? Ist es das Idealbild eines Menschseins oder dasjenige einer sozialen Einheit? Drückt ein Ziel immer ein Noch-nicht aus, so besitzt es demnach eine protologische Intention oder ist das Ziel nur die andere Seite der Grundannahme, die das Woraufhin der Erziehung bestimmt? Gestehen wir dem zweiten Teil sein Recht zu, so ergeben sich auch daraus wieder eine Vielzahl von Überlegungen, die zu berücksichtigen sind. Ist Erziehung auf ein Telos ausgerichtet, so ist Erziehung ein in die Zukunft ausgerichteter Vorgang, hat also protentionalen Charakter. Geht Erziehung aber intentional auf das grundgelegte Postulat aus, so kann der Erziehungsprozess nur als zirkulär bestimmt werden. Beide Ausrichtungen von Erziehung müssen, um sie verständlich zu machen, in ihrem zeitlogischen Charakter begründet werden.[59] Der griechische wie hebräische Zugang zur Pädagogik, wie er von Koerrenz und Winkler vorgeschlagen wurde[60], geht demnach davon aus, dass Erziehung dazu diene, den Menschen in einer bestimmten Absicht zu vollenden. Ist jedoch der Ausgangspunkt ontologisch als derjenige der Vollendung des Menschen qualifiziert, so folgt daraus notwendig ein anderes Verständnis von Pädagogik und Ethik, denn wenn die Vollendung als eine conditio sine qua non gilt, so müssen Pädagogik und Ethik anders verstanden werden.[61]

Rousseau hatte in seinem *Emile* gemeint und damit das Paradigma aller Negativen Pädagogik formuliert, dass alles gut sei, was aus den Händen des Schöpfers hervorgehe, aber das Gute entarte unter den Händen der Menschen.[62] Was bedeutet, dass der Mensch nach Rousseau von Natur aus gut sei, aber dieses Gut-sein im Erziehungsprozess durch Interessen, Ziele, Pläne usw. degeneriert und möglicherweise zunichtegemacht wird, sodass es naheliegt, dem Gut-sein

---

[59] Vgl. Teil I, 2.5. und 2.6.
[60] Ich möchte betonen, dass diese Positionierung sehr holzschnittartig ist, mir aber als Hintergrundfolie dienen kann, um Häberlins anderen Zugang deutlich zu machen. Hier gilt zudem das in der vorherigen Anmerkung Gesagte.
[61] Es geht im Folgenden nur um die Charakterisierung der Disziplin, die natürlich schon Inhalte vorwegnimmt, die in Teil II in der Breite interpretiert und in ihren Kontexten dargestellt werden sollen.
[62] Vgl. Rousseau, Emile oder über die Erziehung, 11.

eine ontologische Qualität zuzusprechen. Ohne der Rousseaurezeption weiter zu folgen, so ist hier die Qualitas[63] des Gut-seins entscheidend, die das Wesen des Menschen charakterisiert.[64] Häberlin geht, als wolle er den Schweizer Landsmann noch übertreffen, nicht von einem guten Schöpfer (um die personalistischen Ambivalenzen zu umgehen), sondern vom Perfectum an sich aus, d. h., von der Vollendung oder Vollkommenheit der Welt, die der Mensch in der Relativität von Subjekt und Objekt (d. i. der Funktionszusammenhang der einzelnen Subjekte) repräsentiert. Häberlins Ethik[65] nimmt ihren

---

[63] Qualität ist ein Begriff aus der Kategorienlehre des Aristoteles, der die Eigenschaft eines Seienden bestimmt. In der mittelalterlichen Transzendentalienlehre ist Qualitas ein Akzidenz, welches der Substanz zukommt. Kommt ein Akzidenz, bspw. vollkommen, jedoch Gott zu, so ist dieses Akzidenz nicht nur eine Eigenschaft, die Gott zukommt, sondern das Wesen Gottes selbst aussagt. Wäre vollkommen nur eine Eigenschaft, die Gott zukommt, so wäre bei ihrer Abwesenheit Gott nicht vollkommen. Da dies aber über Gott nicht ausgesagt werden kann, müssen Wesen und Akzidenz zusammenfallen.

[64] Bollnow spricht, um die Motivation der Reformpädagogik zu benennen, von der Absicht, die ursprünglich guten Kräfte im Menschen ohne äußeren Zwang zu fördern und hervorzuheben. Vgl. Bollnow, Anthropologische Pädagogik, 5 f.

[65] Die Ethik Häberlins steht hier exemplarisch für ein gesamtes philosophisches Werk, das darzustellen versucht, dass das Ganze als eine große Affirmation, als ein Kosmos verstanden werden muss. Anthropologie und Pädagogik bestimmen sich von diesem absolut positiven Standpunkt aus, der in einem objektiven Sinne ein Standpunkt *sub specie aeternatitis* sein muss. – Im Weiteren wird noch auf biographische Bezüge verwiesen, (Teil II), doch es darf hier ein kurzer Hinweis zur zeitlichen Situierung der Ethik nicht fehlen. Häberlin hatte ab 1941, nach Abschluss seiner Anthropologie 1941 (Der Mensch«) und der umgearbeiteten und erweiterten französischen Version »Anthropologie philosophique« von 1943, an der Ethik mit Unterbrechungen gearbeitet und diese im Juli 1945 fertiggestellt. Nach vielen Schwierigkeiten, auch hinsichtlich der Finanzierung, konnte die »Ethik im Grundriss« 1946 im Schweizer Spiegel Verlag erscheinen. Vgl. hierzu Kamm, Leben und Werk II, 289–291. – Dass ihr Erscheinen mit dem Ende des Zweiten Weltkrieges zusammenfällt ist eine irritierende wie bewegende Tatsache. Irritierend insofern, als es nach dem Terror der historischen Erfahrung (Hans Blumenberg) von Shoah, Hiroshima und beinahe 90 Millionen Toten beinahe zynisch wirken musste, von Vollendung bzw. Vollkommenheit zu sprechen. Bewegend deshalb, weil der Mensch als Teil der Vollkommenheit und deshalb vollkommen in seinem Wesen verstanden und gesehen wurde. Damit war eine grundsätzlich positive Aussage über das Menschsein angesichts der Opfer rassistischer, politischer sowie physischer und psychischer Diskriminierung getroffen, aber auch über die Täter, trotz all ihrer Grausamkeit und Unmenschlichkeit. Es ist nicht verwegen zu behaupten, dass die Ethik Häberlins sehr gut die Zeitstimmung wiedergibt und die Notwendigkeit verdeutlicht, die die Vereinten Nationen veranlasst hatten, 1948 die Allgemeine Erklärung der Menschenrechte zu verkünden. Auch Häberlins spätere Gutachtertätigkeit für die UNESCO spricht für diese Einschätzung.

Ausgangspunkt vom Ende der (ersten) Schöpfungsgeschichte, wo Gott alles, was er gemacht hat, als *sehr gut* befunden hatte.[66] Die Qualifizierung sehr gut schließt für Häberlin eine hier gemeinte noch bessere Möglichkeit aus, ganz im Sinne von Leibniz, der von der besten aller möglichen Welten sprach. Zu betonen ist allerdings, dass die erste Schöpfungsgeschichte beispielgebend den Ausgangspunkt beschreibt, der jedoch nicht offenbarungstheologisch festgelegt, sondern durch philosophische Einsicht *a priori* gewonnen worden ist.[67] Häberlin bemerkt, dass jede Ethik von einer Grundentscheidung lebt, einer Setzung, die jeden weiteren Gang der Argumentation bestimmt und die Frage, ob diese Aussage zutrifft, d.h., durch welche Konnotation die Grundsicht auf die Welt bestimmt ist.

»Es ist vom menschlichen Verhalten kein begründetes Urteil und keine Lehre möglich, wenn wir nicht zuvor wissen, ob wir in einer Welt stehen, welche unter höchstem Gesichtspunkt vollendet ist, oder ob diese Welt der Vollendung erst noch bedarf. Ist nämlich vollendet, was ist, dann ist alles Verhalten, wie immer es sei, »in Ordnung« (im Original, M. H.), und in dieser seiner Ordnung muss es verstanden und gewürdigt werden. Fehlt dagegen die Vollendung, so ist der Standpunkt des Urteils ein total anderer; dieser darf nicht nur, sondern muss grundsätzlich »kritisch« (im Original, M. H.) sein. Ethik, als Lehre vom Verhalten, muss sich daher für den einen oder den anderen Standpunkt entscheiden, und die Entscheidung muss unanfechtbar begründet sein«[68].

Häberlin meint, philosophische Ethik habe die Entscheidung aus unanfechtbarem Grund getroffen und stelle an den Anfang den Satz von der ewigen Vollendung. Um anschließend die Einwände möglicher Kritiker zu betonen, die Welt sei ja unbezweifelbar voller Unvollkommenheit und es sei frivol und verrückt, »gerade heute von Vollendung zu sprechen«[69], pflichtet er den Kritikern bei, es sei wahr, die Welt erscheine uns unvollkommen, um sogleich mit einem Aber zu kontern, es gehe nicht um die Frage, wie uns die Welt erscheine, sondern wie sie unter höchstem Gesichtspunkt, also in Wahrheit, sei. Denn »[d]arüber besagt unsere verständliche Unzufriedenheit gar nichts, und anders als in dieser Unzufriedenheit ist jenes negative

---

Vgl. Kamm, Leben und Werk II, 467; Bemerkungen zum Thema Bestimmung, 146–157.
[66] Vgl. Ethik, 9.
[67] Hierzu unten in Teil II die Ausführungen zur Philosophie.
[68] Ethik, 9.
[69] Ebd.

Ein dritter Zugang?

Urteil nicht begründet. Es ist subjektiv begreiflich, aber nicht objektiv richtig«[70], weshalb doch zu überlegen sei, warum wir Menschen uns auf den Augenschein, auf unser subjektives Urteil verlassen, während wir ansonsten uns doch der Unzuverlässigkeit unseres subjektiven Urteils bewusst wären und dieses Urteil sogar als einen objektiven Tatbestand ausweisen! Häberlin nennt »unsere« Urteile inkonsequent, ja sogar doppelt inkonsequent, weil einerseits die Vollendung von subjektivem Standpunkt aus geleugnet, andererseits aber gerade in dieser Leugnung anerkannt werde.[71] Die hier vorgeführte transzendentalphilosophische Argumentation beschließt er damit, dass all unser Fragen nach Ursachen und Gründen auf der Annahme eines Zusammenhangs beruhe, was subjektiv möglicherweise nicht ersichtlich, aber objektiv zugegeben werden müsste. Die Welt, so Häberlin, sei ein Ganzes und ein Ganzes sei in allem Wandel immer vollendet, d.h., das Ganze sei aus philosophischer Sicht vollkommen, denn Philosophie trete für die Wahrheit ein und kämpfe darum immer gegen eine Subjektivität des Urteils.[72] Häberlins Vollkommenheitspostulat ist die Lehre von Sein unterlegt, die nichts anderes als die Einheit des Seins meint. Mit dieser Annahme von der Einheit und Ganzheit des Seins bzw. Vollkommenheit wird Vollkommenheit »an sich« ausgesagt und damit jedem Einwand enthoben, den eine subjektive Sicht haben könnte. Vollkommenheit wird hier, in einem logischen Sinn, als eine Wahrheit *apriori* verstanden, die unter einem höchsten Gesichtspunkt und d.i. unter einem nicht-subjektiven Gesichtspunkt nicht anders sein kann. Diese ontologische Voraussetzung nun, die weiter unten noch eingehend erläutert wird[73], bestimmt jeden Zugang zur Welt, was besagt, dass jede Disziplin, die sich aus der Philosophie selbst versteht, ebenso von dieser Grundbestimmung der Vollkommenheit ausgeht und damit in ihrer Ausrichtung eindeutig charakterisiert ist. Bereits in seiner Berner Antrittsvorlesung von 1914 hatte Häberlin die Aufgabe und das Ziel der Philosophie als die Suche nach der Wahrheit bezeichnet, eine Wahrheit allerdings, die, nur weil sie schon gewusst wird, überhaupt Gegenstand der Suche sein kann. Dieses Wissen um die Wahrheit

---

[70] Ebd.
[71] Vgl. ebd., 10.
[72] Vgl. ebd.
[73] Siehe hierzu Teil II.

und die Suche danach ist die erste Teilfrage der Philosophie[74], der Weg vom bestehenden Wissen aber zum Ziel dieser Suche ist der zweite Teil oder die zweite Seite der Philosophie, die Ethik.[75] D. h., Ethik ist nichts anderes als der Versuch, sich aus dem Verhalten des Subjekts heraus diesem Ziel zu nähern, Ethik ist demnach die Methodik der universellen Höherbildung, der Annäherung an das objektiv Eine und damit die Abschleifung subjektiver Relativismen. Aus dieser Bestimmung von Ethik als zweiter Seite der Philosophie und als Methode der Höherbildung ist aber schon der Weg bezeichnet, der im operativen Modus diese Methode anleitet und verwirklicht. Häberlin meinte damals, wohl noch ganz von den Erfahrungen als Seminardirektor in Kreuzlingen getragen, dass Philosophie (und damit auch Ethik) als universelle Pädagogik[76] und die philosophische Ethik als Methodik der universellen Erziehung[77] bezeichnet werden könnte. Erst im Spätwerk, in der Ethik im Grundriss, wird Ethik, und damit Pädagogik, von der Zielfrage insofern abgelöst, als Ethik (und Pädagogik) keine *kritische* Disziplin(en) mehr ist (sind), sondern, zwar noch operativ, d. h., zeigend, aber nicht unterscheidender, sondern verstehender Gestus vor dem Horizont des Ganzen und in der Benennung der menschlichen Aufgabe geworden ist (sind).[78]

Wir waren jedoch von der Frage ausgegangen, inwieweit der Ausgangspunkt des Perfectum einen neuen oder dritten Zugang zu einer Pädagogik resp. Sozialpädagogik deuten kann und haben ihn vorläufig so gekennzeichnet, dass der Ausgangpunkt immer schon über die Beschaffenheit des Ziels entscheidet, was bedeutet, dass der Weg zum Ziel bestimmte Charakteristika aufweist, die davon auszugehen haben, was wir wissen. Hebt demnach das Perfectum Erziehung auf oder macht diese überflüssig? Wenn Perfectum Vollendung bzw. Vollkommenheit heißt, dann muss es das Ganze sein, sonst wäre es nicht vollkommen, das Ganze aber in seiner Vielheit, in allen Pha-

---

[74] Vgl. Die Grundfrage der Philosophie, 17.
[75] Vgl. ebd., 18.
[76] Vgl. ebd., 18.
[77] Vgl. ebd., 19.
[78] In Teil III wird diese Frage im Blick auf Ethik und Pädagogik nochmals, auch im Blick auf die Zielfrage in der Pädagogik virulent, denn Erziehung verwirklicht sich dann im Modus des Verstehens des Zusammenhangs, der im Modus des Verstehens operationalisiert wird. Das sich hier bereits Nähen zur operativen Pädagogik (Prange) zeigen, ist nicht nur unübersehbar, sondern rückt auch den Sinn von Erziehung in diesen Verstehensprozess hinein.

Ein dritter Zugang?

sen des Gestaltwandels.[79] Ganzheit ist ein in sich vollendeter Zustand, eine ewige Vollkommenheit, denn es gibt hier keine zeitlogischen Lücken, keine Vergangenheit und keine Zukunft. Ewige Vollendung hat an sich die Qualität einer stehenden Gegenwart (nunc stans) wie Augustinus meinte,[80] es gibt keine Abweichungen irgendwelcher Teile im Gesamtzusammenhang selbst. »Ewige Vollendung bedeutet, daß keine Gestalt des Seienden im Ganzen »besser« [im Orginal, M. H.] ist als eine andere. Was je wird, ist zwar neu und anders, aber nicht anders in der Vollendung; es ist je eine andere Art der Vollkommenheit.«[81] Der Wandel, der geschieht, ist, so Häberlin, ein Schreiten von Vollendung zu Vollendung. Was bedeutet, es gibt kein Ziel mehr, keinen Endzweck, alles ist immer schon erfüllt, weil jeder Zustand in sich schon vollendet ist. »Einziger Zweck und Sinn ist das Leben selbst, als Schreiten von Form zu immer neuer Form, als unaufhörliche Vollendung«[82]. Und wenn Vollkommenheit sich ständig neu selbst schafft, nicht aus Unvollkommenheit, sondern nur als neuartige Darstellung ihrer selbst, dann ist dieser Transformationsprozess der einzige Wandel, von dem gesprochen werden kann. Der Verbleib auf der ontologischen Ebene führt aber dazu, dass es kein Ziel im eigentlichen Sinne mehr geben kann, kein Woraufhin, was in der Konsequenz griechische (teleologische) wie hebräische (advocatorische) Konzepte aufheben würde. Pädagogik ist daher ontologisch gesehen keine Verbesserung bzw. Höherbildung des Menschen im Blick auf ein Ziel (wie dies Häberlin noch 1914 meinte)[83] und ebenso wenig eine wie auch immer geartete Sozialpädagogik als Programm für gesellschaftliche Verbesserungen. Nach Häberlin begründet Ethik keine Lehre der Weltverbesserung, weil alles, was existiert, das ewig vollendete Sein mitkonstituiert, d.h., dass das Einzelne in seiner Relativität zum Anderen das Ganze repräsentiert und nicht isoliert von diesem zu betrachten ist. Eine Ethik, die nicht aus einer Ontologie folgt, wäre daher subjektivistisch und damit fern der Wahrheit, ginge sie doch immer von der Notwendigkeit solcher Verbesserung aus.

---

[79] Ethik, 11.
[80] Augustinus, Bekenntnisse XI, 306 ff.
[81] Ethik, 11. Wenn Häberlin hier von Art der Vollendung spricht, so darf an den lateinischen Begriff Modus erinnert werden, der in diesem Kontext selbstverständlich an Spinozas Ethik erinnert, wo die Modi Ausdrücke der Attribute der einen Substanz sind. Vgl. Spinoza, Ethik I L. 10–11.
[82] Ethik, 11.
[83] Vgl. Die Grundfrage der Philosophie, 18.

»Wahrhaftige Ethik geht aus vom Ja und nicht vom Nein. Sie ist grundsätzlich »verstehend« [i. O., M. H.] und nicht »kritisch« [i. O., M. H.]. Oder kritisch nur in dem Sinne, daß sie den Augenschein in all seiner Relativität und Perspektivität aufdeckt und ihm gegenüber die Wahrheit vertritt.«[84]

Häberlins Umdeutung der biblischen Geschichte vom Sündenfall als einem der maßgeblichen Angelpunkte einer advokatorischen Ethik und einer daraus möglichen moralistischen Moral, dessen Rezeption bis in anthropologische Verständnisse der Gegenwart reichen,[85] gelingt ihm nur, weil er den Paradiesmythos philosophisch liest und damit Ontologie und Anthropologie konvergieren lässt. Dies ist die Voraussetzung dafür, dass das Wesen des Menschen auf der ontologischen Ebene unangetastet bleibt, während die anthropologische Situation, in der der Mensch steht, zum Bewältigungsauftrag wird. Die anthropologische Einsicht zeigt den Menschen im Widerspruch seiner Tendenzen, in der Auseinandersetzung seines geistigen, und das sind *die* objektive Einsicht in die Wahrheit und des vital-ungeistigen Anspruchs, der sich in *seinen* subjektiven Interessen auslegt.[86] Diese anthropologische Aufgabe ist ein immerwährendes Austarieren, das sich vor dem Horizont der Ordnung (Kosmos), die vollkommen ist, als die eigentliche ethische Aufgabe erweist. Immerwährend meint hier, die objektiven wie die subjektiven Ansprüche sind niemals zum Schweigen zu bringen, sodass das Verhalten des Menschen immer ein mittleres zwischen objektiv richtig und subjektiv richtig ist oder anders gesagt, es ist im objektiven Sinn nur relativ richtig.[87] Vollkommenheit wird hier zum Maßstab, zum kritischen Regulativ, an dem sich die Aufgabe des Menschen bemisst. Ein endgültig richtiges Handeln wäre demnach dann gegeben, wenn der Mensch als geistiges Wesen von sich aus subjektiv immer das wollen würde, was er

---

[84] Ethik, 12.
[85] Vgl. den gesamten Komplex anthropologischer Definitionen, wie z. B. »der Mensch als Sünder«, der Mensch als Defizit- bzw- als Mängelwesen«, »Der Mensch als kompensierendes Wesen« usw., die in der Werbung unser gesamtes Bewusstsein codieren, etwa im Blick auf Schönheit, Attraktivität, Gesundheit, Konsumverhalten, Bedürfnisorientierung, Statusgebahren und Anerkennungsökonomie. Dies bekräftigt sich auch dann noch, wenn Gehlen und in dessen Anschluss Marquard ihre Argumente aus der Natur des Menschen begründen. Auch Bourdieus Habitustheorie hantiert noch mit der Kategorie des Menschen »nach dem Fall«.
[86] Hierzu weiter unten noch ausführlicher. Vgl. Das Gute, 10–75; Wider den Ungeist, 7–27; Ethik, 24–35.
[87] Vgl. Statt einer Autobiographie, 101.

Ein dritter Zugang?

objektiv ist, d.h., was der Mensch als Teil des Ganzen (d.i. die Vollkommenheit) ontologisch ist.

Auf die disziplinäre Ebene gehoben, bildet Häberlins Zugang zu einer Pädagogik bzw. Sozialpädagogik einen mittleren wie anderen Weg zwischen griechischem und hebräischem Angang, indem einerseits die Einheit der Welt, die schon Platon und Aristoteles gegen die Atomisten mit ihrer Autorität verteidigt hatten[88], mit der biblischen Schöpfungstheologie amalgamiert wird, um andererseits die Pluralität und damit die Subjektivität, die ontologisch garantiert wird, ethisch möglich zu machen. Die hier gegebene disziplinäre Konditionalität sowohl von Philosophie und Anthropologie als auch Pädagogik und Ethik geht von der Basis unbedingter Bejahung aus, von einer Wertschätzung[89], die dem Menschen dadurch zu Teil wird, dass er Teil des Ganzen ist und vom Verständnis einer Ethik, die bei allem möglichen Subjektivismus bis hin zum totalen und absoluten Egoismus[90], dem menschlichen Handeln doch immer die Absicht zum objektiv »Richtigen« unterstellt. Damit werden die moralischen Parameter »gut« und »böse« am menschlichen Verhalten, nicht aber am Wesen des Menschen angelegt, wodurch die Ethik eine deontologische und keine teleologische Ausrichtung erhält. Dies hat Konsequenzen und begründet einen anderen Zugang, denn Pädagogik wie Sozialpädagogik haben es nicht mit dem defizienten Sein des Menschen zu tun, denn dieses ist ja als Teil des Ganzen schon positiv bestimmt, sondern nur mit der Bearbeitung subjektivistischer Systolen unter der Prämisse objektiver Einsicht in die Einheit als Vielheit. Pädagogik bekommt hier einen operativen Zug, denn der Erzieher »zeigt« dem Edukanden Explorationsstrategien auf, seine ontologischen Ressourcen des objektiv Guten, die zugleich Anerkenntnis seiner Verschiedenheit sind, als Bewältigungsoption seiner subjektiven Interessen zu nutzen. Analog dazu verhält sich jede sozialpädagogi-

---

[88] Vgl. Zeller, Geschichte der griechischen Philosophie, 70–77. 189–192.
[89] Weiter unten wird noch eingehender auf die Nähe des Häberlinschen Konzepts zur Humanistischen Psychologie eingegangen, in der Wertschätzung eine der tragenden Aspekte des Verständnisses vom Menschen bildet.
[90] Beispielhaft für einen totalen und absoluten Egoismus mag die Aussage Adolf Hitlers in seinen letzten Lebensmonaten gelten: »Wenn wir schon keine Welt haben können, dann soll diese Welt mit uns untergehen«. Vgl. von Below, Als Hitlers Adjudant, 398, hier zit. nach Blumenberg, Lebenszeit und Weltzeit, 80; Blumenberg hatte dies als Wahn der Zeitkongruenz bezeichnet, indem ein Subjekt versucht, die Weltzeit mit der eigenen Lebenszeit kongruent zu machen. Vgl. Hundeck, Welt und Zeit, 343 ff.

sche Intention, denn die Erziehung des Sozialen bedeutet dann nicht eine Reparatur gesellschaftlicher Verhältnisse und Problemlagen, sondern die Annäherung der Subjekte an ihren je objektiven Sinn. D. h., der objektive Sinn der Subjekte liegt nicht in einer gerechten Strukturierung gesellschaftlicher Prozesse, um persönliche Bedürfnisse zu befriedigen und zum Ausgleich zu bringen, Sozialpädagogik in ihrem programmatischen Charakter begründet sich vielmehr in den Annäherungsbemühungen der Subjekte an ihre objektive Bestimmung als Teil des Ganzen, die zugleich die Bestätigung der je eigenen Subjektivität bedeutet. Damit ist nicht eine Umgestaltung der Gesellschaft das Ziel sozialpädagogischer Interventionen,[91] sondern die Affirmation der einzelnen (und damit pluralen) Subjekte im Modus der Gemeinschaft.[92] Häberlins dritter Zugang zu einer Pädagogik resp. Sozialpädagogik ist daher weder mit einem teleologischen (griechisch) noch einem ideologiekritischen Zugang (hebräisch) gleichzusetzen, auch wenn es von beiden Anteile in Häberlins Konzeption gibt. Vielmehr bildet Häberlins Pädagogik in der Hilfe für den Partner[93] einen verstehenden und d. h., bejahenden Modus des Subjektes ab, die als Möglichkeit eine Gemeinschaft als reale Formation ontologischer Gewissheit generieren kann.

1.6. Optionale Zugänge zur Sozialpädagogik mit den Augen Häberlins

Was würde es bedeuten, mit dem affirmativen Zugang Häberlins, orientiert an der Gewissheit um eine ontologisch begründete Einheit, die anthropologisch dem Menschen als ethische Aufgabe zwischen objektiver Bestimmung und subjektivem Wollen zukommt, Anfragen an das Selbstverständnis der Sozialpädagogik zu stellen? Könnte es die Bearbeitung des Theoriedilemmas, das den Diskurs um die Sozialpädagogik kennzeichnet, von einer philosophischen Seite aus neu

---

[91] Ortega y Gasset sprach von der Sozialpädagogik als einer programmatischen Umgestaltung der Gesellschaft(en). Vgl. Ortega y Gasset, Sozialpädagogik als politisches Programm, 18; dazu Hundeck, Einleitender Kommentar, 57–62.
[92] In Teil III dieser Arbeit wird noch eingehend auf die Differenz von Gesellschaft und Gemeinschaft Bezug genommen und verdeutlicht, dass Häberlins Überlegungen zu einer sozialethischen Kultur einerseits Bildung von Gemeinschaft und andererseits Stärkung des Subjekts in seinem objektiven Sinn bedeuten.
[93] Siehe unten Teil II, 3 ff.

betrachten und ebenso an Häberlins Philosophie Anfragen zurückgeben? Sozialpädagogik als Disziplinbezeichnung innerhalb der Pädagogik gebärdet sich hinsichtlich der Begrifflichkeit normgebend wie schillernd, was einerseits an der synonymen Verwendung von Sozialpädagogik bzw. Sozialer Arbeit ablesbar ist und andererseits an der diffusen wie heterogenen Gegenstandsbezeichnung liegen mag, die eine theoretische Zuordnung nicht zulässt.[94] Könnte, um mit Häberlin zu sprechen, der Grund der theoretischen Uneindeutigkeit als Kennzeichen der Moderne darin liegen, dass die Absage an objektive Gewissheiten eine Überforderung der Subjektivität bedeutet, aus der sich eine immer speziellere Diffundierung des Gegenstands entwickelt? Liegt die Konsequenz darin, dass sich die Subjektivität in ihrer konstruktivistischen Abkopplung vom Wahrheitsbegriff in der Pluralität der Meinungen und damit in ihren heterogenen Orientierungen verliert? Wird die Geschichte der Sozialpädagogik mit Gertrud Bäumers Unterscheidung in eine frühe und eine ihr folgende, also späte Phase eingeteilt, so lassen sich doch Wegmarken festmachen, die dieses Dilemma theoretisch in seiner inhaltlichen Dichotomie bestimmen können. Ein erstes Wegzeichen lässt sich im Nebel der Debatte als eine ontologische Frage von Einheit und Vielheit ausmachen. Ist aber eine ontologische Interpretation ausgeschlossen, so bleibt nur die scheinbare Entscheidung für das Eine und gegen das Andere und zwar deshalb, weil nicht mehr eine Metaphysik Sicherheit gewährt, sondern die Normativität des Faktischen entscheidet. Dies berücksichtigend, ergibt sich die Situation, dass »weite Bereiche der pädagogischen Literatur [...] ihre Reflexionsbestände über die Dichotomie von Individual- und Sozialpädagogik«[95] organisierten. Der hier zugrundeliegende Antagonismus von Einheit und Vielheit führt zu einer individualistisch-holistischen Dichotomie in der Pädagogik, nicht weil es logisch so sein müsste, sondern weil es faktisch so ist. Die Betonung dieser Dichotomie ist, wie schon gesagt, zugleich eine Verzichtserklärung an eine anthropologisch-ontologische Bestimmung der Sozialpädagogik. Beispielhaft dafür steht Pestalozzi, der mit der Kappung einer sozialpädagogischen Theorie von einer irgendwie gearteten Ideenlehre vom Großvater sozialpädagogischer Theoriebildung zu einem Individualpädagogen zurückgestuft wird. So zumindest lautet die Kritik Niemeyers im Anschluss an Nohl, dass

---

[94] Vgl. Winkler, Art. Sozialpädagogik, 903.
[95] Winkler, Art. Sozialpädagogik, 910.

bei Pestalozzi Sozialpädagogik im Letzten doch immer nur Individualpädagogik sei.[96] Ebenso verdeutlicht die Kritik Nohls an Natorps Konzept die politisch-pragmatische Wende der Sozialpädagogik, die, weil Natorp auf Platons Ideenlehre und dessen Erziehungskonzept in der Politeia rekurriert, als idealistisch-unpolitisch und damit geschichtslos aufs historische Altenteil abgeschoben wird.[97] Geschichte wird damit zum Gegner der Ontologie und zum Rechtfertigungsgrund einer Unmöglichkeit, Sozialpädagogik noch anders als subjektivistisch begründen zu können. Gleichzeitig konvergiert diese Problematik mit anthropologischen Bestimmungsversuchen, was nicht nur zu einer zunehmenden Unbestimmbarkeit der Sozialpädagogik führt, sondern Anthropologie zum Counterpart von Geschichte macht, d. h., auch hier wird, wenn schon kein Dilemma, so wenigstens ein Entweder-Oder produziert.[98] Die durch Nohl verkündete Verabschiedung der Natorp'schen Idee von Sozialpädagogik steht als Metapher für die endgültige Erledigung aller metaphysischen Begründungs- und Deutungsfiguren einer möglichen Sozialpädagogik und beschränkt damit deren Rechtfertigung einzig und allein auf die ihr aus der politischen Arena zukommenden Handlungsanforderungen. Dass diese »Deutungsarmut« zugleich zu Ideologisierungen führt, macht die Diffamierungskampagne gegen den Neukantianismus und dessen Vertreter offensichtlich.[99] Die ideologische Entwicklung der Sozialpädagogik müsste am Gegensatz Natorp und Nohl neu bewertet werden oder anders gesagt: Theorievermeidung führt zu politischer Einseitigkeit. Dies wird virulent an Natorps Gemeinschaftsbegriff, stellte dieser doch im Anschluss an Rousseau einen Gegenentwurf zu Hobbes dar[100] und avancierte damit zum kritischen Gegenentwurf eines Gesellschaftsverständnisses, das die Erhaltung des Staates zum geheimen Sinn gesellschaftlicher und sozialpädagogischer Strategien werden ließ.[101] Mit der ideologischen Verengung sozialpädagogischer Theoriebildung muss es zu einer Gleichschaltung

---

[96] Vgl. Niemeyer, Klassiker der Sozialpädagogik, 19–51, hier 44 f. Niemeyer bezieht sich hier auf Pestalozzis Brief aus Stans.
[97] Vgl. ebd., 45.
[98] Vgl. Marquard, Art. Anthropologie, 370.
[99] Sieg, Deutsche Wissenschaft und Neukantianismus, 199–222. Ulrich Sieg zeichnet hier sehr luzide die Geschichte einer Diffamierung nach, die auch (nicht nur) die Vertreter des Neukantianismus als Staatsfeinde verunglimpft.
[100] Vgl. Natorp, Rousseaus Sozialphilosophie, 43–70, hier 50.
[101] Dazu Niemeyer, Klassiker der Sozialpädagogik, 107.

mit politischen Ambitionen kommen. Deshalb kann sowohl Natorps wie Häberlins Gemeinschaftsbegriff als Deideologisierungsstrategie verstanden werden, wobei Differenzen bei beiden nicht zu leugnen sind. Gesellschaft ist bei Natorp wie bei Häberlin nicht der Zielpunkt pädagogischer Bemühungen, sondern bezeichnet nur deren defizitären Modus.[102] Die hier im Hintergrund schwelende Debatte macht das Ringen um die Deutehoheit des Politischen virulent, was auf der anderen Seite bedeutet, dass Sozialpädagogik in der Gefahr steht, zur Systemerhaltungsmaßnahme zu verkommen. Natorps wie Häberlins Verständnis von Sozialpädagogik dient daher nicht als Projektionsfläche unterschiedlichster Problemstellungen, was einem Grundverständnis von Sozialpädagogik im Anschluss an Nohl und Bäumer in der Ausfaltung in verschiedene Arbeitsfelder gleichkäme, sondern ist durch wissenschaftlich-disziplinäre Motive gekennzeichnet.[103] Hier wird gegenstandstheoretisch ein Begriff von Sozialpädagogik sichtbar, der Erziehung als strukturell soziales Geschehen begreift. Und, betrachten wir Sozialpädagogik mit der Optik Häberlins in ihrer ontologisch-anthropologischen Struktur, so zeigt sich jede Formation von Sozialpädagogik post Bäumer, wenn dieser Ausdruck erlaubt ist, nicht mehr am Zusammenhang von Einheit und Vielheit (d. i. Individuum und Gemeinschaft), sondern einzig an der Klärung sozialer Problemlagen und einer »lösungsorientierten« Klärung der politisch-geschichtlichen Situation interessiert. Von daher ist evident, dass soziale Problemlagen nicht anders zu bewerten sind denn als Resultat sozialer Deformationen in der Geschichte, weshalb, wird die geschichtliche und nicht die anthropologische Warte bevorzugt, individualistische wie holistische Vereinnahmungen garantiert sind. Natorps Wendung gegen Hobbes war nicht nur eine Wendung gegen den Staatsabsolutismus, sondern auch gegen das negative Bild einer conditio humana, die als Krieg aller gegen alle ihren Ausdruck gefunden hatte.[104] D. h., der Mensch als defizitäres Wesen rechtfertigt sozusagen staatliche Bestrebungen nach einer Gestaltung von Einheit. Natorp hatte hingegen wie Rousseau soziale und gesellschaftliche Defizienz als Ursache der Sozialen Frage ausgemacht und hier die

---

[102] In Teil III wird auf die unterschiedlichen Ausrichtungen des Gemeinschaftsbegriffs und ihre Differenzen bei Natorp und Häberlin im Kontext von Tönnies eingegangen, hier dagegen steht nur die disziplinäre Grundausrichtung des Gemeinschaftsbegriffs im Vordergrund.
[103] Vgl. Winkler, Art. Sozialpädagogik, 912.
[104] Vgl. Natorp, Sozialidealismus, 184.

Unfertigkeit einer Gesellschaft als mögliches Ziel kritisiert, was besagte, dass hier staatliche Interessen möglicherweise nur als subjektivistisch gewordener Ausdruck von Macht deutbar waren. Natorps Sehnsucht nach einer wahren Gemeinschaft verdeutlicht die negative Besetzung des Gesellschaftsbegriffs, der eine Herrschaft des Mittels über den Zweck bestätigt.[105] Gleichwohl verbleibt hier Natorp, anders als Häberlin, bei einer Vorstellung des griechischen Ideals der Politeia, bei einer glückenden Hineinerziehung des Einzelnen in die Gemeinschaft der Polis, die Geborgenheit und Schutz schenkt.[106] Gemeinschaft wird deshalb bei Natorp, zeitlogisch gesehen, eine sozialidealistische Utopie[107], vermeidet aber, und hierin Kant treu weiterführend, eine Anthropologie in ontologischer Hinsicht.[108] Diese mit Kant vorgenommene ontologische Verweigerung der Anthropologie führt bei Natorp schließlich zur Deutung von Individualpädagogik als einer bloßen Abstraktion.[109] Damit gerät die Verbindung von Individuum und Gemeinschaft zum Dilemma bzw. zum bloßen Akt des Wollens, was im Umkehrschluss bedeutet, dass die Anthropologie unbestimmt bleibt und damit eine mögliche Ethik nur eine formalistische sein kann, d. h., eine auf Werte ausgerichtete Verbesserung gesellschaftlicher Verhältnisse. Die Differenz zu Häberlin wird hier unübersehbar, steht doch gerade der Mensch als Teil des Perfectum vor der Aufgabe, den Hiatus zwischen objektiver Einsicht in die Welt und subjektivem Wollen durch Stärkung der Einsicht des Subjekts in die Einheit des Seins zu überbrücken. Oder noch einmal anders gesagt: Der Natorps Sozialpädagogik inhärente und dann weiterführend bei Ortega y Gasset vorfindliche methodologische Individualismus[110] unterscheidet sich von Häberlins ontologisch-anthropologischem Ansatz dadurch, dass es bei Natorp (und Ortega) um gesellschaftliche Vervollkommnung durch Gemeinschaftsbildung und damit um die Rettung des Einzelnen geht, während bei Häberlin das Subjekt schon

---

[105] Vgl. Natorp, Deutscher Weltberuf, 178
[106] Vgl. Natorp, Platos Ideenlehre, 175 ff.
[107] Vgl. Natorp, Sozialidealismus, 200–256, bes. 254.
[108] Die hier gemachte Anspielung bezieht sich auf Kants Anthropologie in pragmatischer Hinsicht.
[109] Vgl. Natorp, Sozialpädagogik, 84.
[110] Vgl. Ortega y Gasset, Sozialpädagogik als politisches Programm, 5–25; dazu Hundeck, Ein erläuternder Kommentar, 31–75; Ders., Das Ringen um Spanien, 85–111; Mührel, Das Verständnis von Sozialpädagogik, 77–84. Ortega y Gasset bezieht sich in seiner Rede von 1910 vor der Gesellschaft El Sitio in Bibao ausdrücklich auf Paul Natorp, bei dem er in seiner Zeit in Deutschland studiert hatte.

ontologisch Anteil an der vollkommenen Gemeinschaft hat und damit Pädagogik wie Sozialpädagogik zum Bestätigungsgeschehen der ontologischen Struktur des Subjekts wird. Diese Differenz, wie unten noch weiter ausgeführt werden wird, lässt sich noch luzider mit der Zeitlogik des Erziehungsprozesses begründen, denn das Perfektum, die Vollkommenheit, ist nicht eine geschichtliche, sondern eine bewusstseinslogische Kategorie.[111] Natorps Ansatz einer Sozialpädagogik besitzt protentionalen Charakter, einen Charakter übrigens, den die pragmatische Version von Sozialpädagogik post Bäumer mit ihren *conditiones sine quibus non* der Verbesserung bzw. der Gerechtigkeit zum sozialpädagogischen Rechtfertigungsparadigma zuspitzt. Damit geht notwendigerweise die Verabschiedung strukturlogischer Begründungsversuche einher, woraus folgt, dass die frühe Sozialpädagogik eben nicht rekonstruktiv oder handlungsfeldorientiert arbeitet, sondern sich strukturell und damit prinzipiell vorstellt. D. h., das Verständnis von Sozialpädagogik im Gefolge von Nohl (Jugendhilfe)[112] und Bäumer (gesellschaftliche und staatliche Erziehungsfürsorge außerhalb von Familie und Schule)[113] legt sich mäandernd nur in einer ausgedehnten Praxis aus, was bedeutet, dass mit zunehmender Differenzierung der Praxisfelder sich auch die theoretischen Begründungen pluralisieren. Damit ist aus gutem Grund von einem Theoriedilemma auszugehen, denn jedes Bemühen in der Sozialpädagogik um eine tragfähig-einende Theorie ohne strukturlogische Rückbesinnung wird sich als Sisyphosarbeit herausstellen, als permanent-utopischer Versuch, »die Welt zu retten«. Dass damit auch die pädagogische Dimension der Sozialpädagogik abhandenkommt, weil bereits in pragmatischer Hinsicht Entscheidungen getroffen sind, d. h., die geschichtliche Situation der Sozialpädagogik die Aufgaben diktiert, ist nicht von der Hand zu weisen. – Bspw. wird das Thema Bildung als genuin pädagogisches Aufgabenfeld beschnitten (um nicht zu sagen verstümmelt bzw. aufgelöst), indem auf politisch-ökonomische Vor-

---

[111] Zeitlogisch gesehen hat die Vollkommenheit eine andere Qualität als die Protention, denn sie ist ohne Zukunft, d. h., sie ist Vergangenheit und Zukunft in einer einzigen Gegenwart.

[112] Winkler weist im Anschluss an Haase darauf hin, dass diese Nohl zugeschriebene Einengung zumindest fragwürdig bzw. mit Skepsis zu betrachten sei, gleichwohl sich die theoretischen Zugänge weg von prinzipiellen hin zu rekonstruktiv-deutenden Denkformen entwickelten. Vgl. Winkler, Art. Sozialpädagogik, 917.

[113] Vgl. Bäumer, Die historischen und sozialen Voraussetzungen der Sozialpädagogik, 3.

gaben reagiert wird und Pädagogik wie Sozialpädagogik so zu Gewährleistungsinstanzen von Bildung im Sinne von Ausbildung degenerieren. Der Schweizer Philosoph und Romancier Peter Bieri hatte den Begriff der Bildung einer feinsinnigen Differenzierung unterzogen[114], indem er zwei Arten von Bildung, nämlich Ausbildung und Bildung, dem Bildungsbegriff subsummiert. Bildung als Ausbildung verstanden, bezieht sich demnach auf die Fähigkeit, etwas zu können und Bildung i.S. von Bildung darauf, etwas zu sein. Bieri rekurriert hier auf zwei Bedeutungsebenen, auf das Können und auf das Sein, einerseits auf die technischen, kommunikativen und sozialen Fertigkeiten (Kompetenzen), andererseits auf die seit der Antike und dann wieder mit Humboldt als Bildung verstandene Selbstbildung als Ausgestaltung des Wesenskerns des Menschen. – Dieses Beispiel macht virulent, dass Pädagogik resp. Sozialpädagogik ohne eine anthropologische (d. i. eine strukturlogische) Besinnung zum geschichtlichen Erfüllungsgehilfen staatlicher Mächte wird, selbst mit der Rechtfertigung, man habe doch die Absicht gehabt, den Menschen helfen zu wollen, Problemlagen zu beseitigen und Gerechtigkeit zu verwirklichen. Auch andere Themen wie das Verhältnis und die Differenz von Gemeinschaft und Gesellschaft (oder umgekehrt), die Generationenfolge usw., lässt die Aussichtslosigkeit auf eine einende Theoriebildung erkennbar werden und damit Pädagogik bzw. Sozialpädagogik zugunsten eines unterleibslosen Pragmatismus im Delta individualistischer und damit pluralistischer Ansprüche aufgehen. In diesem Entgrenzungsprozess[115] schließlich verdunstet in einem Wirbel der Pluralität eine perspektiverweiternde Pädagogik des Lebens in sozialpädagogische Allzuständigkeit, weil die Lebenswelt des Menschen selbst zum Multiproblem geworden ist.[116]

Treiben wir gedanklich die beobachtete Tatsache weiter, dass die Sozialpädagogik mit dem Willkommen pragmatischer Orientierung ihren Abschied von strukturlogischem Bemühen genommen hat, so stellt sich bei der schon ausgewiesenen Konditionalität von Pädagogik/Sozialpädagogik und Ethik die Frage, ob dieser Entgrenzungsprozess in der Ethik auch nachzuweisen ist. Stimmt die Annahme einer

---

[114] Vgl. Bieri, Wie wäre es, gebildet zu sein? 228–240, hier 228f.
[115] Vgl. dazu Reyer, Kleine Geschichte der Sozialpädagogik, 261
[116] Den Begriff der Multiproblemlagen hatte Wendt bei der Einführung des Care- und Casemanagements in Deutschland verwendet, um die effiziente sozialarbeiterischer Hilfeprozesse zu begründen. Vgl. Wendt, Casemanagement im Sozial- und Gesundheitswesen.

Konditionalität, so müsste sich das Feld der Ethik notwendigerweise von einer Allgemeinen- oder Metaethik zu einer pragmatisch orientierten Angewandten Ethik gewandelt haben, was nicht nur die Parallelität der Prozesse, sondern auch die angesprochene Konditionalität bestätigen dürfte. Um diesen Übergang zu gestalten, sollen hierzu Pestalozzi und Schleiermacher als Brückenbauer dienen, die mit dem Begriff der Empfindsamkeit bzw. der Gesinnung, eine weitergehende Heuristik ermöglichen.

Pestalozzi hatte sowohl in seinem Volksroman Lienhard und Gertrud[117], in dem er u. a. auf die Generalisierbarkeit der Erziehung in der Familie wie auch auf die Empfindsamkeit des Hilfehandelns hinwies,[118] als auch im Stanser Brief elementar auf den Bezug von Erziehung und Gesinnung, die aus einer Innerlichkeit folgt, hingewiesen.[119] Der Terminus der Gesinnung, nach Kant das innere Prinzip der Maximen des Willens,[120] bildet einen einheitlichen Ausgangspunkt dafür, »in welchem *Sinn* [kursiv i.O., M. H.] eine Entscheidung getroffen, eine Tat getan oder auch ein Vorsatz oder Ideal gebildet«[121] wird. Gesinnung bezeichnet ein Ethos[122], eine Richtungsanzeige, in die mögliche Handlungen orientiert werden können. D.h. demzufolge, dass ein pädagogisches Geschehen zwar Ausdruck einer bestimmten Gesinnung sein kann, aber Theorie, Vorsatz oder Ideal nicht notwendig mit Gesinnung gleichgesetzt werden dürfen. Eine konkret geschehene Tat braucht dem Vorsatz nicht zu entsprechen und damit auch prinzipiell nicht der Gesinnung, d. h., »im Augenblick der konkreten Entscheidung kann eine andere Gesinnung walten als dort, wo der Vorsatz oder das Ideal gefasst wurden«[123]. Von einer Idealgesinnung darf nicht auf die Gesinnung einer Tat geschlossen werden, weil Ideal nicht gleich Gesinnung ist, weshalb sich die Rechtfertigung einer Tat bzw. eines Verhaltens nie auf die Gesinnung berufen kann, wenn darunter Vorsätze oder Ideale gemeint sind. Im

---

[117] Vgl. Pestalozzi, Lienhard und Gertrud.
[118] Vgl. Niemeyer, Klassiker der Sozialpädagogik, 32 ff.
[119] Vgl. Pestalozzi, Stanser Brief, 1–46, hier bes. 32 f.
[120] Vgl. Kohlenberger, Art. Gesinnung, 537.
[121] Art. Gesinnung, 568.
[122] Vgl. Art. Ethos, 384–385.
[123] Art. Gesinnung, 569. – Es klingt hier der brisante Zusammenhang von Recht und Gesinnung an, wenn äußeres Recht an die sogenannte Innerlichkeitsgrenze der Moral stößt, d.h., auf die Gesinnung. Dies verdeutlicht die seit Kant akzeptierte Unterscheidung von Legalität und Moralität.

Blick auf die Pädagogik wird erkennbar, dass die pädagogische Situation, in der Gesinnung in irgendeiner Form anwesend oder bestimmbar sein soll, einen unmittelbaren Gegenwartsbezug hat, woraus geschlossen werden muss, dass Gesinnung nicht notwendigerweise mit dem übereinstimmen muss, was als Vorsatz (d.i. die Idee) waltete.[124] Berücksichtigt pädagogisches Handeln diese Einsicht, dann deutet sie operativ auf ein Ideal hin, ohne aber dem »Terror des Ideals« zu unterliegen. Dies verdeutlicht Pestalozzi im Aspekt der Liebe, den die pädagogische Situation bestimmen soll, beinahe analog zu Kant[125]. D.h., Gesinnung wird durch eine gewisse pädagogische Enthaltsamkeit i.S. der Enthaltsamkeit eigener Wünsche bestimmt.[126]

Das rührt daher, dass die Kategorien der Empfindsamkeit und der Innerlichkeit bei Pestalozzi subjektbezogen und, weil sie von der Gegenwart der pädagogischen Situation ausgehen, intentional sind und deshalb eine Flüchtigkeit, eine Vorläufigkeit, eine immer vorhandene relative Distanz zum Ideal sowie eine nicht feststellbare Dauer haben. Gesinnung und Empfindsamkeit konfrontieren das Subjekt mit sich selbst (als einer Gegenwart) und lassen es darin zur Bewältigungsaufgabe seiner selbst werden, womit die Frage einhergeht, an welchen Normen das Subjekt oder sein Bewältigungshandeln und damit die pädagogische Situation insgesamt bemessen werden. Im Weiteren werden uns noch zwei Optionen beschäftigen,[127] nämlich die Entscheidung darüber, ob die philosophische als Einsicht in die Struktur des Ganzen (objektiv) oder die geschichtliche und damit relative anhand der jeweils gegebenen Situation (Problemlage etc.) (subjektiv) leitend für das pädagogische Verstehen ist. Pestalozzis Position orientiert sich im Stanser Brief[128] an der ersten und damit philosophischen Option, die die Norm in der subjektiven Selbstentscheidung aus der Einsicht in die Wahrheit (objektiv) gewinnt.

Als weitere Referenz, wenn auch in differenter Hinsicht, kann und muss Schleiermacher gelten, der nicht nur den Zusammenhang von Erziehung und Gesellschaft thematisch machte, indem er die

---

[124] Vgl. ebd.
[125] Vgl. Kant, Kritik der praktischen Vernunft, 204 ff.
[126] Vgl. Zum ABC der Erziehung, 107.
[127] Die Deutung und Interpretation der pädagogischen Situation steht und fällt mit deren zeitlogischer Struktur, woran dann auch die Perspektiven subjektiv und objektiv bestimmbar sind. Siehe hier Grundlegung II das Kapitel zur Zeitstruktur in der Erziehung.
[128] Vgl. dazu Klafki, Einleitung, 37–44; Ders., Interpretation, 50–79.

strukturellen Gegebenheiten der Gesellschaft mit der inneren Disposition des Individuums verband, sondern diesen Zusammenhang im Phänomen der Gesinnung verdeutlichte, die die Abhängigkeit beider Faktoren kennzeichnet.[129] Gesinnung als pädagogischer Zentralbegriff Schleiermachers wird hier zur subjektiven wie objektiven Kategorie, die sich sowohl in der Einheit des Selbstbewusstseins als auch in der Tätigkeit der einzelnen Willensakte zeigt.[130] D. h., Schleiermacher formulierte mit der Einheit des Selbstbewusstseins Kants Einheit der transzendentalen Apperzeption, um gleichzeitig in seiner Gotteslehre mit der Kategorie der reinen Empfindung die transzendentale Apperzeption lediglich als *einen* Weg anzudeuten.[131] Dies gilt im Besonderen auch dann noch, wenn Schleiermacher den Weg Fichtes beschreibt, der über Kant hinausgehend, das Ich als Absolutes dachte.[132] So war Schleiermacher einerseits in seinen Reden über die Religion von 1799 dafür eingetreten, das Gegenüber von Gott und Mensch zu wahren[133], andererseits kam er gerade in seiner Gotteslehre einer monistischen Einheitslehre Spinozas sehr nahe, wenn er die Einheit von Gott und Universum, Geist und Natur, Idealem und Realem als faktische und nicht entwickelte Einheit betrachtete und damit die Subjektivität im Absoluten entlastet sah.[134] Mit diesem heterogenen und doppelten Ausgang wird Schleiermacher in vielfältiger Weise anschlussfähig, denn gerade diese doppelte Option hatte Häberlin in seiner Dissertation als Ausgangspunkt seiner anthropologisch-kosmologischen Philosophie nehmen können, da Personalismus und Pantheismus keine religiösen Gegensätze, sondern nur verschiedene Arten bedeuteten, das Universum, da es im Endlichen angeschaut wird, als Individuum zu denken.[135] Gleichzeitig sei dem denkerischen Akt des Individuums ein eigentümliches Bewusstsein[136] des Absoluten beigegeben, das sich im Pantheistischen aber nicht finde, sodass diese Eigentümlichkeit bzw. Heterogenität schon

---

[129] Vgl. Winkler, Art. Sozialpädagogik, 915 mit Bezug auf Barth, Die Geschichte der Erziehung in soziologischer und geistesgeschichtlicher Beleuchtung (Anm. 91) und Dunkmann, Die soziologischen Grundlagen der Erziehungswissenschaft (Anm. 93).
[130] Vgl. hierzu Kohlenberger, Art. Gesinnung, 536–539, hier 537.
[131] Vgl. Über den Einfluss, 15. Auch Joël, Wandlungen der Weltanschauung II, 561.
[132] Vgl. Joël, Wandlungen der Weltanschauung II, 561.
[133] Vgl. Hornig, Religion und Theologie bei Schleiermacher, 150.
[134] Vgl. Joël, Wandlungen der Weltanschauung II, 561. Vgl. Über den Einfluss, 15.
[135] Vgl. Über den Einfluss, 15.
[136] »Eigentümliches Bewusstsein« ist ein verwendeter Begriff Schleiermachers, der die Heterogenität des Begriffs exemplarisch verdeutlicht. Vgl. Über den Einfluss, 15.

auf die spätere Lehre von der Unerkennbarkeit Gottes hinweise.[137] Mit dieser Weitung, die Schleiermacher hier vornimmt, erfährt Gesinnung im Modus des aktiven Erlebens wie passiven Erleidens einen (hier thematisch relevanten) Anspruch, der die Möglichkeiten der Subjekte und damit die pädagogische Situation durch das optionale Zerbrechen der transzendentalen Apperzeption neu codiert. Beispielsweise beschreiben die Modi Erleben und Erleiden zeitlogisch die Kategorien synchron und asynchron einen Gegensatz in der pädagogischen Situation, der sich u. a. in Formen von Macht und Unverfügbarkeit der Subjekte äußert. Über den Begriff der Gesinnung ist eine Matrize erstellt worden, der die Ethik in ihrem Verständnis und ihrer Ausrichtung verstehbar machen kann. Ob, wie angenommen, sich der Klärungsprozess von dem, was Ethik ist, analog zu dem der Pädagogik resp. Sozialpädagogik gestaltet hat, soll nun folgend untersucht werden.

1.7. Angesichts polytheistischer Ethiken: Metaethik als *episteme* und *sophia*

Die Kapitelüberschrift gibt schon einen ersten Hinweis darauf, von woher bzw. woraufhin die heuristische Schärfung der Begriffe hinauslaufen könnte. Oder: Können wir anhand des entwickelten Verständnisses von Pädagogik und Ethik aus der griechischen bzw. hebräischen Tradition sowie der möglichen dritten Option des Perfectum ein Verständnis von Ethik benennen, das sich nicht nur einem jeweiligen Angang zuordnen ließe, sondern dass Bearbeitungsstrategien des Modernedilemmas von Einheit und Vielheit eröffnet? Dabei ist eine analoge Begriffsentwicklung nicht nur möglich, sondern gerade in ihrer Konsequenz auch wahrscheinlich. Optional dazu ließe sich fragen, ob Konditionalität, die ja das Eigenrecht beider Seiten behauptet, dasjenige der Pädagogik wie das der Ethik, nicht auch als Amalgam zu verstehen ist, also als eine Mischung von beidem und damit als ein inhärenter Modus des einen wie des anderen? Nehmen wir ein Amalgam an, so wäre von einer pädagogischen Ethik oder

---

Häberlin bezieht sich hier auf die dritte Auflage der Reden über die Religion von 1799, die 1821 herausgegeben wurde.
[137] Vgl. Über den Einfluss, 15.

einer Pädagogischen Ethik zu sprechen[138], was auf die Tatsache verweist, dass eine solche Ethik ihre Basis im Begriff der Erziehung hätte. Prange macht darauf aufmerksam, dass ein solches Verständnis einen Zirkelschluss zur Folge hätte, »wenn die Erziehung maßgeblich über ihre Absichten und Ziele bestimmt wird«[139]. Ein Amalgam wäre folgerichtig, weil sich Absichten und Ziele in der Pädagogik nicht ohne die ihr zugrunde gelegte Ethik bestimmen ließen. Diese Argumentation spricht dafür, Pädagogik nicht als Konditional einer Allgemeinen oder Metaethik zuzuordnen, sondern als eine spezielle, eine in ihren eigenen Themen »vermischt und ungetrennte«[140] Bereichsethik zu verstehen. Prange plädiert hier für eine pädagogische Ethik i. S. einer Bereichsethik, die sich mit ihren spezifischen Verfahrensweisen und Verhaltenstechniken als eigenes Feld verstehen kann. Und obwohl viel für dieses Vorgehen einer Bereichsethik spricht, gerade im Hinblick auf die operative Pädagogik Pranges, so ist hinsichtlich des anthropologisch-kosmologischen Angangs der Philosophie und Pädagogik Häberlins das »alte« Muster einer Konditionalität von Ethik und Pädagogik in ihrer »unvermischt und ungetrennten« Version die naheliegende. Denn wenn es um anthropologische Konstellationen der Pädagogik geht, so sind ihre spezifischen Eigenarten (bspw. das Lernen) mit einbegriffen, auch dann noch, wenn Lernen als ein unvertretbarer Anspruch dem einzelnen Subjekt zukommt und von niemandem als eben diesem Subjekt übernommen werden kann.[141] Deshalb ist ein Verbleib auf dem Pfad der Allgemeinen Ethik sinnvoll, auch weil eine Allgemeine Ethik (Metaethik) und Bereichsethik (Angewandte Ethik) ihre Differenz im Modus von Sein und Können oder Substanz und Funktion haben.[142]

Damit wird die Konstellation von Pädagogik resp. Sozialpädagogik und Ethik aus der Perspektive des Seins reflektiert, weshalb, nach

---

[138] Vgl. Prange, Die Ethik in der Pädagogik, 18.
[139] Ebd.
[140] Das kleine Sprachspiel ist eine Anspielung auf die christologische Formel des Konzils von Chalkedon (451 n. C.), in der Gottheit und Menschheit in Christus als ungemischt und ungetrennt formuliert wurden, um die bleibende Eigenheit beider Naturen zu betonen.
[141] Hierzu Prange, Die Ethik in der Erziehung, 19.
[142] Siehe hierzu oben die Argumentation von Bieri, Wie wäre es, gebildet zu sein?, sowie weiterhin Cassirer, Substanzbegriff und Funktionsbegriff. Cassirer hatte mit diesem frühen Entwurf von 1910 eine wissenschaftstheoretische Vermittlung von Geistes- und Naturwissenschaften unternommen.

der Einordnung von Pädagogik und Sozialpädagogik, auch die Ethik in ontologischer Weise reflektiert werden soll.

Denn sowohl der griechische wie der hebräische Angang zur Pädagogik bemisst das Ziel der Erziehung nicht auf ein Können hin, sondern auf ein Sein, wenn auch in unterschiedlicher Weise. Der griechische Weg will den Menschen als vollwertiges Mitglied in die bergende Gemeinschaft der Polis hineinerziehen und dabei gewährleisten, dass das Subjekt mit seinen durch die Erziehung entwickelten und ausgeprägten Anlagen und Fähigkeiten den Systemerhalt garantiert. Der hebräisch advokatorische Weg der Erziehung hingegen kann als erzieherische Erlösungsstrategie angesichts des Falls des Menschen verstanden werden, eine Strategie, die zu einer Renovation der ursprünglichen Ordnung führen soll. Häberlins vorgestellte dritte Option, die von der Vollkommenheit des Kosmos ausgeht und Kosmos als ein unaufhörliches Werden und permanente Erneuerung dieser Einheit begreift, versteht Pädagogik resp. Sozialpädagogik analog zur Ethik nicht als eine Lehre, die den Menschen besser machen und damit die Welt verbessern will, sondern die ihn auf eine Endgültigkeit seiner Bestimmung hin erziehen oder leiten will.[143] Für Häberlin bezeichnet Ethik (und analog dazu Pädagogik) eine Zwecklosigkeit des Geschehens, weil die Welt schon vollkommen ist. Der Grund seiner Argumentation ist das große Ja und das heißt, die Vollkommenheit der Welt unter ihrem höchsten, ihrem objektiven Standpunkt, weshalb Ethik nicht Verhaltens-, sondern Verstehenslehre ist. Ethik ist Einsicht (episteme) in die objektiven Gründe der Welt und nicht Rechtfertigung subjektiven Handelns. Wenn es aber um die Einsicht in die Einheit der Welt und damit zugleich um diejenige episteme in die Bestimmung des Menschen als Teil des Ganzen geht, bedeutet dies: Es geht zuerst nicht um bestimmte Bereiche der Ethik, die ja nur ein bestimmtes Handeln und dazugehörige Techniken in oder auf den jeweiligen Feldern reflektiert, sondern um eine Ethik als Verstehensvorgang des Subjekts im Prozess der ewigen Vollendung. Diese Ethik kann nicht anders denn als Metaethik bezeichnet werden. Häberlins Ansatz lehnt sich u. a. an die sokratische und platonische Ethik an, einerseits, weil Philosophie als Einsicht in die Wahrheit die Tat des handelnden Subjekts, und andererseits Ethik als hermeneutische Tat ein Orientierungshandeln des Subjekts in der kosmischen

---

[143] Vgl. Ethik, 12.

Angesichts polytheistischer Ethiken: Metaethik als *episteme* und *sophia*

Konstellation ist. Ein Rekurs des ethischen Diskurses auf Platon bietet sich anhand der Literaturlage bei Häberlin an, auch wenn andere Bezugspunkte möglich wären. Im letzten Teil dieser Arbeit werden Aspekte zum Gemeinschafts- und Kulturbegriff aufgegriffen werden, sodass sich an dieser Stelle auch ein dezidiert anderer Zugang, etwa der einer Sozialethik Heinrich Rickerts mit ihrer Ich-Du-Wir Thematik, der Ethik Schelers oder der Nicolai Hartmanns anböte, um Häberlins ethische Argumentationen abzumessen, was allerdings unausweichlich eine Debatte über die die Differenz von Norm und Wert zur Folge hätte.[144]

In den Dialogen Platons steht Sokrates für eine Ethik, die sich am Guten orientiert, aber dieses Gute wird nicht in der Anbetung der Götter oder der Verehrung ihres Pantheons, nicht durch die Befolgung eines Gesetzes oder der Orientierung an ethisch vorgegebenen Werten erreicht,[145] sondern das Gute lässt sich in seiner Wahrheit durch Vernunftgebrauch entdecken. Der Mensch ist auf sich und seinen Umgang mit der Vernunft gestellt und da alles, Menschen und Götter der Vernunft unterworfen sind, bezeichnet die Vernunft und nicht der Mythos den Orientierungsrahmen für menschliches Handeln. »Das Subjekt, das, wo ein klares Gebot der Gottheit nicht mehr gilt, auf sich steht und aus seiner Seele heraus handeln will, muss sich auf die Wahrheit stellen, die die logische ist.«[146] Die Stellung des Menschen auf sich selbst, die Einsamkeit des Stehenden vor der Wahrheit, die nach den Gesetzen der Logik widerspruchsfrei gilt, wird durch Sokrates als eine philosophische Denk- und Lebensweise ad personam repräsentiert, die zur Grundlage der platonischen Ethik wird.[147] Durch die sokratische Fragemethode wird auf ein ausdrücklich bewusstes, widerspruchsfreies Wissen abgezielt, das die Grundlage der Handlungen bildet. Spierling meint, Sokrates intellektualisiere dadurch das Handeln und stelle eine allgemein moralische Verbindlichkeit wieder her, die durch die Sophisten erschüttert wor-

---

[144] Vgl. Bohlken, Wertethik, 111–121.
[145] Platon führt dies in seinem Dialog Euthyphron aus. Zur Ethik vgl. Natorp, Platos Ideenlehre, 9 f.; zum Thema Gott bzw. Götter und daraus folgende Interpretationsmöglichkeiten bei Platon siehe Bordt; Art. Gott/Götter, 138–141.
[146] Nohl, Sokrates und die Ethik, 54.
[147] Vgl. Pleger, Das gute Leben, 11. Weiterhin zum Thema auch Natorp, Platos Ideenlehre, 34 ff.; Klein, Die Grundlegung der Philosophie in der Ethik, bes. 149–171; Spierling, Ungeheuer ist der Mensch, bes. 27–44.

den war.¹⁴⁸ Handeln, das sich aus der Einsicht als einem Wissen geleitet weiß, wird zu einem tugendhaften Handeln, weil das Handeln aus einem Wissen hervorgegangen ist. Der Handlungsbegriff stützt sich somit auf die dem Handeln vorangegangene Einsicht in die Wahrheit. Selbsteinsicht und Handeln bilden demnach eine Einheit, die den Menschen eine Freiheit von Fremdbestimmung und religiöser Gebundenheit anvisieren lässt.¹⁴⁹ Auf die aus dieser Konstruktion folgende Aporie des platonischen Denkens und die Sein-Sollen-Dichotomie sei hingewiesen, die aber im Blick auf die logischen Bedingungen der Verschränkung von Anthropologie und Ethik an späterer Stelle nochmals diskutiert werden.¹⁵⁰ Das sokratische und mit ihm das platonische Denken dringt auf Subjektivität und auf die aus der Einsicht (episteme) als einer ethischen Wahrheit sich ergebenden Handlungen. D. h., Handeln ist nicht an Meinungen (doxai), sondern an objektiver Wahrheit orientiert. Der hier bei Platon deutlich werdende Vorrang von wissenschaftlicher Rationalität und wissenschaftlicher Objektivität setzt Philosophie als Einsicht in die Wahrheit, aus der sich Allgemeingültigkeit erschließt.¹⁵¹ Oder noch einmal anders gesagt: Alle Philosophie, die sich auf individuelle, relative und beliebige Absichten bzw. Einsichten beruft, ist »Pseudophilosophie«¹⁵², Alltagsphilosophie, die sich nach Meinungen und Vorurteilen richtet und dadurch die Wahrheit relativiert. Daraus aber resultiert eine Ethik i. S. eines ethischen Objektivismus, wobei gesagt werden muss, dass Episteme mehr als Faktenwissen bedeutet (i. S. einer an empirischen Daten erhobenen Zählbarkeit von Fakten).¹⁵³ Durch die Vernunft, durch rationales und wissenschaftliches Denken, ist es mög-

---

[148] Vgl. Spierling, Ungeheuer ist der Mensch, 37.
[149] Vgl. Nohl, Sokrates und die Ethik, 54.
[150] Ob die Sein-Sollen-Dichotomie David Humes bzw. der daraus entwickelte naturalistische Fehlschluss George Edward Moores im Zusammenhang von Anthropologie und Ethik wirklich zutrifft, kann nicht wirklich überzeugen, weil Hume wie Moore im Antagonismus von Subjektivismus und Objektivismus stehen und sich daraus allerdings die Frage ergibt, ob auf der Ebene der Anthropologie dieser Antagonismus Berechtigung hat. Vgl. Nida-Rümelin, Metaethik, 85–93, hier 86 f. – Häberlin hat mit seiner Anthropologie darauf eine Antwort zu geben versucht, in dem er die Ethik als anthropologisch-kosmologischen Verstehensprozess des Subjekts von der Ebene des Könnens auf die Ebene des Seins verlagert hat. Vgl. Ethik; Anthropologie und Ontologie; Der Mensch u. a.
[151] Vgl. Meixner, Art. Erkenntnis, 109–116, hier 111.
[152] Vgl. Über Pseudophilosophie, 42–80.
[153] Vgl. Meixner, Art. Erkenntnis, 111 f.; Natorp, Platos Ideenlehre, 213 f.

lich, »zu den wahren Strukturen und Formen allen Seins vorzudringen und damit die Grundlage eines richtigen Lebens, einer richtigen Praxis, einer richtigen Überzeugung zu erfassen«[154]. Die objektive Einsicht in die Wahrheit bewirkt, so folgert Platon, eine Veränderung im Menschen, eine Veränderung des Charakters. Diese Änderung im Menschen angesichts des Guten offenbart einerseits ein Werden (d. i. Wandel) und bewirkt andererseits eine Änderung des Erkennens, d. h., Erkenntnis. Hier wird der Doppelcharakter des Guten offensichtlich, die Bedingung allen Werdens und allen Seins und ebenso die Bedingung aller Erkenntnis zu sein.[155] Doch wer kann diese doppelte Aufgabe leisten? Hier tritt die im Anspruch der platonischen Ethik ersichtliche Aporie zu Tage, die zu der Frage berechtigt, wie die Erkenntnis praktisch wirksam werden kann, wenn die allermeisten diesen Weg nicht gehen können.[156] Platons Aporie führt zu einer erneuten Befragung des Verhältnisses von Anthropologie und Ethik und bleibt damit erkenntnisleitend für die Entscheidung über eine »monistische« bzw. monotheistische und eine pluralistische bzw. »polytheistische Ethik«. Um dieses erkenntnisleitende Interesse zu begründen und darüber hinaus wesentliche Argumente für die oben bezeichnete Konditionalität zu gewinnen,[157] soll Platons »objektive

---

[154] Nida-Rümelin, Metaethik, 85.
[155] Vgl. ebd.
[156] Vgl. ebd. Dieser vielfache geäußerte Vorwurf gegenüber der platonischen Ethik, dass sie eine Ethik für eine Elite sei, ist insofern berechtigt, als sich hier eine Überforderung des Subjekts ankündigt. Gleichwohl ist dieser Anspruch zugleich als Grenzziehung zu jedem möglichen Subjektivismus, der einen Überhang an Wertgenerierung und eine Minimierung normativer Ansprüche bedeuten würde. Möglicherweise könnte in dieser Aporie ein wesentlicher Grund für das Ausbleiben der Rezeption Häberlin'scher Philosophie liegen. Was der Ansatz einer platonischen Ethik darüber hinaus für die Sozialpädagogik bedeutet hat, wird einerseits an der Ablehnung von Natorps Sozialpädagogik ersichtlich und andererseits an Nohls pragmatische Umbesetzung der Sozialpädagogik, obwohl gerade Nohl sich noch in seiner Dissertation mit der platonischen Ethik beschäftigte. Vgl. Nohl, Sokrates und die Ethik.
[157] Auf das selbstverständliche wie problematische Verhältnis von Anthropologie und Ethik wurde bereits im Horizont von Häberlins Ethik hingewiesen und es konnte deren Verhältnis als nicht unerhebliche Bedeutung für die Diskurse theoretischer Bestimmungsversuche der Sozialpädagogik herausgestellt werden. Daran hängen, so eine erste vorläufige These, auch alle theoretischen Orientierungen der Sozialpädagogik. Aus dieser Perspektive lässt sich die Vergessenheit Natorps (Niemeyer) anders lesen bzw. das Urteil über Natorp, dieser habe mit seiner idealistischen Position zur Verschleierung der antagonistischen Gesellschaftsstruktur beigetragen. Vgl. Marburger, Entwicklung und Konzepte der Sozialpädagogik, 44; Niemeyer, Klassiker der So-

Ethik«, die auf zwei Wegen angelegt ist, sowohl in individualethischer wie in sozialethischer Perspektive erneut betrachtet werden. Der eine Pfad, im Dialog Phaidon[158] angelegt, behandelt den Gedanken von der Wiedergeburt der Seele und dem damit zusammenhängenden Verhältnis von Leib und Seele, die gegensätzlich zueinander auftreten. Dieser Gegensatz zeigt sich darin, dass der Leib nicht einfach der in der Seele liegenden Einsicht (episteme) folgt, sondern dieser versucht, sein Begehren gegen die gewonnene Einsicht der Seele zu behaupten. Der tugendhafte Mensch, so Platon, entscheidet diesen Widerstreit für sich, aber es ist ein Widerstreit, dessen Ausgang an der Tüchtigkeit des Menschen liegt und damit zu einer Herausforderung wird, die über dessen zukünftiges Leben entscheidet. Im Phaidon entwickelt Sokrates kurz vor seinem Tod Argumente für die Unsterblichkeit der Seele, indem er ausführt, dass der Fortbestand der Seele mit der Lebensweise des Menschen zu tun habe. Dadurch, dass die Seele permanent bis zum Tod mit dem Leib verkehrt, kommt es beim Ableben auf ihre Verfassung an. Ist sie unrein und befleckt, so muss sie umherirren und Strafe leiden für die frühere inadäquate, d. h., schlechte Lebensweise.[159] Für Sokrates (und Platon) folgt aus dieser Annahme, dass das Leben darin bestehen müsse, sich vom Leiblichen fernzuhalten und sich ganz dem Denken zu widmen, d. h., zu philosophieren.[160] Die hier postulierte Leibfeindlichkeit und der sich daraus entwickelnde Dualismus, der im Blick auf die Moralgeschichte (und christliche Moraltheologie) folgenreich gewesen ist, stellt eine nicht unerhebliche Schwierigkeit dar, die bspw. im Dualismus Descartes virulent und bis in modernste psychologische und philosophische Bestimmungen vom Menschen reichen.[161] Häberlins An-

---

zialpädagogik, 79 ff.; Winkler, Art. Sozialpädagogik, 918; Ried, Sozialpädagogik und Menschenbild, 117–148.
[158] Vgl. Platon, Phaidon, St. 57–118. (Damit sind nicht die Seitenzahlen angegeben, sondern die heute immer noch übliche nach Henricus Stephanus aufgeführte Paginierung des Textes.); Natorp, Platos Ideenlehre, 126–163.
[159] Vgl. Platon, Phaidon, 81 b-d.
[160] Vgl. Pleger, Das gute Leben, 13. Dies mag eine einseitige Wendung sein, kann aber berücksichtigen, dass Schleiermacher wie auch Natorp davon ausgehen, dass es hier um das Leben des Philosophen gehe, welches ein Leben im Ewigen sei, die geistige Erhebung über die Sinnenwelt im Anblick des Ewigen. Vgl. Natorp, Platos Ideenlehre, 127. Bei Häberlin und im Blick auf die Pädagogik wird dieses Stehen vor dem Ewigen sowohl logische wie auch zeitlogische Aspekte mit sich führen.
[161] Zu erwähnen sei hier nur das engagierte Plädoyer der Neoaristotelikerin Martha Nussbaum mit ihrem Capability Approach, in dem die Auseinandersetzung um ein

thropologie und dessen psychologische Studien dagegen, etwa »Der Geist und die Triebe« von 1924, repräsentieren einen Gegenentwurf zum platonischen Dualismus, in dem die psycho-physische Einheit von Leib und Seele ähnlich dem spinozistischen Parallelismus[162] betont wird. Diese heute befremdlich scheinende und im Zeitalter autopoietischer und konstruktivistischer Subjektivismen problematische Sichtweise weist allerdings auf einen wesentlichen Aspekt ethischer Diskurse selbst hin, nämlich auf ein Grundverständnis von Philosophie, aus der notwendig eine Ethik folgt. Bleiben wir beim Philosophieverständnis Platons als der Liebe zur Weisheit, die zugleich auch Liebe zur Wahrheit[163] meint und in der alle Suche und Lebensanstrengung kulminiert, so ist es der Begriff von Philosophie, der die Ethik färbt. Selbst Nohl, als Zeitgenosse Häberlins, konnte schreiben, dass die Suche nach Wahrheit die ethische Aufgabe des Mannes sei und dass sich in der Wahrheit als dem Ziel dieser Suche die siegreiche Macht des Lebens zeige.[164] Oder anders, weniger pathetisch formuliert: Ethik lebt wesentlich aus der *episteme* und ein wahres oder ewiges oder richtiges Leben ist das Ergebnis dieser Verschränkung. Wir können auch sagen, dass sich Platon im Phaidon auf der individualethischen Ebene bewegt, aber dieser sich um eine Weiterentwicklung der Beziehung von Anthropologie und Ethik im Dialog Politeia in sozialer und politischer Hinsicht bemüht. Diese notwendige Weitung der Ethik in der Polis bestätigt Platons Idee von der Philosophenherrschaft, eine Idee, die sich bisweilen in den manifest gewordenen Theorien zur Gerechtigkeitsdebatte gleichsam subkutan wiederfindet und stellt zugleich die ethisch-synlogische Verbindungsleistung von Einzelnem und Gemeinschaft dar.

---

nicht ausschließendes Menschenbild weiterwirkt. Auch wenn sich die Anthropologie des Aristoteles von derjenigen Platons unterscheidet, so wirkt die anthropologische Relevanz des platonischen Menschenbildes bis heute weiter. Vgl. dazu Nussbaum, Die Grenzen der Gerechtigkeit; Dies., Gerechtigkeit oder Das gute Leben; Gutschker, Aristotelische Diskurse; Hundeck, Die Geheimnishaftigkeit der Person, 121–143;

[162] Spinoza hatte in seiner Ethik einen Leib-Seele-Parallelismus entwickelt, um eine Einheit zu garantieren, die für Descartes Dualismus nicht mehr möglich war. Vgl. hierzu Spinoza, Ethik II L.11–13 ff.; sowie Bartuschat, Spinozas Theorie des Menschen, 310–325.
[163] Vgl. hierzu Philosophia perennis, 7.
[164] Vgl. Nohl, Sokrates und die Ethik, 51. Nohls Wendung von einem griechisch geprägten Philosophieverständnis hin zu einer nachmetaphysischen Lebensphilosophie kann auch als eine (opportunistische) Antwort auf die Krise der Moderne betrachtet werden. Hierzu Koerrenz, Herman Nohls Grundlegung, 103–123, bes. 106 f.

Disziplinäre Verortungen vor dem vagen Kontext der Moderne

Im Dialog Politeia[165] bildet das Thema der Gerechtigkeit[166] den Ausgangspunkt und Sokrates schlägt eine Analogie vor, um Gerechtigkeit in seinem Wesen zu betrachten. Gerechtigkeit im einzelnen Menschen lässt sich für ihn aus einem imaginierten Gerechtigkeitsverständnis der Polis schließen. Die vollentwickelte Polis verfügt über drei Stände, die Politiker, die Soldaten und die Handwerker und alle drei Stände werden mit Tugenden identifiziert, so die Politiker mit der Tugend der Weisheit (sophia), die sich als Wohlberatenheit (eubolia) zeigt, die Soldaten mit der Tapferkeit (andreia) und insgesamt die Herrschenden wie die Beherrschten, zu denen eben auch die Kaufleute gehören, denen die dritte Tugend der Besonnenheit (sophrosyne) hier im Speziellen zugesprochen wird. Die Besonnenheit als Tugend meint die Fähigkeit, die Begierden i.S. von Selbstbeherrschung zu kontrollieren. Geschieht die Ausübung dieser Tugenden in jedem Einzelnen als Ausübung seiner Verantwortung in der Polis, so ist Gerechtigkeit Ausweis realisierter dialektischer Vernunft. Hier die Analogie von der Gerechtigkeit in der Polis zur Gerechtigkeit im Individuum zu schlagen, gelingt Platon dadurch, dass Platon als Modell eine Dreiteilung der Seele in Denkvermögen (logistikon), in Mut und Eifer (thymos) und Begehrungsvermögen (epithymia) vorschlägt, die den drei Ständen in der Polis entspricht.[167] Platon weist diese drei Seelenteile dadurch nach, in dem er ihren Widerstreit im Menschen selbst verdeutlicht. Das Modell von individueller Gerechtigkeit als Modell der Seele hat ihren Sinn darin, dass die Vernunft die beiden anderen Tugenden zur Konsequenz hat, woraus eine Karte des sittlichen Verhaltens entsteht. D.h., Gerechtigkeit im Menschen geschieht dann, wenn jeder Teil der Seele ihre Tugend realisiert und damit die Seele in den Zustand der Harmonie hebt.[168] Harmonie der Seelenteile aber ist Gerechtigkeit bzw. das gute Leben, Disharmonie und Zwiespalt hingegen ihr Gegenteil. Die hier von Platon vorgenommene Erweiterung seines ethischen Konzepts im Vergleich zum Phaidon liegt in der Transformation des Dualismus von Leib und Seele in eine dialektisch vermittelnde Vernunft, die nicht die Leiblichkeit und die daraus folgenden leiblichen Bedürfnisse als das zu Überwindende begreift, sondern die Balance der Seelenteile zum

---

[165] Vgl. Natorp, Platos Ideenlehre, 175–214.
[166] Vgl. Schäfer, Art. Gerechtigkeit, 131–135.
[167] Vgl. Natorp, Platos Ideenlehre, 178–180; Pleger, Das gute Leben, 14.
[168] Vgl. Platon, Politeia, 443d.

Angesichts polytheistischer Ethiken: Metaethik als *episteme* und *sophia*

Ziel hat. Die Weiterentwicklung einer Individual- zu einer politischen Ethik in der Politeia vermeidet somit einen sittlichen Rigorismus und damit auch einen Normativismus[169], eine Tatsache, die für die aktuellen Debatten zur Gerechtigkeit in der Sozialpädagogik sprechen und eine Differenzierung im Blick auf ihre pädagogischen Anteile wie ethische Ausrichtung zu bedenken geben.[170]

Die platonische Ethik verschränkt die Kategorien der Einsicht (episteme), der Wahrheit und der Gerechtigkeit in der Polis miteinander, d.h., Einsicht in einen Gesamtzusammenhang (Kosmos) behauptet eine Ordnung, die schon als Gegebene die Norm abgibt, an der sich das Handeln des Einzelnen wie das der Polis orientiert. Damit wird der Mensch zum Ort einer dialektischen Vernunft, der zugleich Ort der Entscheidung für die eigene Lebensweise wird. Darauf weist der Schluss der Politeia im Mythos des »Lebensloses« hin, der die Freiheit und Notwendigkeit des Menschen, sich seine eigene Lebensweise zu wählen, thematisiert.[171] Einerseits ist die Vernunft der Zugang zur Ordnung, um den Kosmos als Richtmaß wahrzunehmen, andererseits formuliert sich mit der Entscheidung für die eigene Lebensweise die Aufgabe des Menschen angesichts dieser Ordnung. Anthropologie und Kosmologie werden hier dialektisch vermittelt, wobei das Maß von Ordnung und Vernunft virulent wird. Denn dieses Maß ist nicht in seiner Pluralität und arbiträren Differenzierung, sondern als eine einzige Ordnung bzw. als eine einzige Wahrheit vorhanden. So wie Sokrates mit der Vernunft den Polytheismus des Göt-

---

[169] Als Normativismus ist jene Ausschließlichkeit zu verstehen, die den Vorrang des Normativen vor dem Faktischen behauptet. Inwieweit sich hier Rigorismus und Normativismus verschwistern, ist so leicht nicht auszumachen, denn bspw. das Pochen auf Pluralität und einer Anerkennungskultur, in der alle Lebensentwürfe und subjektive Mythen nebeneinanderstehen, kann ein Normativismus sein, der alle anderen diese Pluralität einschränkende Normsysteme ablehnt. Andererseits zielt Rigorismus auf den Modus der Umsetzung einer Norm und muss daher nicht selbst als Norm gelten. Vgl. dazu Boghossian, Angst vor der Wahrheit, 8 ff.

[170] Im Blick auf die Gerechtigkeitsdebatte in der aktuellen Sozialpädagogik, die sich als Menschenrechtsprofession (Staub-Bernasconi) bzw. als Gerechtigkeitsprofession begreift, könnte ein Rekurs auf Platon hilfreich und sinnvoll erscheinen, da hier auch in der theoretischen Rechtfertigung nicht zwischen individueller und holistischer Ethik gestritten werden müsste. Selbst durch Staub-Bernasconis Vorschlag, einen systemischen Weg der Ethik zu gehen, gelingt nicht eine theoretisch ausgleichende Vermittlung von Individuum und Gemeinschaft, sondern eher ein solcher einsam kreisender Monaden in ihrer Gegensätzlichkeit, etwa i.S. Lyotards. Vgl. Staub-Bernasconi, Der Beitrag einer systemischen Ethik, 267–289; Lyotard, Der Widerspruch.

[171] Vgl. Politeia, 617 d-e; Natorp, Platos Ideenlehre, 203 ff.

terpantheons verabschiedet hatte, so kann der Zugang zur Wahrheit über die Vernunft zwar perspektivisch erfolgen, jedoch kann die Wahrheit selbst nicht plural oder vielfältig sein, weil sie dann eine Ordnung postulierte, von dem niemand angeben könnte, ob es eine Ordnung der Ordnungen gebe oder doch nur zusammenhanglose Teile. Wenn selbst die Wirkungsgeschichte Platons resp. der platonischen Ethik auch nicht in deren aktualisierter Variante der Kommunikation- bzw. Diskursethik Apels oder Habermas' revidiert wird, dann zeigt sich vielleicht hier die Not einer Einheit gerade im Verfahren des Diskurses in dringlicher Weise.[172] Das Schema Vielheit in der Einheit wurde bereits zur Überbrückung der Moderne als Angelpunkt der Bestrebungen ausgemacht, um deren Dilemmata zu überwinden. Die Geschichte der Sozialpädagogik wurde hierbei als Weg von der einenden Bestimmung des Gegenstandes in die kompensierende Pluralisierung der Praxisfelder beschrieben, doch wie steht es um die Zuschreibungsgeschichte der Ethik und vor allem um ihre Aufgabe? Mit dem Blick auf Platon, bei dem die Ethik als Bewältigungsaufgabe des Menschen die Philosophie als Liebe zur Weisheit repräsentierte, veränderte sich mit Kant die Konstellation grundlegend. Die kritische Fassung der Philosophie durch den Königsberger verlagerte die Ethik in den praktischen Bereich und koppelte diese damit von der Erkenntnistheorie ab. So schien dieser Prozess nach dem Ende der Einsichtsfähigkeit in das Wesen der Dinge die Philosophie von ihrem griechischen Erbe emanzipiert zu haben, allerdings um den Preis, die Einheit der Philosophie und damit die Einheit der Wahrheit selbst verloren zu haben. Vermutend zur Begriffsgeschichte der Sozialpädagogik könnte Analoges von der Ethik gesagt werden: Philosophie spaltet sich auf in Philosophien, und die von der Philosophie ins Praktisch-Pragmatische abgeschobene Ethik mündet wie ein Fluss in ein Delta von Bereichsethiken. Diese mäandernde Entwicklung der Ethik, die ebenso einen begrifflichen Entgrenzungsprozess wie die Sozialpädagogik beschreibt, ließe sich anhand der Dichotomie von Anthropologie oder Geschichte deuten, als deren Konsequenz Marquard das Loblied des Polytheismus gesungen hatte.[173] Diese zugegeben etwas holzschnittartige Darstellung enthält noch einen wei-

---

[172] Vgl. Pleger, Das gute Leben, 247–253.
[173] Vgl. Marquard, Art. Anthropologie, 370; weiterhin Ders., Abschied vom Prinzipiellen, 91–116; Ders., Das gnostische Rezidiv der Gegenneuzeit, 31–36; Ders., Philosophie des Stattdessen, 11–29.

teren Aspekt, eine Matrjoschka, einen Aspekt im Aspekt sozusagen. Ethik ist die äußere Puppe (Form), die eine kleinere enthält usw., aber da Ethik als äußere Form die bestimmende bleibt, die, losgekoppelt von der Philosophie, die systematischen Ansprüche des jeweiligen Bereichs ausfüllt, hat die Philosophie ihre Frage nach den Gründen und als Modus der Suche nach der Wahrheit verloren. Das Urmeer der Philosophie ist zum Mythos geworden und nur noch in kondensierter Form zur Darstellung zu bringen, ist nur noch als Kritik gegenwärtig, auch weil nach den Schrecken von Auschwitz und Hiroshima eine munter positive Annahme einer einenden Weltsicht nicht mehr überzeugen kann und überzeugen will. Ethik wird deshalb nicht nur zur Ersten Philosophie[174], indem sie an die Stelle der einstigen Metaphysik tritt, sondern hat als Allgemeine Ethik nur noch wissenschaftstheoretischen Begründungscharakter[175] für die speziellen oder angewandten Ethiken in den jeweiligen Praxisfeldern der Gesellschaft. Zudem »wurde in vielen sozialwissenschaftlichen Debatten die Einsicht in die *Kulturabhängigkeit* [kursiv i.O., M. H.] von Wertüberzeugungen als hinreichender Grund dafür angesehen, dass die ethisch-normative Diskussion über allgemein verbindliche moralische Prinzipien abzulehnen sei.«[176] Dieses ablehnende Verhalten mag auch mit der veritablen Synonymisierung der Begriffe Norm und Wert zu tun haben, das ja auch in der Pädagogik immer wieder und immer noch anzutreffen ist,[177] oder aber am Schrecken, den normative Ansprüche in einer Gesellschaft auslösen, in der Wahrheit und Norm bisweilen Ergebnisse interessegeleiteter Konstruktivismen sind. Was aber ist Ethik in diesem Szenario? Ist Ethik, folgen wir dem Selbstverständnis einiger Ethiker, eine systematische Entfaltung einer bestimmten weltanschaulichen Perspektive oder gar die Begründung eines Berufsethos?[178] Oder kann Ethik als Moderations- und Kanalisationsinstrument emotional aufgeheizter öffentlicher

---

[174] Ethik als Erste Philosophie ist ein Terminus, der vom litauisch-französischen Philosophen Emmanuel Levinas geprägt worden ist und der phänomenologisch nach Husserl radikal eine Philosophie vom Anderen her entwirft, der das Ich vorgängig vor aller Erfahrung in die Verantwortung stellt. Vgl. hierzu Levinas, Totalität und Unendlichkeit; Ders., Jenseits des Seins.
[175] Düwell/Hübenthal/Werner, Einleitung, 11. 19.
[176] Ebd., 18f.
[177] Vgl. Brezinka, Erziehung in einer wertunsicheren Gesellschaft. Dazu Prange, Die Ethik der Pädagogik, 37 ff.
[178] Düwell/Hübenthal/Werner, Einleitung, 20

Debatten über Moral und Werte gelten und kommt damit möglicherweise gesellschaftlichen Erwartungen und Bedürfnissen entgegen?[179] Nimmt Ethik argumentativ kritische Distanz zu weltanschaulichen Annahmen und Wertüberzeugungen, dann muss sie sich selbst wiederum an normativen Maßstäben ausrichten und kann daher keinem Praxisfeld als quasi »hauseigene« Rechtfertigungsmacht zur Verfügung stehen. Vielleicht hilft hier eine Assoziation von Marquard, denn dieser sprach von der Moderne als einer Ausbalancierung von Einheit und Vielheit, die nur möglich wäre, ohne die Härten und Wunden der Welt wegretuschieren zu wollen, unter Verzicht auf ein großes Krisenpathos.[180] Diese Assoziation gibt den Blick auf eine Ethik frei, die vor schwierigen Entscheidungen steht: 1. Eine Begründung von Ethik im Horizont der Moderne ist nur möglich, wenn eine Entscheidung im Blick auf ihre philosophische Basis getroffen wird, von der sie ausgeht und ausgehen will. 2. Eine normative Ethik mit einem verbleibenden Anspruch auf Universalisierung muss jeder Bereichsethik grundsätzlich vorausgehen und 3. Die Setzung, dass die Moderne die Balance von Einheit und Vielheit sei, behauptet eine Einheit, ohne diese ausweisen zu können bzw. zu wollen und protegiert zugleich eine Pluralisierung, die nichts weiter ist als die Beschreibung und Rechtfertigung der Normativität des Faktischen.[181]

Zusammenfassend: Hatte Schleiermacher die Pädagogik noch als einen Teilbereich der Ethik betrachtet[182] und die Neubegründung der Pädagogik als Wissenschaft in seinen Pädagogikvorlesungen von 1826 mit einer Entprofessionalisierung der Erziehungsaufgabe und zugleich ihrer grundsätzlichen Problematik bestimmt, so war die Konditionalität von Pädagogik und Ethik begründet und notwendig gegeben. Mit einer Pluralisierung der Disziplinen aber geschieht die Aufhebung des notwendig gegenseitigen Bedingungsverhältnisses, was eine Instrumentalisierung für Status- und Berufsgruppen zur Folge hat. Pädagogik wie Ethik wird an die Spezialisten delegiert und damit in den jeweiligen Bereichen professionalisiert. Die Folge zeigt sich in der Zusammenhanglosigkeit der Disziplinen und aufgrund normativer Unsicherheiten in der Gesellschaft und dem daraus gene-

---

[179] Vgl. ebd.
[180] Vgl. Marquard, Skepsis und Zustimmung, 30–44, hier 33.
[181] Sosehr Marquards origineller Denk- und Schreibstil immer wieder nachdenklich macht und den Leser zum Schmunzeln bringt, so muss doch sein tiefgreifender Skeptizismus, der zugleich ein Pessimismus ist, erschrecken.
[182] Vgl. Frost, Pädagogik, 308–315, hier 308.

rierten Bedürfnis nach Orientierung und dem vermehrten Ruf nach Erziehung und Ethik. Und, um nochmals Schleiermacher zu bemühen: dieser begriff Pädagogik und Politik als Teilbereiche der Ethik und schloss daraus, dass nur am Grad deren »Koordinierung« die Sittlichkeit eines Gemeinwesens abgemessen werden könne. Das Gegenteil, quasi eine Anti-Schleiermacher-Position bedeutet demnach: Eine in ihre Bereiche diffundierende Disziplin kann daher nur noch operativen Charakter haben. Demgegenüber ließe sich mit Prange durchaus berechtigt konstatieren, weil kein einheitlicher Normgeber mehr vorzeigbar ist, könne die Pädagogik aus den kreativen Argumentationsprozessen der Bereichsethiken lernen, um ihre situativen Strategien zu verbessern.[183] Aber: Ist Pluralisierung dann möglicherweise nichts weiter als ein Vermeidungsbedürfnis gegen einen Ehrgeiz, eine Reihe von Grundnormen änderungsresistent zu fixieren?[184]

---

[183] Vgl. Prange, Die Ethik in der Pädagogik, 18.
[184] Vgl. ebd. 43.

2. Präliminarien – heuristisch und zeitlogisch gewendet

Immanuel Kant unterschied in der Kritik der reinen Vernunft ostensive und heuristische Begriffe, Heuristik sei demnach eine Technik, um mit Gegenständen Konstellationen zu simulieren. Mit dieser Simulation kann nicht das Wie dieser Gegenstände, aber ihre Stellung im Kontext der Gegenstände und damit ihr Bedeutungsgehalt bestimmt werden.[1] Ergänzend dazu meinte er, dass Vernunftbegriffe als bloße Ideen keinen Gegenstand in der Erfahrung hätten, sie deshalb keineswegs nur als gedichtete oder für möglich angenommene Gegenstände gelten könnten, sondern sie seien »bloß problematisch gedacht, um, in Beziehung auf sie als heuristische Fiktionen, regulative Prinzipien des systematischen Verstandesgebrauchs im Felde der Erfahrung zu gründen.«[2] Davon ausgehend ließe sich die Frage stellen, was es bedeuten würde, der Kantischen Prämisse von der Trennung heuristischer und ostensiver Begriffe nicht Folge zu leisten? Die Konsequenz dieses philosophischen Ungehorsams wären nicht metaphysische Annahmen, sondern Gewissheiten. Hatten wir oben Häberlins Grundaxiom von der (ewigen) Vollkommenheit der Welt, das Perfectum, als Ausgangspunkt all seiner philosophischen Überlegungen bestimmt, so zeichnet sich dieses Axiom dadurch aus, dass es einerseits für Häberlin zwingend ostensiv, also nicht nur augenscheinlich, sondern objektiv wahr ist und andererseits, dass es den Maßstab aller weiteren Überlegungen philosophischer und pädagogischer Natur bildet und deshalb heuristisch genannt werden kann. Ein weiterer Unterschied zu Kant wird darin deutlich, dass bei Häberlin das Wie der Welt, d. h., ihr Wesen, dem zugleich eine Optik appliziert wird, die eine wie immer geartete Heuristik codiert, da die Welt als vollkommene und ewige Ordnung bestimmt ist und die Intention der Heuristik nicht nur in der funktionalen Bestimmung des Gegenstan-

---

[1] Vgl. Kant, Kritik der reinen Vernunft, B 699.
[2] Ebd., B 799.

des liegt. Aus dieser »geprägten« heuristischen Optik ergeben sich alle deutbaren Gegenstände, erhält die Hermeneutik wie die Kritik ihre je eigene Färbung.

2.1. Heuristik und Kritik

Heuristik erweist sich als Element der Hermeneutik, eine Verbindung, die deshalb von entscheidender Bedeutung ist, weil sich daraus das Verständnis von Kritik ableitet. Schleiermacher verstand Heuristik als eine Kunst, das Denken so zu arrangieren, um neue Erkenntnisse und Erkenntniszusammenhänge zu generieren.[3] Das heuristische Vorgehen sollte sich dabei auf den Sachverhalt und den allgemeinen Zusammenhang beziehen.[4] Heuristik als hermeneutisches Element inszeniert bestimmte thematische Konstellationen wie auf einer Bühne, die Gehalte des Themas wie dessen leitende Motivationen dramatisiert, um diese diskursiv erörtern zu können. Heuristik unterscheidet sich von einer Grundlegung dahingehend, weil ein heuristisches Vorgehen eine Annahme bzw. Vorstellung ins Blaue hinein mit der Absicht formuliert, diese Annahme nicht nur im anschließenden Diskurs zu verstehen, sondern auch die sich einstellenden Gefühle und Assoziationen als manifestierende, sperrige oder irritierende Merkmale zu berücksichtigen. Heuristik ist daher in sich schon kritisch, weil ihr die Irritation und das Anders-sein-können inhärent sind. Solch ein Offenhalten in der Auslegung von Gehalten führt dazu, bspw. eine jeweils betrachtete Geschichte anders zu verstehen, d.h., diese in ihrer Verfremdung wahrzunehmen oder sie im Durchfluss durch die Fragestellung zu katalysieren.[5] Aufgrund dieser Dra-

---

[3] Vgl. Schleiermacher, Hermeneutik und Kritik, 75 ff.
[4] In Schleiermachers Studien zur Hermeneutik finden die Aspekte der Kritik und der Dialektik eine notwendige Berücksichtigung und werden gerade dort heuristisch, wo es nicht um Textkritik, sondern um die Möglichkeiten des Gesprächs und seiner Deutungen geht. Vgl. Schleiermacher, Hermeneutik und Kritik, 410 ff.
[5] Heuristik als Möglichkeit der Katalyse zu betrachten, verdeutlicht beispielhaft Hans Blumenbergs Metaphorologie, denn für Blumenberg stellte die Metapher einen Katalysator dar, der durch die Metapher geistesgeschichtliche Formationen extrahierte. Vgl. Blumenberg, Paradigmen zu einer Metaphorologie, dazu Hundeck, Welt und Zeit, 112–145. – Dass Heuristik sich als kritische Methode ausweist, verdeutlicht auch die Dialektik der Aufklärung Horkheimer/Adornos, in der die Dialektik zum Modus der Hermeneutik wird. Vgl. Horkheimer/Adorno, Dialektik der Aufklärung; Adorno, Einführung in die Dialektik. – Schließlich sei noch auf Hans Jonas verwiesen, der das

matisierungen kann Heuristik als eine Arbeit an Ideologien verstanden werden, die i. S. der Aufklärung eine Kritik an der Geschichte und ihrer inhärenten Strukturlogik ermöglichen kann. Anders gesagt: Angesichts des Terrors der historischen Erfahrungen des 20. Jahrhunderts (Blumenberg) wird Heuristik zum kritischen Imperativ gegenüber der Geschichte. Die aus ihr folgenden Ableitungen sind kritische Arbeit im Raum des Ungewissen und Unbestimmten.[6] Heuristik macht jedoch, da sie hier kritisch, und damit dialektisch verstanden wird, auf Geschichte als Prozess aufmerksam, der zwischen Geborgenheit und Sehnsucht nach dem Anderen[7] Halt zu gewinnen sucht. Sie provoziert die Notwendigkeit eines permanenten Austarierens der Pole von Vergangenheit und Zukunft, zwischen denen der Mensch auf Veränderungen seiner Welt reagieren muss. Max Horkheimer formulierte wiederholt in seinen letzten Gesprächen mit einem beinahe flehenden Gestus genau diese Arbeit von Bewahrung und Veränderung als den Kern der Kritischen Theorie:

»Die Kritische Theorie und ich habe als kritischer Theoretiker gesprochen, hat eine doppelte Aufgabe. Sie will das, was verändert werden soll, bezeichnen, sie will aber auch das, was zu erhalten ist, nennen«[8].

Heuristik als kritisches Experiment zur Erkenntnisgewinnung zielt nicht auf ein traditionelles Theorieverständnis oder auf ein Kantisches Verständnis von Kritik als Erkenntniskritik[9], die die Bedingungen für Theorie überhaupt formuliert, sondern auf die Bildung möglicher Formationen und deren Wirkungen. Als Beispiel hierfür kann Max Horkheimers berühmter Aufsatz *Traditionelle und Kritische Theorie von 1937* gelten, der sich an vergangenen wie zukünftigen Vorstellungen orientiert und damit eine Heuristik formuliert, die in ihrem Geschichts- und Gesellschaftsbezug entscheidend über Kant hinausgeht.[10] Heuristik als Konstitutionsprozess spielt sich somit

---

Prinzip Verantwortung dadurch zu begründen sucht, indem er eine Heuristik der Furcht entwickelt, die eine ethische Positionierung angesichts der Unwägbarkeiten der technischen Zivilisation möglich machen kann. Vgl. Jonas, Das Prinzip Verantwortung.
[6] Vgl. Gamm, Flucht aus der Kategorie.
[7] Vgl. Horkheimer, Die Sehnsucht nach den ganz Anderen, 385–404.
[8] Ebd. 396.
[9] Vgl. Holzhey, Art. Kritik, 1268 ff.
[10] Vgl. Horkheimer, Traditionelle und kritische Theorie, 205–259. Horkheimer versucht hier im Anschluss an Hegel, Marx und Freud eine Gesellschaftstheorie zu begründen, die die erkenntnistheoretischen Positionen Kants verlässt und damit in die

nicht vor dem Hintergrund unspezifischer Kulissen ab, d.h., sie bewegt sich nicht in einem kantisch kritischen Raum des Als-Ob[11], sondern beschreibt den Beziehungsraum von Individuum und Gemeinschaft und den daraus folgenden gesellschaftlichen Strukturen. Einer Heuristik ist damit immer eine kritische Seite implementiert, weitergehend heißt dies: Heuristik ist ein kritisches Geschehen. Heuristik rechnet mit dem Ganzen und kann nur vor diesem Hintergrund das Individuelle in seiner kritischen Bedeutung für das Ganze würdigen. Heuristik als andere Seite der Kritik läuft daher nicht Gefahr, sich in einer Übersteigerung der Individualität[12] bzw. in einer geschichtslosen Adaption von Möglichkeiten zu verlieren. Macht Heuristik das Ganze sichtbar, weil sie wie Häberlin vom Ganzen ausgeht, so muss Kritik als andere Seite der Heuristik verstanden werden, sozusagen als ihre dialektische Möglichkeit, und um dies zu begründen, bedarf der Begriff der Kritik einer begriffsgeschichtlichen und einer systematischen Analyse.

2.2. Kritik und Krise

Kritik ist von seiner Herkunft her ein ambivalenter Begriff, was, wie die Begriffsgeschichte zeigt, zu dessen inflationärem Gebrauch geführt haben mag. Diese begriffliche Ambivalenz wird gerade dort deutlich, wo ein vulgäres Verständnis von Kritik leitend ist, weshalb die Verwendung des Begriffs erst verspätet das leisten kann, was dieser leisten soll.[13] Die sich aus diesem vielfältigen Gerbrauch ergebenden Widersprüche bedürfen einer bisweilen vernachlässigten Bestimmung, um Einseitigkeiten zu vermeiden und mit Kritik (oder als

---

Nähe der Sozialwissenschaften rückt. Aus diesem Grund haben Habermas u.a. von einer »Anti-Philosophie« gesprochen. Vgl. dazu Habermas, Bemerkungen zur Entwicklungsgeschichte, 163 f.

[11] Vgl. Vaihinger, Philosophie des Als-Ob.
[12] Nehmen wir Nietzsches Philosophie als Paradigma einer notwendig übersteigerten Individualität, um den der Kantischen Erkenntnistheorie innewohnenden Aporien zu entgehen, so unterläuft Nietzsche hier die für die Sozialpädagogik relevante Korrelation von Individuum und Gemeinschaft. Auch Niemeyers Versuch, Nietzsche für eine Sozialpädagogik von Neuem ins Gespräch zu bringen, scheitert hier an den heuristischen Rahmungen, die dafür notwendig wären. Vgl. Niemeyer, Sozialpädagogisches Verstehen verstehen.
[13] Vgl. von Bormann, Art. Kritik, 807.

kritisch) etikettierte Positionen auch als solche auszuweisen.[14] Ist Kritik ein abgewogenes Urteil oder eine methodisch geprüfte Gewissheit auf der via negationis oder die Bezeichnung für ein politisch-gesellschaftliches Engagement im Verbund mit einer soziologischen Totalkonstruktion der Gesellschaft?[15] Um Kritik demnach nicht nur als ein Theorem aus dem Begriff zu stilisieren, sondern als eine Form zu etablieren, die Haltung wie Lebensform sein kann, ist eine nochmalige Rückwendung auf den Begriff notwendig.

Der Begriff Kritik stammt aus dem Griechischen mit seinen Nominalformen κριτική und seinen Ableitungen κρίσις, κριτήριον sowie der Verbalform κρίνειν. Kritik in seiner substantivischen Form meint Scheidung, Unterscheidung und Beurteilung, das Verb *krinein* demzufolge scheiden, unterscheiden und beurteilen. Kritik als Scheidung, Unterscheidung und Beurteilung findet seinen ersten und gängigen Gebrauch in ethisch-politischer und juristischer Hinsicht.[16] Aristoteles hatte den Ort der Kritik zuerst in der ethischen Praxis gefunden, denn in ihr verwirklichte sich Kritik in der Entscheidung oder Wahl als ein Prüfen des Ethos, als Verständigung und Unterscheidung.[17] Damit intendiert der Vorgang der Kritik, Kritik zu üben sowie die Fähigkeit, eine Unterscheidung zu treffen. Die Fähigkeit zur Kritik wurde demjenigen zugesprochen, der, wie Aristoteles meinte, den Sachverstand oder die Kompetenz mitbrächte, eine Sache, eine Tatsache oder ein Argument aus einer »gebildeten«, d. h., von einer übergeordneten Instanz aus zu beurteilen.[18] Das hat insofern eine Relevanz, als Kritik von ihrem Grundverständnis her immer das Ganze in Bezug auf die Sachen und Tatsachen im Blick haben musste, um eine Unterscheidung bzw. eine Scheidung i. S. einer Differenzierung vornehmen zu können. Im Blick auf die Geistes-, die Theologiegeschichte bzw. auf die Geschichte des Rechts war dies nicht unwichtig, weil Kritik immer im Zusammenhang mit der Instanz zu denken war, von der diese Kritik ausging. Diese Instanz war das Gericht, denn dort

---

[14] Diese mitunter unkritische Verwendung begegnet uns überall dort, wo eine fachliche Richtung als eine Kritische bezeichnet wird, ohne genau zu sagen, wovon her und wie Kritik hier als Maßstab genommen wird.
[15] Vgl. von Bormann, Art. Kritik, 807.
[16] Vgl. Bormann, Art. Kritik, 1249.
[17] Vgl. von Bormann, Art. Kritik, 813.
[18] Vgl. ebd., 807.

wurde über Schuld und Unschuld, Tod oder Leben des Deliquenten befunden,[19] allerdings immer vom Standpunkt der Positivität des Rechts aus. Dem Recht kam eine situative Objektivität zu, auch um die Stabilität der Rechts- und Staatsordnung zu garantieren. Diese Objektivität entfällt allerdings im ethisch-praktischen Kontext, weil hier das durch die Entscheidung angestrebte Ziel von dem Weg zu diesem Ziel verschieden ist, und weil das Ziel eine durch Tugenden zu erreichende und daher nicht bestimm- und nicht handhabbare Größe ist. Diese Dimension der Unbestimmtheit reguliert Kritik immer an dem zu erreichenden Ziel, was bedeutet, dass sich die Praxis der Kritik immer an Normen zu orientieren hat. Damit wird auf einem Verständnis insistiert, das dem der Neuzeit (und der Moderne) entgegensteht, denn die Neuzeit verstand Kritik demgegenüber als eine Praxis, die von außen urteilt und nicht schon das Ziel im Handeln selbst sieht bzw. im Handeln erreicht hat.[20]

In der theologischen Tradition wird die Kategorie des Gerichts analog zur weltlichen Gerichtsbarkeit verwendet,[21] allerdings findet hier eine zeitlogische Verschiebung des Gerichtsortes in eine Zukunft nach dem Tod statt. Dieses Gericht, das als Gericht am Ende der Zeiten das »Jüngste Gericht« bezeichnet, tagte topologisch außerhalb der Welt. Dort wurde nicht über einzelne Handlungen des Menschen, sondern über dessen Leben als Ganzes entschieden, d. h., Gericht bezeichnet den Moment, indem das Leben zur endgültigen Krisis kommt.[22] Auf der Bühne des »Jüngsten Gerichtes« wurde das Leben des Menschen einer moralischen Sezierung unterzogen, indem dort das Bleibende, das Sein, von dem getrennt wurde, was Schein und

---

[19] Aristoteles, Nikomachische Ethik, 1134 a31f.; 1143 a20.
[20] Vgl. von Bormann, Art. Kritik, 813.
[21] Als Nebenbemerkung seien hier Oswald Spenglers Aussagen zum Prozess Jesu vor Pilatus erwähnt. Er bezeichnet diesen Prozess als das Gegenüber der Welt der Tatsachen und der Welt der Wahrheit, die sich hier unvermittelt und unversöhnlich gegenüberstünden. Beispielhaft läge in diesem Prozess und in diesem Gegenüber der ganze Sinn der Geschichte. Vgl. Spengler, Der Untergang des Abendlandes, 820. Ohne Spenglers Emphase zu teilen, so darf jedoch darauf hingewiesen werden, dass er einerseits in den sich gegenüberstehenden Welten auf den Antagonismus von Positivität und Metaphysik hinweist, andererseits die vulgäre Vorstellung von Tatsachen und ihrer Evidenz, wie sie beispielsweise in den modernen Naturwissenschaften behauptet werden, karikiert. Zu diesem Gerichtsprozess auch, vor allem im Blick auf den Begriff der Krisis, erhellend Agamben, Pilatus und Jesus.
[22] Vgl. Kehl, Eschatologie, 283.

Präliminarien – heuristisch und zeitlogisch gewendet

damit Nicht-Sein war.[23] Das Gericht macht die Kritik in diesem Sinne zu einer endgültigen und nicht-revidierbaren Entscheidung, zu einem Akt der Identitätsfindung, und lässt sie damit zu einer existenziellen Kategorie im Leben jedes einzelnen Menschen werden. Das Leben selbst gestaltet sich als permanente, als umfassende Lebenskrise, die erst im Tod in ihre letzte Entscheidung,[24] in ihre Endgültigkeit aufgehoben wird. Wie kongruent sich hier die juridische und die theologische Dimension von Kritik ausnehmen, ist nur deshalb für unser Thema von Bedeutung, weil Kritik hier als ontologische Kategorie das in der Unterscheidung Offengelegte als Sein und Schein bestimmt. Diese Vorstellung einer Scheidung in Sein und Schein wirkt bis ins Denken der Aufklärung hinein, indem die Vernunft den Platz des Weltenrichters einnimmt und über Mündigkeit bzw. Unmündigkeit des Menschen entscheidet.[25] Auch Kants erkenntniskritisches Diktum, dass die Welt Erscheinung sei und wir das Ding an sich nicht erkennen können, denn es sei ein noumenon[26], verneint zwar die ontologische Möglichkeit der Unterscheidung von Sein und Schein, behauptet jedoch in der Möglichkeit, die Bedingungen der Erkenntnis zu formulieren, den Modus des Gerichts als Kritik.[27]

Wenn es daher die Natur der Kritik ist, zu unterscheiden und über die Qualität der Wirklichkeit des Lebens und dessen Bedingungen zu entscheiden, so ist Kritik ihrem Wesen nach eine ethische und damit, weil es um den Menschen in seinen Umständen geht, eine politische Kategorie.[28] Diese begriffliche Einordnung approbiert Kritik als eine wertende Kategorie, d. h., sie bestimmt einen Sachverhalt in ihrer Qualität, allerdings eine Qualität, die reflexiv unerreichbar und nur als eine letzte Voraussetzung angenommen werden kann.[29]

---

[23] Vgl. ebd.
[24] Vgl. Boros, Mysterium mortis.
[25] Vgl. Kant, Grundlegung zur Metaphysik der Sitten, 53–61.
[26] Vgl. Kant. Über eine Entdeckung, BA 41 (320 f.).
[27] Auch Horkheimer ist in diesem Sinne immer bei Kant geblieben, wie er im Spiegelinterview von 1970 beinahe testamentarisch formuliert: »Zumindest – darin gehe ich mit Kant und Schopenhauer einig – weiß ich, daß die Welt Erscheinung ist. Wie wir sie kennen, ist sie nicht absolut, sondern Ordnungsprodukt unserer intellektuellen Funktionen. Jedenfalls ist sie nicht das Letzte«. Vgl. Horkheimer, Was wir Sinn nennen, 350.
[28] Vgl. Ortega y Gasset, Meditationen über »Don Quijote«, 53.
[29] Vgl. Von Bormann, Art. Kritik, 821.

2.3. Krise als pathologische Metapher

Zum ethisch-politischen bzw. juridischen Verständnis von Kritik gesellt sich vom Wortstamm her noch eine weitere Bedeutung hinzu, die der Krise (κσίσις). Im Gegensatz zu Kritik dominierte in der Medizin seit Hippokrates[30] bis in die Neuzeit hinein der Begriff der Krise,[31] denn damit konnte der Verlauf einer Krankheit und der Zustand der menschlichen Gesundheit umschrieben und eingeordnet werden. Krise bezeichnet einen entscheidenden Wendepunkt, genauer die Verlaufsrichtung, die eine Krankheit nimmt.[32] Seit dem 17. Jahrhundert ist begriffsgeschichtlich eine metaphorische Ausweitung auf die Politik, die Psychologie, die Ökonomie und schließlich auch auf die Geschichte zu bemerken, die sich erst mit der Aufklärung und der Französischen Revolution wieder theologisch und religiös bzw. säkular einfärbte.[33] Der medizinische Horizont des Begriffs Krise zeigt jedoch in seiner metaphorischen Weitung noch die Facette der Veränderung und des Wandels an, der den Prozesscharakter eines Sachverhaltes und sein Verhältnis zu einer Ordnung hin bestimmbar macht. Ordnung als Kosmos bezeichnet also den Ausgangspunkt oder das Ziel und ist somit der Punkt, von dem aus sich Krise als Verhältnis bestimmt. In einer Ordnung wird die Vielfalt von Gliedern, Elementen und Teilen von einem Gesetz durchwaltet und beherrscht.[34] Krise kann aber auch einen Sachverhalt oder einen abstrakt durch Aussagen gewonnenen Gegenstand meinen, wobei es sich um einen tatsächlichen oder fiktiven (d. i. konstruierten) Sachverhalt handeln kann. Krise ist folglich zunächst eine Verhältnisbestimmung, d. h., sie ist relational und damit eine akzidentelle Kategorie, die auf einen Zusammenhang hinweist. Hier wird Krise in ihrer pathologischen Verfasstheit beschrieben, was bedeutet, dass ihr (der Krise) immer die Vision des Ganzen, Gesunden, Absoluten usw. inhärent ist. Nur deshalb kann bei Kritik (bzw. Krise) ein Anspruch auf Veränderung formuliert und von der Wandlung eines Zustands gesprochen wer-

---

[30] Vgl. Hippokrates, Ausgewählte Schriften. Im Corpus Hippokratum finden sich zwei Bücher »Über die Krise« und »Über die kritischen Tage«, die den hier gemeinten Sinn schon im Titel explizieren und damit zu einem Terminus technicus werden lassen.
[31] Vgl. Koselleck, Art. Krise, 617.
[32] Bormann, Art. Kritik, 1246.
[33] Vgl. Koselleck, Art. Krise, 617.
[34] Vgl. Brugger, Art. Ordnung, 280.

den. Wird Krise als Metapher statuiert, so konkretisiert sich darin ein weiterer Aspekt, der sich aus deren Unbestimmtheit, deren Nicht-Festgelegt-sein ergibt. Die Metapher der Krise wird hier zu einer Bühne, auf der das Nichtplanbare, das Kontingente oder, wie Herman Nohl sagte, das Irrationale gegeben wird und sich als Gegenpol zu aller Rationalität der Geschichte zeigt.[35] Krise ist damit aber nicht ohne einen Kontext zu bestimmen, sondern bezieht sich immer auf die Unergründlichkeit dessen, was *in* der Krise steht. D. h., sprechen wir von Krise im Blick auf die Geschichte, auf die Welt, auf die Finanzen etc., dann kennzeichnet dasjenige Phänomen, das in der Krise steht, stets ein komplexes System in seiner Unberechenbarkeit. Die Lebensphilosophie hatte hier in einer anderen Weise, quasi die Chaostheorie vorwegnehmend, von Irrationalität gesprochen. Otto Friedrich Bollnow war deshalb im Anschluss an seinen Lehrer Nohl der Meinung, dass von einer Krise bzw. von Krisen nur im Zusammenhang mit menschlichem Leben zu sprechen sei, wobei Leben hier in leiblicher oder seelischer Hinsicht ebenso wie das überindividuelle Leben in einem Staatswesen gemeint sein könne.[36] Auf unbelebtem Gebiet sei von Krise nicht zu sprechen, was eben im Umkehrschluss bedeute, dass Leben und Krise notwendig zusammengehören. Krise sei die Folge einer Störung des normalen Lebensablaufs und »diese [… sei, M. H.] durch die Plötzlichkeit ihres Auftretens und ihre un-

---

[35] Siehe hierzu unten Teil II, 3.8. – Schonig hatte schon in den 1970er Jahren von der Irrationalisierung der Reformpädagogik gesprochen, die sich aus der Rezeption der Geschichtsphilosophie Wilhelm Diltheys ergab. Vgl. Schonig, Irrationalismus als pädagogische Tradition, 71 ff. – Diltheys Adaption der Geschichtsphilosophie als Versuch, Geschichtsphilosophie mit dem Begriff des Lebens zusammenzubringen, stellte den Initiationspunkt der Lebensphilosophie dar und durchbrach damit die Rationalität der Aufklärung. Vgl. Fellmann, Lebensphilosophie, 108–123. Das Ergebnis war die im Leben gegenpolig sich offenbarende Unverrechen- oder Unberechenbarkeit, ihre gegenstrebige Irrationalität. Schonig zeigt diese steigende Einsicht in das Irrationale in der Periodisierung der Reformpädagogik anhand vom Wilhelm Flitner, Erich Weniger und Herman Nohl auf. Vgl. Schonig, Irrationalismus als pädagogische Tradition, 42–50. An diese Tradition lebensphilosophischer Grundströmungen der Reformpädagogik schließt Bollnow an. Vgl. Koerrenz, Otto Friedrich Bollnow, 16 ff. 42 ff.

[36] Vgl. Bollnow, Existenzphilosophie und Pädagogik, 27. – Diese Deutung Bollnows vom Konnex von Krise und Leben wirft dann aber ein bezeichnendes Licht auf den inflationären Gebrauch des Begriffs Krise, etwa in Bezug auf die Weltkrise, die Finanzkrise, die Wertekrise, die Krise der Erziehung usw. Daraus lässt sich nur folgern, dass Krise hier hinsichtlich ihrer logischen Funktion verwendet wird, also im Blick auf den Zustand und die Veränderungsdynamik einer Sache bzw. eines Phänomens.

gewöhnliche Intensität gekennzeichnet«.[37] Diese Intensität könne zur Gefährdung des Lebens führen, wobei erst im Durchgang durch die Krise sich eine mögliche Veränderung zeige, ein neuer qualitativer Zustand des Lebens. Bollnow spricht deshalb von Krise nicht als einem außergewöhnlichen Phänomen, sondern als einer Lebenserscheinung. Dabei mag der Begriff der Erscheinung dem phänomenologischen wie lebensphilosophischen Angang Bollnows geschuldet sein, aber Lebens*erscheinung* als Terminus hat seinen Ort im Leben selbst, ist ein fester Bestandteil dessen und kann als Existenzial verstanden werden, als ein Merkmal des Lebens selbst. Ist Krise eine Lebenserscheinung i. S. Bollnows, so fordert diese Bestimmung als Existenzial geradezu die Frage heraus, ob das Leben nicht grundsätzlich Erscheinung sei, d. h., Leben wird zu einer generalisierenden Annahme, einer hermeneutischen Kategorie. Der Vorbehalt allerdings, der im Begriff der Annahme zum Ausdruck kommt, impliziert sowohl Kants Begriff der Erscheinung als auch die Möglichkeit einer Wirklichkeit, die hinter der Erscheinung im Verborgenen liegt. Diesen Hinweis berücksichtigend wird also die lebensphilosophische Fassung der Krise zu einem generalistischen Begriff, der im Blick auf die agierenden Subjekte eine Entscheidung und zugleich eine Veränderung aussagt, eine Wandlung oder sogar Befreiung. Die sich am Begriff orientierenden Differenzierungen von Kritik und Krise gehen einerseits zunächst mit den bekannten« Deutungen konform, aber neu ist andererseits ihre phänomenologisch gewonnene Sicht auf die Krise, d. h., ihre aktive wie passive Dimension, eine Pointe, die Bollnows Verständnis einer Pädagogik unsteter Formen möglich macht. Krise ist ein unstetes Phänomen, d. h., es ist kein Ziel, dass nach einer bestimmten Idee oder Vorstellung erreicht werden könnte oder gar wollte, sondern es ist das Unvorhergesehene, das Nichtgeplante, eine Begegnung, mit der niemand gerechnet hatte.[38]

Bollnow versucht anhand einfacher ärztlicher Erfahrungen Strukturmomente der Krise in der Krankheit aufzuzeigen und be-

---

[37] Bollnow, Existenzphilosophie und Pädagogik, 27.
[38] Bollnow gewinnt die unsteten Formen der Erziehung aus dem Begriff der Existenz, der als Vollzug zu verstehen ist (nach Heidegger, Sein und Zeit, 12 ff. 260 ff.) und sich damit gegen eine der traditionellen Pädagogik inhärente Planbarkeit stellt, um mit diesen unsteten Formen das pädagogische Denken zu erweitern. Vgl. Bollnow, Existenzphilosophie und Pädagogik, 19. Zu diesen Formen unsteter Erziehung zählt Bollnow u.a. die Krise (vgl. ebd., 24–41), die Erweckung (vgl. ebd., 42–59), die Ermahnung, den Appell (vgl. ebd., 60–77) und die Begegnung (vgl. ebd., 87–131).

zieht sich hier auf die Untersuchungen von Zutt (1954) und Plügge (1949). Nach Plügge bezeichnen Krisen eine Wende im bisherigen Krankheitsverlauf, die oftmals durch einen Anfall ausgelöst werden und die mit »einer Wendung zur Heilung, zum Stillstand des Prozesses, zur Remission oder gar zum Tode«[39] einhergehen können. Bollnow insistiert bei der Darstellung Plügges auf dem Aspekt, dass diese durch den Anfall ausgelöste Wende einen Plötzlichkeitscharakter hat und den bis dato schleichenden Krankheitsverlauf aufbreche. Diese Wendung wird metaphorisch als Engpass gefasst, durch den der Kranke hindurchmüsse, um anschließend erleichtert aufzuatmen und geduldig auf die endgültige Heilung zu warten. »Es scheint so, als ob dieser Weg ins Freie grundsätzlich nur durch den Engpaß der Krise hindurch möglich sei.«[40] Drei Momente kristallisierten sich aus den Untersuchungen heraus: 1. Der Anfall, der die Wende herbeiführe, trete blitzartig auf und bewirke ein Hinabsinken in Todesangst und Verzweiflung; 2. Sei die Wende durchschritten, so komme es häufig zu einer gehobenen Stimmungslage, die vergleichbar sei mit dem Erlebnis einer Wandlung oder von Befreiung und 3. Komme nach dieser Wende dem Patienten ein Zeitgefühl abhanden, das ihn nicht angeben lasse, wie lange der Prozess gedauert habe, da die Dauer des Anfalls und der damit verbundenen Wendung wie aus der Zeit herausgeschnitten sei.[41]

Die aus den medizinischen Analysen Plügges gewonnenen Strukturmomente der Krise formuliert Bollnow nun als mögliche Paradigmen von Krise im menschlichen Leben selbst und unterscheidet sich damit von Kierkegaard, für den das menschliche Leben in seinem Wesen Krise bedeutete, d.h., eine Krankheit zum Tode war.[42] Krisen treten punktuell auf und unterbrechen den kontinuierlichen Lauf einer Krankheit bzw. des Lebens und führen damit eine Veränderung herbei. Krisen sind unstete Einschnitte ins Leben selbst, die einen Statuswechsel signalisieren, eine alte, bisher geltende Ordnung endet

---

[39] Vgl. ebd., 29. Bollnow nimmt intensiv Bezug auf die Analysen von Heinrich Plügge, der aus medizinischer Sicht Anfälle und Krisen auf innere Konvergenzpunkte untersucht hat. In der vorliegenden Arbeit bleibt es aber bei der Interpretation Bollnows, weshalb alle weiteren Verweise zu Plügge sich auf die Darstellung bei Bollnow beziehen. Vgl. hierzu den Literaturnachweis bei Bollnow, Existenzphilosophie und Pädagogik, 154. Anm. 10.
[40] Ebd., 29.
[41] Vgl. ebd., 30.
[42] Vgl. Kierkegaard, Die Krankheit zum Tode.

und eine neue beginnt. Diese Einschnitte oder Unterbrechungen heben das Leben auf eine neue Ebene, geben ihm eine neue Qualität.[43] Bollnow betont mit Plügge, dass dieser Bruch des kontinuierlichen Lebensstroms ein wirklicher Einbruch sei, der wie ein Blitz aus einer anderen Sphäre niederfahre.[44] Dieser Erweis der anderen Sphäre, das unberechenbar Andere ist dann aber nichts, was in den Horizont des Subjektes eingeschrieben wäre, sondern etwas, das den Schirm des menschlichen Bewusstseins durchbricht, ein Ereignis, das Habermas die Lücke im Schirm der Rationalität genannt hatte.[45] Der für unser Thema bedeutende Gewinn, den die Analysen Bollnows erbringen, ist erstens der Nachweis einer Wirklichkeit, die außerhalb der konstruierten Wirklichkeiten des Menschen liegt und zweitens die Bestimmung des Terrains, auf dem die logische Herleitung dieser Wirklichkeit gelingt. Mit Plügge kann er dieses zeitlogisch Andere als Ewigkeit bezeichnen, die sich wie ein Keil zwischen zwei heterogene Kontinua schiebe.[46] Ewigkeit sei damit aber nicht als ein Raum verstanden, den der Mensch in einem Jenseits gewinnen könne, sondern »eine Qualität, die das irdische Leben im faktischen Moment, zum Beispiel also in der Krise, gewinnen kann«.[47] Es ist nicht entscheidend, wie nun diese sich in der Krise zeigende neue Qualität bestimmt wird, wichtig ist nur ihr Nachweis, d.h., ihre Evidenz für denjenigen, der dies erfährt und die daraus folgende Veränderung, die dieses Ereignis im Menschen bewirkt. Für Bollnows pädagogische Betrachtung, wie für den weiteren Verlauf unserer Argumentation, konnte Krise als ein im Leben des Menschen vorkommendes Konstituens nachgewiesen werden, welches die Betrachtung des Lebens aus zeitlogisch gesehen mindestens zwei Perspektiven möglich macht. Dadurch erfährt Krise als andere Seite der Kritik eine Zuschreibung bzw. eine Qualität, die quer und im Grunde unannehmbar zu einer subjektivistisch-konstruktivistischen Sicht auf die Wirklichkeit steht, sodass Kritik in redlicher Weise nur noch mit dem Vorbehalt einer denkbaren, ganz anderen Realität vorgebracht werden kann. Zudem ermöglichen die Analysen eine logische Begründung von Veränderung, die aus der Kritik hervorgehen soll.[48] Bspw. hatte Horkheimer von der Sehnsucht

---

[43] Vgl. Bollnow, Existenzphilosophie und Pädagogik, 30.
[44] Vgl. ebd., 31.
[45] Vgl. Habermas, Das Bewusstsein von dem, was fehlt.
[46] Vgl. Bollnow, Existenzphilosophie und Pädagogik, 31.
[47] Ebd.
[48] Im Blick auf geschichtliche Krisen kam José Ortega y Gasset zu ähnlichen Schlüs-

nach dem Anderen gesprochen,[49] die Kritik leiten solle, dann stellte sich Kritik nicht nur als Lebensform i. S. einer Ergebenheit in heteronome Bestimmungen des eigenen Lebens dar,[50] sondern als Haltung zur Welt zwischen Weltvertrauen und Weltangst[51]. Kritik wird dann als Verstehen begreifbar, wie dies Häberlin als den Grundkern einer Ethik formuliert hatte.[52]

Krise als eine pathologische Metapher zu bestimmen, die den Blick diagnostisch auf Lebens- wie Geschichtsprozesse eröffnet, macht Kritik zu einem Instrument, das auf Veränderungen reagieren und Handlungsoptionen generieren kann. Kritik und Krise bestätigen sich damit komplementär in ihren ethisch-juridisch-politischen wie medizinischen Dimensionen. Diese Dimensionen, die im wesentlichen Unterscheidung und Veränderung anzeigen, bilden ein Verständnis von Kritik aus, dem immer eine Reaktion auf eine Krise inhärent ist.[53] Ob sich Kritik als neuzeitliche Auflehnung gegen einen absolutistischen Gott als legitim bezeichnet und damit eine Veränderung bzw. Umbesetzung der Weltstellung des Menschen ausdrückt,[54] oder bei Rousseau die synchrone Kritik am bestehenden Staat wie in gleicher Schärfe eine gegen die den Staat kritisierende Gesellschaft meint,[55] immer destillieren Auflehnung und Emanzipation Strukturmomente von Kritik heraus, die Veränderung nach sich ziehen und Aufklärung ankündigen.[56] Auch die radikale Kritik von Karl Marx an den bestehenden gesellschaftlichen Verhältnissen und der Religion mit ihrem Ungerechtigkeiten produzierenden und systemerhaltenden Programm[57] bestätigt nur das Wechselverhältnis von Kritik und

---

sen in seinen Betrachtungen des Zusammenhangs von Krise und deren damit einhergehenden Veränderung. Auch Ortega geht hier vom Individuum aus und bestimmt anhand der menschlichen Existenz die Merkmale von Krise, um sie dann methodisch auf der Ebene der Geschichte generalisieren zu können. Ortegas Ansatz ist hier durchaus metaphorologisch zu nennen. Vgl. Ortega y Gasset, Das Wesen geschichtlicher Krisen, 37–42.

[49] Vgl. Horkheimer, Die Sehnsucht nach dem ganz Anderen, 385–404.
[50] Vgl. Lehmann, Was ist Kritische Theorie, 15–33.
[51] Vgl. Schulz, Ich und Welt, 94–104.
[52] Vgl. Ethik, 9–35.
[53] Vgl. Koselleck, Kritik und Krise, 133.
[54] Vgl. Blumenberg, Die Legitimität der Neuzeit, 139–259.
[55] Vgl. Koselleck, Kritik und Krise, 133.
[56] Vgl. Mittelstraß, Art. Kritik, 498.
[57] Vgl. Holzey, Art. Kritik, 1276.

Krise in ihrer Dialektik.[58] Dieses dialektische Verständnis von Kritik als Krise verengt sich daher nicht nur zu einem erkenntnistheoretischen Spitzenbegriff oder auf eine sich im gängigen Sprachgebrauch findende politische Bedeutung, sondern bekommt eine existenziell-gesellschaftliche Fassung. Da Kritik den Moment der Krise als Wende- bzw. Initiationspunkt zu einer Veränderung hin impliziert, so verweist die Wendung auf etwas, das anders als das Bestehende oder das Gewollte sein könnte und daher einen zeitlich in die Zukunft gerichteten Index haben muss. Der Verweis auf das Andere bestimmt Kritik als etwas, das mit dem Unbestimmten zu rechnen hat. Bollnows und Plügges Analysen verdeutlichen Kritik als eine Unterscheidung, die nur eine Entscheidung usw. unter Vorbehalt[59] sein kann. Weil Kritik demnach das Unbestimmte impliziere, entstehe ein Hiatus zwischen Sache und Verstehen, d.h., Kritik sei mit dem Gemeinten und damit mit sich selbst nicht-identisch. Adorno hatte in seinen Studien zu Hegel den Begriff der immanenten Kritik eingeführt, der ein Ineinander von Verständnis und Kritik bezeichnete.[60] Adorno meinte, wenn wir das Verstehen vollzögen, zeige sich, dass Sache und Begriff nicht ineinander aufgehen, sondern Verstehen eine Nicht-Identität verdeutliche. Diese im Verstehen ansichtig werdende Nicht-Identität be-

---

[58] Koselleck verweist mit Rousseau auf den Aspekt der Krise dahingehend, dass mit der Revolution ein Stadium der Krise beginne. Rousseau habe in seine Revolutionsprognose die Krise als entscheidenden Begriff eingebaut, welcher ihn in Absetzung zur moralischen Antithese der Aufklärung als politischen Denker ausweise. Kosellecks These, Rousseau sehne nicht wie andere die Revolution utopistisch herbei bzw. sehe diese herannahen, sondern erwarte mit ihrem Hereinbrechen einen Zustand der Unsicherheit und Ungewissheit, der alle Menschen überfalle, wenn die herrschende Ordnung einmal zerbreche, bestätigt aus historischer Sicht die oben genannte konditionale Verschränkung von Kritik und Krise. Mit Koselleck gesprochen, wird Krise durch seinen diagnostischen und prognostischen Gehalt Indikator eines neuen Bewusstseins. Dieses Bewusstsein mache nicht nur die eintretende Veränderung (grand changement) sichtbar, d.h., die Installation gesellschaftlicher Interessen in neue Verhältnisse, sondern bedeute auch ein ganz neues und dem politischen Selbstverständnis sich gegenstrebig zeigendes Verständnis gesellschaftlicher und damit geschichtlicher Situationen. Vgl. Koselleck, Kritik und Krise, 134. – Auch dieser Gehalt von Krise spielt für die Explikation der Kritischen Theorie eine nicht unerhebliche Rolle, die schließlich auch sozialpädagogisch einen anderen Weg weist als Marx.
[59] Der utopische Vorbehalt, der der Kritischen Theorie eigen ist und den Horkheimer als ein theologisches Postulat bezeichnet, ist der eigentliche Knackpunkt der Kritischen Theorie und daher mit dem Marxschen Denken zeitlogisch gesehen nur eingeschränkt kompatibel.
[60] Vgl. Adorno, Drei Studien zu Hegel, 374.

zeichnete Adorno im Anschluss an Hegel als *bestimmte Negation* und machte sie gleichsam zum methodischen Ansatzpunkt jeder ideologiekritischen Analyse.[61] Oder anders gesagt: Nicht-Identität als sich ergebende Lücke in der Dialektik von Sache und Verstehen sagt nicht nur etwas über die Sache aus, die kritisiert wird, sondern auch über das Verstehen selbst, was bedeutet, dass Kritik sowohl bezogen auf die Sache wie auf das Verstehen eine Wendung i. S. einer Krise beinhaltet. Adornos Hinweis, dass Kritik immer immanente Kritik zu sein habe, da sie ja auf gesellschaftliche Phänomene bezogen sei, bestätigt die oben hergeleitete Dialektik von Kritik und Krise. Der sich in der Wendung (Veränderung) ausdrückende Vorbehalt misst daher der Kritik i. S. der Kritischen Theorie eine Qualität zu, die die kritische Kritik aufgrund radikaler Natur- und Bedürfnisorientierung (Bruno Bauer, Karl Marx) nicht annehmen konnte, weil sie Kritik als reines Instrument verstand, das sich zur permanenten und umfassenden Kritik alles Bestehenden entwickeln musste.[62] Der bei Bauer und Marx initiierte Begriff der Kritik nimmt daher diesen Vorbehalt (auch weil er ein theologischer ist) nicht als Antrieb für eine Kritik, sondern gewinnt alle Impulse für eine Kritik nur aus den sich faktisch darstellenden gesellschaftlichen Missständen. Ist dieser Vorbehalt, den Marx nicht gesehen habe,[63] wie Horkheimer betonte, ein Indiz für eine andere Lesart von Kritik, so ermöglicht dies, auch im Blick auf Rousseaus konditionales Verständnis von Kritik und Krise,[64] die berechtigte Annahme einer aus dieser Kritik zu folgenden Wirklichkeit, in der es keine Bewertung von gerecht und ungerecht mehr gibt. Eine solche »ganze«, also nicht-negative Wirklichkeit böte den Maßstab jeder Selbst- wie Verhältnisbestimmung an und wäre zugleich der Grund aller Sittlichkeit.[65] Damit aber kommt schon ein erstes Verständnis von Ethik in den Blick, das sich nicht aus einer sich dem Bewusstsein entziehenden Negation begründet, wie dies Kritik als Scheidung bzw. Unterscheidung meint, sondern als Bejahung und Verstehen i. S. einer Einsicht in die »wahren« Zusammenhänge. Kritik bekommt hier eine zeitlogisch andere Konnotation, denn Kritik als Unterscheidung impliziert eine protentionale Dimension, während

---

[61] Vgl. Krückeberg, Art. Kritik, immanente, 1293.
[62] Vgl. Stuke, Art. Kritik, kritische, 1293.
[63] Vgl. Horkheimer, Was wir Sinn nennen, 353.
[64] Vgl. Koselleck, Kritik und Krise, 134.
[65] Vgl. Ethik, 113.

Kritik als Verstehen reine Intention ist, d. h., Gegenwart. An dieser grundsätzlichen Stellung von Negation und Bejahung wird die Bedeutung von Kritik nochmals hervorgehoben, denn sie ist *ein*, wenn nicht *der* notwendige Zugang für die zeitlogische Unterscheidung einer Ethik in vertikaler und horizontaler Ausrichtung.

2.4. Exkurs: Kritik und Krise oder Die utopische Einheit der Welt reproduziert ihre eigene Spaltung

Um die Wechselseitigkeit von Kritik und Krise mit ihren möglichen Gehalten weiter zu bestimmen, ist ein begriffsgeschichtlicher Angang sinnvoll, um daraus das Verhältnis von Politik und Moral zu gewinnen. Ist von dieser Beziehung auszugehen, eine Voraussetzung, die für die klassische Variante der Sozialpädagogik beinahe selbstverständlich war und auch heute für theoretische Begründungen der Felder Gerechtigkeit, Familie, Individuum, Gemeinschaft usw. nicht minder zwingend ist, so verweist die Relation von Politik und Moral auf ihre historischen Wurzeln. Um diese Wurzeln freizulegen und in ihrer Bedeutung neu herauszustellen, bietet sich für eine historische Genese ein begriffsgeschichtlicher Exkurs zu Kosellecks Buch *Kritik und Krise* von 1959 an.[66]

Kosellecks Studie, die sich selbst als eine Pathogenese der bürgerlichen Welt versteht, versucht, wie der Untertitel mitteilt, die Gründe bzw. Ursachen für den Verfall bzw. die Krise des bürgerlichen Zeitalters und damit den der Aufklärung freizulegen und ihre historischen Verlaufslinien auch als Bedingungen für ein Sprechen von Weltkrise etc. zu rechtfertigen. Die für Koselleck 1954 gegenwärtige polare Spannung der Weltmächte Amerika und Russland wird zum Ausgangspunkt seiner historischen Analyse und weist darauf hin,

---

[66] Im folgenden Exkurs beziehe ich mich auf das Buch »Kritik und Krise. Eine Studie zur Pathogenese der bürgerlichen Welt«. Es ist Kosellecks Dissertation, die 1954 von der Philosophischen Fakultät der Universität Heidelberg angenommen wurde und zuerst 1959 als Buch erschien und bis heute mehrere Auflagen erlebte. Koselleck unternimmt hier aus historischer Perspektive eine luzide geschichtliche Analyse von Kritik und Krise und weist deren geistesgeschichtliche und damit auch politische begriffsgeschichtliche Weitung aus. Der Untertitel der Studien vermerkt, es handele sich um eine Pathogenese der bürgerlichen Welt. Dies hat ihm, wie sich denken lässt, im Nachkriegsdeutschland nicht nur Freunde gemacht, sondern stieß vor allem bei den Kritikern des bürgerlichen Lagers (Habermas 1960) auf Ablehnung. Vgl. Habermas, Zur Kritik an der Geschichtsphilosophie, 355–365.

dass diese als »Kalter Krieg« konstatierte Krise historisch gesehen ein Ergebnis der europäischen Geschichte sei. Europäische Geschichte habe sich zur Weltgeschichte ausgeweitet mit der Folge, die Welt in eine permanente Krise gestürzt zu haben.[67] Mit dem Adjektiv *permanent* wird die Krise zeitlogisch von einem punktuellen Zustand zur Dauer gedehnt, die durch den Terror zweier Weltkriege sowie die Shoah, Hiroshima und Nagasaki eine neue Qualität bekommt. Weltkrise als Begriff allerdings rekurriert auf der Vorstellung einer Welt, die »ganz« i. S. einer planetarischen Ökumene (Husserl) friedvoll ist und die sich all ihrer Teile vergewissert hat. Im Terminus Weltkrise steckt demnach ein utopisches Verständnis von Welt, welches seinen Ursprung in der bürgerlichen Gesellschaft des 18. Jahrhunderts und deren geschichtsphilosophischen Strategien hat. Mit dem Begriff der Krise/Weltkrise und ihrem utopischen Potenzial wird daher, so Koselleck, ein weiterer Aspekt ansichtig, nämlich der des modernen Menschen in seiner Heimatlosigkeit. Auch diese in der postulierten Weltkrise kulminierende Erfahrung der Heimatlosigkeit ist ein zeitgeschichtliches Aperçu, das aber gerade deshalb zum Referenzpunkt für Krise insgesamt werden kann, weil sich im Phänomen der Heimatlosigkeit eine doppelte, namentlich eine politische und eine geschichtsphilosophische Krise zeigt.[68] Die durch das Bürgertum und sich im Fortschritt ausdrückende »neue« Welt negiert mit ihrem durch die Aufklärung initiierten Anspruch auf Selbstbestimmung die »alte« Welt.[69] D. h. in der Philosophie der Aufklärung spiegelt sich der Fortschritt als Rechtfertigung der einen Welt und mit ihr die als einzelnes und einziges Subjekt verstandene *eine* Menschheit. Weltkrise als Metapher ist in dieser Blickrichtung auch Expression von Totalität, was bedeutet, dass Anzeichen eines Verfalls der Welt notwendig zur Entscheidung (Krisis) für die ganze Menschheit werden müssen. Die hier begriffsgeschichtlich aufgerissene Problematik riskiert den Blick in die Geschichte und behauptet, dass die Weltkrise das Resultat und mithin die Unterstellung einer Einheit sei, einer fiktiven Einheit, die der Realität nicht gerecht werde und sich als politisch gespaltene Einheit darstelle. Die desavouierte Vorstellung einer Konstruktion von Einheit berücksichtige die Geschichte als wichtiges Pendant für jede Fortschrittsgläubigkeit. Kosellecks be-

---

[67] Vgl. Koselleck, Kritik und Krise, 1.
[68] Vgl. hierzu Kluge, Vermisste Heimat?
[69] Vgl. Koselleck, Kritik und Krise, 1.

griffsgeschichtliche Unternehmung pocht deshalb so sehr auf der Geschichte, weil Fortschritt ohne Rückgang in die Geschichte nur Angst und Terror auslösen würde.[70] Der Fortschritt, der ohne Geschichte gedacht wird, verlegt die Einheit der Welt nicht nur ins Utopische, sondern reproduziere damit die dauernde Spaltung dieser gewollten Einheit.[71] Der hier von Koselleck bemerkte Graben von Fortschrittsdenken und geschichtlicher Rückbesinnung erinnert an Walter Benjamins Engel der Geschichte, der mit ausgebreiteten Flügeln seinen Blick in die Vergangenheit gerichtet hat, den aber ein Sturm aus dem Paradies (Vergangenheit) in die Zukunft weht.[72] Der Sturm aus dem Paradies ist dieser Fortschritt und die Trümmerhaufen der Geschichte, die sich vor dem Engel auftürmen und die er nur betrachten, aber nicht zusammenfügen kann, werden hier zum momentum historici, aber auch zum Angelpunkt, der die Krise beschreibt und damit zugleich Kritik notwendig werden lässt. Der Hinweis auf Benjamin macht den unterschiedlichen Angang Kosellecks zur Kritischen Theorie deutlich, denn Koselleck versucht die politische Bedeutung der Aufklärung zu bestimmen[73] und deshalb zielt seine Kritik der Auf-

---

[70] Kosellecks historische Pathogenese findet sich durchaus bestätigt in der monumentalen Analyse der Französischen Revolution von Johannes Willms, denn auch hier stehen die aufklärungskritischen Momente, die sich im Fanatismus der Jakobiner zeigten, im Vordergrund. Willms bestimmt die andere Seite der Französischen Revolution als das tugendhafte Erwachen der Menschen, für Freiheit, Gleichheit und Brüderlichkeit zu kämpfen und macht dadurch die ganze Ambivalenz des Projektes Aufklärung deutlich. Vgl. Willms, Tugend und Terror. – Zu Fragen ist allerdings, inwieweit die Analysen Kosellecks eine gesellschaftskritische Betrachtung und damit eine Krisis i. S. einer Veränderung möglich machen, die Horkheimer und Adorno mit ihrer Aufklärungskritik betrieben haben. Koselleck wie Horkheimer und Adorno versuchen, die Intentionen der Aufklärung zu retten, Koselleck im historisch-kathartischen Abschreiten der genetischen Linien, Horkheimer und Adorno in der auf dem alttestamentarischen Bilderverbot beruhenden Aufhebung der Negation in einen kritischen Prozess der Gesellschaft. Vgl. Nagel, Der Kritiker der Krise, 94–102; Schultz, Begriffsgeschichte und Argumentationsgeschichte, 225–263 (zu Koselleck); Raulet, Zur gesellschaftlichen Realität der Postmoderne, 25–36; Sandkaulen, Begriff der Aufklärung, 5–22 (zu Horkheimer/Adorno). Dass sich dabei Koselleck als Kritiker der Krise (Nagel) zeigt, macht die Attribuierung der Krise durch Angst und Terror deutlich.
[71] Vgl. Koselleck, Kritik und Krise, 2.
[72] Walter Benjamin zeigt in der XI. These zur Geschichte auf, dass der vulgär-marxistische Begriff von Arbeit nur den Fortschritt der Naturbeherrschung wolle und dabei die Rückschritte innerhalb der Gesellschaft nicht berücksichtige, was dem Kosellecks Argument der Spaltung nahekommt. Vgl. Benjamin, Thesen über den Begriff der Geschichte, 699.
[73] Vgl. Koselleck, Kritik und Krise, 3.

klärung auf Kritik der Institutionen und nicht so sehr auf die Dialektik, die im Anspruch der Aufklärung selbst verborgen liegt.[74] Eine Institutionenkritik, die die politische Funktion des bürgerlichen Denkens im Rahmen des absolutistischen Staates herausarbeitet, beschreibt zunächst die Krise des absolutistischen Staates bzw. diejenige des Bürgertums, das sich von diesem abhebt und emanzipiert. Ist hier Kritik an der Aufklärung also nur ein Instrument, um die Weltkrise als Kritik an den politischen Systemen zu formulieren, an ihren nicht hinreichenden und sich, wie Benjamins Engel, von den Positionen der Aufklärung abwendendem Selbsterhaltungswillen? Habermas hatte Koselleck dahingehend kritisiert, dieser verstehe, ganz i. S. Carl Schmitts, Kritik nur als einen Weg zur Selbsterhaltung des Systems.[75] Auch wenn der Terror der historischen Erfahrung (Blumenberg) die Kausalität zur Krise selbst herstellt und verdeutlicht, so sind die Motivationen, die Antriebe und Interessen der Aufklärung selbst die Krise, die als Kritik zur Erscheinung kommt. Bekämpft sich die Aufklärung hier gleichsam mit ihren eigenen Mitteln, so schlägt sie in Mythologie um[76] und produziert ein neues Narrativ, um die Einheit wiederherzustellen. Unabhängig von der unterschiedlichen Formierung der Kritik, ob sie nun zutreffen mag oder nicht, was letztlich eine Frage der Rezeption ist und der Absicht, was gezeigt werden soll, bleibt jedoch die Herausforderung bestehen, was denn die Analysen selber produzieren, also welche Perspektive sie auf den Gegenstand der Kritik eröffnen.[77]

---

[74] Inwieweit der Begriff der Aufklärung in seiner Dialektik bestimmt werden kann, ohne diesen gänzlich aufzugeben, wird an der problematischen Vorrede der Dialektik der Aufklärung von Horkheimer und Adorno sichtbar, wenn diese fragen, »wie sich die Selbstzerstörung der Aufklärung als Gegenstand und seine Darstellung zueinander verhalten«. Vgl. Sandkaulen, Begriff der Aufklärung, 14.
[75] Habermas Kritik an Koselleck kann hier als das Motiv der Selbsterhaltung als Herrschaftskritik gelesen werden, die Horkheimer und Adorno in der Vorrede der Dialektik der Aufklärung auf die gesellschaftlichen Zwänge transponiert hatten. Vgl. Habermas, Zur Kritik an der Geschichtsphilosophie, 355–365; Sandkaulen, Begriff der Aufklärung, 12.
[76] Vgl. Horkheimer/Adorno, Dialektik der Aufklärung, 12.
[77] Dies ist in der Tat die Frage, ob Kritik in ihrer Anwendung schon genügend als eine solche ausgewiesen ist und nicht allzu schnell zu einer bloßen irrationalen Meinungsäußerung oder als unbegründet geltenden Weltanschauung verkommt. Dies, denke ich, muss sich auch jede Methodik sagen lassen, die sich an der »radikalen Kritik« der Dialektik der Aufklärung messen lassen will.

Exkurs: Kritik und Krise

Kosellecks Zugriff geht auf den Zusammenhang von Kritik und Krise, denn dieser sei dem achtzehnten Jahrhundert verdeckt geblieben, d. h., es scheint am Amalgam von ausgeübter Kritik (Aufklärung) und heraufkommender Krise (Französische Revolution/utopisches Verständnis) deutlich zu werden, dass der kritische Prozess der Aufklärung die Krise im gleichen Maße heraufbeschworen habe wie ihr der politische Sinn dieser Krise verdeckt geblieben sei.[78] Die Folge sei proportional, je mehr sich eine Verschärfung der (politischen) Krise ereignet habe, umso mehr habe sie sich geschichtsphilosophisch verdunkelt, sie bleibe »verborgen in geschichtsphilosophischen Zukunftsbildern, vor denen das Tagesgeschehen verblass[e]«[79]. Diese sich herausbildende Proportionalität kennzeichne die Kritik in Art und Gehalt, sodass die Geistigkeit des Bürgertums die Geschichte in einen Prozess wandele, weshalb diese Kritik identisches Konglomerat der Geschichtsphilosophie sei.[80] Die Vernunft wurde so zum Gerichtshof, zur obersten Urteilsinstanz und zur Partei zugleich, denn durch sie konnte garantiert werden, dass der Fortschritt mit den bürgerlichen Richtern im Einvernehmen stand.[81] Was aber auch bedeutete, dass niemand dieser Gerichtsbarkeit entkommen konnte, denn das Scheitern vor der Gerichtsbarkeit der Vernunft war gleichbedeutend mit der Überantwortung an die moralische Zensur (d. i. Verachtung und Diskriminierung). Daraus folgt: Das Instrument der Kritik war die metaphorische Legitimation eines Gerichtsverfahrens, ja ist dieses Gerichtsverfahren selbst, in dem verordnete Maßstäbe, gesellschaftliche Schieflagen und Ungerechtigkeiten abgebildet werden. M. E. liegt hier der eigentliche Gewinn der Analyse Kosellecks, denn Kritik bedeutet ein Richten und damit eine Parteinahme, denn eine Entscheidung für etwas ist, ist stets eine Entscheidung gegen etwas anderes. Der Einwand Habermas' von der konservativen Rechtfertigung des Absolutismus als Stillstellung des konfessionellen Bürgerkriegs[82] verkennt, so berechtigt er aus der »linken« Perspektive sein mag, dass Kosellecks Entwurf die Erkenntnis eines unaufgebbaren Ineinanders von Kritik und Krise und damit deren zeitlogische Dimension herausdestilliert. D. h., Kritik ist Entscheidung und löst in

---

[78] Vgl. Koselleck, Kritik und Krise, 4.
[79] Ebd., 5.
[80] Vgl. ebd., 6.
[81] Vgl. ebd.
[82] Vgl. Habermas, Zur Kritik an der Geschichtsphilosophie, 357.

dieser Entscheidung eine Krise aus, denn Kritik ist der Aufweis, dass etwas nicht so ist, wie es sein sollte. Koselleck verdeutlicht dies an den Gegenpolen von Fortschrittssinn und Altertumsgläubigkeit, die nichts anderes als geschichtsphilosophische Bewertungen von Altem und Neuem bedeuten und die zugleich ein Zeitverständnis herausbilden, das Vergangenheit und Zukunft auseinanderreißt.[83] So werde etwa in der Kritik an der christlichen Religion die Lehre von den letzten Dingen (Eschatologie) in eine säkular fortschrittliche Geschichte transponiert, wobei es keine restlose oder radikale Kritik ist, sondern auch hier eschatologische Elemente das geschichtsphilosophische Verständnis weiterhin prägten.

»Das Ferment der Kritik verändert damit den Charakter des politischen Geschehens. Die subjektive Selbstgerechtigkeit rechnet nicht mehr mit gegebenen Größen, sondern verwandelt alles geschichtlich Gegebene, die Geschichte selbst in einen Prozeß, dessen Ausgang freilich so lange offensteht, als die privaten Urteilskategorien nie die Ereignisse einholen können, die sie auslösen halfen.«[84]

Im Verlust des Maßstabs verweist daher jede Kritik ins Utopische und selbst der absolutistische Staat, gegen den die Kritik entbrannte, habe im Grunde zu ihrer utopischen Verifikation beigetragen. Die sich hierbei als Ausfluss aus der Kritik abzeichnende Konsequenz politischer Art war die Füllung des Raums, der von den totalitären Systemen übriggeblieben war und der, weil er gefüllt werden musste, um die Garantie einer Ermöglichung der Utopie zu gewährleisten, nur mit der Masse einer moralischen Welt ausgefüllt werden konnte.[85] Moral wurde damit zum Garant der Stabilität in der Unsicherheit und konnte sich deshalb zur Totalität auswachsen, weil die autonomen Emanzipationsbestrebungen des Individuums den heteronomen Bindungen entgegenstanden. In der Trennung von Moral und Politik manifestierte sich das aufgeklärte Bewusstsein selbst als gerichtliche Instanz,[86] aus der sich Aporien evozierten, die zu einer notwendigen Entfremdung des Einzelnen vom Staat führen mit der Kon-

---

[83] Vgl. Koselleck, Kritik und Krise, 6 f.
[84] Ebd., 7.
[85] Vgl. ebd., 8.
[86] Vgl. Nagel, Der Kritiker der Krise, 100. Nagel charakterisiert Kosellecks Einstellung zu den radikalen Aufklärern dahingehend, diese seien Heuchler gewesen, »denn sie hätten ihren politischen Kampf gegen den Absolutismus als einen moralischen hingestellt und verstellt«.

sequenz, den Staat als amoralisch zu betrachten.[87] Moral, die Politik nicht integrieren könne, habe einen Aufruhr gegen das Politische zur Folge. Politik sei nicht das, was sie sein könne und sein müsse, damit sich im Bereich des Politischen die Selbstbestimmung des Einzelnen realisieren könne. Kritik ist daher Utopie, d.h., der Utopismus entspringt nicht nur einem geschichtlich bedingten Missverhältnis zur Politik, sondern ist diesem Missverhältnis eingeschrieben.[88] Kritik und Krise sind in ihrem Wechselverhältnis wesentlich durch ihr utopisches Potenzial miteinander verbunden und aufeinander verwiesen. D.h., Kritik in ihrer historischen Genese kann in ihrer Logik nur utopisch ausgedrückt werden, und weil sie utopisch ist, ist ihr Zustand permanent Krise. Utopie entspringt der Krise, bezeichnet den Wandel, weshalb sich das gesellschaftliche Programm der Aufklärung als politisches Programm erweist. Die aus der Krise erwachsene Utopie in ihrer auf Veränderung zielenden Dynamik läuft gerade in dieser Ausrichtung auf das Kommende, das noch nicht erreicht ist, Gefahr, das Individuum mit seinen jetzigen Bedürfnissen auf Abstand zu bringen bzw. in die Entfremdung vom Staat zu treiben. Damit aber wird eine Entscheidung virulent, die als rezeptioneller Richtungsanzeiger der Aufklärungsdebatte ein Entweder-Oder, eine konservierende (bewahrende) oder eine rein progressive (geschichtsvergessene) Haltung suggerieren kann.[89] Um dieser Gefahr zu entgehen, rekurriert Koselleck bezüglich der Semantik und Pragmatik der Aufklärungssprache[90] auf deren begrifflicher Heterogenität, wodurch Analogien zu den Dimensionen von Kritik gebildet werden könnten. Damit wird das der Kritik inhärente juridische Element in seiner absoluten Begrifflichkeit entschärft und sowohl in seinem bewahrenden wie verändernden Anspruch neu justiert. Ist Aufklärung nicht nur die Aufhellung heteronomer Verfasstheiten und entgeht sie der Ge-

---

[87] Vgl. Koselleck, Kritik und Krise, 8.
[88] Ivan Nagel hatte in einer Festrede anlässlich des 50. Jahrestages der Promotion Kosellecks an der Universität Heidelberg seinem Studienfreund attestiert, dass der Affekt, der Kosellecks Dissertation durchziehe, auf die utopistischen Geschichtsphilosophien ziele. Der Anspruch der aus der Aufklärung geborenen Geschichtsphilosophie sei jener der Unfehlbarkeit, welcher nach dem Zweiten Weltkrieg beide Weltmächte in den Wahn versetzte, die Zukunft zu besitzen. Hierin wurzele die Hypokrisie der Aufklärung und der *terreur* der Französischen Revolution. Vgl. Nagel, Der Kritiker der Krise, 98
[89] Ein Vorwurf, der Häberlin immer wieder gemacht wurde und der die radikale Moralisierung der Debatte kennzeichnet. (Siehe hierzu unten Teil II)
[90] Vgl. Koselleck, Begriffsgeschichten, 309–339.

fahr, durch ihren totalen Anspruch in einer Hypokrisie, einem politischen Manichäismus zu enden,[91] in einem Wahn, der meint, den Weg in eine utopische Zukunft zu kennen, dann kann Aufklärung als Krise (Kritik) Veränderung(en) gebären. Kosellecks Kritik an der Aufklärung ist eine Aufklärung über die Aufklärung (Nagel) und stellt ein Instrumentarium bereit, mit dem reflexiv sowohl die Gefahr einer moralischen Ideologisierung von Kritik als auch die Entfremdung von Staat und Vergangenem wie Scylla und Charybdis umschifft werden können, um damit Faktoren gesellschaftlicher Veränderungen zu formulieren.[92]

2.5. Kritik als Verlaufsform und Index der Zeit

Aus den Analysen von Bollnow und Plügge wie denen zu Koselleck haben sich Anhaltspunkte dafür ergeben, dass der Zusammenhang von Krise und Kritik eine zeitlogische Seite hat, die nun etwas näher bedacht werden soll, wenn auch nur in eingeschränkter Ausführlichkeit. Dabei allerdings wird deutlich, dass das, was Zeitkritik genannt wird, nicht das ist, was hier mit der zeitlogischen Seite gemeint sein soll. Krise als pathologische Metapher eröffnet eine Differenz von Krise und Kritik in zeitlicher Hinsicht, nämlich insofern, als der Begriff der Krise jenen Scheitelpunkt beschreibt, an dem sich die Entscheidung von Krankheit oder Gesundheit, ontologisch gesprochen, von Sein und Schein ergibt, d.h., in einem zeitlogischen Sinn stellt die Krise überhaupt erst die Voraussetzung für Kritik dar. Daraus folgt eine nicht unerhebliche Konsequenz, denn wenn die Krise zeitlogisch vor der Kritik anzusetzen ist, dann bedeutet dies, dass Kritik nichts anderes sein kann als die Verlaufsform der Krise. Konkret gesprochen bedeutet Kritik als zeitlogisch Zweites immer ein reaktives Moment auf einen Zustand, der nicht das ist, was er sein sollte, d.h., der einen Zustand bezeichnet, der noch nicht ist. Die Kritische Theorie mit ihrem Axiom von Bewahren und Verändern[93] ist protentional

---

[91] Vgl. Nagel, Der Kritiker der Krise, 100.
[92] Es ist in der Tat eines der Rätsel der Geschichte, dass sich Koselleck und Nagel als Studienfreunde trafen und die Französische Revolution für sie zur markanten Wegmarke der Aufklärung wurde, freilich wie Nagel betont, aus unterschiedlicher historischer Erfahrung und intellektueller Herkunft ihrer Lehrer, bei Koselleck Carl Schmitt und bei Nagel Theodor W. Adorno. Vgl. Nagel, Der Kritiker der Krise, 95.
[93] Vgl. Horkheimer, Die Sehnsucht nach den ganz Anderen, 396.

ausgerichtet, denn sowohl das, was bewahrt werden, wie das, was verändert werden soll, kann nur in einer Zukunft geschehen, was wiederum bedeutet, dass die Krise der Kritik notwendig vorausgeht. Hier ist das beschrieben, was Kritik als Verlaufsform der Krise meint, denn in der Krise, dies haben Bollnow und Plügge gezeigt, entscheidet sich erst der Ausgang und damit die Möglichkeit von Sein und Schein. Damit aber entlarvt sich jede nominell so bezeichnete Kritik als etwas, das in die Zukunft ausgerichtet ist, etwas das in der Erfahrung und zugleich nach aller Erfahrung aposteriori von Sein oder Schein entschieden wird. Agamben demonstriert dies in einem zeitlogischen Sinn anhand der Gerichtsverhandlung Jesu vor Pilatus[94] und verdeutlicht, dass der Moment der Entscheidung außerhalb der Verfügungsgewalt des Subjekts liegt und damit das Ergebnis der Entscheidung als Urteil des Subjekts qualifiziert. Doch gerade hier, beinahe auf einem anderen Weg als bei Häberlin, der diesen Moment als denjenigen der Einsicht in die Wahrheit begreift, bricht gleichsam die unmöglich festzuhaltende Gegenwart ein, denn hier ereignet sich Krise als Krise des Subjektes in einem genuinen Sinne, die jenseits des subjektiven Könnens liegt. Aus diesem Nicht-können können[95] folgt die Auslegung dieses Einbruchs, der nicht mehr Gegenwart ist, sondern nur noch Zukunft sein kann. Wie diese Gegenwart, Bollnow vergleicht sie mit einem Blitz aus einer anderen Sphäre,[96] genannt wird, ist unerheblich, aber sie demonstriert hier einen Vorbehalt hinsichtlich des Subjekts und seiner Möglichkeiten. Nun ist Bollnows phänomenologisch-existenzphilosophische Lesart der Krise eine andere als Häberlins ontologische, aber es geht um die Realität von etwas, einem außerhalb des Subjekts. Häberlin nennt dies die Relativität von Subjekt und Objekt[97] und verbleibt bei einer Ontologie, gleichwohl überwindet er Kants transzendentale Apperzeption, d. h., er vertröstet nicht auf eine reine praktische Vernunft, sondern deutet Kritik als ein Verstehen. Kritik als Verstehen entwirft sich nicht auf die Zukunft hin mit einem Plan der Verbesserung, auf die der Erfüllung einer zukünftigen Gerechtigkeit oder wie auch immer, dies ist Kritik

---

[94] Vgl. Agamben, Pilatus und Jesus.
[95] Emmanuel Levinas bezeichnet diesen Moment als den Moment der Diachronie, dort nämlich, wo das Subjekt nicht mehr können kann. Vgl. Levinas, Die Zeit und der Andere, 53 f.
[96] Vgl. Bollnow, Existenzphilosophie und Pädagogik, 31.
[97] Vgl. Philosophia perennis, 40 ff. Siehe auch unten Teil II, 2.6.

nicht mehr, weil sie schon von der Ewigkeit durch ein apriori weiß.[98] Wenn Philosophie daher der ständige Versuch der Auslegung der unbedingten Wahrheit ist, die als Urwahrheit am Anfang des Bewusstmachens steht,[99] dann ist dieser Prozess des Verstehens nichts anderes als die Kritik, die der Krise, d. h., der episteme des Anfangs nachfolgt. Häberlin hat allerdings immer wieder darauf hingewiesen, dass der Begriff »wissen« bzw. »Gewissheit« zu Missverständnissen führen kann, so als verfüge das Subjekt in irgendeiner Weise darüber, deshalb verwendet er den Begriff der Wahrheit, denn dieser bezeichnet ebenso ein Geheimnis, wie er antlitzlos ist.[100] Damit aber zeigt die zeitlogische Konstellation von Krise und Kritik, wenn wir Häberlin hier folgen, eine Differenz von Wahrheit und Wirklichkeit an, denn wenn die Wahrheit den Moment der Krise bezeichnet, die Kritik aber die Entscheidung auslegt, dann ist die Kritik nicht die Wahrheit, sondern ihr Auslegungsprozess. Dies wird insofern virulent, als die auf Erfahrung aufbauenden Traditionen eben nicht auf die Wahrheit rekurrieren, sondern auf die Wirklichkeit. Wohl auch deshalb geht es letztlich dem Konstruktivismus nicht um Wahrheit, weil diese für unerkennbar gehalten werden muss, sondern um die Konstruktion der Wirklichkeit. Nur in diesem Sinn etwa ist Autopoiesis als Ausdruck dafür zu verstehen, dass das Subjekt die Wirklichkeit, die die Wahrheit abgelöst hat, erschafft und gestaltet.[101]

2.6. Kritik, Vollendung und die Gegenwart der Zeit

Wird Kritik als Verlaufsform gedeutet, so wird der Bezug zum Aspekt der Zeit selbst fraglich. Ist damit ein Verlauf in der Vergangenheit gemeint, also die historische Betrachtung bestimmter Ereignisse? In diesem Fall würde der Verlauf i. S. einer Darstellung verwendet und dadurch wohl nicht oder zu wenig den Konfrontationsaspekt verdeutlichen, der durch den Zusammenhang von Krise und Kritik angedeutet wurde. Eine historische Betrachtung bedient sich des Mittels der

---

[98] Vgl. Ethik, 12. 47.
[99] Vgl. Handbüchlein der Philosophie, 93.
[100] Vgl. Das Geheimnis der Wirklichkeit, 18 f.
[101] Hans Blumenberg hatte, noch in seiner Bochumer Zeit Mitte der 1960er Jahre, auf diesen Paradigmenwechsel hingewiesen. Vgl. Fellmann, Ein Denker und kein Dichter; Berger/Luckmann, Die gesellschaftliche Konstruktion der Wirklichkeit; Boghossian, Die Angst vor der Wahrheit.

Distanz, weshalb sie nur insofern philosophisch wäre, als die Ergebnisse der historischen Analyse einen unmittelbaren, und zwar gegenwärtigen Einfluss auf die Gestaltung des Lebens hätten.[102] Aus diesem Grund muss der Terminus der Verlaufsform anders verstanden werden, auch weil die Zeit sich vor dem Horizont von Krise und Kritik als Indiz dafür ausweist, dass nur die Zeitform der Gegenwart virulent ist. Wie schon bemerkt, hatten die Analysen von Bollnow und Plügge ergeben, dass das Doppel Krise und Kritik sich zeitlogisch analog zum Doppel Wahrheit und Wirklichkeit verhält. Um dies nun an Häberlins eigenem Ansatz zu verdeutlichen, bietet sich der Begriff der Vollendung an. Häberlins Philosophie (siehe folgend Teil II) geht von einer möglichen Einsicht in die Wahrheit *apriori* aus, d.h., der Vorgang der Einsicht dokumentiert, dass das, was eingesehen wird, nämlich die Wahrheit, nicht etwas ist, was wir in der Zeit haben könnten, was bedeutet, dass eine Gewissheit darüber außerhalb der Zeit steht.[103] Die Einsicht in eine Wahrheit *apriori* führt zur ontologischen Gewissheit einer ewigen Vollendung, wie Häberlin dies in seiner letzten Monographie vor seinem Tod 1960 abschließend dargelegt, gleichsam mit einem Blick »sub specie aeternitatis«.[104] Er beschreibt ewige Vollendung als qualitativ geordnete Welt, die im Sinn absoluter Einheit geordnet sei, einer Einheit, zu der es keine Alternativen gebe, da sie anderfalls keine Einheit wäre, d.h., diese Einheit müsse endgültig sein. Aber, und hier wird nochmals die gesamte Ontologie und Kosmologie zusammengefasst,[105] diese Einheit ist keine stehende und unveränderliche Einheit, sondern ein permanentes Geschehen, welches sich zu immer neuer Gestalt wandelt.[106] Die in einem permanenten Wandel begriffene Einheit wird jedoch im Wandel nicht aufgehoben, vielmehr stellt sie Vollendung in je besonderer Weise und in jeweils neuer Gestalt dar,[107] wobei sich am Grad der

---

[102] Hier wird das alte Problem virulent, inwieweit eine Geschichtsschreibung der Philosophie wirklich als Philosophie bezeichnet werden kann. Ohne dies hier in einer notwendigen Diskussion darzustellen, sei zumindest vermerkt, dass es dem Verfasser nicht um eine Wertung geht, sondern allenfalls um den Hinweis auf die Problematik. Auch aus Gründen der thematischen Heterogenität wird deshalb auf eine ausführliche Diskussion verzichtet, die sich intensiver mit dem Verhältnis einer Philosophie der Geschichte und der Geschichtsphilosophie beschäftigen müsste.
[103] Vgl. Das Wesen der Philosophie, 99.
[104] Vgl. Das Böse, 61.
[105] Siehe hierzu Teil II, 2.3.–2.8.
[106] Vgl. Philosophia perennis, 52 ff.
[107] Vgl. Das Böse, 61.

Einheit nichts ändert. Wenn überhaupt von einer zeitlichen Dimension zu sprechen ist, dann nur insofern, als der Gestaltwandel selbst eine Veränderung und damit eine mögliche zeitliche Struktur hat. Da aber das Geschehen und die Veränderung an der Einheit nichts ändert, ist dieser Wandel ewig, d. h., qualitativ anders als ein zeitlicher Vorgang. Die hier vorliegende kosmologische Ontologie, die das Geschehen des Funktionszusammenhangs der miteinander im Verkehr stehenden Subjekte abbildet, ist die Perspektive von einem höchsten Standpunkt aus, in dem Werden und Vergehen nur Selbstausdruck dieser einen ewigen Einheit darstellen. »So ist Geschehen selbst Vollendung im Werden, und zwar ewige Vollendung, weil Geschehen ohne Ende ist.«[108] Häberlin folgert daraus, dass die Vollendung darin besteht, dass sie ständig ist, sie also sozusagen ihre Vollendung »lebt«. Der Sinn einer möglichen Vollendung liege demnach nicht in einer Zukunft, die erst noch werden müsste, die wäre eine an der Erfahrung gemachte zeitliche Denkweise, sondern in ihrer Vollendung selbst. Hier stehen zwei bedeutende Zeitkonzepte nebeneinander, die aus der ontologischen Konzeption Häberlins notwendig folgen. Wird der Standpunkt *sub specie aeternitatis* eingenommen, eine Formel, die Häberlin von Spinoza übernommen hat,[109] so repräsentiert die Ewigkeit in ihrem ewigen Gestaltwandel die Ewigkeit selbst und damit die Einheit bzw. das Ganze. Damit gibt es streng genommen keine Zeit, weil alles schon Ewigkeit ist. Häberlin spricht deshalb auch von der Ewigkeit als der gefüllten oder erfüllten Zeit,[110] die nichts anderes als eine kosmische Zeit meint, wobei dieser Begriff in sich widersprüchlich scheint. Gleichwohl, um diesen vermeintlichen Widerspruch noch ein wenig zu bemühen, sagt er, dass die kosmische Zeit als dieser permanente Gestaltwandel nicht anderes meinen kann als eine irreversible Sukzession, eben das Schreiten von einer Vollendung zu ihrer nächsten Gestalt. Dabei hat der Gestaltwandel selbst in seiner Sukzession, um den Widerspruch aufzuheben, kein Dazwischen aufzuweisen, weil Vollendung schon vollendet ist. Ein weiterer wichtiger Schluss ist aus dieser Denkfigur noch zu ziehen, denn die Ewigkeit kennt kein Gegenüber, weil die Einheit das Ganze ist, d. h., es gibt in diesem Sinn kein Stehen vor der Ewigkeit

---

[108] Ebd.
[109] Vgl. Spinoza, Ethik V, L. 29.
[110] Vgl. Philosophia perennis, 59.

wie in der jüdischen Religion bzw. Philosophie.[111] Die Ewigkeit als Qualität bestimmt sich aus der Vollendung selbst und ist daher als eine nichtgewertete objektive Realität gegeben. Damit ist zunächst das dialogische Moment ausgeschlossen, welches bspw. einem monotheistischen Denken eigen ist, weil sich die Frage nach dem Gegenüber nicht stellt. Häberlins spinozistisches Verständnis dringt hier durch, was Philosophie i. S. Häberlins wie bei Spinoza nur als eine *scientia intuitiva* kennzeichnen kann.[112] Gleichwohl trägt Häberlins Konzept nicht nur spinozistische Züge, sondern auch diejenigen der aristotelischen Vorstellung von der Ewigkeit der Welt ohne Anfang und ohne Ende.[113] Ohne jetzt die Debatte um die Ewigkeit der Welt auszuführen, welche in einer separaten Untersuchung, gerade auch in der Auseinandersetzung mit Kant erfolgen müsste, der ja seine Kritik im Grunde aus dem Gedanken des Aristoteles bzw. mit dem einer »creatio ex nihilo« initiiert sah, stellt sich dennoch die Frage, wo denn die Zeit bleibt.

Wo aber bleibt die Zeit? Oben wurde auf zwei heterogene Zeitkonzepte hingewiesen, das erste ist nun in Kürze dargestellt worden, das zweite jedoch ist deswegen relevant, weil Häberlins Ontologie auch ein Versuch ist, die Dominanz des Subjektivismus zu durchbrechen. Die Problematik der Zeit aber, sollte sie im aristotelischen Sinn nicht in der Ambivalenz enden, Zeit sei nicht gleich Prozess, aber auch nicht ohne Prozess denkbar,[114] kann daher nur im Zusammenhang mit der Erfahrung des Subjektseins verstanden werden. In aller Kürze bietet sich hier die Phänomenologie des inneren Zeitbewusstseins an, dass Husserl im Anschluss an Augustin entwickelt hat,[115] und in dem er zeigt, dass das Bewusstsein eine retentionale (Vergangenheit) und eine protentionale (Zukunft) Ausrichtung hat. Die Gegenwart als dritte Dimension bzw. als Scheitelpunkt zwischen Vergangenheit und Zukunft ist aber nochmals etwas, das uns dem

---

[111] So wie dies etwa Rosenzweig in seinem Stern der Erlösung darlegt. Vgl. Rosenzweig, Der Stern der Erlösung, 365.
[112] Vgl. Spinoza, Ethik V, L. 25 ff.
[113] Vgl. Zeller, Geschichte der griechischen Philosophie, 189. – Die in diesem Zusammenhang durchaus berechtigte, wenn auch nicht ganz von Polemik freie Frage Blumenbergs, wer dies überhaupt behaupten könne, zeigt zugleich auch die tiefe Skepsis an, die diesem Thema anhaftet. Vgl. Blumenberg, Die Genesis der kopernikanischen Welt, 23 f. 166 f.
[114] Vgl. Aristoteles, Meth. 219a.
[115] Vgl. Husserl, Phänomenologie des inneren Zeitbewusstseins; Augustinus, Confessiones, Buch XI; Flasch, Was ist die Zeit?; Kienzler, Gott in der Zeit berühren;

nahebringt, was oben über die Krise gesagt wurde. Die Analysen Bollnows und Plügges beziehen sich auf diese phänomenologischen Beschreibungen Husserls und erweisen sich als deckungsgleich. Um aber hinsichtlich der Philosophie Häberlins einen Anschluss zu finden, reichen die Husserlschen Analysen nicht aus, weil bei diesen der Aspekt der Gegenwart in der Konsequenz nicht zu Ende geführt wird. Deshalb kann und soll an Augustinus angeschlossen werden, der anhand der Erinnerungsfähigkeit des Bewusstseins (Memoria) deutlich macht, dass die Gegenwart, wenn sie tatsächlich zeitlich gedacht werden könnte, nur eine Gegenwart sein könnte, die »nunc stans« wäre, demnach eine stehende oder ewige Gegenwart. Damit wird aber zugleich auch einsehbar, dass Gegenwart, die in diesem Sinne dauern würde, nicht mehr Zeit sein könnte, weil sie keine Vergangenheit und keine Zukunft kennte bzw. diese in sich enthielte. Augustinus schließt daraus, dass Ewigkeit eine andere Qualität als Zeit haben muss, weshalb er die Ewigkeit Gott und die Zeit dem Menschen zuordnet.[116] Ohne nun die Gottesfrage bei Häberlin zu thematisieren, die für ihn philosophisch nicht im Mittelpunkt steht, (für Häberlin bezeichnet Gott in einem spinozistischen Sinn das Sein und damit die Einheit selbst[117]) kann es hier nur um die Konstellation von Ewigkeit und Zeit gehen, die er wie Augustinus als zwei unterschiedliche Qualitäten herausstellt. In Häberlins Philosophie wird diese Konstellation in ihrer Analogie von Subjektivität und Objektivität virulent und bekommt damit eine ethische Konnotation, die nicht zu einer Moralisierungsinstanz verkommt, sondern Objektivität als notwendig kritisches Regulativ begreift. Nur so erklärt sich die permanente Insistenz Häberlins, die Vielheit aus der Einheit heraus zu verstehen. Und nur so lässt sich gerade der Aspekt der Objektivität für die Pädagogik nicht als Objektivierung des Anderen fassen, vielmehr als ethischer Schutzbegriff, der dann Ethik nicht mehr mit einem Vergleichsvorgang (Kritik) gleichsetzt. Dem Subjekt (dem Anderen) kommt, weil es die Einheit repräsentiert, ein Ewigkeitsstatus zu, womit die Ewigkeit einerseits als Hoheitsaspekt jeden Subjektivismus als übergriffig kennzeichnet und andererseits das Handeln orientieren und diesem so ein ethisches »richtiges« Ziel i. S. der objektiven Einheit werden kann.

---

[116] Vgl. Augustinus, Confessiones XI, 309 f. (Ewigkeit und Zeit sind qualitativ verschieden!); Kienzler, 278–287.
[117] Vgl. Das Gute, 269.

Krise/Kritik wie Zeit als heuristische Begriffe erweisen sich damit als ethische Kategorien, die die Subjektivität nicht unterminieren wollen, sondern, beinahe paradox, die die Subjektivität in ihrer Eigenwilligkeit schwächen, um ihre Hoheit angesichts der Einheit zu stärken. Häberlin hatte 1935 angesichts der menschenverachtenden Politik in Europa gemeint, dass die Vollendung die Einheit des Seins sei, aber dass in unserem Verhalten die Einheit ständig durch unsere Subjektivität, unsere Selbstheit und Ichbetonung verletzt werde, ständig würde die Kluft zwischen uns und den Anderen aufgerissen und dadurch die Einheit zuschanden gemacht.[118] Häberlin interpretiert hier den kategorischen Imperativ als Verzicht auf alle Subjektivität und Eigenwilligkeit, denn zum Ideal eines sittliches Geistes gehöre demnach ein Verhalten, das, weil es um die Einheit weiß, dieses auch mit allen Menschen will.[119]

Damit ist zum philosophischen wie pädagogischen Teil dieser Arbeit ein gangbarer Übergang hergestellt, ein Übergang, der möglicherweise ein Denken beschreibt, das, obwohl es ontologisch ist, durchaus in bestimmter Weise ein »schwaches Denken« sein kann.

---

[118] Vgl. Wider den Ungeist, 60.
[119] Vgl. ebd., 61

II. Studien zum Werk Paul Häberlins

Vorbemerkung

Die in den Grundlegungen schon vielfach gegebenen Hinweise zum Werk Paul Häberlins bedürfen nun einer dezidierteren Darstellung und Analyse, um die aufgeworfenen Fragestellungen zu vertiefen und die vorgeschlagenen und möglichen Perspektiven zu begründen. Wesentliche Linien seines Denkens werden nicht nur nachgezeichnet und analysiert, sondern auch in verwandte oder konträre Konstellationen gerückt, um Besonderheiten nuancierter zu betonen und einer Kritik zugänglich zu machen. Zu berücksichtigen ist dabei, dass Vergleiche und Weiterführungen nur dann sinnvoll sind, wenn mindestens zwei Positionen erarbeitet werden, die einer Kritik unterzogen werden können, weil Kritik wie Anwendung darauf immer angewiesen ist. Der sich hier anschließende zweite Teil ist ein umkreisender Versuch, den Grundaussagen der Philosophie und Pädagogik Häberlins ansichtig zu werden, umkreisend deshalb, weil die Analysen nicht nur Rückbezüge und Querverweise, sondern auch Redundanzen aufweisen werden, die aber im Hinblick auf den Imperativ »Möglichst viel zu wissen, um möglichst viel helfen zu können«[1] sowie dessen Absage an fachliche Spezialisierungen nicht zu vermeiden sind. Diese mäandernden Wiederholungen bestärken biographische Facetten Häberlins, die möglicherweise auch dem bisweilen »hermetischen« Schweizer Kontext geschuldet sein mögen, verdeutlichen aber auch, dass ein Werk, so genuin und harmonisch es sein mag, sich als eine Durchdeklinierung, Neuformulierung und redundante Bestätigung zentraler Gedanken ausweist. Die sich immer weiter spezialisierenden akademischen Disziplinen lassen mitunter nicht mehr den Zusammenhang erkennen, der bei einer multidisziplinären Fachkombination wie Philosophie, Pädagogik und Psychologie zu Zeiten Häberlins erwartet wurde und erwartbar war. Die damals noch selbstverständlich aufscheinende Konditionalität der Disziplinen kann in

---
[1] Statt einer Autobiographie, 15.

Vorbemerkung

Zeiten empirischer und evidenzbasierter Vermessung von Pädagogik und Psychologie nicht mehr erwartet werden, geriert sich vielmehr als rückwärtsgewandtes und nicht förderungsberechtigtes Anliegen akademischer Disziplinen. Das in der vorliegenden Untersuchung nur am Rande erwähnte große Thema der Psychologie hat mit der Anlage der vorliegenden Arbeit selbst zu tun. Obgleich die Denominationen der Lehrstühle für Philosophie zu Häberlins Zeiten immer auch noch die Psychologie als Fachrichtung enthielten, hat sich Häberlins eigene Lehre wie sein Werk in die Richtung des Imperativs von »Einsicht (episteme) und Lebensführung (sophia)« weiterentwickelt. Deshalb die Reduktion auf die Felder Philosophie und Pädagogik versteh- und entschuldbar sein zu lassen, bedingt einerseits die genannte Konditionalität, ergibt sich andererseits aus der Abwendungsbewegung Häberlins gegen die Bestrebungen der Psychoanalyse und ihre wissenschaftlichen Fortschreibungen. Dokumentiert wird dies anschaulich in Häberlins rudimentären Briefwechsel mit Sigmund Freud, der aus einer bereits 1912 stattgefundenen Begegnung erwachsen ist.[2] In diesem und demjenigen mit dem lebenslangen Freund Ludwig Binswanger[3] lässt sich eine unumkehrbare Abwendung Häberlins nicht von der Psychologie als solcher, sondern nur von dieser als empirischer Wissenschaft ablesen, die seinem philosophischen Anspruch konträr entgegenstand.[4]

Heutzutage, von Studien zu sprechen, mag in der Absicht verhalten und zurückhaltend klingen, berücksichtigt jedoch den Respekt vor einem Gesamtwerk und möchte endgültige Interpretationsvorschläge vermeiden. Gleichwohl ergeben sich aus den vorgelegten Studien Perspektiven, die im Blick auf Philosophie, Pädagogik und Sozialpädagogik kritische Anfragen an den heutigen Diskurs stellen und die auf vergessene bzw. der zeit- und wissenschaftspolitischen Schere zum Opfer gefallenen Aspekte zurückgreifen. Von daher formulieren die hier vorgelegten Studien keine Rechtfertigungsversuche wissenschaftsgeschichtlicher Art und wollen es auch nicht sein, denn die Ausreizung wissenschaftlicher Moden führt allzu oft zu wiederkehrenden Argumentationslinien, die mit der Zeit hohl und stumpf wer-

---

[2] Vgl. Briefwechsel, 348–358.
[3] Vgl. Briefwechsel, 89–334.
[4] Vgl. Der Gegenstand der Psychologie (zugleich eine Einführung in das Wesen der empirischen Wissenschaften, erschienen 1921); Der Beruf der Psychologie (Basler Antrittsvorlesung 1923); Der Geist und die Triebe.

den. Deshalb werden diese Studien mit biographisch-systematischen Skizzen eingeleitet und begleiten den weiteren Verlauf, wobei die vorliegenden Ausführungen keine nur historischen sein wollen. Die Kontextualisierungen historischer Art dienen der Erhellung der strengen Systematik Häberlins, die ohne diese allzu monolithisch und zu wenig anschlussfähig erscheint. Die Ausfaltungen biographischer bzw. historischer Reminiszenzen betreffen auch die Überlegungen zum »Schweizer Kontext«, wobei diese ebenso dem hermeneutisch umkreisenden Modus der Untersuchung zuzuordnen sind.

1. Zur Biographie Häberlins: Situative Kontexte und Annotationen

1.1. Metaphorische Deutung der geistesgeschichtlichen Situation

Jeder Denker, so könnte es scheinen, ist ein Kind seiner Zeit. Er ist umgeben von einem geistigen Kosmos an Ideen, Systemen, Dogmen und Traditionen. Die Kultur, in die er hineingeboren wird, bildet den Nährboden und den Kontext von dem, was ihm selbst zu denken aufgegeben wird. Mit der Tatsache des Denkens scheint ein unsichtbarer Zwang verbunden zu sein, eine nicht greifbare Notwendigkeit, die in den Ideen aufscheint und die nicht lösbar ist von den Ergebnissen, die aus diesem Denken generiert werden. Würden allerdings Notwendigkeit und Zwang aus der Zeit selbst das Denken prägen, dann gäbe es kein eigenes Denken, sondern letztlich nur eine Wiederholung dessen, was schon gedacht und schon gesagt worden ist. Käme zudem hinzu, dass gesellschaftliche, politische und (wie heute) globale Konstellationen über Denkbewegungen entscheiden, ja diese allererst in Gang setzen würden, eine Freiheit des Denkens und Freiheit des Wortes wären nur im Innenraum des Subjektes möglich, d. h., die Freiheit des Denkens verkäme zur erschreckenden Abbreviatur ihrer selbst. Ein Szenario, das nur noch behauptet würde, um die Harmonie der Subjekte und die Toleranz gegenüber diesen, denkerisch in ihrer Gleichschaltung zu garantieren. Die Forderung nach Bewahrung von Traditionsbeständen ebenso wie die uneingeschränkte disziplinäre Anpassungen an gesellschaftliche und gesellschaftspolitische Machtansprüche, die sich quasi als Garantie für Fortschritt und den Frieden der Gesellschaften auswirkten, führten und führen nicht selten zu Toleranzedikten, die individuelle wie gesellschaftliche Interessen dazu bringen, das hermeneutische Verlangen der Wirklichkeit zu befriedigen. Die Schwierigkeiten, die aus diesem zweifachen Anspruch erwachsen, lassen sich als Moment der Krise konstatieren, in dem die Entscheidung für Bewahrung und gegen Veränderung oder für Veränderung und gegen bewahrende Dogmatismen unausweichlich ist. Krise als logische Verlaufsform von Kritik, wie dies im heuristischen Angang beschrieben wurde, rechnet immer mit beiden Absichten, mit Bewahrung und mit Veränderung. Aufgrund dieses inhärenten Doppelcharakters von Kritik als zeitlogisch transitivem wie intransitivem Begriff kann Krise als Metapher, ja sogar als absolute Metapher[1] verwendet werden. Von einer absoluten Metapher kann dann gesprochen werden, wenn sich eine Frage als prinzipiell unbeantwortbar und ein Sachverhalt als unlösbar zeigt, weil Frage wie Sachverhalt durch die Wirklichkeit aufgegeben und nicht eliminierbar sind.[2] Die Funktion der absoluten Metapher besteht sowohl in ihrer katalytischen Funktion wie auch in der Aufspannung eines Deutungsfeldes, in dem die metaphorische Deutung von Geschichte resp. Geistesgeschichte als Konglomerat von Ideen- oder Institutionengeschichte darstellbar wird.[3] Das Werk Häberlins vor und in seinem geistes- bzw. wissenschaftsgeschichtlichen Kontext zu verstehen und in seinen wesentlichen Konturen zu reflektieren, ermöglicht Zugänge wie Vergleiche, die Absichten, Motive und Interessen seines Denkens verstehen lassen. Dass auch Häberlin ein Kind seiner Zeit ist, wie sollte es auch anders sein, sagt gleichwohl noch nichts Definitives über sein Werk aus. Die sachliche Strenge seiner Diktion sowie die systematische Stringenz lassen den Eindruck von unzeitgemäßen Betrachtungen entstehen, die aber letztlich nur den Willen kenntlich machen, das Denken eindeutig, d. h., das intendierte Anliegen selbst systematisch auszudrücken.[4] Der Zeitrahmen des geistesgeschichtlich wie gesellschaftlichen Kontextes wird durch die Lebensdaten Häberlins von

---

[1] Vgl. hierzu Blumenberg, Paradigmen zu einer Metaphorologie, 19. Blumenbergs Prägung des Begriffs einer absoluten Metapher scheint mir für den zu explizierenden Sachverhalt geeignet zu sein, denn eine Metapher hat sowohl eine theoretische wie pragmatische Funktion, was das logische Verhältnis von Krise und Kritik verdeutlicht. Dazu auch Hundeck, Welt und Zeit, 115–120.
[2] Vgl. Hundeck, Welt und Zeit, 118.
[3] Hierzu Oexle, Krise des Historismus, 21 u.ö sowie die bei ihm angeführte Literatur. In diesem Zusammenhang darf auch auf Arthur Oncken Lovejoy verwiesen werden. Lovejoy gilt als Begründer der Ideengeschichte und die Nähe der Ideengeschichte zur Metaphorologie Blumenbergs ist nicht zufällig. Vgl. Lovejoy, Die große Kette der Wesen.
[4] Vgl. Das Wesen der Philosophie, 123. Häberlins Art der Darstellung, die das Gemeinte selbst ausdrückt, ist parmenidisch oder spinozistisch, bezeichnet also die Einheit von Denken und Sein.

Zur Biographie Häberlins: Situative Kontexte und Annotationen

1878 bis 1960 vorgegeben. Diese Spanne der Lebenszeit Häberlins dient als hermeneutisches Feld denkbarer Deutungen und Perspektiven und ermöglicht, dass sich im Konzert des biographischen wie geistesgeschichtlichen Horizontes die Knotenpunkte seines Denkens plausibilisieren und differenzieren lassen. Auch wenn die metaphorische Rahmung der biographischen Daten Häberlins von 1878–1960 bestimmbar ist, so erweist sich die Analyse der geistes- bzw. wissenschaftsgeschichtlichen Füllung dieses Rahmens problematischer. Zwar lassen sich auch hier geschichtliche und wissenschaftliche Eckpunkte und Zeittafeln anführen, die diesem Rahmen eine Struktur verleihen, gleichwohl ist ihre Bedeutung für das Werk Häberlins hermeneutisch variabel, weil sie von der Absicht und den Ideen des Interpreten ausgehen. Auf diesem Zeitfeld von Krise und Kritik zu sprechen, kann daher nur in einem metaphorischen Sinn geschehen, denn zwischen 1878 und 1960 wird eine Vielzahl von Krisen erwähnt, die allein schon durch ihre inflationäre Nennung mehr als berechtigt erscheinen, auf die Probleme der Moderne hinzuweisen. – Bspw. wurde von einer Krise des Historismus (Oexle)[5], einer Krise der Philosophie (Joël)[6], von einer Krise der Wirklichkeit (Fleck)[7] und einer Krise der europäischen Wissenschaften (Husserl)[8] gesprochen, um nur einige zu nennen. – Um sich in die doppelfunktionale Logik dieser Metapher einzufinden, werden sich die einzelnen Analysen als unzeitgemäß und mitunter gegenstrebig erweisen, weil sie strukturieren und analysieren, aber keine dogmatistische Endgültigkeit erwarten lassen. Deshalb kann, ja muss, auch aufgrund der Perspektivik, die sich aus dem Gebrauch der absoluten Metapher ergibt, Oexle spricht von Teilen ein und derselben Problemkonstellation,[9] mit Nietzsche begonnen werden.[10]

---

[5] Vgl. hierzu Oexle, Krise des Historismus, 11–116; Ders., Wirklichkeit, 1–20.
[6] Vgl. Joël, Die philosophische Krise der Gegenwart.
[7] Vgl. Fleck, Zur Krise der Wirklichkeit, 46–58.
[8] Vgl. Husserl, Die Krisis der europäischen Wissenschaften.
[9] Vgl. Oexle, Krise des Historismus, 21.
[10] Es wird im weiteren Verlauf der Analysen deutlich werden, wie sehr Häberlin in seinem Werk, ohne Nietzsche intensiv zu rezipieren, der Methodik und Logik des früheren Basler Kollegen folgt.

1.2. Die Krise des Historismus oder der Graben zwischen Vergangenheit und Zukunft

Friedrich Nietzsche hatte im zweiten Stück seiner »Unzeitgemäßen Betrachtungen über den Nutzen und Nachteil der Historie für das Leben«[11] die unterschiedlichen Arten von Historie aufgeführt, die monumentale, die antiquarische und die kritische Historie und dabei den Umgang mit der Geschichte als Ganze am Beispiel des Historismus verdeutlicht. In Nietzsches Analysen kommt die geheime Logik der geschichtlichen Betrachtung wie der Umgang mit Geschichte überhaupt zum Vorschein. So orientiert sich die monumentale Historie an der Erfahrung des Menschen, einerseits etwas Großes und Bleibendes schaffen zu wollen, wozu er sich an den großen Persönlichkeiten und Ereignissen der Geschichte orientiert und andererseits am bewussten Einsehen festmacht, dies nicht auf eine Zukunft hin ermöglichen zu können. Die monumentale Historie dient hier als logisches Deutungsmuster, das den Zwiespalt thematisiert, in dem der Mensch angesichts der Wirklichkeit steckt. Der Mensch heute, so Nietzsche, erscheine angesichts der Großen nur als Epigone, sodass der Bezug auf die Großen nur im Zynismus enden könne, was letztlich nichts anderes sei als Resignation, d. h., so weiter zu leben, weiter zu lieben und weiter zu hassen wie bisher.[12] Die Rezeption der Geschichte offenbart demnach den doppelten Ausgang, den der Mensch nehmen kann, für Nietzsche aber kann das Große nur als Anspruch dafür dienen, selbst groß und d. h., selbst ein eigener, unabhängiger Mensch zu werden.[13] Der zweite Modus Geschichte zu betrachten, ist für Nietzsche die antiquarische Sicht, die sich zuerst auf den Menschen als Bewahrenden bezieht.[14] Sie verdeutlicht, dass Kontinuität zum Vergangenen für ein zu gestaltendes Leben wichtig und notwendig ist, diesem Sicherheit und Heimat gewährt. Aber auch hier ist die

---

[11] Vgl. Nietzsche, Vom Nutzen und Nachteil der Historie für das Leben, 243–334.
[12] Vgl. Nietzsche, Vom Nutzen und Nachteil der Historie für das Leben, 315 f. Nietzsche bezieht sich hier auf Eduard von Hartmanns Buch *Philosophie des Unbewussten* und kritisiert dessen finale Aussage, der Mensch müsse, um zur Erlösung zu gelangen, sich mit den Gegebenheiten abfinden und einfach so weiterleben, einfach auch deshalb, weil alles Große schon geschehen sei.
[13] Hierzu auch weiterhin Niemeyer, Nietzsche als Erzieher; Ders., Nietzsche auf der Couch; Ders., Nietzsche, die Jugend und die Pädagogik; Oexle, Von Nietzsche zu Max Weber; Ders., Geschichtswissenschaft im Zeichen des Historismus; Germer, Wissenschaft und Leben; Scheibe, Die reformpädagogische Bewegung, 12–19.
[14] Vgl. Nietzsche, Vom Nutzen und Nachteil der Historie für das Leben, 258.

zweite Hälfte des Symbolons zu beachten, diejenige nämlich, die Geschichte als großartig feiert und damit einen Bewertungsmaßstab für das Leben und die Gegenwart abgibt. Das Vergangene wird idealisiert und dadurch zur Contradictio alles Neuen, zum normativen Anspruch jeder Entwicklung und symbolischen Ausformung menschlichen Lebens. Nietzsches Diagnose richtet sich hier vor allem auf die Bildungsstrategien bestehender Bildungsinstitutionen, in denen die Normativität des Bestehenden und zu Bewahrenden in einen Absolutismus der Denkungsart umschlägt. Nietzsche seziert die Dichotomie einer historistischen Sicht auf die Welt und den Menschen heraus und bestätigt damit die in der monumentalen Historie angewendete Logik des doppelten Ausgangs.[15] Beide Modi müssen deshalb notwendig in einem dritten, dem Modus der kritischen Historie münden, in dem die Geschichte in die lebensfördernden und lebensverneinenden Erinnerungen geschieden wird. Die Nähe und durchaus strategische Konvergenz zur theologischen Figur des Jüngsten Gerichts[16] als der Instanz, wo über Sein und Schein eschatologisch geurteilt wird, liegt auf der Hand und begründet sich zudem darin, dass die Kritik auf die dem Historiker gemäßen Tugend der »wahren Gerechtigkeit« hinauszulaufen hat. Daraus folgt, dass Kritik als Basis von Wissenschaft, die den Ismus im ausbalancierten Zugriff auf Vergangenheit wie Zukunft vermeidet, sich zugleich als eine Form der Lebensphilosophie verstehen muss, aus der sich eine Kultur schaffen lässt.[17] Niemeyer weist auf den Paradigmenwechsel von Bewusstseinsphilosophie zur Lebensphilosophie hin, der mit der Historienschrift einhergehe und aus dem die Option eines Begriffs kultureller Vielfalt erwachse. Diese könne durch Menschen realisiert werden, die ihre eigene Lebensführung monumental auszulegen verstünden und sich nicht durch den Zwang kultureller Überlieferung mit deren quasi theologischen Ansprüchen unterjochen ließen.[18]

Wie dem auch sei, in der durch den Historismus ausgelösten Krise,[19] wird ein Panorama wissenschafts- und geistesgeschichtlicher

---

[15] Vgl. ebd., 282.
[16] Vgl. ebd. 292 f.
[17] Vgl. Niemeyer, Friedrich Nietzsche, 59; dazu auch Ders., Nietzsche als Erzieher, 90–93.
[18] Vgl. Niemeyer, Friedrich Nietzsche, 59 f.; Ders., Nietzsche als Erzieher, 93
[19] Es ist hier bedauerlicherweise nicht der Ort, um über die Probleme, die der Streit um den Historismus insgesamt auslöste, weitere Ausführungen zu bringen. Wenn von Problemen gesprochen wird, so ist hier auch der, wie Oexle es nennt, Versuch

Themen virulent, die die Geburtsstunde der Geschichte der modernen Wissenschaft offenlegt. »Die Geschichte als moderne Wissenschaft entsteht dort, wo der Traditionsbruch Vergangenheit und Zukunft qualitativ auseinandergelegt hat«[20]. Diese entstandene Kluft bedürfe, so Koselleck, neuer, d. h., eigener Methoden, um das Vergangene neu verstehen zu lernen.[21] Damit aber werde der Zukunft in einem zeitlogischen Sinne eine Unabhängigkeit zugesprochen, womit, wie Nietzsche meinte, Zukunft einem Befreiungsakt gleichkomme und sich damit von Vorgaben und Erfahrung (a posteriori) unabhängig erweise.[22] Geben jedoch die aposteriorischen Vorgaben nicht die Bedingungen dafür vor, wie sich orientiert und wie gedacht werden soll, so ist die Frage nach dem Wozu hinfällig, weil nicht danach gefragt wird, wozu die Wirklichkeit da sei, sondern mit der Feststellung zu leben ist, dass sie da ist. Eine dem Werk Häberlins widerstrebende Deutung wird durch die Krise des Historismus ausgelöst, weil dadurch die Wirklichkeit als Problemkonstellation in den Vordergrund rückt und zur Leitkategorie der Versuche wissenschaftlicher Selbstbestimmungen wird, die fortan unter der Regie naturwissenschaftlicher Methodik zu stehen kommt.

---

der Ent-Problematisierung nach 1933 zu nennen. Hier nochmals in die Details zu gehen, böte allein schon den Umfang einer eigenständigen Arbeit. Dazu aber im Ganzen Oexle, Krise des Historismus, 11–116, bes. 101ff.
[20] Koselleck, Moderne Sozialgeschichte und historische Zeiten, 179.
[21] Oexle spricht in diesem Zusammenhang von Historismus als einem konstitutiven Moment der Moderne und verweist diesbezüglich auf Koselleck, der die Genese des Historismus aus dem konstitutiven Zusammenhang von aufklärerischer und historischer Auffassung der Welt dargelegt habe. Vgl. Oexle, Krise des Historismus, 26, unter Bezug auf Koselleck, Moderne Sozialgeschichte und historische Zeiten.
[22] Vgl. Nietzsche, Von Nutzen und Nachteil der Historie für das Leben, 319. – Nietzsche formuliert dort ein Lebensprogramm unabhängig von dem starren Terror aposteriorischer Vorgaben: »Wozu die ›Welt‹ da ist, wozu die ›Menschheit‹ da ist, soll uns einstweilen gar nicht kümmern, es sei denn, dass wir uns einen Scherz machen wollen: denn die Vermessenheit des kleinen Menschengewürms ist nun einmal das Scherzhafteste und Heiterste auf der Erdenbühne; aber wozu du Einzelner da bist, das frage dich, und wenn es dir Keiner sagen kann, so versuche es nur einmal, den Sinn deines Daseins gleichsam a posteriori zu rechtfertigen, dadurch dass du dir selber einen Zweck, ein Ziel, ein ›Dazu‹ vorsetzest, ein hohes und edles ›Dazu‹. Gehe nur an ihm zu Grunde – ich weiss keinen besseren Lebenszweck als am Großen und Unmöglichen, animae magnae prodigus, zu Grunde zu gehen.«

1.3. Die Krise der Wirklichkeit: Geisteswissenschaften vs. Naturwissenschaften

Der Historismusstreit, so konnte in einigen Zügen dargelegt werden, führte nicht nur zu einem neuen Wissenschaftsbewusstsein, zuvorderst spiegelte er so etwas wie eine Kulturkritik wider.[23] Damit kam es zur Skepsis gegenüber den geschichtsphilosophischen Ordnungsentwürfen, die Dichotomie von Materialismus und Idealismus wurde in Frage gestellt und es folgten Ausschließlichkeitsdebatten im Blick etwa auf den Primat der Naturwissenschaften gegenüber den Geisteswissenschaften. Weiterhin entstanden heftige Auseinandersetzungen

»um Grundlagen und Zerfall bildungsbürgerlicher Vergesellschaftung und der von ihr erzeugten Deutungsmuster und zu den Kontroversen über Paul de Lagardes "Deutsche Schriften", die in den späten 1870er und frühen 1880er Jahren erschienen, aber erst durch das berühmt-berüchtigte Rembrandt-Buch (Rembrandt als Erzieher) Julius Langbehns von 1890 zur Wirkung gelangten«[24].

Die Parteinahme für konservative Positionen (Langbehn, de Lagarde) machte sich einerseits antipodisch an Nietzsche fest und förderte andererseits die Problematik zu Tage, wie mit Fortschritt und wissenschaftlicher Forschung insgesamt umzugehen sei. Die durch den Industriekapitalismus aufgekommene neue Bedeutung des Geldes generierte eine neue Frage nach den Werten und dem Wert an sich, bspw. in der Nationalökonomie im Streit zwischen Carl Menger und Gustav Schmoller.[25] Die sich auf diesem Feld einstellende Aufgabe, rational mit exakten Gesetzen die Ergebnisse der Empirie zu kontrollieren, verdeutlicht die eingetretene Spaltung in der Deutung der Wirklichkeit. Die Wertdebatte, auch hier ist wieder Nietzsche mit seiner Schrift von der *Umwertung aller Werte* Stichwort- und Diagnosereferenz, die die philosophische Diskussion bis zum Ende der 1920er Jahre prägen sollte, wurde etwa durch Georg Simmels *Philosophie des Geldes*, Jonas Cohns *Wertethik* und besonders Schelers *Der Formalismus in der Ethik und die materiale Wertethik* zu einer weiteren Signatur einer gespaltenen Moderne und ihrer Krisen. Die

---

[23] Vgl. Oexle, Krise des Historismus, 76; Ders., Das Problem der Problemgeschichte, 39–84
[24] Heinssen, Historismus und Kulturkritik, 567 ff., zit. n. Oexle, Krise des Historismus, 76.
[25] Vgl. Oexle, Krise des Historismus, 77.

lodernd inhärente Thematik des Streites um die Werte war zugleich auch der antagonistische Kampf um Einheit bzw. Eindeutigkeit und Relativität. So machte schon Wilhelm Windelband Simmel den Vorwurf, dass dessen Relativismus eigentliches Symptom der Krankheit der Moderne sei, weil dieser nicht mehr mit Substanzen, sondern mit Bewegungen als Kategorien operiere, eine Meinung, die auch Ernst Troeltsch teilte, indem er Simmel des trostlosesten Relativismus zieh.[26] Die Wertthematik zielte also auf die Konturierung der Wirklichkeit, auf eine divergente Situation, entweder den Erhalt substantieller Kontinuitäten zu garantieren oder die Wirklichkeit der Erfahrung selbst zum Koordinationspunkt aller Orientierung werden zu lassen. Dieser doppelte Zugang eröffnete sich in den beiden Optionen von Naturwissenschaften und Geisteswissenschaften bzw. Philosophie. Auch innerhalb beider Optionen gab es Uneinigkeit, die Naturwissenschaften stritten um die durch Einstein, Bohr und Heisenberg ausgemachte allgegenwärtige Relativität und Unschärfe,[27] hingegen versuchte die Philosophie sich als synthetisierende Kraft (Windelband) zu etablieren, um die Wissenschaften zu einen und dem sich bereits anbahnenden Relativismus vorzuarbeiten. In diesen Streit der Wissenschaften, der eben kein Streit der Fakultäten mehr war, kann die z. T. verachtende Debatte um den Neukantianismus als Hinweis auf die zunehmende Politisierung der Wissenschaften gelten, die bspw. durch den Jenaer Philosophen Bruno Bauch judenfeindliche Argumente in die Debatte einführte.[28] Dieser benutzte seine Formalismuskritik am Neukantianismus dazu, eine Kulturkritik mit völkischem Gedankengut zu lancieren.[29] Analogien zur aufkommenden

---

[26] Dazu Gessner, Der Schatz im Acker, 87–90.
[27] Hierzu Oexle, Krise des Historismus, 79 ff. und die dazu angegebene Literatur.
[28] Vgl. Besslich, Wege in den Kulturkrieg; Schlotter, Die Tyrannei der Werte, 89–102.
[29] Vgl. Sieg, Deutsche Wissenschaft und Neukantianismus, 199–222. – Ulrich Sieg führt hier sehr luzide die Diffamierungsgeschichte gegen den Neukantianismus auf und zeigt, wie diese exkludierende Hetze Bauchs gegen Hermann Cohen und Ernst Cassirer den jüdischen Beitrag zur deutschen Geistesgeschichte herabgewürdigt hatte. An diese Diffamierung lässt sich Heideggers totalitärer Philosophenanspruch mühelos anschließen, ein Anspruch, der in die »martialische« Entschlossenheit zum Volk mit seinen erd- und bluthaften Kräften führen musste. Vgl. Heidegger, Die Selbstbehauptung der deutschen Universität, 14. – Heideggers ausschließende Haltung gegen Richard Hönigswald etwa, den er als Rektor der Universität begutachtet hatte und dem er gefährlichen Scharfsinn und eine lehrlaufende Dialektik unterstellte, die viele junge Leute getäuscht und irregeführt habe oder auch das Jahr zuvor aggressive und arrogante Auftreten gegenüber Ernst Cassirer in Davos 1929, liegen ganz auf dieser

pädagogischen und besonders sozialpädagogischen Wende zu vermuten, etwa im Blick auf Herman Nohl, ist nicht unberechtigt.[30] Aufgrund der sich auflösenden Einheit und ihre Zergliederung in eine Pluralität stand jede einzelne Position unter einem Legitimationszwang, wodurch diese in ihrer Unsicherheit zur potentiell leichten Beute politischer Vereinahmungsversuche werden konnten. In diesem Zusammenhang nochmals die Frage aufzuwerfen, wie die Leerstelle einer vom Subjekt ontologisch unabhängigen Objektivität besetzt wurde bzw. werden sollte, zielt auf die weiteren Erwägungen und damit mitten ins Herz des Häberlin'schen Denkens.[31] Eine andere, nicht minder wichtige Problematik ergibt sich aus der Steigerung des Subjektivismus' Kants durch Fichte, bei dem das Ich zum Weltprinzip erhoben, die Aufklärung in einen reinen Subjektivismus verabschiedet und damit den Kampf der Neuzeit gegen einen theologischen Absolutismus (Blumenberg) in einen subjektivistischen Absolutismus umbesetzt.[32]

Vor diesem Hintergrund der Auseinandersetzungen um die Moderne stellt sich deshalb die Frage nach der richtigen oder zeitgemäßen Philosophie nicht, vielmehr wird die Option nach einem unabhängigen Denken virulent, dass nur im Nachweis einer begründeten Objektivität außerhalb des Subjekts gelingen kann. Vor diese Aufgabe sah sich Häberlin gestellt und sie konnte für ihn nur in der Durchquerung der Aporien der Moderne im ontologischen Versuch

---

Linie. Vgl. Heidegger, Hönigswald aus der Schule des Neukantianismus, 132–133; weiterhin Brandt, Martin Heidegger: Die Selbstbehauptung der deutschen Universität, 37–74. – Zu den inhaltlichen Konvergenzen wie Differenzen von Hönigswald und Häberlin kann an dieser Stelle nicht eingegangen werden, dies könnte in weiteren Forschungen gezeigt werden. Dass es hier Nähen zwischen beiden Denkern gibt, vielleicht auch schon aufgrund der Distanz zu Heideggers Denken, zeigt auch Häberlins philosophisch ablehnendes und persönlich unterkühltes Verhältnis zu Heidegger, obwohl dieser immer wieder den Versuch unternommen hatte, Häberlin auf seine »philosophische Seite« zu ziehen. Vgl. Rektoratsrede, 3 (direkt in Anspielung auf Heideggers Rektoratsrede); Anthropologie und Ontologie, 21 f.; Briefwechsel, 379–386.

[30] Vgl. die obigen Anmerkungen zu Nohl und die Ausführungen in Teil II, 3.8. Hinweise liefern dazu auch Ortmeyer, Mythos und Pathos, 104–123; Klafki/Brockmann, Geisteswissenschaftliche Pädagogik und Nationalsozialismus, 31–43.

[31] Hans Blumenberg hatte in seinem immer noch herausfordernden Buch über die Legitimität der Neuzeit das Szenario entwickelt, dass die Entthronung Gottes zur Inthronisation des Subjekts geführt habe, zur Installation eines Gottes anstelle des alten. Vgl. Blumenberg, Die Legitimität der Neuzeit, bes. 150–158.

[32] Vgl. Korff, Geist der Goethezeit III, 238–242. Korff nimmt hier vor allem Bezug auf Fichtes Wissenschaftslehre von 1794.

gelingen, die Relativität von Subjekt und Objekt, also ihr funktionales Zueinander aufzuweisen.

1.4. Karl Joël: Die philosophische Krisis der Gegenwart (1913)

Rektoratsreden hatten, lakonisch vermutet, in der hier diskutierten relevanten Zeitspanne Konjunktur, wurden einerseits als programmatische Möglichkeit benutzt, am Profil der vertretenen Wissenschaft mitzuarbeiten, und andererseits zur politischen Stellungnahme missbraucht, wie dies etwa die Rektoratsrede Heideggers verdeutlicht. Die hier vorgelegte kurze Reflexion der Rektoratsrede des Basler Philosophen Karl Joël betrifft die erste Option, sie ist exemplarisch, aber nicht zufällig, denn Joël war sowohl bei der Promotion Häberlins (1903) als auch bei dessen Habilitation (1908) erster Gutachter. Als Lehrer Häberlins war Joël für diesen ein wichtiger Ideengeber, auch wenn dies bis auf Peter Kamms monumentales Werk[33] und Häberlins eigener wissenschaftlicher Autobiographie[34] in der bisherigen Rezeptionsgeschichte kaum erkennbar ist.[35]

Karl Joël (1864–1934) stammte aus einer Hirschberger Rabbinerfamilie[36], sein Vater, ein liberalgesinnter Hörer und Schüler Schellings, begeisterte den Sohn für die Philosophie, sodass dieser in Breslau (bei Dilthey) und in Leipzig Philosophie studierte. Nach weiteren Studien in Straßburg habilitierte sich Joël 1893 in Basel, um dort, nach erfolglosen Bewerbungen an anderen Universitäten, 1897 in Basel außerordentlicher und 1902 ordentlicher Professor zu werden. 1913 wurde er zum Rektor der Universität gewählt.[37] Sowohl der Erste Weltkrieg wie auch der aufkommende Nationalsozialismus hatten für Joël als Juden eine existentielle Bedeutung, sie veränderten ihn und sein Denken nachhaltig. Dies ist insofern nicht unerheblich,

---

[33] Vgl. Kamm, Leben und Werk I: Die Lehr- und Wanderjahre 1878–1922 und Ders., Leben und Werk II: Die Meisterzeit 1922–1960.
[34] Vgl. Statt einer Autobiographie, 19.
[35] Vgl. hierzu Rother, Zwischen philosophischer Krisis und neuer Weltkultur, 62–85.
[36] Vgl. Joël, Selbstdarstellung, 71–90.
[37] Als kleine Reminiszenz an Jena (und bezüglich Eucken auch an Ostfriesland) ist vielleicht zu erwähnen, dass Joël in enger Verbindung zum Euckenbund stand und nach Rudolf Euckens Tod dessen Gedenkschrift verfasste. In seiner Selbstdarstellung spricht er von einer persönlichen und freundlichen Fühlung zu Rudolf Eucken. Vgl. Joël, Selbstdarstellung, 87.

bedeutete doch der aufkommende antijüdische Ton in der Philosophie (s. o.) für ihn eine unmittelbare Konfrontation und zugleich philosophische Degeneration.

Joëls Werk kann hier nicht in der Breite, die nötig wäre, entfaltet werden, doch sei bemerkt, dass sein Verständnis von Philosophie sich, wohl vom Vater her inspiriert, vom Romantischen und der Naturmystik[38] hin zu einer Philosophie des Organischen entwickelte.[39] Joël schreibt selbst, dass sein Werk *Seele und Welt* von 1912 eine Wandlung markierte, »die sich symbolisch als solche von Fichte zu Schelling bezeichnen ließ, sofern sie aus einem praktischen Subjektivismus zu einer organischen Synthese von Subjekt und Objekt hinstrebte«[40]. Im Anschluss an Gustav Theodor Fechner (1801–1887) entwickelte Joël, ausgehend von einer organischen Weltauffassung, einen Ausgleich von Monismus und Dualismus, d. h., von Einheit und Scheidung resp. Differenz.[41] Scheidung wird von Joël als Gegenbegriff zu Einheit verwendet und lässt den Hintergrund seiner Darstellung deutlich hervortreten, d. h., Scheidung als Krise (s. o.) bezeichnet den Graben, der durch die Moderne aufgerissen wurde.[42] Philosophie diene, so Joël, als Modus der Organisation von Welt- und Lebensprozessen, als Einigungsversuch, der die Strukturierungsabsichten der Geschichts- und Denkentwicklung leitet. Für die Situierung des Häberlinschen Denkens offenbart dieser Impuls Joëls die Problematik des Verständnisses von Welt und Mensch, nämlich den emphatischen Versuch einer Überwindung der Moderne.

Joël hatte in seiner Rektoratsrede 1913 den Sinn für die Einheit und die Überwindung der Moderne so gekennzeichnet, dass der Drang nach Einheit nur durch den Mangel an ihr begründet werden könne. Für Joël war der Mensch zum geistigen Nomaden herabgesunken, ohne Heim und Heimat, zum Versprengten ohne Gemeinschaft und Führung geworden und deshalb fehle eine Weltanschauung als

---

[38] Joël, Selbstdarstellung, 84.
[39] Vgl. Joël, Seele und Welt; Ders., Antibarbarus, 1–123, bes. 67 ff.
[40] Joël, Selbstdarstellung, 86.
[41] Zum Begriff der Krisis wurde oben schon als leitende Kategorie der Moderne gesprochen.
[42] Vgl. Joël, Selbstdarstellung, 87. Dieses Streben nach Überwindung des Dualismus hin zu einer Einheit prägte nicht nur die Philosophie oder Biologie bzw. Psychologie, bspw. im Panpsychismus Fechners, sondern war auch der eigentliche Impuls der Pädagogik dieser Jahre, die versuchte, wie Tenorth betont, diesen Graben zu überwinden. Vgl. Tenorth, Geschichte der Erziehung, 180 f.

ein Zug zur Ganzheit überhaupt. Joël konstatiert mit Schleiermacher, dass der Welt der Sinn für das Absolute fehle,[43] aber auch, dass alle folgenden Lösungsversuche in einem Wirbel der Rezepturen enden müssten, denn »aus dem Bann der Massen schäumten Kraft und Leben wieder auf«[44]. Joëls Vermerk auf die prägende Kraft der Naturwissenschaften, die sich bspw. in den gegenläufigen Begriffen Entropismus und Ektropismus, Naturalismus und Energetismus, Mechanismus und Vitalismus ausdrückt, will einerseits begreiflich machen, dass in die anorganische Welt Leben und Geschichte und damit in die Starre naturgesetzlicher Prinzipien das Relativitätsprinzip eingezogen sei. In ähnlicher Weise hat Otto G. Oexle dies später als Auflösungsgeschehen der Einheit durch die Naturwissenschaften bezeichnet und im Anschluss an den polnischen Mikrobiologen und Mediziner Ludwig Fleck (1896–1961) von einer Auflösung der Wirklichkeit gesprochen.[45] Das von Joël erwähnte Relativitätsprinzip zeigte nicht nur in der Erschütterung der Naturgesetze das bildhafte Ringen um eine Sozialreform und Lohngesetzgebung, sondern konnotierte einen neuen Lebensbegriff und dessen Geltung.[46] Seine Analyse der Krise wird durch einen pessimistischen Ton verdüstert, wenn er in diesem Festjubel des Lebens den Einzug des Pragmatismus' aus Amerika als Indiz dafür ausmachte, dass der Praxis ein Vorrang vor der Theorie eingeräumt wurde, ein Vorrang, der signalisierte, dass das Leben Herr über das Denken geworden sei.[47] Mit dieser Asymmetrie von Leben und Denken bestätige sich, so Joël, der Sieg des Relativen über das Absolute, des Zeitlichen über das Ewige. Dieser Sieg des Relativen sei aber zugleich der Verzicht auf Einheit, auf Weltanschauung und damit auf Wahrheit. Damit hatte Joël einen Begriff von Philosophie herausgearbeitet und der Moderne unterstellt, der ganz i. S. Windelbands nichts weiter war als ein Synthesisprinzip

---

[43] Vgl. Joël, Die philosophische Krise der Gegenwart, 15.
[44] Ebd., 17.
[45] Vgl. Oexle, Krise des Historismus, 14. 79 ff.
[46] Vgl. Joël, Die philosophische Krise der Gegenwart, 18. »Der im Naturalismus und Pessismus gesunkene Lebensgeist richtete sich wieder empor von Darwins Descendenz zu Nietzsches Ascendenz und schäumte auf in dionysischem Jubel und Rausch und schwang sich zu wilder Macht und Leidenschaft, die kühn die alten Werte, die ehernen Tafeln der Sittengesetze zerbrach. Nietzsche als Triumphator des Lebens ward der Prophet des neuen Zeitgeists, dessen Stimmung aus tragischer Not und Klage umsprang in Lachen und Tanz.« (Ebd. 17 f.)
[47] Ebd., 18.

der Wissenschaften,[48] nicht jedoch eine Liebe zur Wahrheit.[49] Aus dieser für Joël unannehmbaren Parallelisierung von Philosophie und Wissenschaft musste zwingend ein Plädoyer für ein Verständnis von Philosophie erwachsen, die wieder Weltanschauung und so etwas wie eine *Philosophia perennis* genannt werden konnte. Philosophie müsse wieder die Wahrheit zum Gegenstand haben und nur in Bezug auf die Wahrheit, die nicht an sich zu haben sei, darin geht er ganz mit Kant konform, könne von Weltanschauung gesprochen werden. Bis ins Spätwerk hinein leitet die Überzeugung sein Denken, dass die Metaphysik die eigentliche Wissenschaft von der Realität sei,[50] weshalb er auch von *der* Weltanschauung im Singular und von ihren Wandlungen im Plural spricht.[51] Für Joël besteht die Suche nach der Wahrheit in einer Reimplementierung der Metaphysik und im Abschied von Kants erkenntniskritischem Konstruktivismus, indem Geist und Welt wieder als ein Gegenüber verstanden werden. Zu diesem konditionalen Gegenüber von Denken und Sein sei aber nur in der Überwindung eines erkenntnistheoretischen Idealismus zu gelangen,[52] denn dieser sei kein wirklicher Idealismus, sondern letztlich nur ein Weg in Psychologismus und Positivismus. Joëls Argumentation läuft, dies ist ersichtlich, auf eine definite Überwindung des Subjektivismus hinaus, der auch noch in seinen rudimentärsten Versatzstücken, etwa bei den amerikanischen Transzendentalisten, zu finden sei. Das zu gewinnende Objektive darf dabei nicht als ein unbestimmt Irrationales gelten, denn es würde dadurch entwertet und bedeutungslos. Die so wiedergewonnene Gegenüberstellung von Geist und Welt ermögliche ein Hinausgehen über Kant, ohne ihn preiszugeben. »Kant verstehen heißt über ihn hinausgehen – gerade an der Marburger Schule hat sich dies Wort Windelbands bewährt.«[53] Im Anschluss an die Marburger Schule entwickelt Joël in seiner Rektoratsrede die Begründung eines idealistischen Realismus, der die Möglichkeit bietet, das Leben als die Einheit der Gegensätze von Seele und Leib,

---

[48] Vgl. Windelband, Geschichte der Philosophie, 519 ff. 525–570; Ders., Präludien 1, 1–23.
[49] Vgl. Joël, Die philosophische Krise der Gegenwart, 31.
[50] Joël, Die philosophische Krise der Gegenwart, 40.
[51] Verwiesen sei hier auf Joëls monumentales Spätwerk Wandlungen der Weltanschauung (Bd. 1, 1928; Bd. 2, 1934), das er als eine Philosophiegeschichte bezeichnet, die Geschichtsphilosophie sei.
[52] Joël, Die philosophische Krise der Gegenwart, 40.
[53] Ebd.

Einheit und Vielheit usw. denken zu können. Das Leben, das Sein und Wert zugleich in sich trägt, bezeichnet somit das Ineinander von Realität und Idealität, bezeichnet ein Zeitalter stärksten Realsinns und Idealtriebs, d. h., das Leben als Ausdruck des Weltprinzips. Die hier von Joël so vehement vertretene Philosophie des Lebens i. S. eines Gegenübers von Geist und Welt impliziert zugleich auch die Problematik, die im wahrsten Sinn des Wortes kritisch ist, weil sie die synthetische Einheit von Subjekt und Objekt zwar idealiter meint, aber weder im Menschen noch in der Geschichte realisiert findet. Wie die folgenden Reflexionen zur Philosophie Häberlins zeigen werden, hatte sich Häberlin schon als Student und Hörer von Joëls Ideen begeistern lassen[54] und am Projekt einer *Philosophia perennis* festgehalten. Joëls Vorschläge zur Überwindung der Moderne nimmt Häberlin vielfach auf, so die Kritik am Subjektivismus, das Gegenüber von Geist und Welt, das Denken von Einheit als einer organischen und die dadurch mögliche Rettung der Subjektivität angesichts ihrer zunehmenden Relativierung. Gleichwohl dürfen auch die Differenzen Häberlins zu Joël nicht verschwiegen werden, etwa dann, wenn Häberlin rigoros eine apriorische Ontologie vertritt und Kant hierbei auch in dessen letzten Vorbehalten umgeht.

Bevor der Versuch unternommen wird, in die jetzt vorgezeichneten Horizonte das Werk Häberlins einzufügen bzw. dieses vor diesen zu entfalten, soll, quasi als Überleitung, eine Bemerkung Joëls aus seinem Spätwerk *Wandlungen der Weltanschauung* stehen, die den Ernst der Aufgaben, vor die sich sowohl Joël wie auch Häberlin gestellt sahen, exemplarisch zusammenfasst. Joëls Annotation weist zudem Parallelen zu Ernst Cassirers programmatischem Entwurf *Substanzbegriff und Funktionsbegriff*[55] auf, in dem nicht auf das So-sein, sondern auf die Funktion der Wahrheit hingewiesen wird:

---

[54] Vgl. Statt einer Autobiographie, 19: »Ich folgte mit *sachlichem* (nicht nur historischem) Interesse den Vorlesungen von *Karl Joël*. Mochten viele darüber spotten, daß Joël jedem der dargestellten Philosophen Recht gab: mir ging an seiner großen Liebe für Philosophie in allen ihren Erscheinungen die Ahnung der Philosophia perennis auf.«
[55] Vgl. Cassirer, Substanzbegriff und Funktionsbegriff, vor allem 313 ff. – In den weiteren Ausführungen wird immer wieder auf Cassirers bis heute unterschätztes Werk Bezug genommen, auch ein Vergleich des Neukantianers Cassirer mit Häberlin steht noch aus, aber es darf in diesem Zusammenhang auf die gegenseitige Wertschätzung beider Denker hingewiesen werden. Nicht nur die privaten Besuche Cassirers bei Häberlin zeugen davon, sondern auch die Moderation Häberlins beim Davoser Disput 1929. Vgl. hierzu Meyer, Ernst Cassirer, 164 f.; sowie die Briefe Cassirers an Häberlin

»Dem heute drohenden *Relativismus* (i. O., M. H.) entgegen, der im Strom der Geschichte nur alle Lebens- und Denkformen zergehen sieht, will dieses Werk zeigen, daß der geschichtliche Wechsel nicht nur ins Vergängliche auflöst, sondern daß er zum Wesen des Lebens selber gehört und als solcher fruchtbar ist – und im Goetheschen Sinn zeigt sich das Fruchtbare als wahr. Es gilt hier *Weltanschauungen* (i. O., M. H.) mehr oder minder als Funktionen der Wahrheit zu begreifen, eben weil sie Funktionen des Lebens zum geistigen Austrag, zur klaren Konsequenz bringen.«[56]

1.5. Der Imperativ der Wahrheit

Paul Häberlin, ein bis zur Mitte des 20. Jahrhunderts bekannter Philosoph und Pädagoge, ist heute weithin vergessen, sein umfangreiches Werk zur Philosophie und zur Pädagogik hat nur eine sehr geringe Rezeption erfahren und spielt im aktuellen philosophischen Diskurs keine Rolle.[57] Die Tatsache dieser weitestgehenden Nichtrezeption liegt, so scheint es, in seinem Werk selbst begründet und bestätigt damit den Vorwurf seiner Kritiker, Häberlins metaphysisches Systemdenken sei im philosophischen und wissenschaftlichen Diskurs der Moderne und/oder der Zweiten Moderne nicht nur un-

---

in: Cassirer, Briefe von und an Ernst Cassirer, Brief Nr. 704 und 803 vom 11. 02. 1932 und 25. 03. 1933.

[56] Joël, Wandlungen der Weltanschauung Bd. 1, VII.

[57] Gründe für die Nichtrezeption von Häberlins Schriften werden im Lauf der vorliegenden Arbeit hier und da, quasi als Reminiszenzen, eingefügt. Darüber hinaus werden die Analysen zeigen, dass es vor dem Horizont des wissenschaftlichen Zeitgeistes für die Zeitgenoss*innen virulente Gründe geben mag, Häberlins Denken angesichts geschichtlicher Tatsachen als ignorant abzutun. Deshalb macht eine abschließende kritische Würdigung des Werks von Häberlin auf mögliche und vielleicht gebotene andere Perspektiven aufmerksam, was auch bedeutet, dass die Analysen hoffentlich für sich sprechen und Gründe der Nichtrezeption offenlegen werden. Hinsichtlich der philosophischen Rezeption kann, beinahe als solitäre Ausnahme, Wolfgang Stegmüller gelten, der in seinem mittlerweile zum Klassiker avancierten Werk über die *Hauptströmungen der Gegenwartsphilosophie* Ende der 1950er Jahre, Häberlin ein eigenes Kapitel gewidmet und ihn in eine Reihe mit bekannten Größen wie Scheler, Heidegger, N. Hartmann und Jaspers gestellt hat. Stegmüller, mehr der analytischen Philosophie zugetan, ist aber einer der wenigen geblieben, die in den letzten 60 Jahren im Fachdiskurs eine intensivere Auseinandersetzung gewagt haben. Vgl. Stegmüller, Paul Häberlin, 316–350. – Im Blick etwa auf die Philosophie in der Schweiz hat aktuell Andreas Cesana nochmals auf die mangelnde Rezeption und wohl auch begründbare Vergessenheit Häberlins hingewiesen. Vgl. Cesana, Paul Häberlin, 86–104.

zeitgemäß, sondern vermittle das Bild eines sich an philosophischen Theoremen entlanghangelndes Glasperlenspiels, das auch als ein geschichtsvergessener Zynismus deutbar wäre. So oder ähnlich könnte in das Werk Paul Häberlins eingeleitet werden, wobei der Konjunktiv ein Verständnis heischendes und dem wissenschaftlichen Zeitgeist entsprechendes Vorgehen signalisierte, um sein Werk vor dem Gericht des aktuellen Diskurses zu rechtfertigen. Jedoch könnte auch anders begonnen werden und zwar mit einer dem Zeitgeist entgegengesetzten Polemik Häberlins aus dem Jahr 1935, die einen Verlust an Wahrheit und Menschlichkeit reklamiert und gerade deshalb seltsam aktuell erscheint:

> »Wahrheit ist nicht nur unbeliebt, sie ist verhaßt. Denn sie tritt uns immer zu nahe, und so sind wir geneigt, sie zurückzuweisen; dies aber können wir nicht ruhig tun, weil wir im Grunde unserer Seele wissen, daß sie recht hat; darum müssen wir sie hassen, wenn wir uns vor ihr retten wollen. Der Haß mag sich hinter dem Spott verbergen, es ist dann giftiger Spott und bleibt doch Haß, nur daß er sich, wegen jenes tieferen Wissens, schämt, sich unverhüllt zu zeigen; auch kann der Spötter, sollte die Wahrheit insistieren, sich immer hinter die Aussage zurückziehen, es sei ja nur Scherz gewesen. Spott ins Angesicht der Wahrheit ist die Haßform der Gebildeten und der Feigen, Haß sozusagen in urbaner Tracht.«[58]

Mit dieser diskutablen Einlassung, die nicht von ungefähr an die Studien von Paul Boghossian[59] und die Vertreter des Neuen Realismus erinnert, formuliert Häberlin, neben seinem ihn selbst antreibenden (moralischen) Imperativ Philosophie zu treiben, in doppelter Weise die Ausrichtung seines eigenen Denkens. Einerseits vermittelt er dies durch die schonungslose Strenge, Wahrheit zu finden und sich nicht von subjektivistischen Träumen abbringen oder verführen zu lassen, die für ihn in Macht- und Erlösungsphantasien enden können/müssen, andererseits in der Benennung der Wahrheit als unbedingten Maßstab jeden Philosophierens. Diese Orientierung am Maßstab der Wahrheit impliziert, dass es Wahrheit geben muss, weil

---

[58] Wider den Ungeist, 7.
[59] Vgl. Boghossian, Angst vor der Wahrheit. Der amerikanische Wissenschaftsphilosoph Paul Boghossian untersucht in seiner Studie den durch die Pluralisierung und »political correctness« aufkommenden Relativierungsversuche der Wahrheit und verdeutlicht, dass es eine von Seiten der Wissenschaft zunehmend verbreitete Angst vor Totalitarismen gibt, die Wahrheit als eine zu bezeichnen. Weiterführend ist diesem Band hier auch das Nachwort von Markus Gabriel. Vgl. auch Gabriel (Hrsg.), Der Neue Realismus.

es ein Wissen um sie gibt, woraus wiederum folgt, dass Wahrheit einsehbar sein muss bzw. ist.[60]

Gleichzeitig lässt dieser unbedingte Anspruch erkennen, dass Einsicht nicht um ihrer selbst willen zu geschehen hat, sondern den »Modus vivendi« schlechthin prägt, also auf Lebensführung und -Gestaltung zielt.[61] Es geht damit nicht um das »wahre« Leben i. S. Adornos, sondern um das der menschlichen Bestimmung je gemäße Leben, das deswegen richtig ist, weil Wahrheit und Bestimmung des einzelnen Menschen miteinander korrespondieren. Häberlins Ansinnen, Philosophie als Liebe zur Weisheit auf ihr genuines Verständnis zurückzuführen, darf nicht mit regressiver Vergangenheits- und Traditionsliebe verwechselt werden, sozusagen als Verifikation schon bestehender (absoluter) Wahrheitsansprüche. Um zu vermeiden, Philosophie abermals als Magd weltanschaulicher oder wissenschaftlicher Programme zu instrumentalisieren, stellt die Notwendigkeit heraus, sich von den Lasten überkommener Deutungsmuster zu befreien. Unter dieser Prämisse kann Häberlins Philosophieverständnis durchaus als Fundamentalkritik verstanden werden, eine Kritik allerdings, die aus einer Einsicht heraus das rechte Handeln evoziert.[62] Dass er damit quer zu allen sich an politischen oder weltanschaulichen Strömungen orientierenden Welt- und Lebensbegründungen steht, bestätigen möglicherweise sowohl die im obigen Zitat der Wahrheit unterstellten Adjektive »unbeliebt« und »verhasst«, die eine Gegnerschaft nicht nur in totalitären Konstrukten vermuten lassen, sondern die auch einen Grund dafür angeben, eine Philosophie, die von einem solchen Imperativ angetrieben wird, zu vergessen. Es ist reizvoll, diese Gedanken noch in einer weiteren Variation zu modellieren, um zusätzliche Aspekte zu Häberlins Werk zu generieren.

Der litauisch-französische Philosoph Emmanuel Levinas hatte davon gesprochen, dass die Philosophie, wolle sie wirklich mit ihrem im Begriff angelegten Anspruch Ernst machen, notwendig einer Transformation unterliege, in der die Bezüge von Liebe und Weisheit in ihrer Reihenfolge umgestellt werden, von der Liebe zur Weisheit zur Weisheit der Liebe.[63] Levinas hatte damit eine grundsätzliche

---

[60] Vgl. Wider den Ungeist, 9.
[61] Vgl. Kamm, Leben und Werk I, 156.
[62] Vgl. Ethik, 12.
[63] Hierzu Levinas, Totalität und Unendlichkeit, 12; zum Denken des Begriffs Philosophie bei Levinas Finkielkraut, Die Weisheit der Liebe.

Umbesetzung der aristotelischen Einteilung der Philosophie vorgenommen, indem er nicht mehr die Metaphysik, sondern die Ethik als Erste Philosophie verstanden hatte. Im Blick auf Häberlins Gesamtwerk lässt diese Umbesetzung einen ganz eigentümlichen Schluss zu, der möglicherweise auch ein Licht auf die Rezeption seines Werks und auf die philosophischen Bemühungen des 20. Jahrhunderts wirft. Häberlin hatte im Mai 1960, wenige Monate vor seinem Tod, in einer philosophischen Besinnung über Vereinsamung nachgedacht und diese als ein Grundproblem des Menschen dargestellt.[64] In der Unterscheidung von Vereinsamung und Einsamkeit hatte Häberlin eine qualitative Differenz bemerkt: Vereinsamung verdeutliche ein Phänomen, dass jeden Menschen betreffen könne und das möglicherweise mit dem Mangel an wirklicher Einsicht in den wirklichen Sinn menschlichen Lebens einhergehe und damit im Inneren des Menschen zu suchen sei,[65] Einsamkeit hingegen könne ein bestätigter Modus gewählter Lebensgestaltung sein. Ist aber Philosophie als Weisheit der Liebe zu verstehen und nehmen wir diese analog für Häberlins Philosophieren an, so zeigt sich, dass er Liebe nicht nur als Ergebnis wirklicher Einsicht, und damit aller Philosophie begreift, sondern dies auch als den notwendigen Endpunkt der Suche nach der Wahrheit konstatiert. Liebe sei nicht nur das einzige Mittel guter Pädagogik[66], sondern, da Philosophie immer Pädagogik impliziere, so könne daraus geschlossen werden, dass dies auch für die Philosophie gelte. Da Liebe aber etwas sei, das um seiner selbst willen geschehe, erübrige sich folglich eine mögliche Debatte um Rezeptionsgeschichten oder eine potentielle Fama, die aus dem Werk selbst entsteht.[67] Häberlin hatte in dieser Besinnung gegen Ende bemerkt, dass der Liebende als solcher ein Diener der Gemeinschaft sei und dieser seinen Beruf als Berufung zur Welt-Verwirklichung der Gemeinschaft begreifen müsse, welche in ihm selbst als Liebe lebe.[68]

---

[64] Vgl. Vereinsamung, 8.
[65] Vgl. ebd., 9.
[66] Vgl. ebd., 14.
[67] Eine Tatsache übrigens, die etwa für das Werk Hans Blumenbergs gelten kann, ein philosophisches Werk von opulenter Gelehrsamkeit, rhetorischer und stilistischer Eleganz, das aber mit dessen eigenen Worten ein Werk darstellt, das geschaffen worden ist, um nicht vergessen zu werden. Vgl. Blumenberg, Wirklichkeiten, in denen wir leben, 170; Hundeck, Welt und Zeit, 51 ff. 337 ff.
[68] Vgl. Statt einer Autobiographie, 12.

Zur Biographie Häberlins: Situative Kontexte und Annotationen

Dieser kleine Umweg verdeutlicht den Imperativ, der Häberlin, wie er selbst sagte, zur Philosophie getrieben und aus dem Zustand des Schlafes geweckt habe.[69] Gilt für Häberlin dieser Imperativ kategorisch für sein Denken, verunmöglicht dieser ein Amalgam mit dem Zeitgeist,[70] so kann dieser mit einem unbestechlichen Denken ausgeschlossen werden, weil es der Philosophie nicht um Anerkennung oder Anerkennung einer Deutungshoheit geht wie etwa bei Häberlins Zeitgenossen Heidegger, der die Philosophie in eine neue und bisher unverstandene Eigentlichkeit führen wollte.[71] Auch das Diktum Hegels, Philosophie sei die Erfassung der Zeit in Gedanken,[72] verliert angesichts dieses Imperativs seine ganze Schärfe und Programmatik, obwohl Philosophie immer nur in der jeweiligen Zeit und nicht an ihr vorbei oder über sie hinweg betrieben werden kann. Häberlins Werk beschreibt einen Abwehrreflex gegenüber einer Philosophie, die sich den Zeitströmungen andient und, weil sie nicht auf Wahrheit, sondern auf Subjektivismus zielt, nichts anderes als dessen Bestätigung, eine Pseudophilosophie, sein kann.[73]

»"Zeitgemäßheit" hat philosophisch nichts zu bedeuten. Philosophie hat nicht die Aufgabe, vorhandene Stimmungen oder Ansichten zum Ausdruck zu bringen. Sie soll nicht "Spiegel der Zeit" sein, sondern, durch ihren Glauben und ihre strenge Wahrheitsliebe, Führerin für jede Zeit.«[74]

Die unbedingte Insistenz auf die wirkliche Bedeutung von Philosophie als Suche nach einer Wahrheit, an der sich das Leben sicher orientieren kann,[75] war für Häberlin zudem gleichbedeutend mit der Selbstständigkeit des Urteils, das sich nicht auf autoritative Traditionen oder Autoritäten der Gegenwart stützt,[76] sondern ein Modus

---

[69] Vgl. ebd., 9.
[70] Vgl. Über akademische Bildung, 25.
[71] Die Fundamentalontologie von *Sein und Zeit* in Korrelation mit der Rektoratsrede *Die Selbstbehauptung der deutschen Universität* zu lesen und daraus den Führungsanspruch Heideggers zu destillieren, dürfte selbst dem ungeübtesten Exegeten ersichtlich sein, auch schon aufgrund der Denkbewegung zwischen den Polen *Fundamental* und *Selbstbehauptung*.
[72] Vgl. Hegel, Grundlinien der Philosophie des Rechts, Vorrede.
[73] Vgl. Existenzialismus kritisch betrachtet, 31–41; Über Pseudophilosophie, 42–80. Diese beiden späten Arbeiten stehen exemplarisch für seine Haltung, hierzu sei besonders auf Häberlins Werk *Das Gute* von 1925 verwiesen. Vgl. Das Gute, 78–242.
[74] Philosophia perennis, 35.
[75] Vgl. Statt einer Autobiographie, 15.
[76] Vgl. ebd.

der Selbstbildung ist, die sich, wie Peter Bieri es genannt hat, durch gedankliche Unbestechlichkeit auszeichnet.[77]

Ein letztes Impromptu möchte den Gedanken eines Imperativs der Wahrheit abrunden, bevor mit einer kurzen wissenschaftlichen Biographie Häberlins auf den weiteren Gang der vorliegenden Studien ausgegriffen wird. Im *Handbüchlein der Philosophie* hat Häberlin auf Leserfragen bzw. Fragen, die ihm immer wieder gestellt wurden, beinahe in katechetischer Weise Antworten gegeben.[78] Eine solche Antwort verlangt die Frage, warum Philosophen unter sich so uneins seien, wo es doch der Philosophie um die *eine* Wahrheit ginge, die unteilbar sei? Häberlin antwortet auf diese Frage in einer für ihn bezeichnenden Weise. Die Einsicht in die Bedeutung der unbedingten Wahrheit sei immer bedroht durch die Reste von Aberglauben, die in den Philosophen und ihrem Denken vorhanden seien. Wahre Philosophie hingegen fordere die Preisgabe aller Vorurteile und subjektiver Absichten, sodass diejenige Philosophie, die dem nicht nachkomme, dem Verdacht unterliege, die Wahrheit nur durch die Brille des Vorurteils sehen zu können.[79] Für Häberlin ist solche Philosophie Spekulation, ein Aberglaube, der so weit gehen könne, dass sich spekulative Philosophien bis zur völligen Gegensätzlichkeit unterscheiden. Mit der Ablehnung einer spekulativen Philosophie, die »Stimmungsphilosophie« sei, die individuell, aber auch einer Zeitepoche oder einer Gesellschaftsform eigentümlich sein könne, wobei viele Gründe für ihr Auftreten denkbar wären, plädiert Häberlin nochmals für eine Philosophie, die, wenn sie auch immer Versuch sei, doch eine Auslegung der Wahrheit bedeuten müsse.[80] Die hier holzschnittartig dargestellte Antwort Häberlins macht auf zwei wesentliche Aspekte aufmerksam, einerseits auf die Bedeutung des philosophischen Glaubens, der sich darin zeigt, dass es Wahrheit gäbe und dass diese *eine* sei und damit jeglichem Programm einer Pluralität der Wahrheiten widerspräche.[81] Andererseits ermöglicht philosophischer Glaube überhaupt erst eine Einsicht, dass Wahrheit sei, konstatiert eine *episteme*, die für die Philosophie zur explizierenden Aufgabe werde und die nicht mit einem Paradigma verwechselt werden dürfe, denn Ein-

---

[77] Vgl. Bieri, Wie wäre es, gebildet zu sein?, 230.
[78] Vgl. Handbüchlein der Philosophie, 133 f.
[79] Vgl. ebd., 134.
[80] Vgl. ebd., 135.
[81] Vgl. hierzu Boghossian, Angst vor der Wahrheit, 8 ff.

sicht meine immer eine Einsicht *apriori*, die historisch unbedingt sei. Was es bedeutet, in seinem Leben von einem Imperativ angetrieben zu sein, ist für denjenigen verständlich, der diesen Antrieb nicht als Unglück, sondern als Beruf, als Berufung fassen kann. Dies hatte Hanna Arendt im Anschluss an Martin Luther als Profession bezeichnet und damit die Herkunft des Begriffs aus einem inneren Überzeugtsein, einem Glauben verdeutlicht.[82] Daran anknüpfend kann nun der Imperativ des häberlin'schen Denkens, der den inneren Kern seiner Professio markiert, in biographisch kurzen Strichen nachgezeichnet werden. Diese biographischen Skizzen verifizieren einerseits die Entwicklungsgeschichte seines Denkens und vertiefen und füllen andererseits die zeitgeschichtlichen Rahmungen, um die zentralen Themen der Philosophie wie der Pädagogik zu entfalten.

1.6. Paul Häberlin: Leben, Entwicklungsgeschichte und Werk

Paul Häberlin wurde am 17. Februar 1878 in Kesswil (Kesswyl) als Sohn eines Lehrers geboren. Er absolvierte in Basel, Göttingen und Berlin ein Studium der Theologie, welches er mit dem Staatsexamen und der Befähigung zum kirchlichen Dienst abschloss. Seine Absicht, Theologie zu studieren, erklärte Häberlin damit, möglichst viel »wissen« zu wollen, um möglichst viel helfen zu können, wobei ihm bewusst war, dass wirksame Hilfe stets Einsicht voraussetzt.[83] Dieses frühe Lebensmotto korrespondiert auch mit Häberlins später an die Philosophie formulierten Aufgabe, schließlich bescherte ihm sein Studium nicht nur Sicherheit und eine wichtige Orientierung hinsichtlich seiner Lebensführung, sondern brachte ihn auch zu der Erkenntnis der Notwendigkeit, mit sich selbst ins Reine kommen zu müssen.[84] Häberlin selbst sagte, er suchte zur damaligen Zeit den wahren Glauben, denn Glaube sei immer die Orientierung des Lebens an dem, was für wahr gehalten werde. Er wandte sich aus diesem Grund der Theologie zu, von der er sich die Antwort auf den wahren Glauben erhoffte, um für das seelsorgerische Amt entsprechend vorbereitet zu sein.[85] Im Verlaufe seines Theologiestudiums keimte in

---

[82] Vgl. Arendt, Vita activa, 319 ff.
[83] Statt einer Autobiographie, 15.
[84] Ebd.
[85] Ebd., 16.

ihm aber ein Zweifel auf, der sich nicht gegen die mögliche Wahrheit des Glaubens, wohl aber gegen dessen vorgebliche Form richtete. Aus diesem Zweifel erwuchs schließlich auch Häberlins leitender Antrieb für seine weiteren Studien. Häberlins Problem war nicht der Glaube als Modus der Weltbegegnung oder Weltaneignung, vielmehr die mangelnde Klarheit der Gründe, weshalb er nach einer Einsicht suchte, die nicht nur formalen Kriterien genügte, sondern auch materialiter eindeutig war. Damit war für Häberlin die Richtung seiner eigentlichen Aufgabe angezeigt: »Forschen nach dem notwendig zu Bejahenden«[86]. Dieses Bejahende einzusehen sei die Aufgabe der Einsicht, denn Einsicht heiße nicht Meinen, sondern Wissen. Wissen weder i. S. eines Bescheidwissens, was einer dogmatischen Setzung gleichkäme noch im Modus eines empirisch generierten Wissens, das, so Häberlin, ja doch immer nur Meinung sei. Häberlins Verlangen nach Einsicht zielte auf ein Erkennen, auf ein Erleben des Daseins in Wahrheit, letztlich auf ein Verstehen des Seins als Sein.[87] Dasein in Wahrheit erleben heißt jedoch nicht die Wahrheit zu erdenken bzw. diese auszudenken, vielmehr ist ein Denken als echte theoretische Haltung im Durchbruch, d. h., als Philosophie gemeint.[88] Häberlins Suche war angelegt auf eine objektiv begründbare Überzeugung, auf eine Einsicht apriori, die, weil sie theoretisch ist, eben auch Lebenswahrheit sein müsse. Daraus folgert Häberlin, dass wahrer Glaube eine Entschiedenheit für das wahre Leben mit sich bringe, denn Entschiedenheit als die andere Seite der *episteme* gehe zusammen mit dem, was Weisheit als Lebensgestaltung meint. Der solchermaßen bereits deutlich an die griechische Philosophie seit Parmenides angelegte Konnex von episteme (Einsicht) und sophia (Lebensführung) bildet den roten Faden seiner Philosophie wie seiner Pädagogik. Häberlins im Rückblick interpretierte erste Phase seines wissenschaftlichen Fragens beschreibt eben gerade jenen Durchbruch der Theoria, der der Philosophie im Gegensatz zu einer Offenbarungstheologie als Aufgabe zukommt. Häberlins Konversion zur Philosophie kennzeichnet er selbst immer wieder als Durchbruch, Durchschau usw., als einen Appell an einen echten Glauben, der nicht wie ein Aberglauben durch die Absichten des Subjekts getrübt ist, ein

---

[86] Ebd., 18.
[87] Vgl. Das Wesen der Philosophie, 100.
[88] Vgl. ebd.

eigenes Sein zu schaffen, das ein anderes wäre als das, was ist.[89] Es wurde schon darauf hingewiesen, dass Häberlins Wechsel von der Theologie zur Philosophie seinen Grund im Imperativ hat, Klarheit und d. i. wahre Einsicht zu gewinnen. Der kurze biographische Rückbezug ist deshalb von Bedeutung, weil sich hier die Theologie christlicher Prägung zu einer philosophischen Theologie i. S. von Parmenides und Platon hin entwickelt,[90] die den Willen hat, die Wahrheit einzusehen. Für Häberlin ist wahrer Glaube ein Glaube an das, was wahr ist und überall dort, wo dieser Wille waltet, ist Philosophie und sonst nirgends. Philosophie sei nicht ungläubig und wolle Glauben durch Wissen ersetzen, sondern weil sie gläubig sei, wolle sie nur die Wahrheit glauben und dies sei der Grund, warum Philosophie Einsicht suche.[91] Aus dieser Motivation heraus wird verständlich, warum für ihn die Theologie nur die Vorstufe eines Frageprozesses sein konnte und zwingend in ein Philosophiestudium mündete, welches Häberlin in Göttingen und Basel absolvierte und mit einer Promotion bei Karl Joël[92] über Schleiermacher abschloss.

Anhand der Leitmetaphern *episteme* und *sophia* und ihrem notwendigen Konnex ist Häberlins wissenschaftliche Biographie zu rekonstruieren. Nach seiner Dissertation folgte eine kurze Phase der

---

[89] Vgl. Ethik, 64.
[90] Vgl. Weischedel, Der Gott der Philosophen, 13. Weischedel legt dar, dass das Wort θεολογια seinen Ursprungsort im Bereich der Philosophie hat und verdeutlicht, unter Verweis auf Werner Jaegers *Die Theologie der frühen griechischen Denker*, dass der Ursprung der philosophischen Theologie bei den Griechen zu suchen sei.
[91] Vgl. Statt einer Autobiographie, 19.
[92] An mehreren Stellen dieser Arbeit wird eingehend auf Karl Joël Bezug genommen, so in Kapitel II, 2.4 ausdrücklich in der Analyse der Rektoratsrede Joëls und II, 2.11. und 2.12. in Bezug auf seine Schrift zur Mystik aus dem Geist der Naturphilosophie. Die Bedeutung des jüdischen Philosophen Joël als Lehrer Häberlins liegt vor allem in seinem Verständnis von Philosophie als *Philosophia perennis*, also als immer währende Philosophie. Vgl. Statt einer Autobiographie, 19. Die Lektüre von Joëls Werk *Über den Ursprung der Naturphilosophie aus dem Geiste der Mystik* (1906) legt klärende und erklärende Hinweise auf den Initiationspunkt von Häberlins Philosophie in dessen Auseinandersetzung mit Descartes und Spinoza und später auch mit Leibniz. Häberlin hat anlässlich von Joëls 70. Geburtstag 1934 diesen in einem Beitrag über das Mystikbuch geehrt. Vgl. Zum Ursprung der Naturphilosophie, 47–66. – Joëls später veröffentlichtes Monumentalwerk *Wandlungen der Weltanschauung* in zwei Bänden (1928/1934), auf das Häberlin zwar in seinem Werk an keiner Stelle Bezug nimmt, verdeutlicht jedoch das von Häberlin gemeinte, an Joël sei ihm die große Liebe für die Philosophie in all ihren Erscheinungen als einer philosophia perennis aufgegangen. Vgl. Statt einer Autobiographie, 19.

Lehrtätigkeit an der unteren Realschule in Basel (1903/04), danach war er, erst 26-jährig, bereits Direktor des Thurgauischen Lehrerseminars in Kreuzlingen (1904–1909). Diese Zeit, die Häberlin am Ende seines Lebens als die notwendig praktische Fundierung seines Lebensimperativs beurteilt hat,[93] bildet und bestärkt diesen Imperativ durch die strukturellen Missverhältnisse innerhalb des Erziehungssystems und den daraus resultierenden Ableitungen für den Inhalt institutionalisierter Pädagogiken. Wie sehr die Erfahrungen in Kreuzlingen sein pädagogisches Denken und seine Haltung geprägt haben, wird ausführlich in den weiteren Analysen zu Häberlins Allgemeiner Pädagogik dargestellt. Eine Schilderung aus dessen Notatmappen allerdings verdeutlicht in zweifacher Weise Häberlins anderen Zugang zur Pädagogik wie auch seine Nähe zur Reformpädagogik:

»Liebe zur wachsenden Generation ist das A und O für den Lehrer, aber wieviele haben sie? Übrigens kann gerade die Menschenliebe einem unter Umständen Schule und Lehramt verleiden. Wenn nämlich die Schulverhältnisse derart sind, daß Lehrer und Schüler darunter leiden müssen. Mir wenigstens war und ist es immer am schwersten zu ertragen, wenn ich die jungen Leute, denen wir sozusagen alles schuldig sind – auch Opfer unserer Eitelkeit und Bequemlichkeit –, wenn ich sie leiden sehe unter irgendeiner Institution. Vielleicht ist unser ganzer Schulbetrieb so eine. Die Leiden sind nur so gewohnt (i. O., M. H.) worden, daß man sie als notwendig ansieht oder doch darüber schweigt. Ich behaupte, die Schule der Zukunft habe eine gewaltige Schuld an den kommenden Generationen gut zu machen.«[94]

Diese Schilderung aus dem Jahr 1904/5 beginnt mit dem für Häberlin geltenden Grundprinzip aller Pädagogik, der Liebe zur heranwachsenden Generation. Ein Prinzip, das allerdings quer zu den bisherigen Methoden des Erziehungswesens steht. Wie Häberlin berichtet, stieß er mit seinen neuen Ideen und Konzepten nicht auf ungeteilte Zustimmung, die ergraute Kollegenschaft sah sich ihrer Lebenswerke beraubt, die Institutionen, allen voran die Schuloberbehörde, befürchteten einen Disziplinverlust.[95] Strukturelle und inhaltliche Mängel erinnerten Häberlin eher an Gefängnisse, an auf Drill ausgerichtete Tagesabläufe, beständige Aufsicht, Überlastung mit Lern-

---

[93] Vgl. Ansprache bei der Schlussfeier, 168–174.
[94] Aus Häberlins Notaten über seine Zeit als Seminardirektor in Kreuzlingen 1904/5, zit. in: Kamm, Leben und Werk I, 199.
[95] Vgl. ebd.

stoff, keine auf Vertrauen basierende pädagogische Beziehungspflege und begründeten ihm ein Leiden der jungen Menschen an der Institution Schule.[96] Häberlins Aussage, dass die Lehrerschaft den Schülern sozusagen alles schuldig sei, illustriert die Situation der damaligen Zeit, den Anspruch, dem sich Häberlin im Kreuzlinger Seminar gegenüber sah. Die Begleitung und Ausbildung bedurfte einer inneren wie äußeren Reform, die Häberlin selbst in eine innere Krise stürzte und ihn schließlich dazu veranlasste, nach einem öffentlich ausgetragenen Streit mit der Kantonsregierung,[97] seine berufliche Zukunft mit der zuvor aufgeschobenen Habilitationsschrift anders zu orientieren.

Parallel zu den inhaltlichen und schulpolitischen Ereignissen in Kreuzlingen war für Häberlin eine intensive Auseinandersetzung mit pädagogischen und psychologischen Theorien der Zeit ein bewusstseinsbildendes Motiv, um den angehenden Lehrern eine kompetente Begleitung für ihre kommende Berufsausübung sein zu können. Im Blick auf die Ausführungen zur Pädagogik, die er in späteren Jahren, auch aufgrund seines Lehrdeputates dazu entworfen hat, wird in der Kreuzlinger Zeit die praktische Seite der Philosophie als Lebensorientierung und Bewältigung der Lebensaufgabe virulent.[98] Nach seiner Kreuzlinger Zeit und der absolvierten Habilitation über die Philosophie Herbert Spencers[99] war er Privatdozent für das ganze Gebiet der

---

[96] Vgl. ebd.
[97] Vgl. ebd., 213–219.
[98] Der Schüler und Biograph Häberlins Peter Kamm weist darauf hin, dass es Häberlins berufliche Verpflichtungen mit sich brachten, dass dieser sich zunächst vorwiegend mit Pädagogik und Psychologie befasste und befassen musste. Die wenigen philosophischen Arbeiten der Frühzeit hätten ganz im Zeichen der Befreiung und Flurbereinigung gestanden. Vgl. Kamm, Leben und Werk I, 157. Im Zusammenhang damit führt Kamm die pädagogischen und psychologischen Schriften Häberlins bis 1925 an: Das Ziel der Erziehung (1917/²1925); Wege und Irrwege der Erziehung/ Grundzüge einer allgemeinen Erziehungslehre (1918/²1920); Der Gegenstand der Psychologie. Eine Einführung in das Wesen der empirischen Wissenschaft (1921); Kinderfehler als Hemmungen des Lebens (1921/²1931); Der Beruf der Psychologie. Basler Antrittsvorlesung (1923); Der Leib und die Seele (1923); Der Geist und die Triebe. Eine Elementarpsychologie (1924); Der Charakter (1925).
[99] Vgl. Herbert Spencers Grundlagen der Philosophie. – Häberlin legt in seiner Habilitation, die auch wieder unter der »Betreuung« Joëls verfasst wurde, eine kritische Studie zu Herbert Spencers evolutionistischer Philosophie vor, die sich vor allem durch eine scharfe Grenzziehung von Philosophie und Naturwissenschaften auszeichnet und das Thema der Weltanschauung in einem philosophischen Sinn zu denken versucht. In enger Verbindung zur Habilitationsschrift sind auch die in den nächsten

Philosophie an der Universität Basel (1908–1914) und daran anschließend Ordinarius für Philosophie, Pädagogik und Psychologie an der Universität Bern (1914–1922).[100] Auch diese Denomination in seiner ganzen Breite verrät nicht nur vieles über die grundsätzliche Anlage seines Werkes, sondern ebenso über das Verständnis von Pädagogik und Psychologie der damaligen Zeit, die immer noch als Teildisziplinen der Philosophie angesehen wurden. Häberlins Auseinandersetzung etwa mit der Psychologie konnte daher nicht nur in der Kritik am überkommenen Umgang mit dieser Disziplin etwa bei Wilhelm Wundt u. a. bestehen, sondern wurde zu einer grundlegenden Reflexion auf die Bedeutung der empirischen Wissenschaften insgesamt.[101] In seiner Basler Antrittsvorlesung etwa dachte er dann über den Beruf der Psychologie nach,[102] um anschließend einen Gegenentwurf zu Freuds Triebtheorie als Kontrapunkt zu setzen,[103] der die Rolle des Geistes als philosophisches Moment hervorhob und zugleich Häberlins Kritik am Skeptizismus und Relativismus Freuds ausdrückte.[104] Die Basler Antrittsvorlesung wie auch *Der Geist und die Triebe* waren nach Häberlins eigener Einschätzung die notwendige Vorbereitung und Grundlegung seines Verständnisses von Philosophie, die dann in der Basler Zeit (1922–1948) Gestalt gewann.[105] In dieser Zeit und bis zu seinem Tod 1960 bearbeitete Häberlin den Konnex von episteme (Einsicht) und sophia (Lebensgestaltung) weiter und verlieh ihm in seinem Alterswerk *Philosophia perennis* Kontur und einen kritisch abschließenden Ausdruck.[106] Häberlin selbst hatte in seiner philoso-

---

vier Jahren erscheinenden zwei Bände Philosophie und Wissenschaft zu sehen. Vgl. Philosophie und Wissenschaft I+II.
[100] Häberlin lehnte 1923 einen Ruf an die Friedrich-Schiller-Universität Jena in Absprache mit seiner Frau ab, nicht nur wegen der unsicheren Verhältnisse in Deutschland, sondern auch, weil er die Schweiz nicht verlassen wollte. Vgl. Statt einer Autobiographie, 46. Weiterführendes dazu in Teil II, 1.7., wo noch detaillierter Gründe für Häberlins Ablehnung des Jenaer Rufs angeführt werden.
[101] Vgl. Der Gegenstand der Psychologie.
[102] Vgl. Der Beruf der Psychologie.
[103] Vgl. Der Geist und die Triebe.
[104] An dieser Stelle wird darauf hingewiesen, dass eine detaillierte Auseinandersetzung mit Häberlins Psychologie in der vorliegenden Arbeit unterbleibt, nicht aus mangelndem Problembewusstsein, sondern aufgrund der spezifischen Exkurse, die den Rahmen der Arbeit noch rhizomartiger hätten werden lassen. Allerdings sei vermerkt, dass noch folgende Publikationen dieses Feld zu bestellen haben.
[105] Vgl. Statt einer Autobiographie, 48ff.
[106] Vgl. Philosophia perennis. – Die nachfolgenden Darstellungen zur Ontologie, Kosmologie und Anthropologie stellen dieses Werk in gebührender Weise vor.

phischen Autobiographie angemerkt, dass die Stadien seiner beruflichen und wissenschaftlichen Entwicklung eine zunehmende Verdichtung und Ausdifferenzierung seines philosophischen Systems bedeuteten und deshalb Lebens- und Werkgeschichte parallel gesehen werden müssten.[107] Häberlins Lebensideal (d. i. sein Imperativ), das in einer Festschrift zu seinem 80. Geburtstag ausführlich gewürdigt wurde,[108] »führte den Studenten von der Theologie zur Philosophie, den Lehrer von der Mittel- zur Hochschule«[109] und rundete sich in einer Kosmologie mit den sich daraus ergebenden ethischen Ansprüchen zu einem systematischen Gesamtentwurf.

Die hier nur skizzenhaft mögliche und gegebene Darstellung der Biographie Häberlins deutet bereits die Themen und Schwerpunkte seines Werkes an, kann aber auch nicht deren Problematik und kritische Rezeption bzw. Nicht-Rezeption verschweigen. Die inhaltliche und kritische Auseinandersetzung mit Häberlins Werk, die eine Metaphysik an Kant vorbei installiert und zudem auf das ursprünglich bei den Griechen zu findende Verständnis von Philosophie rekurriert, entbehrt nicht eines gewissen Risikos, das in Unverständnis umschlagen kann und auch umgeschlagen ist.[110] Die folgende kritische Darstellung möchte in einem dezidierten Blick auf Häberlins Werk mögliche Ressourcen freilegen und zur Diskussion stellen. Die hierbei von Häberlin gestellten Fragen nach dem Wesen der Welt und des Menschen sowie einem an der Wahrheit orientierten Handeln darf als Rekonstruktionsprozess vergessener Parallelen von Philosophie und Pädagogik aufgefasst werden, wobei hinzuzufügen ist, dass es nicht um Abbreviaturen einschlägiger oder etablierter Deutungsmuster geht. Häberlins Werk entzieht sich in seiner systematischen Sper-

---

[107] Vgl. Statt einer Autobiographie, 6.
[108] Vgl. Im Dienste der Wahrheit.
[109] Vgl. Kamm, Leben und Werk I, 156.
[110] Eine kritisch-lobende Darstellung und Würdigung der Philosophie Häberlins hatte der, weil mehr der analytisch zugeneigten und daher als unverdächtig hinsichtlich der Parteinahme geltende Wolfgang Stegmüller, bereits 1959 in seinem mittlerweile klassisch zu nennenden Werk *Hauptströmungen der Gegenwartsphilosophie* unternommen. Stegmüllers Anfrage etwa, ob Häberlins Ontologie und sein metaphysischer Optimismus wirklich sachlich begründet werden können, lässt er offen, weist allerdings in einer klugen Reminiszenz daraufhin, dass es wohl hinsichtlich der Begründung sowohl im Blick auf Häberlin wie auch auf die Gegenpartei ein Eingeständnis des wechselseitigen Nichtverstehens und das Offenlassen der Möglichkeit geben müsse, dass letztlich die eine wie die andere Seite Recht haben könnte. Vgl. Stegmüller, 315–345, hier 345.

rigkeit gängigen Vereinnahmungsversuchen, die, so könnte gesagt werden, die Tradition bemühen, um sich von ihr zu emanzipieren.[111] Wenn an dieser Stelle die kurzen biographischen Hinweise beendet werden, um sie an relevanten Stellen wiederaufzunehmen, so nicht, ohne mit einer persönlichen Selbsteinschätzung Häberlins den Übergang zu den philosophischen und pädagogischen Analysen gangbar zu machen. Dieser war nach Abschluss seiner Ästhetik um das Jahr 1930 herum der Ansicht, nun endlich im Denken den Durchbruch erreicht zu haben, um auf seinem Weg der Wahrheit weiterzugehen. Mit den Worten Parmenides' begann sich für ihn »der wohlgerundeten Wahrheit nie erzitterndes Herz und zugleich das Scheinwesen menschlicher Setzung, die da ohne Verlaß ist und ohne Wahrheit«[112] zu enthüllen. Für ihn sei ohne Zweifel die Wahrheit als heimliches Wissen dagewesen, welche alle Voraussetzung des Suchens sei. Aber aus dieser »Gewissheit im Suchen« (Pascal) ergab sich zugleich das Problem des Ausdrucks und der Vermittlung, denn es ging Häberlin ja nicht nur um Einsicht, sondern auch um eine aus dieser resultierende Lebensgestaltung. »Was mich hinderte, quasi direkt zu reden, war nicht allein eine gewisse Scheu vor der Dahingabe des Innersten, sondern auch die pädagogische Absicht; sie verlangt, daß man dem Leser "entgegenkomme".«[113] So bestehe die Gefahr in der Versuchung, um des pädagogischen Entgegenkommens Willen bei der populären Diktion zu verbeiben und so den Hörer oder Leser überzeugen zu wollen. Damit wurde für ihn jede Form missionarischer Vermittlung der Wahrheit obsolet, weshalb er immer wieder betonte,

---

[111] Sicherlich darf und muss hier, wenn auch bescheiden in einem Benjamin'schen Ton (»Die Theologie ist bekanntlich klein und hässlich ...«), die theologische Tradition der Sozialpädagogik erwähnt werden, die ja nicht nur im Blick etwa auf die klassische Sozialpädagogik bei Pestalozzi und Wichern zu finden ist, sondern die, wenn es um die philosophische Begründung von Sozialpädagogik insgesamt und zumal im Rekurs auf Platon geht, von einer philosophischen Theologie auszugehen hat. Als Beispiel für diesen Zweig einer philosophischen Begründung der Sozialpädagogik von Platon her können Paul Natorp und José Ortega y Gasset gelten, bei beiden lassen sich theologische Motive finden, bei Natorp sowohl in seiner frühen Schrift *Religion innerhalb der Grenzen der Humanität* als auch in seinen späteren Schriften zum *Sozialidealismus*. Bei Ortega hingegen findet sich in der Begründung seiner Anthropologie immer wieder ein Bezug zum Johannesevangelium. Vgl. Natorp, Religion innerhalb der Grenzen der Humanität; Ders., Sozialidealismus; Ortega y Gasset, Sozialpädagogik als politisches Programm, 5–25; Ders., Der Mensch als ein Fremder.
[112] Statt einer Autobiographie, 63 f.
[113] Ebd., 64.

dass die Wahrheit nicht zu haben, sondern nur zu lieben sei.[114] Wahrheit dürfe, sei sie auch noch so paradox, nur für sich selbst sprechen, was einen wesentlichen Grund benennt, warum Häberlin immer sehr unter der Schwierigkeit litt, Wahrheit und pädagogisches Entgegenkommen zu vereinigen.[115] Diese Schwierigkeit, die Häberlin als seine eigene begreift, lässt manche Deutung zu, drückt aber in dieser eine aus erkannter Ohnmacht entwickelte Haltung aus, offenbart quasi einen Abwehrversuch gegen jede Form von Dogmatismus, einen Respekt, der seiner Philosophie wie seiner Pädagogik inhärent ist. Diese Vorsicht, diesen Respekt, der immer den eingebauten Schutz des ethischen Vorbehalts impliziert, hat er in einem Pädagogikentwurf für die UNESCO 1951 beschrieben, eine Haltung, die das scheinbare Paradox von Einheit und Pluralität aufhebt:

»Kultur ist nicht möglich ohne Anerkennung der Tatsache, daß die Wahrheit für uns nicht zu *haben*, sondern zu suchen ist. Selbst vom Wissen um die (stets zu verbessernde) Relativität unserer Urteile. Diese gehen an der wahren Schönheit, dem wahren Sein, dem wahren Wert stets mehr oder weniger vorbei. Nicht *wir* bestimmen also, was wahr sei; dies *ist* bestimmt und wir können nur versuchen, diese absolute Bestimmtheit durch *unsere* Bestimmungen relativ zu verstehen.«[116]

Im Zeitalter der Globalisierung, des Denkens der Differenz und dem Recht auf Pluralität kann diese Aussage sowohl als Bestätigung tatsächlich erlebter Verschiedenheit verstanden werden wie als der scheinbar nicht akzeptable Gesang auf ein Sein, dem das Subjekt keine Ketten anlegen kann. Oder: Philosophie ist der immerwährende Angleichungsversuch des Menschen an seine eigene Bestimmung, die nichts anderes repräsentiert als das Sein selbst.

1.7. Exkurs 1: Biographische Berufsnotizen im Blick auf die Schweiz

Häberlins familiäres Leben sowie sein berufliches Wirken als Seminardirektor in Kreuzlingen, als Privatdozent in Basel, als ordentlicher Professor in Bern und Basel, beschränkte sich zeitlebens auf das Schweizer Staatsgebiet. Das wiederum heißt nicht, dass er keine über

---

[114] Vgl. Das Wesen der Philosophie, 99.
[115] Vgl. Statt einer Autobiographie, 64.
[116] Bestimmung des Menschen und Sinn der Erziehung, 149 f.

Exkurs 1: Biographische Berufsnotizen im Blick auf die Schweiz

die Schweiz hinausgehenden beruflichen Kontakte aufzuweisen hatte, aber die Schweiz war sozusagen der Bezugsraum seines Wirkens. Zwei Ereignisse scheinen diese Tatsache in besonderer Weise zu unterstreichen.

Erstens: Nach seiner Kreuzlinger Zeit ab 1908 war Häberlin Privatdozent an der Universität Basel und arbeitete nebenbei als Psychologe.[117] In angespannter finanzieller Situation hatte Häberlin 1912 überlegt, auf eine akademische Laufbahn zu verzichten, vor allem, als sich eine Berufung nach Zürich zerschlagen hatte. Da, so berichtet er in seiner philosophischen Autobiographie, ereilte ihn von niemand Geringerem als Wilhelm Windelband und Max Weber eine Anfrage, auf einen eigens für ihn zu errichtenden Lehrstuhl für Philosophie und Psychologie nach Heidelberg zu kommen.[118] Weber und Windelband hatten bereits Häberlins Ernennung in der Fakultät durchgesetzt, jedoch verweigerte die damalige Badische Regierung das benötigte Budget, sodass eine Berufung nach Heidelberg scheiterte. Häberlin sagt selbst, dies sei eine große Enttäuschung gewesen, die sich aber durch den kurze Zeit später erfolgten Ruf an die Universität Bern erlösend kompensierte.[119] Interessant ist, wie Häberlin die Nichtberufung nach Heidelberg und den dann erfolgten Ruf nach Bern resümierte, zumal es ein Lehrstück akademischer Karrieren ist, das gleichwohl auch etwas über seine intrinsischen Motivationen und seine Geisteshaltung aussagt. Er bezeichnet seine Entscheidung, nach dem Theologiestudium und dem Pfarrerexamen, sich der Philosophie zuzuwenden, als einen harten Kampf um den eigentlichen Beruf. Das hier verwendete Attribut *eigentlich* kann und muss in der Gesamtschau auf Häberlins Werk als Synonym für Bestimmung gelesen werden, denn hierin gründete ja Häberlins Philosophie als Anthropologie, indem sie in einer steten, perennitiven Umkreisung um die Bestimmung des Menschen rang.[120] Häberlin bestätigte 1957 diesen Verlauf seines Lebens: »Aber ich glaube jetzt, daß es gut war, wie es gewesen ist.«[121] Das kann, ohne dies zu hypostasieren, als Realisierung seiner »bejahenden« Philosophie gewertet werden. Seine nicht

---
[117] Vgl. Statt einer Autobiographie, 37 f.
[118] Ebd., 38.
[119] Vgl. ebd.
[120] Vgl. bes. Vom Menschen und seiner Bestimmung. Darin umschreibt Häberlin repräsentativ den Auftrag der Philosophie, den auch Tumarkin als eine Eigenart schweizerischen Denkens ausgemacht hatte.
[121] Statt einer Autobiographie, 38.

stringent, sondern auf Umwegen über Kreuzlingen verlaufende akademische Karriere, hätten seine pädagogischen Kräfte sowie seine psychologisch-therapeutischen Einsichten in das Wesen des Menschen befördert und den philosophischen Lebensplan untermauert. »In der Praxis der Hilfe präzisierte sich der *Sinn* [kursiv i. O., M. H.] dieser Hilfe; der ernsthafte Versuch, andere zu rechter Lebensführung zu erziehen, hilft zur eigenen Klärung.«[122] Analog dazu fasst er den Kampf um die äußere Existenz, der das Bemühen um die rechte Führung des Lebens sei. Man könne nicht philosophieren, ohne zu leben.[123]

Zweitens: Wie sehr die Schweiz als heimatlicher Bezugspunkt von Häberlins Philosophie gelten kann, lässt sich an einer weiteren Berufungsgeschichte ausmachen. Dies mag ein augenscheinlich äußerer Grund sein, warum Häberlin der Schweiz treu blieb, erzählt aber auch ein Stück von den geistigen Auseinandersetzungen der 1920er Jahre. Häberlin hatte im Herbst 1922 einen Ruf an die Universität Basel angenommen, der ihm, auch aufgrund der familiären Verhältnisse, er war Vater von drei Kindern, nun auch ökonomische Sicherheit brachte. Neben der nun erlangten ökonomischen Freiheit war ihm hier die Freiheit in der Lehre möglich, wo er sich nun ganz auf die Philosophie stützen konnte, d. h., er konnte »von der Peripherie nun allmählich ins Zentrum vordringen.«[124] In dieser für ihn zum ersten Mal komfortablen Situation erreichte ihn im September 1922[125] ein Ruf der Friedrich-Schiller-Universität Jena, den er allerdings ablehnte, nicht nur »wegen der schwankenden Verhältnisse in Deutschland, sondern mehr noch im Gefühl, daß es nicht anging, Basel, das mir so entgegengekommen war, so bald schon wieder zu verlassen.«[126] Häberlin selbst führte neben den gegebenen politischen Unwägbarkeiten in Deutschland die familiäre Situation an (u. a. den Bau eines Hauses), zumindest sind aus den weiteren Schriften sowie aus den umfangreich ausgewerteten Textkonvoluten durch Peter Kamm[127] keine weiteren Gründe für diesen ablehnenden Bescheid aufzufinden. Aber der Hinweis in seiner philosophischen Autobio-

---

[122] Ebd.
[123] Vgl. ebd.
[124] Ebd., 46.
[125] Kamm weist den September 1922 aus, Häberlin gibt ihn mit dem Jahr 1923 an, vgl. Kamm, Leben und Werk I, 421.
[126] Statt einer Autobiographie, 46.
[127] Vgl. Kamm, Leben und Werk I; 412–422.

Exkurs 1: Biographische Berufsnotizen im Blick auf die Schweiz

graphie, er sei nun mit dem Ruf nach Basel endgültig im Zentrum seiner Lehrtätigkeit und damit seiner Bestimmung zur Philosophie angekommen, lässt die Ablehnung des Rufs aus Jena insofern verständlicher erscheinen, in der sich Julius Schaxel aus Jena mit einer persönlichen Initiative an Häberlin gewandt hatte, um dessen Rat hinsichtlich der Besetzung dreier Lehrstühle (1. Praktische Pädagogik; 2. Philosophische Pädagogik; 3. Experimentelle Psychologie) einzuholen. Am Ende der Korrespondenz fragte Schaxel Häberlin, ob es ganz hoffnungslos sei, diesen selbst der Schweiz zu entziehen.

»Ich fürchte freilich, daß Sie mich darüber nur auslachen werden. Wenn die Verwirklichung der hiesigen Pläne auch ein besonderes großes Wirkungsfeld bieten würde, so muten Sie wohl unsere materiellen Gegenleistungen nur ärmlich an – ärmlich, wie es in einem gegenwärtig verarmten und sich erst wieder herausarbeitenden Lande nicht anders sein kann.«[128]

Die ausgeschriebenen Fächer in der Tendenz Pädagogik und experimentelle Psychologie haben, so lässt sich denken, sicherlich auch zu Häberlins Absage beigetragen, wollte er sich doch nun ganz der Philosophie widmen. Auch wenn Kamm meinte, diese Rücksichtnahme auf die familiäre Situation hätte für Häberlin keinen grundsätzlichen Verzicht bedeutet, unter günstigen Umständen möglicherweise dem Ruf an eine größere Universität zu folgen,[129] so kann der Schriftverkehr der nächsten Jahre bis 1929 auch als Gegenteil gedeutet werden.[130]

Beide Episoden gescheiterter Berufungen an deutsche Universitäten mit ihren jeweiligen Nebenschauplätzen erklären nicht, aber

---

[128] Kamm, Leben und Werk I, 421. Kamm zitiert hier aus einem Brief von Schaxel an Häberlin von 24.09.1922. – Es soll an dieser Stelle zumindest auf das biographische Schicksal Julius Schaxels (1887–1943) hingewiesen werden, der als Schüler Ernst Haeckels in Jena eine Professur für Zoologie innehatte und Leiter des Instituts für experimentelle Biologie war, diese mit ihrer Ausrichtung philosophisch verstanden wissen wollte und deshalb eine große Sympathie für Häberlin empfand. Schaxel war jedoch ein der KPD nahestehender Sozialdemokrat, der mit seiner jüdischen Frau den politischen Unsicherheiten der Weimarer Republik und dem aufkommenden Nationalsozialismus zum Opfer fiel, und, nach einer ersten Emigration in die Schweiz, schließlich in die Sowjetunion ins Exil ging, wo er in einem Sanatorium starb. Vgl. Hoßfeld, Schaxel, 597–598.

[129] Vgl. Kamm, Leben und Werk II, 9.

[130] So lagen Häberlin Angebote aus Frankfurt, Bonn und Kiel vor, um dort eine Professur für Pädagogik zu übernehmen, er hatte hier prominente Fürsprecher wie Erich Rothacker, der erst nach Heidelberg, dann nach Bonn ging sowie in dem Pädagogen Erich Feldmann aus Mainz, der als Begründer der Kommunikationswissenschaft gilt.

unterstreichen eine Art innerer Notwendigkeit im Ablauf der Ereignisse. Häberlin bezog sich zwar vordergründig auf die äußeren, familiären Umstände, die der geographischen und politischen Binnensituation der Schweiz geschuldet sein mochten, subkutan aber wird die Eigenart des schweizerischen Denkens und auch dasjenige Häberlins erkennbar, das, über die Veränderungen der philosophischen Landschaft in Europa, doch ein Denken geblieben war, das, in der Vermittlung religiösen Erlebens und deren philosophischer Objektivation, der Zeit und der Entwicklung des philosophischen Diskurses entgegenstand.

1.8. Exkurs 2: Anna Tumarkin über das Wesen und Werden der schweizerischen Philosophie

In Zeiten der Globalisierung scheint es hilfreich zu sein, Philosophie kulturellen Kontexten zuzuordnen und als dependent auszuweisen, d. h., Philosophie aus dem jeweiligen Kulturraum zu erklären und sie damit zu einem, Pluralität garantierenden, kulturwissenschaftlichen Instrument zu machen. Philosophie in diesen auf spezifische Kulturräume bezogene und damit bedingten Modi versucht, generalisierende (d. i. universalisierende) Setzungen philosophischer Fragestellungen und die aus diesen resultierenden exkludierenden Folgen zu vermeiden. In ihrer kulturspezifischen Variante unterstreicht Philosophie den Anspruch auf Gleichberechtigung, unterstellt damit eine Pluralität nicht nur hinsichtlich der Fragestellungen, sondern auch hinsichtlich der Wahrheit. Im Falle Häberlins, dessen Werk nicht ohne seinen Schweizer Hintergrund zu verstehen ist, weist die Prägung seines Denkens zwar einerseits Züge seiner Herkunft auf, wird andererseits aber in seinen Erfolgen als akademischer Lehrer dadurch geweitet, dass Häberlin die großen Fragen der Philosophie aufgreift, die die Menschen seit jeher bewegt haben.[131] Diese in mühsamer und geduldiger Lektüre zu gewinnenden Hinweise auf Struktur und intrinsische Motive verdeutlichen eine beinahe dialektisch zu nennende Gegenbewegung, die seinem Denken inhärent ist. Häberlins Philosophie ins Gespräch mit schweizerischem Denken zu bringen, kann bestimmte Muster erkennbar machen, ohne deshalb nationale oder kulturbegrenzende Eigenheiten zu vermuten oder gar auf

---

[131] Vgl. Cesana, Paul Häberlin, 88

Exkurs 2: Anna Tumarkin über die schweizerische Philosophie

die Binnenlage der Schweizer Nation auf dem Kontinent Europa zu rekurrieren. Auch die z. T. barsch anmutenden Abwehrbewegungen, die aus Häberlins philosophischem Gestus etwa gegen die Existenzphilosophie erwachsen, die für ihn Subjektivismus und Pseudophilosophie[132] war, bedeuten keine Abkehr von europäischem Denken, sondern sind schlichtweg seiner Ontologie geschuldet.[133] Steht die Schweiz mit ihrem demokratisch in den Kantonen verorteten Regionalismus als oikos-Modell für eine positive Urerfahrung des Ganzen, so lässt sich Häberlins positive Weltsicht der Weltbejahung[134] mühelos in die politischen und religiösen Fluchten der Schweizer Geistesgeschichte einfügen.[135] Welche Momente kennzeichnen die Eigenart des schweizerischen Denkens und wie lassen sich diese rastern bzw. systematisieren? Die geistesgeschichtliche Herkunft Paul Häberlins aus der Binnensicht schweizerischen Denkens näher zu bestimmen, kann anhand der Studie über das *Wesen und Werden der schweizerischen Philosophie* der Exilrussin und ersten habilitierten Philosophieprofessorin Europas, Anna Tumarkin[136], analysiert werden.

---

[132] Vgl. Das Gute, 192–240; Über Pseudophilosophie, 42–80.
[133] Vgl. oben Teil II, 2.2.
[134] Vgl. Statt einer Autobiographie, 12.
[135] Vgl. Tumarkin, Wesen und Werden, 8 ff.
[136] Anna Tumarkin (1975–1951), Schweizer Philosophin russisch-jüdischer Herkunft und ab 1906 Professorin an der Universität Bern für Philosophie und Ästhetik, erste Professorin Europas, die Dissertationen und Habilitationen betreuen durfte, beschäftige sich in ihrem Werk vor allem mit Kant und Herder, der romantischen Weltanschauung und ästhetischen Fragen. Zudem war sie in der Frauenbewegung aktiv und kämpfte für das Frauenwahlrecht. Vgl. Jauch, Die erste Frau Philosophie-Professorin Europas, o. S. – Ursula Pia Jauch erwähnt ein interessantes biographisches Detail Tumarkins: »In Berlin hat sie bei Simmel und Dilthey studiert. Mit Wilhelm Dilthey, damals der bedeutendste Vertreter der philosophischen Hermeneutik und ein Unterstützer der Frauenbewegung, ist Anna Tumarkin bis zu seinem Tod befreundet. Es gibt fast kein Buch Diltheys, das nicht von Tumarkin gegengelesen und korrigiert wurde, so eng war diese Arbeitsfreundschaft.« – Zwei kleine Randbemerkungen seien noch erlaubt. Bei Anna Tumarkin hat unter anderem Walter Benjamin in seiner Berner Zeit studiert, und das Thema seiner Dissertation *Der Begriff der Kunstkritik in der deutschen Romantik*, die er bei Richard Herbertz verfasste, deckte sich in vielem mit den Interessen Tumarkins. Zudem war der Lebens- und Sterbeort von Anna Tumarkin der Ort Muri bei Basel, eben jener Ort, den Walter Benjamin und sein Freund Gershom Scholem zur Errichtung einer fiktiven Universität, der Universität von Muri, auserkoren hatten. Vgl. Scholem, Walter Benjamin – die Geschichte einer Freundschaft; weiterhin Steiner, Von Bern nach Muri, 463–490. – Hinzuweisen sei diesbezüglich auf eine andere vom Verfasser noch ausstehende Publikation zu Spinoza, Häberlin und Tumarkin.

Tumarkins Beschreibungen müssen als idealtypische gelten, sie ermöglichen aber Häberlins Denkbewegungen in ihrem Verlauf noch näher zu bestimmen und Motive einer ursprünglichen Philosophie ebenso wie eine Philosophie post Kant zu rekonstruieren. Auch das philosophische Ringen Häberlins um die menschliche Problematik des Kampfes von Geist und Ungeist, das pädagogische Mühen um die Freilegung der Aufgabe und Bestimmung des Menschen sowie das Thema eines philosophischen Glaubens lassen sich in typologischen Abbreviaturen wiederfinden.

Die Beschreibung des schweizerischen Denkens beginnt Tumarkin mit dem Versuch, die allgemeine Richtung des philosophischen Interesses der Schweizer zu bestimmen. Zu Beginn formuliert sie vermutende Thesen, dass 1. Philosophie in der Schweizer Geistesgeschichte eine untergeordnete Rolle spiele und 2. es weder von Schweizern entwickelte philosophische Systeme noch ein spürbares Interesse gebe, sich mit philosophischen Systemen anderer Länder intensiv zu beschäftigen. Diese sehr pauschal und absolut klingenden Annahmen führen Tumarkin zu der Frage, wie dieses mangelnde bzw. fehlende Interesse für philosophische Systembildung zu erklären sei.[137] Man könne dieses Fehlen weder mit dem Versagen des abstrakten Denkens noch mit einem mangelnden Vermögen desselben erklären, denn hier seien die Mathematik und das Recht als Gegenbeispiele anzuführen. Nicht die Kraft des abstrakten Denkens spiele hier eine Rolle, sondern nur das Wie der Anwendung und wenn Philosophie als eine Abstraktion der konkreten Fülle des Lebens zu verstehen sei, dann könne ausgemacht werden, dass eben gerade hier nicht der philosophische Eros der Schweizer liege. Nur, so könnte gefragt werden, was erklärt dann diese Desiderate? Weder philosophische Systembildung beschreibe die treibende Motivation des Schweizer Philosophierens noch das mögliche Wissen darum, wie andere Philosophen es machen und was daraus für das eigene Denken zu lernen sei. Für Tumarkin entsteht deshalb im Umgang mit den Schweizern der Eindruck, deren Denken sei von einer eigentümlichen Sachlichkeit geleitet[138], einer Sachlichkeit, die ihren leidenschaftlichen Eros ausschließlich in der sachlichen Durchdringung der Inhalte sehe. Diese »erotische« Reduktion lasse notwendig alle persönlichen Interessen sowie jegliche formale Insistenz auf Erkennen und dessen Vollzug

---

[137] Vgl. Tumarkin, Wesen und Werden, 8.
[138] Vgl. ebd.

Exkurs 2: Anna Tumarkin über die schweizerische Philosophie

vergessen. Das Interesse an der Sache werde leitend, d. h., die durch die Tätigkeit des Denkens gewonnene Einsicht in das Wesen des Gegenstandes.

»Und worauf es ihnen ankommt, ist nicht die Erkenntnis um ihrer selbst willen, nicht die Erkenntnis als Selbstzweck und als freies Spiel der Erkenntnisvermögen, sondern eine inhaltlich bestimmte Erkenntnis, die sie von vorneherein ernstlich suchen und bei deren Bestimmung ihr Denken sein Ziel erreicht.«[139]

Die deutlich zu vernehmende Kant-Replik ist von Tumarkin gewollt und versucht, das idealtypische Denken der Schweizer von Kant als Gegenfolie abzuheben. Das Interesse an einer Sache darf nicht als engagierter Ausdruck eines am Selbst interessierten Subjekts missverstanden werden, welches das zu erkennende Objekt dazu nötig hat, das Subjekt als agierende Quelle herauszuheben. D. h., nicht die Selbstbestätigung des Subjektes steht im Vordergrund, sondern die Einsicht in das Wesen des Gegenstandes, was suggeriert, diese Einsicht geschehe mit innerer Notwendigkeit.[140] Damit wird Kant sozusagen unterschritten bzw. der Weg der Erkenntniskritik Kants nicht mitgegangen. Ein Denken, das auf die Sache bezogen sei, vermeide jede künstliche Konstruktion und verzichte auf systematische Begründungsversuche und führe, im Gegensatz zu einem philosophischen Denken, das den Gegensand gegenüber dem konstruierten Gesamtzusammenhang zurücktreten lasse, zu einem unmittelbaren Eindruck der sich darbietenden Wirklichkeit als einer sachlich zuverlässigen Erkenntnis des Gegenstandes.[141] Tumarkins Argumentation verweist hier auf die Kantkritik Diltheys, der Kant vorgeworfen hatte, den Weg seiner Kritik nicht bis zum Objekt hin weitergegangen zu sein.[142] Die schweizerische Philosophie sei in einem ursprünglichen Sinn »Liebe zur wahren Erkenntnis dessen, was von dem Menschen nicht bloß konstruiert, sondern wirklich erkannt wird«[143], eine Philosophie, die sich ganz in den Dienst einer wirklichkeitsgemäßen Erkenntnis stelle. Tumarkins Beschreibung erinnert hier nicht von ungefähr an Häberlin, ja es scheint beinahe ein O-Ton Häberlins vorzuliegen, wenn dieser seinen Imperativ der Wahrheit als den zen-

---
[139] Ebd.
[140] Vgl. ebd. 10 f.
[141] Ebd., 11.
[142] Vgl. dazu Dilthey, Einleitung in die Geisteswissenschaften, 18.
[143] Tumarkin, Wesen und Werden, 11.

tralen Sinn und Gehalt der Philosophie vorbei an allen Subjektivismen einfordert.[144] Mit diesem Sinn für Philosophie kann demzufolge alles zum Gegenstand der eigenen unmittelbaren Erkenntnis werden, womit vor allem die innere Erfahrung des eigenen Erlebens gemeint ist, deren Fülle und Mannigfaltigkeit in einem philosophischen System durch dessen Kriterien beschnitten und verhüllt würde. Aus dieser inneren Erfahrung gebiert sich eine Achtung vor dem Leben in seiner Fülle und seinem ganzen Reichtum und steht einem systematischen Interesse an einem allgemeinen Begriff des Lebens entgegen. Damit aber gewinnt der Mensch als einzelner die Einsicht, dass er selbst, genauso wie sein Mitmensch, ein Teil des Ganzen ist und darin das Bewusstsein seiner Würde erlangt. Tumarkins kreisende Beschreibung der Bewusstwerdung des Menschen durch Philosophie zielt auf seine Würde und auf die Erkenntnis, dass diese Würde zugleich auch seine, dem Menschen eigene Bestimmung enthält.[145] Was bedeutet, dass das auszeichnende Merkmal des Menschen nicht die Vernunft als menschliches Erkenntnisvermögen ist, sondern in seiner Bestimmung als Mensch, die in höheren, anderen Aufgaben liegt als in Erkenntnisgewinnung. Hier wird nun an Tumarkins präziser idealtypischer Beschreibung eine zweite Stufe erkennbar, die ganz ohne Schnörkel sich dem Programm einer praktischen Lebenshilfe verpflichtet weiß.[146] Dieses innere Erleben als Wahrnehmen einer Verpflichtung zur eigenen Bestimmung, unter die das je eigene Leben gestellt wird, geht zusammen mit dem Glauben und dem Ja zu dieser höheren Bestimmung. Wenn also das Bewusstsein und der Glaube zu einer höheren Bestimmung den Wert des Menschen ausmachen, so wird dadurch evident, dass Philosophie letztlich nichts anderes ist, als das erkennen zu wollen, was erkannt werden soll und was wert ist, erkannt zu werden, weil es die höhere Bestimmung des Menschen auszeichnet. Das schweizerische Denken geht hier auf die Praxis des Lebens, auf die alle Erkenntnis zielt, um die höhere Bestimmung zu erfüllen. Tumarkins Umschreibungen münden in einem Philosophieverständnis als einer Erkenntnisaufgabe der wahren und eigentlichen Ziele des Lebens, um diese zu erfüllen und zu bewältigen. Der Hinweis auf Sokrates unterstreicht die philosophische Ausrichtung und

---

[144] Vgl. Von der Zukunft der Philosophie in der Schweiz, 101: »Wahrheit ist Objektivität des Urteils, sie ist das, was Erkenntnis als Akt immer sucht.«
[145] Vgl. Tumarkin, Wesen und Werden, 12.
[146] Vgl. hierzu Philosophia perennis, 161.

markiert zugleich ihre Differenz zu einer Philosophie post Kant. Philosophie hat hier ihren ursprünglichen Sinn noch nicht verloren, sondern betont den Ernst des Lebens, »hinter dem das bloße Spiel der geistigen Tätigkeit an Gewicht und Bedeutung weit zurücktritt.«[147] Sichtbar wird hier ein Grundzug schweizerischen Denkens, dem es um weltanschauliche Deutung und nicht um erkenntnistheoretische Klärung zu tun sei. Dafür spräche, so Tumarkin, die Tatsache, dass methodische Fragen so gut wie gar nicht aufkommen und durch einen starken Wirklichkeitssinn werden Zweifel an den Möglichkeitsbedingungen von Wissenschaft und damit von Wirklichkeit i. S. Kants nicht mehr relevant. Dahinter eine Rückständigkeit zu vermuten wäre insofern unlauter, als die kopernikanische Wende der Aufklärung zum Limes echter und letztlich wahrer Philosophie gemacht und damit anderen Zugängen zur Wirklichkeit den Zutritt verweigern würde.[148] Philosophie ist hier nicht Begründung der Wissenschaft (Kant) und fernab von allem Formalismus, den Dilthey (und nach ihm Scheler) an Kant kritisiert hatte, sondern der aus einem (mystischen) Erleben immer wieder sich generierende Versuch, diesem subjektiven Erleben einen objektiven Ausdruck zu verleihen. Oder anders gewendet: Der aus tiefem seelischen Erleben einer eigenen Bestimmung und dem Bedürfnis nach Weltanschauung erwachsene Anspruch, der sich im eigenen Gewissen als Notwendigkeit zeigt, kann nicht zugunsten einer Theorie preisgegeben werden. Für Tumarkin werden hier zwei Formen des Verantwortlichkeitsbewusstseins[149] erkennbar, einerseits dasjenige vor dem eigenen Gewissen, das die Treue des Menschen gegenüber dem Glauben an seine höhere Bestimmung fordert und andererseits die »bindende Verantwortlichkeit vor der eigenen Vernunft, die dem Menschen zur Erkenntnis seiner höheren Bestimmung verliehen ist.«[150] Aus diesen beiden Formen folgt nach Tumarkin der Imperativ des schweizerischen Denkens, der die schweizerische Philosophie konturiert, das Ringen um

---

[147] Tumarkin, Wesen und Werden, 14.
[148] Dies ist nicht ohne eine gewisse Polemik gesagt und bezieht sich auf das, was oben zur gesamten Thematik der Ismen gesagt wurde. Als unverdächtiger Zeuge sei Spinoza genannt, dessen Philosophie, obwohl durch die Filter der Aufklärung gepresst und mit dem religiösen Anathema bis heute belegt, das Merkmal höchster Sachlichkeit und Rationalität und zugleich überbordender Frömmigkeit (Weischedel) aufweist.
[149] Vgl. Tumarkin, Wesen und Werden, 18.
[150] Ebd.

die Einheit und innere Wahrhaftigkeit des menschlichen Lebens. Legen wir an diesen Imperativ Aussagen Häberlins an, so ergibt sich nicht nur eine passgenaue Übereinstimmung, sondern auch ein Verständnis für den besonderen Zugang zur Pädagogik Häberlins, der, beinahe wie in einem Baukastensystem, kongruent zu der Pestalozzis ist.[151] Diese Passgenauigkeit demonstriert und erläutert eine kurze Sequenz aus Häberlins philosophischer Biographie, die sein philosophisches Denken in nuce abbildet.[152]

Häberlin hatte mit der Absicht Theologie studiert, den wahren Glauben zu finden, jedoch stellten sich zunehmend Zweifel ein, denn wahrer Glaube bedeutete ihm nicht einen durch Dogmen der Kirche begründeten, sondern wahrer Glaube musste die Bedingung eines fraglosen Kriteriums erfüllen. Es stand für ihn fest, dass die Wahrheit nur eine Einzige sein konnte, woraus sich für ihn das formale Kriterium der Eindeutigkeit ergab, d.h., ein mögliches Nebeneinander einer theologischen und einer philosophischen Wahrheit war undenkbar und widersprach dem Denken und damit der Philosophie selbst. Denken als Gestaltung zur Eindeutigkeit konnte für ihn nur heißen, eine unbezweifelbare Einsicht in die Wahrheit zu gewinnen. Dafür war ein materiales Kriterium nötig und dieses konnte nur in der Notwendigkeit unbedingter Bejahung bestehen. Wahr konnte demnach ein Kriterium nur sein, das sich als unbedingt und notwendig wahr erwies, das Willkür, ein »Glauben«, ein »Meinen«, sowie jede »Ansicht« und Möglichkeit des Zweifels ausschloss.[153] Häberlins philosophischer Anspruch war die Suche nach objektiver Notwendigkeit und die, weil sie keine Mehrdeutigkeit mehr zulässt, das notwendig zu Bejahende sein musste. Darin lag für ihn die Aufgabe der Philosophie, wahre Einsicht zu gewinnen, nicht zu meinen, sondern zu wissen und objektiv begründete Überzeugung zu gewinnen.[154] In einem Nebensatz bemerkt er, nicht »theoretische«, sondern Lebenswahrheit sei hier gemeint, ein wahrer Glaube, der eine aus einer Einsicht gewonnene Entschiedenheit für das wahre Leben begründet. Die

---

[151] Weiter unten wird auf die Korrelation von Philosophie und Haltung in der pädagogischen Situation aufmerksam gemacht. Auch Tumarkin bezieht sich in einem späteren Kapitel auf Pestalozzi und seinen Schwanengesang und erblickt auch hier den dargelegten Ansatz schweizerischen Denkens. Vgl. Tumarkin, Wesen und Werden, 117–120

[152] Vgl. im Folgenden Statt einer Autobiographie, 18–22.

[153] Vgl. ebd., 18.

[154] Vgl. ebd.

Parallelen zu den idealtypischen Formulierungen Tumarkins sind augenfällig, vor allem der Zusammenhang von philosophischer Einsicht und einer sich daraus ergebenden Gestaltung des Lebens. Häberlin führt weiter aus, die Vorlesungen zur Ethik hätten ihm gezeigt, »denkende Forschung nach objektiver Wahrheit, Bemühung um *Einsicht* (kursiv i. O., M. H.) im Interesse wahren Glaubens«[155] sei das, was er gesucht habe, eine philosophische Theologie als Ausdruck wahrer Philosophie. Deswegen wäre auf die Nuancierungen besonders zu achten, um Missverständnisse zu vermeiden, die in populistischen Zeiten vor allem darin liegen könnten, Glaube und Wissen in rigoroser Weise zu trennen. Hier steht die Unterschiedenheit von philosophischem Glauben und Offenbarungsglauben zur Debatte, die erst in ihrer differenzierten Betrachtung Rechtfertigungsversuche plausibel erscheinen lässt.[156] Pauschale Urteile bzw. Ablehnungen der einen wie der anderen Position zeugen nur von einem sich abgrenzenden Interesse, das für sich selbst eine absolute Berechtigung einfordert. Häberlin ging es bei seiner Suche nicht um die Abwertung einer bestimmten Konnotierung des Glaubens, sondern ausschließlich um eine für ihn plausible Begründung eines philosophischen Glaubens. Ähnlich wie Jaspers, sah Häberlin darin eine Antwort auf den Streit der Philosophen[157], denn Häberlin verstand unter einem wahren Glauben einen solchen, der nicht nur wahr sei, sondern in dem sich jeder Wille zu diesem wahren Glauben zeige, der Wille zur Wahrheit und damit zur Philosophie sei. Philosophie und Glaube bilden keinen Widerspruch, denn Philosophie sei nicht ungläubig und ersetze nicht Glaube durch Wissen. Philosophie wolle nur die Wahrheit glauben, und weil sie Einsicht in die Wahrheit suche, deshalb sei sie gläubig.[158] – Häberlins zeitlebens scharfe Ablehnung eines blinden Glaubens an Autoritäten und Traditionen, die den Weg zu wahrer Einsicht versperren würden, mag dem schweizerischen Drang zur Unabhängigkeit geschuldet sein, korrespondiert aber mit Tumarkins Rede von der weitestgehenden Nichtbeachtung und Nichtrezeption europäischer

---

[155] Ebd., 19.
[156] An dieser Stelle darf nochmals auf die überzeugende und nach wie vor gültige Studie über den philosophischen Glauben angesichts der Offenbarung hingewiesen werden. Vgl. Jaspers, Der philosophische Glaube angesichts der Offenbarung; dazu Hügli, Karl Jaspers – Philosophischer Glaube und Offenbarungsglaube, 110 ff.
[157] Vgl. Hügli, Karl Jaspers – Philosophischer Glaube und Offenbarungslaube, 115–118.
[158] Vgl. Statt einer Autobiographie, 19.

philosophischer Systeme der Schweiz.[159] Dieser Reflex gegen vermeintliche Autoritäten bezeugt einerseits die profunde Rezeption der abendländischen Geistesgeschichte und andererseits die nur minimalistische Kennzeichnung der fachspezifischen Diskurse in den Texten.[160] Darin wird die auch für Häberlin geltende selbstverständliche Überzeugung dokumentiert, dass philosophisches Denken nicht traditions- und kontextlos geschieht und zugleich der Wille zur Unabhängigkeit, die Erkenntnisse geistesgeschichtlicher Instanzen nicht fraglos als gesetzt zu betrachten.

Wie Häberlin selbst schildert, wurde der Anspruch auf unbedingte Einsicht in die Wahrheit in negativer Weise durch die Lektüre der Hauptschriften Kants bestärkt, die durch ihr positives Verständnis der empirischen Wissenschaften und vor allem durch ihre Absage an alle Metaphysik gegen seinen philosophischen Optimismus anstanden. Kants kritische Philosophie war ihm die Negation der Philosophie schlechthin, »die negative Wirkung Kants ging so weit, daß ich geneigt war, in Philosophie nicht anderes zu sehen als "Psychologie der Weltanschauungen" (Anführungszeichen i. O., M. H.)«[161]. Aber Häberlin wollte an der Möglichkeit wahren Glaubens festhalten und entdeckte bei Kant den die Absage an die Metaphysik entlastenden Ausweg der praktischen Vernunft, der gleichwohl die Gefahr einer doppelten Wahrheit barg. Sein philosophischer Weg musste deshalb nicht an Kant vorbei, sondern durch ihn hindurchführen. Dieses Hindurchgehen durch Kant und die Absetzung von ihm in einer eigenen Position, die Häberlin in seinen philosophischen Erinnerungen von 1957 aufgeschrieben hatte, konturieren den Anspruch und den roten Faden, der in seinem Werk von den ersten großen bis zu den letzten Publikationen erkennbar bleibt. Kant ist sozusagen die Gegenfolie, an der sich das philosophische Fragen zu bewähren und an dem sich Häberlin eigenes Denken zeitlebens abgemessen hatte.[162]

---

[159] Vgl. Tumarkin, Wesen und Werden, 8

[160] Eine wirkliche und explizite Ausnahme macht hier das Spätwerk »Philosophia perennis« von 1952. Doch die im Hintergrund stehende Rezeption der Philosophiegeschichte kann durch das Verzeichnis seiner Vorlesungen als Privatdozent in Basel (1908–1913), als Professor in Bern (1914–1922) und Basel (1922–1948) durchaus als erhellende Referenzen ausgewiesen werden. Vgl. dazu Kamm, Leben und Werk I, 461–463; Ders., Leben und Werk II, 679–683.

[161] Statt einer Autobiographie, 21.

[162] Vgl. hierzu auch Kamm, Leben und Werk I, 47 f.

Exkurs 2: Anna Tumarkin über die schweizerische Philosophie

In einem ersten Resümee finden sich die von Tumarkin vorgestellten Umschreibungen in wenn nicht wörtlicher, doch zumindest inhaltlich analoger Weise bei Häberlin, sodass Tumarkins Richtungsanalyse der schweizerischen Philosophie als Einleitung in Häberlins Denkstil gelesen werden kann. Um diese Einleitung noch ausgiebiger in ihren Perspektiven auszuweisen, bedürfen einige Aspekte, die Tumarkin anführt, einer weiteren Hervorhebung. Diese konstatiert, dass die Entwicklung des schweizerischen philosophischen Denkens nicht mit der philosophischen Entwicklung anderer Völker übereingeht, wie sich dies am 16. und 17. Jahrhundert ablesen lasse. Die Rezeption »der großen philosophischen Systeme von Giordano Bruno, über Descartes zu Spinoza und Leibniz«[163] findet nicht statt und die dahinterstehende Spannung von Glauben und Wissen wird in der Schweizer Binnenatmosphäre nicht als Konflikt wahrgenommen, sondern als Ansporn, die eigene religiöse Fundierung der Weltanschauung neu und vertiefend zu reflektieren.[164] Tumarkin bezieht sich hier auf die enorme Wirkung der Schweizer Reformation bzw. der Reformatoren Calvin und Zwingli, deren Tenor, den unmittelbar erlebten Glauben durch kritische Prüfung gegen jeden Zweifel zu sichern, insbesondere den philosophischen Geist der Schweizer auf der Suche nach innerer Wahrhaftigkeit und Weltoffenheit prägte.[165] Diese Haltung werde auch gegenüber der europäischen Aufklärung erkennbar, die Betonung *europäisch* zeigt schon, dass auch hier andere, verschiedene Wege beschritten wurden. Die Differenz der schweizerischen zur europäischen Aufklärung sieht Tumarkin darin, dass Aufklärung nicht zu einer kritischen oder ablehnenden Haltung gegenüber der religiösen Überlieferung geführt habe, sondern vielmehr zu einer Neubelebung des religiösen Empfindens und einem neuen Geltungsanspruch dieser religiösen Empfindungs- und Sichtweise.[166] Hier einen religiösen Fundamentalismus und eine Abschließung vor der Welt zu vermuten, gleichsam so, als wäre Aufklärung nur die Ausnahme von der Regel, trifft, so Tumarkin, deshalb nicht zu, weil die Schweizer Aufklärung nicht ein Kampf zwischen Vernunft und Religion gewesen sei, sondern als Auflehnung gegen die calvinistische Orthodoxie begriffen werden müsse, die das religiöse Erleben in

---

[163] Tumarkin, Wesen und Werden, 21.
[164] Vgl. ebd., 21 f.
[165] Vgl. ebd., 23.
[166] Vgl. ebd., 25 f.

einen ausschließlichen Purismus zwang. Aufklärung war den Schweizern vielmehr »die freie Kritik und objektive Rechtfertigung des unmittelbar erlebten Glaubens«[167]. Mit der Opposition gegen Calvins Rigorismus wurde das Verhältnis von Philosophie und Religion thematisch im Versuch virulent, die eigene wahre Philosophie mit der eigenen religiösen Weltanschauung in Übereinstimmung zu bringen. Damit sei die Geburtsstunde der schweizerischen Philosophie eingeläutet worden,[168] sie sei ein philosophischer Rechtfertigungsversuch eigener religiöser Weltanschauung, dabei keine Konstruktion eines philosophischen Systems, »sondern vielmehr [...] die Analyse des wirklichen religiösen Erlebens des Menschen selbst«[169]. Und hier schließt sich der Kreis im Verweis auf die Annahme, dass sich der Mensch dadurch auszeichnet, dass er selbst ein Bewusstsein seiner höheren Bestimmung hat, eine Bestimmung allerdings, die nicht durch die Philosophie denkerisch ermittelt, sondern durch das religiöse Empfinden begründet wird. Aus diesem dem Menschen eigenen natürlichen Bewusstsein, »daß er Mensch ist und dieses seines Namens würdig werden und bleiben soll«[170], entwickelt sich der Anspruch zu wahrer Menschlichkeit und der Grundsinn einer anthropologischen Pädagogik, der dann bei Pestalozzi zu finden ist und das Ziel vorgibt, den Menschen auf dem Boden der Wirklichkeit so zu bilden, dass dieser zu seinem vollendeten Menschsein gelangen kann. Tumarkins Analyse der schweizerischen Philosophie und der Schweizer Aufklärung ist eine Pädagogik inhärent, die sich aus der Bestimmung des Menschen selbst und aus der praktischen Gestaltung des Lebens ableitet. Das hier zur Einheit kommende Verhältnis von Philosophie und pädagogischem Auftrag bildet nicht nur die Grundlage der pestalozzischen Pädagogik, sondern benennt auch den anthropologischen Rahmen der Pädagogik Häberlins, den er selbst in der Zweideutigkeit des Lebens gekennzeichnet hatte.[171]

---

[167] Ebd., 26.
[168] Vgl. ebd., 27.
[169] Vgl. ebd., 28.
[170] Ebd.
[171] Vgl. Das Gute, 10–60.

1.9. Zwei Erlebnisse als philosophische Präliminarien

Anknüpfend an die Doppelpole schweizerischen Denkens, die Tumarkin als die Einsicht in die höhere Bestimmung des Menschen und der daraus folgenden ethisch-praktischen Gestaltung des Lebens bestimmt hatte, fungieren die Analysen zweier biographischer Episoden aus Häberlins Kinder- und Jugendzeit als philosophische Präliminarien der anschließenden Überlegungen zu dessen Philosophie. Da in der einen oder anderen Weise ein Vorgriff hinsichtlich kommender Ausführungen unvermeidlich ist, darf angemerkt werden, dass vermeintlich vorweggenommene Interpretamente die nachfolgenden ergänzen und so das Denken Häberlins stärker hervortreten lassen können.

Nach Häberlins eigenen Aussagen erfolgte sein Aufwachsen in evangelisch-christlicher Tradition mit einer ausgesprochen moralischen Bestimmtheit als Ausdruck fester dörflicher Sitte. Seine Erziehung gestaltete sich eher moralisch denn religiös, seine Eltern bildeten sozusagen den moralischen (Vater) und den religiösen Fixstern (Mutter). Der Vater betonte in einer Strenge den Widerspruch »zwischen dem, was wir wollen und dem was wir sollen«[172], die Mutter lehrte beten. Die familiäre Atmosphäre war von diesem Gegenpart geprägt und daraus erklärte Häberlin seine religiöse Sozialisation. Gott war der Ursprung aller Norm, ein Gott der Forderung und des Gerichts. So sagt er selbst, dass ihm dieser Widerspruch erst viel später aufgegangen sei[173]. Eine Bemerkung, die die Entwicklung seines Werkes allerdings treffend charakterisiert, erlebte er doch erst durch die Hinwendung zur Psychologie und Psychoanalyse[174] und dann zur Philosophie eine Befreiung[175] und sah eine Möglichkeit gegeben, eine moralistisch geprägte Ethik zu überwinden.[176]

---

[172] Statt einer Autobiographie, 11.
[173] Vgl. ebd., 12.
[174] Vgl. ebd. 54 ff. Die große Bedeutung der Psychologie für die Anthropologie hat Häberlin immer wieder dezidiert ausgeführt. Vgl. bspw. Die Bedeutung der Psychologie für die Anthropologie, 1–6.
[175] Vgl. Statt einer Autobiographie, 22 ff.
[176] Häberlin Werk *Das Gute* von 1925 deutet das ethische Prinzip von der anthropologischen Problematik her als Konflikt zwischen objektiver Gewissheit und subjektivem Wollen. Ethik als korrelative Disziplin zur Anthropologie ist daher nicht Kritik, sondern Verstehen, auch hier zeigt sich ein Reflex gegen jedwede Form ideologischer Moralisierung. Vgl. Das Gute; Ethik, 12.

Konträr zum Erleben der normativ-moralistischen Kindheit schildert Häberlin zwei Erlebnisse mystischer Art, die mit Tumarkin im Anschluss an Dilthey als ein unmittelbares Erleben angesehen werden können. Diese Erlebnisse können als die Basiserfahrung Häberlins gelten, denn in ihnen spiegelt sich sein kommender philosophischer Eros, der zur Einsicht in die Wahrheit drängt, seine anthropologisch-kosmologische Orientierung, sein pädagogisches Verständnis einer unbedingt zu achtenden Individualität des Anderen sowie die Sehnsucht nach der Lösung der menschlichen Problematik.[177] Beide Erlebnisse werden nacheinander interpretiert und werfen ein Licht auf die kommenden Ausfaltungen von Häberlins Werk.

1.10. Exkurs 3: Erstes Erlebnis und Interpretation – Kosmologie

»Eine deutliche Erinnerung geht etwa in das 14. Lebensjahr zurück. Ich saß gegen Abend am Ufer des heimatlichen Sees, ganz versunken in die Schönheit der Farben und das leise Wellenspiel, welches die große Ruhe nicht störte, sondern vertiefte. Die Schöpfung war gut und schön. Es schlug sechs Uhr vom Kirchturm und um sechs sollte ich zu Hause sein. Aber ich blieb. Ganz klar wusste ich: es wird Schläge geben, aber was bedeutete das gegen dieses hier! – Vieles ist mir an diesem Abend aufgegangen; ich versuchte es in Gedanken zu übersetzen. Vor allem: es gibt Anderes und Höheres als Gebot, gesetzte Pflicht, Moral. Über allem Menschlichen steht Ewiges. In ihm ist kein Widerstreit und keine Unzulänglichkeit. Der See wurde zum offenbarenden Symbol – Symbol der Einheit in der Mannigfaltigkeit, der Ruhe, der Bewegung. Das Erlebnis hatte mehr als ästhetische Bedeutung, besser: in seiner ästhetischen Schau war es kosmologische Schau ewiger Vollendung. Zugleich aber Erlebnis des großen Wunders. Es war Entzücken, Erkenntnis und Ehrfurcht zugleich.«[178]

Im Kontext der Darstellung dieses Erlebnisses äußerte Häberlin, er habe von Jugend an die Natur geliebt und diese hätte ihm ursprünglich mehr Eindruck gemacht als Menschen.[179] Häberlin liebte die heimatliche Umgebung und vor allem den See (d. i. der Bodensee bei Kesswyl), weshalb er Heimweh zuerst mit dieser und weniger mit dem nach Menschen verband. Die Natur sei niemals zweideutig,

---

[177] Vgl. Das Gute, 10–60.
[178] Statt einer Autobiographie, 12.
[179] Vgl. ebd., 13.

sie enttäusche niemals,[180] d. h., die anthropologisch erkannte Problematik[181] wirkte in der Natur nicht, sie trat nicht konfliktiv im Subjekt auf, sondern ermöglichte im Gegenüber von Subjekt und Natur die objektive Wahrnehmung des Ganzen. Für eine kurze Analyse steht zunächst nicht das Verhältnis von Erfahrung und Selbsterfahrung im Erleben im Vordergrund, sondern die Erfahrung der Wirklichkeit. Das versunkene Sitzen am heimatlichen See gewährt dem 14-Jährigen die Einsicht eines harmonischen Ineinanderspiels der Welt um ihn herum, die Schöpfung war schön und gut und damit wird der See zum Symbol der Einheit in der Mannigfaltigkeit. Häberlin spricht an anderer Stelle davon, dass Erfahrung als Begriff im Allgemeinen die Ausgestaltung verschiedener Erlebnisse und Eindrücke zu einem endgültigen Gesamtbild bezeichne,[182] wobei es sich nicht um eine einfache Sammlung, sondern um die Verarbeitung primärer Phänomene handele. Die theoretische Verarbeitung könne deshalb zusammenfassend als Denken bezeichnet werden, auch weil bereits mit dem Eindruck, dem Erleben, eine ordnende Bearbeitung einsetze. Es geht hier demnach nicht um ein philosophisch nicht begründbares Erlebnis, sondern um eine Symbolisierung, die durch das Denken gewonnen wird. Diese Symbolisierung garantiert eine Einheit aller Erlebnisse oder ein synthetisches Urteil a priori. Die hier aus dem Erlebnis am See gewonnene Erfahrung, dass die Schöpfung gut und vollkommen ist, ist demnach nicht mit einer mystischen Erfahrung zu verwechseln, die in einer nachträglichen Reflexion als Einheitsgefühl benannt wird, sondern charakterisiert die philosophische Haltung als symbolischen Akt auf das, was geschaut wird.[183] Die von Häberlin gemachte Unterscheidung zwischen philosophischer Schau und philosophischer Darstellung, wird in dieser Erinnerung als Schau manifest, in der Einheit von allen Dingen, der Harmonie der Natur, der Ruhe des Sees, der guten und vollendeten Schöpfung, des eigenen Daseins ohne Angst vor potentiellen Strafen durch den Vater, wird dadurch zum Counterpart philosophischer Darstellung. Die Einheit, die geschaut wird, kann nur geschaut und nicht *an sich* dargestellt

---

[180] Vgl. ebd.
[181] Vgl. Das Gute, 10 ff.; Der Mensch, 9–12; Philosophia perennis, 76–78.
[182] Vgl. Art. Erfahrung, 341.
[183] Vgl. Zum Ursprung der Naturphilosophie, 56. Bezug genommen wird hier auf den Beitrag von 1934 zur Festschrift für Häberlins Lehrer Karl Joël, in dem dieser sich mit Joëls Buch »Der Ursprung der Naturphilosophie aus dem Geiste der Mystik« von 1906 auseinandersetzt.

werden, d. h., die Schau ist der Darstellung bzw. Symbolisierung vorgängig, und darf daher nicht mit der Sache selbst verwechselt werden. Gleichwohl kann sie im Symbol als einheitliche Vielheit zusammengefasst werden. An anderer Stelle bemerkt Häberlin, dass der Schau so wie jeder Mystik immer ein schwärmerischer Zug zugrunde liegt, der sich aber in der philosophischen Darstellung relativiert.[184] Diese Schau allerdings ist in diesem Sinn echte Einsicht in einem philosophischen Sinn, in dem sie in der Gewissheit des Erlebnisses um die Nichtdarstellbarkeit desselben weiß. Die Einheit wird an der Einheit der Natur eingesehen, d. h., die philosophische Schau wird am kosmischen und nicht am anthropologischen Material entwickelt und vollzogen. Oder anders gesagt: Das Symbol für die erkannte Einheit wird der »Außenwelt« entnommen und steht zur menschlichen Problematik im Widerspruch, ja kann nur als eine kosmische Einheit erkannt werden, wenn es an der anthropologischen fehlt. Nur dadurch kann der 14-Jährige sagen, dass die Schöpfung (die Welt) schön und gut ist, die menschliche (anthropologische) Problematik dagegen wird an der wahrscheinlichen Reaktion des Vaters, der mit Strafe auf das Zuspätkommen des Sohnes reagieren wird, erkennbar. Das Erlebnis der Einheit vermittelt sich dialektisch aus der Problematik menschlicher Zweideutigkeit. Deshalb Häberlins Hinweis, dass über allem Menschlichen Ewiges stehe, in dem es keinen Widerstreit und keine Unzulänglichkeit gebe. Die in diesem Erlebnis gewährte kosmologische Schau generiert die Erkenntnis der Welt, die vollkommen und ewig ist. Diese philosophische Einsicht bildet in ihrer Objektivation den Ausgangspunkt aller philosophischen Bemühungen Häberlins, die von hier aus die Philosophie als Anthropologie ausweisen muss, denn aus der wissenden Einsicht in die ewige Vollendung kann nicht nur die menschliche Problematik erkannt, sondern können vor der Hintergrund der ewigen Vollendung mögliche Lösungsstrategien abgemessen werden. So wirkt auch der Angang von Häberlins Ethik, der mit der biblischen (ersten) Schöpfungserzählung des Alten/Ersten Testaments anhebt[185], weder apodiktisch noch dogmatisch in einem engen Sinne, sondern erweist sich als philosophisches Strukturprogramm seines Werkes. Daher scheint es sinnvoll, sich der Aussagen in der Ethik nochmals zu vergewissern. Häberlin betrachtet die Vollkommenheit der Welt vom höchsten und damit objektiven

---

[184] Vgl. ebd., 63.
[185] Vgl. Ethik, 9–13.

Exkurs 3: Erstes Erlebnis und Interpretation – Kosmologie

Standpunkt aus[186], wobei Vollkommenheit sowohl Einheit als auch Ewigkeit impliziert, d. h., es handelt sich nicht um eine Vollkommenheit für Jemanden, sondern um Vollkommenheit ohne Rücksicht auf eine subjektive Absicht. Erkennbar ist die Vollkommenheit hier als eindeutiger Zusammenhang, als Einheit in der Vielheit, auch und gerade in allen Phasen des Gestaltwandels, Harmonie in aller Bewegung.[187] Dies ist mit »Ruhe in der Bewegung« im oben genannten Erlebnis gemeint, ewige Vollendung trotz ständiger Veränderung, denn Veränderung bzw. Bewegung innerhalb der Vollkommenheit minimiert diese nicht, gestaltet sie nur immer wieder neu. Vollkommenheit wird zum Gestaltungsprozess ihrer selbst, d. h., jede neue Gestalt beschreibt nur ihre Verlaufsform.[188] Eine mögliche Kritik an der Vollkommenheit bezeichnet deshalb nicht eine defizitäre Form, sondern nur das Neu- und Anders-sein dieser Vollendung. So wie der Wind, das Licht und die Wellen den heimatlichen See in seinem Modus immer neu und anders erscheinen lassen, so bleibt er doch in seinem Wesen dieser je eigene vollkommene See. Daraus folgt, es gibt kein Ziel, kein Telos, keinen Zustand, der irgendwie erreicht werden müsste. »Einziger Zweck und Sinn ist das Leben selbst, als Schreiten von Form zu immer neuer Form, als unaufhörliche Veränderung«[189]. Fortschritt, so Häberlin, gibt es nur in jeder immer neuen Darstellung, weshalb Fortschritt auch nicht als ein Anspruch verstanden werden kann, irgendetwas zu einem Ziel zu führen, etwas besser oder vollkommen zu machen. Fortschritt im Sinne Häberlins kann nur als intentionslos bezeichnet werden. In der Differenz dazu würde, ja müsse Fortschritt i. S. einer utopischen Kategorie, die vorhandene Wirklichkeiten als Möglichkeiten begreift und wiederum in Wirklichkeiten transformieren will, in einem unendlichen Regress enden, weil Fortschritt als Entwicklungsprinzip ein Ziel, welcher Art auch immer, logisch ausschließt, ohne sich prinzipiell aufzuheben. Daher, meint Häberlin, hat Unvollkommenheit in sich keine Kraft, vollkommen zu werden, was im Umkehrschluss bedeutet, dass Vollkommenheit nicht aus sich selbst heraus unvollkommen werden kann.[190] Vollkommenheit mit ihrem Modus der permanenten Bewegung als

---

[186] Vgl. ebd., 10.
[187] Vgl. ebd., 11.
[188] Vgl. hierzu Naturphilosophische Betrachtungen II, 59–67: »Sein und Geschehen«.
[189] Ethik, 11.
[190] Vgl. ebd.

Fortschritt beschreibt die Sicht auf das Seiende vom objektiven, d. i. dem höchsten Standpunkt aus, eine Position, die die Sicht des Subjekts als dem Gegenüber des Objekts qualifiziert, womit auch die Auswirkungen dieser Optik benannt wären. Gibt es in der Vollkommenheit keine Differenz, so existiert diese nur in der Sicht des Subjekts und jeder Versuch, diese Differenz zu überbrücken, weist dem Subjekt eine unmögliche Aufgabe zu bzw. benennt die anthropologische Frage. Das Erlebnis am See als mystisch zu bezeichnen, scheint naheliegend zu sein, verkennt aber den Grundzug der Mystik, die ja, weil sie in einem formalen Sinn eine Einheit von Ich und Anderem erreichen will, von einer Differenz als Basis ausgeht.[191] Häberlins Absicht in seinem Werk ist aber nicht eine mystische Zugangsweise, sondern eine philosophische, weil sie von der Einheit ausgeht und erst zur anthropologischen Herausforderung wird, wo das Subjekt durch sein Wollen in sich selbst das Problem der Differenz schafft. Der Mystik ist Identifikation wichtig und in aller Identifikation ist das Ich wichtig, d. h., alle Mystik lebt aus einer Subjektivität heraus, weil der Impuls zur Vereinigung mit dem Anderen vom Ich ausgeht. Selbst noch die passivste Passivität i. S. einer totalen Selbstentäußerung wäre noch intentional, d. h., ausgerichtet auf den Anderen, bspw. in Form der Hingabe, der Hilfsbedürftigkeit, in dem Wissen um die eigene totale Ohnmacht oder in der Negation bzw. Auslöschung des Ichs.[192] Für Häberlin aber steht eine philosophische Haltung, die um die Einheit des Daseins weiß, den Ansprüchen der Subjektivität entgegen. Philosophische Einsicht repräsentiert eine Objektivität, für die das Ich überhaupt nicht in Betracht kommt,[193] sondern erst an der menschlichen Problematik, der Zweideutigkeit des menschlichen Lebens virulent wird, die sich in der Subjektivität repräsentiert. Philosophie will das Objektive, es geht ihr nie um das »Mich«, vielmehr um das Dasein selbst. Philosophie will diesen inneren Widerspruch durchschauen und in einer Ethik verstehen, darum liegt der Anspruch der Philosophie in der Objektivierung des Daseins und des Seienden. Im Verstehen liegt die Bewältigung der anthropologischen Aufgabe, im Verstehen davon, dass der Mensch als Teil

---

[191] Vgl. Über den Ursprung der Naturphilosophie, 62.
[192] Eine kleine Bemerkung zur Philosophie von Emmanuel Levinas, für den, ähnlich argumentierend, hier immer noch eine Aktivität des Subjekts vorliegen würde, weshalb die Mystik in ihrem Kern selbst noch in der Vereinigung mit dem Anderen und in der totalen Negation des Ich dieses Ich nochmals behaupten würde.
[193] Vgl. Über den Ursprung der Naturphilosophie, 62.

der Vollkommenheit Fortschritte nur insoweit macht, als er in seinen Entscheidungen unaufhörlich die pulsierende Bewegung der Vollkommenheit mitbestimmt. In der Philosophie bestimmt sich das Verhältnis von Kosmologie und Anthropologie, in der Ethik aber geschieht das Austarieren von objektiver Gewissheit und subjektivem Wollen. Und genau hierin liegt die Aufgabe der Pädagogik.

1.11. Exkurs 4: Zweites Erlebnis und Interpretation – Naturphilosophische Betrachtungen I und II

»Ich erinnere mich an ein zweites Erlebnis, das wohl etwas später liegt. Ich betrachtete am Ufer eines kleinen Baches die ersten sprießenden Blätter von Dotterblume und Himmelsschlüssel. Ihre Verschiedenheit regte Fragen an: Was bedeutete die Verschiedenheit? Und wie kommt es, daß jede Pflanze jedes Frühjahr gerade diese und keine anders geformten Blätter treibt? Ich weiß, daß ich diese Antwort fand: Jeder Pflanze gefällt dieses ihr Kleid, und kein anderes, sie will es so haben; warum aber, das ist Geheimnis. Das Erlebnis weist wieder in die kosmologische Richtung, aber nun – vom Bewußtsein des Wunders abgesehen – in neuer Weise. Es zeigt das keimende Verständnis für die Individualität alles Existierenden.«[194]

Hängen beide Erlebnisse, auch in ihrer zeitlichen Unterschiedlichkeit, zusammen, so erscheinen sie nicht unbedacht nebeneinander, sondern ergänzen und erschließen sich. Im zweiten Erlebnis bildet ein anderes Naturerlebnis den Anlass zur Retrospektion, welches das unmittelbare Bewusstwerden von Verschiedenheit in sich enthält. Jede Pflanze in ihrem »eigenen Kleid« gerät zum Symbol für die Individualität alles Existierenden. Häberlin spricht hier von einem keimenden Verständnis und betont damit, dass auch hier bereits, aus der Retrospektive beurteilt, ein wesentlicher Grundzug seines Werkes angelegt sei. Die angesprochene Individualität alles Existierenden stellt allerdings systematisch eine große Herausforderung dar, eine Tatsache, die Häberlin nach *Das Wesen der Philosophie* von 1934 vor allem in seinem zweibändigen Werk *Naturphilosophische Betrachtungen* von 1939 und 1940 einem eingehenden Lösungsversuch unterzogen hat. Der Versuch, Einheit und Vielheit nicht als Widerspruch und Gegensatz, sondern als zwei Seiten einer Medaille zu begreifen, wird durch den Hinweis begleitet, dass das Erlebnis wieder in

---

[194] Statt einer Autobiographie, 12.

die kosmologische Richtung weise, diesmal allerdings in Richtung der Individualität. Dass hier ein Zusammenhang besteht, begründet sich allein schon aus der Tatsache, dass Vielheit nicht ohne ihr Gegenteil als eine solche erkannt und bestimmt werden könnte. Der See aus dem ersten Erlebnis wie die Pflanze aus dem zweiten sind Bilder, Häberlin nennt sie transparente Symbole, in und mit denen philosophisches Wissen ausgedrückt werden kann, ohne zu spekulativer Konstruktion zu gerinnen.[195]

Um See und Pflanze als naturphilosophische Symbole zu verstehen, sind verschiedene begriffliche Klärungen notwendig. Häberlin versteht unter Natur die gesamte Welt der Erfahrung »mit Ausnahme dessen, was Gegenstand menschlicher Selbsterfahrung ist«[196] und stellt so die Naturphilosophie der philosophischen Anthropologie gegenüber. Philosophie, so wurde oben schon gesagt, ist Einsicht (theoria) in die Einheit des Seins, seine definitive Ungeteiltheit, eine Einheit, die sich auch in jedem begegnenden Subjekt als einfaches Seiendes sich zeigt. Philosophie steht damit dem mannigfachen und augenscheinlichen Urteil von der Uneinheit gegenüber, d. h., sie wertet bzw. bewertet nicht, sondern drückt eine seinsbejahende Haltung gegenüber jedem Seienden aus. Wie bereits zum ersten Erlebnis ausgeführt, ist die Subjektivität nicht in ihrem Sein, sondern in ihrem Wollen der Grund für die erscheinende Uneinheit, daher trägt die Subjektivität die Differenz in die Betrachtungen hinein. Die Welt als Kosmos entbehrt diese Differenz, sie ist Einheit. Diese unterschiedlichen Angänge, eben Kosmologie und Anthropologie, sind jedoch differente Optiken, die das Subjekt als Einheit und Vielheit produziert. Die angesprochene Seinsbejahung gegenüber dem Seienden ist zum einen das Wissen um die Einheit und zum anderen in den Objektivationen des Subjekts die suggerierte Vielheit. Eine Suggestion, die auch dadurch bestätigt wird, dass wir in der uns erscheinenden Welt Veränderung erfahren. Häberlin bezeichnet seinen Versuch, diese Fragen zu klären, ausdrücklich als pädagogisch,[197] indem er auf zwei Wegen die zunächst rätselhaft wirkenden Probleme der Vielheit (Naturphilosophische Betrachtungen I) und des Werdens (Naturphilosophische Betrachtungen II) so aufbereitet, dass sie die selbstverständliche Verwunderung zum Ausgangspunkt nehmen. Zu be-

---

[195] Vgl. ebd., 78.
[196] Ebd.
[197] Vgl. ebd., 79.

ginnen ist mit der Vielheit, denn nicht diese, sondern die Einheit ist fraglich. Häberlin fragt nun nicht, wie Einheit und Vielheit zu vereinigen seien, was ein Gegenüber von Einheit und Vielheit behaupten würde, sondern wie Individualität in ihrem Wesen und d. h., von der Einheit her verstanden werden kann. Dies ist aber nur möglich, wenn zuvor die vermeintliche Aporie entlarvt wird, die zu einem Verständnis der Gegensätzlichkeit geführt hat. Individualität i. S. von Individualismus behauptet, das Seiende sei in Wahrheit unverbunden, es sei nicht Eines, sondern pure Vielheit, eine Pluralität von Individuen.[198] Die Kehrseite eines so verstandenen (ontologischen) Individualismus jedoch macht eine unterschiedslose Einheit geltend, einen (ontologischen) Monismus oder Universalismus. Beide Paradigmen oder Ismen erweisen sich in einem logischen Sinne als nicht tragfähig, denn es kann weder Individualismus geben, dieser würde eine Einheit leugnen, noch kann es einen Universalismus geben, der Individualität bestreiten würde. Zudem kommt hinzu, dass einzelne Individualitäten i. S. von sich selbst generierenden Monaden nur durch ein sie nachträglich umschließendes Band zu einer Einheit gebracht werden könnten, d. h., es würde wieder eine Gegenüberstellung von Einheit und Vielheit ausgesagt und damit wäre die zu vermeidende Aporie wieder eingeholt.[199] Individualität kann nicht geleugnet werden, ein nachträgliches Band aber schon, was für Häberlin in der Konsequenz heißt, dass es neben der Individualität nicht noch etwas Zusätzliches geben kann. Daraus folgt, dass die Einheit des Seienden nicht etwas neben oder zusätzlich zu den Individuen sein kann, sondern nur etwas in ihnen, »als ihre Einheit in aller Besonderheit«[200]. Die Individuen sind nicht als Teile des Ganzen aufzufassen, sondern jedes einzelne repräsentiert in sich die Einheit, d. h., jedes Individuum bezeichnet einen Modus des Seins. Das hier von Häberlin gedachte Verhältnis von Einheit und Vielheit als Modalität erinnert nicht zu-

---

[198] Naturphilosophische Betrachtungen I, 67.
[199] Ohne jetzt auf die Diskussion um Leibniz Monadologie einzugehen, die hier als ein Pol diese Betrachtungen leitet und die für Häberlin nicht in Betracht kommt, darf doch bemerkt werden, wie aktuell diese Fragestellungen im Blick etwa auf die Aporien der Systemtheorie sind. Dort wird zwar die Funktionalität der einzelnen Systeme, auch in ihrer Bezogenheit aufeinander, reflektiert, aber es kann nicht wirklich so etwas wie eine Einheit gedacht werden, und wenn, bspw. bei Staub-Bernasconi, dann nur als künstliches Konstrukt, als nachträglich optionales Handlungsziel, das, obwohl es vermieden werden wollte, letztlich doch in einem moralistischen Anspruch endet.
[200] Statt einer Autobiographie, 81; vgl. Naturphilosophische Betrachtungen I, 75.

fällig an Spinoza und das in dessen Ethik vorgestellte Denken der einen Substanz, die sich in ihren unendlichen vielen Attributen auf unendliche Weise ausdrückt (modifiziert).[201] Deleuze hat den Modus bei Spinoza, in dem sich das Attribut zeigt, mit dem Begriff des Ausdrucks erklärt,[202] eine Deutung, die sich auch bei Häberlin findet, allerdings ist bei ihm Spinoza lebensphilosophisch gewendet. Denn Häberlin verschränkt die Modalität der Individuen mit der These der Lebendigkeit, was eine Einheit des Seienden als reaktive Verbundenheit des Individuellen erzeugt.[203] Die Einheit des Individuellen lässt sich als Funktionszusammenhang beschreiben, als lebendiges Zusammenspiel und lebendige Auseinandersetzung in Aktion und Reaktion in funktioneller Beziehung, d.h., »im Wechselspiel der Modi wirkt Sein sich aus als Leben, ohne dadurch der Einheit verlustig zu gehen«[204]. Der Zusammenhang bestimmt die Individuen als funktionelle Größen durch ihre gegenseitige Reaktionsbeziehung, sie sind ständig in Bewegung und in Auseinandersetzung.[205] Die Reaktion der Individuen ist eine qualitative Reaktion verschiedener Individuen, was bedeutet, dass es nie nur konforme oder »friedliche« Reaktionen gibt, denn Auseinandersetzung zeigt sich auch im Gegeneinander, allerdings einem Gegeneinander in der Einheit, im Miteinander. Diese ständige Auseinandersetzung »macht« das Leben aktuell, stört aber deshalb nicht die Einheit oder unterminiert sie, sondern bestätigt den Verkehr der Individuen untereinander. »Verkehr der Individuen untereinander ist die aktuelle Form des Einen Lebens, also der lebendige Ausdruck der Einheit des Seienden. Dieses »lebt sich aus« (i.O., M.H.) in jenem Verkehr«[206]. Die Bedeutung des funktionellen Charakters des Individuums muss jedoch immer im Zusammenhang mit

---

[201] Vgl. dazu Spinoza, Ethik I, L. 23 und den dazugehörenden Beweis.
[202] Vgl. Deleuze, Spinoza und das Problem des Ausdrucks. Wobei natürlich angemerkt werden muss, dass sich der Begriff *exprimere* schon bei Spinoza findet, siehe Beweis zu E I, L. 23.
[203] Vgl. Naturphilosophische Betrachtungen I, 104: »Der Modus, das Individuum, ist eine »Lebensweise« (i.O., M.H.) des Seienden, indem er mit andern in reaktiver Beziehung steht.«
[204] Statt einer Autobiographie, 82.
[205] Naturphilosophische Betrachtungen I, 103.
[206] Ebd. – Es ist auf den Terminus Verkehr hinzuweisen, den Häberlin in seinem Werk durchgängig benutzt und der einerseits die Funktionalität der Individuen ausdrückt und andererseits eine Sachlichkeit wahrt, die der Begriff der Beziehung nicht hat. Die Konnotierung des Begriffs Verkehr ist zudem nuancenreicher als der der Relation hinsichtlich der Darstellung der Vielheit und der sich daraus ergebenden Notwendig-

den anderen Individuen gesehen werden, denn Verkehr verneint im Grunde eine monadenhaft isolierte Struktur des Individuums. Wenn daher jedes Individuum die Einheit repräsentiert, so vertreten diese als funktionelle Modi das Sein in seinen funktionellen Möglichkeiten, d. h., die Zahl der Möglichkeiten aktuellen Seins geben die Modi des Seins und damit die Menge der Individuen wieder.[207] In der Repräsentation der Einheit sind alle Individuen als ewig qualifiziert, sie sind im Sein inbegriffen und nicht von diesem losgelöst bzw. lösbar. Mit dieser besonderen Qualität der Ewigkeit wird nun auch das Werden bzw. die Veränderung in besonderer Weise bestimmt, denn Veränderung meint nicht Verschwinden i. S. von Auflösen oder Alteration der Individualität, sondern eine neue und andere Positionierung im Funktionszusammenhang. Der Verkehr oder die Auseinandersetzung der Individuen wandelt die Gestalt des Ganzen, erneuert es permanent, aber ändert nichts an dessen Gehalt. Häberlin legt hier eine stringente Deutung der Substanz als Funktionszusammenhang vor, die begrifflich sowohl das ewig Seiende als Einheit wie in seiner Individuiertheit auffasst oder anders gesagt: der Begriff Substanz repräsentiert die Einheit ebenso wie ein Individuum als Modus die Substanz ausdrückt. Daraus folgt, dass das Individuum nicht eine Substanz für sich selbst ist und niemals als Solitär das Ganze repräsentiert, sondern dies tut es nur in der Lage bzw. an dem Ort im »Verkehrsgeschehen« der Individuen. Spannend ist, dass Häberlin Cassirers These von der Umbesetzung des Substanz- in den Funktionsbegriff wiederum umbesetzt und dadurch beides retten kann.[208] Ihm gelingt hier sozusagen eine doppelte Umbesetzung und dadurch wird ein Leerlaufen reiner Funktionalität ausgeschlossen und eine Anwendung auf Gehalte möglich. Obwohl Häberlin begriffliche Anwendungen vermeidet, auch weil er davon ausgeht, dass die Argumenation für sich spricht, so kann am Terminus Menschheit etwa in Bezug auf die Menschenrechte genau diese doppelte Umbesetzung demonstriert werden. – Die Menschenrechte bezeichnen die Rechte aller Menschen, d. h., jedes einzelne Recht kann materialiter nur im Zusammenhang mit allen anderen wirksam werden, weil im Anspruch eines einzelnen alle anderen mit beansprucht werden. Oder anders formuliert: Die Ver-

---

keit des Verkehrs. Im Lateinischen wäre deshalb der Begriff des *commercium* angebrachter, weil er auch die Kontexte, d. h., den Umgang mitberücksichtigt.
[207] Statt einer Autobiographie, 82.
[208] Vgl. dazu Cassirer, Substanzbegriff und Funktionsbegriff.

letzung eines einzigen stellt alle anderen Menschenrechte in Frage. Auf der ideellen Ebene verhält es sich genauso: der einzelne Mensch repräsentiert die gesamte Menschheit in ihrem Anspruch auf die Würde und Unverletzlichkeit der Person, d. h., die »Entwürdigung« eines Menschen stellt eine Attacke auf die gesamte Menschheit dar.[209] – Die hier erkennbare Einheit der Substanz und ihres Selbstausdrucks im je einzelnen Individuum ist konditional, woraus die Unentbehrlichkeit des Individuums geschlossen werden kann. Diese Konditionalität bestätigt, so Häberlin, die Freiheit des Individuums, weil das Ganze nicht ohne und nur durch das Individiuum ist. Die Freiheit und damit die Würde des Individuums besteht darin, dass es ist, eine Tatsache, die jedem Determinismus wie jeder Indeterminiertheit widerspricht.[210] Mit dieser Vermeidung ermöglicht die angesprochene Ligatur von Substanz und Individuum bzw. Einheit und Vielheit den argumentativen Unterbau für die Ethik, die als Verstehensprozess gekennzeichnet wurde. Zieht der Verkehr der Individuen untereinander keine Alteration der Individuen nach sich, geschieht vielmehr durch diesen nur ein Wandel der Gestalt des Ganzen, eine neue Formierung, eine Erneuerung des Funktionszusammenhangs, so erschließt sich Ethik als permanenter Versuch, durch Einsicht den reaktiv herbeigeführten Gestaltwandel in seiner bleibenden Einheit im Individuum neu zu repräsentieren. Unethisches Verhalten wäre demnach analog dazu die Verneinung bzw. die Verweigerung dieser Repräsentanz, was einer Leugnung möglicher Einsicht wie einer Ablehnung der Modalstruktur des Individuums gleichkäme. Und ein weiteres käme hinzu, denn die Konditionalität von Substanz und Individuum bestätigt in ihrem Ewigkeitscharakter sowohl deren Konstanz als auch die Einheit in ihrer permanenten Erneuerung. Erneuerung sagt zudem auch aus, dass es nicht um eine Wiederholung, eine Wiederkehr des Gleichen, eine Restitutio geht, sondern um den immerwährenden Prozess einer unendlichen Variation des Lebens. Verstehen als ethischer Vorgang i. S. von Einsicht und Vergewisserung in den prozessualen Anteil des Individuums am Gestaltwandel des Ganzen gewinnt aus dieser Einsicht heraus eine Haltung, eine Position angesichts der Vollkommenheit des Ganzen. Der aktive Verkehr der Individuen schafft die Zeit, daher hat Ethik im Prozess des Gestaltwandels immer einen zeitlichen Charakter, aber ausschließlich be-

---

[209] Vgl. hierzu Hundeck, Die Erfahrung von Gewalt und die Sakralität der Person, 55.
[210] Vgl. Statt einer Autobiographie, 84.

zogen auf die Gestalt des Ganzen und nicht auf dessen Gehalt. Ethik erhält damit eine funktionale Bedeutung, so wie Verstehen Positionierung aus Einsicht in das Ganze ist und damit auf die Zukunft ausgerichtet. Zukunft wird deshalb nicht als ein vollkommen neuer Zustand der Gestalt anvisiert, d. h., er ist nicht ein Ziel, ein Telos, auf das hingestrebt würde, sondern er ist der Zustand, den der Gestaltwandel aus der Kontinuität der Einheit generiert. »Zukunft ist in der Gegenwart nicht schon "enthalten" (i. O., M. H.), sondern wird von der Gegenwart her erst geschaffen«[211], woraus Häberlin die Form der hier aufscheinenden Kausalität als eine lebendige und nicht als eine mechanische (mechanistische) Kausalität bestimmt. Der neue Zustand generiert sich aus den freien reaktiven Entscheidungen der Individuen, er ist deshalb eine Zukunft, eine Verlaufsform des Lebens selbst. Hat dieser Verlauf des Lebens ein Ziel, ein Woraufhin des Lebens in seinem Verkehr der Individuen? Häberlin konstatiert hier eine Unendlichkeit, die Basis seiner *Philosophia perennis*, denn Leben hat kein definitives Ziel, es will leben, deshalb darf der Sinn des Werdens »nicht teleologistisch verstanden werden.«[212] Er, der Sinn, besteht, bei aller Veränderung, allem Neuwerden der Gestalt, in der Einheit. Ein möglicher Einwand ist nicht unberechtigt, dass der immerwährende Lebensvollzug doch den Zielen und Zwecken und damit der Freiheit der Individuen zu widersprechen scheint. Aber auch hier ergänzt sich die kosmologische mit der anthropologischen Sicht, die schon im ersten Erlebnis angesprochen wurde. Ziele und Zwecke gibt es nur für das Subjekt, d. h., jede Willensäußerung desselben strebt dahin, selbst sein zu wollen und die Absichten des eigenen Willens zu realisieren. Um im Bild des Funktionszusammenhangs zu bleiben, der aufgrund des reaktiven Verkehrs der Individuen als lebendiger Organismus gefasst werden kann[213], wird ersichtlich: Die lebendige Auseinandersetzung hat als Ausdruck der freien Entscheidungen der Individuen eine doppelte Intention, die hinsichtlich der Individuen und ihrer Entscheidungen ziel- und zweckgebunden ist und auch sein muss. Die sich ergebende doppelte Sinnrichtung wird in den unterschiedlichen Zielen von Organismus und Individuum ersichtlich. Das Ziel des Organismus ist das Leben selbst, nicht als subjektive Eigenart, als Sonderrichtung eines bestimmten Wil-

---

[211] Ebd., 88.
[212] Ebd.
[213] Vgl. Naturphilosophische Betrachtungen II, 108–118.

lens, sondern als objektive Realität, die nur ein Sein kennt. Eine Zielformulierung hingegen liegt im Wollen des Individuums begründet und die Ziele der Individuen in ihrem Gegenspiel als Ausdruck von Eigenem und Fremden, von Selbstsein und Sozietät[214] bestimmen, was im Ganzen wird. Dieser Verkehr der Individuen prägt die Form des Ganzen aus, bzw. die Darstellung des Organismus, weshalb die Ziele des Organismus nicht mit den Zielen individueller Zwecksetzung identisch sein können. Das Sprechen von Zielen ist demnach im Blick auf die Heterogenität der Individuen in ihrer Einheit nicht nur unangebracht, ja nicht einmal möglich, denn welch höheres Ziel als das Leben selbst könnte es geben? Jede Formulierung eines Zieles auf dieser Ebene wäre die Definition subjektiver Wahrheit, ob nun von einem einzelnen Individuum oder einer Sozietät, in allem definiert sich der Organismus (als lebendiger Funktionszusammenhang der einzelnen Individuen) selbst als evolutiver Endpunkt allen Geschehens. Zukunft ist schon als Zukunft gewiss, wenn auch in ihren möglichen Formen noch nicht wirklich. Hingegen beschreibt die Ziel- bzw. Zwecksetzung des einzelnen Individuums einen Anspruch auf eine Zukunft, die sich in dessen jeweiligen Entscheidungen realisieren kann, aber nicht muss. Deshalb ist die Zielbestimmung jedes Individuums kontingent in dem Sinne, dass die Wirkungen der Entscheidungen in ihren ganzen Möglichkeiten und damit potentiellen Wirklichkeiten nicht absehbar sind. Individualität repräsentiert das Leben und will das Leben, vor diese Problematik ist jedes Individuum gestellt. Häberlin hatte im zweiten Erlebnis davon gesprochen, dass sich die Blume in ihrem Kleid gefalle und würde der Blume eine Subjektivität zugeschrieben, so könnte gesagt werden, die Blume akzeptiere ihr Leben als das zu erreichende Ziel. Oder anders: Das Ziel ist schon im Leben selbst erreicht, ohne in die Disparatheit des Wollens abgerutscht zu sein. Objektivität und Subjektivität werden im Blick auf die Zielfrage virulent, ihr Antagonismus ist im lebendigen Zusammenhang des Lebens *auf*gehoben[215], das Ziel bestätigt sich im Vollzug permanent selbst. Aus der Perspektive der Subjektivität allerdings eröffnet sich die anthropologische Problematik, denn durch die Subjektivität werden Ziele gesetzt, die in ihrem Wollen die eigene Besonderheit nicht nur akzeptieren, sondern diese zum Maßstab etwaiger Zielformulierungen machen wollen. Häberlins naturphilo-

---

[214] Vgl. Der Mensch, 12 ff.; Naturphilosophische Betrachtungen II; 171–188.
[215] Vgl. Naturphilosophische Betrachtungen II, 171.

Exkurs 4: Zweites Erlebnis und Interpretation

sophische Betrachtungen und seine Ontologie/Kosmologie als philosophische Begründungsversuche der Pole Einheit und Vielheit sowie Konstanz und Veränderung, die in einer Anthropologie (der menschlichen Problematik) münden, machen im Bild der Pflanze, die das Ziel ihres Lebens in sich trägt, darauf aufmerksam, dass Ziele als subjektive Zukunftsvisionen das Subjekt von dem forttreiben, was es als Gestaltungsgarant des Ganzen bereits ausmacht. Dass es sich hier um eine, positiv gesprochen, mögliche Version einer erneuerten Identitätsphilosophie à la Parmenides handelt, die selbst noch die Evolution als Kategorie einschließt, mag für diejenigen unannehmbar erscheinen, die schon von vorneherein mit Identität nicht mehr rechnen wollen, weil die Erfahrung selbst in ihrer Faktizität das Gegenteil von Einssein bezeugt. Bei aller Berechtigung dieser Sicht ist allerdings zu fragen, mit welcher Optik und aus welchem Grund wir bspw. den Menschen und seine ihm zugesprochene Würde begründen und was wir noch zu hoffen haben, wenn alle möglichen Ziele zu unlösbaren Aufgaben geworden sind. Kants Frage nach dem Menschen und seiner Hoffnung erscheint mit Häberlin in einem anderen Licht, denn Hoffnung wird hier zur Sehnsucht nach einem Leben, in dem der Mensch schon steht und welches er selber durch seine Entscheidungen schafft. Ebenso die Optik auf eine Pädagogik, deren Aufgabe angesichts der Vollkommenheit des Menschen nicht darin bestehen kann, den Menschen zu verbessern oder ihn dem Fluch des Falls zu entreißen, sondern das Subjekt zur Einsicht und zum Verstehen seiner selbst als Garant der Einheit zu leiten. Pädagogik, so kann hier schon vorwegnehmend gesagt werden, verfolgt die Rettung des Subjekts wie die Ruhelegung aller Ziele angesichts möglicher und denkbarer Ismen.

2. Philosophische Skizzierungen einer *Philosophia perennis*

2.1. Auf dem Weg zu einer *Philosophia perennis*

Philosophie als immerwährenden Angleichungsversuch zu bezeichnen, zieht die Frage nach sich, wie perennierend zu verstehen ist bzw. was immerwährend angeglichen werden soll. Dabei sind zwei Möglichkeiten denkbar, das Attribut *immerwährend* auszulegen, einerseits als eine funktionale Bezeichnung für den Modus der Philosophie selbst, also für die Art und Weise, wie Philosophie ausgeführt wird, andererseits könnte perennierend als Index für ein Programm stehen, das eine Kontinuität von Inhalten an der Zeit und den Kulturen vorbei garantiert. Dieses zweite Verständnis des Begriffs der *Philosophia perennis* hat verständlicherweise bei Historikern und Hermeneuten Kritik hervorgerufen. Und in der Tat ist die Kontinuitätsthese deshalb obsolet zu nennen, weil sie voraussetzt, dass zu einer bestimmten Zeit irgendjemand einen bestimmten Inhalt als unveränderbar und autoritativ eingesehen und als für alle Zeiten gültig festgestellt hat. Dass diese Deutung dem Begriff der Philosophie grundsätzlich widerspricht, ist dadurch evident, weil Philosophie als Liebe zur Wahrheit ein Vorgehen, möglicherweise ein Verlangen beschreibt, die Wahrheit zu erringen. Mit dem Vorgehen ist aber noch nichts über den Inhalt der Wahrheit selbst gesagt, auch dann nicht, wenn die Wahrheit als widerspruchsfrei, als das ungeteilte Eine usw. in ihrer formalen Struktur definiert wird. Zudem wird mit Inhalten, die als alt und ehrwürdig sowie, weil sie eine bestimmte Logik betreffen, als kohärent angesehen werden, noch nichts über deren Begründungsstatus ausgesagt. Bei Vernachlässigung des formalen Anspruchs einer *Philosophia perennis* zugunsten inhaltlicher Kontinuitäten und der damit einhergehenden Deutung der Philosophie als einer Besonderen, wie sie Aldous Huxley[1] anhand der Kontinuität von religiösen Deutungs-

---

[1] Vgl. Huxley, Philosophia perennis. Huxleys Entwurf einer Ewigen Philosophie for-

mustern beschreibt, wird die Philosophie in ihrem Begriff selbst definiert. Eine *Philosophia perennis* jedoch, die sich, wie bei Häberlin, ontologisch bestimmt, geht nicht auf die Inhalte, sondern auf die Funktionsweise der Strukturen, aus denen sich dann mögliche Inhalte benennen lassen. So lässt sich etwa Hegels Deutung der Philosophie als die Geschichte unendlich mannigfaltiger Formen einer sich darstellenden ewigen (einen) Vernunft[2] ebenso als eine *Philosophia perennis* im häberlin'schen Sinn begreifen wie Trendelenburgs Hinweis auf das kontinuierliche und ewige Fortschreiten der Philosophie.[3] Die analogen Deutungen von Trendelenburg und Hegel zu Häberlin sind allerdings nur insofern möglich, als dass es den genannten Positionen um die Einheit der Philosophie geht. In formaler, d. h., in funktionaler Hinsicht umgeht eine ontologisch ausgerichtete *Philosophia perennis* die Vorgaben bewahrungswürdiger Inhalte, denn in dieser Hinsicht bemisst sie sich ganz an Kants Begriff des Noumenon. Die Betrachtung einer *Philosophia perennis* bei Häberlin kann deshalb nur unter den hier gemachten Voraussetzungen geschehen und Philosophie ausschließlich in ihrem funktionalen Charakter eine immerwährende sein.[4] Anders als der Begriff der *Philosophia perennis* vermuten lässt, ist eine solche in einem System möglich, welches sich der Inhalte, der Substanzen, zuvor entledigt hat.[5] Ein substanzontologisches Denken würde den Ansprüchen einer zeitunabhängigen (immerwährenden) Philosophie zuwiderlaufen und eine Bestätigung der hilflos reaktionären Versuche der Neuscholastik und des Antimodernismus darstellen. Daher hat jede Beschäftigung mit einem irgendwie gearteten Verständnis einer Philosophia perennis diese Abkehr von einer Substanzontologie zu berücksichtigen. Diesen Vorbehalt drückt auch

---

muliert eine kulturgeschichtliche Integrationsthese. Das Buch des Verfassers der »schönen neuen Welt« ist in seiner Anlage von hoher Aktualität, gerade angesichts der Debatte von Monotheismus und Polytheismus und dem daraus resultierenden Problem der Gewalt.

[2] Vgl. Hegel, Differenz des Fichteschen und Schellingschen Systems, zit. nach Mittelstraß, Art. Philosophia perennis, 130.

[3] Vgl. Mittelstraß, Art. Philosophia perennis, 130.

[4] Damit steht dieser Modus einer Philosophia perennis grundsätzlich auch einem neuscholastischen Denken des 19. Jahrhunderts entgegen, dass versuchte mit den philosophischen Systemen der mittelalterlichen Theologie ein durchgängiges Substanzdenken zu retten und als Modus renovandi auszugeben.

[5] Wie schon wiederholt geschehen, so hier der nochmalige Verweis auf Cassirers Buch *Substanzbegriff und Funktionsbegriff,* anhand dessen ein Gespräch zwischen Cassirer und Häberlin möglich sein könnte.

Häberlin im Blick auf die Wahrheit aus, ein Vorbehalt, der eine Auseinandersetzung mit der Moderne impliziert, ohne antimodernistisch zu sein. Denn so wie in Spinozas Ring das eingeprägte »Caute!« diesem selbst zum Lebensmotto wurde, so hielt auch Häberlin an seiner Ansicht von der wahren Bedeutung der Philosophie fest, die eben gerade dadurch wahr ist, dass man ihrer zwar ansichtig werde, diese aber niemals besitzen könne.[6] *Philosophia perennis* ist damit die unendliche Variation der einen Wahrheit, die in der Suche nach Wahrheit als immerwährender Anspruch schon deshalb an den Menschen gestellt ist, weil es dabei eben nicht nur um *episteme*, sondern auch um aus Einsicht gestaltete Lebensführung geht.

Häberlins Spätwerk *Philosophia perennis*, von ihm selbst als sein philosophisches Alterswerk bezeichnet[7], betrachtet nochmals sein eigenes Philosophieren als einen Prozess. »Philosophia perennis lebt im Philosophieren; sie verwirklicht sich als Prozess. Aber zu diesem Prozess gehört ein vorhergesehenes Ergebnis; Philosophie hat ein Ziel.«[8] Philosophie ist ein Prozess auf ein Ziel hin, nicht ein Weg ohne Ziel, denn Philosophie als reiner Weg käme, so Häberlin, einer relativistischen Resignation gleich. Philosophie gewinnt ihre innere Gestalt in dem, was tatsächlich erreicht wird, d. h., in der je erreichten Einsicht (episteme).[9] Damit ist das Ziel immer vorläufig, aber es ist ein Ziel und zeichnet sich durch die Kraft und Reinheit des Philosophierens aus, das in der je erreichten Einsicht der einen ganzen Wahrheit ansichtig wird. Damit wird nicht gesagt, dass die Wahrheit, die eingesehen wird, deshalb festgehalten oder als Besitz proklamiert werden könnte.[10] Perennierend ist die Philosophie insofern, als die immer wieder je gewonnene Einsicht in die Wahrheit die Quelle ist, aus der die Philosophie ihre Bestimmung erhält. Sie steht damit einer Variabilität der historischen Gestalt entgegen, aus der die Unbestimmtheit und Uneindeutigkeit ihres Wesens abzuleiten wäre. Mit anderen Worten: Dies ist möglich, weil Geschichte als Prozess

---

[6] Vgl. Über akademische Bildung, 18.

[7] Vgl. Philosophia perennis, die im Jahr 1952 in einer Auflage von 2000 Exemplaren erschien, war auch für Häberlin ein nochmaliger Versuch, mit diesem Werk den deutschen Leserkreis zu erreichen, von dem er sich abgeschnitten fühlte und faktisch auch abgeschnitten war. Vgl. hierzu Statt einer Autobiographie, 122–126; Kamm, Leben und Werk II, 429.

[8] Philosophia perennis, 29.

[9] Vgl. ebd.

[10] Vgl. Das Wesen der Philosophie, 99.

keinen Grund für eine etwaige Veränderung des An-sichs der Einsicht sein kann. Und da es in der ontologischen Sichtweise nicht auf das So-sein ankommt, kann der geschichtliche Prozess keine Abbreviatur an der einen Wahrheit bedeuten. Für Häberlin kennt Philosophie daher keinen Fortschritt an-sich, sondern jeder Fortschritt der Philosophie vollzieht sich im Philosophierenden selbst.[11] Die Bedeutung der Geschichte ist die Geschichte des einzelnen Subjekts,[12] darin zeigt sich Kontinuität, selbst dann noch, wenn die Anregungen von außen negativer Natur sein sollten. Die Zuschreibung des geschichtlichen Prozesses im Philosophieren des Einzelnen bezeichnet zugleich auch eine Abwehr jedweden Traditionalismus,[13] einer Abwehr der Beharrung auf inhaltliche Kontinuitäten. *Philosophia perennis* und Geschichte ereignen sich deshalb kongruent miteinander, weil das Subjekt auf menschliche Weise am Geschehen teilnimmt und dadurch die Einsicht in der je eigenen geschichtlichen Situation immer wieder von neuem zum Impuls für die Realisierung der eigenen Lebensaufgabe wird.

Eine *Philosophia perennis* bedeutet keine Absage an die Geschichte und keine Aufladung der Geschichte mit Sinn, denn die Geschichte hat keinen Sinn, weil es nicht um die Geschichte selbst geht, sondern nur um die Realisierung von Philosophie (d. i. Einsicht) des Subjekts in seine eigene Bestimmung. Hätte Geschichte einen Sinn, so wäre sie das Gegengewicht zu dem, was Philosophie ist und damit hätte das, was Philosophie sein sollte keinen Sinn, weil es nicht um Einsicht des Subjekts in seine eigene Bestimmung ginge, sondern um den Sinn eines Außerhalb des Funktionszusammenhangs (s. u.), eines Außerhalb aber, welches es nicht geben kann.[14] Mit diesen Bemerkungen, die weiter unten noch in ihrem ontologischen Gehalt erläutert und expliziert (ausgefaltet) werden, ist auf die Vorgeschichte der *Philosophia perennis* Häberlins zurückzukommen, um den weiteren Gang der Analysen noch eingehender vorzubereiten. In Notaten und Mitschriften eines O-Tons berichtet Peter Kamm von der Entstehungsgeschichte des Werkes[15], sowie von den Vorarbeiten, insbesondere von Häberlins Vortrag »Die Aufgabe der Philosophie« auf

---

[11] Vgl. Philosophie perennis, 29.
[12] Vgl. Sinn der Geschichte, 5.
[13] Vgl. Philosophia perennis, 29.
[14] Vgl. Philosophie als Abenteuer des Geistes, 7.
[15] Vgl. Kamm, Leben und Werk II, 424–429.

der Jahresversammlung der Schweizerischen Philosophischen Gesellschaft am 11. November 1951.[16] In diesem Vortrag hatte Häberlin das erste Kapitel des neuen Buches *Philosophia perennis* vorgetragen und die Resonanz darauf sei, so Kamm, zwiespältig gewesen. Die abschließende Rechtfertigung Häberlins, die sein Schüler Kamm festhält, spiegelt nicht nur das Bild der sehr dichten und systematischen Philosophie und der damit verbundenen problematischen Rezeptionsfähigkeit wider, sondern verdeutlicht auch bereits die nach dem 2. Weltkrieg umgeschlagene Stimmung, die die Philosophie Häberlins nicht mehr zu treffen schien.

»Es war mir von vorneherein klar, daß es mir nicht gelingen werde, in einem so gedrängten Überblick überall verstanden zu werden [...] Der Vortrag ist ein Teil eines kommenden Buches. Bei der Lektüre werden sich gewisse Mißverständnisse vollkommen aufhellen ... Was ich heute wollte, war eigentlich dieses: für jeden Philosophen Selbstverständliches wieder einmal zum Bewusstsein zu bringen. Am meisten hätte mich gefreut, zu hören, das sei ja alles selbstverständlich. Nun, Selbstverständliches braucht nicht notwendigerweise verstanden zu werden. Ich weiß nicht, wie groß mein Anteil am Zustandekommen der Mißverständnisse ist. Ich sehe, dass außer den Mißverständnissen noch richtige Differenzen bestehen ... Sie sind nicht nur zu tolerieren, sondern zu begrüßen. Philosophie ist Bewegung, die Fortschritte und Rückschritte aufweist. Sie ist der ewige Versuch des Menschen, mit den Fragen der Philosophia perennis zu Rande zu kommen. Dieser Versuch gelingt nie absolut. Ich bin weit davon entfernt, zu behaupten, meine Philosophie – ich habe nur die Aufgabe umrissen – sei *die* [kursiv im Original, M. H.] Philosophie. Ich habe nur gesagt, was ich intendiere und zum Teil ausgeführt habe. Es handelt sich um diejenige Gestalt des Philosophierens, zu der ich fähig bin. Daß andere, vielleicht bessere Gestalten möglich sind, stelle ich nicht in Abrede. Ich bitte Sie meine Darlegungen in diesem Sinne aufzufassen: als persönliche, wenn auch begründete Sicht dessen, was Philosophie zu allen Zeiten gesucht hat.«[17]

Häberlins Aussagen scheinen die Stimmung der Zuhörer, ihr Unverständnis mit aufzunehmen, dabei war das, was er sagen und auf das er hinweisen wollte, das Selbstverständliche. Dass er die Erwartungen der Zuhörer nicht trifft und diese Tatsache selbst bemerkt, gibt möglicherweise die geschichtliche Situation wieder, in der die Philosophie sich befand. Ist es der schweigende Protest der Zuhörer gegen eine Philosophie, die der Geschichte nicht genügend Platz einräumte, d. h.,

---

[16] Vgl. ebd., 426.
[17] Ebd. 428.

mit einem philosophischen Erklärungsmodell beinahe schon den Terror der historischen Erfahrung ruhigstellte? Wird angesichts der Erfahrungen in der Geschichte, die die Welt für immer veränderte, nicht eine *Philosophia perennis* zum unbeteiligt gelehrten Zynismus und darum nicht nachvollziehbar? Was hatte Häberlin, so könnte gefragt werden, mit einer Philosophie gemeint, die gegen die Faktizität der Geschichte eine Philosophie formulierte und eine Ordnung postulierte, die positiv der mäandernden Spaltung der Moderne entgegenwirken sollte?

2.2. Exkurs: Philosophia perennis

Der lateinische Begriff Philosophia perennis, der im Deutschen *immerwährende Philosophie* meint, wurde von Steuchus von Gubbio (1497–1548) in seinem Werk »De perenni philosophia libri X« von 1540 mit der Überzeugung geprägt,[18] dass es nur ein Prinzip aller Dinge gebe (»ut unum est omnium rerum principium«). Steuchus schloss daraus, dass deshalb auch das Wissen um dieses Prinzip bei den Menschen, die nach diesem Prinzip suchten, durch alle Zeiten und deshalb bei allen Philosophen ein und dasselbe gewesen sei. Steuchus ging es um den Nachweis, dass dieses eine Prinzip mit der christlichen Religion als der einzig wahren übereinstimme, d. h., letztlich mit ihr kongruent sei.[19]

Übergeht man Steuchus' Versuch, das Christentum als die einzig wahre Religion zu beweisen, so interessieren zwei Aspekte: 1. Es gibt nur ein Prinzip aller Dinge, was 2. beinhaltet, dass dieses Prinzip zu allen Zeiten bei der philosophischen Wahrheitssuche ein und dasselbe ist.

Der Aspekte, es gäbe nur ein Prinzip, d. h., einen Ursprung, einen Anfang, einen Grundsatz, der allem zugrunde liegt, überrascht nicht, denn diese Einsicht ist so alt wie die Philosophie selbst. Gleichwohl wird dieses Prinzip durch den Zusatz ergänzt, es läge allen Dingen, d. h., allem Seienden zugrunde. Alle Dinge sind also von einem Prinzip bestimmt bzw. auf dieses zurückzuführen. Steuchus behauptet hier einen Monismus, womit der erste Aspekt mit dem zweiten korrespondiert, dass, wenn dieses Prinzip allen Dingen zugrunde

---

[18] Vgl. Schneider, Art. Philosophie, immerwährende, 898–900.
[19] Vgl. ebd., 898.

liegt, es dann notwendig eines sein muss, welches nicht nur zu einer Zeit, also am Anfang oder für den Anfang, nicht nur zu einer bestimmten Zeit, sondern immer und zu allen Zeiten gilt. Unterläge das Prinzip einem geschichtlichen Wandel, so hätte es sich selbst aufgehoben, wäre eben kein Prinzip mehr. Die Universalität dieses Prinzips gilt nun für die Philosophie und bezeichnet diese in ihrem Kern, so folgt daraus, dass der Gegenstand des Philosophierens zu allen Zeiten derselbe ist und weil er derselbe ist, kann er nur unveränderlich sein. Ergo ist dieses Prinzip universal, es ist die eine Weisheit bei allen Philosophen oder, so könnte daraus gefolgert werden, es ist die *eine* Weisheit der Philosophie. Und es ist darüber hinaus nicht nur die eine Weisheit der Philosophie, sondern auch ihre einzige Wahrheit. Das Ansinnen des Steuchus liegt in der Unveränderlichkeit, die Gewissheit in aller Veränderung garantiert. Dabei darf nicht übersehen werden, dass Steuchus schon von der Gewissheit, d. h., von einem vorhandenen Wissen ausgeht, nicht nur in ausgewählten bzw. ausgezeichneten Personen, sondern potentiell in allen Menschen (d. i. in allem Seienden). Steuchus geht von einer Gewissheit über dieses Prinzip aus und zugleich von der Möglichkeit, dieses auch zu erkennen, zumindest so weit, es in seinem An-sich-sein zu erkennen. Die Identifikation des Erkannten mit dem Kern des Christentums ist dann kein philosophischer Akt mehr, sondern eine konkrete Benennung dieses An-sich-seins in seinem So-sein. Steuchus verbindet hier den philosophischen Glauben mit demjenigen der christlichen Wahrheit, der nichts anderes ist als eine subjektive Umschreibung einer »objektiven« Gegebenheit. Aber unabhängig davon ist der erste Schritt relevant, nämlich der des philosophischen Glaubens. Wenn es die Möglichkeit gibt, die Wahrheit als Gegenstand der Philosophie zu erkennen, so muss der Gegenstand, weil die Möglichkeit besteht, vorhanden sein.

Das »objektive« Vorhandensein dieses Gegenstandes ist nicht nur für die weitere Klärung des Verständnisses einer *Philosophia perennis* von Bedeutung, sondern wirft die grundsätzliche Frage nach dem objektiven Gehalt von Wahrheit auf.[20] Diesen Anspruch an die Philosophie legt analog dazu Häberlin nicht nur an sein Philosophieren an, sondern, weil Wahrheit eben der Gegenstand der Philosophie schlechthin sei, mache ihre Vergewisserung letztlich die Philosophie

---

[20] Vgl. hierzu Weier, Gibt es objektive Wahrheit? 9 ff.; Boghossian, Angst vor der Wahrheit, 133 f.; Gabriel, Nachwort: Abgesang und Auftakt, 135–156.

selbst aus.²¹ Um jedoch diese Maßgabe der *Philosophia perennis* in Häberlins Denken auch von ihrer historischen Argumentation her besser zu verstehen, ist es sinnvoll, auf die Erweiterung bzw. Transformation bei Leibniz zu schauen. In der Auseinandersetzung mit Leibniz, und in der Abhebung von diesem, wird Häberlins Plädoyer für eine *Philosophia perennis* umso prägnanter.

Leibniz übernimmt von Steuchus den Terminus, verändert jedoch dessen Gedankengang, indem er Philosophie nicht als Kohärenzbestrebung sieht, diese mit der Wahrheit des Christentums in Übereinstimmung zu bringen, sondern *Philosophia perennis* stellt für ihn den Weg dar, den Kern dessen, was Philosophie ausmacht, ans Licht zu bringen.²² Philosophie fasst für Leibniz demnach das Bemühen, die Wahrheitsspuren, die es gibt (Spuren im Plural drücken bereits aus, dass es diese Wahrheit gibt, sonst gäbe es keine Spuren von dieser), miteinander zu vereinigen.²³ Dieser Prozess der Erkenntnis von Wahrheit aber ist für ihn nur in der Zeit und nur perspektivisch möglich.²⁴ D. h., für Leibniz ist Wahrheitserkenntnis und damit einhergehend Wahrheitsbesitz nur das Ergebnis eines historischen Fortschritts. Einer *Philosophia perennis* gehe es daher um den Erweis der Wahrheit in der Geschichte, aber weil Wahrheit schon als Möglichkeit gedacht wird, die es gleichsam nur einzuholen gelte, wird die Geschichte zum Ausweis dafür, dass es Wahrheit gibt. Was denn nun? Ist die Wahrheit *apriori* einsehbar und gewusst, wozu braucht es dann den Umweg über die Geschichte, um die Wahrheit zu erweisen? Die Koppelung von ewiger Wahrheit und Geschichte wird für Leibniz möglicherweise durch die Begrenztheit der Monaden nötig, auf die Gott, wie er selbst sagt, Rücksicht nimmt, und die deshalb nur Spuren, aber nicht die ganze, ungeteilte Wahrheit ent-

---

[21] Über Pseudophilosophie, 44 ff.
[22] Schneider, Art. Philosophie, immerwährende, 898.
[23] Diese im Grunde gnostische Argumentation bei Leibniz, wenn er vom Ans-Lichtbringen oder von den Wahrheitsspuren spricht, ist im Blick auf seine Monadenlehre verständlich, bestätigt sich zugleich hier als ein gnostisches Rezidiv. Vgl. Koslowski, Metaphysik und Gnosis, 70–81; Jonas, Gnosis; Hundeck, Welt und Zeit, 245–307.
[24] Vgl. ebd. – Schneider verweist hier auf die Schrift Leibniz, in der dieser sich mit den Differenzen zu Pierre Bayle auseinandersetzt. Es ist hier nicht der Ort, detaillierter auf die Grundthemen der Philosophie Leibniz' einzugehen, doch zeigt sich bereits in dieser kurzen Bemerkung sowohl die Monadenlehre wie auch die Annahme einer prästabilierten Harmonie. Hierzu Leibniz, Lehrsätze der Philosophie, 37 ff.; Poser, Leibniz' Philosophie, 137 ff. 159 ff. 272 ff.

halten.[25] Den Gedanken, dass sich die Wahrheit in der Geschichte zeigt, wird Hegel später wieder aufgreifen,[26] ohne allerdings den Begriff der *Philosophia perennis* zu verwenden. Für Hegel konnotiert die Geschichte den Auslegungsprozess der Wahrheit und umgeht dadurch die Probleme, die sich Leibniz mit den Spurenelementen der Wahrheit eingehandelt hatte. Aber auch in Hegels Konzeption steht, wenn man so will, die Geschichte im Weg, sie gerät in einen Widerspruch mit dem Ganzen selbst, ja es wäre nach der Funktion der Geschichte zu fragen. Wie wird demzufolge eine apriorische Einsicht in die Wahrheit und damit in das Ganze gerechtfertigt? Hegels Diktum, dass das Ganze das Wahre wäre, dieses aber erst am Ende zu haben sei, gerät hier zu einer Setzung und erinnert in der Parallelisierung von Geschichte und Heilsgeschichte[27] an die Absichten Steuchus', die *eine* Wahrheit als die Wahrheit des Christentums auszuweisen. Bekanntlich hat Adorno diesen Widerspruch aufgegriffen,[28] indem er nicht nur die Gleichsetzung von Ganzheit und Wahrheit verneint, die im Durchgang durch die Geschichte sozusagen verifiziert wird, sondern auch das Subjekt angesichts der heilsgeschichtlichen Übersteigerung der Geschichte entlastet. Der mit dieser Aufladung der Geschichte verbundene Anspruch an den Menschen gerät zu dessen Überforderung und lässt ihn damit zum Spielball der Ideologien werden, die damit einen Grund gefunden haben, die Geschichte, wie in der Neuscholastik geschehen, abzuwerten.[29] D.h., wenn die Wahrheit als eine absolute Wahrheit schon bekannt ist, aber durch die Geschichte hindurch nur noch bestätigt werden muss, so zeigt sich Phi-

---

[25] Vgl. Leibniz, Lehrsätze der Philosophie, 125 f. (bes. L.60).
[26] Vgl. Hegel, Geschichte der Philosophie III, 238 ff. Hegel bezeichnet die Philosophie als geschichtlichen Prozess, d. h., als etwas, in der sich in unendlich mannigfaltigen Formen die eine, ewige Vernunft ausdrückt (und zu sich selbst kommt). Hegels Kritik an Leibniz besteht darin, dass er die Monadologie Leibniz' als eine Gefährdung der Einheit der Substanz ansieht, da viele Substanzen die Einheit, und damit die eine Wahrheit, nur in ihrer Gesamtheit ausdrücken können.
[27] Hier sei nur an wegweisende Arbeiten zur kritischen Reflexion auf diese Parallelität von Geschichte und Heilsgeschichte verweisen: Löwith, Weltgeschichte und Heilsgeschehen; Blumenberg, Die Legitimität der Neuzeit; Gogarten, Verhängnis und Hoffnung; Guardini, Das Ende der Neuzeit.
[28] Diesen Widerspruch hat Adorno zum Anlass genommen, die Ganzheit des Wahrheitsbegriffs Hegels als absolutes Ziel der Geschichte in Frage zu stellen, um damit die Geschichte von ihrer absoluten Notwendigkeit und Zwangsläufigkeit zu befreien. Vgl. Adorno, Minima Moralia, 57; Ders., Drei Studien zu Hegel, 374;
[29] Vgl. Schneider, Art. Philosophie, immerwährende, 899.

losophie zwar als eine unendliche (ewige) Aufgabe, die Geschichte selbst wird aber dadurch für den Menschen entdramatisiert.[30] Verliert nicht die Geschichte durch diese faktische Entdramatisierung ihre Bedeutung und gerinnt zur bloßen Aufgabe, die es zwar zu bewältigen gilt, die aber ausschließlich kontingent ist? Und nicht nur das, auch die Geschichte (hier trifft der Appell Adornos) sowie alle Erfahrungen von Leid, Zerstörung und Gewalt als vorübergehende Erfahrungen würdigen den Menschen angesichts der Wahrheit ab, *Philosophia perennis* entpuppe sich hier als subtile Jenseitsvertröstung. Demgegenüber hatte Leibniz mit den Perspektiven der Geschichte, in denen die Spuren der Wahrheit ausschließlich zu gewinnen seien, den Fortschrittsgedanken der Geschichte gerechtfertigt und damit deren Sinn gerettet. Daraus ergibt sich für die weiteren Überlegungen, dass sich eine *Philosophia perennis* mit der Geschichte konfrontiert sieht, um ihren Gegenstand, den einer einzigen Wahrheit und dessen Universalität, zu begründen.

2.3. Kritische Überleitung zur Philosophia perennis bei Häberlin

Die in den letzten zwei Kapiteln aufgeworfenen Fragen verlangen ein kritisches Innehalten, eine Art *epoché*, auch um sich zu vergewissern, worauf die folgenden Ausführungen hinlaufen sollen. Die bereits angeführten möglichen Einwände zu einer *Philosophia perennis*, die scheinbar geschichtslos daherkommt, konnten wenigstens z. T. damit erklärt werden, dass eine Philosophie als *Philosophia perennis* dann zu rechtfertigen ist, wenn die Kategorie der Erfahrung nicht hypostasiert und zum Ausschlusskriterium wird, wie es die Geschichtsphilosophie tut bzw. tun muss. Wenn aber Philosophie grundsätzlich von der Warte der Erfahrung aus betrachtet wird, kann sie, sozusagen wie Benjamins Engel, den Trümmerhaufen der Geschichte nur mit starrem Blick betrachten und zu dem Schluss gelangen, dass der Kern

---

[30] Max Scheler hatte auf diesen Punkt besonders hingewiesen und damit den Gedanken einer *Philosophia perennis* kritisiert, denn gerade durch deren aristotelisch-neuscholastische Rezeption sei die Bedeutung nur auf bestimmte Philosophien begrenzt und daher antimodern, nicht aber auf alle Philosophien bezogen. Vgl. Schneider, Art. Philosophie, immerwährende, 899. In die Kritik Schelers einbezogen sieht Schneider hier auch den Ansatz Häberlins!

der Wirklichkeit negativ sei. Häberlins Philosophie hingegen lehnt die Geschichte als Faktor nicht ab, aber es erweist sich, dass die Geschichte weder vorherbestimmt sei noch in einer irgendwie bestimmten Weise verlaufe.[31] Häberlin schließt daraus, dass Geschichte keine bestimmte Richtung und damit auch kein Ziel haben kann, vielmehr hat sie eine Richtung nur durch den einzelnen Menschen und dessen Handlungen, »ja jeder Augenblick im Leben eines Menschen gibt der Geschichte eine unvorhergesehene Wendung«[32]. Um es kurz zu sagen: Der Mensch macht die Geschichte,[33] aber dadurch ist sie nicht nur ein Geschehen oder die bloße Tat eines Einzelnen, sondern sie ist zugleich ethisch konnotiert, da dieses Geschehen sich immer in der Relativität von Subjekt und Gegensubjekt ereignet.[34] Geschichte ist die im Wandel des Verkehrs der Individuen sich explizierende Problematik der menschlichen Aufgabe zwischen subjektivem Wollen und objektivem Anspruch.[35] Der hier für Häberlin relevante Begriff der Kultur verdeutlicht dies. Er bestimmt Kultur als ein menschliches Verhalten in der Entscheidung zwischen Geist und Ungeist, darum bezeichnet Kultur den Prozess, in welchem der Mensch um den Sieg der Objektivität (d. i. das Ganze bzw. die Wahrheit) und die Überwindung seiner Subjektivität ringt.[36] Der Mensch, als Kultursubjekt bestimmt, gestaltet die Kultur, was nicht der Möglichkeit widerspricht, intersubjektiv Kultur zu gestalten, weshalb auch Gemeinschaftsbildung eine kulturelle Aufgabe ist, da sie letztlich nur durch die Entscheidung der Einzelnen, wer und wie immer sie auch sein mögen, realisiert wird. Diese Wendung zur Geschichte zeigt, wie Häberlin die Aporien einer *Philosophia perennis* aufgreift und in einer ethischen Codierung zu bearbeiten versucht. Der Häberlin gemachte Vorwurf der Geschichtsvergessenheit und damit der Abwertung menschlichen Leids trifft insofern nicht zu, als Geschichte das Entscheidungsgeschehen des einzelnen Subjekts meint, den Ungeist nicht kaschieren oder auf die Umstände (Marx), auf ein fremdes Schicksal (Fatalis-

---

[31] Vgl. Niedergang der Kultur?, 16.
[32] Ebd.
[33] Vgl. hierzu Fellmann, Das Vico-Axiom. Fellmann entwickelt hier, ausgehend von Vicos Axiom, dass der Mensch die Geschichte macht, eine Kulturanthropologie, die, ähnlich wie bei Häberlin, zu einer ethischen Konnotierung der Geschichte und damit zur Verantwortungsproblematik führt.
[34] Vgl. unten II, 2.6.
[35] Vgl. Das Wesen der Philosophie, 160.
[36] Vgl. Niedergang der Kultur?, 17.

mus) bzw. einen versagenden Gott (Theodizee) abschieben kann. An diesem Punkt ist der Zusammenhang von Ontologie (Einheit und Vielheit) und Anthropologie (Der Mensch im Widerspruch) evident, der die Konditionalität von Philosophie und Ethik sichtbar macht. Diese Evidenz bedarf jedoch noch weiterer Begründungen, weshalb noch einige Anmerkungen vorauszuschicken sind: 1. Ethik beschreibt i. S. Häberlins keine gegenständliche Feststellung von Tatsachen, Ethik fordert auch nichts in einem praktischen Anspruch oder einer religiösen Hoffnung usw., vielmehr vollzieht sich Ethik aus der Einsicht in die Wahrheit, sie ist Durchbruch zum wahren Leben.[37] Ethik ist daher nicht mit Moral zu verwechseln, denn vom moralischen Standpunkt aus betrachtet ist und bleibt der Mensch unvollkommen und damit auch die erfahrenen Situationen des je eigenen Lebens wie diejenigen der Geschichte.[38] In einem kurzen Blick auf den aktuellen Zeitgeist könnte gefragt werden, inwieweit die Maßstäbe von aufgeklärter »Geschichtsbesonnenheit«, die an theoretische Konzepte jedweder Couleur angelegt werden, nicht von einem den Konzepten innewohnenden Moralismus zu exkludierenden Bewertungen getrieben werden. Dass hier das »Gericht der Aufklärung« in seiner ganzen Ambivalenz (Horkheimer/Adorno) aufscheint und zu Ideologisierungen führen kann, muss nicht eigens betont werden. So bedürfen etwa die Plädoyers für Pluralität und die damit zusammenhängende Gerechtigkeitsdebatte einer Reflexionsposition, die nicht einfachhin individualistische und/oder holistische Programme in ihrer Ausschließlichkeit bestätigen, sondern einen freien Blick auf die Tragfähigkeit ihrer Begründungen ermöglicht.[39] 2. Totalität und Populismus erliegen der Versuchung, die Welt eindeutig zu erklären und gewonnene Einsichten zum Programm für andere zu machen, ob nun als ausschließliche Kritik, als Imperativ der Nächstenliebe eines Gottes, i. S. einer verordneten Pluralität oder in der Insistenz auf Rechten ohne Pflichten. Eine Philosophie, die damit rechnet, ja sogar darum weiß, dass ihre Eigenart aus einer die eigenen Ansprüche und Rechte transzendierenden Einsicht herrührt, wird das Leben und das Ganze nicht als Rätsel, sondern als Geheimnis achten. Diese Einsicht enthält zwei Perspektiven: Erstens bestärkt die Einsicht in die Wahr-

---

[37] Vgl. das Wesen der Philosophie, 166.
[38] Vgl. Das Wunderbare, 58.
[39] Vgl. Boghossian, Angst vor der Wahrheit, 8ff. Boghossian expliziert dies an der sogenannten Gleichwertigkeitsdoktrin.

heit den Vorbehalt, dass keine Wahrheit absolut zu haben ist[40] und zweitens wird damit das Subjekt von falschen Ansprüchen und Anstrengungen befreit, die Welt in irgendeiner Weise retten zu müssen.[41] Auch eine Ontologie, die diesem Anspruch gerecht werden will, wird diese Vorbehalte in sich aufnehmen und die eigene Argumentation daran abmessen.

2.4. Häberlins Ontologie im Gespräch mit Parmenides und Descartes

Im Ausgang von Häberlins »philosophischem Testament« und in der Darstellung des Begriffs der *Philosophia perennis* konnte deutlich werden, dass jede Philosophie, ist sie noch so sehr am eigenen Denken orientiert, immer auch eine Herkunfts- bzw. eine Absetzungsgeschichte beinhaltet. Diese gegenstrebige Geschichte wird umso deutlicher, wenn sie in ihrer Entwicklung betrachtet wird. Selbstständig in den Versuch einzutreten, Philosophie zu treiben, setzt eine intensive Beschäftigung mit ihrer Geschichte voraus,[42] eine Tatsache, die Häberlins Werk in Gänze durchwirkt. Damit ist nicht nur Häberlins Loslösung von der Theologie gemeint, obwohl gerade seine Philosophie in der Emanzipation von theologischen Grundannahmen eine große Nähe zu theologischem Denken ausweist. Die hier im inszenierten Gespräch behandelten Positionen lassen sich allesamt aus diesem Willen bewusster Differenzierung zur Theologie aber auch als kritische Sicht auf die neuzeitliche (und moderne) Philosophie verstehen. Doch erst im letzten Lebensjahrzehnt nimmt er die schon oft an seinem Werk geäußerte Kritik auf und begründet sein eigenes Denken auch als eine adressierte Auseinandersetzung.[43] Häberlin geht dabei, wie gesagt, von der Voraussetzung aus, dass es für die Philosophie möglich sei, wahre und daher für das Leben maßgebende Einsicht zu gewinnen. Der Glaube, dass solche Einsicht möglich sei, bezeichnet den philosophischen Impuls, d. h., ohne diesen Glauben wäre Philosophie keine Philosophie.[44] Um die philosophische Auf-

---

[40] Vgl. Das Wesen der Philosophie, 99.
[41] Hingewiesen sei hier nur auf die vielen Ratgeber und Gesellschaftsanalysen, die wissen, »was jetzt tun ist«.
[42] Vgl. Kamm, Leben und Werk II, 448.
[43] Vgl. ebd.
[44] Vgl. Existenzialismus kritisch betrachtet, 32.

gabe zu lösen, beginnt Häberlin mit der Ontologie, also der Lehre vom Sein bzw. der Lehre von der im Bewusstsein unhintergehbaren Tatsache, dass etwas ist.[45] Evident ist für Häberlin nicht nur, dass das aus der Einsicht generierte Wissen selbst schon Verhalten kennzeichnet, woraus vielmehr auch die Einheit von Wissenssubjekt und Verhaltenssubjekt folgt, d.h., »das Subjekt als solches weiß sich selber *apriori* als Subjekt.«[46] Darin bezeugt sich nach Häberlin die Urwahrheit, die zuerst und ausschließlich ausdrückt, dass das Subjekt ein solches und damit auch Seiendes *ist*. Ist aber das Subjekt als Wissenssubjekt auch ein Verhaltenssubjekt, so verhält sich dieses Subjekt zu einem Objekt, woraus sich die ontologische Frage ergibt, ob dem Objekt des Subjekts Realität zukommt oder ob dieses nur »Konstruktion« desselben ist. Den sich hier ergebenden ontologischen Angang begründet Häberlin in der Auseinandersetzung mit Parmenides und Descartes, die deshalb ausgeführt und kritisch befragt werden muss.

Den für Häberlin ersten und grundlegenden Bezug stellt Parmenides mit dem Satz der Identität von Sein und Denken dar.[47] Diese Identität meint, Denken bestehe nicht unabhängig von einem Seienden, weshalb ein Subjekt des Denkens selbstverständlich angenommen werden müsse. Aber bei Parmenides deute sich an, dass Denken in einem allgemeinen Sinn nicht nur die Gewissheit des Subjekts aussagt, sondern auch immer einen Bezug zu einem Gegenstand hat, woraus folgt, dass es kein gegenstandsloses Denken geben kann. Daraus ergibt sich für Häberlin eine doppelte Kongruenz, nämlich die eine von Denken und Objekthaben, die durch die Intentionalität des Denkens ersichtlich ist und eine andere, die das Subjektsein und das Objekthaben meint.[48] Dieser Gedankengang zu Parmenides bezieht sich im Wesentlichen auf Fragment 3, 7 und 8 des hexametrischen Epos' und gehört nach Schupp zu den Grundsätzen der Philosophie, der eine Art Meta-Grundsatz darstellt.[49] Für Häberlins Ontologie ist aber nicht nur der Satz der Identität von Denken und Sein relevant, sondern auch die Bestimmung der Philosophie, die sich für Parmeni-

---

[45] Vgl. Philosophia perennis, 33; Lotz, Art. Ontologie, 277.
[46] Philosophia perennis, 33.
[47] Vgl. ebd., 33. Häberlin führt hier keine Literatur an, deshalb Diels-Kranz, Fragmente der Vorsokratiker, 45 (Frgm. 8): »Dasselbe ist Denken und der Gedanke, das IST ist, denn nicht ohne das Seiende, in dem es als Ausgesprochenes ist, kannst du das Denken antreffen.« – Vgl. Schupp, Geschichte der Philosophie I, 90–101.
[48] Vgl. Philosophia perennis, 33.
[49] Vgl. Schupp, Geschichte der Philosophie I, 95 f.

des an zwei Wegen kenntlich macht.[50] Der eine Weg ist derjenige, der aus der wahren Einsicht ins Licht führt (vgl Fr. 1 und 10) und der, der im bloßen Meinen, in der Doxa endet.[51] Genau mit dieser Intention des Gegensatzes von *episteme* und *doxa* kritisiert Häberlin nun folgend Descartes. An der Formulierung des *Cogito ergo sum* macht Häberlin eine Zweideutigkeit fest, die ganz aus der Perspektive des Parmenides konstatiert wird.[52] Einerseits goutiert Häberlin die in der Formel des Cogito ursprünglich gewonnene Einsicht in das Subjekt als eines, das sich seiner selbst gewiss ist, andrerseits unterstellt er eine fatale Vergegenständlichung des Ich, die den Verdacht erwecke, es handele sich um eine aus der Erfahrung gewonnene Gewissheit.[53] Damit aber würde das Ich zu einem Gegenstand der Erfahrung werden, es würde zum Objekt, was bedeutet, dass das eigentliche Subjekt dieser Erfahrung vernachlässigt würde. Häberlin kritisiert sehr deutlich, dass Descartes die parmenidische Einsicht Außen vorlasse, wodurch das Ich zum Erst-Erfahrenen würde, »es wird zum Prototyp der Res cogitans und wird damit selber zu einer Res.«[54] Die sich daraus ergebenden Folgen seien deshalb katastrophal, weil hier eine Wendung zum Empirismus vollzogen würde, was sich auch an der Gleichsetzung von »unbedingter« und »klarer Erkenntnis« zeigte. D.h., eine empirische Erkenntnis, die als klar und als unbedingt bestimmt wird, hätte eine fatale Ununterscheidbarkeit einer Wahrheit *apriori* und einer solchen *aposteriori* zur Folge. Häberlin begründet diese Ambivalenz des cartesischen Denkens durch dessen empirisch wissenschaftliche Ausrichtung, was notwendig einen Gegensatz zum Traditionalismus wie zur Philosophie nach sich ziehe. Und auch wenn Häberlin den Traditionalismus entschlossen ablehnt,[55] so pocht er doch auf ein echtes und wahres Verständnis von Philosophie, das

---

[50] Da es bei Häberlin außer dieser Sequenz in seinem Werk Philosophia perennis keinen dezidierten Bezug zu Parmenides, geschweige denn einen Quellennachweis gibt, ist jeder Interpret des Häberlin'schen Ouevres auf sich gestellt. Deshalb ist eine intensivere Reflexion auf die Bedeutung des Parmenides bei Häberlin wichtig, um das Apodiktische und die scharfe Trennung von *episteme* und *doxa*, die Häberlin bis zum Ende seines Lebens beibehält, verständlich werden zu lassen. An Ende dieses Kapitels wird deshalb eine erste Kritik auf die Absicht Häberlins stehen.
[51] Vgl. Diels-Kranz; Fragmente der Vorsokratiker, 40.
[52] Vgl. Philosophia perennis, 34.
[53] Vgl. ebd.
[54] Ebd.
[55] Vgl. Das Gute, 144 ff.; Über Pseudophilosophie, 54 f.; Das Wesen der Philosophie, 128 ff.

von der Seinsgewissheit des Subjekts als Grundlage einer Einsicht in die Wahrheit *apriori* ausgeht. Nur in einer Einsicht *apriori* wird jeder Relativismus der Wahrheit abgelehnt, wohingegen das Cogito durch die Analogsetzung von Selbstgewissheit und Selbsterfahrung ein Einfallstor für allen Relativismus biete.[56] Häberlin unterstellt Descartes wohlgemerkt keinen Relativismus, aber mit der Spaltung von Subjekt und Objekt gehe die Einheit, die Parmenides mit seiner Identitätsformel garantierte, verloren. Selbst eine dialektische Philosophie, die in der Synthese versuche, eine mögliche Einheit wiederherzustellen, gehe jedoch zuerst von der Spaltung aus und damit auch von der verlorenen Gewissheit des Selbst.

»Dialektische Philosophie leistet der Menschheit diesen Dienst nicht, ganz abgesehen davon, daß sie durch den Titel Philosophie im »Publikum« den Sinn für wirkliche Philosophie verdirbt. Philosophie ist dort, wo philosophiert wird, und philosophiert wird nicht dort, wo »dialektisch« geredet, sondern dort, wo Wahrheit ernstgenommen wird. Wo dies geschieht, da wird – durch alle Dialektik hindurch – wahre, unbedingt wahre Einsicht gesucht.«[57]

Bei aller berechtigten Kritik, die noch zu äußern sein wird, sind hier wesentliche Hintergründe dieses apodiktischen Anspruchs Häberlins erkennbar: 1. Die Abwehr gegen jeden Subjektivismus, der bei Descartes durch die Überbetonung des Ichs Einzug hält; 2. Das Festhalten an einer Gewissheit als Metapher gegen die durch die Moderne produzierten Unsicherheiten[58] und 3. Die Garantie der Einheit, die die Realität des Objekts garantiert und damit auch das Anderssein des anderen Subjekts (d.i. das Objekt). Mit dieser einleitenden und im Blick auf Häberlins Gesamtwerk bedeutenden prävalenten Kritik

---

[56] Vgl. Philosophia perennis, 34; Das Gute, 220–230; Existenzialismus kritisch betrachtet, 36 f.
[57] Philosophia perennis, 35.
[58] In einer abschließenden Kritik zu Häberlins Werk wird auf diesen Punkt wesentlich zurückzukommen sein, auf die »Gewissheit im Ungewissen« als Gegenentwurf zu den Resultaten der Moderne, ein Anliegen übrigens, dass Parmenides auch hatte, als er gegen die Atomisten (Zenon, Demokrit, Leukipp u.a.) eben gerade jene Einheit garantieren wollte. Platon ist diesem Ansinnen des Parmenides gefolgt und hat trotz seiner Zwei-Reiche-Lehre an der Einheit der Welt festzuhalten versucht. Sowohl Furley als auch Gadamer sehen auch Aristoteles in dieser Linie im Kampf um die Einheit des Kosmos. Vgl. Furley, Aristotle and the Atomists, 85–96; Gadamer, Antike Atomtheorie, 263–279; Schupp, Geschichte der Philosophie I; 100 f. (zu Parmenides).

wird nun die Ontologie in Grundzügen einer kritischen Analyse unterzogen.

2.5. Die Realität des Objekts im Subjektsein

Um die ontologische Aufgabe zu erfüllen und damit zugleich einen Subjektivismus zu verhindern, besteht eine philosophische Notwendigkeit, die Realität des Objekts zu begründen und damit zu garantieren. Dabei ist für Häberln evident, dass der Nachweis der Realität des Objekts ebenso wie der des Subjekts nur *apriori* möglich ist, denn nur dadurch könnte Seiendes begründet werden, d.h., »das Sein des Objekts muss mit derselben Unbedingtheit einsichtig sein wie Sein des Subjekts«[59]. So wie in der Selbstgewissheit über das Subjektseins ein Wissen vorherrscht, so muss analog dazu das Objekt wissend einsichtig sein. Die Betonung liegt für Häberlin hier eindeutig darauf, dass das Wissen um das Objekt ein Wissen ist, also nicht different zum Wissen der Selbstgewissheit des Subjekts ist, denn dies wäre dann ein aus der Erfahrung abgeleitetes Wissen *aposteriori*. Was bedeutet, dass eine Einsicht in die Realität des Objektes ebenso eine Explikation der Urwahrheit *apriori* sein muss.[60] Dies werde, so Häberlin, dadurch einsichtig, dass das Objekt stets das Objekt des Subjekts ist oder anders gesagt: Das Subjekt ist sich seiner selbst dadurch gewiss, dass es sich zum Objekt verhält, weil es selbst ein Subjekt ist, es also als Subjekt fungiert. Im Funktionszusammenhang von Subjekt und Objekt wird deren Einheit bestimmt und im Verhalten des Subjekts zum Objekt zugleich die Dignität des Objekts garantiert, Häberlin nennt dies »Seinszubilligung«. Um hier einem möglichen Missverständnis vorzubeugen, darf Seinszubilligung nicht asymmetrisch als Machtgeste des Subjekts verstanden werden, eine Annahme, der Häberlin mit dem Hinweis vorbeugt, jeder Denkakt des Subjekts, d.h., jeder Bezug, jedes Verhalten, jedes Urteil usw. bestätige das Objekt in seinem Objekt-sein. So erweise sich das Objekt für das Subjekt als wirklich seiender »Partner«[61] der Begegnung und gerade darin,

---

[59] Philosophia perennis, 35.
[60] Vgl. ebd.
[61] In diesem ontologisch generierten Sinn ist der Begriff »Partner« in seiner ganzen Gleichberechtigung und Dignität zu verstehen und kann zugleich mit dem Hinweis auf die Allgemeine Pädagogik Häberlins verbunden werden, in der der Zu-Erziehende in der pädagogischen Situation durchgängig als Partner bezeichnet wird. Vgl. All-

und nur darin, sei es Funktionsgegenstand.[62] Aus all dem formuliert sich die ontologische Grundeinsicht, dass im Selbstbewusstsein das Subjekt nicht als isoliertes, sondern nur zusammen mit dem Objekt vorkommt, aus der folgt: Das apriorische Wissen des Subjekts um sich selbst ist ein ebensolches apriorisches Wissen um das Objekt. Häberlins Bestreben, Einsicht in die Wahrheit zu gewinnen, wird hier im analogen Wahr-sein von Subjekt und Objekt konkret.[63] Die Anmerkungen, die Häberlin hier nach transzendentalem Muster gibt, sind vielsagend: Die Leugnung der Realität des Objekts sei nichts weiter als Gerede, denn in jeder Leugnung des Objekts werde gerade noch einmal die Realität eben gerade jenes Objekts behauptet, was bedeute, dass dieser Vorgang nichts weiter sei als ein Akt der Selbsttäuschung des Subjekts. Im funktionalen Zusammenhang von Subjekt und Objekt ist für Häberlin Selbsttäuschung ein Unbegriff, denn eine Täuschung über die Realität des Objekts zeichne sich durch ein qualifizierendes Urteil über das Objekt aus.[64] Der Terminus des Urteils erläutert in diesem Zusammenhang die ontologische Frage eingehender, denn ein Objekt wird nicht durch ein Urteil gesetzt, sondern geht diesem schon *apriori* voraus, was bedeutet, es gibt kein Seins-Urteil, also ein Urteil darüber, ob das Objekt ist oder nicht.[65] Urteile über das Objekt sind für Häberlin immer qualifizierende, d. h., negative Urteile, die das So-sein oder die Vorstellung des Subjekts bezeichnen. Urteile betreffen demnach nicht den Seinsstatus des Objekts, sondern nur die aus der Sicht des Subjekts vorgenommenen Qualifizierungen. Über das So-sein des Objekts ist demnach nicht wirklich etwas auszusagen, was bedeutet, jedes Objekt ist ontologisch notwendig »unqualifiziert«.

Im Blick auf das Subjekt als Funktionssubjekt wird daher virulent, ob das Objekt des Subjekts selbst ein Subjekt ist, eine Tatsache, die für Häberlin mit der funktionalen Bestimmung des Subjekts gegeben ist, denn das Funktionssubjekt bezieht sich immer auf ein Objekt bzw. es reagiert immer auf ein Objekt. Weil dieses aber nur als Partner reagieren kann, muss vom Objekt als Gegenüber des Subjekts, wenn es wirklich Partner ist, analog genau diese Reaktion an-

---

gemeine Pädagogik; weiterhin finden sich dazu Ausführungen im zweiten Hauptabschnitt zur Pädagogik der vorliegenden Arbeit, vgl. Teil II, 3.1.ff.
[62] Vgl. Philosophia perennis, 36.
[63] Vgl. ebd.
[64] Vgl. ebd., 36 f.
[65] Vgl. ebd., 37.

genommen werden. Häberlin nennt dies Ästimation (d.i. Anerkennung), d.h., das Subjekt erkennt das Objekt an und erweist es damit als Gegensubjekt.[66] Aber auch hier gilt analog, dass das Objekt als Gegensubjekt im ontologischen Sinn unqualifiziert ist, es bestimmt sich nur als Subjekt in der funktionalen Begegnung. Die Gegenargumente, die als mögliche angeführt werden können, berücksichtigt Häberlin, indem geklärt wird, was in diesem Kontext Bewusstsein bedeutet. Für ihn ist Bewusstsein zunächst einmal ein Wissen um Sein, was gleichbedeutend mit Objekthaben bzw. der Begegnung des Subjekts mit einem Objekt ist. Daraus folgt, dass jedem Subjekt Bewusstsein zukommt und da das Objekt als Gegensubjekt ausgewiesen wurde, muss diesem ebenso Bewusstsein zukommen.[67] Allerdings unterscheidet Häberlin den ontologischen Begriff des Bewusstseins von demjenigen des psychologischen Sprachgebrauchs. In diesem wird Bewusstsein als Vorstellung verstanden, das die Möglichkeit einer Unterteilung in Bewusstes und Unbewusstes enthält, weil es Bilder und Phantasien zu produzieren vermag. In einem philosophischen Sinne sei diese Differenz nicht denkbar, denn in der philosophischen Einsicht gehe es nicht um distinktes Wissen, sondern um eine Einsicht *apriori*. Bewusstsein, und im weiteren Selbstbewusstsein, haben in ihrer Begriffsgeschichte mehrdeutige Interpretationen nach sich gezogen, die jedoch allesamt nicht tragfähig erscheinen, sodass Missverständnisse nur dann entstehen, wenn Selbstbewusstsein im Sinn eines vorstellenden Wissens verwendet wird. Darüber hinaus ist Selbstbewusstsein auch nicht mit Selbsterfahrung gleichzusetzen, denn das Subjekt, das sich in der Erfahrung seiner selbst bewusst wird (sich selbst erfährt), widerspricht als vermeintliche Variation einem ontologischen Vorgehen.[68] Diese Zwischenbemerkungen beschreiben in einem logischen Sinn Häberlins Intention, durch den ontologischen Nachweis jede Form von Relativismus abzuwehren, der nicht anders kann, als die Realität des Objekts zu verneinen. Dem Relativismus sei eine skeptische Konnotation inhärent, er bedeute nicht nur eine ontologische Negation des Objekts, sondern führe in der Konsequenz zu einem ontologischen Skeptizismus, der nichts anderes sein könne als ein ausgewiesener Solipsismus.[69]

---

[66] Vgl. ebd., 37.
[67] Vgl. ebd., 38.
[68] Vgl. ebd.
[69] Vgl. ebd., 39.

Die Realität des Objekts im Subjektsein

In der Begründung der Realität des Subjekts formuliert Häberlin wesentliche Aspekte, die sich aus der Funktionalität von Subjekt und Gegensubjekt in ihrer ontologischen Relevanz zusammenfassen lassen: 1. Im Aufweis der Realität des Objekts als Subjekt wird die Dignität (d.i. Seinsbilligung) und Bedeutung beider Subjekte herausgestellt und in ihrem notwendigen Begegnungszusammenhang begriffen, die beide Subjekte zu Partnern in diesem Begegnungsgeschehen machen. 2. Die ontologische Rechtfertigung des Gegensubjekts vermeidet jede Form dessen Qualifizierung, weil es nicht um ein Sosein, vielmehr um ein Attestat seines Seins geht. 3. In der Einheit von Subjekt und Objekt gelingt die Vermeidung eines Solipsismus und damit einer Verabsolutierung des Subjekts, die überhaupt über den Funktionszusammenhang beider Subjekte Gemeinschaft in einem logischen Sinn möglich machen kann. Hier zeigt sich Einheit als Option, die sich von der Willensstärke oder edlen Motiven (Überzeugungen) der jeweiligen Subjekte emanzipiert zeigt.

Bevor noch dezidierter die Relativität (Relationalität) des Seienden (d.i. das Subjekt) untersucht wird, ist ein kurzer Blick auf Häberlins Kantkritik zu werfen. Anhand des bisher Gesagten wird klar, dass ein Solipsismus (d.i. ein Subjektivismus), selbst in abgeschwächter Form, als eine Abhängigkeit oder sogar als eine Verneinung des Seins des Objektes verstanden werden muss und so dem Sein nur ein eingeschränktes Sein zuerkannt werden kann. Der Ontologie wird daher im Subjektivismus ihr eigenes Verfallsdatum attestiert, eine Bilanz, die den Blick auf Kant und seine Transzendentallehre lenken muss. Häberlins ontologischer Entwurf steht deshalb schon im Kern der Umbesetzung einer Ontologie in Erkenntnistheorie[70] entgegen. Hatte Kant erkenntnistheoretisch von der Unerkennbarkeit des Dinges an sich gesprochen und damit dem Objekt (als Gegensubjekt) eine nur mögliche, nicht aber einsehbare Seinsrealität unterstellt und diesem in der Möglichkeit quasi jeden Subjektcharakter abgesprochen, wird notwendig der ganze Schwerpunkt auf die Erkenntnisgewinnung des Subjekts verlegt. – In Briefen an seinen Schüler Hans Zantop bezeichnet Häberlin Kants Vorgehen als Psychologie, ja sogar als Psychoanalyse der tatsächlichen wissenschaftlichen Erkenntnis, aus der konsequent ein Subjektivismus erwachse.[71] – Diese Verlegung des

---

[70] Vgl. Marquard, Skeptische Methode im Blick auf Kant.
[71] Brief an Hans Zantop vom 9. August 1958, zit. nach Luczak, Häberlin für heute, 109.

Schwerpunkts werde zudem ausdrücklich in der starken Betonung der Transzendentalität aller möglichen Erkenntnis des Subjekts, denn mit der Option erkenntnismäßiger Grenzüberquerungen ad infinitum rücke die Realität des Objekts immer mehr in einen nicht angebbaren Horizont hinein (transzendentale Apperzeption), d.h., die Seinsdignität des Objekts bleibe in einem transzendentalphilosophisch umgekehrten »Immer-schon« fraglich.[72] Häberlin schließt deshalb auf das Fehlen einer inneren Beziehung zwischen Subjekt und Objekt, woran auch der Kunstgriff der transzendentalen Apperzeption nichts ändern könne, denn auch hier gehe die Syntheseleistung vom erkennenden Subjekt aus, einer aus der Erfahrung generierte Erkenntnis *aposteriori*. Es wird ersichtlich, dass sich die Systematiken einer Ontologie und einer kritischen Erkenntnistheorie diametral gegenüberstehen. Aus diesem Grund verweigert Häberlin die »kopernikanischen Wende« Kants, er verbleibt bei einer Ontologie, die ihre Absichten ebenso wenig verbergen kann wie Kants ganz der Aufklärung verpflichtetes Denken.[73]

2.6. Relativität und Existenz

Der Funktionszusammenhang, in welchem Subjekt und Objekt miteinander stehen, zeichnet jedoch nicht nur ein logisches Verhältnis aus, denn in der Funktion scheint schon eine weitere Bestimmung der Subjekt-Objekt-Relation auf. Weil das Subjekt Funktionssubjekt und das Objekt der Gegenstand des Verhaltens des Subjekts ist, bedeutet diese Relation ein praktisches Verhältnis, d.h., es tritt in der gegenseitigen Bezogenheit und in der Ausgesetztheit die Relativität des Seienden zu Tage.[74] Relativität bezeichnet zunächst einmal das

---

[72] Nicht umsonst hatte Karl Rahner im Anschluss an Joseph Maréchal dieser transzendentalen Ausrichtung des Subjekts in der Metapher des unsagbaren Geheimnisses gefasst und damit theologisch die bei Kant offenbleibende Ungewissheit, wenn auch selbst wiederum negativ, in positiver Weise bestimmt. Vgl. Rahner, Grundkurs des Glaubens, 26–34; Knoepffler, Der Begriff »transzendental«, 82 ff. 103 ff.

[73] Es ist durchaus Vieles zur Kantkritik Häberlins zu sagen, aber m. E. geht es hier um die unterschiedlichen von Kant und Häberlin zugrundegelegten Voraussetzungen, die verdeutlichen, dass der Eine (Kant) gerade in der Ablehnung der Metaphysik (Ontologie) den heteronomen Ballast überkommener Systeme überwinden wollte, was für den Anderen (Häberlin) als einzige echte philosophische Möglichkeit im Anschluss an Parmenides überhaupt gelten konnte.

[74] Vgl. Philosophia perennis, 40.

Relativität und Existenz

Gegenteil des Absoluten, das Häberlin als autarkes Für-sich-sein fasst. Relativität erweist sich daher als kongruent mit der Relationalität des Subjekts, denn da das Subjekt in seinem Verhalten zum Objekt fungiert, ist es nie für sich, sondern grundsätzlich im Bezug zum Objekt »relativ«. Schon hier wird erkennbar, dass Häberlin die Relation und damit die Relativität stärkt, um die Absolutheit zu vermeiden. Wie an anderer Stelle schon ausgeführt[75], ist ein *Ismus* in jeder Variation die Absolutsetzung eines Standpunktes, der immer ein Standpunkt des sich behauptenden Subjekts ist, das »Ich« sagt. Die Relativität darf hier allerdings nicht als abwertender Begriff i. S. des Relativismus verstanden werden, sondern ausdrücklich in seiner funktionalen Bezogenheit. Sein heißt für Häberlin Zusammensein, weshalb absolut-sein ein Widerspruch in sich selbst sei,[76] weil im Zusammensein das eine Subjekt im anderen seinen Partner und zugleich seine Grenze finde. Dieses funktionale Verhalten in seiner Relativität als Zusammensein nennt Häberlin Existenz, woraus folgt, dass Sein und Existenz dasselbe sind, denn Existenz heißt für das Subjekt immer mit dem Objekt (dem Gegensubjekt) in Begegnung stehen wie auch selbst der Gegenstand des Verhaltens des Gegensubjekts zu sein. Existenz kann sich daher nicht anders verstehen denn als Begegnung. Häberlin weist in diesem Zusammenhang auf vermeintliche Parallelen zum Existenzialismus (Existenzphilosophie wird in Anführungszeichen verwendet!)[77] hin und geht zunächst mit diesem in der Intention einer Gegnerschaft gegen die idealistische Absolutsetzung des Subjekts überein, nimmt dies aber sogleich mit dem Hinweis zurück, dem Existenzialismus sei ein Anthropozentrismus inhärent, der auf einen Empirismus cartesianischer Prägung hinauslaufe.[78] Den Grund sieht Häberlin darin, dass der Existenzialismus zwar vom Subjekt aus philosophiert, aber eben von einem solchen, das aus der menschlichen Selbsterfahrung gewonnen wird und daher identisch mit dem »Ich« Descartes sei. Erhellend für das Verständnis dieser Kritik ist die Tatsache, dass Häberlin konsequent bei seiner ontologischen Diktion bleibt und Subjekt anstelle von »Ich« spricht. Ein weiterer Einwand gegen den Existenzialismus liege darin, dass dieser die

---

[75] Vgl. Teil II, Kap. 2.1.
[76] Vgl. Philosophia perennis, 40.
[77] Vgl. hierzu Existenzialismus kritisch betrachtet, 31–41; Über Pseudophilosophie, 42–79.
[78] Vgl. Philosophia perennis, 41.

Relativität als Differenz kennzeichnet, damit werde einerseits das Eigensein und die absolute Individualität des Seienden betont und in ihrer beinahe Ausschließlichkeit gefasst und daraus folgend wird andererseits die Existenz als Relativität verneint. Existenz im Existenzialismus ist zuerst Selbstbezug, weshalb nicht eigentlich eine Begegnung stattfindet, d.h., »das Gegenüber spielt nur die Rolle der Beschränkung oder »Bedrohung« (i.O., M.H.), nicht diejenige des Partners.«[79] Durch den Selbstbezug ist das menschliche Subjekt in seiner Subjektivität auf sich selbst gestellt und hat keinen Halt außer dieser,[80] jede Gegenseitigkeit, d.h., jede Relativität wird subjektiviert. Häberlins Kritik am Subjektivismus und damit an der Unmöglichkeit von Begegnung ist weitreichend und deckt sich in vielem mit den Positionen von Michael Theunissen[81] und Emmanuel Levinas[82]. Ohne die soziale Dimension gerät die an der Selbsterfahrung des Subjekts orientierte Philosophie zu einer Analyse der Befindlichkeit, zu einem neuartigen Subjektivismus.[83] Die Einordnung des Existenzialismus als stimmungsdogmatisch,[84] mag eine polemische Rückhand gegen die Deutungshoheiten seiner Zeit sein, diese entbehren jedoch nicht einer bleibenden Aktualität. Um die Plausibilität von Relativität bzw. Relationalität in Häberlins Konzept zu stützen, darf auf die Deutung von Begegnung hingewiesen werden, die Bollnow schon Ende der 1950er Jahre in seinem Buch »Existenzphilosophie und Pädagogik«[85] vorgelegt hat. Dort bestimmt er, unter Bezugnahme auf Buber und Guardini, Begegnung als eine *unstete* Form der Erziehung, unstet deshalb, weil sie nach dem Schema der Exis-

---

[79] Ebd.
[80] Existenzialismus kritisch betrachtet, 37.
[81] Vgl. Theunissen, Der Andere. – Theunissen nennt seine Studien ausdrücklich Studien zur Sozialontologie und distanziert sich damit grundsätzlich von Heideggers »Fundamentalontologie«. Als Bemerkung sei zusätzlich erlaubt, dass im Sinne Häberlins Heideggers sogenannte Fundamentalontologie keine wirkliche Ontologie meint, auch wenn Heidegger nicht vom Ich, sondern vom Dasein spricht. Vgl. Anthropologie und Ontologie, 21: »Was der Absicht nach als Fundamental-Ontologie und dann als anthropologische Wesensschau gemeint war, wird zur "Fundamental-Psychologie". Ein großer Ansatz ist damit empiristisch vertan.«
[82] Vgl. exemplarisch Levinas, Jenseits des Seins; Ders., Humanismus des anderen Menschen; Ders., Verletzlichkeit und Frieden.
[83] Vgl. Philosophia perennis, 42.
[84] Existenzialismus kritisch betrachtet, 38–40.
[85] Vgl. Bollnow, Existenzphilosophie und Pädagogik, 87–101. Hier beziehe ich mich, wie schon in Teil I vermerkt, auf die Ausgabe von 1959, weise allerdings auch auf Bollnow, Schriften Bd. VIII hin, dort 75–88.

tenzphilosophie ein Widerfahrnis darstellt, etwas also, was dem Subjekt geschieht, das unvorbereitet und unerwartet auf dieses zukommt.[86] Begegnung als das die Existenz Konfrontierende verstanden, als ein »Jenseits vom Subjekt«, entzieht sich damit jeder ontologischen Bestimmung und damit einem Wissen, das *apriori* gegeben wäre bzw. sein könnte. Die hier bei Bollnow verifizierbare Differenz zu Häberlin unterstreicht gleichwohl dessen Abwendung von der Existenzphilosophie insofern, als Bollnows Studie die Problematik beider Seiten offenbart. Für die Existenzphilosophie evident und leitend, für Häberlins jedoch nachrangig einzuordnen, wird die Frage nach der Freiheit zum Entscheidungskriterium für Relativität. Wenn das Subjekt als Funktionssubjekt im permanenten Verkehr mit immer wenigstens einem Gegensubjekt steht, was bedeutet dann Freiheit angesichts dieses Funktionszusammenhangs? Für Häberlin ist das Subjekt in seiner Funktionalität nicht determiniert, sondern, da das Subjekt immer Subjekt seines Verhaltens ist und dieses Verhalten keinem anderen zukommt, ist das Subjekt genau darin frei. Freiheit und Subjektsein sind identisch,[87] d.h., die Freiheit des Subjekts wird durch seine Bezogenheit nicht eingeschränkt, es bleibt in dieser trotz allem Subjekt, und damit frei, obwohl die Bezogenheit zum Objekt nicht aus freiem Verhalten resultiert, sondern im Zusammenhang (Verkehr) der Subjekte gegeben ist. Häberlin spricht von einer Einschränkung der Freiheit nur im Blick auf die Relativität, allerdings bedeute Relativität nicht Unterbindung von Freiheit, sondern nur Ausschluss einer absoluten Freiheit i.S. einer Beziehungslosigkeit.[88] Häberlin unterläuft einen Freiheitsbegriff, der als Willkürfreiheit aus reiner Subjektorientierung verstanden wird, indem er Freiheit auf das Subjekt als Funktionssubjekt bezieht. D.h., in der Relativität ist das Subjekt ganz Subjekt und damit frei von der Absolutheit, was in der Umkehrung bedeutet, dass der Traum von absoluter Freiheit nur um den Preis einer Verneinung der Relativität und dem Verlust der Subjektivität zu haben ist. Unter der Berücksichtigung des In-Beziehung-seins des Subjekts sind Relativität und Eigenständigkeit nur zwei Modi des Seins, sie bedeuten keinen Gegensatz,

---

[86] Vgl. ebd., 89. Bollnow bezieht sich hier auf Bubers Wort »Alles wirkliche Leben ist Begegnung« und erläutert dann im Anschluss die Unplanbarkeit von Begegnung und die Unmöglichkeit, eine solche herbeizuzwingen.
[87] Vgl. Philosophia perennis, 42.
[88] Vgl. ebd.

höchstens dort, wo das Subjekt auf seiner Eigenständigkeit beharrt oder wo ethische Freiheit als Vehikel dafür genommen wird, eigene oder höhere Interessen, zu welchem Zweck auch immer, durchzusetzen.

2.7. Absolutheit und Unabhängigkeit oder Einiges im Horizont von Spinoza und Kant

Häberlin ergänzt seine ontologischen Reflexionen mit dem Hinweis, in der Relativität komme dem Objekt die gleiche Dignität zu wie dem Subjekt,[89] um zu verdeutlichen, dass sich das Objekt nicht dem Subjekt verdankt, sondern es dem Subjekt qua Funktionssubjekt gegeben ist. Damit schließt Häberlin jeden Subjektivismus und jede daraus mögliche Form eines Konstruktivismus aus. Der Modus der Relativität ist ontologischer Natur und kann daher nicht verweigert werden, das Subjekt steht grundsätzlich darin. Die Tatsache der Existenz, die hier virulent ist, bestätigt deshalb das Sein des Seienden oder mit anderen Worten: das Sein des Seienden ist gegeben, aber nicht zu begründen. Häberlin beschreibt die Unverfügbarkeit des Seins für das Seiende, ob Subjekt oder Objekt, trocken und nüchtern mit in der Formel, dass das Seiende zum eigenen Sein nichts zu sagen habe.[90] Mit der Einsicht in die Sprachlosigkeit des Seienden gegenüber dem Sein zeigt sich die Unabhängigkeit des Seins von aller Funktionalität, d.h., aller Relativität (d.i. Existenz). Aber die Unabhängigkeit des Seins von der Relativität sagt noch nichts über die Relativität selbst aus bzw. »Relativität ist nicht selber relativ«[91]. Ist aber das Sein interdependent, und zeigt sich das Sein in der Existenz (Relativität), dann kann das Sein, weil es nicht relativ ist, nur das Absolute bezeichnen. Auch hier wird denkerisch die Identitätsfigur in der Gleichsetzung von der Absolutheit des Seins und der Relativität des Seienden ausdrücklich, denn sie meinen sachlich dasselbe. Und so wie die Übereinstimmung von der Absolutheit des Seins und der Existenz (d.i. die Relativität) besteht, so auch diejenige von Absolutheit und Freiheit. So wie Sein im Seienden nicht begründet ist, so ist Freiheit nicht begründet, was aber nicht bedeutet, wie oben gezeigt werden konnte,

---

[89] Vgl. ebd., 43.
[90] Vgl. ebd.
[91] Ebd.

dass nur aufgrund der Nichtbegründbarkeit das Seiende nicht frei wäre, denn ausgesagt ist damit nur, dass Freiheit nicht dem Willen des Seienden unterworfen, sondern vielmehr ein Attribut am Seienden selbst ist.[92] Die Interdependenz des Seins, das seine Absolutheit ausdrückt, ist für Häberlin gleichbedeutend mit Ewigkeit, mit Unabhängigkeit von allem, was ist.[93] Selbst Änderung bzw. Wandlung des Seienden widersprechen nicht der Ewigkeit des Seins, was auch hier, um es nochmals zu betonen, an der in der Funktionalität angelegten Notwendigkeit begründet liegt. Veränderung oder Wandlung, d.h., Verkehr, gehört zum Seienden und tangiert dessen Sein nicht, sondern bestätigt es geradezu. So ist für Häberlin evident, wenn das Sein des Seienden ewig ist, dann muss das Seiende selbst nach seinem Sein ewig sein.[94] Bestimmt sich das Seiende durch den Verkehr mit anderen Seienden im Funktionszusammenhang, so kommt diesem Zusammenhang ebenso Ewigkeit zu wie der Relativität selbst. Häberlins Blick auf die Strukturen sind ontologisch und nicht wie der Existenzialismus an der Erfahrung ausgerichtet, sie erfolgen vielmehr aus der Warte »sub specie aeternitatis«. Um diesen Standpunkt zu erklären, ist ein wiederholter Rückgriff auf Spinoza erhellend, denn dieser hatte am Ende seiner Ethik gemeint: »Was der Geist unter der Form der Ewigkeit erkennt, erkennt er nicht daraus, dass er das gegenwärtige wirkliche Daseyn des Körpers begreift, sondern daraus, dass er das Wesen des Körpers unter der Form der Ewigkeit begreift.«[95] Daraus ergibt sich, dass jede Temporalisierung der Existenz, wird diese an deren Begrenztheit und Endlichkeit (Tod) usw. akut, die ontologi-

---

[92] Der hier auf den Seiten 43 f. der *Philosophia perennis* vorgelegte Argumentationsgang erinnert nicht zufällig an den logisch-geometrischen Aufbau der Ethik Spinozas, weil Häberlin mit den logischen Figuren von Attribut und Modus, ohne sie als solche zu benennen, arbeitet. Spinoza hatte im ersten Teil seiner Ethik den logischen Zusammenhang der einen Substanz, die sich unendlich viele Attribute hat und sich in unendlicher Weise (Modi) ausdrückt so angelegt, dass ihr notwendiger Zusammenhang deutlich wird, ohne aber diese eine Substanz nochmals inhaltlich zu explizieren. Vgl. Spinoza, Ethik I, Definitionen 1–8. – Darüber hinaus zielt die von Spinoza absichtlich plazierte geometrische Methode auf ein von Subjektivität freies Denkmodell, wie er dies im Appendix zum ersten Teil verdeutlicht. Vgl. Spinoza, Ethik I, Appendix, 145–159. – Diese subkutane Spinozarezeption Häberlins erklärt die Strenge des Denkens und auch die schon genannten Absichten. Aber auch hier muss der Hinweis auf eine eventuell später folgende Untersuchung genügen.
[93] Vgl. Philosophia perennis, 43 f.
[94] Vgl. ebd., 44.
[95] Spinoza, Ethik V, L. 29.

sche Struktur der Relativität der Subjekte nicht betrifft. Deshalb, und nur deshalb, kann Häberlin sagen: »Existenz, die ja Existenz eines Seienden ist, heißt nicht Endlichkeit, sondern Ewigkeit.«[96] Die hier ontologisch sichtbar gemachte Ewigkeit der Existenz kennzeichnet das Sein des Subjekts, ist diesem inhärent und qualifiziert das oben genannte Wissen um das Sein als ein Wissen *apriori*. Dieses Wissen um die Ewigkeit begründet aber gerade darin Häberlins Anspruch auf Bejahung der Existenz, die immer eine Bejahung der Welt *apriori* sein muss. Beispielgebend dafür ist Häberlins Ethik, in der die Einsicht in die ontologische Struktur als Voraussetzung dafür begriffen wird, Ethik nicht als Unterscheidung i. S. einer Kritik zu deuten, vielmehr laufe Ethik durch den permanenten Bezug auf diese Urwahrheit auf ein richtiges Verhalten hinaus. Ethik als Verstehen meint ein respektierendes und wertschätzendes Verhalten, bedeutet nichts anderes als die Anerkennung des Anderen (und damit eine Anerkenntnis und Verstehen des Selbst).[97] Bezüglich des Wissens um diese Urwahrheit stellt sich alle Ontologie als die Explikation dieses Wissens dar, wobei Explikation nicht bedeutet, dieses Wissen zu erklären, zu deuten oder mehr Wissen über dieses Wissen zu erlangen, denn dieses Wissen um die Urwahrheit geht niemals über das hinaus, was es ist. Dieses Wissen wird, so Häberlin, gewusst, aber es ist jeder Erklärung prinzipiell unzugänglich, denn es widerspräche der Absolutheit.[98] Daher bleibt das Sein des Seienden ein Rätsel, das eben nur als Rätsel gewusst wird, oder, wie Levinas es einmal ausdrückte, welches das Subjekt angesichts des Rätsels wachhält.[99] Diese Rätselhaftigkeit des Absoluten, die wissende Unverfügbarkeit darum, bezeichnet Häberlin als Geheimnis, als bleibendes Geheimnis,[100] das aller Spekulation entzogen ist bzw. alle Deutung oder Erklärung als Konstruktion entlarven muss. Denn in jeder Spekulation wird das Sein des Seienden gelöst

---

[96] Philosophia perennis, 44.
[97] Vgl. Ethik, 12.
[98] Vgl. Philosophia perennis, 44.
[99] Vgl. Levinas, Die Spur des Anderen, 120.
[100] Hierzu ist bleibend erhellend Rahner, Über das Geheimnis, 51–99. Rahner unterscheidet hier zwischen Geheimnis i. S. einer Sache, die niemand wissen darf, die aber Eingeweihten bekannt ist (bspw. politische Geheimnisse) und einem Verständnis von Geheimnis, das seine prinzipielle Unerkennbarkeit aussagt. Deshalb spricht Rahner in seinen Schriften auch vom unsagbaren Geheimnis. – Im Blick auf die Deutungskategorien von Person und Biographie in der Sozialen Arbeit vgl. Hundeck, Verstricktsein in Geschichten, 77–96, bes. 87 f.; Ders., Die Geheimnishaftigkeit der Person, 121–143, bes. 123 ff. (mit Bezug auf Richard von St. Viktor und Kant).

Absolutheit und Unabhängigkeit oder Einiges im Horizont von Spinoza und Kant

oder benannt, als ob es selbst ein Seiendes wäre. Hier trifft sich Häberlin mit Kant und dessen Definition des Noumenon (Ding an sich)[101], welches aller Erkenntnis unzugänglich ist. Gleichwohl macht Häberlin darauf aufmerksam, dass genau in dieser Inkompetenz, das Ding an sich nicht erkennen zu können, der Antrieb aller Spekulation steckt. D. h., weil die Wahrheit der Erkenntnis nicht zugänglich ist, werden Vorstellung und Gedanken bemüht, um spekulierend in einer Konstruktion die Begrenztheit menschlicher Erkenntnisfähigkeit zu bemühen. Jede Absicht, die erkenntnistheoretische Inkompetenz durch Konstruktion auszugleichen ist aufklärerisch in dem Sinn, dass die Spekulation als Erklärung für das Unerklärbare hingenommen wird. Jede Form von idealistischer Kompensationsstrategie entlarvt sich dabei in der Gegenüberstellung von Sein und Seiendem, bspw. im Begriff der Transzendenz, das nicht nur ein neues Wort für das Absolute meint, sondern gerade zuerst eine Gegenüberstellung von Sein und Seiendem behauptet.[102] Der »ehemalige« Theologe Häberlin übt hier ein gediegenes Stück Theologiekritik mit der Aussage, jedes spekulativ erdachte Absolute sei identisch mit dem Gott aller Theismen, der nichts anderes als ein erdachter Gott sei.[103] Einerseits arbeitet sich Häberlin luzide am Bilderverbot ab, andererseits verdeutlicht er, dass Philosophie hier der Theologie genauso wie jedem identifizierenden Denken, das in diesem Sinn immer aufklärerisch ist, entgegensteht. Es geht um Einsicht in die Wahrheit und die daraus mögliche Lebensführung und nicht um Erkenntnisgenerierung als Modus der Selbstbehauptung, ob nun aufklärerisch oder nicht. Häberlins Hinweis auf Kant, dass dessen Kritik ihr Recht insofern behalte, als die Gottesbeweise von etwas ausgingen, von denen doch kein kongruierender Gegenstand gegeben sei,[104] verdeutlicht, dass Häberlins ontologische Kosmologie[105] nicht nur eine Ruhigstellung der Gottesfrage impliziert. Vielmehr beschreibt sie das Ganze, das sich in der Relativität der Seienden zeigt, als das einzige Sein, das philosophisch relevant ist. Dass bei dieser Kritik neben Spinoza auch Schleiermacher Pate steht, bestätigt sich offensichtlich darin, dass einerseits die Ethik Spinozas in ihrer geometrischen Darstellung, wie Wolfgang

---

[101] Vgl. Kant. Über eine Entdeckung, BA 41 (320 f.); Hundeck, Die Geheimnishaftigkeit der Person, 130.
[102] Vgl. Philosophia perennis, 45.
[103] Vgl. ebd.
[104] Vgl. Kant, Kritik der reinen Vernunft, B 620–21.
[105] Anthropologie und Ontologie, 11.

Bartuschat meint, eine Theorie des Menschen[106] unter den Bedingungen einer absoluten Immanenz formuliert und andererseits bei Schleiermacher der Begriff der »schlechthinnigen Unendlichkeit« keine negative Theologie meint, sondern gerade jene Ruhigstellung im Blick hat, die nur durch die Immanenz im Modus des Individuums vermittelt werden kann.[107] Damit erreicht Häberlin einen Punkt, an dem die Anthropologie, also die Frage nach dem Wesen des Menschen, virulent wird, denn in der Einsicht der Absolutheit und Ewigkeit des Seins alles Existierenden stoppt die Philosophie zugleich auch das Nachdenken über den Sinn und das Wesen des Geheimnisses und wird Anthropologie.[108]

2.8. Häberlins Kosmologie im Gespräch mit Leibniz und Kant

Neben der Ontologie ist Häberlins Kosmologie zu bestimmen, die mit den an dieses Kapitel anschließenden philosophischen Reminiszenzen ein ergänzendes Gegenstück, quasi die andere Seite seiner Ontologie, abbildet. Und auch, wenn die Welt dem Menschen in vielfacher Ordnung (Kosmos) entgegentritt, meint Kosmos hier die Einheit aller Relationen der Subjekte. Die Befragung der Kosmologie Häberlins auf ihre philosophiegeschichtlichen Hintergründe ergibt einerseits ein kaleidoskopartiges Bild, das scheinbar der konsequenten Systematik Häberlins widerspricht, andererseits aber die Strenge seines Denkens kontextualisiert, um neue Perspektiven aus seiner »kargen« Systematik zu gewinnen.[109] Gewonnen wird diese Einsicht dadurch,

---

[106] Vgl. Bartuschat, Spinozas Theorie des Menschen.
[107] Vgl. hierzu Über den Einfluss der spekulativen Gotteslehre, 14 ff. – Mir ist bewusst, dass über die Gottesfrage bei Schleiermacher viel Heterogenes geschrieben worden ist und es wäre eine eigene Untersuchung wert, über Häberlins Rezeption der »Gottesidee« gründlicher nachzudenken, wozu aber an dieser Stelle keine Möglichkeit besteht.
[108] Vgl. Philosophia perennis, 45. 78 ff.
[109] Es wäre in der Tat möglich gewesen, Häberlins Strenge des Systemdenkens noch einmal mit dem Thema der mystischen Erfahrung zu konfrontieren, dies hätte aber die Arbeit auf andere Ziele zulaufen lassen als die hier anvisierten. Wie allerdings in den biographischen Reminiszenzen gezeigt wurde, steht auch hier Spinoza als Vergleichsinstanz im Hintergrund, denn auch Spinozas strenger Rationalismus hat ihre mystischen Spiegelungen, wie dies etwa die dritte Form der Erkenntnis, die scientia intuitiva, in besonderer Weise ausdrücklich macht. Vgl. Spinoza, Ethik V, L. 25 ff.; Yovel, Spinoza, 57–62; Tumarkin, Spinoza, 20–23.

dass Kosmos nicht Einerleiheit oder Gleichförmigkeit bedeutet, denn je mehr Sinn und Einheit eine Mannigfaltigkeit durchherrscht, desto mehr kann von Ordnung gesprochen werden.[110] In Abwandlung zum Ordnungsgedanken des Neuplatonismus stellt Häberlins Kosmologie nicht die Einheit als Spitze des Seins dar, von dem die Vollkommenheit stufenförmig absteigt,[111] sondern die Vollkommenheit des Seins selbst. Analog zu den Resultaten des »schweizerischen Denkens«, das durchwirkt ist vom reformatorischen Gedanken eines demokratischen Nebeneinanders, kann Kosmos hier nur in seiner stufenlosen Einheit verstanden werden, wodurch Häberlins Kosmologie an die Modelle von Spinoza und Leibniz anschlussfähig wird.

1. Die Häberlins Ontologie auszeichnende Relativität von Subjekt und Objekt repräsentiert einen Funktionszusammenhang, der sich aus dem Objekthaben des Subjekts ergibt und eine unvertauschbare Qualitas von Subjekt und Objekt bedeutet. D.h., Relativität ist im Sinne des Objekthabens eindeutig, sie ist funktionell, aber sie ist in funktioneller Weise nicht eindeutig,[112] denn Objekthaben variiert nicht nur aus Sicht des Subjekts, sondern auch aus der des Objekts, welches ja wiederum selbst Subjekt ist. Aus dieser funktionellen Eigenart, die nichts anderes als Veränderung und permanenten Gestaltwandel des Zusammenhangs meint, ergibt sich die Frage nach der Ordnung und berechtigterweise die nach der Einheit. Wenn Kosmos Ordnung bedeutet, Funktionalität aber Wandel, wie ist dieses Verhältnis beider Kategorien zueinander zu bestimmen? Die Lösung liegt für Häberlin darin, dass Wandel nur dann möglich ist, wenn das Objekt des Subjekts in sich different ist, Indifferenz würde Starre und Stillstand bedeuten, deshalb muss, trotz der sich durchhaltenden Funktionalität und des gleichzeitig sich vollziehenden Wandels, das Objekt mehr als ein Seiendes enthalten, das Objekt ist eine Mehrheit von Seienden. »Die Welt ist nicht Dualität von Subjekt und Objekt; sie ist (geordnete) (i.O., M.H.) Vielheit von Subjekten.«[113] Aus der Einsicht in den Zusammenschluss von Vielheit und Ordnung wird der Begriff des Individuums generiert, denn Individuum ist durch seine eindeutige Qualität bestimmt, womit die positionelle Identität

---

[110] Vgl. Brugger, Art. Ordnung, 280.
[111] Vgl. ebd.
[112] Vgl. Philosophia perennis, 46.
[113] Ebd., 48.

des Individuums gemeint ist.[114] Das Individuum ist durch seine Unverrückbarkeit und seine Unersetzbarkeit ausgezeichnet, d.h., es ist ewig nach seinem Sein und seiner Beschaffenheit. Häberlin bestimmt die Welt als individuierte und in diesem Sinne nach unendliche, da sie alles Seiende umfasse, weshalb die Menge der Seienden und die Menge der Individuen gleich »viel« sei. Die aufgezeigte Argumentation verdeutlicht, wie tief die Analogien Häberlins gehen, denn wenn die individuierte Welt alles umfasst und zugleich unendlich ist, dann kann nichts außerhalb dieses Seienden existieren, denn dies würde wiederum die Endlichkeit des Seienden bedeuten.[115] Es gibt nichts, was nicht Individuum wäre, es gibt kein außerindividuelles Band und nichts begrenzt die Individuen untereinander und nicht in ihrem Inneren[116], d.h., es gibt eine Einheit im Ganzen und eine solche im Inneren, »die individuierte Welt ist Kontinuum besonderer Individuen«[117].

Geordnete Vielheit und Einheit sind deshalb kein Widerspruch, sondern kennzeichnen die Welt, Einheit ist daher nicht ein Umschließendes, vielmehr der Kern des Funktionszusammenhangs der Individuen selbst, d.h., »Sein gibt es nur als seiende Individualität«[118] und nicht als hypostasierte und gottgleiche Substanz. Häberlins Rede von der geeinten Vielheit, die ausgedehnt ist, weil die Individuen qualitativ verschieden sind und darum jedes eine eigene Dignität besitzt, begründet die Ausgedehntheit des kosmologischen Raums als Seins- und Ordnungsform. Der Raumbegriff bekommt hier eine strukturelle Konnotation, er ist ausgefüllt vom Verkehr der Individuen untereinander, der Raum repräsentiert die Einheit und damit die Substanz ganz im Gegensatz zu Spinoza als lebendige Einheit, als tätiges Leben schlechthin. Der Raum als gefüllter Raum überwindet den vermeintlichen Antagonismus von Funktionalität und Kosmos, d.h., in der Einheit der Individuen begegnen sich diese in differenzierter Weise, variieren ihr Verhalten in je vorhandene und je neue Möglichkeiten,

---

[114] Vgl. ebd., 49.
[115] Vgl. Spinoza, Ethik I, L.6. L.8. Spinozas Gedanke der einen Substanz, neben der es keine zweite (unendliche) geben kann, ist hier analog zu der Argumentation Häberlins zu verstehen. Es wird noch zu zeigen sein, dass Häberlin zwar den Substanzbegriff Spinozas grundsätzlich übernimmt, ihn aber auf das Individuum hin anders deutet.
[116] Vgl. Philosophia perennis, 49.
[117] Ebd.
[118] Vgl. ebd., 51.

Häberlins Kosmologie im Gespräch mit Leibniz und Kant

sodass Sein ein ständiger Prozess des Werdens ist.[119] Dieser Zusammenhang als pulsierendes Vergehen und Entstehen hat keinen Anfang und kein Ende, es gibt keine Wiederholung und deshalb, so Häberlin, kann Kausalität nur als freies Interagieren der Individuen verstanden werden, weshalb diese Kausalität nicht deterministisch ist. Dieses sich stetig erneuernde und vollendende Geschehen ist die kosmische Zeit, die in der Ordnung ablaufende Sukzession.[120] So wie der Raum erfüllter Raum ist, so ist die Zeit erfüllte Zeit.[121] Raum und Zeit sind die beiden Ordnungsarten der Welt, denn sie repräsentieren Koordination (Raum) und Sukzession (Zeit), was die Koordination als erste und die Sukzession als zweite Ordnung ausweist. Ordnung bleibt demnach in doppelter Weise, die Welt in all ihrem Wandel bleibt eine Welt, sie »bedeutet ewige Vollendetheit durch ewige Vollendung«[122]. Häberlin bleibt hier einerseits ganz bei Aristoteles und dessen Vorstellung von der Ewigkeit der Welt, die keinen Anfang und kein Ende hat. Darin schwingt andererseits der Gedanke des Werdens, der natura naturans[123] mit, sodass sich in der Dialektik von ewiger Vollendetheit und ewiger Vollendung die Ordnung des Ganzen und zugleich ihre sich permanent verändernde Gestalt bestätigt.[124] Das Geschehen des Zusammenhangs hat kein Ziel, sondern findet sein Ziel in jedem Augenblick, deshalb ist die Welt ewig in einer »Ordnung«. Häberlin spricht sich hier gegen zwei Strömungen aus, die die Einsicht in die ewige Vollendung verhindern, er nennt diese die teleologische und die kasualistische. In beiden, die zueinander gegensätzlich sind, stehen die Funktionalität (d. i. die Freiheit des Subjekts) und die Ordnung im Widerspruch.[125] Die teleologische Richtung fokussiert die Freiheit des Subjekts, um Vollendung zu erreichen und opfert damit die Ordnung, die das Ganze sichtbar macht. Die kasualistische Option wiederum präferiert das Ganze und treibt

---

[119] Vgl. ebd., 54.
[120] Vgl. ebd., 59.
[121] Vgl. ebd., 60: »Zeit ist stets "erfüllt", weil ständig etwas geschieht. Es gibt keine leere Zeit.«
[122] Vgl. ebd.
[123] Vgl. Spinoza, Ethik I, L.29, Scholium: »Bevor ich weitergehe, will ich hier erklären oder vielmehr erinnern, was bei uns unter schaffender Natur (natura naturans) und was unter geschaffener Natur (natura naturata) zu verstehen ist [...] dass wir unter schaffender Natur das verstehen, was in sich ist und aus sich begriffen wird, oder solche Attribute der Substanz, welche ewiges und unendliches Wesen ausdrücken ...«.
[124] Vgl. Philosophia perennis, 60; Ethik, 11; Das Böse, 61.
[125] Vgl. Philosophia perennis, 60.

damit die Freiheit in den Modus der Determination, sodass für echte Funktionalität des Subjekts kein Platz bleibt. Beide Möglichkeiten sind unannehmbar für Häberlin, denn weder hier wie dort könne die Einheit von Freiheit (Funktionalität) und Ordnung gedacht werden, sie produzieren vielmehr ein zeitlogisches und strukturelles Dilemma. Die telelogische Orientierung, die auf ein absolutes Ziel hinarbeitet, hat noch keine Ordnung, sondern will diese erst realisieren, sie steht zeitlogisch gesehen sozusagen im »Erlösungsmodus«, während die kasualistische Warte den Versuch beschreibt, das Subjekt aus seinen heteronomen Verflechtungen (Determinierungen) zu befreien, um es in den aufgeklärten Modus der Selbstgesetzlichkeit zu bringen. Häberlins Kritik an teleologischen Erlösungsfigurationen wie an solchen der Aufklärung, die das Subjekt notwendigerweise zur »Konstruktion« zwingen, zielt auf die Ewigkeit des Vollendungsgedankens, der eine absolute Bejahung inhäriert. In »modischer Diktion« stellt Häberlins ontologische Kosmologie eine Möglichkeit dar, jede Form eines Defizitdenkens (Theodizee; Determination; Endlichkeit; Tod usw.) dadurch zu überwinden, indem die Ressource der ewigen Vollendung zur Basis dafür wird, dem Menschen zu einer Lebensgestaltung aus absoluter Bejahung ohne Erlösungsdruck zu verhelfen.[126] Den Grund für die Neigung zu defizitärer Deutung sieht Häberlin in der heillosen Verzweckung des Menschen, also darin, dass das Ganze nur dann einen Sinn haben kann, wenn es einem letzten Zweck dient.[127] Die zweckhafte Bestimmung der Welt entlarvt nicht nur den dahinter stehenden Konstruktionswillen des Menschen, sie verdeutlicht auch die Problematik, vor der das Subjekt mit seinem Freiheitsanspruch steht, der nicht eine Freiheit aus einer Einsicht in das Ganze meint, und der die Entscheidungsfreiheit des Subjekts nicht ausschließt, sondern die Freiheit und ethische Freiheit miteinander vermengt.[128] Dass Häberlin sowohl Leibniz' Monadologie[129] wie Kants Kritizismus den Vorwurf der nachträglichen Konstruktion macht, liegt in der Differenz von Freiheit und Ordnung und damit letztlich in der Nichtanerkennung der Relativität des Subjekts begründet. Nun darf allerdings Häberlin nicht unterstellt werden, er

---

[126] Vgl. Ethik, 12 f.
[127] Vgl. ebd., 14 f.
[128] Vgl. Philosophia perennis, 61. 136 ff.
[129] Vgl. ebd., 55 f. Häberlin kritisiert hier am Monadenbegriff die Denaturierung des Funktionsbegriffs, womit die Monade nur als logisches, nicht aber als wirkliches Subjekt gedacht werden kann.

verkenne sozusagen die menschliche Problematik, die Orientierung an eigenen Interessen und Zielen und zeichne nur das Bild einer ewigen Ordnung, in der »immer schon« alles in Ordnung sei. Wenn Fortschritt so etwas wie die perennitive Neugestaltung der Ordnung ist, so ergibt sich dieser Wandel aus den individuellen Stellungnahmen der Subjekte, deren persönlichen Interessen und deren Realisierungsversuchen eigener Ziele. Denn das Individuum sträubt sich in seiner Widerspruchsstruktur gegen die ewige Vollendung, es erstrebt Ziele nach eigenen Vorstellungen, aber in diesem Eigensinn, so Häberlin, erneuere sich der Sinn der ewigen Vollendung.[130] In dieser dialektischen Figur und zugleich Proportionalität von Eigensinn und ewigem Sinn verdeutlicht sich, dass Sein und Geschehen nicht im Seienden (in den Individuen) selbst liegen, sondern aufgehoben sind in der Absolutheit der Existenz. Damit ist der Übergang zur Anthropologie angelegt, in der die Problematik von Eigensinn und ewigem Sinn zum Austrag kommt.

2.9. Anthropologische Konsequenzen aus einer *Philosophia perennis* und der Horizont der Pädagogik

Die zurückliegenden Reflexionen zum Verständnis der *Philosophia perennis*, ihre ontologischen wie kosmologischen Zugänge, die sich nun in ihrer Skizzenhaftigkeit in doppelter Weise runden sollen, bleiben jedoch ohne die Anthropologie als konsequente Weiterführung der Ontologie unvollständig. Mit einer anthropologischen Besinnung zu enden, heißt zugleich überzuleiten zur Pädagogik, um mit den gewonnenen Elementen von Einheit und Vielheit, funktionaler Relativität von Subjekt und Objekt und dem unaufhörlichen Werden einer Vollkommenheit den Ernst einer Anthropologie für die Pädagogik auch begrifflich vorzubereiten. Häberlin selbst hatte im Appendix des 2. Bandes der Naturphilosophischen Betrachtungen diejenigen Fragen aufgeworfen, die sich aus den selbstverständlichen Bestimmungen des Menschen als einem empirischen Individuum ergeben.[131] Können wir diese Fragen hier weiterführend und auch im Blick auf die Bestimmungen einer Pädagogik resp. Sozialpädagogik erörtern? Was ist der Mensch angesichts des Ganzen und der Tatsache, dass er

---
[130] Vgl. ebd., 60.
[131] Vgl. Naturphilosophische Betrachtungen II, 171–188.

dieses Ganze repräsentiert und welche Sicht bzw. Konsequenz folgt daraus? Häberlins Anthropologie ist motiviert durch den Anspruch, aus einer Einsicht *apriori* das Wesen des Menschen zu bestimmen. Dies deshalb, weil eine am empirischen Zugang gewonnene Sicht auf den Menschen nicht dessen Wahrheit, sondern nur die jeweils bestimmte Perspektive, dessen Relativität, ausdrücken würde. Nach Häberlin darf Anthropologie nicht in ihrer Ergänzung durch die Geschichte zum optionalen Modus verkommen.[132] Interessensbekundungen und kulturelle Pluralisierungsstrategien, wie sie heute programmatisch einer subjektiven Selbstdefinition überantwortet werden, stehen den anthropologischen Ausführungen Häberlins konträr entgegen, denn: Anthropologische Erwägungen müssen stichhaltig als philosophische ausgewiesen werden können, ansonsten degenerieren sie zu einem regionalen oder kategorialen Subjektivismus. Diese Ausgangsmotivation, die Peter Kamm in seinen Notaten aus den persönlichen Gesprächen mit Häberlin festgehalten hat, steht über dessen anthropologischem Entwurf. Eine biographische Reminiszenz vom Beginn des Jahres 1940 macht deutlich, wie sehr Häberlin um die Gegenstrebigkeit seines Entwurfes wusste, denn in einer Sitzung des von ihm gegründeten Anthropologischen Instituts wurde um den Titel für seine Anthropologie gerungen.[133] Kamm berichtet, dass Häberlin den Titel »Der ewige Mensch« zunächst als zu sensationsheischend wahrnahm, zumal eine Ähnlichkeit zu Schelers Werk »Vom Ewigen im Menschen«[134] unverkennbar war, wurde ihm das Gemeinsame wie das Unterschiedliche beider Werke deutlich. Deshalb neigte sich die Entscheidung zum Titel »Der ewige Mensch«, denn dieser beschreibe das Schicksal des Menschen, woran nicht zu rütteln sei.[135] Obwohl dann schließlich das Projekt nur ganz reduziert »Der Mensch« betitelt wurde, so zeigen die Vorüberlegungen doch, worauf die Wesensbestimmung des Menschen hinauslaufen sollte, denn das Ewige und Vollkommene sollte in philosophisch begründeter Weise mit der menschlichen Problematik, dem Kampf des Geistes mit dem Ungeist, vermittelt werden. Für Häberlin war evident, dass

---

[132] Vgl. Marquard, Art. Anthropologie, 370.
[133] Vgl. Kamm, Leben und Werk II, 260 f.
[134] Vgl. Scheler, Vom Ewigen im Menschen. Scheler hatte bereits 1921 eine phänomenologische Wesensbestimmung der Religion, ihre Bedeutung für das persönliche und soziale Leben und ihr Verhältnis zur Philosophie vorgelegt und versucht, vom Wesen der Philosophie her eine philosophische Erkenntnis zu begründen.
[135] Vgl. Kamm, Leben und Werk II, 260 f.

der Mensch von diesem menschlichen Widerspruch nur weiß, indem er ihn von sich selbst erfährt. Das Problem der Selbsterfahrung musste dann aber von anderer Qualität als der Ausweis der Relativität von Subjekt und Objekt sein, d. h., in der Tatsache der Selbsterfahrung lag etwas anderes vor als in dem ursprünglichen Wissen um das Sein (eben das Wissen *a priori*).[136] Häberlin betont mit Absicht die Rätselhaftigkeit der Selbsterfahrung, die überall als selbstverständlich genommen würde. Wurde in den obigen Analysen das Individuum als reines Subjekt dargestellt, so folgt daraus, dass das Objekt etwas anderes als das Subjekt sein muss und dass die Selbsterfahrung des Subjekts als reines Subjekt in der Relativität zum Objekt nur als Fremderfahrung gedacht werden kann. Vor diese Aufgabe gestellt, geht jede anthropologische Erörterung von der Konstellation von Selbst- und Fremderfahrung aus, die bei allem aber ontologisch bleiben muss, weil ansonsten auch die zuvor geleistete ontologische Bestimmung der Realität des Objekts hinfällig wäre. Häberlin bezieht sich hierbei auf den Begriff des Organismus, den er schon in den naturphilosophischen Betrachtungen eingeführt hatte.[137] Organismus wird bei Häberlin als funktionelle Vereinigung elementarer Individuen unter einer gemeinsamen Idee gefasst.[138] Die Idee beschreibt zunächst die Individuen in ihrem solidarischen Verhalten, einerseits in ihrer gegenseitigen Einstellung, Häberlin nennt sie »innenpolitisch«, und andererseits in ihrer Reaktion auf die Umwelt, die als außenpolitische Positionierung begriffen wird. Wie gesagt, diese Idee ist ein Ideal, weil jede Solidarität stets gefährdet und beschränkt durch die eigenen Interessen ist bzw. die Eigenwilligkeiten der Individuen durch ihre Polarität.[139] Das Ideal weist zudem in seiner tatsächlichen Realisierung auf, dass jedes Individuum sich außenpolitisch gleich jedem anderen verhalten und sich innenpolitisch jedes Individuum im Verhalten eines anderen erkennen würde, was nichts anderes als Selbsterfahrung bedeutete. Häberlin nimmt dieses Ideal als mögliches Muster, um Selbsterfahrung zu bestimmen, denn auch in der Situation der beschränkten Idealität repräsentiert jedes Individuum die gemeinsame Organisationsidee, weil es sonst nicht Teil des Organismus

---

[136] Vgl. Der Mensch, 9 f.
[137] Vgl. Naturphilosophische Betrachtungen II, 108 ff.
[138] Vgl. ebd., 115.
[139] Vgl. Der Mensch, 12 ff.

wäre.[140] D. h., wäre die Möglichkeit, die als Realisierung dieses Ideals in irgendeinem Individuum vorkommen könnte, an dessen übereinstimmendem Verhalten mit der Organisationsidee ablesbar, also in der Erfahrung des fremden Individuums, würde sich ein anderes Individuum als das erfahren, was es in sich ist. Diese Möglichkeit der Selbsterfahrung über die Fremderfahrung wäre aber für ein individuelles Subjekt nur im Verband eines Organismus möglich, welches diesen als einzelnes repräsentiert.[141] In einem nächsten Schritt geht Häberlin auf die Differenz von Selbsterfahrung und Selbstbewusstsein ein,[142] die sich aus einem Abgleich von Ontologie und Anthropologie von selbst ergibt und deshalb nur erwähnt werden soll. Eine Übersetzung beinhaltet hingegen der dritte Schritt, in dem das psychophysische Verhältnis, also die Leib-Seele-Thematik, nun analog zu den gewonnenen Erkenntnissen der unter einer Idee in einem Organismus organisierten Individuen Anwendung findet. An dieser Analogie ist wichtig, dass Selbsterfahrung nur möglich ist, wenn ein individuelles Subjekt in der organismischen Erfahrung sozusagen indirekt am Verhalten eines anderen Subjekts sich selbst erfährt, d. h., die Tatsache der Selbsterfahrung über einen Organismus kann analog zum menschlichen Organismus verstanden werden. Das Subjekt der Selbsterfahrung ist immer das einzelne Individuum, das Ich, das Häberlin wiederum als Seele bezeichnet wird, d. h., als Subjekt ist diese Seele Individuum. Die Seele nun, die in der Selbsterfahrung aufgewiesen wurde, kann aber nur in einem von ihr selbst gebildeten Organismus ansichtig werden, was bedeutet, dass »Leib« nichts anderes meint als den Organismus bzw. das Organ der Seele, in dem diese sich wie in einem Medium erfahren kann.[143] Wichtig wird hier die leibliche Dimension der Selbsterfahrung, die aber, und dies ist entscheidend, immer in ihrer Parallelität zu den ontologischen Bestimmungen gesehen werden muss. Für die vorliegenden Untersuchungen sind die speziellen Ausführungen, die Häberlin zur fremden Seele, zu ihrer Unauffindbarkeit und zu ihrer Unsterblichkeit macht,[144] nicht dringlich und müssen anderen Untersuchungen,

---

[140] Vgl. ebd., 16 f.
[141] Vgl. ebd., 22 ff.
[142] Vgl. ebd., 32–55.
[143] Vgl. ebd., 56–65.
[144] Vgl. ebd., 65 f. 83 ff. 92 ff.

gerade vergleichenden Studien zum Leib-Seele-Thema, vorbehalten bleiben.[145]

Mit der Klärung der Leib-Seele-Thematik kann die menschliche Problematik, der Widerstreit von Geist und Ungeist, von subjektivem Wollen und objektivem Wissen um die Einheit, ins Anthropologische gewendet werden. Häberlin bestimmt die Selbsterfahrung als das Apriori aller Anthropologie[146] und erläutert daran die typischmenschliche Uneinheit, die zwischen Seele und Leib zum Austrag kommt. In diesem Austrag aber werden zwei wesentliche Punkte nochmals benannt, die für die pädagogischen Reflexionen im Blick auf die pädagogische Situation den Stellenwert beider Partner in ihr kennzeichnen. 1. Selbsterfahrung verdeutlicht dem Menschen seine ihm eigene Individualität, die aber nur indirekt und damit über die Fremderfahrung möglich wird. Im Modus der Selbsterfahrung limitiert allerdings, anders als in der Relativität von Subjekt und Objekt, die Beschränktheit der Situation nicht nur den Erfahrungsbereich des Selbst, sondern verstärkt damit den unbedingten Zug zur Selbsterhaltung der Individualität. Dadurch gerät die Seele in Widerspruch mit sich selbst. In der Koppelung von Selbsterfahrung und Selbsterhaltung konstituiert sich die menschliche Problematik als eine Dauerkrise, die das Subjekt vor eine immerwährende Entscheidung stellt. Unter diesem Aspekt Pädagogik als begleitende Hilfe zu verstehen, ist deshalb sinnvoll, weil der Hiatus zwischen Einsicht in die Wahrheit und ihre Umsetzung in eine adäquate Lebensführung eine universale Aufgabe ist, d.h., nur eine Pädagogik der Gegenseitigkeit oder weiterführend Sozialpädagogik meinen kann.[147] 2. Eine Philosophia perennis wie eine aus einer philosophischen Ethik verstandene universale Pädagogik sieht durch den menschlichen Widerspruch hindurch auf das einzelne Subjekt in seinem Hunger nach Glück als einer äußeren Vollendung des Lebens und auf dessen Möglichkeit zu unbedingter Güte.[148] In dieser Hinsicht wird Philosophie als Ethik

---

[145] Es darf an dieser Stelle darauf hingewiesen werden, dass gerade die Forschungen innerhalb der sogenannten »Neuen Phänomenologie«, die von Hermann Schmitz begründet wurde und die sich der Leibproblematik intensiv widmet, ebenso ein interessantes Diskussionsforum bieten würde wie die Differenzierungen von Körper und Leib, die Max Scheler in diese Diskussion eingebracht hat.
[146] Vgl. Statt einer Autobiographie, 96.
[147] Vgl. Die Grundfrage der Philosophie, 19. (»Philosophische Ethik als Methodik universaler Erziehung«)
[148] Vgl. Über akademische Bildung, 35.

kritisch, d. h., verstehend,[149] sie geht vom unbedingten Ja zum einzelnen Subjekt und dessen Bestimmung als Repräsentant der Einheit aus.[150] Daher kann eine anthropologische Besinnung wie auch eine Allgemeine Pädagogik letztlich nur philosophisch begründet werden, denn eine ausschließlich empirische Wissenschaft, d. h., eine solche, die nur an der Erfahrung orientiert ist, verdeckt den ewigen Kern des Menschen und reduziert ihn auf den ausschließlichen und ausschließenden Weg der Selbstbehauptung. Selbstbehauptung als Hingabe an die Erfahrung aber meint dann nichts anderes als das Festhalten am eigenwilligen Selbstbewusstsein, am unbedingten Wichtig-nehmen des Ich und seinen Ansprüchen, beansprucht die ursupatorische Kompetenz, die Welt erklären zu wollen und zu können.[151]

---

[149] Vgl. Ethik, 12.
[150] Vgl. Allgemeine Pädagogik, 4.
[151] Vgl. Wider den Ungeist, 84.

3. Bausteine und Perspektiven zu einer Allgemeinen Pädagogik und Sozialpädagogik

Wie schon hinsichtlich seiner Philosophie festgestellt werden konnte, spielen Häberlins Arbeiten zur Pädagogik im disziplinären Fachdiskurs keine Rolle und entbehren selbst dort einer irgendwie gearteten Rezeption, wo sich Nähen zur Reformpädagogik oder anderen Pädagogiken zeigen. Selbst in neueren Geschichten zur Pädagogik fehlt sein Name.[1] Dies verwundert insofern, als Häberlin als einer der federführenden Autoren der zwei voluminösen Bände des Lexikons der Pädagogik aus den 1950er Jahre mit 54 Artikeln verantwortlich zeichnete, zumal mit solchen, die im Zentrum des pädagogischen Diskurses standen und z. T. wenigstens immer noch stehen.[2] Die Nichtrezeption kann mit der politischen Shangri-La-Existenz der Schweiz nur

---

[1] Der Name Häberlin etwa fehlt vollständig in der erstmalig 1951 (!) und mittlerweile in über zwanzig Auflagen erschienenen *Geschichte der Pädagogik* von Albert Reble (zuletzt 2009), und ebenso im als Lehrbuch angelegten *Geschichte der Pädagogik* von Koerrenz u. a. aus dem Jahr 2017. Vgl. Reble, Geschichte der Pädagogik; Koerrenz/Kenklies/Kauhaus/Schwarzkopf, Geschichte der Pädagogik.

[2] Vgl. das von Heinrich Kleinert u. a. herausgegebene *Lexikon der Pädagogik in 3 Bänden*, von denen Band I und II den systematischen Teil bilden (in denen die Artikel Häberlins enthalten sind), Teil III eine Geschichte der Pädagogik, ausgewählte Biographien und Darstellungen des Erziehungswesens einzelner Staaten vorlegt. Wenn auch nicht entschuldigend, so muss allerdings darauf verwiesen werden, dass es sich hierbei um ein Schweizer Projekt handelt. Vgl. die von Häberlin verfassten Artikel in Band I: Anthropologie, Ästhetik, Ästhetische Erziehung, Bestimmung, Bildung, Charakter, Dressur, Erfahrung, Erkenntnis, Eros, Erziehung, Ethik, Ethos, Freiheit, Geist, Generationenkonflikt, Gesinnung, Gewissen, Grenzen der Erziehung, Höchstes Gut, Ideal, Idealismus, Idee, Ideologie, Individualität, Intelligenz; – Band II: Liebe, Macht, Minderwertigkeitsgefühl, Möglichkeit der Erziehung, Moralismus, Moralität, Objektivität, Persönlichkeit, Philosophie, Psyche, Psychologie, Selbstbehauptung, Selbsterziehung, Sinn, Subjektivität, Suggestion, Theorie, Trieb, Verantwortung, Vererbung, Vergeistigung, Vernunft, Verstand, Wahrheit, Weisheit, Willensfreiheit, Wissenschaft, Ziel der Erziehung.

unzureichend begründet werden,³ denn mit dem Ende des 2. Weltkriegs und der nationalsozialistischen Gewaltherrschaft änderte sich die politische Wetterlage in Europa, die die Schweiz durch Kontinuität ihrer demokratischen Traditionen auszutarieren suchte. Ein Grund für die Nichtrezeption kann, gerade in Deutschland, in der kontinuierlichen Weisungshoheit der disziplinären Leitfiguren (bspw. Nohl, Weniger, Spranger, Roth, Wilhelm u. a.) liegen, die ihre »Schulpolitik« trotz historischem Terror und millionenfachem Mord einstweilen unbeirrbar fortsetzte.⁴ Wie noch an Nohl und Spranger aufgezeigt werden wird, wirkt Häberlins philosophisch geprägte Pädagogik angesichts des Fachdiskurses wie aus der Zeit gefallen. Dies berechtigt zu der Annahme, eine nicht an geschichtliche und/oder pragmatische Kriterien gebundene Pädagogik habe ihr Recht auf Teilnahme am Diskurs aufgrund mangelnder Zeitgebundenheit verwirkt. Positiv gewendet bietet die Tatsache der rudimentären Rezeptionssituation möglicherweise einen unverbrauchten und unbefangenen Zugang mit neugierigem Blick auf Perspektiven und fachsystematische Kernthemen, die bei den im Diskurs »rezipierten Klassikern«, gerade weil diese schon so sehr zu Bestsellern geworden sind, zu Aufmerksamkeitsdefiziten geführt hat.⁵

---

³ (Allgemein) Reinhardt, Geschichte der Schweiz, 113 ff.; (Zu Häberlin) Von der Zukunft der Philosophie in der Schweiz, 92–105.
⁴ Vgl. hierzu besonders Ortmeyer, Mythos und Pathos; Matthes, Geisteswissenschaftliche Pädagogik nach der NS-Zeit.
⁵ Zur Rezeption der Pädagogik Häberlins gibt es Zeugnisse aus den 20er Jahren, sowohl in Form von Diskussionen in Zeitschriften, wobei hier vor allem philosophische Organe zu nennen sind, bspw. die Kantstudien oder die Zeitschrift *Logos*. Auch Dissertationen sind entstanden, vgl. Schweizer, *Der Weg zum freien Menschen* (1927); Priss, *Darstellung und Würdigung der philosophischen, psychologischen und pädagogischen Hauptprobleme Paul Häberlins* (1932); die Arbeit des Häberlin-Schülers Peter Kamm *Philosophie und Pädagogik Paul Häberlins in ihren Wandlungen* (1938); eine auf die Anthropologie bezogene von Wyder, *Die Schau des Menschen bei Paul Häberlin* (1955), diejenige von Helfenbein, *Häberlins Lehre von der Erziehung* (1965) und schließlich Neubauer, *Der philosophische Charakter der Pädagogik Häberlins* (1971). Gründe für die verbreitete Nichtbeachtung Häberlins sind in seinem Werk selbst zu suchen, was auch, wie oben schon bemerkt, an der Nichtnennung des aktuellen Fachdiskurses durch Häberlin selbst liegen mag. So hatte zwar Derbolav 1956 in seiner Darstellung *Die gegenwärtige Situation des Wissens von der Erziehung* nochmals kritische Einwände gegen Häberlin erhoben, aber es fehlte, wie Hermann Gauß es in seinem Beitrag zum 80. Geburtstags vermerkt, eine irgendwie geartete Provokation, die dazu geführt hatte, seine Arbeiten leichter unberücksichtigt zu lassen. Vgl. Gauss, Paul Häberlins Stellung innerhalb der deutschen Philosophie; Neubauer, Der philosophische Charakter der Pädagogik, 4.

Häberlins pädagogische Schriften laden zu einer Expedition ins Abseits ein, führen zu bemerkenswerten Konvergenzen und zu einer aus dem Arbiträren sich entwickelnden Neuformatierung von Relevanzsystemen. Eine rezeptionsgeschichtliche Einordnung widerspräche der Absicht der vorliegenden Untersuchungen, wobei auch hier gilt: Eine Rezeption resp. Nichtrezeption sagt noch nichts über die Qualität einer entwickelten Position aus, weshalb es nötig ist, auf die Umstände der ausgebliebenen Rezeption zu Häberlins pädagogischen Schriften schon vorab einzugehen. Allerdings ergeben sich mögliche Gründe für eine gerechtfertigte Nichtrezeption wie solche für eine erneute Diskussion mit Häberlin im Durchgang der Analysen und aus den in einer Kritik gewonnenen Perspektiven.

3.1. Von der Intention des Studiums zum Leitmotiv der Pädagogik

Am Anfang eines jeden Projekts steht die Vergewisserung über deren Motive, bei Häberlin steht hier das Motto, das nicht nur für seine Philosophie, sondern für seine Pädagogik im Besonderen gilt: »Möglichst viel wissen, um möglichst viel helfen zu können«[6]. Diese zugegeben etwas emphatische Formel enthält allerdings das Motiv des Helfens, eine Maxime, die ihre Herkunft in der beruflichen Absicht, Pfarrer und Seelsorger zu werden, haben mag. Gleichwohl repräsentiert das Motiv der Hilfe, fernab aller altruistischen Konnotation, den elementaren Leitbegriff seiner Pädagogik.[7] Der sich aus diesem Motiv generierende Anspruch mündet nicht nur in einer lebenslangen Beschäftigung mit den Grundlagen der Pädagogik, er zeigt sich auch exemplarisch an seinem beruflichen Werdegang und der sich für ihn daraus entwickelnden Profession, die selbst noch den 82-Jährigen im Jahr seines Todes zur Diskussion und Aussprache mit dem Basler Lehrerseminar verpflichtete.[8]

Häberlins Zeit als Lehrer an der Basler Realschule (1903–04) und als Direktor des Lehrerseminars in Kreuzlingen (1904–1908) vermittelten ihm eine Fülle von Erfahrungen, die ihn nicht nur mit Fragen des Unterrichts, sondern ebenso mit Grundfragen der Erziehung

---

[6] Statt einer Autobiographie, 15.
[7] Vgl. Allgemeine Pädagogik, 22 ff.
[8] Vgl. Ansprache bei der Basler Schlussfeier, 168–174.

konfrontierten. Die Zeit im Lehrerseminar Kreuzlingen am Bodensee bildete für Häberlins pädagogisches Werk insofern einen wichtigen Ausgangspunkt, als dieser sich dort zuallererst in die sich aus der Praxis ergebenden Grundlagen der Pädagogik einarbeiten musste, da das Erlernte aus Universitätszeiten nicht ausreichte.[9] Dass er sich trotzdem zeitlebens niemals als Fachexperte für Pädagogik verstand, davon berichten seine tiefen Vorbehalte gegen alles Spezialistentum[10] und noch seine letzten Äußerungen, er sei nicht mit Begeisterung Lehrer geworden, denn zum Lehrersein hätten ihn eher berufliche und ökonomische Notwendigkeiten gedrängt.[11] Der Blick auf sein Gesamtwerk bestätigt sein eigentliches Anliegen, die Lebensfragen wahrheitsgemäß zu beantworten. Selbst in den frühen Schriften zur Pädagogik zeigt sich der Zug, die Frage nach dem Wesen und der Aufgabe des Menschen zu beantworten. Daher musste für ihn alles Nachdenken über Pädagogik aus der Philosophie selbst kommen und in diese münden. So bestimmte er noch fünfzig Jahre später seine eigene Aufgabe als eine philosophische, die sich in etwa mit seinem eingangs vorgestellten Lebensmotto deckt: »Philosoph ist derjenige, der verstehen will zu leben. Und zwar gründlich, nicht nur oberflächlich oder ungefähr.«[12] Dies ist in der Auseinandersetzung und Analyse der seines pädagogischen Denkens zu berücksichtigen, speist sich doch Häberlins Pädagogik unmissverständlich aus der Erfahrung und dem philosophischen Eros. Davon zeugen nicht nur die Schriften Häberlins, sondern auch seine Vorlesungen als Basler Privatdozent (1908–1913/14)[13], als Ordinarius in Bern (1914–1922)[14] und Basel (1922–1948)[15]. Schon erste kleinere Veröffentlichungen etwa ab dem Jahr 1904,[16] dokumentieren nicht nur Häberlins wissenschaftliches Interesse an der Pädagogik, sondern auch ihren unmittelbaren Zusammenhang mit seinen philosophischen Neigungen. Größere, aus

---

[9] Statt einer Autobiographie, 34.
[10] Vgl. ebd., 14: »Nie hätte ich Spezialist werden können …«.
[11] Vgl. Ansprache bei der Schlussfeier, 168.
[12] Philosophia perennis, 13.
[13] Vgl. Kamm, Leben und Werk I, 461.
[14] Vgl. ebd., 461 ff.
[15] vgl. Kamm, Leben und Werk II, 679–683 (Vorlesungsverzeichnis von 1922–1948). Es ist auffallend, dass Häberlins Anteile an Pädagogikveranstaltungen kontinuierlich weniger werden, aber durchgängig bis ins Jahr 1948 reichen. Schwerpunkt bildet hier weitestgehend die allgemeine Pädagogik
[16] Vgl. Kamm, Leben und Werk I, 458–460. Im detaillierten Schriftenverzeichnis Häberlins führt hier Kamm bereits ab 1904 Arbeiten zur Pädagogik an.

den Vorlesungen zur Pädagogik hervorgehende Publikationen folgen dann ab 1915, so *Über das Gewissen* (1915), *Das Ziel der Erziehung* (1917), *Wege und Irrwege der Erziehung. Grundzüge einer allgemeinen Erziehungslehre* (1918), *Kinderfehler als Hemmungen des Lebens* (1921) und *Eltern und Kinder. Psychologische Bemerkungen zum Konflikt der Generationen* (1922). Häberlin hatte bereits (1914) in seiner Berner Antrittsvorlesung dem gesamten Gebäude der Philosophie programmatisch einen pädagogischen Zug unterstellt, der Philosophie zu einer universellen Pädagogik mache[17] und damit den unaufgebbaren Zusammenhang von Philosophie und Pädagogik gerechtfertigt. In den vorliegenden Studien bilden die vorangegangenen philosophischen Grundzüge die Basis für die Interpretation der Pädagogik Häberlins, wobei permanente Rückbezüge bzw. Querverweise einen inhärenten, systematisch disziplinären Parallelismus der philosophischen wie pädagogischen Schriften offenlegen, weshalb von einer historischen Genese bzw. einer genetischen Rekonstruktion[18] des pädagogischen Denkens Häberlins abgesehen werden kann. Als Einleitung in Häberlins pädagogisches Denken bieten einige Äußerungen und Rezensionen zu dessen Pädagogik aus der Zeit vor und um 1920 Gelegenheit, die Motive zu einer für ihn, wie er selbst sagte, nur möglichen »Allgemeinen« Pädagogik hervorzuheben und zu kontextualisieren.[19]

1. Ein erster Hinweis kann aus einem von Rudolf Eucken an Häberlin adressierten Brief herausgegriffen werden, der dessen Ausführungen zum Ziel der Erziehung betrifft:

»Es ist freudig zu begrüßen, daß Sie in einer Zeit, die sich so viel mit Erziehungsfragen beschäftigt, aber meist bei den peripheren Fragen stehen bleibt, so energisch auf die Klärung der Hauptfrage dringen, und dafür einen hervorragenden Beitrag bringen. So kann ich nur wünschen, daß das Buch zur verdienten Schätzung und Wirkung komme.«[20]

---

[17] Vgl. Die Grundfrage der Philosophie, 18. Siehe auch die Ausführungen zum disziplinären Zusammenhang von Philosophie und Pädagogik resp. Sozialpädagogik in Teil I.
[18] Im Blick auf die historische Rekonstruktion sei auf die Dissertation von Häberlins Schüler Peter Kamm hingewiesen, der schon 1938 diesen Weg detailliert nachgezeichnet hat. Vgl. Kamm, Philosophie und Pädagogik Paul Häberlins.
[19] Vgl. Allgemeine Pädagogik, 7; Statt einer Autobiographie, 39.
[20] Ein Brief von Rudolf Eucken an Häberlin vom 19.11.1916, zit. in: Kamm, Leben und Werk I, 361.

Euckens Wertschätzungen sprechen für sich und bleiben unkommentiert, nicht aber die Formulierung »periphere Fragen«, denn sie trifft den historischen Diskurs der Pädagogik. Die Pädagogik dieser Zeit, ganz unter dem Unstern des Ersten Weltkriegs stehend, erlebte einerseits eine finale Etappe der reformpädagogischen Bewegung[21] und andererseits die durch den Sozialismus geprägte Diskussion einer sozialpädagogischen Programmatik, sodass Euckens Insistieren auf dem »Ziel der Erziehung« als Anfrage an die prinzipielle Ausrichtung der Pädagogik verstanden werden kann. Während u. a. reformpädagogische Intentionen die Relevanz der Zielfrage in der Pädagogik durch eine neue Aufmerksamkeit auf das Kind, den Anderen oder Partner in der Erziehungsrelation umbesetzten, die Erziehungssituation wertnormativ und ethisch neu aufluden und damit den Erziehungsvorgang aus dem Sog reiner Zweckorientierung befreiten,[22] zeigten die Positionierungsbestrebungen in der Sozialpädagogik in vielem in die Gegenrichtung, indem diese das Ziel der Pädagogik als möglichen politischen Stabilisierungs- bzw. Umgestaltungsfaktor der Gesellschaft noch pointierter hervorhoben.[23] Bemerkenswert ist in diesem Zusammenhang die im Entwicklungsverlauf der Pädagogik Häberlins sich zunehmend einstellende Ruhigstellung der Zielfrage, wohl auch deshalb, weil die kosmologisch-anthropologische Fundierung seiner Pädagogik weder Selbstvervollkommnung des Individuums noch eine Utopie gesellschaftlicher Entwicklung inhäriert, sondern Gemeinschaft, die aber, ontologisch gesehen, schon protologisch in der Einheit aller Individuen gegeben ist. Pädagogik wird hier einer teleologischen Beruhigung unterzogen, ein Aspekt, auf den schon Schleiermacher hinwies und auf den noch zurückzukommen sein wird.

2. Eine zweite Kritik zur Pädagogik Häberlins feiert diesen als einen der klarsten und ernsthaftesten Denker der Gegenwart, der den Versuch unternehme, »auf philosophischer Grundlage und aus-

---

[21] Die Formulierung legt nahe, es könne der reformpädagogischen Bewegung ein bestimmter zeitlicher Rahmen zugeordnet werden, was prinzipiell, aufgrund ihrer heterogenen Ausfaltungen in verschiedene Bewegungen wie Arbeitsschul-, Kunsterziehungs-, Landerziehungsheimbewegung u. a. nicht möglich ist. Vgl. Koerrenz, Reformpädagogik, 16. – Deshalb kann der Terminus »finale Etappe« nur als zeitgeschichtliche Ordnungskategorie verstanden werden.
[22] Vgl. Bollnow, Anthropologische Pädagogik, 5 ff.
[23] Vgl. Ortega y Gasset, Sozialpädagogik als politisches Programm, 5–25. Auch Natorps Sozialpädagogik und weiterführend seine Ideen zu einem Sozialidealismus sind darunter zu fassen. Vgl. Natorp, Sozialpädagogik; Ders., Sozialidealismus; Ders., Art. Sozialpädagogik, 675–682; Barth, Art. Soziologie und Pädagogik, 682–691.

gehend vom Ziel der Erziehung ein System der Erziehung aufzubauen, das in strenger Gedankenführung und klassischer Formung an Herbart erinnert«[24]. Es ist hier nicht nur der Bezug zu Herbart entscheidend, sondern ebenso sehr der Systemgedanke. Die Nähen Häberlins zu Herbart sind hier nicht auszuführen und müssen einer eigenen (kommenden) Studie vorbehalten bleiben, es seinen nur die grundlegenden Intentionen Herbarts[25] erwähnt, die Selbstfindung des Edukanden sowie die Charakterbildung[26] und die daraus folgende Erhebung zu einer selbstbewussten Persönlichkeit. Die unbedingte Vermeidung des Erziehers, dem Edukanden den eigenen Willen und die eigenen Vorstellungen und Ideale aufzuzwingen, die sich bei Herbart aus der Philosophie Kants ergaben, geht insofern mit Häberlin überein, als bei diesem die aus der Kosmologie resultierende strenge Individuiertheit des Subjekts als allgemeines Prinzip betont wird.[27] Die Entwicklung einer Allgemeinen Pädagogik als System korreliert bei Häberlin mit dem philosophisch-pädagogischen Lebenskunstkonzept von Einsicht und Lebensführung, das sich in der Praxis als Hilfeleistung bedürftiger Menschheit[28] realisiert. Systemdenken bedeutet für Häberlin nicht Wendung von der Praxis zur Theorie, sondern gerade die Übereinstimmung von Theorie und Praxis in der Einheit selbst. Weil die Einheit den Ausgangs- wie Bezugspunkt des Denkens bildet, das Denken aber in sich die Wahrheit sucht, ist Denken für Häberlin grundsätzlich systematisch. In der Parallelität von Philosophie und Pädagogik und unter den Voraussetzungen der Einheit kann ein pädagogisches Denken nur und immer systematisch sein. Da eine

---

[24] Kamm, Leben und Werk I, 361. Kamm zitiert hier aus einer Pressemitteilung des Deutschen Lehrerblattes. Der genaue Zeitpunkt wird bei Kamm nicht erwähnt, es muss sich aber den Kontexten nach um eine Rezension um 1920 handeln.
[25] Vgl. Herbart, Allgemeine Pädagogik aus dem Geist der Erziehung abgeleitet.
[26] Vgl. Art. Charakter, 229–231; Charakter und Vererbung, 38–54. Häberlins Studien zum Charakter sind aus seiner Auseinandersetzung mit der Psychologie und der Naturwissenschaft entstanden und müssen gerade vor diesem Hintergrund im Gespräch mit seiner kosmologisch-anthropologischen Philosophie gedeutet werden. Hier wird zudem eine deutliche Absetzung von Freuds Konzept der Psychoanalyse erkennbar, die Häberlins systematische Grundlegung spätestens nach dem Treffen und Gespräch mit Freud (1913) durchzieht. Einen anderen wichtigen Impuls hat Häberlin durch Kerschensteiners Schrift *Charakter und Charaktererziehung* von 1912 empfangen. Kerschensteiners Erziehungsprinzip war geprägt von der Idee, bei Kindern das eigenständige Wollen und Können zu fördern, um dadurch mehr die Selbsttätigkeit und Spontaneität anzuregen.
[27] Vgl. Der Mensch, 144.
[28] Vgl. Statt einer Autobiographie, 145.

Philosophie resp. Pädagogik die Einheit zum Ausgangspunkt nimmt, wissenschaftliches Denken aber auf die Einheit hindenkt, differieren beide nicht nur im Blick auf ihr Ziel, sondern auch in ihrer Gestalt. Wissenschaftliches Denken verfolgt in der Kombination der Ergebnisse durch historische Forschung und/oder empirische Erhebungen eine Einheit als Ergebnis und ist deshalb kombinatorisch zu nennen. Philosophische Pädagogik hingegen mit ihrem bestimmten Ausgangspunkt der Einheit legt sich als systematische Explikation aus.[29] Verstehen wir bspw. die pädagogische Situation als ein Explikationsgeschehen, so geht keiner der beiden Partner im Geschehen auf ein imaginäres durch den Erzieher bestimmtes, subjektives Ziel aus, für welches das Verhalten des Edukanden adäquat gemacht oder angepasst werden müsste. In anderer Weise stellt sich dies im Modus kombinatorischer Pädagogik dar, denn hier konnotiert sich Erziehung zwar auch als System, jedoch mit der Absicht, ein Ziel aus subjektivem bzw. intersubjektivem Interesse heraus zur Einheit zu bringen. Damit ist dem kombinatorischen System ein Moralismus inhärent, der, wenn auch noch so latent, in der Zielorientierung notwendig Spuren der Dressur beinhaltet.[30] Erziehungssysteme weltanschau-

---

[29] Vgl. dazu Philosophia perennis, 29. Hier die cusanische Denkfigur von complicatio und explicatio zu vermuten ist nicht abwegig, ging doch Cusanus von der Frage aus, wie angesichts der Schöpfung das Individuum selbst als Schöpfer seiner Welt verstanden werden könnte. Für den Cusaner stand neben schöpfungstheologischen Fragen besonders diejenige nach der wirklichen Begründung des Individuums im Vordergrund. Vgl. Hundeck, Welt und Zeit, 200–210, bezugnehmend auf Cusanus, De docta ignorantia II, 4–5; weiterhin Benz, Individualität und Subjektivität. – An dieser Stelle zeigt sich zudem die schon wiederholt festgestellte Nähe Häberlins zu Schleiermacher, bei dem auch, wie Michael Eckert zeigt, Spuren cusanischer Philosophie zu finden sind. Vgl. Eckert, Identität und Individualität, 349–368, bes. 353 f. Eckert beschreibt hier ebenso die complicatio-explicatio Theorie als Schablone von Einheit und Vielheit bei Schleiermacher.

[30] An dieser These bspw. das Erziehungskonzept Makarenkos zu untersuchen, würde Sinn ergeben, denn gerade hier scheint es doch auf die Frage anzukommen, wie angesichts eines Anspruchs auf Selbstbefreiung des Subjekts und der Entwicklung seiner schöpferischen Möglichkeiten, den Makarenko unzweifelhaft vertritt, die Selbstinteressen der Subjekte in der pädagogischen Situation austariert werden können. Vgl. in typischer DDR-Diktion Buchholz, Der Kampf um die bessere Welt, 23 ff.; weiterhin Sünkel, Erziehungsbegriff und Erziehungsverhältnis, 148 ff. Sünkel reflektiert dort das Problem der situativen Einwirkung mit direktem Bezug auf Makarenko mit der Absicht, dessen Erziehungsideal aus einer Kollektivpädagogik heraus zu sezieren, um damit einen Maßstab hinsichtlich der Gewichtung der Subjekte im zeitlogischen Kontext zu gewinnen. – Erhellend diesbezüglich ist Häberlins systematischer Artikel über Dressur in der Pädagogik, vgl. Art. Dressur, 303.

licher Provenienz, ob religiöse oder säkular-kollektivistische, behaupten den jeweiligen Standpunkt als notwendig, um Transformationsprozesse zur Erhaltung der Einheit (und damit ihres Machtbereichs) zu initiieren. Im Blick auf die pädagogischen Dimensionen von Gesellschaft und Gemeinschaft in ihrer Dichotomie wird diese Frage nochmals virulent, auch und gerade hinsichtlich ihres zeitlogischen Horizontes. Beendet wird die Kurzkommentierung dieser zweiten Rezension zur Pädagogik Häberlins aus dem Deutschen Lehrerblatt nicht ohne einen nochmaligen Hinweis auf Herbart und den Systemgedanken. Herbarts systematischer Entwurf einer Allgemeinen Pädagogik wird nach seinem Tod im Herbartianismus zu einem Anwendungssystem variiert, d.h., sein »System« wird in der rezeptiven Aneignung und Weitervermittlung notwendigerweise von seinen »Nachfolgern« und »Adepten« mit subjektiven Geltungsansprüchen infiziert und damit modifiziert. Ob der Herbartianismus als Negativfolie eines interessegeleiteten Systemdenkens taugt, ist hier nicht zu entscheiden, gleichwohl befördern Häberlins Äußerung zum Thema einer »Schul-Bildung« (bspw. i.S. des Herbartianismus) sowohl Gründe für als auch Kritik an einem Systemdenken:

»Man hat oft mit einer gewissen Herablassung vermerkt, daß mein Werk ja ein "System" darstelle, und hat eben diese Tatsache verdächtig gefunden. Nun, dieses Urteil entspricht jener relativistischen Resignation, welche die moderne "Philosophie" weithin charakterisiert. Ich habe mich nie gescheut, in diesem Sinne unmodern zu sein. Die Wahrheit ist Eine und muß in ihrer Einheit eingesehen werden, sonst *ist* (i.O., M.H.) sie nicht eingesehen. Darum ist der systematische Charakter aller Philosophie immanent, mag die *Darstellung* (i.O., M.H.) der Ergebnisse philosophischer Arbeit mehr oder weniger "systematisch" sein. Wenn ich selber auch die Darstellung systematisch zu gestalten suchte, so ist dafür die pädagogische Absicht verantwortlich. [...] Wer eine Darstellung um ihrer systematischen Form willen ablehnt, der kann es nur aus zwei Gründen tun. Entweder glaubt er überhaupt nicht an die mögliche Wahrheit – dann aber urteilt er nicht *philosophisch* – oder er müßte nachweisen, daß die dargestellte Einsicht da oder dort *inhaltlich* falsch und das "System" daher künstliche Mache sei.«[31]

Häberlins Abneigung gegen jedwede »Schul-bildung« resultiert aus der pädagogischen Ausrichtung seiner Philosophie, die für ihn nur authentisch in individueller Gestalt sei. Dieser Affekt enthält ein doppeltes Plädoyer für das Recht oder besser den Schutz aller Individua-

---

[31] Statt einer Autobiographie, 147f.

Bausteine und Perspektiven zu einer Allgemeinen Pädagogik und Sozialpädagogik

lität und zugleich eine Absage an alle Konformität in jeder Form von Erziehung. Pädagogik steht somit unter einem zweifachen Anspruch besonderer Art, erstens soll sie die Eigenart des Individuums garantieren und zweitens darf sie legitime Perspektiven einer möglichen Sozialpädagogik nicht außer Acht lassen.[32]

3. Häberlins Philosophie und Pädagogik, obwohl in schweizerischer Enklave entwickelt, hat im damaligen Fachdiskurs durchaus Interesse gefunden. Als Beispiel dafür steht Jonas Cohn, der Häberlin wegen dessen prinzipieller Einstellung einerseits mit Paul Natorp verglich, andererseits zwischen beiden eine unüberbrückbare Differenz sah, die er damit begründete, Häberlin habe im Gegensatz zu Natorp die Religion mit in die Sittlichkeit hineingezogen und damit die Kantische Position verlassen.[33] Darüber hinaus kritisiert Cohn eine bei Häberlin vorfindliche Geschichtsvergessenheit,[34] weil dieser in der Bestimmung des Erziehungszieles die Kategorien Zeitlage und Nationalität vernachlässige, und dieser darin keine »Besonderung« sehe.[35] Cohn plädiert im Gegensatz zu Häberlin für die Zeitbedingtheit des Erziehungszieles und meint damit die geschichtliche Situiertheit und das Deutschtum als prägendem Maßstab pädagogischer Zielformeln. Im Grunde ist Cohns Kritik mäeutisch, da sie im Vorwurf, Häberlin schwäche das Erziehungsziel in der Verlagerung auf den

---

[32] Auf die Problematik des Verhältnisses von Pädagogik und Sozialpädagogik ist in Teil I Grundlegung – disziplinär schon hingewiesen worden, dies wird in Teil III nochmals aufgegriffen.

[33] Vgl. Cohn, Geist der Erziehung, 52f.: »Während Natorp die Kantische Ethik voraussetzt, beginnt Haeberlin mit der grundsätzlichen ethischen Besinnung – er gewinnt so den Satz, daß es einen objektiven Wert überhaupt gibt, daß jeder die Bestimmung hat, seiner Wirklichkeit gemäß diesen objektiven Wert zu fördern. Alles Wesenhafte hat eine solche Bestimmung – nicht nur der Mensch. Die grundsätzliche Hingabe an den objektiven Wert nennt Haeberlin Frömmigkeit. Darin liegt eine Verschiedenheit von Natorp; denn dieser stellt die Religion zurück, während Haeberlin sie in die Sittlichkeit hineinzieht. Man könnte argwöhnen, daß es sich um einen Unterschied der Ausdrucksweise handle, aber bei genauer Vergleichung erkannt man, daß beide die Art, wie der Mensch seiner Bestimmung innewird, ganz verscheiden ansehen: Natorp als Ableitung aus einem obersten Vernunftgesetz, Häberlin als unmittelbares Innewerden. [...] Wenn ich in dieser Formulierung ebenfalls die Rücksicht auf die geschichtliche Stellung vermisse, so scheint mir doch, daß zwischen Haeberlin und mir nur eine methodische, nicht wie zwischen Natorp und mir eine sachliche Differenz vorliegt.«

[34] Ein Vorwurf, den auch Nohl in seiner beißenden Kritik an Natorp hervorhob. Vgl. Niemeyer, Klassiker der Sozialpädagogik, 108.

[35] Vgl. Cohn, Geist der Erziehung, 53.

Erziehungsweg ab, zugleich das Herzstück der Häberlinschen Pädagogik benennt. Aus dieser Umstrukturierung resultiere eine Wertindifferenz, so Cohn, die bei Häberlin deshalb nicht haltbar sei, weil bei diesem das unmittelbare Erleben als Ausgangspunkt schon eine Wertung und damit eine geschichtliche Füllung habe. Dass die geschichtliche Dimension als Thema einer pädagogischen Zielformulierung dem Verständnis philosophischer Pädagogik und zumal demjenigen Häberlins widerspricht, bestätigt sich in Häberlins Qualifizierung seines Philosophiebegriffs in der Abgrenzung von Philosophie und geschichtlich bedingter Pseudophilosophie.[36] Dieser Einschätzung entspricht auch August Messer in seinem Urteil mit Bezug auf Dilthey, der schon in den 1880er Jahren von der relativen Geltung erzieherischer Zielsetzung aufgrund ihrer geschichtlichen Bedingtheit gesprochen hatte.[37]

Diese rezensorischen Vorwegnahmen ermöglichen nun einen Einstieg in die Systematik der philosophischen Pädagogik Häberlins, wobei diese nicht in ihrer historischen Entwicklung im Rahmen der pädagogischen Schriften von 1915 bis in die 1950er Jahre, sondern sinnvollerweise von ihrer Endgestalt her, der *Allgemeinen Pädagogik in Kürze* von 1953, dargestellt wird, weil diese im Kontext der großen philosophischen Arbeiten der Spätzeit steht.[38]

Häberlin selbst hatte sich nach der Abfassung seines philosophischen Testaments der *Philosophia perennis* 1952 sogleich daran gemacht, seine Pädagogik auf der Grundlage der Anthropologie (1941), der Ethik (1946) und der Logik (1947) ebenso in eine für ihn endgültige Form zu gießen.[39] Im Rückblick seiner Autobiographie meint er, dass eine Allgemeine Pädagogik letztlich nichts anderes bringen könne

»als die konsequente Anwendung der Ethik auf den besonderen Fall des Verkehrs zwischen Erzieher und Zögling. Aber eben diese Begründung schien mir notwendig angesichts der Tatsache, daß die neuere pädagogische

---

[36] Vgl. Über Pseudophilosophie, 42–80
[37] Vgl. Messer, Geschichte der Pädagogik, 30; Ders., Philosophische Grundlegung der Pädagogik, 7–11; Zur Diskussion einer Begründung philosophischer Pädagogik und der Kritik Nohls an Dilthey siehe Huschke-Rhein, Das Wissenschaftsverständnis in der wissenschaftlichen Pädagogik, 169 ff.
[38] Hier ist vor allem an die Naturphilosophischen Betrachtungen I+II, Anthropologie, die Logik, die Ethik und die Philosophia perennis gedacht.
[39] Vgl. Statt einer Autobiographie, 136.

Literatur zum größten Teil die grundsätzliche Orientierung vermissen ließ.«[40]

Aufgrund dieser Bemerkung kann die Allgemeine Pädagogik wie die Ethik als Dokument eines humanen Appells gelten, die nach dem Terror und Grauen von Weltkriegen und Shoah den Versuch unternimmt, die in der kosmologischen Einsicht in die Ordnung der Einheit als dem Perfectum ausdrücklich werdende, unbedingte Gutheit des Menschen von neuem zu betonen.[41] Vor diesem Erfahrungshorizont muss die in der Vorbemerkung der Allgemeinen Pädagogik lancierte Aussage verstanden werden, Pädagogik sei als Theorie der Erziehung eine Besinnung darauf, wie pädagogische Praxis sich zu gestalten habe.[42] Besinnung, ein von Häberlin gebrauchter Standardbegriff, meint hier Theoria als wahrhafte Einsicht. Erziehung steht immer in einem Verhältnis zu dieser Einsicht, kann nur aus dieser Theoria heraus orientierende Linien einer Pädagogik formulieren. Erziehung als zwischenmenschlicher Vorgang bietet das Feld für die Besinnung an, wobei für Häberlin Erziehung ein Sonderfall menschlichen Verhaltens darstellt. Einsicht in das menschliche Verhalten, d.h., die menschliche Lebensführung überhaupt, ist demnach Sache der Philosophie. »Als Liebe zur Weisheit fragt diese, wie das Leben gemäß wahrhafter Einsicht zu gestalten wäre. Die Antwort auf diese philosophische Frage bildet so die Voraussetzung aller Pädagogik.«[43]
In dieser kurzen Vorbemerkung beschwört Häberlin die unbedingte Verbindung von Philosophie und Pädagogik, ohne deren Voraussetzung alle Pädagogik in der Luft stünde. Häberlins Allgemeine Pädagogik mag in Stil und Gestaltung redundant wirken, aber die vermeintlichen Wiederholungen spiegeln die Resultate eines Systemdenkens wider und charakterisieren zugleich einen tiefen Ernst, einen beschwörenden Aspekt seines Denkens. Häberlin hatte die Pädagogik als konsequente Anwendung der Ethik bezeichnet, d.h., Ethik nicht als Unterscheidung, als Kritik und Handlungsmaxime zur Weltverbesserung definiert, sondern aufgrund der Einsicht in die unbedingte Ordnung und Vollkommenheit des Seins als Verstehenslehre aufgefasst. Damit bekommt die pädagogische Situation zwischen den Partnern (Häberlin nennt Erzieher und Zögling auf-

---

[40] Ebd.
[41] Vgl. Teil I, 1.5.–7.
[42] Vgl. Allgemeine Pädagogik, 7.
[43] Ebd.

grund der Selbsterfahrung[44] im Anderen Partner) eine besondere Konnotation.

3.2. Aspekte der pädagogischen Situation

Häberlin differenziert die pädagogische Situation im Blick auf die anthropologischen Prämissen und lädt damit zu einer Diskussion über den grundsätzlichen Sinn von Erziehung ein, d. h., dieser grundsätzliche Sinn kann sich nur vom Verständnis des Menschen her bestimmen. Häberlins eigentliche Intention pädagogischer Besinnung zielt nicht auf eine Rechtfertigung der Erziehung in ihren subjektiven Konstellationen, dies würde auf die Dichotomie von Pädagogik und Negativer Pädagogik hinauslaufen, sondern auf eine ontologische Sicht, die in der Ehrfurcht und dem Respekt vor dem anderen Menschen mündet und parallel dazu das Subjekt-Sein des Menschen vor einer Entweder-Oder-Situation bewahrt. Dazu kommt 1. dass eine ontologische Grundlegung der Pädagogik im Sinne einer hier vorgestellten Funktionsontologie eine weitere Überforderung des Subjekts hinsichtlich ontischer Ansprüche vermeidet. 2. Durch die objektiv-gute Grundierung der Relativität der Subjekte werden Maßstäbe des Vergleichens und der Klassifizierung obsolet, indem die Selbstsorge des Subjekts in der Realisierung seiner ihm eigenen Bestimmung liegt und Pädagogik damit der Gefahr einer Objektivierung entgeht.[45]

3.3. Thesen

Thesen, die in Anlehnung an Häberlin formuliert sind, möchten die weiteren Ausführungen befragen und eskortieren, an ihnen wird gleichsam der systematische Ernst einer pädagogischen Besinnung abgemessen. Außerdem werden in einer diese Untersuchung abschließenden Kritik die folgenden Thesen auf ihre eingeholten In-

---

[44] Vgl. hierzu die Ausführungen zur Anthropologie.
[45] Vgl. Winkler, Kritik der Erziehung, 127. Dieses hier vorgestellte Argument knüpft unmittelbar an den Hinweis Winklers an, der auf die Gefahr einer Objektivierung der Erziehung aufmerksam macht, die in keiner Weise zu rechtfertigen wäre.

halte wie ihre möglichen Perspektiven entweder bestätigt oder argumentativ revidiert und angeglichen.
1. Erziehung ist immer ein absichtsvolles Geschehen, sie bezeichnet grundsätzlich eine Einflussnahme, wobei weder über den Grad der Beeinflussung noch über das Ziel, das erreicht werden soll, etwas gesagt ist.
2. Die pädagogische Situation hat eine zeitliche Dimension, die sich einerseits in unterschiedliche Teildimensionen differenziert, andererseits bezüglich der kosmologisch-anthropologischen Bedingungen und der jeweils gegebenen Situation mit unterschiedlichen Zeitmodellen umzugehen hat.
3. Pädagogik hat als Besinnung wahrhafte Einsicht zu suchen und bestimmt daher in der Begegnung mit dem Partner die Authentizität der Begegnung. In dieser sind die subjektiven Anteile und die Objektivität in ihrer Bedeutung wahrzunehmen, um eine wahrhaftige Begegnung zu garantieren.
4. Die Begegnung (der Verkehr) der Partner generiert die Frage nach dem Sinn einer erzieherischen Beeinflussung und parallel dazu nach dem Ziel der Erziehungsabsicht. Die Bestimmung des Ziels der Erziehung wird nur in ihrem Verhältnis zum Sinn der Erziehung möglich.
5. Die Gestaltung der pädagogischen Situation misst sich am Verhältnis von Ziel und Sinn der Erziehung ab, bestimmt also die Kongruenz von Ziel und Sinn in der jeweiligen pädagogischen Situation.
6. Pädagogik diskutiert originär die Lage des Erziehers selbst, seine Position und seinen Anspruch. Pädagogik bezeichnet daher notwendig ein reflexives Geschehen, weil sie aus der Selbsterfahrung der Subjekte heraus die Situation von Mensch zu Mensch berücksichtigt.
7. Reflektiert Pädagogik unmittelbar auf die Situation der Subjekte, die sich begegnen und andererseits auf das Beziehungsgefüge, in denen diese stehen, so ist jeder Vorgang der Erziehung immer vor dem kosmologisch-anthropologischen Hintergrund konnotiert und vermittelt sich sowohl als Individual- wie auch als Sozialpädagogik.
8. Durch die Verschränkung von Ethik und Pädagogik fungiert die Ethik als Regulativ zwischen objektiver Einsicht und subjektiven Ansprüchen der Partner. Ethik wie Pädagogik kongruieren in der

Gegenwärtigkeit ihrer Bestimmung. Im Verstehen sind sie protentionslos.
9. Eine kosmologisch-anthropologisch grundierte Pädagogik zielt weder auf eine Selbstvervollkommnung des Menschen noch auf eine Utopie gesellschaftlicher Entwicklung.
10. Daraus folgt: Pädagogik realisiert als begegnendes Hilfegeschehen die Ruhigstellung der Zielfrage.

3.4. Anthropologische Aspekte der pädagogischen Situation

Für Häberlin ist evident, dass jede Besinnung auf die pädagogische Situation ihren Ausgangspunkt von der Wahrheit des Menschen als individuellem, einmaligem und in seiner Eigenart unveränderlichem Subjekt nimmt. Dieses Subjekt kann sich aber nur in einem Leib ausdrücken und welthaft orientieren. Individuelle Eigenart und Leib konstituieren den Menschen als Gebilde aus Seele und Leib.[46] Häberlin beschreibt die Leibbildung durch die Seele aufgrund von Vererbung durch die elterlichen Organismen und durch die Prägung der Seele in der Auseinandersetzung mit der Umwelt nach der Geburt. In dieser abringenden Leibwerdung mit der Umwelt verfestigt sich das Verhalten der Seele und damit der Leib. Die Leibbildung bewertet deshalb den Charakter der Seele in zweifacher Weise, einerseits in ihrem »genuinen«, d.h., unwandelbaren Charakter und andererseits in ihrem durchaus wandelbaren »gewordenen« Charakter.[47] Seele wird von Häberlin deshalb als inkarnierte Existenz verstanden, die beides, nämlich Gründung und Wille zur Beherrschung und Gestaltung (und damit Erhalt) des Leibes umfasst. Der unwandelbare Charakter, der die objektive Einheit mit dem Ganzen repräsentiert, liegt mit dem gewordenen Charakter als Ausdruck der subjektiven Bestrebungen nach Selbsterhaltung im Widerstreit. Als Eros und Egoismus benennt Häberlin diese widerstreitenden Tendenzen, die beide eine politische (auf das Ganze = polis) und eine vitale (auf das Leben = vita) Bedeutung haben. Diese Auseinandersetzung bildet den Widerspruch ab, in dem sich das Subjekt immer befindet, denn das Subjekt will Veränderung (Wandel) nach den ihm eigenen Vorstellungen und will ihn zugleich nicht, weil das vitale Interesse die Grenzen und die

---

[46] Vgl. Allgemeine Pädagogik, 10.
[47] Vgl. ebd., 12.

Endlichkeit des Leibes nicht akzeptieren will. Das psychophysische Verhältnis von Seele und Leib befindet sich, so Häberlin, in dauerndem Kampf, es ist der Kampf zwischen Objektivität und Subjektivität.[48] Im Gewissen ergreift die Seele für ihren eigentlichen Willen zur Einheit Partei, Gewissen ist daher Ausdruck des Bekenntnisses zur Objektivität. »Es ist das heimliche, aber ursprüngliche Wissen der Seele um die Richtigkeit ihres objektiven Willens im Streit mit dem subjektiven "privaten" Anspruch«[49]. Die Parteinahme für die Objektivität geschieht als *Geist*, die Zustimmung gegen das Gewissen aber wird als *Ungeist* des Menschen definiert. Hatte Häberlin diese Tendenzen als Eros und Egoismus bezeichnet, so meinen sie genau das. Das Streben der Subjektivität an sich ist noch nicht als Ungeist zu bezeichnen, denn erst in der Überreizung des eigenen subjektiven Anspruchs wird dieses Streben zum Ungeist, zum Ausdruck der Usurpation der Wahrheit durch ein individuelles Urteil.[50] Für die pädagogische Situation ist virulent, dass beide Haltungen, die positive Bekundung der Objektivität im Gewissen wie die Verweigerungshaltung gegen dieses im Ungeist, den gewordenen Charakter durch den präsenten Geisteszustand mitbestimmen. Die hier beschriebene menschliche Situation[51] gilt selbstredend für beide Partner im Erziehungsprozess[52], d.h., die pädagogische impliziert die menschliche Situation und kann aufgrund dessen, weil sie ja beide Subjekte betrifft, auf die in ihr vorfindliche Machtasymmetrie regulierend Einfluss nehmen. In der egalitären Neucodierung der Erziehungssituation eröffnen sich der Erziehung in ihrem Anspruch humane, wenn nicht sogar dialogische Möglichkeiten, allerdings nur in einem ethisch sachlichen und, etwa im Blick auf den pädagogischen Eros, der noch zu behandeln sein wird, in einem nüchternen Modus.[53] In der anthropologischen Neusituierung der pädagogischen Situation markiert sich der Weg zum Sinn der Erziehung.

---

[48] Vgl. ebd., 17.
[49] Ebd., 15.
[50] Vgl. Wider den Ungeist, 82–105, bes. 94f.
[51] Vgl. dazu Das Gute, 11–28.
[52] Vgl. Allgemeine Pädagogik, 17.
[53] Vgl. unten den Exkurs zum pädagogischen Eros. – In Bezug auf die emphatischen Seiten der Reformpädagogik plädiert Koerrenz für einen Modus der Ausnüchterung im Bezug auf die pädagogische Situation. Vgl. Koerrenz, Reformpädagogik, 23.

3.5. Signifikatorische Aspekte der Erziehung

Häberlins Rede vom Sinn der Erziehung impliziert Voraussetzungen und hinterfragt zugleich Selbstverständlichkeiten. Aufgrund ihrer philosophischen Basierung, denn Philosophie fragt nach der Wahrheit, hat Pädagogik die Verpflichtung, Rechenschaft vom wahren Sinn der Erziehung zu geben. Damit wird zumindest irgendein Sinn von Erziehung behauptet und zugleich geht mit der Bestimmung des Sinns von Erziehung die Frage nach der Bestimmung des Menschen einher.[54] Diese gewinnt Häberlin aus der Einsicht in deren objektive Bedeutung, die den Menschen als Repräsentant des Ganzen (der Einheit) ausweist und zugleich als Subjekt kenntlich macht, das sich selbst in dieser Welt mit seinen Trieben und Neigungen realisieren will. Menschsein expliziert sich als Kampf des Geistes gegen den Ungeist.[55] Die Dichotomie von Subjektivität und Objektivität bezeichnet die Aufgabe des Menschen, weshalb eine hypothetische Synthese dieser Dichotomie nicht die Auflösung bzw. Eliminierung des Triebes zum Ziel hätte, denn dies würde die Subjektivität in ihrem gewordenen Charakter aufheben. Ebenso liegt diese Aufgabe, den Ungeist zugunsten des Geistes zurückzudrängen, nicht in der Vernichtung des Ungeistes, denn auch darin würde sich die Subjektivität widersprechen, weshalb die Bestimmung des Menschen und damit ein möglicher Sinn von Erziehung als parallelem Pendant nur in einer ständigen Anstrengung zugunsten einer relativen Vergeistigung des Verhaltens liegen kann.[56] Vergeistigung des Verhaltens entspricht gemäß den beiden Tendenzen Eros und Egoismus dem ersteren, d.h., die eigentliche Lebensaufgabe des Menschen besteht in der Geistespflege als Liebe zur Wahrheit des objektiv Seienden und nicht in der subjektiven Doxa. Im Versuch, diese Aufgabe zu realisieren, liegt der

---

[54] Vgl. Vom Menschen und seiner Bestimmung. – Häberlin versucht hier in zwölf zeitgemäßen Betrachtungen dieser Bestimmung des Menschen ansichtig zu werden. Bestimmung selbst wird bei Häberlin zum Terminus technicus. Beispielgebend dafür auch seine Stellungnahme für die UNESCO, die unter dem Leitgedanken Bemerkungen zum Thema »Bestimmung des Menschen und Sinn der Erziehung« zwei Jahre nach seinem Tod in der Schweizer Lehrerzeitung erstmals erschienen ist. Vgl. Bemerkungen zum Thema Bestimmung des Menschen, 146–157; Vgl. dazu auch Das Ziel der Erziehung, 67. 99. 104–105; Art. Möglichkeit der Erziehung, 278; Philosophie als Abenteuer des Geistes, 12; Art. Verantwortung, 827–829.
[55] Vgl. Allgemeine Pädagogik, 19.
[56] Vgl. ebd., 20. In der Ethik Häberlin benennt Häberlin die Aufgabe des Menschen als ständige Anstrengung. Vgl. Ethik, 93.

Sinn dessen, was Häberlin Kultur nennt. Mit der Kennzeichnung des Menschen als Kulturwesen in diesem speziellen Sinn ist aber noch nicht der wahre Sinn der Erziehung bestimmt. Wenn das einzelne Subjekt diesen Kampf des Geistes gegen den Ungeist auszufechten hat[57] und darin eben der Sinn von Kultur liegt, dann ist Kultur zunächst nicht als übergreifender bzw. übersteigender Begriff zu verstehen, so etwa i. S. der Kultur einer regionalen oder nationalen Gesellschaft oder gar als planetarischer Modus einer Weltkultur, sondern als Sache jedes Einzelnen. Kultur etabliert sich damit zu einem Schutzbegriff des Subjekts, womit nichts anderes als die je eigene Aufgabe oder Bestimmung des Subjekts gemeint ist. Diese Aufgabe ist nicht übertrag- und nicht abnehmbar, sie ist unbedingtes Alleinstellungsmerkmal des Subjekts.[58] Weiter unten wird noch kritisch darauf Bezug genommen, dass jedes politische Programm, ist es nicht an dem kulturellen Alleinstellungsmerkmal des Subjekts orientiert, sondern nur an spezifischen Interessen einzelner oder bestimmter Gruppen, eine übergriffige Anmaßung und konkrete Exkludierung des Subjekts bedeutet. Doch schon hier wird die Problematik eines Sinns der Erziehung deutlich. Ist Erziehung als beeinflussendes Handeln nicht immer Eingriff und Verletzung der Integrität des anderen Menschen? Kann es von Mensch zu Mensch überhaupt so etwas wie den Anspruch darauf geben, der eine wisse, was für das Heil des anderen gut wäre?[59] Die unaufgebbare, je eigene Lebensaufgabe des Menschen bestimmt einen möglichen Sinn der Erziehung, weshalb dieser Sinn anders denn als ein Eingriff oder als moralische Konditionierung auf ein interessegeleitetes subjektives Ziel oder als politische Dressur verstanden werden muss. – Dies zu betonen mag redundant erscheinen, rechtfertigt sich aber aus dem ethischen Anspruch, der hier der Pädagogik unterstellt wird. Wobei Ethik noch nichts über die Verwendung bzw. die besondere Ausrichtung moralphilosophischer Modelle und die daraus folgende Rechtfertigung pädagogischer Maßnahmen aussagt, weshalb beispielsweise angesichts der Bildungsinitiative der Bolognareform oder der schaurigen Ausrufung einer »Bildungsrepublik« Deutschland diese Redundanz mehr als angemessen scheint. Oder, um es nochmals anders zu sagen: Die

---

[57] Vgl. Wider den Ungeist, 104.
[58] Vgl. Ethik, 172: »Die Aufgabe des Menschen ist Kulturaufgabe«; Der Mensch, 220.
[59] Vgl. ebd., 21.

Bolognareform als politischer Angleichungsversuch von Bildungsstandards verkennt die Urgemeinsamkeit des Menschseins, die Partnerschaft von Erzieher und Edukandus in der pädagogischen Situation, d. h., Erziehung degeneriert aus subjektiven bzw. machtpolitischen Gründen zum sachlich erwogenen Symmetrierungsversuch jedes einzelnen Menschen.[60] –

Erziehung ohne Ethik entspricht niemals (!) der Bestimmung beider Partner in der pädagogischen Situation, weshalb Erziehung, um nicht zur Gewalttat am anderen zu werden, objektiv nur sinnvoll sein kann, »wenn sie in die kulturelle Aufgabe des Erziehers inbegriffen ist«[61]. Was aber heißt das? Erziehung als kulturelle Aufgabe versichert sich im Rückgriff mit philosophischer Einsicht den Anliegen des Geistes, die Objektivität zur Geltung zu bringen. Kultur impliziert die Anerkennung jener Weltordnung, an der der Mensch (und d. i. jeder Mensch) aktiven Anteil hat,[62] d. h., Kultur drückt die grundsätzliche Berechtigung und den Respekt vor allem aus, was ist, und zwar seiner Form (Ästhetik), seiner Bestimmtheit (Logik) und seinem Wert (Ethik) nach.[63] Aus dem Geist zu leben bedeutet für Häberlin, den Wert jedes Menschen anzuerkennen, denn jeder Mensch hat durch seine Bestimmung eine ihm besondere Bedeutung im Ganzen des Geschehens (s. o.): Bestimmung und Wert des Menschen bilden für die Erziehung eine absolute Bedingung, wird diese vom Erzieher nicht akzeptiert, ist Erziehung unmöglich und unethisch. Erziehung, die sich nicht an der Bestimmung und dem absolut unhintergehbaren Wert des Partners orientiert, vollzieht nicht das, was sie bezeichnet, sie hat sich in der Negation des Anderen aufgehoben.

»Alle Arbeit am Menschen muss beginnen mit dem großen und unerschütterlichen Ja, das wir zu andern sagen und nicht – wie wir so oft meinen – mit

---

[60] Vgl. dazu unten das Kapitel »Kritische Perspektiven der Pädagogik«. Auf diese Problematik der Nichtberücksichtigung der partnerschaftlichen Konstellation hatte Häberlin schon 1936 hingewiesen. Vgl. Möglichkeit und Grenzen der Erziehung, 14 ff. – Ein Jahr zuvor hatte Häberlin mit der Publikation seines Buches »Wider den Ungeist« auf den Ungeist des Nationalsozialismus reagiert, doch kann dieses Buch auch als Attacke gegen die sich den herrschenden Diktaturen anbiedernden und vermeintlich höheren Zielen der Wissenschaften folgenden Diktaturen in Europa verstanden werden.
[61] Allgemeine Pädagogik, 21.
[62] Siehe oben die Ausführungen in Teil I, 1.4. sowie die kosmologisch-anthropologischen Ausführungen in Teil II, 2.3.
[63] Vgl. Allgemeine Pädagogik, 20–22; Die Atombombe und wir, 211.

dem Nein. Neun Zehntel der üblichen Erziehung besteht in der Negation des andern.«[64]

Erziehung, als Kulturaufgabe verstanden, gelingt nur dann, wenn diejenige des Erziehers mit der des Erziehungspartners übereinstimmt, d. h., Erziehung wird zum gemeinsamen bestimmungsgemäßen Anliegen beider Partner. Erziehung zielt auf die Kulturgemeinschaft beider Partner, wobei Kulturgemeinschaft die einzige Möglichkeit von Gemeinschaft abbildet. Aufgrund der absoluten Verschiedenheit aller Menschen wird Einheit, also Kulturgemeinschaft, nur möglich in der regulativ wirkenden Sachlichkeit beider Partner, d. h., in der freiwilligen Zurücknahme ihrer Interessen und Absichten zugunsten der Sache selbst.[65] Wenn die Bildung einer Kulturgemeinschaft gelingt, dann gelingt Erziehung und beide, Erziehung und Gemeinschaft, bilden ein reziprokes Verhältnis. Erziehung als Bildung einer Kulturgemeinschaft durch die Versachlichung der pädagogischen Situation erweist sich als proportional hinsichtlich der Respektierung der Bestimmung des anderen Menschen (des Partners), denn dadurch wird der Erzieher zum Repräsentanten der objektiven Einheit. Die Konnotierung jeder erzieherischen Absicht ist damit ebenso gegeben wie das Ziel der Erziehung (d. i. die Gemeinschaft). Wenn die Erziehungsabsicht der Kultur des Partners gilt,[66] so ist ihre Realisierung dann gegeben, wenn beide Partner bestimmungsgemäß das Gleiche wollen. Das hier scheinbar zum Erziehungsziel hochgetrimmte Ideal der Gemeinschaft weist Kultur als einen permanenten Versuch[67] aus, dessen Grade des Gelingens jedoch unterschiedlich sind.

Im Umkehrschluss bedeutet dies, dass Erziehung nur dann notwendig wird, wenn der kulturelle Erfolg (d. i. die Gemeinschaft) wegen des nicht eleminierbaren Drangs zur Ungeistigkeit (i. S. einer subjektivistischen Überreizung) in Frage gestellt ist. Und Erziehung ist aufgrund einer möglichen Schwäche des Partners nicht Eingriff, sondern Hilfe, um den Partner bei der Erfüllung seiner Lebensaufgabe, die seine kulturelle Aufgabe ist, zu unterstützen. Erziehung

---

[64] Vgl. Bildung und Humanität, 55, zit. nach. Luczak, Häberlin für heute, 57.
[65] Durchaus konvergent hat Eric Mührel die Kategorien von Verstehen und Achten in ihrem Beziehungsverhältnis untersucht, die in ihrem *und* nur möglich sind durch Zurücknahme der jeweils eigenen Subjektivität und Achtung derjenigen des Anderen. Vgl. Mührel, Verstehen und Achten, 126 ff., bes. 129 (Systematik).
[66] Vgl. Allgemeine Pädagogik, 23.
[67] Ganz analog dazu das Philosophieverständnis Häberlins als Philosophia perennis. Siehe oben Teil II, 2.1.–2.3.

Signifikatorische Aspekte der Erziehung

gewinnt ihren Sinn demnach als Hilfs- bzw. Unterstützungsgeschehen für die kulturelle Entwicklung des Partners. »Sinnvolle Erziehung ist Hilfe zur Verwirklichung der Bestimmung des Partners, dort, wo solche Hilfe notwendig ist.«[68] Erziehung, da sie sich am Notwendigen zu orientieren hat, intendiert den Vorbehalt und findet nur und ausschließlich in der Hilfebedürftigkeit des Partners ihr Maß und zugleich ihre Beschränkung. Damit ist impliziert, dass Erziehung solange zurückhaltend agieren muss, wie der Partner die ihm gestellte Möglichkeit zu seiner Bestimmung realisieren kann. Die Erziehungsabsicht gestaltet sich im Mitgehen, in der Begleitung des Partners, im Modus taktvoller Aufmerksamkeit und findet gerade darin niemals eine unnötige Grenze ihrer Verwirklichung.[69] Unter diesen Voraussetzungen bilden Erziehungsabsicht und Hilfe ein kritisches Regulationsverhältnis, weshalb jedwede Erziehungsabsicht nicht auf Hilfe dringt, sondern auf Einheit. Hilfe ist weder Kompensation eines Defizits noch systemerhaltende Maßnahme[70], vielmehr will Hilfe in einem demonstrativen[71] und damit genuin pädagogischen Sinn die eigene Bestimmung des Hilfesuchenden bestätigen.[72] Mit der attributiven Zuschreibung »hilfesuchend« wird zugleich auch der Wille desjenigen qualifiziert, der sich der Erziehungsabsicht anvertraut, weil er darin seine eigene Bestimmung entdeckt. Wie aber ist Hilfe in Situationen zu deuten, in denen Hilfe, aufgrund bestimmter Dispositionen, nicht möglich ist bzw. nicht gesucht wird? Liefe hier nicht jede Erziehungsabsicht ins Leere oder wäre Zwang bzw. absolutistische

---

[68] Allgemeine Pädagogik, 24.
[69] Dass hier unübersehbare Nähen zur humanistischen Psychologie und besonders zum personenzentrierten Ansatz von Carl R. Rogers bestehen, ist evident. Die von ihm formulierten Grundhaltungen der Kongruenz, der Empathie und der bedingungslos positiven Zuwendung (Wertschätzung) in der Interaktion stimmen im Wesentlichen mit dem Ansatz Häberlins überein. Inwieweit Differenzen im Begründungsvorgang der drei Kategorien bei Häberlin und Rogers bestehen, kann hier an dieser Stelle nicht ausgeführt werden. Zu Rogers vgl. Ders., Der neue Mensch, 68 ff.
[70] Die unter dem Titel »Hilfen zur Erziehung« firmierenden Hilfsstrategien der neueren Sozialpädagogik resp. Sozialen Arbeit können als die hier gemeinten systemerhaltenden Maßnahmen verstanden werden.
[71] In diesem Sinn verstehe ich Pranges Ansatz einer »Pädagogik des Zeigens«, die ja gerade im Modus des Zeigens auf das partnerschaftliche Verhältnis von Erzieher und Edukandus zielt und den unbedingten Willen inhäriert, Asymmetrien im pädagogischen Verhältnis abzubauen und in eine größtmögliche Symmetrie zu bringen. Vgl. Prange, Die Zeigestruktur der Erziehung; Ders., Die Ethik der Pädagogik, 11–31.
[72] Mührel bezeichnet die Bestätigung des Hilfesuchenden als Verstehen. Vgl. Mührel, Verstehen und Achten, 126 ff.

Ruhigstellung der Subjektivität? Die Grenzen pädagogischer Gestaltung können in zwei Richtungen deutlich werden, zum einen in den begrenzten oder ausgeschlossenen Möglichkeiten geistiger Einsichtsfähigkeit, etwa i. S. einer dispositiven Erkrankung (einer geistigen/ schweren geistigen Behinderung), zum anderen kann die Grenze in der willentlichen Verweigerung solcher Hilfe liegen, die dann, aufgrund des Respekts vor dem anderen Menschen mit seiner Bestimmung nur Angebotscharakter haben kann.[73] Beide Richtungen enthalten aber einen zeitlichen Index, die in sich nochmals eine Unterscheidung nötig machen. In der Rede von Unmöglichkeit oder Verweigerung von Erziehung ist eine zeitliche Qualifizierung enthalten, die sich als zeitlich begrenzte (momentane) oder zeitlich unbefristete (dauernde) darstellen kann. Im ersten Fall momentaner Unmöglichkeit/Verweigerung ist pädagogische Hilfe vorübergehend ausgeschlossen, es bleibt aber die Bereitschaft zur Hilfe bestehen, im zweiten Fall einer dauernden Unmöglichkeit/Verweigerung erweist sich jede Erziehungsabsicht i. S. von Hilfe als sinnlos. Doch auch an dieser Grenze jedweder pädagogischen Möglichkeit bliebe der Partner Gegenstand des Willens zur Einheit, des Willens zur Gemeinschaft, d. h., der Partner in der Situation dauernder Unmöglichkeit/Verweigerung bleibt eine Aufgabe der Gemeinschaft, nur nicht mehr in pädagogischer Hinsicht. Um die Aufgabe des Willens zur Gemeinschaft zu realisieren, bietet sich hier der Begriff der Fürsorge an. Häberlin weist allerdings mit Recht darauf hin, dass dieser nur dann sinnvoll und berechtigt ist, wenn er von der Bestimmung des Menschen her verstanden wird.[74] Fürsorge tritt an die Stelle der Erziehung, ihr Sinn besteht darin, den Anderen aufgrund der Unmöglichkeit/Verweigerung von Erziehung trotzdem in die Gemeinschaft aufzunehmen, die ja das Ziel aller menschlichen Bestimmung ist. Fürsorge ist Sorge um den Einzelnen wie Sorge um die Gemeinschaft, denn die Aufnahme jedes Einzelnen ist ihr Interesse (aufgrund der Einheit) und ihr Ziel. Fürsorge ist demnach Fürsorge für die Gemeinschaft, ausnahmslose Option für jeden Menschen. Optional ist sie deshalb, weil auch Für-

---

[73] Zu nennen wären an dieser Stelle dokumentierte Beispiele aus der Arbeit mit Obdachlosen, in denen es durchaus Fälle einer totalen Verweigerung von Hilfe bzw. fürsorglichen Maßnahmen gibt. Ebenso offenbaren Fälle von willentlicher Nahrungsverweigerung ein Dilemma, in denen Hilfsmaßnahmen geboten sind, verbunden jedoch mit einem Zwang, weshalb diese auszuführen grundsätzlich der personalen Würde des Menschen widerspräche.
[74] Vgl. Allgemeine Pädagogik, 25.

sorge immer nur den Charakter eines Angebotes (Bsp. Nahrungsverweigerung, siehe Anm.) haben kann, um sich nicht selbst zu widersprechen. Dem steht das Prinzip der Gemeinschaft als einer werdenden vor, d. h., es kann in dieser Hinsicht nicht von Gemeinschaft in der Realisierung subjektiver Absichten und Interessen gesprochen werden.[75] Im weiteren Verlauf wird auf diese »andere Sicht« auf Gemeinschaft nochmals Bezug genommen, doch schon hier wird erkennbar, dass Fürsorge für den Einzelnen als Fürsorge einer *möglichen* Gemeinschaft mindestens zwei prinzipielle Aspekte in sich enthält. Dies sind einerseits die unbedingte Wertschätzung ausnahmslos jedes Individuums gemäß seiner ihm eigenen Bestimmung als Teil des Ganzen und andererseits die unbedingte Bedeutung jedes Einzelnen für die Gemeinschaft, die sich nicht an definierten Kategorien festmachen oder bestimmen lässt, denn diese wären wiederum nur interessegeleitet und subjektiv.

3.6. Annotationen zum pädagogischen Prinzip

Wie Erziehung sich gestaltet, mit welchem Anspruch sie in Hilfe und Fürsorge auftritt, wie die Möglichkeiten und Grenzen von Erziehung zu bestimmen sind, dies lässt sich aufgrund der Individualität jedes einzelnen Menschen mit überzeitlich allgemeiner Gültigkeit nicht sagen. Eine Allgemeine Pädagogik kann philosophisch bestimmte Prinzipien herausarbeiten, die aus einer Einsicht in die Wahrheit gewonnen wurden und die nur dann, weil sie frei von allem subjektiven Interesse objektiv gelten können und deshalb als Gesetzte akzeptiert bzw. geglaubt werden müssen. Überzeitliche Allgemeingültigkeit meint Objektivität im Gegensatz zu subjektivem Meinen.[76] Die Akzeptanz von Häberlins System als Folie der Überlegungen führt über die axiomatischen Annahmen, bei denen sich zeigen muss, ob diese einer nachfolgenden Kritik standhalten.

Häberlins pädagogisches Prinzip, getragen von seinen kosmologisch-anthropologischen Herleitungen, ist das Prinzip der Gemein-

---

[75] Diese Deutung hat ihre unbestritten heiklen Seiten und wird in der »Kritik der pädagogischen Perspektiven« (s. u.) nochmals eigens reflektiert. Als ein treffendes Beispiel kann hier die allgemeine Schulpflicht angeführt werden, an der sich sowohl der vorgelegte Begriff der Erziehung als auch der der Gemeinschaft abzuarbeiten haben.
[76] Vgl. Art. Objektivität, 336–338.

schaft schlechthin, d. h., das Prinzip der Pädagogik ist auch das Prinzip der Gemeinschaft. Dieses Prinzip benennt er als Liebe, denn Liebe ist für ihn die hilfsbereite Teilnahme an den kulturellen Aufgaben des Partners. Diese vorbehaltlose Teilnahme zur Realisierung der Bestimmung des Anderen ist die an der wahren Einsicht selbst orientierte Form der Liebe. Sie ist frei von subjektiver Neigung oder Präferenz.[77] Die Liebe ist Ausdruck geistiger Haltung, Anerkennung der Welt als ewiger Ordnung, deshalb ist Kultur nichts anderes als der Versuch, diese Anerkennung in allem Verhalten ausdrücklich zu machen. Kultur bewältigt ihre Aufgabe in ästhetischer Hinsicht in der Anerkennung der ewigen Vollendung als solcher, in logischer Perspektive begründet sie den wahren Ort des Einzelnen in der je vollendeten Welt und in der Ethik bestimmt sie die Bedeutung des Einzelnen für die ewige Vollendung.[78] Kultur ist daher ständige Aufgabe in dieser dreifachen Hinsicht, weil die Anerkennung ständig durch die subjektive Neigung zum Ungeist bestritten wird. Kultur steht im permanenten Konflikt zwischen subjektiven Interessen und objektiver Anerkennung, sie ist der innere Kampf um die Anerkennung des objektiven Sinns und der Erwiderung subjektiver Setzung von Sinn.[79] Der Begriff der Anerkennung in der Häberlinschen Version ist der des Glaubens. Glaube, wie oben schon ausgeführt, meint nicht einen Glauben an das Nichterklärbare, das Geheimnisvolle, das wäre nach Häberlin die Verweigerung philosophischer Einsicht und damit Aberglaube.[80] Demgegenüber ist hier ist ein philosophischer Glaube gemeint, der sich aus philosophischer Einsicht in die Wahrheit ergibt.[81] Glaube ist die Anerkennung der ewigen Ordnung, d. i. der ewigen Vollendung und damit in der Einsicht der Ursprung objektiver Sinngebung und in ethischer Wendung der Glaube an den ewigen Wert dessen, was ist.

---

[77] Vgl. Allgemeine Pädagogik, 26–28; Art. Liebe, 202–204.
[78] Vgl. Allgemeine Pädagogik, 26.
[79] Vgl. Handbüchlein der Philosophie, 106.
[80] Als kleine theologische Bemerkung sei erlaubt, dass Häberlin unter Aberglauben auch noch so etwas fasst wie negative Theologie, also etwa eine Theologie des Geheimnisses bei Karl Rahner. Vgl. zu Rahner, Über den Begriff des Geheimnisses, 51–99. – Wie sehr hier die Theologie Schleiermachers auf Häberlin gewirkt hat, wurde oben schon ausgeführt.
[81] Wie oben schon bemerkt, zeigen sich hier deutliche Parallelen zu Karl Jaspers, der den philosophischen Glauben vom Offenbarungsglauben unterscheidet und den philosophischen ebenso von der Einsicht in die Wahrheit begründet. Vgl. dazu Jaspers, Der philosophische Glaube angesichts der Offenbarung; Ders., Der philosophische Glaube, bes. 21 ff.; Ders., Von der Wahrheit, 453–473.

Annotationen zum pädagogischen Prinzip

Unter einem höchsten Gesichtspunkt[82], einer nicht-subjektiven, rein aus der Einsicht die Wahrheit gewonnen Perspektive ist alles, was ist, schlechthin wertvoll. Dieser Begriff des unbedingten Guten als ethischer Kategorie bildet nicht das Prinzip von Erziehung, sondern den Leitbegriff, an dem das Prinzip der Erziehung, die Liebe, orientiert wird. Das unbedingte Gute kann in seinem Anerkennungsmodus in menschlichem Verhalten nur als Güte ausdrücklich werden. In der pädagogischen Situation wäre Güte die vorbehaltlose Anerkennung des objektiven Gutseins des Partners (alles dessen, was ist), d. h., die unbedingte Anerkennung des Partners meint zunächst, dass dieser so ist wie ich, im dauernden Kampf um seine Bestimmung. Die Anerkennung des Partners als des Anderen zielt daher nicht auf sein Verhalten, sondern, da sie personenzentriert ist, auf seine in ihm wohnende Teilhabe an der ewigen Vollendung. Im Umkehrschluss bedeutet dies: Wäre Erziehung ausgerichtet am subjektiven Gutfinden, am Willen, den Partner nach den eigenen Vorstellungen zu prägen, zu beeinflussen, zu konditionieren, so wäre sie eine Verweigerung der Güte und damit Ausweis der Negation des Partners[83] und dessen Teilhabe an der ewigen Vollendung. Subjektive Wertsetzung etwa i. S. »Ich weiß, was für Dich gut ist« als direkte Setzung des eigenen Interesses, als Maßstab des Handelns und der eigenen Weltsicht, wäre demnach unethisch oder böse, sie wäre Abwertung des Anderen (der in dieser Abwertung eben kein Partner mehr ist!) und beharrte auf der vom Subjekt gesetzten Asymmetrie. Erziehung gelingt also nur dort, wo die Symmetrie, die vorbehaltlose Anerkennung des Partners realisiert und das Machtgefälle in größtmöglicher Weise reduziert wird. – Am Beispiel des Eltern-Kind- oder des Lehrer-Schüler-Verhältnisses ist eine gewisse Hierarchie unbestritten erkennbar, diese ist gegeben und wirft prinzipiell die Frage auf, unter welchem Gesichtspunkt dieses Verhältnis gestaltet wird. Wird die Überzeugung der Eltern/Lehrer an das absolut Gute des Kindes in seinem Menschsein für das Kind erfahrbar, so ist jeder Verkehr zwi-

---

[82] Siehe Teil I, 1.4.
[83] Häberlin nennt diese Negation das Böse, eine Definition, die im heutigen Sprachgebrauch befremdlich sein mag, die aber zunächst nur das Gegenteil von Gut meint. Häberlins letztes Buch war deshalb nochmals eine vertiefte Auseinandersetzung mit dem Phänomen des Bösen. Vgl. Das Böse, vor allem 81–133. Auch sein Buch *Wider den Ungeist* von 1935 schlägt diese Richtung ein und ist zudem ein klares Bekenntnis seinerseits gegen den Ungeist des Nationalsozialismus. Vgl. Wider den Ungeist, 131 ff.

schen Eltern und Kindern nicht unkritisch, sondern ihr Verhalten ist gütiges (wertschätzendes) Verhalten und gestaltet Erziehung.[84] So können Lernprozesse initiiert werden, die unter rein subjektiven Maßgaben auf Widerstand stoßen würden.

Die vorbehaltlose Akzeptanz des Partners[85] in der Erziehung und die Annahme, dass dieser unter allen Umständen gut ist, machen die Erziehung zugleich zum Erinnerungsfaktor an die innere Aufgabe des Partners, der seiner Bestimmung gemäß zu kultureller Anstrengung aufgerufen ist, die Schaffung von Gemeinschaft zu ermöglichen. Dieser Aufruf ist zugleich ethisch bestimmt in der Möglichkeit, selbst in seinem Handeln diese Güte und damit das Gutsein zu repräsentieren. Ist der Partner ewig gut und mit ihm seine Bestimmung, so schließt dies auch das Böse mit ein, das in seinem Handeln möglich werden kann. Das Gutsein des Partners wird durch etwaige negative (böse) Handlungen, durch Verweigerungshaltungen, im Beharren auf die eigenen Interessen nicht tangiert, er ist nur aufgrund seiner Bestimmung dazu aufgerufen, sich in seinen Handlungen seinem personalen Gutsein anzunähern, d.h., sich mit seiner Bestimmung zu identifizieren. Die ethische Anerkennung (Glauben) an das absolute Gutsein des Partners und an seine Bestimmung zur Kultur (und damit zur Güte) qualifiziert die pädagogische Situation, darin qualifiziert Erziehung ihr Prinzip: Anerkennung (Glaube) und Liebe sind eins, was bestätigt, dass Liebe das Prinzip der Erziehung als gläubige Hilfsbereitschaft ist.[86]

Neben den hier auffindbaren Schnittstellen zur Reformpädagogik, auf die später noch eingegangen wird, soll das Konzept der »Neuen Autorität«[87] von Haim Omer in einem kleinen Exkurs das pädagogische Prinzip verdeutlichen.

---

[84] Vgl. Ethik, 12. – Ethik als Verstehen des Anderen in seinem So-Sein.
[85] Vgl. Art. Liebe, 203: »Liebe gilt allem, was uns begegnet; objektive Einheit umfasst alles und Liebe will diese Einheit, sie ist subjektive Bejahung alles dessen, was ist; denn Einheit ist vom Sein nicht zu trennen. Liebe ist grenzenloses Jasagen zum Partner der Begegnung, wie immer er sei.«
[86] Vgl. Allgemeine Pädagogik, 28.
[87] Vgl. zum Folgenden Omer/von Schlippe, Autorität durch Beziehung; Ders., Stärke statt Macht; Ders./von Schlippe, Autorität ohne Gewalt; Omer/Alon/von Schlippe, Feindbilder. – Haim Omer, ein klinischer Psychologe der Universität Tel Aviv, hat in mehreren Projekten mit Schulverweigerern dieses Konzept der Neuen Autorität entwickelt.

3.7. Exkurs: Das Konzept der »Neuen Autorität«

Hinter dem Grundgedanken des Omerschen Konzepts, »Präsenz und Beharrlichkeit anstelle von Machtausübung«, steckt die Einsicht, dass Autorität nur durch Beziehung erlangt wird (deshalb *Neue* Autorität!). Durch Präsenz, die gewaltfrei und als eine »wachsame Sorge« vermittelt wird, gestaltet sich die Beziehung der Partner in der pädagogischen Situation. Durch Präsenz, durch wachsame Sorge und gewaltfreies In-Beziehung-treten wird Macht in Stärke transformiert. Diese Stärkung gilt dem Partner und meint diesen, sie initiiert auf der Beziehungsebene (Ich-Du) eine Gerechtigkeit im Sinne einer Symmetrie, weil hier in der Akzeptanz und Wertschätzung des Anderen, die durch die Haltung des Erziehers geschieht, der ontologische Status der Vollkommenheit des Partners in seinem Mensch-Sein bestätigt wird. Die Stärkung des Anderen, die sich als ein affektiver Beziehungsprozess in den Kategorien der Präsenz (»Ich kämpfe um dich/nicht gegen dich«)[88], der wachsamen Sorge (Halt-geben), der Gewaltfreiheit (Achtung und Respekt – »Ich/Wir werde(n) alles tun, um die Situation zu ändern«) und der Neuen Autorität/dem Überzeugt-sein (»Ich weiß, dass ich den Anderen nicht verändern kann, aber ich habe mich entschieden, mich zu verändern.«) darstellt, mündet schließlich in einer Solidarisierung durch Familie, Freunde, Peergroup usw., die Unterstützung bietet und finden lässt.[89] Wird Pädagogik in diesem Sinne als Kultur gefasst, so ist ihr Anspruch und ihr Selbstverständnis in der Einheit von Haltung und Handlung zeitlogisch vertikal zu nennen und bestätigt das objektive Gutsein.[90] Mit dem Konzept der »Neuen Autorität« können auch sozialpädagogische Themen wie Gerechtigkeit oder intergenerationelle Verantwortung (i. S. von Nachhaltigkeit) in ihrer Umsetzung auf ihren objektiven oder subjektiven Status hin befragt werden. Sozialpädagogische Programme, die sich ausschließlich an interessegeleiteten Absichten von Einzelnen, Gruppen usw. orientieren, produzieren in ihren Ausführungen, selbst wenn sie Realutopien sind, einen unendlichen Regress, sie werden zur Dauerbaustelle von Veränderungs- und Vervollkommnungsprozessen, weshalb sie in einem zeitlogischen Sinn hori-

---

[88] Vgl. Omer/von Schlippe, Autorität durch Beziehung, 33.
[89] Hier ereignet sich eben methodisch die Erfahrung von Erziehung als kulturelle Hilfe. Vgl. Allgemeine Pädagogik, 26.
[90] Vgl. Allgemeine Pädagogik, 27.

zontal zu nennen wären.[91] Um diesen Regress zu vermeiden, müsste sich die pädagogische Absicht der Sozialpädagogik demnach an der Entwicklung und Gestaltung von Gemeinschaft, an Machtsymmetrien und der Insistenz auf Gewaltenteilung orientieren. Gewaltenteilung wäre aber dann die Stärkung der Individuen durch die symmetrische Ausbalancierung von Macht in jeglichen Formen von Solidarität, in Gesten der Zugewandtheit und wertschätzender Güte, die eine Einsicht in die Gleichstellung aller Individuen mit sich führen würde.

3.8. Methodische Theorie und hypothetische Methodik

Von einem Prinzip bzw. Prinzipien der Pädagogik zu sprechen, ist ambivalent und schwierig, denn über allgemeingültige, transhistorische Prinzipien nachzudenken, vermittelt nicht unberechtigt den Eindruck ihrer Nichtmethodisierbarkeit. Es gibt für eine allgemeine Theorie keine universale Methode, mit der diese Theorie in Anwendung gebracht werden könnte. Untersteht daher eine Allgemeine Pädagogik nicht immer dem Verdacht, durch einen, wie auch immer gearteten Bezug zu einer Ideenlehre ihren Bezug auf allgemeine Ideen zu eng gefasst zu haben und daher dogmatisch zu sein? Wolfgang Sünkel insistiert daher nicht unbegründet darauf, dass es für eine Erkenntnis der Erziehung durchaus von Nachteil wäre, »wenn man sich damit begnügen wollte, das Wesen der Erziehung mit einem undeutlichen, unklaren, stumpfen, vorläufigen, kurz: mit einem willkürlichen Begriff zu erfassen«[92]. Er meint damit einen Begriff, der nominal und operational festgelegt ist, aber nicht aus der Sache, die er bezeichnen soll, mit Notwendigkeit abgeleitet ist. Dieser Forderung nach einer notwendigen Herleitung des Erziehungsprinzips ist Häberlin durch seinen ontologisch-anthropologischen Unterbau nachgekommen, sodass Liebe als pädagogisches Prinzip eben nichts anderes meint als die subjektive Anerkennung einer objektiven Ordnung,[93] an der jedes Subjekt teilhat und von dem aus es verstanden und gesehen werden muss. Erziehung als anerkennende (gläubige)

---

[91] In Teil III wird in einer kritischen Reflexion auf die Sozialpädagogik und ihre zeitlogischen Aspekte nochmals Bezug genommen.
[92] Sünkel, Erziehungsbegriff und Erziehungsverhältnis, 26.
[93] Vgl. Art. Liebe, 203.

Hilfsbereitschaft (und nicht mehr) kann deshalb als transhistorisches Phänomen bezeichnet werden, »weil ohne sie die Kontinuität und Varianz der kulturellen Evolutionen unmöglich wäre«[94]. Spricht Sünkel hier von kulturellen Evolutionen im Plural, so kann das, analog zu Häberlin, mit dem steten Wandel und Werden der Einheit in der Perspektive der Subjekte und im kulturellen Versuch einer Schaffung von Gemeinschaft gleichgesetzt werden.

Diese Voraussetzungen zur pädagogischen Situation und deren prinzipieller Grundlegung bildet eine Art Rechenschaft über das Erziehungsgeschehen selbst und leitet damit direkt zur Frage nach der Methodik über. Die Methode gestaltet Erziehung in Kenntnis der Situation und des Sinnes, aber sie steht vor der Schwierigkeit, dass jede gegebene Situation stets besonders und einmalig ist, und deshalb Erziehung immer an eine standpunktbedingte Entscheidung gebunden ist, weshalb gilt, dass pädagogisches Handeln situationsbedingt nicht an objektiv gültige Einsicht gebunden ist.[95] Aufgrund einer generell situativen Unberechenbarkeit ist eine methodische Theorie nur als allgemeine möglich, es obliegt ihr ausschließlich die Demonstration der Grundsätze des pädagogischen Vorgehens. Nun kann Erziehung nicht bei einer allgemeinen Theorie stehen bleiben, sondern dringt auf Anwendung. Anwendung einer prinzipiellen Methodik aber muss die einmalige, originale und unwiederholbare Situation berücksichtigen und wird nur als eine hypothetische Methodik möglich. Diese meint eine Annahme bestimmter Situationstypen, die aufgrund psychologisch-pädagogischer Erfahrungen gewonnen und anhand derer Regeln formuliert worden sind, die die Entscheidung bzw. Handlungen in der pädagogischen Situation orientieren können. Eine hypothetische Methodik zur Bildung von Handlungsregeln im Erziehungsgeschehen bleibt solange legitim, wie sie sich ihres hypothetisierenden und generalisierend schematischen Charakters bewusst ist.[96] D. h., die beschriebenen Regeln sind Regeln unter Vorbehalt, sind jederzeit variier- und justierbar und verweigern prinzipiell ihre Dogmatisierung. Damit kommt es zu einem Zusammenspiel der in der pädagogischen Theorie gefundenen Grundsätze, ihrer situativ momentanen Transformation und ihrer *möglichen* Synchronisierung im Erziehungsgeschehen. Häberlin benennt sieben Grundsätze, die

---

[94] Sünkel, Erziehungsbegriff und Erziehungsverhältnis, 26.
[95] Vgl. Die Bedeutung der Methode, 161 f. 167.
[96] Vgl. Allgemeine Pädagogik, 31.

sich aus der menschlichen Situation ergeben und Aspekte des menschlichen Daseins beschreiben, die ausdrücklich als Einheit gesehen werden müssen, weil es in der Anwendung um den einen Sinn der Erziehung geht. Dieser zunächst einmal der Logik des Geschehens geltende Hinweis betont die in dieser Einheit fokussierte Wertschätzung des Partners im Erziehungsgeschehen. Aus der Einheit folgt das Bedingungsverhältnis von Grundsätzen, d. h., durch ihr Amalgam entsteht eine Handlungslogik, die aus den die Haltung des Erziehers prägenden Grundsätzen erzieherisches Handeln qualifiziert. Betreffen die Grundsätze die Haltung gegenüber dem Partner, so ist damit evident, dass das Ziel der Handlung, wie auch immer es sein mag, nicht der Bestimmung des Erziehers gilt, sondern der des Edukanden. Dieser signalisiert, inwieweit Hilfe nötig und gewollt ist. Erziehung wird genau an diesem Punkt aus Sicht des Erziehers zum außersubjektiven Geschehen, denn der Partner, der Andere, ist das einzigartige, originale und individuelle Subjekt der Kultur. Der Partner macht sich in der Einwilligung zur Hilfe selbst zum »Gegenstand«, der die objektive Ordnung repräsentiert, auf die alles Anerkennungshandeln des Erziehers geht bzw. gehen sollte.[97] Mit dieser Einmaligkeit als Signum objektiver Repräsentation des Ganzen wird jede pädagogische Situation nicht nur zu einer historischen Singularität, sondern definiert damit auch ihr historisches Recht. Der momentane »Zustand« des Partners im kulturellen Prozess ist der Gegebene, ihm gebührt die absolute Bejahung durch den Erzieher, weil dies auch die Bejahung des Partners bedeutet (und selbstredend seiner eigenen Position). Daher entfällt hier jedwede Kritik (»Sie mal, was Du aus Dir gemacht hast!«), d. h., es ist pädagogisch unerlaubt, den Partner wegen seines Zustandes zu beschuldigen. Eine mögliche Kritik am Partner darf nur dessen Unwillen betreffen, seine Situation zu verändern und auch nur dann erfolgen, wenn der Erzieher alle Möglichkeiten der Selbstveränderung seines Verhaltens ausgeschöpft hat. Die prinzipielle Symmetrie zwischen den Partnern bildet die Grenze etwaiger moralischer Interventionen, denn diese wären wiederum nur subjektive Zielvorgaben des Erziehers. Negative Kritik am Partner dürfte höchstens auf die Manifestierung seines Ungeistes zielen, aber auch hier ist mit der moralischen Qualifizierung von »gut« und »böse«, »richtig« und »unrichtig« i. S. von Geist und Ungeist zurückhaltend umzugehen. Eine böse Neigung ist in einem radikalen,

---

[97] Vgl. ebd., 32; ABC der Erziehung, 107–109; Art. Liebe, 203.

aber nicht in einem absoluten Sinn böse, denn der Partner ist als Mensch »in Ordnung«, Teilhaber am objektiv Guten und hat daher in sich auch die Neigung zur Güte. Weder der Erzieher noch der Partner können wissen, wie sich das Verhältnis von Geist und Ungeist beim Partner in Zukunft gestalten wird. Erziehung lebt aus und von dieser Bejahung des Partners, auch angesichts dessen negativer Neigungen, die möglicherweise der Erzieher aus eigenem subjektiven Verständnis nicht akzeptieren kann und deshalb offenhalten muss.[98] Die unbedingte Bejahung des Partners prägt die pädagogische Situation und damit jede Methode, ein Aus- oder Abweichen von dieser Grundhaltung würde Erziehung als Ganzes in Frage stellen. Wird hier nicht sowohl der Haltung wie dem methodischen Handeln des Erziehers Unmögliches zugemutet? Oder anders gefragt: Wird hier der Pädagogik die theologisch umstrittene, aber im Denken Häberlins mögliche Figur einer »apokastasis panton« implementiert? Das Denken des Perfectum[99] bedeutet nicht nur die unbedingte Zusage an den Partner, es eröffnet und ermöglicht überhaupt erst den pädagogischen Verkehr. Es bildet einerseits die Bedingung der Möglichkeit von Erziehung, andererseits ihr haltungs- und handlungsmäßiges Regulativ. Und weil diese Haltung aus philosophischer Einsicht gewonnen ist, bezeichnet sie die freie Entscheidung des Erziehers und steht einer durch Autorität angeordneten Haltung entgegen.[100] In diesem Sinn nimmt *Bejahung* die Stelle autoritärer Modelle von Erziehung ein, sie ist pädagogische Umbesetzung, sie prägt die pädagogische Atmosphäre[101] und verweigert Machtinteressen des Subjekts zugunsten gelingender Lebensführung des Partners.

Mit dieser Umbesetzung der pädagogischen Situation erweitern sich nicht nur die Möglichkeiten von Erziehung hinsichtlich ihrer ästhetischen, logischen und ethischen Dimension, auch dem Partner eröffnen sich Horizonte eines möglichen Selbstausdrucks. D.h., alle drei Dimensionen haben dasselbe Recht und bedürfen derselben Aufmerksamkeit.[102] Um den Ansprüchen auf dieses Recht nachkommen zu können, ist die leibliche Beschaffenheit als kulturbedeutsamer Faktor mit zu berücksichtigen. Der schon zu Beginn bestimmte Un-

---

[98] Vgl. ebd., 38.
[99] Siehe oben Teil I, 1.5.
[100] Die Parallelen zu Haim Omers Konzept einer »Neuen Autorität« sind durchaus erkennbar. Vgl. Teil II, 3.6.
[101] Dazu Bollnow, Die pädagogische Atmosphäre.
[102] Vgl. Allgemeine Pädagogik, 37 f.

terschied zwischen genuinem und gewordenem Charakter der Seele kann deshalb als Ausgangspunkt dienen. Der innere Charakter als leibunabhängiger Faktor, der aber den Leib mitgestaltet und der gewordene Charakter, der sich aufgrund Vererbung und äußerer Umstände ausgeprägt hat, bilden die innere und äußere Lebensgeschichte des Partners, darin ist er ganz Leib und Verkehrssubjekt in der Welt. Die Pädagogik kann bei ihrer Methodenwahl diese beiden Faktoren, die als Krankheit und in den Wachstumsperioden wirksam werden können, nicht umgehen.[103] So kann Krankheit sowohl ein konstitutioneller Faktor der inneren wie der äußeren Geschichte des Partners sein, konstitutionell i. S. von Erbkrankheiten oder »kognitiven und/ oder affektiven Einschränkungen« als auch ein funktioneller, wenn eine Indisposition (Beeinträchtigung) aufgrund seelischer Belastungen, Negativerfahrungen (Traumatisierungen) etc. vorliegt. Davon zu unterscheiden ist der Faktor der Wachstumsperioden, der konstitutiv für jeden Menschen ist, aber auch wie der Faktor der Krankheit immer an das Individuum gebunden ist, weshalb auch hier Generalisierungen schwierig sind und, wenn überhaupt, Krankheit nur als eine osmotische Kategorie zu verwenden ist. In beiden Fällen hat sich die pädagogische Methode nicht nur nach den Faktoren als solche zu richten, quasi nach ihrer anthropologischen Bedeutung, sondern auch an dem individuellen Träger dieser Faktoren. Und auch hier gilt für die Pädagogik, dass das Individuum mit seiner inneren und äußeren Lebensgeschichte, seinen mannigfaltigen Indispositionen grundsätzlich »in Ordnung« ist und demnach nicht nur jedes Urteil im Blick auf die Kulturbedeutsamkeit des Partners unangemessen (unpädagogisch) ist, sondern, weil jede Perspektive auf das Ganze ihr Recht hat, ebenso offengehalten werden muss.[104] Daraus folgt die Prämisse für alle Pädagogik, dass jeder Mensch »Gegenstand« der Erziehung ist, weil jeder in kultureller Entwicklung steht und bei dieser möglicherweise Unterstützung benötigt.[105] Dennoch hat diese Prämisse eine, positiv gesprochen, zweigeteilte Rückseite: Erstens enthält sie kein Ausschlusskriterium, keinen Inklusions- oder Exklusionsstempel, denn

---

[103] Vgl. Die Bedeutung der Methode, 163 f.
[104] Die Geschichten, Berichte und Darstellungen des amerikanischen Neurophysiologen Oliver Sacks leisten hier einen wichtigen erkenntnistheoretischen Beitrag, indem Krankheiten, Indispositionen, Ticks usw. als unterschiedliche Modi der Weltbetrachtung gedeutet werden können. Vgl. Sacks, Eine Anthropologin auf dem Mars; Ders., Der Strom des Bewusstseins.
[105] Vgl. Allgemeine Pädagogik, 42.

pädagogische Verpflichtung richtet sich nicht nach größeren oder geringeren Erfolgsaussichten, sie ist Gemeinschaftsverpflichtung schlechthin.[106] Zweitens plädiert Pädagogik mit dieser Prämisse, (je) der Mensch sei Gegenstand der Erziehung, für eine neue Sicht, die die individuelle Mannigfaltigkeit der Subjekte und ihrer jeweiligen Optiken betont und nicht deren Grenzen und Indisponiertheiten.[107]

Alle Grundsätze und die sich daraus entwickelnden methodischen Möglichkeiten zielen schließlich auf das pädagogische Verhältnis[108], das Anforderungen einerseits an den Erzieher im Besonderen, andererseits aber an beide Partner formuliert. Die Fähigkeit der persönlichen Kontaktaufnahme mit dem Partner ist vom Erzieher ebenso gefordert wie dessen grundsätzliche Fähigkeit zur subjektiven Zurückhaltung, zur Vermeidung von Posen der Autorität oder vermeintlicher Überlegenheit bzw. Vollkommenheit. Erziehung muss daher ein Verhältnis anstreben, welches ihrer Absicht entspräche. Es geht dabei um Zuständlichkeit, also um die Themen, die den Partner an seiner kulturellen Aufgabe hindern, alles andere ist nicht Thema der Erziehung. Deshalb: Die wesenhafte Eigenart beider Partner entzieht sich (in einem logischen Sinn) jedweder Gestaltungsabsicht.

Pädagogik geht von der Voraussetzung aus, dass Verkehrsbereitschaft nicht völlig fehlt, dort aber, wo sie fehlt, geht es nicht um Erziehung, sondern zuerst um den Aufbau von Beziehung. Pädagogik gestaltet sich im Modus des Entgegenkommens beider Partner, im Sichgeben und Annehmen von Partner zu Partner. Das Sichgeben des Erziehers kann eine mögliche Annahme durch den Partner nur dann nach sich ziehen, wenn von Seiten des Erziehers unbedingte Wahrhaftigkeit besteht.[109] Und umgekehrt: Die annehmende Antwort des Erziehers auf das Sichgeben des Edukanden ist nur dann realisiert, wenn der Erzieher mit wirklicher Anteilnahme und in spür-

---

[106] Vgl. ebd.
[107] Vgl. Häberle, Prophetie des behinderten Menschen. – Die Schweizer Pädagogin und Theologin Iréne Häberle leitet anhand beobachtbarer menschlicher Begrenzungen, vermeintlich antagonistisch zu Häberlin, eine dem Menschen zukommende existentielle Behinderung ab, womit sie die Kategorisierung in behindert/nicht behindert vermeidet bzw. umgeht. Doch auch Häberle plädiert für eine wesensmäßige Gleichheit des Menschen aufgrund seiner Geschöpflichkeit.
[108] Die Verwendung des Begriffs »Pädagogisches Verhältnis« findet sich immer wieder bei Häberlin, hat aber, wie im folgenden Exkurs gezeigt werden wird, eine andere Konnotation als Nohls »Pädagogischer Bezug«.
[109] Vgl. Die Bedeutung der Methode, 165.

barer Gewissheit der Mitmenschlichkeit reagiert.[110] Sichgeben und Annehmen des Erziehers bekräftigt die unbedingte Dignität des Anderen, daher sind Ärger und Affekt kontraproduktiv und deshalb pädagogisch unerlaubt. Was in diesem Zusammenhang Leidenschaft im pädagogischen Verhältnis bedeutet bzw. bedeuten könnte, bedarf eingehender Erläuterung, Nohls Plädoyer für diese wird noch zu diskutieren sein.[111] Für Häberlin jedenfalls darf sich Leidenschaft nicht als Affekt, sondern nur als gütige Solidarität im Sichgeben und Annehmen des Erziehers melden.[112] Das Sichgeben und Annehmen des Erziehers wird im Absehen von der eigenen Subjektivität transformiert und für den Anderen als Verständnis und Geborgenheit in einer Güte erfahrbar, die ihre Norm im objektiv Guten hat und damit die Bestimmung des Partners beinhaltet. In der Güte fühlt sich der Partner in seinem unendlichen Wert bestätigt und in seiner Bestimmung bejaht. Oder:

»Liebe ist grenzenloses Ja-sagen zum Partner der Begegnung, wie immer er sei. Sie ist (wäre) vollkommenes Gerechtwerden gegenüber dem anderen, d. h., Bejahung seiner so und so beschaffenen Existenz; darum ist sie identisch mit der wahren "Gerechtigkeit".«[113]

Die im Begriff »Pädagogisches Verhältnis« bei Häberlin[114] intendierten und aus seiner Ontologie gewonnenen Paradigmen Selbstbestimmung und Begleitung, Bejahung und Freiheit, Güte/Liebe, Hingabe (Sichgeben) und Akzeptanz (Annehmen) provozieren Kritik am grundsätzlichen Verständnis von Erziehung. Wenn sich Erziehung als Hilfe zur Selbstgestaltung des Partners, als kulturgenerierender Faktor und als Bestätigungsvorgang der objektiv vollkommenen Ordnung begreift, welche möglichen gesellschaftlichen Relevanzen ergeben sich daraus? Ist sie überhaupt noch eine gesellschaftliche Tätig-

---

[110] Vgl. Allgemeine Pädagogik, 44; Die Bedeutung der Methode, 166.
[111] Siehe folgenden Exkurs.
[112] Wie sehr Häberlins Allgemeine Pädagogik, trotz ihrer kosmologisch-anthropologischen Voraussetzungen, Nähen zur Philosophie von Emmanuel Levinas aufweist, wurde an anderer Stelle schon gesagt. Die Figur der »Güte«, die sich gibt, verdeutlicht dies. Der Unterschied zwischen beiden ist jedoch auch zu benennen: Neben der Ontologie, die Levinas ablehnt, möchte Häberlin im pädagogischen Verhältnis die Schaffung von Symmetrie erreichen, bei Levinas gibt es ein asymmetrisches Verhältnis der Verantwortung gegenüber dem Anderen. Vgl. Levinas, Totalität und Unendlichkeit; Ders., Jenseits des Seins.
[113] Art. Liebe, 203.
[114] Vgl. Allgemeine Pädagogik, 42–44; Die Bedeutung der Methode, 165.

keit?[115] Diese Fragen vermitteln zweierlei: Erstens steht der Sinn von Erziehung sowie ihre Bedeutung innerhalb gesellschaftlicher Prozesse grundsätzlich zur Diskussion. Zweitens bedürfen die Dimensionen »aktiv« und »passiv« einer intensiven Deutung, bestimmen sie doch das pädagogische Verhältnis grundsätzlich in ihrer intentionalen und funktionalen Ausrichtung. Der hier wiederum relevant werdende Zeitaspekt in der pädagogischen Situation geht unmittelbar auf die Frage nach dem Ziel aller Erziehung ein und bestätigt deren schon mehrfach angedeutete Ruhigstellung. Einer möglichen kritischen Kommentierung wie die Veranschlagung möglicher Prospektionen der Häberlinschen Pädagogik werden deshalb zwei Diskurse sekundierend beigegeben.

3.9. Exkurs 2: Bemerkungen zu Herman Nohls[116] Diktum »Pädagogischer Bezug« – ein konträrer Verdacht

Die Überschrift »Konträrer Verdacht« verdeutlicht schon eine Kritik, die in der Reflexion auf den Begriff »Pädagogischer Bezug« bei Nohl angelegt ist. Dabei ist nicht an wiederholende Argumente der Kritik gedacht,[117] die bereits kurz nach der Prägung des Begriffs einsetzte, vielmehr werden in den Bemerkungen zum Begriff vor allem die Aspekte herausgegriffen, die sich vor der Folie der Allgemeinen Pädagogik Häberlins durchaus konträr akzentuieren lassen. Bollnow hatte in seiner Reflexion zum Nohl'schen Begriff betont, wie semantisch

---

[115] Vgl. Sünkel, Erziehungsbegriff und Erziehungsverhältnis, 25.
[116] Bevor hier auf Nohls Terminus »Pädagogischer Bezug« in einigen Punkten eingegangen wird, darf ein persönliches Wort nicht fehlen. Angesichts der Nationalsozialistischen Gewaltherrschaft und des Grauens von Auschwitz und der Begeisterung Nohls für die nationalsozialistische Bewegung können die Texte Nohls nicht mehr von diesem Faktum losgelöst interpretiert werden. Eine Interpretation des Denkens Nohls hat zumindest die moralische Verpflichtung, auf diesen Hintergrund hinzuweisen. Durch die Publikationen der Vorlesungen Nohls aus den Jahren 1933/1934 und den folgenden Kommentaren von Zimmer, Klafki/Brockmann, Reyer und besonders Ortmeyer ist es zu einer unabdingbaren Notwendigkeit geworden, diesen moralischen Imperativ zu berücksichtigen. Wenn nun folgend auf Nohls Deutung der pädagogischen Situation eingegangen wird, so möchte ausdrücklich darauf hingewiesen werden, dass sich der Verfasser dieser hermeneutischen Vorgabe sehr bewusst ist. Folgend wird deshalb versucht, an der einen oder anderen Stelle die Linien zu diesem Horizont auszuweisen, grundsätzlich aber in dem Bewusstsein, dass auch die Zentralbegriffe der Pädagogik mit Auschwitz ihre Bedenkenlosigkeit verloren haben.
[117] Vgl. Bollnow, Der pädagogische Bezug, 31.

zwiespältig dieser selbst sei und in seiner Wirkung sein könne.[118] So ließe die Rezeption diesen durchaus als Mahnruf verstehen, sich auf das Wesentliche in der Erziehung zu besinnen oder aber als Glaubensbekenntnis, etwas Bedeutendes und Unumstößliches gesagt zu haben. Dies mag seinen Grund in der Nohl'schen Diktion haben, die, so Bollnow, etwas Feierliches habe und gerade dadurch das Gefühlsmoment noch verstärke. Erinnern wir uns diesbezüglich an die Ausführungen Anna Tumarkins zum Wesen schweizerischen Philosophierens[119] und legen diese an Häberlins Ausführungen zur Allgemeinen Pädagogik an, so wirkt hier schon der Kontrast der Sprache. Unbestritten hängt diesem Begriff ein eigentümliches Pathos an, das deshalb zu ambivalenten Assoziationen einlädt. Der Begriff selbst ist in Nohls kritischer Auseinandersetzung mit der Jugendbewegung grundgelegt.[120] In ihr sieht er das Verlangen der Jugend nach Selbstbestimmung und Übernahme von Verantwortung. Womit er sich zunächst in eine Linie mit Rousseau und Fichte stellt, die das Eigenrecht des Subjekts (des Edukanden[121]) im Ideal eines der Vernunft verpflichteten, frei handelnden Wesens sahen. Durch diese Emanzipation des Einzelnen aus seinem natürlichen Abhängigkeitsverhältnis (d. i. das Generationenverhältnis) bestimmt Nohl Erziehung als transformativen Übergang von einem natürlichen in ein sittliches Verhältnis.[122] Dem zu erreichenden Status der sittlichen Autonomie des Edukanden steht jedoch eine regulierende Forderung gegenüber, wonach der Wille des Edukanden nur aus dem Willensverkehr mit einem entwickelten Willen erwachsen könne. Nohl bestreitet indirekt eine eigenständige Willensbildung des Edukanden durch Sachbezogenheit und Hingabe, woraus die Konsequenz folgen muss, dass natürliche, zweck- und zielfreie Aufmerksamkeit gegenüber dem

---

[118] Vgl. ebd.
[119] Vgl. Teil II, 2.2.2.
[120] Vgl. Nohl, Das Verhältnis der Genrationen; dazu Klika, Herman Nohl, 11.
[121] Wie schon zu Beginn der vorliegenden Arbeit verdeutlicht, werden hier Edukandus/Edukand und Kind synonym verwendet, wohl wissend, dass der Begriff Edukand eine Maske bezeichnet, hinter der sich die vielfältigsten Möglichkeiten, Selbst- und Fremdzuschreibungen, aber auch Erwartungen aus der Sicht des Erziehers verbergen können. Vgl. hierzu Loch, Grundbegriffe einer biographischen Erziehungstheorie, 109–130, bes. 118 f. – Bei den Ausführungen zu Nohl bleibe ich bei den Begriffen Edukand, Zögling, Kind, denn es war nicht möglich, aufgrund der bei Nohl durchgängig vorfindlichen Asymmetrie von Partner zu sprechen.
[122] Vgl. Nohl, Die pädagogische Bewegung, 65 f.; Ders., Die sittlichen Grunderfahrungen.

Exkurs 2: Bemerkungen zu »Pädagogischer Bezug« – ein konträrer Verdacht

Edukanden nicht ausreicht, vielmehr eine aktiv gestaltende Aufmerksamkeit des Erziehers nötig ist. Der aktivierend-stimulierende Wille des Erziehers bildet eine Ergänzung des ausschließlich zu dem auf den Erfahrungen des eigenen Lebens beruhenden natürlichem Willen des Kindes. Sie kennzeichnet jedoch, wenn auch latent, eine Hierarchisierung im Erziehungsverhältnis, denn die Stimulierung des Kindes dringt auf die freie Übernahme des Erzieherwillens und dient daher der operativen »Willensgleichschaltung« im Modus des freiwilligen Gehorsams.[123] Und auch wenn dieser willenskonditionierende Akt nur bis zur Reife und Selbstständigkeit zeitlich befristet ist, so kann trotz aller Harmonisierungsversuche durch Nohl selbst wie durch den interpretierenden Fachdiskurs von einer die Asymmetrie bestärkenden Intervention gesprochen werden.[124] Dies bestätigen auch die sich im freiwilligen Gehorsam einstellenden Nebeneffekte, die Gefühle wie Ehrfurcht, Achtung, Pietät und Dankbarkeit hervorbringen. Die Vermutung, dass diese Gefühle doxologische, quasi religiöse Gesten der Unterordnung des Edukanden bedeuten, liegt nahe und bestätigt deren antiaufklärerischen Ton. – Im Gegensatz dazu hatte Häberlin jedes Verhalten wie jedes Mittel, das eine Pose wäre oder zu einer solchen führen würde, als unpädagogisch und damit als unerlaubt in der pädagogischen Situation bezeichnet.[125] –

Der Begriff »Pädagogischer Bezug« findet sich erstmals in einem Beitrag Nohls zur Pädagogik der Verwahrlosten von 1924. In diesem ermittelt er im Anschluss an die Psychoanalyse drei Kategorien, die grundsätzlich eine soziale Problemlage einschätzen können: Das Erlebnis selbst, die Situation und der pädagogische Bezug. Da Verwahrlosung einen defizienten Modus von Selbstsicht des Subjekts und Fremdsicht der Gesellschaft auf das Subjekt ausdrücklich macht, versucht Nohl den pädagogischen Bezug vor dem Hintergrund des Zusammenhangs von Selbstverantwortung und Selbstachtung zu be-

---

[123] Bollnow hatte in seiner ihm eigenen moderaten Art gemeint, über die besondere Betonung des Willensverhältnisses könne gestritten werden. Vgl. Bollnow, Der pädagogische Bezug, 37.
[124] Vgl. Nohl. Pädagogik aus dreißig Jahren, 152 f. Als Rezipient sei Giesecke genannt. Dieser spricht mildernd von Wechselwirkungen, intendiert letztlich aber auf eine aus Empathie gewollte Symmetrie des pädagogischen Verhältnisses, die nur aus einer Asymmetrie folgen kann. Vgl. Giesecke, Die pädagogische Beziehung, 226. Hier ist die Ikonisierung des Meisters nicht von der Hand zu weisen, sie macht angesichts der Textbefunde nachdenklich, gerade dann, wenn durch die Politisierung des Subjekts dieses zum Gestaltungsobjekt gesellschaftlicher Interessen gemacht wird.
[125] Vgl. Die Bedeutung der Methode, 165; Allgemeine Pädagogik, 44.

gründen. Mit Bezug auf Kant montiert er diesen Zusammenhang als anthropologische Konstruktion, denn in der Fähigkeit zur Selbstverantwortung gründe unsere Selbstachtung, d. h., Achtung haben wir nur vor Subjekten moralischer Selbstbestimmung.[126] Dieses reziproke Verhältnis von Selbstachtung und Selbstverantwortung geht jedoch vom Erzieher aus, denn aufgrund seiner Initiative wird der Edukand zur Übernahme von Verantwortung »angeregt« und in ihrer Realisierung und der Wahrnehmung durch den Erzieher, verpflichtet sich dieser zur Achtung des Edukanden. Hier von einer Reziprozität zu sprechen kann aber nur die willentlich herbeigeführte Wechselseitigkeit von Selbstachtung und Selbstverantwortung meinen. Deshalb kann nur einschränkend (und gegen den verehrenden Ton Klikas) von einem Wechselverhältnis gesprochen werden, denn es handelt sich um Verantwortungszuschreibung, die dem Zögling mit einer Haltung der Achtung vermittelt wird und aus der sich dann Selbstachtung beim Erziehenden entwickeln soll.[127] Gelingen kann diese durch Reziprozität mögliche Aneignung für Nohl nur in einer Emotionalisierung des pädagogischen Bezugs, durch das leidenschaftliche Engagement des Erziehers, dieses bildet die Basis jeder pädagogischen Bezüglichkeit. Es ist allerdings zu beachten, dass die von Nohl bewusst gewählte Analogie von Mutter/Kind und Erzieher/Zögling zu sehr oder zu wenig die emotionalen Dispositionen des Edukanden berücksichtigt, wodurch einer möglichen Konditionierung des Zöglings wie dessen totale Abschottung (Rückzug, Retraumatisierung) Tür und Tor geöffnet ist. Was zu der Frage berechtigt, ob erstens die Analogiebildung taugt und zweitens eine Vergleichbarkeit von natürlicher Nähe der Mutter-Kind-Beziehung und Nähe des pädagogischen Verhältnisses überhaupt möglich ist. Natürliche Nähe meint das nicht übertragbare und nichtduplizierbar natürliche Beziehungsverhältnis von Mutter und Kind, das durch Emotionalisierung zur Bildung von Vertrauen, dem Ausbau usw. führt und in das Verhältnis von Erzieher und Edukand implementiert werden soll. Nohl geht noch weiter, indem er den Sinn der Emotionalisierung damit begründet, die Beziehung von Erzieher und Zögling mit einer Liebe aufzu-

---

[126] Nohl selbst erwähnt hier den entsprechenden Ort bei Kant nicht, aber es liegt ein eindeutiger Bezug zum zweiten Hauptstück der Tugendlehre der Metaphysik der Sitten vor. Vgl. Kant, Metaphysik der Sitten, B 562 f. – Kant spricht dort von der zweiten unbedingten Pflicht (d. i. die Selbstachtung) gegen sich selbst als eines moralischen Wesens.
[127] Vgl. ebd.; Klika, Herman Nohl, 14.

Exkurs 2: Bemerkungen zu »Pädagogischer Bezug« – ein konträrer Verdacht

laden, ganz analog zur Beziehung von Mutter und Kind. Nohls Einschränkung folgt direkt durch die Kennzeichnung der Liebe zwischen Erzieher und Edukanden als eine erhebende und nicht sexuell-begehrende, sie sei platonischer Natur und bilde die Möglichkeit ab, dass Erzieher und Edukand eine Gemeinschaft bilden können.[128] Der hier von Nohl favorisierte, emotional codierte, pädagogische Bezug unterstellt explizit einen Gegensatz zu einer rational-technischen Bezüglichkeit und proklamiert die Neuartigkeit durch Abwertung gängiger, distanzierender Erziehungsmodelle. Die Emotionalisierung des pädagogischen Bezugs, die Nohl unter Zuhilfenahme der psychoanalytischen Modelle von Übertragung und Gegenübertragung als notwendig herausstellt,[129] verletzt das Nähe-Distanz-Verhältnis[130] und bedeutet eine Irrationalisierung des Erziehungsverhältnisses.[131] Damit gerät das Erziehungsverhältnis grundsätzlich in die Gefahr ungesteuerter und unsteuerbarer Beziehungsverläufe, bis hin zur Selbstaufhebung des Erziehungsverhältnisses. Nohls Verdikt eines notwendigen emotionalisierten pädagogischen Bezugs unterliegt außerdem einer nichtbegründbaren Ambivalenz, weil er in der Umbesetzung des natürlichen in das sittliche Verhalten die Aufklärungsprinzipien, die er selbst gesetzt hatte, hintergeht. Diese Umbesetzung schafft als nichtberechenbar chaotischer Zustand Abhängigkeit, womit einerseits ein natürliches Autoritätsverhältnis gerechtfertigt und andererseits das Ansinnen der Aufklärung auf Mündigkeit des Subjektes in sein Gegenteil verkehrt wird. Aufklärung ist keine Frage des Lebensalters, die zuerst die Mündigkeit des Menschen beschreibt bzw. das Lebensalter, dem er zugehört, sondern Aufklärung fordert die Anerkennung unbedingter Gleichheit aller Menschen. De Facto unterminiert Nohl die Emanzipation des Subjekts, indem er das erzieherische Handeln zwischen Wachsen-lassen und Führen bestimmt, im Wachsen-lassen als nachgehender Mütterlichkeit und im Führen als vorschreibende Form der Väterlichkeit. Mit der Emotionalisierung des pädagogischen Bezugs wurden zwar die normierten Korsette konfessioneller Erziehungsmodelle und mit ihnen die moralische Ratio-

---

[128] Vgl. Nohl, Die Theorie der Bildung, 23. – Im folgenden zweiten Exkurs zum »pädagogischen Eros« wird auf die Problematik der plantonischen Liebe im pädagogischen Bezug nochmals eingegangen.
[129] Vgl. Klika, Herman Nohl, 14 f.
[130] Vgl. Rendtorff, Geschlechtsspezifische Aspekte von Nähe und Distanz, 90 ff. Niemeyer, Sozialpädagogik zwischen sexueller und sozialer Frage, 101–115.
[131] Vgl. dazu Schonig, Irrationalismus als pädagogische Tradition, 46 ff.

nalisierung von Machtstrukturen abgestreift, andererseits wird aber gerade das, was überwunden werden wollte, in neuen Autoritätsverhältnissen reproduziert.[132] Reproduzierte Autoritätsverhältnisse und einer damit einhergehende Emanzipationsreduktion durch erzieherisches Handeln verstärken die Subjektivierung aller Beteiligten im Erziehungsprozess und gleichzeitig die Objektivierung des Edukanden. D. h., der Edukand wird, selbst in der wiederholten Bestreitung, zum potentiellen Objekt gesellschaftlicher Normen.[133] Durch die dialektisch gewonnene Figur des freiwilligen Gehorsams unternimmt Nohl den Versuch, die Antinomie zwischen Individuum und Gesellschaft aufzulösen, indem er den Menschen einerseits als Subjekt seiner selbst und andererseits dieses als Objekt der Gesellschaft fasst. Der doppelte Reiz dieses Versuchs liegt in der möglichen, je eigenen Begründung von Individual- und Sozialpädagogik, wobei durch die Objektivierung des Subjekts das Gewicht eher auf der zweitgenannten Disziplin liegt. Die dem pädagogischen Bezug nominell wichtige Funktion der Persönlichkeit des Erziehers verstärkt den möglichen Objektmodus des Edukanden im Erziehungsgeschehen, sich daraus ergebende Objektivationen fassen gesellschaftliche Perspektiven ins Auge und überzeichnen damit den Selbstbildungsprozess des Subjekts. Wenn Nohl die Grundlage der Erziehung im leidenschaftlichen Verhältnis eines reifen Menschen zu einem werdenden verortet, damit der werdende Mensch zu seinem Leben und seiner Form komme,[134] so wirkt dies in der historischen Rückschau durchaus zynisch und begründet den heimlichen Anspruch geisteswissenschaftlicher Pädagogik,[135] den pädagogischen Bezug für politische Interessen zu verzwecken. Selbst wenn, wie Klika meint, der pädagogische Bezug nicht auf die Handlungsebene, sondern, durch den Primat der Persönlichkeit des Erziehers, auf das Handlungsmotiv abgestellt wird, bleibt der Verdacht gewollter und manifestierter Asymmetrie.[136] Ortmeyer

---

[132] Vgl. Mollenhauer, Erziehung und Emanzipation, 55–64.
[133] Schonig weist darauf hin, dass Nohls Konzept der pädagogischen Bewegung auf das Erziehungsziel resp. Erziehungsideal eines neuen Menschentypus hinauslaufe, was einer Instrumentalisierung der Erziehung gleichkomme. Vgl. Schonig, Irrationalismus als pädagogische Tradition, 59–61.
[134] Vgl. Nohl, Die pädagogische Bewegung, 169: »Die Grundlage der Erziehung ist also das leidenschaftliche Verhältnis eines reifen Menschen zu einem werdenden Menschen, und zwar um seiner selbst willen, daß er zu seinem Leben und seiner Form komme.«
[135] Vgl. Ortmeyer, Mythos und Pathos, 106 ff.
[136] Vgl. Klika, Herman Nohl, 41.

rückzukommen, so könnte eher dessen Nähe zu Buber als diejenige Nohls zu Buber festgestellt werden.[148] Denn für Häberlin leitet sich Erziehung aus dem schon bestehenden ontologischen Verhältnis beider Individuen im Erziehungsverhältnis ab, d.h., aus der gleichberechtigten Bedeutung beider Subjekte für den ewigen Konstituierungsprozess des Ganzen. Aus diesem Grund nennt Häberlin beide Subjekte im Erziehungsprozess Partner und verdeutlicht damit in formaler Hinsicht eine Symmetrie. Daraus folgt, dass Erziehung in der Bewältigung der Lebensaufgabe besteht, zu der beide Partner bestimmt sind und somit einen Balancierungsprozess von Subjektivität kennzeichnet. Dem Verständnis Häberlins steht die Überbetonung der Willensproblematik entgegen, die Bollnow kritisch im Modell des pädagogischen Bezugs bei Nohl hervorgehoben hatte.[149] Der Wille, selbst wenn er sich in der abgeschatteten Form der freiwilligen Annahme durch den Zögling zeigt, was nichts anderes als eine arbiträre Form des freiwilligen Gehorsams ausdrückt, ist daher nicht nur Indiz einer Absicht, sondern zugleich gewollte Implementierung von Hierarchie bzw. Asymmetrie.

2. Spricht Nohl von einer Seelenverbundenheit, die durch den pädagogischen Bezug vermittelt oder hergestellt werden soll, dann heißt das, dass die Seelen in der pädagogischen Beziehung noch nicht verbunden sind. Aber wenn dieser Zustand erreicht wäre, zu welchem Zweck? Um ein Gefühl der Selbstachtung im Zögling zu erreichen?[150] Selbst bei unterstellter Arglosigkeit ist die Seelenverbundenheit nicht eine um ihrer selbst willen, sondern bildet die Voraussetzung für die pädagogische Beziehung. In ihr aber intendiert die Verbindung der Seelen von Erzieher und Zögling ein mögliches Ziel und widerspricht der Ansicht, unabhängig von externen Zielen und Zwecken zu sein, sondern bildet die Basis potentieller Interessen des erziehenden Subjekts. Der Liebesaspekt entlarvt sich in der Bestärkung der Verbundenheit als Abhängigkeitsverhältnis, sodass auch Hilfe und Fürsorge nicht, wie Nohl immer wieder betont, um ihrer selbst willen als Angebot zu gelten haben, sondern ihre interessegeleitete und exkludierende Funktion offenbaren.[151] Dass dem so ist, bestätigen auch die

---

[148] Hier liegt, wie anzumerken wäre, ein lohnendes Forschungsfeld, das noch nicht bearbeitet ist.
[149] Vgl. Bollnow, Der pädagogische Bezug, 37.
[150] Vgl. Nohl, Jugendwohlfahrt, 52.
[151] Vgl. Nohl, Gedanken über die Erziehungstätigkeit des Einzelnen, 152. Nohl spricht dort vom Handeln des Erziehers, das Gegenwart und Zukunft miteinander

schon erwähnten Vorlesungen Nohls von 1933/1934, in denen er in Bezug auf die »Osthilfe« Hilfe und Fürsorge nochmals in diesem exklusiven Sinn bestätigt.[152] Hingegen behält Hilfe bei Häberlin den Status des Angebots, das bei Verweigerung der Hilfe dem hilfsbedürftigen Subjekt als Option der Fürsorge offensteht, Option deshalb, weil auch hier Fürsorge die Bedeutung und Wertschätzung des Einzelnen für das Ganze zum Ausdruck bringt. Fürsorge wird hier jedoch nicht als überstülpende Note der Gemeinschaftsbildung begriffen, sondern als aus Einsicht gewonnene selbstverständliche Verantwortung der Gemeinschaft für das einzelne Subjekt, die gleichwohl zuerst eine Option bleibt.[153]

Für Häberlin bedeutet Hilfe liebende Behandlung des Partners trotz eigener subjektiver Zielsetzung, die in der Hilfe immer enthalten ist. Liebe zielt nicht auf die Selbstbestätigung des Ichs, vielmehr auf das Gut des Partners und ist in dieser Weise objektiv ausgerichtet.[154] Der liebende Verkehr sei deshalb nichts anderes als wahre Hilfe, denn

»Liebe bejaht den Partner nicht allein in seiner Existenz und in seinem Wesen – die ja gut sind, weil sie sind – sie bejaht ihn auch in dem, was oder wie er innerhalb seines Werdens *werden soll* (i.O., M.H.), über alle subjektiven Vorstellungen dieses Sollens hinweg.«[155]

Liebe ist für Häberlin deshalb im Vorsatz immer fraglich, sie kann gelingen, aber es bleibt die Fraglichkeit und das Gelingen der Liebe immer von der Reinheit des Vorsatzes abhängig.[156] In der Fraglichkeit zeigt sich auch die Problematik, die der Faktor des Willens in die pädagogische Beziehung hineinträgt, denn der Wille müsste die Bejahung der ontologischen Konstitution des Anderen, des Partners voraussetzen, um in einem selbstlosen und d.i. möglichst objektiven Sinn das zu bezeichnen, was Häberlin Liebe nennt. Hieraus wird die

---

verbindet und in dem die Ziele gegenwärtigen und zukünftigen Handelns sich zwar nicht widersprechen dürften, in dem aber nichtsdestotrotz unter dem Vorbehalt des Widerspruchs von Zielen gesprochen wird. Es bleibt auch hier der Verdacht auf unterminierende Hintergedanken der Verzweckung, der aufgrund der Zeitbezüge und im Zusammenhang mit seiner Lehre von den pädagogischen Bewegungen nicht wirklich begründbar auszuräumen ist.

[152] Vgl. Nohl, Die Grundlagen der nationalen Erziehung, 9. 11. u.ö.
[153] Vgl. Allgemeine Pädagogik, 26–28.
[154] Vgl. Art. Liebe, 203.
[155] Ethik, 129.
[156] Vgl. ebd., 156.

Differenz zu Nohl ersichtlich, dessen Konzept des pädagogischen Bezugs die ontologische Basis fehlt,[157] um Liebe nicht instrumental zu denken. Durch die Implementierungsabsicht erhält Liebe bei Nohl zudem eine nachträgliche Konnotation, denn sie ist in einem zeitlogischen Sinn protentional. Bei Häberlin hat Liebe durch den der Ontologie inhärenten Ewigkeitsbezug eine intentionale, d. h., gegenwärtige Dimension. So formuliert er in der Ethik:

»Im gleichen Maße als wir lieben, *stehen* (kursiv i. O., M. H.) wir schon in Gemeinschaft. Denn Liebe heißt nichts andres, als daß wir dem Partner als dem begegnen, der er in Wahrheit *ist* (kursiv i. O., M. H.). Er ist aber in Wahrheit mit uns zusammen, "Modus" des Einen Seins, [...], im gleichen Range und in gleicher Dignität der Existenz wie wir. Liebe heißt, ihm existenziell gerecht zu werden.«[158]

3. Ein dritter vergleichender Aspekt soll nicht nur diese kurze Synopse beenden, vielmehr auch den Verdacht erhärten, durch das Element der Leidenschaft werde ein Irrationalismus in das pädagogische Verhältnis eingezogen.[159] Nohl hatte in seinem Hauptwerk davon gesprochen, dass die Grundlage der Erziehung ein leidenschaftliches Verhältnis eines reifen Menschen zu einem werdenden Menschen bezeichne und erklärend hinzugefügt, dieses erzieherische Verhältnis baue auf einer instinktiven Grundlage auf, die in den natürlichen Lebensbezügen der Menschen und deren Geschlechtlichkeit verwurzelt sei.[160] Worauf es hier ankommt, kulminiert im Terminus *instinktiv*. Instinkt bezeichnet einen angeborenen Mechanismus der Verhaltenssteuerung und in einem übertragenen Sinn, dass etwas der Fall ist, was nicht zu erklären ist, aber mit einem sechsten Sinn begründet werden könnte. Instinkt ist nicht rational, sondern angeboren, keine

---

[157] Womit Niemeyer Recht zu geben wäre mit seinem Hinweis, Nohl habe den pädagogischen Bezug systematisch nur schwach durchgearbeitet. Vgl. Niemeyer, Pädagogischer Bezug, 1090.
[158] Ethik, 177.
[159] Nohl hatte bereits in seiner Dissertation 1904 von der Irrationalität des Lebens gesprochen und daraus die Unmöglichkeit abgeleitet, das ethische Verhalten des Menschen begrifflich fassen zu können. Vgl. Nohl, Sokrates und die Ethik, 1; dazu auch Ortmeyer, Mythos und Pathos, 113 f.
[160] Vgl. Nohl, Die pädagogische Bewegung, 169. – Nebenbei bemerkt ist die folgend aus den natürlichen Verhältnissen abgeleitete Typologie der »großen Pädagogen« einerseits erheiternd, anderseits dient die Typologie der Rechtfertigung des Verlaufs der pädagogischen Bewegungen. Nohls von Dilthey übernommener Gestus der Heroisierung als Modus exemplarischen Menschentums widerstrebt ganz und gar einer Pädagogik, die Erziehung als Ausbalancierung von Subjektivität versteht.

Prägung geistiger Tätigkeit, sondern natürlicher Reflex auf Herausforderungen und Bedrohungen. Bedeutet die Betonung des Instinkts als Grundlage der Erziehung die mögliche Rückkehr zur Natur im Rousseau'schen Sinn oder eine Metapher für den Befreiungsreflex aus rationalisierten Konditionierungssystemen bspw. christlicher Art? Am Ende seines Buches »Die pädagogische Bewegung« hatte Nohl darauf nochmals Bezug genommen.[161] Wie dem auch sei, mit der Inthronisierung des Instinkts wird Erziehung aus einem natürlichen Trieb erklärt, im Instinkt wird sie zur Gegenspielerin des Geistes. Die Herkunft dieser Position als unfertige Adaption aus der Psychoanalyse Freuds oder als späte pathetische Huldigung an Nietzsche zu bestimmen, möchte zugunsten eines Gedankens zurückgestellt werden, der wesentlicher scheint, aber nur als Anfrage formuliert werden soll. Was bedeutet es, den Instinkt als Grundlage zu nehmen, nicht nur hinsichtlich des Erziehungshandeln, sondern als anthropologische Grundkategorie überhaupt? Gerät hier menschliches Handeln nicht in die Gefahr, wenn es im Instinktbereich natürlich grundgelegt ist, in darwinistische Notwendigkeiten abzufallen? Selbst Nohls Versuch, den natürlichen Zustand, in dem Erregung und Äußerung eins sind, und welcher im Erziehungshandeln als Kunstleistung in seiner Identität aufgehoben wird, ist nicht überzeugend, weil hier eine missionarische Dimension in der Erziehung in transformierter Form wiederkehrt.[162] Es nährt vielmehr den Verdacht, dass trotz alledem ein evolutionistisches Prinzip dominierend bleibt, denn Nohl sah als Resultat der pädagogischen Bewegungen die Herausbildung eines besonderen, eines neuen Menschentypus[163], dem er in seinen Vorlesungen 1933/34 mit der nationalsozialistischen Rassenlehre huldigte.[164] Diesen Typos beschreibt auch die dritte Phase der pädagogischen Bewegung (nach der Aufhebung der ersten zwei Phasen von Persönlichkeit und Gemeinschaft) als ihren Endpunkt, der sich im tätigen Dienst an das Objektive verwirklicht.[165]

---

[161] Vgl. Nohl, Die pädagogische Bewegung, 279.
[162] Vgl. ebd., 177.
[163] Vgl. Schonig, Irrationalismus als pädagogische Tradtion, 59 f.
[164] Vgl. hierzu Ortmeyer, Mythos und Pathos, 110 f. In diesem Zusammenhang sei auf das unsägliche Opus »Charakter und Schicksal« von 1938 hingewiesen, ein Buch, das ohne die Vorlesungen schon die Andienung an die Rassenlehre der Nationalsozialisten verdeutlicht. Die Wiederveröffentlichung dieses Werkes nach dem Krieg in teilweise revidierter Form beruhigt die Sache kaum.
[165] Vgl. Nohl, Die pädagogische Bewegung, 278.

Instinkt und »der unbedingte Wille, der Erste zu sein«[166] ergänzen sich als die inneren Motive der Nohlschen Pädagogik. Dies unterstreicht Nohls Schrift »Der Bildungswert fremder Kulturen« von 1928, in der Nohl, wie Ortmeyer luzide erläutert, die Rivalität zum archetypischen Grundmerkmal verklärt. Diese Schrift, die fremden Kulturen beinahe arrogant einen Bildungswert konzidiert, steht in einem unmittelbar zeitlichen Kontext zu den Vorträgen »Zur Pädagogik der Verwahrlosten« (1925) und zur »Jugendwohlfahrt« (1927) und lässt eine andere als eine darwinistische Deutung des Amalgams von Instinkt und Wille kaum zu.

Der Instinktbezug bei Nohl gilt als Platzhalter für die Machtlosigkeit des Geistes und eines daraus resultierenden Bewältigungsdefizites[167] angesichts des Lebens, als metaphorisierte Irrationalität. Instinkt kann deshalb als Kategorie einer skeptischen Anthropologie gefasst werden und steht so einer Anthropologie entgegen, die die menschliche Problematik als den Kampf zwischen Geist und Ungeist fasst.

In der Vorbemerkung zu seiner Allgemeinen Pädagogik hatte Häberlin die Pädagogik als eine Theorie der Erziehung begriffen, die Besinnung auf die pädagogische Praxis sei.[168] Besinnung wird von ihm im Sinn von Theoria als wahrhaftige Einsicht verstanden. Eine solche Einsicht bestimmt demnach die Praxis der Erziehung und kann eine Orientierung für die Lebensführung sein. Pädagogische Einsicht ist daher, weil Erziehung ein zwischenmenschlicher Vorgang ist, nur in der Reflexion auf zwischenmenschliche Beziehung überhaupt möglich. Der Pädagogik geht daher die Philosophie vorweg, sie ist die Anwendung philosophischer Einsicht auf die besondere Situation der Erziehung als einer besonderen des Lebens. Diese kurzen Bemerkungen, die das wiederholen, was oben schon ausgeführt wurde, weisen aber auf die unterschiedlichen Ausgangspunkte Nohls und Häberlins hin. Ohne philosophische Einsicht ist für Häberlin Pädagogik undenkbar, sie ist Garant oder Adäquation eines Verhaltens, das auf einer Anthropologie aufbaut, die die Möglichkeit dazu gewährt. Damit steht einer auf Einsicht in eine vernünftige Ordnung ausgerichtete Pädagogik eine solchen entgegen, die, skeptisch gegenüber regulierenden Möglichkeiten des Geistes, ihren Ausgangspunkt im

---

[166] Hierzu Ortmeyer, Mythos und Pathos, 117.
[167] Vgl. Nohl, Sokrates und die Ethik, 1.
[168] Vgl. Allgemeine Pädagogik, 7.

Versuch nimmt, den Instinkt als natürliche Gegenkraft zu installieren. Anders gesagt: Nohls Plädoyer für eine Begründung der Pädagogik aus der Irrationalität nimmt als Ausgangspunkt das Erlebnis eines Versagens traditioneller Versionen menschlicher Verhaltensregulation. Die schon in Nohls Dissertation angelegte Polarität vom Skeptizismus und Idealismus der Subjektivität benennt das Scheitern des nach Wahrheit und Sicherheit suchenden Subjekts.[169] Aufgrund der Unmöglichkeit eines Idealismus bleibt dem Subjekt folgerichtig nur ein Rückzug in die Innerlichkeit als einer romantischen Variante skeptischer Welthaltung, aus der folglich der Abschied von der Aufklärung und einer rationalen Weltdeutung resultiert.[170]

Schon in seiner Elementarpsychologie »Der Geist und die Triebe« von 1924 hatte Häberlin die Bedeutung des menschlichen Geistes aus der Antinomie zwischen dem exzentrischen Streben der Triebe (Beharrungs- und Veränderungstrieb) und dem regulierenden Faktor herausgearbeitet. Der Geist repräsentiert dieses formale Prinzip, das sich auf verschiedene Weise manifestiert: Als »Einheit des komplexen, organisierten Einzelindividuums, sofern sie überhaupt besteht«[171], die die zentrale Führung des Verhaltens übernimmt; als »Verhältnis der Triebe«[172] im einzelnen Interesse, das sich aus dem Beharrungs- oder Veränderungstrieb ergibt und im Phasenverlauf jeder Handlung[173], der sich besonders eindrücklich in der Auseinandersetzung des Menschen mit sich selbst zeigt. Dieses formale Prinzip charakterisiert den Geist in einer moderaten, d.h. vermittelnden Weise und zugleich als das innere Prinzip jedes Interesses, sodass allem Interesse und besonders dem geistigen, ein Zug zur Ausgeglichenheit und demnach zur Überwindung der Subjektivität inhärent ist.[174] Der Geist widerstrebt keinem Trieb als solchem, sondern, da allem Trieb (d.i. allem Interesse) eine geistige Tendenz innewohnt, nur dem Ungeist, der als »Solidarisierung des Individuums mit der Maßlosigkeit aller Triebfähigkeit«[175] gefasst wird. Häberlin weist darauf hin, dass eine Verwechslung des Geistes mit dem Einheitsfaktor[176] nahezu-

---

[169] Vgl. Nohl, Sokrates und die Ethik, 4.
[170] Vgl. ebd., 11 ff.
[171] Der Geist und die Triebe, 389.
[172] Ebd., 390.
[173] Vgl. ebd., 392.
[174] Vgl. ebd., 410.
[175] Ebd., 411.
[176] Vgl. ebd., 412.

liegen scheint, dass beide zwar verwandt, aber nicht identisch seien. In Geist und Einheitsprinzip figurieren Subjektivität und Objektivität, Individuum und Ganzheit, daher repräsentiert der Geist in der Subjektivität das Sein in der Wirklichkeit, das Maß des Unmaßes und die Bändigung des Nichtseins, während das Einheitsprinzip das Ganze als Ausdruck der Objektivität verdeutlicht. Der Subjektivität (d. i. die menschliche Problematik), die im dauernden Kampf zwischen Geist und Ungeist das Ganze abzubilden versucht, steht das Ganze in ihrer objektiven, d. h., schon verwirklichten Wirklichkeit entgegen. »So kann man den Geist als das in die Subjektivität ›aufgenommene‹ Einheitsprinzip, als das *subjektive Wollen der Objektivität* (i. O., M. H.) (Entsubjektivierung) bezeichnen.«[177]

Indem Häberlin den Geist als in jedem subjektiven Wollen angelegt findet, bejaht er nicht nur die Funktion des Geistes als Regulationsfaktor eben dieses Wollens, sondern es gelingt eine Synthetisierung von Geist und Trieb, die eine Polarität, ein Entweder-Oder wie bei Nohl vermeidet.[178] In der Syntheseleistung des Geistes wird die Subjektivität angesichts der Objektivität durch ihre Bändigung oder Überwindung (superatio) gerettet,[179] in paradoxer Form zwar, aber dadurch entgeht sie einem dem Instinkt inhärenten Subjektivismus.

Ob in der reduktionistischen Polarisierung Nohls, aus der ein Subjektivismus und damit eine Pluralisierung folgen muss, letztlich *ein* möglicher Grund für das Scheitern der geisteswissenschaftlichen Pädagogik zu sehen ist, kann offenbleiben, zumindest aber werden aus der zurückliegenden Kontrastierung Problematiken deutlich, die den Diskurs von Pädagogik und Sozialpädagogik angesichts der Moderne prinzipiell betreffen. Gleichwohl generiert die Gegenüberstellung mögliche Übergänge, Schnittstellen zur Reformpädagogik, die die weiteren Überlegungen kontextualisieren.

Übergänge sind Überbrückungen, aber sie können auch Schnittstellen bezeichnen, die durch Überkreuzung verbinden wie in der Durchkreuzung trennen. Eine erste Schnittstelle im Vergleich von

---

[177] Ebd., 413.
[178] Ortmeyer hat auf dieses Konkurrenzprinzip als Grundmerkmal des Nohlschen Denkens hingewiesen, auf die Installation einiger zentraler pädagogischer Gegensätze, die erst in einer deutschnationalen Bewegung bzw. einer Persönlichkeit des Führers im hegelschen Sinn aufgehoben werden. Beispielgebend dafür sei der veröffentlichte Vortrag »Die Polarität in der Didaktik« von 1930. Vgl. Ortmeyer, Mythos und Pathos, 118.
[179] Vgl. Statt einer Autobiographie, 108 f.

Häberlins Pädagogik mit der Reformpädagogik ist im Muster des »Pädagogischen Eros« verortet, womit einerseits nochmals Bezug auf den zurückliegenden Exkurs genommen und andererseits ein Brückenschlag zu den Kategorien »Kultur« und »Gemeinschaft« versucht wird.

3.11. Reformpädagogische Schnittstellen: Der Pädagogische Eros – Perspektiven und Abgründe

Dem pädagogischen Bezug eine gesonderte Betrachtung des pädagogischen Eros an die Seite zu stellen, mag redundant erscheinen, birgt jedoch eine doppelte Intention, die sich aus der Reflexion des reformpädagogischen Kontextes ergibt und die einen Übergang zu den Kategorien Kultur und Gemeinschaft eröffnet. Jürgen Oelkers hatte, ausgehend von Gustav Wyneken, Hans Blüher und Kurt Zeidler als Vertretern der Jugend- und Landerziehungsheimbewegung den pädagogischen Eros der Reformpädagogik so umschrieben, dass dieser die gefühlsmäßige Bindung zwischen Erzieher und Zu-Erziehendem bezeichnet, in der sich Begeisterung für Lehr- und Lernprozesse einstellt.[180] Bollnows Einschätzung war demgegenüber eher unscharf und sprach allgemein von der Erotisierung der Erziehung, die die pädagogische Bewegung zu Anfang des 20. Jahrhundert leidenschaftlich ergriffen habe.[181] Kerschensteiner forderte Pestalozzinaturen, die mit Herz, Liebe und Leidenschaft durch einen pädagogischen Eros geprägt und motiviert seien.[182] All diese Thematisierungen des Pädagogischen Eros kennzeichnet die Gemeinsamkeit, die Bearbeitungen und Hintergründe von (reformpädagogischen) Initiativen sichtbar werden lassen, um das Problem von Distanz und Nähe im Erziehungsprozess zu regulieren.[183] Der Pädagogische Eros bezeichnet ein Deutungsmuster der Pädagogik nach 1900, d.h., der Pädagogische

---

[180] Vgl. Oelkers, Reformpädagogik, 264.
[181] Vgl. Bollnow, Die pädagogische Atmosphäre, 227
[182] Vgl. Kerschensteiner, Die Seele des Erziehers, 42, zit. nach Gaus/Uhle; Pädagogischer Eros, 560
[183] Vgl. Gaus/Uhle, Pädagogischer Eros, 560; Oelkers, Eros und Herrschaft, 181–203. Oelkers zeigt die Ambivalenzen von Eros und Herrschaft am Beispiel der Odenwaldschule und ihrem Gründer Paul Geheeb auf und konstatiert ihrem Gründer einen fehlenden Blick für die Realitäten, die nichts anderes als die Konstruktion einer eigenen Welt war und die bei Gegenläufigkeit in der Verdrängung endete. Vgl. ebd., 183.

Eros klustert als Muster die Motive, Absichten, notwendigen Neuerungen, Initiativen usw., die den pädagogischen Diskurs um die Neugestaltung der pädagogischen Situation betreffen. Im Begriff des kulturellen Deutungsmusters können die Probleme der Unschärfe von Motiven und Thematisierungen systematisiert und Graduierungen vorgenommen werden. Sie ermöglichen deshalb einerseits die Rekonstruktion der Genese, der Umdeutungsprozesse, der Verselbstständigungen und Verwendungen und beschreiben andererseits die Leistungsfähigkeit der Begriffe hinsichtlich ihrer Funktionalität, ihrer Politisierung und Schematisierung kultureller Praxen.[184] Die Kennzeichnung des Pädagogischen Eros als ein solches Muster ermöglicht demnach eine assoziative Bereicherung durch historische, literarische, vom Mainstream abweichend tradierte geistesgeschichtliche Inhalte.[185] Bleiben wir bei der Markierung des Pädagogischen Eros als Deutungsmuster, dann fällt auf, dass dieser eine Vielzahl an Bedeutungsvarianten wie Eros, Philia, Storge, Agape, amor concupiscentia (begehrende Liebe), amor amicitia (freundschaftliche/platonische Liebe), amor benevolentia (wohlwollende Liebe) und amor complacentia (gefallende Liebe) enthält.[186] Gleichsam dazu, als disziplinäre Ergänzung bzw. Pendant, verbindet sich der Begriff der Liebe mit dem der Weisheit zur Philosophie und erweitert damit das mögliche Tableau der Deutungen. Anhand der Varianten des Musters »Pädagogischer Eros« wird die Geschichte der Pädagogik vergleichbar, die Motive und Intentionen lassen Rückschlüsse darauf zu, was gewollt gewesen ist, als angefangen wurde, Veränderungen bzw. Reformen und dergleichen einzuleiten. Oelkers nennt hier die wesentlichen Bezüge, die aus dem pädagogischen Eros für die »neue Erziehung relevant wurden, »die sich entwickelnde Kinderpsychologie, die Philosophie des Pragmatismus, die Kindergartenbewegung, verschiedene

---

[184] Vgl. Bollerbeck, Bildung und Kultur, 15f.
[185] Die hier von Bollerbeck initiierte Frage nach den Kulturträgern bzw. nach den Tradierungen kultureller Inhalte hat ihren Hintergrund in der durch Koselleck initiierten Begriffsgeschichte, der dieser noch vorausgehenden Metaphorologie Blumenbergs, und noch weiter zurückgehend in der Philosophie der symbolischen Formen Cassirers. In diesem Zusammenhang auch Koerrenz, Kulturmuster als fragmentarische Kontinuitäten, 67–84.
[186] Vgl. Gaus/Uhle, Pädagogischer Eros, 561. Gauss und Uhle bleiben sehr vage in ihren begrifflichen Bestimmungen, was dem Platzmangel in Handbüchern geschuldet sein, aber auch an der Eigenart (Oelkers) des Deutungsmusters liegen mag. Siehe Oelkers, Eros und Herrschaft, 130–154; zur geistesgeschichtlichen Vertiefung der Begriffe auch Kuhn/Nusser, Art. Liebe, 290–318; Schöpf, Art. Liebe, 318–328.

Demokratisierungstendenzen und die Entwicklung neuer Schul- und Unterrichtsformen.«[187]

Platon wiederum fasste den Eros sowohl als menschliche Grundkraft wie als Band zwischen Menschen auf, der hingegen nicht einer Verwertungslogik oder Zweckrationalität unterlag.[188] Nach Gaus/Uhle verstand die Aufklärungspädagogik die Liebe nicht als sexuelle Triebkraft, sondern als Benevolenz und Agape. Benevolenz meinte ein sich aus der Natur ergebendes Wohlwollen (Benevolenz) in der Brutpflege und in der Storge (Eltern- bzw. Familienliebe), die Agape hingegen bezog sich auf das Mitleid mit den Hilflosen und Schwachen.[189] Dass hier bei Gauss und Uhle das Deutungsmuster hinsichtlich der Zuschreibungen von Agape als Mitleid mit den Hilflosen und Schwachen überstrapaziert wird, ist nicht unproblematisch (um nicht zu sagen falsch), denn es beleuchtet die Aufklärung in einem Licht, in dem diese nicht stehen wollte. Agape ist, ausgehend von der platonischen Tradition (Symposion – Gastmahl), vor allem durch seine Verwendung im Neuen Testament in besonderer Weise konnotiert und meint zuerst die an der Eucharistie teilhabende und sich schenkende Liebe in der Gemeinschaft und den daraus folgenden Liebesdienst am Anderen (Diakonia).[190] Die Interpretation von Agape, die hier der Aufklärungspädagogik zugeschrieben wird, geht eben nicht zuerst auf Agape, sondern auf den Modus von misericordia (Barmherzigkeit) bzw. auf Diakonia. Diakonia entspricht dem wohl eher, zeigte sich diese doch in der Hilfe und Unterstützung für die Schwachen und Hilflosen. Diakonia/Caritas realisierte sich in der mittelalterlichen Armenfürsorge (Werke der Barmherzigkeit) und wurde durch Thomas von Aquin und weiterführend durch Luis Vives bis hin zur Aufklärung theoretisch vermittelt.[191] Für unsere Thematik darf hier die Sicht von Agape nicht außer Acht gelassen werden, aber eben in ihrer Differenzierung als Agape *und* Diakonia. Für eine dezidierte Klärung des pädagogischen Eros, auch im Blick auf die Reformpädagogik, ist entscheidend, wie die Umbesetzungen des Deutungs-

---

[187] Oelkers, Eros und Herrschaft, 130.
[188] Vgl. Gaus/Uhle, Pädagogischer Eros, 562, mit Bezug auf Dunde, Lernziel: Liebe, 473–476 (Anm. 18).
[189] Vgl. ebd., 563.
[190] Vgl. Schöpf, Art. Liebe, 295 ff.; Casper, Art. Liebe, 860–867; Lotz, Die Stufen der Liebe. – In anderer Konnotation deutet Mührel mit Bezug auf Derrida Agape als Gastfreundschaft. Vgl. Mührel, Verstehen und Achten, 91 ff.
[191] Vgl. Kuhlmann, Geschichte der Sozialen Arbeit I, 19–22.

musters bestimmt werden. In der Rekurrenz auf Familie mit ihren Idealen wie Liebe, Pflege, Anteilnahme, Sorge und Güte wird der pädagogische Reflexionsrahmen verändert, sodass Liebe nun zum Erziehungsmittel wie Erziehungsziel wird inklusive einer Ausrichtung auf Liebe als gemeinschaftsstiftender Kraft. Pestalozzi ist in dieser Weise sowohl Kontrapunkt zur Pädagogik der Aufklärung wie Brückenbauer zur Reformpädagogik. Pestalozzis differente Akzentuierung lässt sich in der Zurückhaltung bezüglich der Autonomiebestrebungen des Subjekts in der Gesellschaft und im Plädoyer für die Versittlichung des Menschen und der Gesellschaft durch Erfahrungen der Vergemeinschaftung darstellen.[192] Für Pestalozzi sind Gemeinschaftsideen wie Liebe, Vertrauen und Dankbarkeit keine ausschließlich pädagogischen Instrumente, sondern sie bezeichnen das Ziel der Erziehung gerade dadurch, dass sie das sind, was sie sind.[193] Liebe als Konstitutionsbedingung für Gemeinschaft, als das, worauf alle Erziehung zielt, ist für Pestalozzi nicht nur in der Familie grundgelegt, sondern geht über das Verständnis der Brutpflege hin auf die Liebe zu Gott,[194] die sich in der christlichen Gemeinde als Gemeinschaft realisiert. Gemeinschaft aber bildet den Rahmen reziproker Empathie und liebender Teilnahme und Fürsorge. »Liebe wird […] als Schaffung eines Wir begriffen, bei dem das Wohlergehen des Egos vom Wohlergehen des Alters abhängig ist.«[195] Die hier bei Pestalozzi vorfindliche Konditionalität von Liebe und Gemeinschaft formuliert damit aber einen Anspruch an die Pädagogik, die gerade im Blick auf die Differenz von Gemeinschaft und Gesellschaft[196] einen solchen an die Sozialpädagogik ausweist. Diese Konditionalität der genetischen

---

[192] Vgl. Gaus/Uhle, Pädagogischer Eros, 564f.; zu Pestalozzis Umdeutungen siehe auch Häberlins Einleitung zu Pestalozzi in seinen Briefen, vgl. Einleitung, 15–29, bes. 20ff.
[193] Damit wird in einem klassischen Verständnis eigentlich das ausgedrückt, was Sakrament meint. Dass dies für Pestalozzi gilt bzw. er in dieser Weise so interpretiert wird, mag am theologischen Hintergrund des Verfassers liegen, kennzeichnet aber auch Pestalozzis Nähe zum Christentum.
[194] Vgl. Möglichkeiten und Grenzen der Erziehung, 103f.: »Diese wahrhaft brüderliche und darum wirklich pädagogische Liebe ist Glaube an die Göttlichkeit der Existenz, ist die Liebe Pestalozzis, die seine pädagogische Genialität ausmachte, und wenn er in der Praxis noch viel ungeschickter gewesen wäre als er es tatsächlich war.«
[195] Gaus/Uhle, Pädagogischer Eros, 565.
[196] Inwieweit das Deutungsmuster auch die Differenzen von Gemeinschaft und Gesellschaft freilegen kann, wird in Teil III dieser Arbeit zu zeigen sein, besonders in der Auseinandersetzung mit Ferdinand Tönnies Konzeption und Differenzierung.

Konstanten Liebe und Gemeinschaft zielt auf eine mögliche und möglichweise auch gebotene Reformulierung der Sozialpädagogik.[197]
   Es ist nicht ohne Belang, dass zwischen Pestalozzi und der Adaption des pädagogischen Eros durch die Reformpädagogik beinahe das ganze lange 19. Jahrhundert liegt,[198] das durch die Industrialisierung und die Soziale Frage zu einer Umformatierung der Deutungsmuster geführt hat.[199] Dies erstaunt aufgrund der inneren Logik von Deutungsmustern, die selbst in ihren Varianten eben auch Invarianten, also identitätsstiftende Bestände transportieren, allerdings wenig.[200] Pädagogischer Eros als Deutungsmuster ermöglicht den Brückenschlag einer Sache, die in der Übernahme durch die Reformpädagogik nicht für deren Argumentationen angepasst wird, sondern als Muster den zeitgebundenen Diskurs in ihrem Kern reflektieren und weiterführen kann.[201] Der reformpädagogische Diskurs, in dem sich die Pädagogik in den Bereichen Familie und Schule ansiedelte,[202] fand daher das Feld seines Austrags im Spannungsverhältnis von pädagogischem Eros und Bildung, für den Spranger und Kerschensteiner stehen. In der Verknüpfung von Platons Eros- und Pestalozzis Agapekonzept war es vor allem Spranger, der darin eine Rettung des klassischen Bildungsgedankens sah, um durch die »Emporbildung« des Einzelnen in eine »gemeinschaftliche« Allgemeinheit den Verwerfungen der Moderne durch ihre Urbanisierung, Differenzierung, Pluralisierung

---

[197] Vgl. dazu vorerst Hünersdorf, Die Konzeption des Eros, 137–153, hier 142f. Hünersdorf versucht im Blick auf Natorps Spätphilosophie dessen Verständnis von Eros als Möglichkeit der Reformulierung von Sozialpädagogik zu nutzen.
[198] Ein Bezug zu der sich in der Geschichtswissenschaft etablierten Kennzeichnung des 19. Jahrhunderts, allerdings signalisiert das »beinahe« eine von mir vorgenommene Verkürzung, denn das »lange« 19. Jahrhundert umfasst die Zeitspanne von 1789–1914. Vgl. Kocka, Das lange 19. Jahrhundert.
[199] Vgl. Dollinger, Die Pädagogik der Sozialen Frage., vor allem 123–186.
[200] Vgl. Koerrenz, Kulturmuster als fragmentarische Kontinuitäten, 71.
[201] Vgl. ebd. Gemeint ist hier das dritte Prinzip, das Bollnow sozusagen als methodisch allgemeines Instrumentarium einführt, um aufgrund von Stimmungen, Gefühlen usw. nach dem Wesen des Menschen selbst zu fragen, unabhängig von der geschichtlichen Eingebundenheit desselben.
[202] In diesem Zusammenhang die Neuorientierung von Sozialpädagogik nach der Definition Bäumers zu reflektieren (»Sozialpädagogik ist alles außer Familie und Schule«), müsste deutlich machen, wie gerade durch diese Neuausrichtung der Sozialpädagogik der Bedeutungsverlust der Pädagogik selbst und deren Anteile in der Sozialpädagogik zu beschreiben wären. Vgl. Bäumer, Die historischen und sozialen Voraussetzungen der Sozialpädagogik, 3–17; Niemeyer, Sozialpädagogik als Theorie der Jugendhilfe, 233–254.

und Individualisierung zu entgehen.²⁰³ Spranger sah die Möglichkeiten einer Bewahrung humanistischer Bildungsideale aber nur in einem reformierten Kulturbegriff, der mit den Impulsen der Lebensphilosophie verknüpft, das Seelenlose, Mechanische, Nivellierende zivilisatorischen Denkens überwinden sollte. Hierzu sollte der pädagogische Eros als stimulierendes Mittel einer Aufwertung, einer Transformation von Zivilisation in eine neue Kultur dienen. »Das Innerliche, Lebendige, Seelenvolle, Gemeinschaftliche, Nationale, Zweckfreie und Geistige«²⁰⁴, das, implementiert in Bildungsprozesse, eine Evolution des Individuums auf eine höhere Stufe kultureller Entwicklung ermöglicht, eine durch den pädagogischen Eros erreichte Wendung, die auf die Herstellung von Kulturfähigkeit zielt.

»Der Mensch muß erst wieder eine Seele bekommen, die fähig ist, das Wehen des echten Geistes überhaupt zu spüren, dieses echten Geistes, der immer ein Heiliger Geist ist. Wir wollen durch Erziehung »kulturfähig machen«²⁰⁵.

Sprangers Programm der Erhebung des Individuums in den Status eines Kulturwesens, das er in Anlehnung an Diltheys Konzept einer sich verschränkend evolutionären Höherentwicklung von individuellem Leben und von Kultur konzipiert,²⁰⁶ konturiert Pädagogik als Versuch, »andere besser zu machen«²⁰⁷. Damit wird Pädagogik in eine Vermittlerrolle hineinfunktionalisiert, um zweckmäßige Verbindungen zwischen Individuen sowie zwischen Lebensformen und Kultursystemen zu ermöglichen. Selbst Sprangers Versuch, in sein Konzept der sechs Lebensformen die positiv andere Seite des pädagogischen Eros im Modus der Agape durch das Einziehen der Liebeskonzepte der Vergangenheit (z. B. Anziehungskraft durch Hingabe) zu retten, ändert nichts an dessen Instrumentalisierung.²⁰⁸ Die Umbesetzung

---

²⁰³ Vgl. Gaus/Uhle, Der pädagogische Eros, 566.
²⁰⁴ Vgl. Bollerbeck, Eine Geschichte der Kulturkritik, 204, hier zit. nach Gaus/Uhle, Der Pädagogische Eros, 566.
²⁰⁵ Spranger, Pädagogische Perspektiven, 139.
²⁰⁶ Vgl. Gaus/Uhle, Der pädagogische Eros, 567.
²⁰⁷ Spranger, Pädagogische Perspektiven, 139.
²⁰⁸ Bei Spranger ebenso wie bei Nohl wird der pädagogische Eros nicht nur zum Kern einer politischen Pädagogik, die Gemeinschaft als die politische Stärkung und Realisierung des deutschen Volkes im Blick hatte, sondern zum Instrument unbedingter Einflussnahme für eine entsprechende Konditionierung des Individuums gehörte. Dies belegen die die Publikationen Sprangers während der NS-Zeit aufs Deutlichste. Unumwunden und in einer beispiellos drängenden wie abwiegelnden Diktion insis-

des pädagogischen Eros in eine kultivierende Funktion zur Integration von Gefühlen, Haltung und Willen in den Edukanden signalisiert die Einbahnstraße des Erziehungsgeschehens, eine schon bei Nohl zu beobachtende prinzipielle Asymmetrie, die von der Persönlichkeit des Erziehers unbedingt ausgeht. Es verwundert daher nicht, dass Spranger noch in den 1950er Jahren gelingende Erziehung und die Auferweckung der verschütteten Menschlichkeit (!) der Persönlichkeit des Erziehers und dessen bedürftigem Herzen zuschrieb:

»Das bedürftige Herz des Erziehers selbst, die Sehnsucht, die in seiner Liebe lebt, und die Sehnsucht *nach* (i. O., M. H.) Liebe, die er fühlt – sie allein können die verschüttete Menschlichkeit in unseren Tagen wieder aufwecken.«[209]

---

tierte er in Aufsätzen dieser Zeit »Der politische Mensch als Bildungsziel« (1933), »Politik aus dem Glauben« (1933), »Jungmännererziehung unter psychologischen und nationalen Gesichtspunkten« (1934) und »Liberale Wissenschaft« (1935), um nur einige zu nennen, auf eine intervenierend verpflichtende Pädagogik. Vgl. Ortmeyer, Mythos und Pathos, 171–204, hier 179 ff. – Im besagten Vortrag über Jungmännererziehung spricht Spranger von der militärischen Ausbildung, der auch und nicht anders als »beigeisterter« Aufruf zu pädagogischer Konditionierung und Dressur gelesen werden kann: »Und die militärische Ausbildung hat nicht das Ziel, dies oder jenes einzelne aus dem jungen Mann herauszuholen, sondern ihn ganz, mit Haut und Haar, in diese neue Welt hineinzubilden. Das erste tut schon die Uniform: man wird tatsächlich ein anderer Mensch, sobald man sie anzieht. Der vielgeschmähte Drill ist unentbehrlich; denn es soll einem etwas Neues ›zur zweiten Natur‹ werden. Vieles muss automatisiert werden, damit man Kraft und Aufmerksamkeit für etwas Höheres frei bekommt. Man muss sogar eine Zeitlang aufhören, Individuum zu sein, um ganz ›in Reih und Glied‹ zu existieren.« Zit. nach Ortmeyer, Mythos und Pathos, 179; dazu auch Oelkers, der auf die Aspekte Männlichkeit, Militär und Medizin als dunkle Seiten der Reformpädagogik Bezug nimmt, vgl. Ders., Eros und Herrschaft, 107–127 – Ganz als Gegenentwurf liest sich hingegen Sprangers Aufsatz »Erziehung zur Menschlichkeit von 1950«: »Zur Liebe erziehen, schon zu den einfacheren Stufen der Liebe erziehen, ist schwer. Ich habe dafür keine Rezepte bereit. Denn das kann man nicht so wollen wie das Erziehen zur Reinlichkeit und Pünktlichkeit. Da gibt es gar nichts anderes, als daß man selbst von jener großen Liebe durchdrungen sei, und was wäre mehr geeignet, sie zu schüren, als der Anblick jugendlichen reinen Lebens? […] Es ist keine Erziehung denkbar, die diesen Namen verdient, als das Miteinander im Medium der Liebe.« Spranger, Pädagogische Perspektiven, 137. – In der Synopse beider Texte gerät der pädagogische Eros angesichts der divergenten Aussagen und der Janusköpfigkeit Sprangers mit gutem Grund ins Zwielicht. Für Spranger selbst gilt wie für Nohl das Wort Thielickes: »Ein Professor muss nach seinen Worten beurteilt werden; sie sind seine Taten.« Thielicke, Zu Gast auf einem schönen Stern, 103.
[209] Spranger, Pädagogische Perspektiven, 139.

Solche Transformationen des pädagogischen Eros aus der Bedürftigkeit und Sehnsucht des Erziehers rechtfertigen dessen Einflussmacht und beschwören in eigenem Verlangen und Ansprüchen auf Liebe Gefahren und Abgründe herauf, die die pädagogische Situation und deren Gehalte ins Zwielicht rücken müssen. Die ersichtliche Dichotomie[210] von begehrender Liebe (Platons Eros) und Agape-Konzept begründet sich aus der subjektivistischen Aufladung des Eros, was ihn zum Herrschaftsinstrument des Erziehers macht und ihn zugleich in seiner Stellung als »Verbesserer«, »Optimierer« oder sogar als »Erlöser« stilisiert. Der implementierte Rettungsgedanke kulminiert in den Gefühlen des Erziehers, ermächtigt ihn, und nur ihn, die verschüttete Menschheit wieder aufzuwecken. Diese messianische Diktion inthronisiert den Erzieher zum Führer, zum absoluten Subjekt, legitimiert diesen zu Eingriffen, die dem Wohl des Ganzen dienen. Schon 1938 hatte Spranger in religiös sprachlicher Analogie die Typologie des Führers in direktem Zusammenhang mit den Gefühlen und den inneren Bedürfnissen der Menschen (des deutschen Volkes) gesehen:

»Die Sehnsucht nach einem Führer ging lange durch die Volksseele, ehe ein Führer entstand. Seine Beglaubigung kann nur liegen in reinem Willen und in rettender Tat. Das Recht des Führers folgt aus dem Charisma, d.h. aus höherer Begnadigung, die ihm zu Teil geworden ist«[211].

Die Äquivalenz von Erzieher und Führer (Messiaskönig) ist unübersehbar, in beiden Typen korrelieren Charisma und Macht, beiden ist die Sehnsucht ein- bzw. zugeschrieben, Veränderung herbeizuführen. Die Selbstsuggestion des Erziehers, zum Führer berufen zu sein, macht den Eros zum Ermöglichungsgrund von Fremdsuggestion, um den Edukanden am Erlösungsgeschehen teilhaben zu lassen bzw. an der Zugehörigkeit zu der vom Erzieher bestimmten Gemeinschaft.[212] Die im pädagogischen Eros angelegte Möglichkeit von der

---

[210] Hierzu die Ausführungen zu Wyneken, Geheeb, Bethe, Kiefer u. a. bei Gaus/Uhle, Der pädagogische Eros, 567; Oelkers, Eros und Herrschaft, 130–153. 253–284 (vor allem zu Sexualität und Übergriffe); weiterhin Ullrich, Reformpädagogik im Zwielicht, 409–416; Barz, Reformpädagogik am Pranger, 417–425.
[211] Spranger, Kulturprobleme, 15, zit. nach Ortmeyer, Mythos und Pathos, 191. Ohne dass Ortmeier darauf verweist, ist hier Sprangers Bezug zu Max Webers Herrschaftsformen und besonders zu derjenigen der charismatischen Herrschaft evident. Vgl. Weber, Wirtschaft und Gesellschaft, 122–130.
[212] Dokumentierend dazu Spranger 1937: »Die schönste Errungenschaft der nationalsozialistischen Bewegung ist die Entstehung eines tieferen Gemeinschaftsbewusst-

Herrschaft des Subjekts (Oelkers) macht das Subjekt selbst zum Ort der Krisis von Erziehung. Das Subjekt bestimmt die pädagogische Situation, d. h., der Grad der Subjektivität in den Liebeskonzepten entscheidet letztlich darüber, inwieweit Pädagogik sich der Aufgabe einer Gestaltung von Symmetrie in der pädagogischen Situation verpflichtet weiß. Oder anders gesagt: Eros, Agape usw. benennen die Tendenzen des Subjekts im Erziehungsgeschehen, qualifizieren sie ethisch in ihrer zunehmend subjektivierenden oder objektivierenden Richtung. Das handelnde Subjekt ist im Erziehungsgeschehen mehr als ein Grundbegriff[213], es bildet in der Begegnung mit dem Anderen die Basis der Erkenntnis des Selbst im Anderen und generiert so eine Option auf Gemeinschaft. Damit bestimmt Eros/bzw. Liebe das Subjekt in anderer neuer Weise, so bei Häberlin:

»Liebe ist grenzenloses Ja-sagen zum Partner der Begegnung, wie immer er sei. Sie ist (wäre) vollkommenes Gerechtwerden gegenüber dem andern, d. h. Bejahung seiner so und so beschaffenen Existenz; darum ist sie identisch mit der wahren "Gerechtigkeit". Es hängt damit zusammen, daß sie nicht "wählerisch" ist, nicht kritisch in diesem Sinn, nicht bedingt durch das So-sein und So-Verhalten des Partners, sondern unbedingt. Also nicht bloße "Toleranz", sondern ganz positive Bejahung, "Freude" am andern. Daher ist sie nicht egoistisch in der Weise, daß sie auf Wiedergeliebtwerden hoffte oder damit rechnete. Sie ist rein "hingebend", und ist "bedürftig" nur in dem Sinne, daß sie des andern bedarf, um als Liebe sein zu können.«[214]

Häberlins hier aufgespanntes Ideal betont, dass die Liebe, die diesen Namen verdienen will, verschiedene Attributionen hat, so sind damit keine Eigenschaften der Liebe bezeichnet, vielmehr ausschließlich das Subjekt im Modus seines Handelns. Wenn die Liebe als grenzenlos, als nicht wählerisch, als Bejahung des anderen beschrieben wird, dann drückt sich damit nicht die Liebe, sondern der Grad der Subjektivierung des Subjekts bzw. seine Objektivierungstendenz aus. Was bedeutet: Liebe charakterisiert keine ontologische Wesensbestimmung, sondern eine ethische Kategorie. Damit ist auch die Bedeutung der Liebe (Eros) im pädagogischen Bezug neu bestimmt:

---

seins im Volke.« Spranger, Land und Volk, 34, zit. nach Ortmeyer, Mythos und Pathos, 189.
[213] Vgl. Hopfner, Das Subjekt im neuzeitlichen Erziehungsdenken, 221 ff.
[214] Art. Liebe, 203.

1. Liebe/Eros repräsentiert den Selbstausdruck des Subjekts in der pädagogischen Situation;
2. Liebe/Eros qualifiziert Erziehung in ihrem Vollzug und bestätigt damit die Konvergenz von Pädagogik und Ethik (bzw. ihre Konditionalität);
3. Liebe/Eros codiert die subjektiven wie intersubjektiven Bildungsprozesse;
4. Liebe/Eros apperzipiert die in der pädagogischen Situation grundgelegte ›wahre Gerechtigkeit‹ der Subjekte untereinander aufgrund ihrer objektiven Einheit.

Mit dieser Formatierung des pädagogischen Bezugs aus einem ethischen Verständnis heraus ist es möglich, einerseits Eros/Liebe als Grundbedingung aller Pädagogik auszuweisen und andererseits den pädagogischen Eros nicht nur als Deutungsmuster, sondern als anderen Anspruch an die Pädagogik neu zu übersetzen.[215] Daraus abgeleitete Signifikationen pädagogischen Handelns wie Führen, Wachsenlassen, Begleiten, Behüten, Unterstützen, Helfen usw., lassen sich, ausgehend von dieser Grundbedingung, als den Subjekten in der pädagogischen Situation gerechtwerdende Optionen reformulieren. Einer Pädagogik, der es gelingt, im Erziehungsprozess den beteiligten Subjekten die Objektivität des/der jeweils anderen nahezubringen (d. i. deren Subjektivität) und darüber hinaus zu vermitteln, dass die Objektivität des einen wie des/der anderen diejenige beider/aller ist, würde einen Eros bezeichnen, der den Anderen in der Erziehungssituation nicht kompromittierte oder in Abhängigkeit brächte (siehe 4.).

Häberlins Motiv der Zurückhaltung (d.i. Distanz) gegenüber dem Anderen als pädagogisches Prinzip (und zugleich als pädagogischer Eros) hatte er philosophisch durch die Einsicht des Ichs im Anderen gewonnen, was nichts anderes als die Liebe zur Weisheit meint und die Grundintention der Philosophie bezeichnet. In Bezug dazu und mit einem Hinweis auf das obige Zitat, ergibt sich eine mögliche Umbesetzung des Philosophiebegriffs, der auf Emmanuel Levinas zu-

---

[215] Vgl. Vereinsamung, 14. – Häberlin bezeichnet dort die Liebe als das einzige Mittel guter »Pädagogik«, das einzige Mittel, dem Vereinsamten innerlich zu helfen. Vereinsamung sei daher immer Appell an unsere tätige Liebe. Pädagogik kann daher als innere wie äußere Hilfehandlung bzw. Unterstützung (ganz i. S. Schleiermachers) verstanden werden.

rückgeht: Philosophie ist nicht die Liebe zur Weisheit, sondern die Weisheit der Liebe.[216] Aus der Konditionalität von Philosophie und Pädagogik ergibt sich eine konzeptionelle Konvergenz von Paul Häberlins und Martin Bubers Erziehungsparadigma einer umfassenden Liebe, die in einem weiteren Exkurs dargestellt werden soll.

Die hier vorgelegten Diskurse und Verweise sowohl hermeneutischer wie geistes- und disziplingeschichtlicher Art vermitteln Einordnungstendenzen, ohne die eine aus den Analysen gewonnene Kritik nicht möglich wäre. Aktualisierungen wie Anschlussmöglichkeiten ergeben sich so aus den Zuordnungen oder Differenzen. Sie verstehen sich als Beitrag zu einer Geschichte der Pädagogik resp. Sozialpädagogik, nicht als Fingerzeig, der an die Lücken und vergessenen Linien des Fachdiskurses gemahnt, vielmehr als Optionen einer echten Kritik.

3.12. Martin Bubers Paradigma einer »um«fassenden Liebe als pädagogisches Prinzip

Buber bemerkt in einem Vorwort zu seinen Reden über Erziehung,[217] dass deren erste, gehalten auf einer Tagung zur Erneuerung des Bildungswesens 1919 (ihm besonders denkwürdig durch ein Referat Paul Natorps zur Einheitsschule), als eine Darlegung der Wesenshaltung zu verstehen sei.[218] Diese Wesenshaltung zu ermitteln ist der Sinn des vorliegenden Exkurses. Erziehung beginnt im Nachdenken

---

[216] Vgl. Finkielkraut, Die Weisheit der Liebe.
[217] Im Folgenden beziehe ich mich auf Bubers, Reden über Erziehung, die im Lambert Schneider Verlag Heidelberg 1960 erschienen sind, allerdings darf der Hinweis auf Band 8 der Martin Buber Werkausgabe nicht fehlen, der von Juliane Jacobi herausgegeben wurde und Bubers Schriften zu Jugend, Erziehung und Bildung aus der Zeit zwischen 1917–1965 versammelt. Vgl. Jacobi, Einleitung, 11–76. – So heißt es in der Einleitung von Jacobi, dass hier die Grundlinien seines pädagogischen Denkens gezeigt und seine starke Wirkung auf das pädagogische Umfeld im Deutschland der Zwischenkriegszeit wie auch in der Zeit nach dem Zweiten Weltkrieg erklären würden. Diese Darstellung von Bubers pädagogischem Denken und seiner Entstehungsbedingungen verdeutlicht – neben seinen zionistischen Wurzeln und seiner Prägung durch den religiösen Sozialismus – Bubers hohe Affinität zur Reformpädagogik, die sein pädagogisches Denken und Handeln beeinflusste. Es sind der Gemeinschaftsgedanke und das dialogische Prinzip, beide wurzelnd in der jüdischen Religion, die Bubers Beitrag zur Erziehungsphilosophie des 20. Jahrhunderts ausmachen.
[218] Vgl. Buber, Reden über Erziehung, 7.

über Freiheit, Freiheit als einer Voraussetzung für Erziehung und zugleich als deren Angelpunkt in positiver wie negativer Weise. Denn ein intensives Plädoyer auf Freiheit verkennt möglicherweise sowohl die Bedürftigkeit des Anderen im Erziehungsgeschehen wie auch dessen Weltgebundenheit. Nicht die Freiheit, sondern die Welt zeugt im Individuum die Person, dabei wird Welt als die ganze Umwelt verstanden, als Natur und Gesellschaft, die Welt erzieht den Menschen, sie »zieht« seine Kräfte herauf.[219] Erziehung bedeutet hier die bewusste Auslese der wirkenden Welt durch den Menschen, d. i. der Erzieher, der die Auslese gegenüber dem Edukanden repräsentiert.[220] In diesem Akt der vermittelten Auslese der Welt wird diese für den Edukanden zur Möglichkeit, Subjekt zu werden, d. h., sich die Welt aneignen zu können. Die auf den ersten Blick durch Buber behauptete Bedeutungssteigerung des Erziehers relativiert sich durch die Maßstäbe, an denen der Erzieher sich als ein solcher ausweisen kann.[221] Berufung[222] ist die eine, Verantwortung[223] die andere Kategorie. Beide Kategorien vereinen sich im Erzieher nicht in einer leidenschaftlichen Position des Lehrers, der mit pädagogischem Eros die Welt vermittelt, sondern in der Ruhe des Meisters, der im Typos des Weisen die das Subjekt prägenden Kräfte der Natur und der Gesellschaft repräsentiert. Der vermittelnde Prozess der Erziehung beruht auf der Freiheit, die sich in der Entscheidungsfreiheit der Menschenseele und in der Freiheit des Werdenkönnens auslegt, sie bezeichnet den Boden, auf dem das Subjekt agiert, nicht jedoch das Fundament der Erziehung. Die Rolle des Erziehers als Fenster zur Welt für das Subjekt, die in ihrem Machtanspruch durch Berufung und Verantwortung relativiert wird, konvergiert mit der vorgenommenen Umdeutung von Freiheit. Diese Konvergenz ist dadurch möglich, dass Freiheit keine ontologische Wesensbestimmung des Menschen aussagt, sondern, weil nur die inneren wie äußeren Möglichkeiten des Subjekts gemeint sind, Erziehung sich auf diese interioren wie exterioren Bedingungen zu beziehen hat.[224] Damit wird Freiheit zum Gradmesser der Beziehung in der Erziehungssituation, d. h., Beziehung (und damit

---

[219] Vgl. ebd., 23.
[220] Vgl. Friedrich, Das erzieherische Verhältnis, 122.
[221] Dies bleibt auch dort bestehen, wo vermeintlich die pädagogische Aufgabe das dialogische Moment mindert. Hier gegen Friedrich, Das erzieherische Verhältnis, 120.
[222] Vgl. Buber, Reden über Erziehung, 23 f.
[223] Vgl. ebd., 28.
[224] Vgl. ebd., 25.

Freiheit) realisiert sich nur in der positiven Weise der Verbundenheit, Willkür und Zwang wäre demnach ihr negatives, ihr beziehungsausschließendes Gegenteil. Freiheit in der Erziehung impliziert die Möglichkeit von Verbundenheit, oder treffender, von Gemeinschaft. Buber deutet selbst eine Aktualität dieses Gedankens an, indem er auf das Zerbrechen überlieferter Bindungen zu sprechen kommt, eine Aktualität, die selbst nach hundert Jahren nichts von ihrer Virulenz eingebüßt hat bzw. zu haben scheint. Der Grund liegt für ihn darin, dass Freiheit missverständlich als substantielles und nicht als funktionelles Gut gedeutet wird, daher dürfe Freiheit nicht zur Theorie oder zum Programm gemacht werden, denn ein Leben aus der Freiheit sei personhafte Verantwortung.[225] Im Demonstrativpronomen ›aus‹ bildet sich die Differenz von Substanz- und Funktionsbegriff[226] ab, denn im ›aus‹ wird Freiheit zur Funktion des Lebens und zielt auf mögliche Strategien der Lebensgestaltung zwischen Geburt und Tod. Wird hingegen Leben und Freiheit gleichgesetzt und im ›ist‹ zur Identität verschmolzen, d.h. als Substanz ausgedrückt, dann, so Buber, verkommt es zur pathetischen Posse. Konstatieren lässt sich: Freiheit hat eine intersubjektive Funktion, die das Grundverhältnis in der Erziehung bestimmt. Aus diesem Grund stellen weder »Eros«, und der fälschlicherweise als dessen Antagonismus angesehene »Machtwille« noch die »alte Erziehung« in ihrer Repräsentanz der Tradition und der Geschichte[227] ein Prinzip der Erziehung dar. Ein Prinzip der Erziehung kann für Buber nur ein solches sein, in dem Verbundenheit und Beziehung erkennbar ist. Dass dies insbesondere dem »Eros« nicht zukommt, ergibt sich aus dem Gesagten. Buber meint, ganz verklärungswidrig hätten wir einzusehen,

»daß Eros – nämlich nicht die "Liebe", sondern eben er, der männliche, herrliche Eros –, was immer sonst ihm zugehören mag, eins notwendig einschließt: Menschen genießen wollen. Und daß das Erzieherische, die Son-

---

[225] Vgl. ebd., 27.
[226] Wie schon geschehen, so sei nochmals auf Cassirers Buch »Substanzbegriff und Funktionsbegriff« von 1910 hingewiesen, von dem Blumenberg meinte, es sei ein zu Unrecht vergessenes Werk, das den Charakter der Moderne und die aus ihr folgenden Probleme sehr klarsichtig vorzeichnet. Erst durch die Systemtheorie und speziell Luhmann hat dieses Werk, wenn auch in »verdeckter« Weise, eine breite Rezeption erfahren. Hierzu Hundeck, Die Angst vor der Unverfügbarkeit, 279 ff.
[227] Das Konzept der »alten Erziehung«, das Buber vorstellt, hätte es aufgrund seiner sprachlichen Schönheit verdient, unkommentiert wiedergegeben zu werden. Weil dazu hier der Platz fehlt, kann nur auf die Seiten 29 f. verwiesen werden.

deressenz dieses Namens, die aus keinem andern zusammengesetzt ist, eben dies ausschließt«[228].

Auch Buber deutet den Eros als einseitig, als interessegeleitet, denn Eros ist Wahl, Wahl aus Neigung, der Erziehung entgegensteht. Eros entlarvt sich damit als exklusive Komponente, die aller Erziehung widerspricht, wirkliche Liebe wäre sie demgegenüber nur, wenn sie das Da-Sein und So-Sein der anvertrauten Individuen respektieren und anerkennen würde. »Denn in der Vielheit und Vielfältigkeit der Kinder stellt sich ihm eben die der Schöpfung dar.«[229] Die inhaltlichen wie terminologischen Nähen Bubers zu Häberlin sind unübersehbar, auch für diesen zeichnete sich die wirkliche Liebe durch eine letzte Neigungslosigkeit aus, ihren nichtwählerischen Ausdruck, kulminierend in der Anerkennung des Individuums als grenzlosem Ja-Sagen zum Partner der Beziehung, wie immer er sei.[230] Liebe wertet damit Erziehung nicht als neutrales unpersönliches Geschehen, das sich durch Askese und reine Verantwortlichkeit auszeichnet, vielmehr vermittelt sich hier eine Transformation des Eros in die geistig umfassende Dimension eines intersubjektiven Verhältnisses. Bubers Mahnung zur hohen Askese des Erzieherischen[231] deckt sich mit Häberlins retentionaler Normierung der Erzieherpersönlichkeit[232], sie gestaltet die Situation der Erziehung in ihrer Kontrapunktik von Zurückhaltung und Hingabe als ein geistiges Geschehen. Geistige Kalibrierung der pädagogischen Beziehung ist jedoch nicht das Resultat reflexiver Prozesse, sondern bestätigt in der radikalen Anerkennung des Anderen dessen eigene Bestimmung in zunehmender Objektivität. D.h., die konträre Steigerung der pädagogischen Beziehung in Vertrautheit und Distanz erweist sich als proportionales Moment der Vergeistigung, jede Verletzung dieser Proportionalität jedoch endet in der Zersetzung des pädagogischen Verhältnisses. Bubers Beschreibung der

»Verhältnisform, in der sich der Dienst des Geistes am Leben verwirklicht, hat ihre eigentümliche Sachlichkeit, ihre Struktur der Maße und Grenzen, die keineswegs der Innigkeit persönlichen Erfassens und Durchdringens

---

[228] Vgl. Buber, Reden über Erziehung, 31.
[229] Vgl. ebd., 32
[230] Vgl. Art. Liebe, 203.
[231] Vgl. Buber, Reden über Erziehung, 33.
[232] Vgl. Allgemeine Pädagogik, 44.

widerstrebt, wohl aber der Vermischung mit den Eigensphären der Person«[233].

Sachlichkeit (d. i. Geistigkeit) kann hier als regulativer Schutzbegriff vor der Erotisierung der pädagogischen Beziehung gelesen werden, der bei Nichtbeachtung in der Zersetzung endet bzw. enden muss.[234] Beispielhaft begründet dies Buber an der Relation von Arzt und Patient und deren paternalistischer Struktur,[235] um zugleich den sachlich-asketischen Charakter des Erziehungsgeschehens wie die Bedeutung der Liebe vor Missverständnissen zu schützen. Die Bedingung dafür, dass die Essenz des Erzieherischen im ausgewogenen Verhältnis von Vertrauen (d. i. Eros) und Distanz (d. i. Sachlichkeit) prinzipiell sichtbar wird, ist für Buber nur durch die Erfahrung der Gegenseite möglich. Nach dem logischen Modell von Fremderfahrung als Selbsterfahrung wird eine Umkehrung der Richtung des Handelns erfahrbar, Buber nennt es Transfusion, in welcher der Handelnde in positiver wie negativer Weise sich selbst erfährt, er sich sozusagen die Erfahrung des Anderen einverleibt.[236] Diese Einverleibung oder Umfassung des Anderen im Selben in der Bezogenheit ist das, was Buber Liebe nennt. Hier ereignet sich die Vergegenwärtigung des Anderen im Handelnden, darin erfährt der Handelnde das Wesen des Anderen in seiner Aktualität (siehe Beispiele) und zugleich die Erweiterung seiner eigenen Konkretheit, die Präsenz der Wirklichkeit, an der er und der Andere teilhaben.[237] Die aus dieser Erfahrung gewonnenen

---

[233] Buber, Reden über Erziehung, 33.
[234] Koerrenz spricht im Blick auf die Reformpädagogik synonym von der Notwendigkeit der Ausnüchterung des Reformbegriffs und damit auch vom pädagogischen Bezug. Vgl. Koerrenz, Reformpädagogik, 23.
[235] Vgl. Buber, Reden über Erziehung, 33. Mit diesem Beispiel erklärt Buber den Begriff der Zersetzung.
[236] Bubers Beispiele sollen hier wegen ihrer Luzidität dokumentiert werden: 1. »Ein Mensch schlägt auf einen anderen ein, der stillhält. Nun geschehe es urplötzlich dem Schlagenden, daß er einen Schlag, den er führt, empfängt. Denselben Schlag. Als der Andere, der Stillhaltende. Einen Augenblick lang erfährt er die gemeinsame Situation von der Gegenseite aus. Die Wirklichkeit tut sich ihm an. Was wird er tun? Er übertobt die Seele oder sein Trieb kehrt um.« 2. »Ein Mann liebkost eine Frau, die sich liebkosen läßt. Nun geschehe ihm, daß er die Berührung doppelseitig verspürt: noch mit seiner Handfläche und schon auch mit der Haut der Frau. Die Zwiefältigkeit der Gebärde, als einer zwischen Person und Person sich ereignenden, zuckt durch die Geborgenheit seines genießenden Herzens und rührt es auf. Wenn es sein Herz nicht übertäubt, wird er – nicht etwa dem Genuß absagen: er wird lieben müssen.« Buber, Reden über Erziehung, 35 f.
[237] Vgl. ebd., 37.

Aspekte der Bezogenheit, der Teilhabe beider Subjekte am erfahrenen Vorgang und die ohne Verlust erlebte Selbsterfahrung im Anderen bezeichnen das dialogische Verhältnis. In dieser Erfahrung der Gegenseitigkeit als Miteinander bedeutet Liebe daher die Umkehrung von Machtwillen und Eros, Liebe bezeichnet, indem sie beide Beziehungssubjekte im Miteinander umfasst genau das, »welches das erzieherische Verhältnis konstituiert«[238]. Buber versteht daher die pädagogische Beziehung als ein dialogisches Verhältnis, das in seiner Essenz einerseits die Haltung des »wahren« Erziehers als eine ethische und andererseits die Erziehung selbst nicht nur als gemeinsamen Prozess, sondern auch als Modus der Gemeinschaftsbildung bestimmt. Der hier aus den Analysen generierte Begriff der *umfassenden* Liebe, der die Differenz zur *anfassenden* Liebe deutlich werden lässt, die Buber mit dem Eros griechischer Provenienz gleichsetzt, codiert das Verständnis von Pädagogik in neuer Weise. In der Diskussion über den pädagogischen Eros wird dies in besonderer Weise am Verständnis von »Agape« anschaulich. Denn Agape lässt sich vor dem Hintergrund von Häberlin und Buber, wenn auch wohlwollend, nicht unbegründet als Kennzeichnung der pädagogischen Beziehung verwenden. Agape als Ingredienz, als Motiv, als Norm, oder wie auch immer, für Erziehung zu gebrauchen, steht und fällt mit der philosophischen Begründung des Erziehungsverhältnisses. Sowohl Häberlin wie auch Buber können Agape in ihrem ursprünglichen Sinn als Teilhabe aus der Konditionalität von Fremd- und Selbsterfahrung herleiten. Damit verliert Liebe auch ihren Schein von Altruismus oder Sentimentalität, eine Problematik, die sowohl bei Häberlin als auch bei Buber im Modus der Bedürftigkeit gerade quer zu möglichen Versionen einer Mitleidsethik steht. Bedürftigkeit und die daraus folgende Reaktion der Hilfe begründet sich aus der in der Fremderfahrung ausdrücklich werdenden Selbsterfahrung, ein in der Selbsterfahrung unbedingter Aufweis der Existenz des Anderen. Dadurch kommt zur Einsicht, was der Andere braucht, aber auch sein Nichtbedürfen, das zugleich die Handlungsgrenzen des Ich markiert.[239] Häberlins Diktum, dass Liebe als unbedingte Bejahung des Anderen aus der Einsicht in dessen Existieren gründet,[240] konvergiert mit Bubers Ausweis

---

[238] Vgl. ebd., 38.
[239] Vgl. Buber, Reden über Erziehung, 44.
[240] Vgl. Art. Liebe, 204.

der Beziehung als dialogische.[241] In beiden Positionen kulminiert Agape hier erstens in der Antwort des Erziehers auf die Bedürftigkeit des Edukanden, zweitens in der Erfüllung der Bestimmung des Erziehers und drittens in der intersubjektiven Konstituierung von Gemeinschaft. Erziehung variiert damit in ihrer Intentionalität, sie ist Verantwortung für die Vermittlung der Welt an den Edukanden, Buber nennt es die Auslese der wirkenden Welt, die in der Person des Erziehers geschieht.[242] Erziehung wird aber auch zu Verantwortung, indem sie ihr Ziel im Sinn eines existentiellen Gerichtet-seins neu bestimmt und in der umfassenden Liebe zur Erfahrung des Getragen-seins führt.[243] Buber nennt diese intentionale Variation die absichtslos strömende All-Erziehung[244], eine Möglichkeit, die analog dazu auch bei Häberlin, dem Edukanden durch die unbedingte Bejahung die Erfahrung absoluten Angenommenseins und Zugehörigkeit zum Ganzen vermittelt. Resümierend kann Agape als intentionale Variation von Erziehung als Verantwortung verstanden werden, die sich, weil sie antwortend ist,[245] gemeinschaftsbildend ausprägt. Variation, um dies zu betonen, benennt nichts anderes als ein Äquivalent zu Reform, was auch besagt, dass sowohl Buber[246] wie auch Häberlin einen, wenn auch arbiträren Zweig der Reformpädagogik repräsentieren.[247]

Eine weitere Gemeinsamkeit beider Positionen rückt durch das Verhältnis von Fremd- und Selbsterfahrung im Blick auf die pädagogische Beziehung in den Fokus. Besteht nicht eine strukturelle Analogie von Fremd- bzw. Selbsterfahrung und Erziehung bzw. Selbsterziehung? Im Gewahrwerden dessen, was der Andere braucht (Bedürftigkeit, Hilfe), erfährt sich das Ich nicht nur mitsamt seinen

---

[241] Vgl. Buber, Reden über Erziehung, 44.
[242] Vgl. ebd., 45; dazu Bohnsack, Martin Bubers personale Pädagogik, 68 f.
[243] Vgl. Bohnsack, Martin Bubers personale Pädagogik, 81.
[244] Buber, Reden über Erziehung, 23.
[245] Vgl. Hundeck, Durchbrochene Kontingenz und verdankte Existenz, 59 ff.; Mührel, Verstehen und Achten, 63 f.
[246] Vgl. Jacobi, Einleitung, 34 ff.; Friedrich, Das erzieherische Verhältnis, 129–148; Volkmann, Martin Bubers hebräischer Humanismus, 181–194; Kaminska, Dialogische Pädagogik; Bohnsack, Martin Bubers personale Pädagogik;
[247] Vgl. Koerrenz, Reformpädagogik, 15 ff. Koerrenz verweist hier darauf, dass Reform einen Ordnungsbegriff meint, der eine Perspektive auf die Allgemeine Pädagogik eröffnet. Diese Kennzeichnung trifft auf das Dargestellte ebenso zu wie die Folgen, die sich daraus für das Verhältnis von Individuum und Gemeinschaft ergeben. Vgl. ebd., 91 ff.

eigenen Grenzen, sondern erfährt an sich die menschliche Problematik (Häberlin) als Aufgabe. Ereignet sich Erziehung aufgrund des Anrufs des Anderen, aus seiner Bedürftigkeit, dann stellt sich die Frage, was denn Selbsterziehung bedeutet? Selbsterziehung als Modus der Selbstarbeit ist wohl kaum gemeint, als Infragestellung der eigenen Subjektivität nur insofern, als es um die Funktion der Vermittlung geht.[248] Indem die Person des Erziehers sich selbst eine Vielzahl möglicher Perspektiven auf die Welt aneignet, d. h., sich selbst bildet[249], bietet sie dem Edukanden eine subjektiv reduzierte Sicht auf die Welt, die durch die Subjektreduktion (i. S. einer subjektiven Zurückhaltung) einen Ausschnitt der objektive Wirklichkeit freigibt. Dadurch werden dem Edukanden Perspektiven der Hilfe eröffnet, die dieser bezüglich seiner selbst und in der Einsicht auf das Ganze wählen und ergreifen kann. Eine Einsicht, so Häberlin, die einen Blick in die objektive Einheit gestattet, was bedeutet, dass das Ich im Erziehungsprozess sich der eigenen Subjektivität enthält, damit das Ich (d. i. das Subjekt) das subjektiv sein könnte, was es objektiv immer schon ist.[250]

Agape als Prinzip bestimmt schließlich die Qualität von Erziehung, die im Grad der Selbstbildung des Erziehers und in seiner Fähigkeit virulent wird, vom eigenen subjektivistischen Wollen abzusehen, um dem Edukanden zu spiegeln, was die Welt und er selbst objektiv sind. Die geheime Logik einer in diesem Sinn verantworteten Pädagogik liegt allerdings in ihrer Proportionalität, die im Modus zunehmender Verantwortung zugleich eine Steigerung der Subjekte im Erziehungsprozess in ihrem objektiven So-Sein sichtbar machen. Die durch Verantwortung erreichte Proportionalität repräsentiert damit die eine Seite der Intention aller Pädagogik, deren andere die der Gemeinschaft ist, auf deren Symbolisierung noch zu kommen ist. Sie, die Porportionalität als Indiz der Steigerung der Subjektivität in ihrer Relation, wirft jedoch von Neuem die Frage auf, inwieweit überhaupt von einer Möglichkeit der Erziehung sinnvoll gesprochen werden kann. Gibt es eine Berechtigung für diese Rede? Oder hat sich diese nicht durch die Proportionalität der Subjekte und die dadurch verwirklichte Relativität der Subjekte als Gemeinschaft (Funktions-

---

[248] Vgl. Art. Selbsterziehung, 546–547.
[249] Vgl. Bieri, Wie wäre es, gebildet zu sein? Wie oben schon erwähnt, versteht Bieri *wirkliche* Bildung nicht als Ausbildung im Erwerb von beruflichen Qualifikationen und Kompetenzen, sondern als Selbstbildung.
[250] Vgl. Möglichkeiten und Grenzen, 130.

zusammenhang) in ihrer Bedeutung im Blick auf die Zielfrage aufgehoben? Wenn von Möglichkeit der Erziehung in diesem Sinne gesprochen wird, so impliziert diese Rede ein Verständnis von Möglichkeit, das mit der Zielfrage korrespondiert. Die Irritation im Blick auf den Fachdiskurs entsteht dann, wenn Möglichkeit und Wirklichkeit als zwei getrennte Größen betrachtet werden. Häberlins ontologische Grundlegung einer Pädagogik aber berücksichtigt schon die Dignität jedes Subjekts, was bedeutet, dass das Hineinkommen jedes Subjekts in seine eigene Bestimmung nur die andere Seite der Steigerung der Proportionalität der Subjekte in der pädagogischen Situation bezeichnet. Konkret ergibt sich daraus die Einsicht, dass der Wille des Erziehers als Zielvorgabe gar nicht relevant ist, sondern in der Bestimmung des Zöglings als dem Partner des Erziehungsgeschehens schon in nuce wirklich (verwirklicht) ist. D.h., der Erziehungsauftrag zielt nicht auf die Realisierung einer Möglichkeit als Steigerung der anvertrauten Subjektivität, was einer interessegeleiteten Absicht gleichkäme. Möglichkeit von Erziehung impliziert keinen protologischen Sinn, denn darin wäre schon die Gefahr einer Konditionierung enthalten und damit das Feld einer irgendwie relativistischen oder politischen Inanspruchnahme eröffnet. Um den Kritikern zu begegnen, die einwenden, eine Rede von Erziehung sei nicht ohne den gesellschaftlichen und kulturellen Kontext, mithin nicht ohne den sogenannten 3. Faktor sinnvoll, soll vor dem Versuch einer Antwort eine Consideratio auf diese Rede vorgelegt werden. Dabei stellt diese Besinnung noch nicht ein Ergebnis dar, formuliert vielmehr denkbare Perspektiven.

3.13. Möglichkeiten und Grenzen der Erziehung

Häberlins (funktions-)ontologische Grundlegung der Pädagogik hinterfragt notwendig den Sinn von Erziehung wie deren Ziel. Dies ist insofern von Belang, als es nicht ausschließlich, aber auch um eine letzte disziplinäre Rechtfertigung geht, die schon Schleiermacher in dem Moment als überflüssig erachtete, wo Gemeinschaft die Realisierung der Bestimmungen jedes Subjektes (d.i. seine Identität) ausdrückt.[251] Mit dieser Konstellation wird Möglichkeit zu einer viel-

---

[251] Vgl. Schleiermacher, Pädagogische Schriften I, 297–302; Winkler, Geschichte und Identität, 180 u. ö.

schichtigen Kategorie. So haben etwa die Exkurse zum pädagogischen Eros und das kurze Gespräch mit Buber gezeigt, dass Häberlins ontologisch grundgelegte Pädagogik in ihrer ethischen Ausrichtung auf ein Verstehen hinausläuft. Darin wurde deutlich, dass Verstehen nicht mehr und nicht weniger als die Anerkennung (als Liebe) der Dignität des einzelnen Subjekts und damit die objektive Einheit aller Subjekte meint und verifiziert. Die daraus folgende Einsicht in die Einheit aller Subjekte, die zugleich in einem logischen Sinn ihre Vollkommenheit bezeichnet (sonst wäre es keine Einheit), berechtigt zu der Frage, ob deshalb überhaupt noch von Erziehung in einem positiven Sinne gesprochen werden kann. Das Bemühen, der Polyvalenz von Möglichkeit ansichtig zu werden, ist von der Absicht getragen, die nachfolgenden Erörterungen zum häberlin'schen Verständnis von Gemeinschaft in ihrer philosophisch-pädagogischen Diktion zu unterfüttern. Denn es ist auffällig, dass die selbstverständliche Rede von Möglichkeit deren Heterogenität verdeckt oder anders gesagt: Möglichkeit als Kategorie exkulpiert Pädagogik als Disziplin und in jeglicher Art. Bleiben wir bei dieser Annahme, dann bedeutet dies in einem banalen Sinn zuerst, dass Erziehung die Modalitäten von Möglichkeit und Wirklichkeit impliziert. Die disziplinär behauptete Dichotomie von Möglichkeit und Wirklichkeit wird jedoch bei Häberlin ontologisch unterlaufen, weil die ethische Grammatik, die Häberlins Pädagogik unterlegt ist, in der Individualität und der daraus folgenden Verantwortung für den Partner die Grenze jeder erzieherischen Absicht markiert.[252] Häberlin hatte dazu nochmals in zwei Artikeln für das Lexikon der Pädagogik aus den Jahren 1950 und 1951 jeweils über die Möglichkeiten und Grenzen von Erziehung nachgedacht.[253] Hier wird nicht nur das Spätwerk kondensiert verarbeitet, sondern auch die ontologische Problematik in ihrer ganzen Bedeutung offensichtlich. D.h., das Diktum Möglichkeit von Erziehung drückt eine Modalität aus, eine Tatsache, die in der einen oder anderen Weise sein kann. Für Häberlin bedeutet die Möglichkeit von Erziehung die Möglichkeit einer Wirklichkeit, die schon da ist, darin liegt ihr Sinn. Der Terminus *Verwirklichung* dagegen *kann* behaupten, dass etwas wirk-

---

[252] Vgl. Statt einer Autobiographie, 148.
[253] Vgl. Art. Grenzen der Erziehung, 594–595; Art. Möglichkeiten der Erziehung, 278–279 (= wiederabgedruckt in *ABC der Erziehung*, 126–129. 129–133). Beide Artikel bilden nochmals eine Erweiterung und Verdichtung des Buches *Möglichkeiten und Grenzen der Erziehung* von 1936, weshalb den Artikeln des Lexikons der Pädagogik gegenüber der Monographie der Vorzug gegeben wird.

lich werden muss, was noch nicht ist. Wenn von Erziehung als einer möglichen gesprochen wird, so ist damit nicht Unmögliches i. S. von etwas Unwirklichem, sondern immer nur die Entdeckung der Wirklichkeit in der *augenscheinlichen* Möglichkeit gemeint. Erziehung als mögliche ist folglich immer auf einen Sinn ausgerichtet, der das Wirkliche des Subjekts bezeichnet. Erziehung als reine Möglichkeit ist demnach widersinnig, ein Hirngespinnst, eine Phantasie, weil sie keine ontologische (in der Absicht) und keine materale Basis (im Zögling) hat. – In Anlehnung an aktuelle Bildungsdiskurse, etwa diejenigen, die unter dem Akronym PISA vonstatten gehen, ist nicht unberechtigt danach zu fragen, wo bzw. bei wem die Wirklichkeit zu suchen ist, auf die die Möglichkeit von Erziehung zielt. Geht es bei PISA um die Realisierung der Bestimmung des einzelnen Subjekts? Oder ist Erziehung ein Instrument politischer Träume von Menschenverbesserern und Weltrettern? – Erziehung im hier beschriebenen Verständnis ist an einem Sinn orientiert, der nicht eine Sinnzuschreibung durch den Erzieher bzw. die dahinterstehende Institution realisiert, sondern als Möglichkeit die Wirklichkeit der Bestimmung des Zöglings (Edukanden) meint, der Partner der Erziehung ist. Die Wirklichkeit im Partner der Erziehung bindet den Sinn und formuliert diesen als Möglichkeit im Erziehungsgeschehen, was in der Umkehrung bedeutet, eine Erziehung, die ihrem Sinn widerstrebt, ist nicht ihr Gegenteil, also nicht Nicht-Erziehung, sondern die grundsätzliche Verneinung eben gerade des Sinns, der als Möglichkeit im Zögling als dem Partner der Erziehung liegt. Diese Differenzierung ist deshalb bedeutend, weil bspw. jede Form von »Negativer Erziehung« (Rousseau) oder »Anti-Pädagogik« (von Braunmühl) genau diese von außen erfolgte heteronome Sinnzuschreibung ablehnt und damit ausdrücklich die Wirklichkeit als Möglichkeit im Partner der Erziehung meint. D. h., die Kennzeichnung einer sinnwidrigen Erziehung geht gegen die grundlegende Bestimmung des Erziehungspartners, die dem Erziehungsprozess erst seine Richtung und seinen »Sinn« verleiht. Dies konveniert mit Häberlins Überzeugung, Erziehung habe immer den einzelnen Menschen zum Gegenstand, weshalb das Ziel von Erziehung immer individuell[254] und daher die Möglichkeit von Erziehung immer auf die/den je eigene/n Situation (Fall) zu beziehen sei. Eine Tatsache, die die Möglichkeit von Erziehung an die Dignität des Partners in seiner Individuali-

---

[254] Vgl. Art. Möglichkeiten der Erziehung, 278.

tät koppelt,[255] und gerade hierin Möglichkeit von Erziehung als ethischen Schutzbegriff versteht, der jede Generalisierung verweigert. Daher kann Häberlin Erziehung darin fassen, dem Einzelnen zu helfen und gemäß seiner eigenen Bestimmung zu leben. Daraus folgt die Möglichkeit sinnvoller Erziehung, die identisch mit der Möglichkeit solcher Hilfeleistung ist,[256] d. h., die Modalität von Erziehung konvergiert mit der Modalität ihres Sinns, die Nichtkonvergenz hingegen mit der Unmöglichkeit von Erziehung. Folglich kann Häberlin sogar konstatieren, dass für ihn sinnwidrige Erziehung unter allen Umständen unmöglich ist, d. h., Erziehung, die an der Bestimmung (d. i. die persönliche Lebensaufgabe) des Erziehungspartners vorbeigeht, ist in sich sinnwidrig. Sinn und Ziel von Erziehung gehen demnach immer von der Hilfebedürftigkeit des Partners (als materialer Wirklichkeit) aus, die in dessen Lebensaufgabe gegründet liegt. Erziehung, die diese Konvergenz ausschließt oder aus interessegeleiteten Motiven auf etwas anderes zielt als die Bestimmung des Partners, will etwas Unmögliches, etwas, das sogar im Sinn einer Utopie (!) unmöglich wäre. Auch hier wird die Perspektive virulent, denn der Partner im Erziehungsgeschehen schafft die Möglichkeit, die die Möglichkeit des Erziehers nur insoweit bezeichnet, als die Möglichkeiten von Erziehung bzw. Hilfe an den Realisierungsmöglichkeiten des Partners abgemessen werden. Kann der Partner, aus welchen Gründen auch immer, die Erfüllung der Bestimmung seines Lebens nicht leisten, so ist jede Hilfeleistung sui generis unmöglich, was nicht nur die Grenzen von Erziehung angibt, sondern zuerst ihre Möglichkeit verneint. Erziehung ist demnach nur dann möglich, wenn es für den Partner nicht unmöglich ist, ein für ihn bestimmungsgemäßes Leben zu führen. Die Modalität der Möglichkeit impliziert einen Vorbehalt, der in einer Zeit beinahe globalisierter Optimierungsphantasien das Recht des Partners auf Individualität schon dahingehend bezeichnet, dass es nicht nur ein Recht auf die eigene Persönlichkeit und die damit verbundene persönliche Lebensaufgabe gibt, sondern auch berücksichtigt, dass letztlich niemand wissen kann, wie groß das Maß der Iden-

---

[255] Ich bleibe auch hier bei der Bezeichnung »Partner« für den Edukanden im Erziehungsprozess, den Häberlin in seiner Allgemeinen Pädagogik gewählt hat (s. o.), in den Artikeln des Lexikons für Pädagogik benutzt er allerdings wieder den Begriff des Zöglings, was dem Jargon und der Anlage des Lexikons insgesamt geschuldet sein mag, die Zuschreibungen allerdings sind äquivalent zu denen der Allgemeinen Pädagogik, weshalb der Terminus Partner fortführend verwendet wird.
[256] Vgl. Art. Möglichkeiten der Erziehung, 278.

tifizierung des Anderen mit seiner eigener Bestimmung ist. Dies gilt auch noch dann, wenn Häberlin Bestimmung als das individuelle Optimum im Prozess der Vergeistigung des Lebens definiert.[257] Bestimmungsgemäßes Leben ist wiederum an der Individualität orientiert und daher für jedes Individuum im gleichen Sinn oder im gleichen Maß möglich, als diesem die Erreichung des Optimums seines Lebens möglich ist. Der hier inhärente Anspruch eines bestimmungsmäßigen Lebens für jedes Individuum zielt immer auf die Erziehung als einer maieutischen Möglichkeit, um das Optimum des eigenen Lebens zu erreichen. Ob ein uneingeschränkt bestimmungsmäßiges Leben gelingt bzw. ob es gelingt, das Optimum des je eigenen Lebens zu erreichen, macht keine Aussage über die Möglichkeit des Individuums, sondern einzig und allein über den Realisierungsgrad dessen eigener Bestimmung. Damit wird jedem Partner im Erziehungsprozess die Möglichkeit sinngemäßen Lebens unterstellt, wobei auch hier Möglichkeit impliziert (weil sie Wirklichkeit anzeigt), dass eine Verwirklichung dieses Optimums oder eine Annäherung an dieses jederzeit möglich sind. Dort, wo diese Möglichkeit besteht, ist Erziehung ihrem Ziel nach möglich. Erziehung bezeichnet demnach die Möglichkeit, dem Partner auf seinem Weg zum Ziel seines je eigenen Lebens zu helfen, aber nur dann, wenn der Partner sich helfen lassen will, d. h., wenn dieser Bereitschaft zeigt, in die Erziehungssituation einzutreten. Bereitschaft zur Hilfe und die Möglichkeit, durch die Hilfeleistung den Partner auf seinem Weg voranzubringen, entscheiden schließlich generell über die Möglichkeit von Erziehung. Denn die Möglichkeit von Erziehung, so Häberlin, meint die Möglichkeit einer Einflussnahme, die mit der Wirklichkeit des Erziehungspartners korrespondiert, und nur, wenn Einflussnahme überhaupt möglich ist, ist Einfluss im Sinn der Förderung bestimmungsgemäßer Entwicklung des Partners möglich.[258] Die Möglichkeit von Erziehung und ihr Sinn konvergieren darin, dem Partner zur Realisierung seiner Bestimmung zu verhelfen. Die Möglichkeit von Erziehung bedeutet dann aber eine ethische Notwendigkeit, d. h., Erziehung ist dort verpflichtend, wo der Partner im Erziehungsprozess Hilfe nötig hat, unabhängig davon, wieviel und ob überhaupt Erziehung zur Verwirklichung der Lebensaufgabe des Partners beiträgt.[259]

---

[257] Vgl. ebd.
[258] Vgl. ebd., 279.
[259] Vgl. ebd.

3.14. Besinnung auf die Möglichkeit (von Erziehung)

Häberlins Besinnung auf die Möglichkeit von Erziehung fällt zusammen mit deren Grenzen, die ethischer Natur sind und in der Wirklichkeit des Erziehungspartners liegen. Diese bei Häberlin immer wieder auftauchende Figur der Möglichkeit von Erziehung, steht und fällt mit ihrem eben nachgezeichneten systematischen Grundverständnis. Gleichwohl ist nicht von der Hand zu weisen, dass die Rede einer Möglichkeit von Erziehung nicht philosophisch, sondern pragmatisch als selbstverständlicher Anspruch gelesen werden kann und sich auch im Diskurs der Disziplin Pädagogik auffinden lässt, was die Herabstufung einer Allgemeinen Pädagogik in Bereichspädagogiken weniger rätselhaft macht. In jedem Fall wirft die Kategorie der Möglichkeit Fragen auf, die zumindest hinsichtlich der Grundanlage einer Allgemeinen Pädagogik klärungsbedürftig erscheint, eröffnet diese doch immer wieder Anschlussstellen relevanter Vergleiche im historischen Diskurs der Disziplin. Deshalb kann es zu verschiedenen Lesarten kommen, die in vier Punkten als Denkangebot formuliert werden sollen.

1. Häberlins Verwendung des Diktums »Möglichkeit von Erziehung« ist, um es vorsichtig zu sagen, ambivalent. Möglichkeit könnte klassischerweise als eine der drei Modalitäten des Seins neben Wirklichkeit und Notwendigkeit gedeutet werden. Dieses Verständnis scheint schon deshalb nahezuliegen, weil Möglichkeit hier in ihrem Zueinander zu den entsprechenden Grenzen der Erziehung gesetzt wird, auch deshalb, weil sowohl Möglichkeit wie Grenze nach dem Satz vom Widerspruch fungieren. Wenn Erziehung möglich ist, dann sind Grenzen derselben ausgeschlossen, d.h., Grenzen, wie auch immer sie bestimmt sein mögen, bezeichnen letztlich die Unmöglichkeit von Erziehung. Doch bei genauer Analyse der Häberlinschen Argumentation kann Möglichkeit als Modalbegriff ausgeschlossen werden, denn diese bezeichnet keine Idee oder Vorstellung, die zu realisieren die Aufgabe wäre. Dies hatte Häberlin schon in seinem Aufsatz über »Idealistische und realistische Pädagogik« von 1931 als Deutungsvariante mit dem Hinweis ausgeschlossen, eine idealistische Pädagogik sei notwendig moralistisch.

»Alle idealistische Pädagogik lebt von der Idee einer notwendig zu realisierenden Vollkommenheit, wie immer diese vorgestellt werden möge. […]

Danach bildet sie ihr Erziehungsziel und ihren Erziehungsanspruch. Sie tritt an den Zögling wie an den Erzieher mit der Forderung und dem Maßstab jener Vollkommenheit heran. So ist sie notwendig moralistisch.«[260]
Unter dem Anspruch des Gehorsams wird der »Zögling« (d. i. der Partner) geradezu genötigt, diese Vollkommenheit in seinem menschlichen Vollzug zu realisieren. Jeder Fehler und jedes Versagen widerstreben der Vollkommenheit und sind deshalb nicht zu tolerieren. Idealisierung und deren Realisierung bilden hier auch zeitlogisch ein in die Zukunft, auf Erfüllung ausgerichtetes und sich bedingendes Anspruchsdoppel. Daraus kann für Häberlin, weil solcher Idealismus gegen die je eigene Bestimmung des einzelnen Individuums gehen würde, nur eine Pädagogik folgen, die unethisch auch in einem kritischen Sinn (!) wäre. Zudem verfehlt eine solche Erziehung die ontologisch schon realisierte Einheit als Vollkommenheit, die ja nicht hergestellt bzw. erreicht werden muss, sondern schon als Möglichkeit die Wirklichkeit des Erziehungspartners selbst bezeichnet. Möglichkeit als Modalität kann hier nur in einem platonisch-megarischen Verständnis[261] gemeint sein, was intendiert, dass aus Möglichem nichts Unmögliches hervorgehen kann, es also schon ein Wirkliches geben muss, auf dem das Mögliche basiert. D. h., Mögliches ist mit Wirklichem als Teil des Ganzen selbst schon identisch.[262] In dieser griechisch-voraristotelischen Version verifiziert sich Häberlins Möglichkeitsverständnis an seiner Ontologie.[263] Jeder teleologisch-utopistischen Fassung von Erziehung steht dieser Modalgebrauch entgegn, was nicht verwundert, denn Erziehung intendiert ja einen Bewegungs- und damit Veränderungsaspekt, den Häberlin in seiner Ontologie berücksichtigte, der allerdings in der Bewegung der Vollkommenheit zu immer neuer Vollkommenheit implementiert war.[264]

2. Eine andere Deutungsvariante wäre es, Möglichkeit im Horizont einer Herbartschen Transzendentalpädagogik zu verstehen, die im

---

[260] Vgl. Idealistische und realistische Pädagogik, 149.
[261] Vgl. Seidl, Art. Möglichkeit, 74–75.
[262] Vgl. ebd., 75.
[263] Siehe hierzu die Ausführungen in Teil II, 2.4.
[264] Vgl. Ethik, 11; Illustrierend dazu *Möglichkeiten und Grenzen der Erziehung*, 97: »Vollendung ist nicht Ruhe des Todes, starres "Sein", sondern einheitliches, in seiner Wahrheit "harmonisches", ganzhaftes *Leben*. Das Dasein *wird* zwar nicht zum vollendeten, es *ist* (jederzeit) vollendet; aber es ist vollendet dadurch, dass es ewig in Vollendung *lebt*.«

Anschluss an Kant nach den Bedingungen der Möglichkeit von Erziehung fragt. Doch hier muss ein Aber (wenn auch mit Vorbehalt) gesetzt werden, denn transzendentalphilosophisch würde nach den Voraussetzungen und den Bedingungen von Pädagogik gefragt werden, die eine Kritik bedeutete, die unterscheidet, aber nicht versteht.[265] Wie oben schon zur Umbesetzung des Kritikbegriffs durch Häberlin ausgeführt, wird Kritik jedoch als ein aus der Einsicht in die Einheit und die ewige Vollkommenheit des Ganzen gewonnenes Verstehen gedeutet. Damit verlässt diese Version von Kritik aber den Immanentismus der Kritik der reinen Vernunft[266], weil sie von Voraussetzungen ausgeht, die bei Kant erst eine Option der (wenn überhaupt) reinen praktischen Vernunft ist. Häberlins ontologische und damit metaphysische Grundlegungen implizieren die Behauptung einer objektiven Realität, die Kants Kritik aufgrund der transzendentalen Apperzeption nicht zulassen kann.[267] Ich betone das Aber in dieser Argumentation, denn Kants Kritik der praktischen Vernunft hatte zwar die Möglichkeit von Metaphysik nicht gänzlich ausgeschlossen, diese aber optional in den Bereich des Praktischen verschoben.

3. Eine weitere Interpretation von Möglichkeit als Möglichkeit von Erziehung bietet sich durch Heideggers existenziale Fassung des Möglichkeitsbegriffs an. Heidegger hatte in »Sein und Zeit« der

---

[265] Vgl. hierzu Seidl, Art. Möglichkeit, 87.
[266] Der Möglichkeitsbegriff bei Kant erfährt gegenüber der Tradition eine gänzlich andere Richtung durch seine Metaphysikkritik (d.i. eine Kritik am Rationalismus). Möglichkeit als reale Möglichkeit ist hier nicht auf ein Vermögen formaler oder materialer Art bezogen, sondern allein auf formale Erkenntnisbedingungen im Subjekt. Die Erkennbarkeit der Dinge wie das Erkennen ihres Wesens verbleibt jedoch auf der Ebene der Erscheinungen. Vgl. Seidl, Art. Möglichkeit, 87. – Aus diesem Grund ist für Häberlin Kants Kritik der reinen Vernunft eine Psychologie, ja sogar Psychoanalyse der tatsächlichen wissenschaftlichen Erkenntnis, aus der nichts anderes denn ein Subjektivismus folgen kann. Vgl. Brief an Hans Zantop 1958, zit. nach Luczak, Häberlin für heute, 109.
[267] In doppelter Weise besteht hinsichtlich der Argumente eine z.Zt. große Aktualität, die einerseits in der Debatte über den »Neuen Realismus« virulent wird. Vgl. Gabriel (Hrsg.), Der Neue Realismus; Ders., Sinn und Existenz. – Andererseits zeigen dies phänomenologische Richtungen post Husserl, für die repräsentativ Emmanuel Levinas und Jean-Luc Marion stehen, denn beide versuchen Phänomene durch das Vorgehen der pänomenologischen Reduktion so weit zu entkernen, dass es zu einem Zerbrechen (»Zerbersten«) der transzendentalen Apperzeption kommt und damit ein Außerhalb des Subjekts sichtbar wird. Vgl. hierzu Levinas, Totalität und Unendlichkeit; Ders., Jenseits des Seins; Marion, Gegeben sei; Ders., Gott ohne Sein.

Möglichkeit nicht nur einen Vorrang vor der Wirklichkeit eingeräumt, sondern Möglichkeit als eine Grundverfassung des menschlichen Daseins begriffen.[268] Da das Dasein immer schon Möglichkeit ist und nach Heideggers berühmter Kehre das Sein sogar das Mögliche schlechthin bezeichnet,[269] wird Möglichkeit selbst vor und nach der Kehre als Modalbegriff gefasst, was, wie in Punkt 1 schon ausgeführt, die Bedeutungsdimension der Konstellation einer Möglichkeit der Erziehung nicht ausschöpft. Ein weiterer Einwand ergibt sich daraus, dass Heideggers Fundamentalontologie auf Kants Ebene der Metaphysikkritik verbleibt und damit die Differenz zum objektiven Anderssein des Anderen ebenso verneint, weshalb der Fundamentalontologie i. S. Häberlins nicht nur der Charakter einer Ontologie abzusprechen ist,[270] sondern auch deren ethische Qualität.[271]

4. Die Rede von der Möglichkeit von Erziehung impliziert in der Achtung vor dem Anderen (d. i. der Partner in der Erziehung) eine ethische Dimension, die nur dann angemessen gewürdigt werden kann, wenn die objektive Realität des Anderen anerkannt wird und nicht eine subjektive Konstruktion bleibt. Häberlin deutet ja die Möglichkeit von Erziehung als Möglichkeit, die in den Möglichkeiten des Erziehungspartners selbst liegt (als Wirklichkeit), d. h., sie geht im Verständnis von Hilfe grundsätzlich nicht vom Erzieher-, sondern vom Partnersubjekt aus. Liegt aber Erziehung in ihrer primären Intention in der Hilfebedürftigkeit des Partnersubjekts und nicht in der Berufung (der Profession) des Erziehers, so kann die Möglichkeit von Erziehung nur als Möglichkeit bzw. Fähigkeit des Partners, als dessen potentia, begriffen werden. Möglichkeit als ein Können i. S. eines Vermögens *zu etwas* bezieht sich auf eine Tätigkeit und beschreibt das eigene Können des Subjekts, in diesem Fall des Partnersubjekts. Die

---

[268] Vgl. Heidegger, Sein und Zeit, 43. Heideggers Diktum, das Dasein sei je seine Möglichkeit, zielt ausschließlich auf die Möglichkeiten des Subjekts und endet in einem Subjektivismus, was schon in der Kennzeichnung der ontisch-ontologischen Vorrangigkeit des Daseins virulent wird. Vgl. ebd., 12.
[269] Vgl. Seidl, Art. Möglichkeit, 90.
[270] Vgl. Anthropologie und Ontologie, 21.
[271] Ein Vorwurf, den Häberlin zwar Heidegger diesbezüglich nicht explizit macht, der aber aus der Verschränkung von Pädagogik und Ethik bzw. aus dem Verständnis von Pädagogik als ethischer Kultur einsichtig wird. Wie schon oben zu Buber angezeigt, gibt es gerade hier in der ethischen Konnotierung Konvergenzen zu Levinas, der in Heideggers Philosophie die ethische Ausrichtung, d. h., die soziale Dimension als abwesend kritisiert hatte.

in der aristotelischen Metaphysik[272] und später in der mittelalterlichen Philosophie ausgeprägte Akt-Potenz-Lehre[273] bietet sich an, um Möglichkeit in ihrer ethischen Qualität im Erziehungsgeschehen zu beschreiben. Akt und Potenz beziehen sich auf das Tätigsein, wobei Akt die wirklich vollzogene Tätigkeit, also das Ergebnis des dem Subjekt innewohnenden Könnens und Vermögens bezeichnet, das zur Ausführung drängt und in dieser wirkt bzw. wirken will. Ganz analog zum Erziehungsgeschehen kennzeichnet Möglichkeit einerseits das Vermögen und die Fähigkeit des Partners wie auch dessen Hilfebdarfe (d. i. die Potenz) und andererseits das durch den Erzieher gewirkte Tätigsein als Antwort auf den Anruf des Partners (d. i. der Akt). Dabei ist nochmals das jeweilige Tätigsein beider Seiten zu unterscheiden, einerseits das Tun (Wirken) des Partners und andererseits das des Erziehers, beides ist aufeinander verwiesen, nimmt seinen Ausgangspunkt aber immer im Bedarf des Partners. Hilfreich kann hierbei die Differenzierung von *actus primus* und *actus secundus* in der scholastischen Philosophie sein, das erste meint das Wirkvermögen des Subjekts, das zweite das spezifische Wirken desselben. In der Rangordnung von *actus primus* und *actus secundus* wird aber schon die ethische Richtung des Erziehungshandelns strukturiert, weil Erziehung die Antwort auf den Hilfebedarf des Partners ist. Eine weitere Differenzierungsoption bildet in diesem Zusammenhang das Gegensatzpaar *potentia activa* und *potentia passiva*, d. h., es gibt ein aktives Vermögen, etwas zu verändern und eine passive Fähigkeit, durch andere Veränderung zu erleiden.[274] Erhellend kann dies in der Anwendung auf die Erziehungssituation gezeigt werden, denn beide Begriffe können auf beide Subjekte zutreffen. Das Vermögen, etwas zu ändern, liegt bei beiden Subjekten, einerseits beim Erzieher, der den Auftrag durch den Hilfebedarf des Erziehungspartners erhält und »Abhilfe« schaffen soll, und andererseits beim Erziehungspartner, der aktiv die für ihn nötigen Bedarfe einfordert, bspw. in Form neugierigen Interesses. In der Konsequenz lässt sich daraus folgern, dass jeder Versuch, Interesse beim Erziehungssubjekt zu verweigern bzw. Neugierde abzutöten, jeder echten Erziehung widerspräche.[275] Ver-

---

[272] Vgl. Aristoteles, Metaphysik IX, 1047–1048.
[273] Vgl. Schlüter, Art. Akt/Potenz, 134–142, Fritsch, Art. Akt-Potenz-Actus purus, 19–20.
[274] Vgl. Fritsch, Akt-Potenz-Actus purus, 19.
[275] Vgl. Bieri, Wie wäre es, gebildet zu sein?, 229.

änderung kann in der Erziehungssituation von beiden ausgehen und beide können im Blick auf ihre Haltung zum Anderen und im Blick auf sich selbst verändert werden. Auch hier kann Erziehung so etwas wie Bildung i. S. von Selbstbildung sein, was die »lernwillige« Bereitschaft beider berücksichtigen und ausdrücken würde.[276] Die Betonung der aktiven und passiven Anteile und ihre Beachtung regulieren die Erziehungssituation und sind deshalb ethische Kriterien, die die Möglichkeiten von Erziehung orientieren und normieren.

Die Interpretationen zur Figur der Möglichkeit in der Erziehung, die hier vorgeschlagen worden sind, fassen Möglichkeit als potentia, als Vermögen, als Fähigkeit des Partnersubjekts, die ihm eigene Bestimmung einzuholen und zu realisieren. Möglichkeit ist demnach ein Schutzbegriff, der als potentia die Grenzen und Horizonte des Individuums absteckt und in jeder Erziehungssituation neu aufspannt. Dies mag den Verfechtern politischer Programme wie eine Stilisierung des Individuums vorkommen, so als gehe die Gefahr vom zunehmenden Prozess der Individualisierung aus, die eine Einordnung des Individuums in eine überindividuelle Form von Gemeinschaft verhindere. Für Häberlin aber kann in diesen Politisierungen nur ein holistischer Traum vermutet werden, in dem ein Missverständnis bezüglich der Relevanz von Erziehung liegt. Denn eine methodische Individualisierung in der Erziehung widerspricht nicht möglichen sozialen Zielen, sondern höchstens den Absichten und Interessen bestimmter Gruppen.[277] Erziehung zur Gemeinschaft kann nur im Modus der Versachlichung, und das heißt in der Objektivierung gelingen, indem die potentia des Individuums in dessen Besonderheit und besonderer Lage angesprochen und in eine *potentia activa* und eine *potentia passiva* transformiert wird. Diese Transformation, die beide Subjekte im Erziehungsprozess betrifft, intendiert zugleich die Regulation der potentia beider Subjekte und führt zu einer wirklichen Subjektwerdung angesichts der Teilung der Potentia i. S. von Macht. D. h., Möglichkeit in diesem Sinn erinnert an die unhintergehbare Relevanz des einzelnen Subjekts angesichts des Ganzen und zielt auf Gewaltenteilung als strategischer Verhinderung von Subjektivismus. Aber darin weist die Möglichkeit von Erziehung, wie

---

[276] Häberlin hat als 82-Jähriger kurz vor seinem Tod bei einer Ansprache vor dem Basler Lehrerseminar diesen Lernprozess, den er als Lehrer durchgemacht hat, in sehr bewegender Weise geschildert. Vgl. Ansprache bei der Schlussfeier, 168–174.
[277] Vgl. ebd., 173.

Häberlin gegenüber den Lehrerinnen und Lehrern des Basler Seminars mahnt, auch ihre ganze Strenge auf, wobei jedes Nein zu subjektivistischer Anmaßung in ein größeres Ja eingebettet sein müsse, in ein Ja zur Existenz des Partnersubjekts wie zur Existenz des Erziehers.[278]

Wenn, um die letzten Überlegungen aufzunehmen, von Möglichkeit bzw. Möglichkeiten gesprochen wurde, so drückt dies einen Konjunktiv aus, der, weil kein Indikativ benutzt wird, auf ein Wirkliches ausgerichtet ist, das demnach noch nicht gesehen wurde. Die Themen konjunktivisch anzugehen ist legitim, aber auch ambivalent, denn es ergeben sich mindestens zwei Perspektiven: 1. Es gibt eine Unsicherheit über die Sache, die verhandelt werden soll, weshalb die Haltung entsteht, dass darüber eigentlich nichts gesagt werden könne. 2. Aus Respekt vor der Hoheit der Angelegenheit bleibt die Diktion grundsätzlich beim Konjunktiv, sie weiß um die anderen Perspektiven, aus denen die Sache auch betrachtet werden könnte. 3. Schließlich kann der Konjunktiv auch eine Haltung der Kritik i. S. einer wahrhaftigen Unterscheidung sein, die den Konjunktiv als einen Modus ethischer Kultur versteht, die sich einerseits darauf stützt, ein Wissen aus einer Einsicht gewonnen zu haben, die es wert ist, nach der Zukunft auszugreifen und die andererseits aufgrund dieser Einsicht die Hoffnung nicht aufgeben will, das eigene Leben in der Gemeinschaft mit den Anderen mit dieser Einsicht, die, weil sie kategorisch ist, d.h., objektiv, in Kongruenz zu bringen. Und so könnten weitere Gründe aufgeführt werden, allen aber ist eigen, dass sie grundsätzlich ethisch konnotiert sind. Häberlins Philosophie wie seine Pädagogik entsprechen dieser Bewegung zwischen *episteme* und *sophia*, also zwischen wahrer Einsicht und einer daraus resultierenden Lebensführung. Und weil diese beiden Pole sozusagen die Feldlinien des Funktionszusammenhangs bündeln und dieser demnach die objektive Einheit bildet, auf die *episteme* und *sophia* zielen, so ist diese Einheit nun selbst einer Analyse zu unterziehen.

---

[278] Vgl. ebd., 174.

III. Gemeinschaft und Weltbejahung – Bündelungen, Anknüpfungen und Kritik

1. Präliminarien, nochmals: Gemeinschaft

1.1. Gemeinschaft – ein retrotopischer oder reaktiver Begriff?

Wie schon zu Beginn, so kann für die vorletzten Analysen, bevor sich diese in ein Delta kritischer Perspektiven ergießen, Zygmunt Bauman mit seiner Kennzeichnung unserer Zeit als einer retrotopischen den Übergang gewährleisten.[1] Dabei lenkt sich der Blick nicht auf das begonnene 21. Jahrhundert, sondern geht um einhundertvierzig Jahre zurück, um den Begriff der Gemeinschaft, der für Häberlins Werk leitend ist, aus der pädagogischen bzw. sozialpädagogischen Debatte zu extrahieren. Unter dem Gesichtspunkt, dass der Begriff Gemeinschaft die unterschiedlichsten Reaktionen hervorruft, einerseits nostalgische Verklärung bei denjenigen, die sich einer vergangenen Gemeinschaftserfahrung erinnern oder andererseits reaktionäre und konservative Assoziationen bei denjenigen hervorrufen, die Gemeinschaft aus religiösen oder säkular kollektivistischen Überzeugungen als rettenden Gegenentwurf zu einer diffundierenden Weltgesellschaft betrachten, kann berücksichtigt werden, dass in beiden Vorstellungen erinnerte Anteile eines gelungenen Zustands menschlichen Miteinanders mitschwingen. Doch weder Nostalgie noch Reaktion oder sich geschichtlich ausgewiesener Missbrauch durch den Nationalsozialismus rechtfertigen eine Beschäftigung oder eine Verweigerung mit der Kategorie der Gemeinschaft, denn alle drei Ansichten speisen sich, zu Recht oder Unrecht, aus aktuellen oder zeitbezogenen Bewertungen. Dies ist insofern relevant, als Häberlins Vorgehen ein strikt philosophisches ist und daher die Zeitadäquanz für ihn kein Auswahlkriterium der Themen darstellt. Der Terminus der Krise ergibt sich wie der der Gemeinschaft aus der Ontologie, was folglich nichts anderes meint als die grundsätzlich ontologische Anerkenntnis (als Entscheidung) von Gemeinschaft als ethische Wen-

---
[1] Vgl. Bauman, Retrotopia, 11–20

dung des Funktionszusammenhangs. Um aber Missverständnisse zu vermeiden und auch Antworten auf die Rezeptionsverweigerung gegenüber Häberlin zu finden und außerdem die Ambivalenzen, die den Begriff der Gemeinschaft umwölken, nicht unberücksichtigt zu lassen, sind Präliminarien notwendig, eine Geschichte von Geschichten sozusagen.

Reyer und Henseler sprechen Ende der 1990er Jahre von einer Wiederentdeckung des Gemeinschaftsbegriffs, der für die Historiographie der Sozialpädagogik entscheidende Einblicke in die Korrelation von Pädagogik und Sozialpädagogik gewährt.[2] Reyer erhebt an anderer Stelle Gemeinschaft sogar zum regulativen Prinzip der Sozialpädagogik, das prinzipiell offen bleibt für Füllungen, ob nun monistischer oder totalitärer Art.[3] Diese prinzipielle Kennung von Gemeinschaft ermöglicht Differenzierungen hinsichtlich ihrer Semantik, die deshalb in wesentlichen Strichen nachgezeichnet werden sollen. Dabei mache die semantische Ambivalenz des Begriffs die Verschüttungen deutlich, die mit der sogenannten »Wende« in der Sozialpädagogik zusammenhängen. Gertrud Bäumers Umbesetzung des Begriffs Sozialpädagogik in Objektbereiche, im schon mehrfach erwähnten Artikel im Nohl/Pallat, zielte auf eine politisch-pragmatische Neuorientierung und schloss den Gemeinschaftsbegriff als operativen Begriff aus. Der von Bäumer ignorierte Begriff erhärtete den Verdacht der Reduktion des theoretischen Begründungsarsenals der Sozialpädagogik.[4] Die hier aufscheinenden Theoriedefizite, auf die schon in den Grundlegungen dieser Arbeit hingewiesen wurde, schneiden damit aber nicht nur die Sozialpädagogik, sondern auch die Pädagogik als deren Korrelat von jedem philosophisch vertiefenden und zeitwiderstrebenden Fundament ab. Dieser Tatsache stehen vor allem die Hinweise der durch Flitner und Kudritzki vorgenommenen Klusterung reformpädagogischer Ansätze gegenüber, die Gemeinschaft zu einem elementaren Fixpunkt haben werden lassen.[5] Dazu weisen Reyer und Henseler anhand der neueren und kritisch zu wertenden Literatur dezidiert nach,[6] dass der synoptische Vergleich reform- und sozialpädagogischer Literatur deutlich mache,

---

[2] Vgl. Reyer/Henseler, Die Wiederentdeckung von »Gemeinschaft«, 1–21.
[3] Vgl. Reyer, »Gemeinschaft« als regulatives Prinzip, 903–921, hier 917.
[4] Vgl. Reyer/Henseler, Die Wiederentdeckung von »Gemeinschaft«, 2.
[5] Vgl. ebd., 4.
[6] Vgl. ebd. – Reyer und Henseler beziehen sich hier u. a. auf die Arbeiten von Oelkers und Rülckers.

Gemeinschaft – ein retrotopischer oder reaktiver Begriff?

wie sehr es sich hierbei um historisch völlig unterschiedliche Gebilde handele. Dies lässt die Annahme zu, dass damit auch ein paralleles Verständnis des Gemeinschaftsbegriffs unmöglich ist. Was aber ist dann mit Gemeinschaft auf den beiden unterschiedlichen Theoriefeldern gemeint? Hieraus ergeben sich doppelt mannigfaltige Schematisierungsmöglichkeiten, die jedoch immer an der Stellung des Individuums als Signum der Moderne ausgerichtet sind.[7] In der strategischen Füllung des Gemeinschaftsbegriffs, egal ob restaurativ oder protologisch orientiert, entsteht eine nicht zu vermeidende Dichotomie von Individumm und Gemeinschaft, die, philosophisch gesprochen, die Problematik von Einheit und Vielheit als Dilemma der Moderne offenbart. Wird jedoch versucht, diese Dichotomie nur in politisch-pragmatischen Manövern zu bearbeiten, so entsteht daraus ein Zustand reaktiver Integrationsbemühungen, die Gemeinschaft als Formel retrotopischer oder utopischer Programme zeigt. – Im Blick auf die Gegenwart gesagt: Integration lässt sich nicht politisch begründen, denn jede dieser Begründungen muss notwendig oberflächlich und ausgrenzend sein, weil die Rechte, Ansprüche und Interessen des je einzelnen Subjekts bzw. mehrerer gleichgesinnter Subjekte berücksichtigen werden wollen und auch sollen. Die gegenwärtige Sozialpädagogik (Soziale Arbeit), die mit ihrem Selbstverständnis ausschließlich der Schiene politischer Tagesaktualität und bedürftiger Subjektivität folgt, wird (muss) sich zwischen den Polen der Bedürfnisse des einzelnen Subjekts und den gesellschaftlichen Verhältnissen in utopischer Manier aufreiben. Daraus folgt: Eine Sozialpädagogik, die ausschließlich über einen politisch verorteten und nicht auch, oder gerade zuerst, über einen philosophisch begründeten Gemeinschaftsbegriff verfügt, wird von den Wellen des Zeitgeistes in eine nicht aufzuhaltende Zukunft geschwemmt. Gemeinschaft gerinnt damit zu einem *reaktiven* Begriff, er ist der unmögliche Versuch, die Schere von Einheit und Vielheit zu schließen. Kommentierend dazu hatte Martin Buber in seinem Buch *Pfade in Utopia* gemeint, die sich aus der Wechselwirkung von Individualismus und Integrationsbemühung ergebende Situation lasse den Menschen nicht mehr in ein gemeinschaftliches Leben heimfinden.[8] Eine andere Gefahr, die sich aus der utopischen Füllung des Gemeinschaftsbegriffs ergibt, wird in ihrem totalitären Potenzial, ob nun moralistisch oder politisch, viru-

---

[7] Vgl. ebd., 5.
[8] Vgl. Buber, Pfade in Utopia, 266.

lent. In alle dem geht es um eine Optimierung von Zuständen, um Ziele, die schließlich auch die Individual- wie Sozialpädagogik zu Instrumenten ihrer Absichten werden lässt. Pädagogiken, die die Philosophie als Ausgangspunkte nehmen, regulieren zumindest durch ihre inhärente Zeitunabhängigkeit die Gefahr politischer Inanspruchnahme auf ein Minimum. Hier und genau hier ist, neben Häberlins Diktum einer Philosophia perennis, auch Otto Willmann mit seiner zwar neuscholastisch aufgeladenen Pädagogia perennis ebenso anzusiedeln[9] wie der sich bei Natorp findende monistische Versuch, eine Sozialpädagogik zu begründen.[10] Alle drei Positionen erwachsen, bei aller Differenz, aus philosophisch begründeten und damit konstant bleibenden Herkünften und benötigen somit nicht eine dauernde semantische Neujustierung, die für die neuere Sozialpädagogik kennzeichnend ist und die mit dem Wandel politischer Verhältnisse und ihrer Leitkategorien einhergeht.

Damit ist ein Übergang zu den folgenden Überlegungen Häberlins gestaltet, die in Darstellung und Analyse des Gemeinschaftsbegriffs bereits erste Perspektiven einer anderen Lesart der Pädagogik wie Sozialpädagogik erkennbar werden lassen, die sich durch eine ontologisch strukturierte Philosophie und Pädagogik ergeben.

1.2. Gemeinschaft als Resultat des ethischen Prozesses

Wenn Philosophie prinzipiell ontologisch ist und Pädagogik als Theorie nichts anderes bedeutet als eine Philosophie der Erziehung, d. h. eine »Theorie des sinnhaften Lebens in Anwendung auf die besondere pädagogische Situation«[11], so kann ein zu reflektierender Gemeinschaftsbegriff nur philosophisch, und damit ontologisch gemeint sein.

---

[9] Vgl. hierzu Willmann, Aus der Werkstatt der Philosophia perennis; Katholische Reformphilosophie, 416–421; Über Sozialpädagogik, 422–436; Wesen und Aufgabe der Sozialpädagogik, 495–500; Pohl (Hg.), Beiträge zur Philosophia und Pädagogia Perennis; Endres, Das Ziel der Geschichte, 125–130

[10] Ob es sich bei Natorp um ein monistisches Gemeinschaftskonzept handelt, wie dies Reyer vermutet, bedürfte einer noch eingehenderen Darstellung, allerdings ermöglicht das Ansinnen Natorps in der Distanz (Anti-Hobbes) zum politischen Gebahren des Staates das Ideal der Gemeinschaft, ohne die das Indiviuum nicht zu denken ist und das zudem kein Außerhalb im Modus einer religiösen Überzeugung benötigt. Vgl. Reyer, »Gemeinschaft« als regulatives Prinzip, 917; Natorp, Sozialpädagogik, 84 ff.

[11] Idealistische und realistische Pädagogik, 145.

Deshalb versteht sich dieser Teil der Analysen einerseits als direkte Anknüpfung an den philsophischen Teil, der die Ontologie dargelegt und erklärt hatte, andererseits als Perspektiven, die sich aus der Pädagogik an Erwartungen formulieren lassen.

Häberlin bezeichnet den ethischen Prozess immer als einen individuellen Vorgang, denn dieser vollzieht sich als innere Auseinandersetzung des einzelnen Menschen mit sich selbst.[12] Gleichwohl befindet sich, wie es in den ontologischen Analysen hervorgetreten ist, das Subjekt, d. i. der Mensch, immer in einem notwendigen Verkehr mit der Welt (d. i. die Relativität). D. h., der ethische Prozess beginnt mit der oder in der Begegnung, weshalb sich ein Prozess nur und ausschließlich dadurch auszeichnet, den Anderen in seiner Dignität anzuerkennen. Häberlin nennt diese Zubilligung von Dignität Liebe (s. o.), womit Ethik nichts anderes meint als die perennierende Absicht, den anderen Menschen zu verstehen bzw. ihn anzuerkennen.[13] Damit ist Liebe als das Prinzip der Gemeinschaftsbildung ausgewiesen. Aber wenn das Subjekt im liebenden Verstehen des anderen Subjekts den Funktionszusammenhang in seiner Einheit und seiner Vollkommenheit bestätigt, so ist die durch den ethischen Prozess intendierte Gemeinschaftsbildung nichts anderes als der Versuch, im täglichen und lebenslangen Verkehr mit den anderen Subjekten diese ewige Gemeinschaft (d. i. die Einheit in Vollkommenheit) nachzubilden. Dieser Nachbildungsbemühung sind jedoch durch die menschliche Problematik[14] Grenzen gesetzt, denn aufgrund subjektiver Eigeninteressen und der individuellen Besonderheit liebt das Subjekt, im Weiteren nun der einzelne Mensch, immer nur oder zuerst den Anderen, den er versteht. Mit dieser Einschränkung formuliert sich ein Vorbehalt, der das Subjekt und das Verstehen grundsätzlich codiert. Verstehen bzw. Anerkennung in einem subjektivistischen Sinn kann daher nicht als die Bestätigung der Einheit der Subjekte, sondern nur (utopisch) als ein Vorschuss auf eine kommende Gemeinschaft gesehen werden.[15] Häberlin weist in diesem Zusammenhang darauf hin, dass ethische Liebe nicht mit ästhetischer Einstellung verwechselt werden darf, denn der ästhetische Gegenstand ist nicht Part-

---

[12] Vgl. Ethik, 176.
[13] Vgl. Ethik, 12.
[14] Vgl. Das Gute, 10–60.
[15] In anderer Konnotation, doch in ähnlich kritischer Richtung hat Agamben in seinen Reflexionen auf diese Problematik hingewiesen. Vgl. Agamben, Die kommende Gemeinschaft, 79 f.

ner des liebenden Verkehrs.¹⁶ Ethische Liebe bezeichnet die vorbehaltlose (unbedingte) Anerkennung existenzieller Dignität, ohne dabei ein wirkliches Verständnis des Anderen in seinem So-sein zu haben bzw. auf ein solches zu drängen, sondern sie meint nur die Akzeptanz seiner Qualitas bzw. seines Geheimnisses.¹⁷ Häberlins Ausführungen sind auch hier streng an der Sache orientiert und wenig emphatisch, was aber den Gegenstand der Reflexion in seinem argumentativen Rang und so das objektive Ausmaß der Ontologie hervorhebt und nichts anderes als ein Ringen mit subjetivistischen Attitüden bedeutet. An einem Beispiel erläutert er den ontologischen Status der ethischen Liebe, bevor er zum sozialethischen Format der Gemeinschaftsbildung kommt. An diesem Beispiel wird das zwischenmenschliche »Verstehen« augenfällig, das als Parallele bzw. Erläuterung der bereits erarbeiteten Facetten des pädagogischen Bezugs gelesen werden kann. Auch hier ist, wie in der Allgemeinen Pädagogik, der Andere der Partner der Situation. Häberlin meint, wir könnten in einem möglich besten Fall den Partner innerlich verstehen, weil er ein Mensch ist, d. h., weil er zur Gattung Mensch gehört und deshalb unsresgleichen ist.¹⁸ Der Konjunktiv sagt schon aus, dass wir das möglich Beste verstehen könnten, womit aber ungefähres Verstehen hinsichtlich seiner Art und seines Zustandes impliziert wird. Mit zunehmender Annäherung und viel Übung könnte sich dann ein präziseres und adäquateres Verstehen ausbilden, sodass wir dann ohne größeren Irrtum nicht nur wüssten, wie wir mit dem Anderen zu verkehren haben, sondern auch im Akt des Verstehens selbst das bestätigt finden, was wir verstehen wollen.¹⁹ Mehrere Aspekte sind hier hervorzuheben: 1. Das Verstehen des Anderen realisiert sich als ein immer wieder übendes²⁰ Zuwenden zum anderen Menschen, um diesen adäquater und präziser kennenzulernen, was nichts anderes hei-

---

[16] Vgl. Ethik, 179.
[17] Vgl. ebd. Damit versteht Häberlin den Menschen als Geheimnis, was nichts anderers meint, als dass der Mensch in seinem Wesen unergründbar und undefinierbar ist und bleibt. Diese Sicht als eine theologische und als andere Seite sozialphilosophischer und phänomenologischer Bemühungen zu bezeichnen, ist legitim, nimmt jedoch der Argumentation nichts von ihrer Plausibilität. – Vgl. Das ästhetische und das moralische Leben, 35–46, bes. 43; Hundeck, Die Geheimnishaftigkeit der Person, 121–142.
[18] Vgl. Ethik, 178.
[19] Vgl. ebd.
[20] Häberlin verwendet diesen pädagogischen Begriff des Übens immer wieder in seiner Ethik, was nicht zufällig auf die Parallelität von Pädagogik und Ethik und zugleich auf die Geduld als einer pädagogischen Tugend verweist.

ßen kann, als mit dem Anderen *relativer*, und d. h. *wirklicher* die ewige Gemeinschaft (d. i. die Einheit) abzubilden. 2. Der Terminus des »Übens« signalisiert, dass wir den anderen Menschen nie ganz verstehen können, woraus folgt, dass der Andere immer, auch in der Liebe, der Andere bleibt. Nicht nur *das* Andere als Noumenon im kantischen Sinn, sondern auch *der* Andere bleibt Geheimnis, und zwar als ein *Mysterium perennis*. Daraus folgt: Gemeinschaft zeigt sich als Idee, wenn auch nicht als regulative, sondern als eine solche, die den Prozesscharakter des ethischen Handelns repräsentiert. 3. Wenn gesagt wurde, dass der Akt des Verstehens in seinem Vollzug schon das meint, was er bezeichnet, so wird jede Anerkennung dessen, was wir tun, obsolet, weil sie sich schon im Verstehen selbst ereignet hat. Das kann und darf in einer doppelten Analogie gelesen werden, einerseits zu Spinozas Schlusspointe seiner Ethik, wo die Tugend in ihrem Vollzug sozusagen ihr eigener Lohn ist,[21] und mit dem er gegen den Tauschhandel von Tugend und Glückseligkeitsversprechen opponiert. Andererseits als nicht minder virulentes Gegenstück zu einer beispiellos moralistischen »Wertschätzungskultur« unserer Tage, die denjenigen verurteilt, der nicht das genügende Maß an Verständnis für den »fremden Anderen« aufbringen will oder aufbringen kann.[22] Aus diesen kurzen Einwürfen werden problematische Seiten der Gemeinschaftsbildung sichtbar, d. h., eigentliche Gemeinschaft bezeichnet demnach den gegenseitigen Verstehensprozess der verschiedenen Menschen, sodass dieser Prozess, mit allen Hindernissen seiner Realisierung im Kleinen das repräsentiert, was der sozialethische Prozess im Großen potenziert ausdrückt.[23]

1.3. Gesellschaft als abergläubische Vorform der Gemeinschaft

Gemeinschaft ist nur als werdende möglich, womit ausgesagt wird, dass Gemeinschaft als Modus einer menschlichen Sozietät nicht reale Gemeinschaft sein kann.[24] Das Prinzip, so wurde eben gesagt, gilt für die Ebene der Gesellschaft ebenso wie für die individuelle partner-

---

[21] Vgl. Spinoza, Ethik V, L. 42.
[22] Vgl. hierzu das Buch von Isolde Charim, die in ihrem neuesten Essay sehr luzide die Mechanismen einer Kultur aufoktroyierter Pluralitätsakzeptanz entlarvt. Vgl. Charim, Ich und die Anderen, vor allem 28 ff. 171 ff.
[23] Vgl. Ethik, 181.
[24] Vgl. ebd., 182.

schaftliche Ebene. Häberlins ausdrückliche Qualifizierung des Menschen als ethisches Subjekt bedeutet, dass kein Mensch ohne Liebe existiert, wobei das ethische Prinzip abergläubisch entstellt oder eigensinnig deformiert sein kann. Weil nun jedem Menschen dieses Prinzip zugehörig ist, so gibt es auch in jedem Menschen einen prinzipiellen Willen nach Gemeinschaft, d. h., auch hier sind die ontologische wie die anthropologische Seite kongruent. Die Relativität von Subjekt und Gegensubjekt geht mit der anthropologischen Notwendigkeit überein, dass der Mensch immer Gemeinschaft will.[25] Und weil dem so ist, kann jeder sozietäre Zusammenschluss als eine Vorform oder Etappe hin zu einer endgültigen Gemeinschaft verstanden werden. Eine natürliche Gemeinschaft im recht verstandenen Sinn als eine Form ethisch ungestalteter Sozietät, als natürlicher Zusammenschluss, ist für Häberlin ebenso eine Abstraktion wie ein völlig gemeinschaftsloses Dasein, indem sozusagen ein Gegenwille auf eine wie auch immer geartete Form von Gemeinschaft trifft.[26] D. h., jede zusammengefundene Form der Sozietät enthält in sich den heimlichen Sinn nach Gemeinschaft. Sozietät, der der Wille zur Gemeinschaft inhärent ist, wird mit dem Begriff der Gesellschaft bestimmt. Gesellschaft ist eine defizitäre Form von Gemeinschaft, eine Gemeinschaft im Werden, was umgekehrt genauso gilt: Werdende Gemeinschaft ist in einem ethischen Sinn Gesellschaft. Gesellschaft ist daher mehr als ein amorphes Zusammensein von Menschen, aber weniger als der wirklich »gläubig« (i. S. eines philosophischen Glaubens!) anerkennende Verkehr der Menschen miteinander. Häberlin hatte auch in der Ethik nochmals über die Bedeutung des philosophischen Glaubens[27] gesprochen und in diesem Zusammenhang mögliche Formen des Aberglaubens dargestellt. So kann im weiteren Verlauf der Ausführungen, um nicht missverständlich zu sein, der Terminus »Aberglaube« als Anzeigeindex für einen getrübten Glauben oder eine subjektivistische Dominanz, was einer Defizienz gleichkommt, gelten.[28] Wo aber Aberglaube herrscht bzw. dominiert, etwa als ein eudämonistischer, moralistischer oder dämonistischer Glauben, da wird das abergläubisch wirksame Ideal selbst zum Maßstab gesellschaftlicher

---

[25] Vgl. Anthropologie und Ontologie, 12 f.
[26] Vgl. Ethik, 182.
[27] Vgl. ebd., 87: »Glaube ist die praktische Haltung, welche der Wahrheit entspricht. Es ist zugleich Festhalten dieser Wahrheit (von der ewigen Vollendung) und Wollen der entsprechenden Lebensführung.«
[28] Vgl. ebd., 39 f.

Strategien. In einer Wohlfahrtsgesellschaft[29] herrscht die Vorstellung eines glücklichen Lebens, in der Sittengesellschaft[30] die nach moralischer Eindeutigkeit, in einer magisch-devoten Kultgemeinde[31] schließlich eine dämonistische Ausrichtung, was immer mit einer restringierten Achtung deren Mitglieder verbunden ist.[32] In all diesen Abbreviaturen spiegelt sich die Pluralität der Gesellschaften, aber ebenso ihr Selbstwiderspruch als ganzer wie derjenige untereinander sowie die Neigung zu Exklusivität und Intoleranz. Auch hier wird deutlich, dass die gesellschaftsidealistische Praxis den gleichen Verfahren ausgesetzt ist wie der individuelle Prozess. Die Folgen des Aberglaubens führen letztlich dazu, die Glieder der Gesellschaften zu einem Verhalten »anzuregen«, eine wenigstens äußerliche Ganzheit bzw. Einheit zu garantieren, wodurch sich an die Stelle wirklicher Kultur die Zivilisation setzt, eine durch Heuchelei aufrechterhaltene Lüge.[33] Die hier von Häberlin betrachteten Schemen von Aberglauben, die zu einer Zersetzung der Gesellschaft und zu einer Vermassung führen könnten, stellen demnach nichts anderes als Vorboten ihrer Auflösung dar. Dabei zielen die Analysen nicht auf einen der Vermassung entgegengesetzten Elitebegriff oder einen solchen, der im Unterbewussten bzw. rassisch konnotiert ist wie bei Le Bon[34], vielmehr kennzeichnet für Häberlin die Vermassung den durch subjektive Interessen willentlich realisierten Verzicht auf einen gesellschaftlichen Zusammenhalt. Ließe sich, höchst aktuell, dieser Mangel an Kohäsion nicht auch als das Resultat einer zunehmenden Pluralisierung subjektiver Willens- und Rechtsansprüche deuten? Wäre die Konsequenz nicht eine der Vereinzelung folgende Resignation bzw. Ohnmacht, die die Kehrseite des gescheiterten Versuchs einer darwi-

---

[29] Vgl. ebd., 203 ff.
[30] Vgl. ebd., 209 ff.
[31] Vgl. ebd., 215 ff.
[32] Vgl. ebd., 184.
[33] Vgl. ebd., 187.
[34] Vgl. Le Bon, Psychologie der Massen. Auch Ortega y Gassets sieht in seinem berühmtesten Buch »Der Aufstand der Massen« die Vermassung als Endpunkt einer sich in der Selbstbehauptung übersteigerten Subjektivität. Allerdings differieren die Konsequenzen bei Le Bon und Ortega y Gasset im Politischen, bei Le Bon ist es die im Nationalsozialismus wirksam gewordene Rassen- und Ausgrenzungspolitik, bei Ortega ist es die Stärkung des einzelnen Subjekts als Teil eines übernationalen Gebildes, das er die Vereinigten Staaten von Europa nennt. Vgl. dazu Ortega y Gasset, Europäische Kultur und Europäische Völker, 14–49; Mührel, Europa – Ortegas kulturphilosophische Grundlegung für eine politische Integration, 113–125.

nistischen Logik dokumentiert? Diese Vereinzelung und ihr Pendant, die Vermassung, können so leicht zum Jagdgrund gezielter Propaganda von »oben« werden, sodass abergläubisch idealisierte Gesellschaften dazu neigen, zu Menschenfängern zu werden und sich zur menschenverachtenden Totalität auszuwachsen.[35] Dieser negativen Sicht auf Gesellschaft als Defizitmodus von Gemeinschaft dürfen allerdings all jene Versuche entgegengestellt werden, die sich bemühen, reformerisch dem Mangel an Gemeinschaftswillen durch Umgestaltung der Gesellschaften zu begegnen. Ortega y Gasset hatte dies als das Ziel der Sozialpädagogik bezeichnet, die sich in ihrem Umgestaltungswillen eben auch politisch positioniert.[36] Um dies zu illustrieren, nimmt Häberlin, ähnlich wie Ortega, die griechische Polis als Beispiel, an der eine doppelte Aufgabe des Politischen, die Innen- und die Außenpolitik, ausgemacht werden könne, weil gerade im Zueinander von Innen- und Außenpolitik die Lösungsstrategien einer Gesellschaft ansichtig werden.[37] Die sich aus der Binnen- wie Außensicht ergebenden Gefahren, mögen sie sich innenpolitisch in subjektivistischer Vereinzelung, zivilisatorischer Erstarrung, bloß vermeintlichem Fortschritt oder außenpolitisch im mangelndem Respekt durch nicht zu tolerierende imperialistische Gebärden an der durch die Geschichte begründeten Pluralität der Gesellschaften und Gesellschaftsideale zeigen, verweisen auf den ethischen Anspruch und die Vision von Gemeinschaft, die sich in der Realität aus den ontologischen Einsichten speist. Häberlins hier sehr eingehender und beinahe emphatischer Einspruch gegen jede Art von Imperialismus und sein Plädoyer für eine universale Gemeinschaft kann als ein (immerwährendes) Stück Zeitkritik gelesen werden, als ein Appell für eine planetarische Ökumene und die Überwindung nationaler Egoismen.[38] Deshalb habe jede Gesellschaft die Pflicht, sich auf das zu besinnen, was ist und was sie will,[39] um den Gefahren innen- wie

---

[35] Vgl. Ethik, 188.
[36] Vgl. Ortega y Gasset. Sozialpädagogik als politisches Programm, 17–20; dazu Hundeck, Erläuternder Kommentar, 57–63
[37] Vgl. Ethik, 189 f.
[38] Ein kleiner historischer Seitenblick auf die Entstehungsgeschichte von Häberlins Ethik, die dieser während des Krieges verfasst und dann 1946 publiziert hatte, ist interessant. Ihr Erscheinen fällt unmittelbar mit dem Ende der nationalsozialistischen Gewaltherrschaft und der Gründung der Vereinten Nationen zusammen, auf die dann 1948 die Proklamation der Allgemeinen Erklärung der Menschenrechte folgte. Vgl. Kamm, Paul Häberlin II, 289 ff.
[39] Vgl. Ethik, 196.

außenpolitischer Art zu begegnen. Das Ergebnis dieses Entscheidungsprozesses müsse sich kodifizieren, um Richtschnur des Handelns werden zu können. Gleichwohl sei eine rechtliche Kodifizierung schon ein ethischer Prozess, der an der Qualität der Politik, ihrer Berechtigung wie ihrem Unrecht, abgelesen werden könne. Folglich nennt Häberlin geltendes Recht dann widersinnig, wenn es als Absolutes ausgegeben und jede Norm zu einer Fessel werde, weshalb man schlechte Politik daran erkennen könne, dass sie sich auf die Unumstößlichkeit des Rechts berufe, einfach, um die eigenen Interessen zu verfolgen.[40] Gutes Recht hingegen zeichne sich durch den Widerstand gegen den Missbrauch durch Autorität(en) aus, um den Sinn dessen, was eine Gesellschaft will, immer wieder in der Rechtsauslegung und Rechtsprechung zu reflektieren und zu erneuern.

Um den Bezug zur Gemeinschaftsthematik zurückzugewinnen, war der kurze Rekurs auf das Recht wichtig, denn die Analysen zielten auf einen entscheidenden Punkt, die wesenhafte Einheit von Recht und Politik, in der für Häberlin die Idee der Gerechtigkeit wurzelt. Die Idee der Gemeinschaft ist kongruent mit der Idee der Gerechtigkeit, also letztlich mit der politischen Idee.

»Gerechtigkeit ist der formale Ausdruck für Liebe, nichts anderes. Liebe ist Gerechtwerden gegenüber dem andern; sinnvolle Politik strebt zur Liebes-Gemeinschaft und sinnvolles Recht bringt dieses Streben zum formulierten Ausdruck.«[41]

Häberlins Ausführungen, Gerechtigkeit sei nur in dieser Weise sinnvoll, alle anderen Formen von Gerechtigkeit, die nicht durch Liebe bestimmt seien, würden sich als Karikatur oder Hohlform entlarven,[42] begründen sich aus der Ontologie, die sich in der Dignität jedes Subjektes und damit aller Subjekte verifiziert. Aus diesem Grund gelte für die Politik nur ein Prinzip, neben das keine anderen Ordnungen gestellt werden könnten, aus welchen sich aber alle anderen Ordnungen ableiten müssten. Dies wäre das augustinische Prinzip: »Ama et fac quod vis – Liebe und tu, was du willst«.[43] Auf die Gefahr hin, dass diese Begründung den Politpragmatikern und -Konzessionisten zu pathetisch sein mag, ist diese Schlussfolgerung letztlich nur konsequent, denn bspw. das Versprechen eines Gemeinschaftsideals

---

[40] Vgl. ebd., 198.
[41] Ebd., 200.
[42] Vgl. ebd.
[43] Vgl. ebd.

im Modus einer materialistisch utopischen Vision von Gerechtigkeit würde sich durch den menschlichen Widerspruch als uneinlösbar herausstellen, auf die in endloser Anstrengungen hingearbeitet werden müsste.[44] Gemeinschaft, wie in Bezug auf Spinoza angezeigt wurde, ist eine ethisch konnotierte Größe, die das Handeln an der Einsicht in die ewige Dignität jedes einzelnen Menschen orientieren soll. Hier geht bei Häberlin das augustinische mit dem spinozistischen Denken dahingehend überein, dass Liebe auf der Begegnungs-, der Gerechtigkeits- und auf der politisch-sozialen Ebene eben die Tugend ist, die Gemeinschaft als das bezeichnen, was durch ein Handeln ethisch realisiert wird, indem es die Würde des Menschen adäquat abbildet.[45]

1.4. Gemeinschaft und Gesellschaft – ein heteronomer Diskurs

Die Analysen Häberlins haben Gemeinschaft als einen ethischen Begriff aufgewiesen, damit aber scheinbar den aktuellen Diskurs um den Gemeinschafts- bzw. Gesellschaftsbegriff unberücksichtigt gelassen. Dies stimmt nur insofern, als es das legitime Recht ist, Gemeinschaft wie Gesellschaft in genuin eigener Weise zu reflektieren, wobei ein Diskurs immer die Abwägung unterschiedlicher Positionen beinhaltet. Aber auch hier ist es wieder Häberlins systematischer Strenge geschuldet, dass sein aus der Ethik und noch grundlegender aus seiner Ontologie entwickelter Gemeinschaftsbegriff solitär und anachronistisch wirkt. Der Diskurs um die Begriffe Gemeinschaft und Gesellschaft wird auf den Feldern der Soziologie, der Pädagogik und der Philosophie zwar auch in seiner Dichotomie verhandelt, aber in heterogenen und bisweilen der Position Häberlins diametral entgegenstehenden Entwürfen. Auf drei Ebenen, der soziologischen, der kulturphilosophischen und der pädagogisch-sozialpädagogischen Ebene[46] wird das Begriffspaar bzw. jeder Begriff für sich als Deutungsmuster virulent und zugleich aber durch die Veränderung der politischen Rahmenbedingungen starken Umzeichnungen und Neuprägungen unterzogen. Damit stellt sich im Blick auf die jeweiligen Disziplinen die Frage, was mit diesem Deutungsmuster erklärt wer-

---

[44] Vgl. hierzu Bloch, Das Prinzip Hoffnung, 1628.
[45] Wie schon gesagt, unter Verweis auf Spinoza, Ethik V, L. 49.
[46] Vgl. Rülcker, Gemeinschaft und Gesellschaft, 533.

den soll und welche Absichten und Motivationen hinter diesen zu vermuten oder zu entdecken sind. Die mit der Aufklärung zerbrochenen feudalen Strukturen, die zur Neuordnung aller Lebensbereiche führte, die Implementierung der durch Verträge fixierten Strukturen öffentlicher Organisation und schließlich die Erschließung von politischen Räumen und gesellschaftlichen Nischen zur Realisierung aufklärerischer Ideen führten mit der Entstehung des Gesellschaftsbegriffs zugleich zu einer Rationalisierung der Lebensprozesse.[47] Aber mit der Rationalisierung der Aufklärung, die sich besonders in der technischen und sozialen Ambivalenz der Industrialisierung zeigte, etabliert sich mit dem Terminus der Gemeinschaft ein romantischer Gegenbegriff, der einerseits der individuellen Persönlichkeit höchste Wertschätzung entgegenbrachte und andererseits damit die natürliche Tendenz zur Gemeinschaft eng miteinander verband.[48] In oder aus dieser romantischen Bewegung entwickelte sich die Vorstellung der Gemeinschaft als Organismus bzw. einem organischen Ganzen, um den Zusammenhang von Persönlichkeit und Gemeinschaft zu verdeutlichen.[49] Die Vorstellung vom organischen Ganzen hatte noch Karl Joël aufgegriffen, um im Anschluss an Fechner den Gegensatz von Einheit und Vielheit zu einer möglichen Koinzidenz zu bringen.[50] In Joëls Richtung ist auch das Verständnis Häberlins zu vermuten, denn mit der Dichotomie von Gemeinschaft und Gesellschaft lassen sich die Problematik der Moderne und deren Auseinandersetzung festmachen sowie vorhandene Bewältigungsstrategien zuordnen.[51]

Vor dem Hintergrund der Modernisierung entwirft Ferdinand Tönnies 1887 mit seinem Konzept »Gemeinschaft und Gesellschaft« eine soziologische Architektonik, um einerseits die natürlichen Lebenswelten der Menschen und andererseits die sich rasant entwickelnden gesellschaftlichen Strukturen auf den Begriff zu bringen.

---

[47] Vgl. ebd., 535 f.
[48] Vgl. Kluckhohn, Persönlichkeit und Gemeinschaft, 2, hier zit. nach Rülcker, Gemeinschaft und Gesellschaft, 536.
[49] In diesem Zusammenhang darf auf eine exzellente Studie von Hans Duesberg verwiesen werden, in der der Sinnzusammenhang von personaler Selbstständigkeit und interpersonaler Beziehung bei Fichte und Buber untersucht und interpretiert wird. Da besonders Fichte, aber auch Buber, für die Analysen von Häberlins Werk interessante Gesprächspartner bilden, soll diesem Gespräch in einer anderen, kommenden Publikation, Rechnung getragen werden. Vgl. Duesberg, Person und Gemeinschaft.
[50] Vgl. Joël, Seele und Welt; Ders., Antibarbarus, 67–123;
[51] Vgl. Teil II, 2.1.–2.4.

Präliminarien, nochmals: Gemeinschaft

Tönnies Analyse ist zudem der Versuch, die ideologisch aufgeladenen Begriffe von Gemeinschaft und Gesellschaft auszunüchtern.[52] Tönnies fasst beide Begriffe nicht als Momente der Sukzession wie Häberlin es tut, sondern grundsätzlich als Modi, die Unterschiedliches bezeichnen. Gemeinschaft wird aus der des Blutes, der Familie, des Ortes verstanden und schließlich entwickelt sie sich in ihrer Höchstform zu einer des Geistes, die in der Stadt und derem kulturellen Leben ihren Ausdruck findet.[53] Dabei zeichnet sich Gemeinschaft bei Tönnies dadurch aus, dass sie von einer gegenseitig-gemeinsamen und verbindenden Gesinnung getragen wird,[54] und sich durch gemeinsame Güter und gemeinsamen Genuss definiert. Gesellschaft hingegen wird als ein Ort des Tausches[55] verstanden, als Ort der Dienstleistung, die aus Leistung und Gegenleistung, Gabe und Gegengabe besteht,[56] in der nicht die gemeinsame Gesinnung und das Genießen und Teilen gleicher Freuden, Ideen und Überzeugungen vorherrscht. Gesellschaft ist in diesem Sinn kein Gegenentwurf wie etwa der romantische Gemeinschaftsbegriff, sondern zeichnet sich durch eine andere Idee und die aus ihr folgenden Strukturen aus. Gesellschaft folgt daher nicht auf Gemeinschaft, vielmehr bilden beide Formen die soziale Wirklichkeit ab, die Gemeinschaft als natürlich entstandenen gesinnungsbestimmten Organismus und Gesellschaft als eine künstlich geschaffene Struktur von Aushandlungsprozessen versteht. Tönnies legt mit Bedacht keine Bewertungen in Welterklärungsmanier vor, er beschreibt lediglich beide Elemente als Konstitutionsformen der Gesellschaft als ganzer. Daraus leiten sich zwei wichtige Aspekte ab, dass erstens weder die eine die ideale Vorform einer anderen sei, noch dass zweitens beide Formen unabhängig voneinander je bestanden haben noch überhaupt bestehen können.[57] Diese unterscheiden sich insofern von denen Häberlins, als dieser aus ontologisch-ethischer Perspektive nur zu einer Defizitierung der Gesellschaft als abergläubischer oder getrübter Abbreviatur von Gemeinschaft kommen kann, wodurch eine Konnotation implementiert wird, die der soziologischen Nüchternheit der Tönnies'schen Analysen entgegensteht. Mit der Begründung der Gemeinschaft aus

---

[52] Vgl. Rülcker, Gemeinschaft und Gesellschaft, 539.
[53] Vgl. Tönnies, Gemeinschaft und Gesellschaft, 7–33, bes. §6–18.
[54] Vgl. ebd., 17 (§9).
[55] Vgl. ebd., 34ff. (§19ff.).
[56] Vgl. ebd., 62–67 (§§36–38).
[57] Vgl. Rülcker, Gemeinschaft und Gesellschaft, 539.

dem ethischen Prinzip selbst wird Gemeinschaft zu einem Ideal der Lebensführung und damit zu einem der Pädagogik. Im pädagogischen Diskurs, dies konnte schon in Teil II ausführlich nachgewiesen werden, bestehen aber deutliche Differenzen etwa zu den Konzepten von Freyer, Spranger, Nohl und Flitner. Bei allen Differenzen kongruieren die genannten Positionen jedoch weitestgehend darin, dass sie Gemeinschaft als eine soziale Heilsvorstellung bestimmen,[58] damit aber Pädagogik zu einem holistischen Instrument werden lassen. Häberlin hatte aber gerade in seiner Allgemeinen Pädagogik diese als Hilfe für den Partner in der pädagogischen Situation verstanden, damit der Partner der Erziehung zu seiner ihm eigenen Bestimmung und einer daraus für ihn möglichen Lebensführung kommen könne.[59] Mit dem pädagogischen Prinzip der Liebe, das äquivalent dem ethischen und genau darin auch der Gemeinschaftsbildung ist, wird jede Instrumentalisierung bzw. Verzweckung ausgeschlossen, weil es nicht um eine definierte Vorgabe eines zu erreichenden Heils geht, denn dies wäre genau das, was Häberlin die abergläubischen Formen der Gesellschaft genannt hatte. Für Häberlin enthält der Gemeinschaftsbegriff mehrfache Intentionen[60]: 1. Gemeinschaft ist nicht über den Menschen, sondern in ihnen, hier trifft sich Häberlin mit Tönnies Definition der Gemeinschaft als Gesinnungsgemeinschaft. 2. Das Subjekt der Gemeinschaft ist stets individuell und deshalb auch das Objekt der Gemeinschaft, denn sein Sinn, so Häberlin, sei »stets die kulturelle Förderung des Einzelnen, weil anderswo als in der individuellen Seele Kultur nicht ist«[61]. 3. Gemeinschaft als Werk Vieler gestaltet sich in der Förderung des Einzelnen wie in der Förderung des Einzelnen auf Gemeinschaft hin, wobei methodisch Gemeinschaftsbildung immer Förderung des Einzelnen bedeutet. Häberlins Bestimmung von Kultur als Sache des Einzelnen ist daher unter der Voraussetzung von Gemeinschaft immer auch Gemeinschaftskultur.[62] Individuum und Gemeinschaft bilden in diesem Sinn Komplementärbegriffe, wobei Häberlin Gemeinschaft aus einem methodologischen Individualismus heraus versteht.[63] Dahinter kann der Gedanke des Menschen in seiner Dignität als Repräsentant der ganzen Menschheit vermutet

---

[58] Vgl. ebd., 545–549.
[59] Vgl. Allgemeine Pädagogik, 26–28; dazu ausführlich Teil II, 3.1.ff.
[60] Vgl. Philosophia perennis, 158.
[61] Ebd.
[62] Vgl. ebd.
[63] Zum Thema des methodologischen Individualismus vgl. Schützeichel, Methodo-

werden, ein Gedanke, den Natorp mit der Idee des Menschentums bezeichnet hatte,[64] und der gerade dort in variabler Rezeption wieder auftritt, wo eine Pädagogik, indem sie den Weg instrumentalisierender Absichten auf eine Idee der Menschheit hin überschreitet, in der Förderung des Individuum diese Idee zur Wirkung bringt.[65]

In dieser Perspektive auf eine mögliche Weltgemeinschaft formuliert Häberlin zugleich die Aufgabe der Gesellschaft, wie er es in seiner Konzeption für die UNESCO 1951 ausgeführt hatte, dass diese ihren Sinn nur in dem Maße erfüllen würde, wie in ihrem besonderen Ideal das Ideal der universalen Gemeinschaft waltet.[66] Der dem Gemeinschaftsbegriff inhärente methodologische Individualismus macht es möglich, Häberlins Pädagogik als Sozialpädagogik zu lesen und aus dieser logischen wie zeitlogischen Parallelität Perspektiven eines kommenden Diskurses anzudeuten, der sich aus ethischen Prinzipien begründen kann.

1.5. Häberlins Pädagogik und Horizonte einer Sozialpädagogik

Häberlins Pädagogik ist ausführlich interpretiert und kontextualisiert worden, gleichwohl ergeben hinsichtlich der Sozialpädagogik Ableitungen, die in zwei Perspektiven bedacht werden sollen. 1. Unter der Maßgabe der Deutungen von Gemeinschaft und Gesellschaft, wie sie hier vorgelegt worden sind, ist die Problematik der »sozialpädagogischen Wende«, die mit den Namen Herman Nohl und Gertrud Bäumer verbunden sind, nochmals in den Blick zu nehmen. Nohls Abwendung von Natorps Ansatz einer an Platon orientierten Sozialpädagogik und Bäumers Definition, Sozialpädagogik sei alles außer Familie und Schule,[67] verschärft einerseits eine Politisierung und andererseits, durch die systematische Sezierung auf bestimmte Teilgebiete sozialpädagogischen Handelns, eine zunehmende Pluralisierung der Sozialpädagogik. Aber die eigentliche Problematik liegt

---

logischer Individualismus, 357–371; Meran, Individualismus oder Kollektivismus, 35–53.
[64] Vgl. Natorp, Sozialpädagogik, 93.
[65] Vgl. Jegelka, Paul Natorp, 21; dazu auch Hundeck, Erläuternder Kommentar, 54–56.
[66] Vgl. Bestimmung des Menschen und Sinn der Erziehung, 152.
[67] Vgl. Bäumer, Die historischen und sozialen Voraussetzungen der Sozialpädagogik, 3–17; weiterhin oben Teil I, 1.2.

möglicherweise tiefer, denn Politisierung der Sozialpädagogik bedeutet auch Vergesellschaftung, was einer Zuschreibung des Handlungsprimats an den Staat deshalb gleichkommt, weil Gemeinschaft gesinnungsethisch instrumentalisiert wird. Nohl hatte mit seiner lebensphilosophischen Wendung und seinem Bekenntnis zur Irrationalität[68], so die These, die Desavouierung des Gemeinschaftsbegriffs durch die Nationalsozialisten vorweggenommen. Aber nicht nur das, durch die Politisierung der Sozialpädagogik wurde deren innere Struktur derjenigen der gesellschaftlichen Wirklichkeit angeglichen und Sozialpädagogik damit von ihrer *prinzipiellen* Grundlegung abgeschnitten. Prinzipielle Grundlegung kann mit Häberlin als ethische Fundierung verstanden werden, was bedeutet, dass sich ohne prinzipielle Grundierung die sozialpädagogischen Teilbereiche aus den subjektiven wie politischen Interessen selbst bestimmen, was eine jeweils auf den Teilbereich oder das Arbeitsfeld zugeschnittene Bereichsethik zur Folge hat. Und da der Gemeinschaftsbegriff nur eine Vor- oder Nischenform von Gesellschaft zum Ausdruck bringt, richtet sich die ethische Ausrichtung der Gesellschaft und damit die der Sozialpädagogik nach den je in den gesellschaftlichen Bereichen vorherrschenden Prinzipien. Dass aus dieser Umformatierung der Sozialpädagogik bspw. der Dienstleistungsgedanke erwächst, ist nicht verwunderlich, hatte Tönnies diesen doch als eine wesentliche Funktion gesellschaftlicher Abläufe bezeichnet.[69] Zudem darf nicht unberücksichtigt bleiben, dass sich aus dem der Gesellschaft selbst innewohnenden utopischem Moment, das durch soziale Schieflagen vergrößert und potenziert wird, Sozialpädagogik selbst zu einem infiniten Regress permanenter Aushandlungsprozesse steigert.

Was würde es daher bedeuten, den Gemeinschaftsbegriff Häberlins, der auf individualethischer Seite Verstehen und auf sozialethischer Gerechtigkeit meint, für eine erneute Umformatierung der Sozialpädagogik zu verwenden? Wenn Pädagogik als Hilfehandeln i. S. des ethischen Prinzips verstanden wird, durch den der Partner im Erziehungsprozess aus seiner eigenen Bestimmung seine Lebensführung gestalten kann, dann wäre Sozialpädagogik mit ihrem ethischen Prinzip der Gerechtigkeit nichts weiter als ein verstehendes Hilfehandeln im Modus der Solidarität. Sozialpädagogik hätte außerdem die Funktion, gemeinschaftsbildend den auftretenden Formen des Aber-

---

[68] Vgl. Nohl, Sokrates und die Ethik, 1.
[69] Vgl. Tönnies, Gemeinschaft und Gesellschaft, 65–67 (§ 38).

glaubens, eben der Manifestierungen subjektiver Interessen von Wohlfahrt-, Sitten oder devot-magischen Kultgesellschaften i. S. eines sozialethischen Handelns aus Gerechtigkeit entgegenzuarbeiten.

2. Im Sinne Häberlins ist einer Pädagogik wie Sozialpädagogik als ethischer Ausdruck von Verstehen und Gerechtigkeit eine Zeitlogik inhärent, die Gemeinschaft und Gesellschaft in grundsätzlich anderer Perspektive begreift, weil sie von der ontologischen Einsicht der Vollkommenheit begründet wird. Häberlin hatte in seiner *Philosophia perennis* davon gesprochen, dass die zeitliche Struktur des Funktionszusammenhangs erfüllte oder gefüllte Zeit ist. Gefüllte Zeit ist Ewigkeit, d. h., der Funktionszusammenhang in seinem Schreiten von Vollendung zu einer je neuen Weise von Vollendetheit,[70] muss sich nie erfüllen, weil er immer schon erfüllt ist. Wird nun diese Erkenntnis auf das ethische Prinzip als Verstehen und Gerechtigkeit bezogen, dann ist die individuale und soziale Realisierung von Verstehen und Gerechtigkeit als gemeinschaftsstiftende Handlung erfüllte Zeit und damit utopiefrei. Pädagogik wie Sozialpädagogik aber, sind sie gesellschafts- und nicht gemeinschaftsorientiert, befinden sich in permanenter Anstrengung im Erreichen bestimmter Ziele, um Verbesserung, Erfüllung, Veränderung usw zu erreichen. Gesellschaft als Endform sozialer Bemühungen produziert damit einen nicht abzugeltenden Utopieüberschuss, d. h., Pädagogik wie Sozialpädagogik sind der Zeit und damit der Zukunft verfallen.[71] Dieser Überschuss signalisiert zudem das Fehlen eines ethischen Prinzips, was bedeutet, dass sich Gesellschaft ohne Gemeinschaft, ohne ethisches Prinzip notwendig zu Kompensationsstrategien veranlasst sieht, bspw. Blochs Mensch, der noch in der Vorgeschichte (!) lebend, sein Menschsein letztlich nur dort realisieren kann, wo er arbeitet, schafft und die Gegebenheiten in eine unendliche Zukunft hinein umbildet.[72]

Häberlins Analysen sowohl zur Pädagogik wie zur Gemeinschaft (Sozialpädagogik) stellen antipodisch zu Bloch einen Menschen als Repräsentanten der einen ganzen Menschheit vor, der aus dem Ethos der gefüllten Zeit Gemeinschaft stiften und damit Zeit entschleunigen kann, weil er aus der ontologisch begründeten Gewissheit um die Ewigkeit lebt.

---

[70] Vgl. Philosophia perennis, 60.
[71] Vgl. Ethik, 47.
[72] Vgl. Bloch, Das Prinzip Hoffnung, 1628.

2. Anknüpfungen und Kritik – Koinzidierungsversuche

Paul Häberlin schloss im Jahr seines Todes 1960 seine Rede vor jungen Lehrer*innen des Basler Lehrerseminars mit dem Wunsch, es möge diesen nie die Kraft fehlen, den anvertrauten Schüler*innen und sich selbst mit einer unbedingten Bejahung zu begegnen.[1] Diese positive Zusage des 82-Jährigen kann als Aufhänger dafür genommen werden, die losen Enden der hier vorgelegten Arbeit in einer kritischen Weise koinzidierend hervorzuheben, vielleicht zu verbinden oder neu zu ordnen. Aus diesem arrangierten Vorgehen ergeben sich Optionen auf noch nicht oder nicht mehr gesehene Verläufe, sodass diese Studien zum Werk Häberlins als eine stimmulierende Möglichkeit der Rezeption betrachtet werden können. So wie Kritik ihren Sinn nicht darin findet, eine endgültige Antwort zu fordern und damit mögliche Diskurse zu unterbinden, so ist jede Rezeption in die Rätselhaftigkeit des menschlichen Miteinanders hineingesprochen. Max Horkheimer hatte den Kern der Kritischen Theorie zwischen Bewahren und Fortschreiten (Verändern) verortet,[2] und anhand dieser Zweipoligkeit die ganze Dynamik der Arbeit am menschlichen Widerspruch ausgedrückt, die jedem Menschen, ob er es will oder nicht, aufgegeben ist. Die folgend formulierten Anknüpfungen und kritischen Hinweise verstehen sich in dieser Hinsicht. Sie sind nicht nur wiederkehrende Umkreisungen, die den Vorteil bieten, große Entfernungen zurückzulegen, ohne an ein dogmatistisch festgelegtes Ziel zu gelangen, sie drücken auch in diesen redundant erscheinenden Bewegungen das aus, was sie bezeichnen, nichts weiter als den Versuch, zu verstehen. Was Verstehen dann in diesem Zusammenhang heißen kann, soll nun ausgeführt werden.

---

[1] Vgl. Ansprache bei der Schlussfeier, 174.
[2] Vgl. Horkheimer, Die Sehnsucht nach dem ganz Anderen, 396.

2.1. Anknüpfung I: Häberlins philosophische Antwortversuche auf die Probleme der Moderne

Die möglichen Antwortversuche Häberlins auf die Moderne könnten mit seinen ersten akademischen Arbeiten begonnen werden. In seiner Dissertation hatte Häberlin begonnen, in der Auseinandersetzung mit Schleiermachers Gotteslehre seine eigene philosophische Position zu artikulieren. Er hatte dort die Metaphysik im Gegensatz zur Religion als denjenigen Ort bezeichnet, an dem sich Personalismus und Pantheismus die Hand reichen, eben nicht als Gegensätze, sondern als verschiedene Arten, das Universum, indem es im Endlichen angeschaut wird, als Individuum zu denken.[3] Aus dieser frühen Aussage wuchs Häberlin sozusagen der Auftrag zu, den er aus seiner Beschäftigung mit Schleiermacher erhielt. Personalismus und Pantheismus bezeichneten als Gegensätze scheinbar genau jene denkerischen Fixpunkte, mit denen die Moderne mitsamt ihrer Problematik zu fassen sein könnte. D.h., einerseits stellte die Dichotomie von Einheit und Vielheit die Herausforderung der Moderne dar und manifestierte sich im einzelnen Individuum als Sehnsucht nach Ordnung (Kosmos) angesichts einer sich auflösenden Einheit und einer exaltierenden Pluralität. Andererseits sollte ein Erhalt der durch die Neuzeit gewonnenen Subjektivität garantiert werden, weshalb eine mögliche Antwort für Häberlin nur darin bestehen konnte, einen Punkt zu finden, in der Einheit und Vielheit in ihrer Koinzidenz denkbar waren. Und beinahe in einer bezwingenden Folgerichtigkeit war Häberlins zweite akademische Arbeit eine kritische Analyse der Philosophie Herbert Spencers,[4] die in der Reflexion auf dessen philosophischer Rezeption der Evolutionstheorie mündete und den Versuch darstellte, den Metaphysikverlust mit einer Philosophie umzukehren, die eine Objektivität angesichts subjektivistischer Phantasien ausweisbar machen konnte. Ohne letztlich einem unbegründbaren Naturalismus zu verfallen,[5] dachte Häberlin das Ganze als einen Organismus und bereitete damit den Weg für eine funktionale Ontologie, die das nach Kant zum Ballast gewordene Substanzdenken zu vermeiden half. Gerade ein an Fechner und Joël anschließendes Systemdenken in einem organischen Funktionszusammenhang ermögliche eine *coincidentia*

---

[3] Vgl. Über den Einfluss, 14f.
[4] Vgl. Herbert Spencers Grundlagen der Philosophie.
[5] Vgl. Tetens, Gott denken.

oppositorum von Einheit und Vielheit, die den atheistischen und naturalistischen Strömungen seiner Zeit entgegentrat.[6] Häberlins Ansinnen, Individualismus und Pantheismus zu versöhnen, gelingt, indem das Individuum selbst zur Repräsentanz des Ganzen bzw. der Einheit wird, ohne in die Schwierigkeiten des Idealismus zu geraten. Das Denken Häberlins deshalb antimodern zu nennen und es damit einem neuscholastischen Denken zuzuordnen, geht an der Sache selbst völlig vorbei, auch wenn seinem Denken ein letzter durchaus theologisch inspirierter Vorbehalt innewohnt, den er mit dem Begriff einer *Philosophia perennis* ausdrücklich macht. Die Aktualität dieser heute weitgehend unbekannten Philosophie lässt sich vielleicht daran festmachen, dass sie neben dem grundlegenden Entwurf Ernst Cassirers zum Substanz- und Funktionsbegriff[7] eine plausible Grundlage für eine Systemtheorie vorstellt, die in ihrer Neutralität ohne ideologische Altlasten und ohne Luhmanns Ängstlichkeit eine Alternative denkbar werden lässt, die das Gottesproblem pantheistisch variiert, ohne es auszuschließen. Häberlins Funktionsontologie expliziert sich damit als eine mögliche Überbrückung des Grabens, den die Moderne aufgerissen und hinterlassen hat, gleichwohl widerspricht sie als kritische Abrechnung einem durch die Naturwissenschaften beförderten Pluralismus und den Anliegen der Postmoderne, die aus einem übervorsichtigen Respekt vor der Individualität dem Subjekt zumutet, sich im unendlichen Meer der Vielheit behaupten zu können. Dass aus einem postmodernen »Anything goes« nicht zwingend ein umbesetzter Darwinismus, so doch zumindest ein übersteigerter Moralismus folgen kann, wird an der moralinsauer geprägten Anerkennungskultur deutlich, die Boghossian mit Bezug auf die wissenschaftstheoretische Diskussion als Gleichmacherei entlarvt. Beispielhaft verdeutlicht Boghossian dies an der Tendenz im Wissenschaftsdiskurs, dass im Nebeneinander von mythologischen Kosmo-

---

[6] In diesem Zusammenhang ist nochmals auf Häberlins Basler Rektoratsrede von 1935 zu verweisen, in der er seine Funktionsontologie vorstellt und dort gerade von der theologischen Zunft der Ketzerei bezichtigt wurde. Vgl. Über akademische Bildung; zum Disput siehe Kamm, Leben und Werk II, 168–177.
[7] Vgl. Cassirer, Substanzbegriff und Funktionsbegriff. Cassirers besonderer Kniff in diesem Buch besteht darin, dass er Ontologie strukturell hinsichtlich ihrer Funktionen denkt und so mit Hilfe der Mathematik die Frage nach dem Sein des Seienden vermeiden kann. In dieser Hinsicht kann dieses Buch des Neukantianers Cassirer als Remetaphysierung Kants gelesen werden. Heinz Heimsoeth und andere konnten deshalb Kant unter die Metaphysiker rubrizieren.

gonien und auf wissenschaftlich rationaler Begründung beruhende Aussagen über unsere Welt alle »Rationalitäten« die gleiche Berechtigung und Plausibilität beanspruchen können müssten.[8] – Einen weiteren Anknüpfungspunkt bietet Häberlins ontologische Kosmologie, ähnlich wie Heinrich Rombachs Strukturontologie[9], zu östlichem Denken, denn östliches Denken pflegt ein Denken des Ganzen und meidet dadurch konstruktivistische Verengungen. Allerdings dürfen die möglichen Ähnlichkeiten nicht überreizt werden, denn Häberlin denkt den Menschen (und nicht das Nichts) und nimmt ihn, in seiner Relativität zum Anderen und aufgrund der menschlichen Problematik, in seiner ontologischen Vollkommenheit ernst. In dieser Hinsicht ist die Überwindungsthematik (des östlichen Denkens) nichts anderes als eine Bestätigung der Unvollkommenheit, einfach schon deswegen, weil eine Philosophie der Überwindung auf der Kategorie der Erfahrung beruht und deshalb nicht ontologisch sein kann. Bei Häberlin jedoch ist der Mensch, selbst bei dauernder Einübung in der Überwindung subjektiver Interessen in seinem Menschsein und nicht in seinem Verhalten ontologisch vollkommen, d. h., er darf in seiner ihm je eigenen Bestimmung Mensch sein und bleiben. Häberlins Denken bleibt eine Ontologie, doch ohne ον, d. h., das Sein (d. i. das Subjekt) wird ontologisch in einer Relationalität umformatiert, sodass die Möglichkeiten des Gesprächs mit östlichem Denken hier nur mit allem Vorbehalt angedeutet werden können. Nur in der Relationalität der Subjekte, die die Generativität immer schon impliziert, ließe sich eine Anknüpfung denken.

2.2. Anknüpfung II: Schleiermacher und darüber hinaus

Es haben sich im Laufe der hier vorgelegten Studien verschiedene Anknüpfungspunkte ergeben, die das Werk Häberlins in einen disziplinären Kontext und einen Diskurs eingeordnet haben. Dabei zeichnet sich ein komplexes Werk möglicherweise dadurch aus, dass es viele, wenn nicht zu viele lose Enden gibt, die unverbunden verschiedenste Optionen anzeigen. Eine davon ist Häberlins Weg von der Theologie über die Pädagogik bis zur Philosophie, der sich jedoch

---

[8] Vgl. Boghossian, Angst vor der Wahrheit, 7.
[9] Vgl. Rombach, Substanz, System, Struktur I+II; Ders., Strukturontologie; Ders., Die Welt als lebendige Struktur.

nicht kontinuierlich vom einen zum anderen, sondern als eine philosophische Deklination theologischer und pädagogischer Begrifflichkeiten beschreiben lässt. Die philosophische Beschäftigung des jungen Theologen mit Schleiermacher gibt hier einen Hinweis. Ist Schleiermacher so etwas wie eine geheime Folie des Häberlin'schen Werks und seiner Lesart der Moderne? Deshalb soll, freilich unter dem Vorbehalt des Kursorischen, diese Nähe Häberlins zu Schleiermacher ausgeleuchtet werden.

1. Joëls Deutung Schleiermachers

Von der Bedeutung Joëls für Häberlin ist schon die Rede gewesen. Joël hatte in seinem monumentalen Werk *Wandlungen der Weltanschauung* Anfang der 1930er Jahre nochmal die Summe seines Philosophierens zusammengefasst und darin naheliegend Schleiermacher und Hegel miteinander ins Gespräch gebracht.[10] Dabei ist zunächst nicht erheblich, ob seine Deutungen der heutigen Forschung standhalten, sondern vielmehr, inwieweit sie Einfluss auf den jungen Häberlin genommen haben und welche Impulse daraus für diesen erwachsen sind.

Joël unterscheidet zuerst den Angang Schleiermachers und Hegels, während der eine (Hegel) eine »Entwicklung von Gottes Denken durch die Natur zur Selbsterfassung des Geistes«[11] konstatiert, sind für den anderen (Schleiermacher) Gott und das Universum, Ideales und Reales von Anfang an eins. Dabei betont Joël, dass Schleiermacher erst nach dem Durchgang durch Kant Spinoza als positive Quelle aufgegangen sei und dieser die absolute Einheit Spinozas durch die kantischen Gegensätze belebt habe.[12] Demzufolge sei die Einheit Schleiermacher keine starre, vielmehr eine schwebende Einheit gewesen, die ein Versinken in diese Einheit, d. h., ein Totalwerden der Einheit verhindert habe. Die Installation eines labilen Gleichgewichts sei das Verdienst Schleiermachers, so dass bei ihm die Individualität, das Subjektive durch die Sinnlichkeit und das Praktische mehr Bedeutung und ein größeres Gewicht bekomme. Dies hatte dann Konsequenzen für die Ethik Schleiermachers, die nichts anderes als den

---

[10] Vgl. Joël, Wandlungen der Weltanschauung II, 561–566.
[11] Ebd., 561.
[12] Vgl. ebd.

Versuch darstelle, die »Gegensätze des allgemeinen oder identifizierenden und des individualisierenden oder differenzierenden Vernunfthandelns, und mit diesem sich kreuzend die Gegensätze des organisierenden, bildenden«[13] und symbolisierenden Vernunfthandelns miteinander zu vereinen. Für Joël besteht der Trick Schleiermachers darin, dass das Gefühl als in jedem Subjekt verschieden der Einheit vorausgeht, diese aber zugleich trägt und jede Verschiedenheit bündelt. So habe es zu dem Diktum Schleiermachers »Gefühl ist alles« kommen können. Aber Schleiermacher bleibe dabei nicht stehen, sondern es zeigten sich bei ihm Akzentverschiebungen, vom religiösen Subjektivisten, Partikularisten und Individualisten und gestalteten sich zu einem Plädoyer für die Religion als Universalgefühl.[14] Der Theologe Schleiermacher würde hier zum Denker, »um aus der reinen Subjektivität des bloßen Meinens zum sachlich allgemeinen und systematisch bindenden Wissen zu gelangen«[15]. Der hier von Joël schematisierte Angang zur Dialektik Schleiermachers, die in der Einheit der denkenden Subjekte untereinander und der Subjekte und ihrer Objekte mündete, sei jedoch im Denken nicht fassbar gewesen, weshalb ihm das religiöse Gefühl der unmittelbare Garant für diese Einheit gewesen sei. Diesen Gedankengang Schleiermachers verifiziert Joël sowohl mit dem Hinweis auf Cusanus und dessen Zusammenfallen der Gegensätze[16] als auch im Blick auf Pascal, für den das gläubige Gefühl letztlich alle Wissenschaft hinter sich gelassen habe.[17] An diesen Deutungen Joëls ist der Denkweg Häberlins ablesbar und zugleich die Weiterentwicklung Schleiermachers durch diesen.

1. Auch bei Häberlin ist der philosophische Glaube eine Grundvoraussetzung für eine Einsicht in die Wahrheit, allerdings muss dieser Glaube einer philosophischen Prüfung standhalten, damit nicht die Wahrheit zur subjektiven Meinung verkommt. Die Bedeutung des aus der Einsicht gewonnenen Wissens wird hier zur entscheidenden Instanz, an der sich Philosophie zu bewähren hat. Aber, so könnte gesagt werden, Häberlin geht den dialektischen Weg Schleiermachers mit, plädiert jedoch für ein strikt philosophisches Vorgehen und erteilt jeder romantischen Attitüde eine Absage.

---

[13] Ebd.
[14] Vgl. ebd., 562.
[15] Ebd.
[16] Vgl. dazu auch wiederholt Eckert, Identität und Individualität, 349–368.
[17] Vgl.

2. Häberlins Beharren auf der Individualität und Verschiedenheit der Subjekte bildet die Einheit und ist zugleich Ausdruck dieser Einheit, auch hierin ist sein Vorgehen dem Schleiermachers analog. Ebenso die durch die Subjekte gegebene Objektivität der anderen Subjekte, wodurch Häberlin wie Schleiermacher zu einem Modus immanenter Transzendenz gelangt.

3. Der sich durch die Subjekte bildende Funktionszusammenhang als objektive Realisierung der Einheit, die durch jedes Subjekt im menschlichen Widerspruch immer wieder eingeholt werden muss, ähnelt in diesem Widerspruch dem fragilen Gewebe der Subjekte bei Schleiermacher, überbietet dieses allerdings durch die positive Annahme einer ewigen Vollendung.

4. Der Gottesbegriff, der bei Schleiermacher leitend im Terminus der »schlechthinnigen Abhängigkeit vom Unendlichen« wird, ist bei Häberlin in der Relativität von Subjekt und Gegensubjekt (Objekt) aufgehoben, wodurch der Mensch nicht abhängig vom Naturzusammenhang (wie bei Spinoza und Schleiermacher) wird, sondern ganz in der Freiheit der Existenz diesen Zusammenhang repräsentiert.[18]

5. Insofern geht Häberlin mit Fichtes Freiheitsdenken über Schleiermacher hinaus, ohne allerdings den Ansatz Schleiermachers prinzipiell aufzugeben.[19]

2. Pädagogische Analogien

Michael Winkler hat die Relevanz der Pädagogik Schleiermachers im Diskurs um die Grundprobleme der Moderne verortet, da dessen Denken vorrangig auf die Beschreibung und Analyse der Pädagogik als einen Wirklichkeitsbereich von sozialen Funktionen und menschlich-sozialer Aktivität abzielt.[20] Dies ist nicht von ungefähr in der Linie Häberlins, hatte dieser seine Funktionsontologie doch als ethische bzw. sozialethische Realisierung im Modus der Gemeinschaft gesehen und damit Philosophie als pädagogische sowie notwendig sozialpädagogische begriffen.[21] Analog zu Häberlin ist bei Schleier-

---

[18] Vgl. Über den Einfluss, 20.
[19] Mit diesem Ausblick kann nur auf weitere Studien hingewiesen werden, die Schleiermacher und Häberlin miteinander ins Gespräch bringen und sowohl die Gemeinsamkeiten wie auch Differenzen und Wendungen aufzeigen.
[20] Vgl. Winkler, Einleitung, X.
[21] Siehe hierzu die oben gemachten Ausführungen zu Gemeinschaft.

macher eine Theorie der Erziehung nur als ein ausdifferenzierter sozialer Funktionsbereich zu begreifen, woraus folgt, dass Schleiermacher das einzelne Subjekt nur in dessen sozialem Kontext als Funktionseinheit wahrnimmt.[22] Über eine Theorie der Erziehung begründet Schleiermacher schließlich, weshalb Pädagogik wie Politik bei ihm Ethik sein muss, was Häberlin als ethisches Verstehen bzw. als Bearbeitung des menschlichen Widerspruchs durch Pädagogik (d. i. Hilfshandeln) begreift, um das andere Subjekt zu seiner ihm eigenen Bestimmung zu verhelfen. Wenn Häberlin in Schleiermachers Dialektik den eigentlichen Versuch sieht, die Gegensätze von Einheit und Vielheit zusammenfallen zu lassen, was an dessen Bemühen deutlich werde, die Idee des Seins im Absoluten als Wissen zu bestimmen, dann besitzt dieses Vorgehen Schleiermachers für die Pädagogik deshalb eine Relevanz, weil hier das Ideale mit dem Realen die Einheit des Existierens ausdrückt und deshalb kein Gegensatz sein darf bzw. als ein solcher genommen werden kann.[23] Auch hier treffen sich beide Protagonisten, denn in dieser Einheit drückt sich zugleich eine Kritik (an der Moderne) aus, die die Welt auf das Machbare reduziert und damit diese Einheit um des Idealen willen beschneidet.[24] Gleichwohl ergibt sich eine Differenz beider im Blick auf das Individuum, denn hier vertritt Schleiermacher eine an der Geschichte orientierte Position, die Häberlin nicht mitmachen kann.

1. Für Schleiermacher ist Individualität genuin sozialer Herkunft,[25] d.h., »der Einzelne ist ein Produkt des Ganzen, das sich erst als bestimmtes zu individuieren vermag«[26]. Die Geschichte entscheidet demnach darüber, wie sich Individualität ausprägt, eine Position, die Häberlin zwar nicht bestreiten könnte, die aber gegen die aus der ontologischen Vollkommenheit heraus gedachten anthropologisch unbedingten Dignität des Subjekts steht. Häberlin würde hier entgegnen, dass der menschliche Widerspruch für die Produktion der Missverhältnisse und Ungerechtigkeiten verantwortlich zeichnet, aber das Person-sein selbst davon unbetroffen sei.

2. Dasjenige, was Schleiermacher aus der sozialen Herkunft ableitet, ist die Begründung für Bildung, die die verqueren Kontexte

---

[22] Vgl. Winkler, Einleitung, XII.
[23] Vgl. Idealistische und realistische Pädagogik, 141–160, hier 142 ff.
[24] Vgl. Schleiermacher, Texte zur Pädagogik I, 42. Dazu Winkler, Einleitung, XIX.
[25] Vgl. Winkler, Geschichte und Identität, 102.
[26] Ebd.

bearbeiten kann. Bildung schult sich sozusagen am absolut Guten (Ethik), geht also von einem Noch-Nicht des Individuums aus. Für Häberlin hingegen ist Pädagogik wie Bildung ein ethisches Verstehen, das dem Menschen hilft, seine Bestimmung an seiner eigenen personalen Vollkommenheit auszurichten und auszubilden.

3. Die von Schleiermacher anvisierte Assimilierung von Individuum und Gesellschaft kann zwar, wie Winkler meint, als Eintritt in die gemeinschaftliche Praxis verstanden werden[27], d.h., das Individuum kann sich im Vollzug der Praxis als besonderer Bezugspunkt herausbilden und dadurch in seine Funktion für das Ganze hineinkommen, gleichwohl wird hier, wie oben schon beschrieben, die Unberechenbarkeit der Geschichte zum Gradmesser einer gelingenden Konstitution des gesellschaftlichen Zusammenhangs. Genau hier zeigt sich die Differenz zu Häberlins Position, die einerseits die Wertschätzung gegenüber dem Subjekt betont, das objektiv vollkommen, aber subjektiv im Widerspruch steht, und die andererseits in dieser Wertschätzung des Einzelnen das Ja zu einer Gemeinschaft betont, die im Letzten auch durch die Vorform der Gesellschaft mit ihren geschichtlichen Unwägbarkeiten nicht betroffen werden kann. Schleiermacher, so Winkler, zeige die Rückwirkung des Allgemeinen auf das Besondere und umgekehrt und bilde so die widersprüchlichen Seiten des einheitlichen Prozesses der Sozialisation ab,[28] aber gerade darin bestimmt sich der Prozess der Sozialisation als ein Changieren zwischen dem Subjekt und seinen Gegensubjekten. Was bleibt ist die Eigentümlichkeit[29], eine Unbestimmtheit, die zwar Individualität aussagt, aber in ihrer Positivität erst erhandelt werden muss.

4. Auch wenn Eigentümlichkeit bei Schleiermacher als Funktion am Ganzen gesehen wird, so repräsentiert sich im Individuum die Gesinnung der sozialen Identität.[30] Pädagogik wäre demnach die Herausbildung von Identität, die den Einzelnen als Teil der Sozialität verstehen lässt und zugleich ein Verstehen der Sozialität in ihren Strukturen möglich macht. Inwieweit Pädagogik hier zu einem liebenden Verstehen und nicht doch nur zu einem verstandesmäßigen Akzeptieren und Durchschauen gesellschaftlicher Strukturen auf der Suche nach Identität ist, muss offenbleiben. Häberlins Pädagogik zielt

---

[27] Vgl. ebd., 103.
[28] Vgl. ebd., 103 f.
[29] Vgl. ebd., 104.
[30] Vgl. ebd., 105.

jedoch auf ein Verstehen, dass das einzelne Subjekt nicht erst bilden muss, sondern dieses in seinem So-sein mit seiner aufgegebenen Bestimmung als vollkommen akzeptieren kann.

5. Schleiermachers Dual von Gemeinschaft und Gesellschaft, der großen Einfluss auf Tönnies' Werk *Gemeinschaft und Gesellschaft* gehabt hat,[31] und derjenige Häberlins von Gesellschaft und Gemeinschaft zeigen zumindest in ihren Differenzen wie ihren Konvergenzen den Bedarf einer theoretischen Klärung an, die einer Allgemeinen Pädagogik noch oder wieder von neuem aufgegeben ist.

2.3. Anknüpfung III: Eine (Re-)Ontologisierung der Pädagogik?

Im zweiten Hauptteil der vorliegenden Untersuchungen wurde die Ontologie Häberlins ausführlich rekonstruiert und als Grundlage der Pädagogik vorgestellt. Diese Konstellation wirft unbestreitbar Fragen auf und fordert zur Opposition heraus. Denn wenn der Zusammenhang von Philosophie bzw. Ontologie und Pädagogik behauptet wird, ergibt sich daraus zwingend die Frage, ob nicht auch eine Ontologisierung der Pädagogik angenommen werden muss. Um dieser Problematik in einem kritischen Ausblick nachzugehen und sowohl ihre Möglichkeiten als auch ihre Defizienz sichtbar zu machen, ist eine kürzere Rekapitulation auf Häberlins Ontologie notwendig, um potenzielle Anschlussfähigkeiten sichtbar zu machen. Dabei ist nicht zu bestreiten, dass der Begriff der Ontologie im aktuellen Diskurs der Pädagogik wie Sozialpädagogik umstritten, ja sogar mit Vehemenz abgelehnt wird. Häberlin knüpft in seiner Ontologie an Parmenides an und bestimmt Ontologie grundsätzlich aus philosophischer Erkenntnis. Ontologie geht somit von der unfraglichen Seinsgewissheit des fragenden Subjekts aus und wird so zu einer Urontologie, d.h., dieses Seinswissen orientiert sich an der problematischen Wahrnehmung in der Weise, dass das aller fragwürdigen Wahrnehmung zugrundeliegende, fraglose Wissen, herausgehoben und entfaltet wird. Die doppelte Ausrichtung der Reflexion auf die Wahrnehmung ist immer als Fremdwahrnehmung zu bezeichnen, wobei gilt, dass deren Gegenstand einerseits das Seiende als Welt oder Natur ist und andererseits in der Selbstwahrnehmung die Seele selbst

---

[31] Vgl. Winkler, Einleitung, VIII.

zum Gegenstand hat.[32] Das ursprüngliche Wissen in der Fremdwahrnehmung hatte Häberlin, wie gezeigt werden konnte, in eine ontologische Kosmologie gefasst. Die Selbstwahrnehmung hingegen, die sich in der Relativität der Subjekte zeigt, wird als ontologische Anthropologie begreifbar. Dieser doppelte Ausgang impliziert demnach auch eine doppelte Herausforderung, weil sich sowohl Kosmologie wie Anthropologie als Horizonte der Wahrnehmung am absoluten Seinswissen zu bewähren haben. Dabei ist noch mal darauf hinzuweisen, dass Seinswissen nicht in irgendeiner Weise als ein Inhalt des Seienden zu bestimmen ist.[33] Es ist zu resümieren, dass die ontologische Thematik bei Häberlin immer die Spannung beschreibt, in der sich das Subjekt zwischen fragwürdigem und fraglosem Wissen zu bewähren hat. Dabei stehen die antagonistischen Pole *fragwürdig* auf der einen Seite für den subjektiven Willen zur Selbstbehauptung und Interessenrealisierung, *fraglos* hingegen als Widerpart für die objektive Realität der Subjekte in ihrem Zusammenhang. Beide Pole kennzeichnen die menschliche Problematik und machen auf die unterschiedliche bzw. zweifache Positionierung der Ontologie aufmerksam. Der dem menschlichen Widerspruch inhärente doppelte Ausgang weist Ontologie zum einen als eine Ontologie aus, in der das Subjekt in der Sorge um sich selbst das Ringen um das Sein des Seienden dokumentiert und damit in der klassischen Spur von Sein = Identität verbleibt.[34] Zum anderen wird dieser zwar klassische Angang eines Identitätsdenkens durch den kosmologischen Aspekt durchbrochen, der die Relationalität der Subjekte in ihrem Funktionszusammenhang verdeutlicht. Deshalb können hinsichtlich der kosmologischen Seite der Ontologie durchaus Parallelen zu einem systemischen Denken bzw. zur Systemtheorie vermutet werden. Unterschiede werden lediglich dort sichtbar, wo vom Funktionszusammenhang wiederum ganz im parmenideischen Sinne dieser als Signum für das Ganze genommen wird. Für Häberlin ist dadurch evident, dass das Wissen um das Ganze nicht *nach* der Erfahrung, sondern *vor* ihr liegen muss, woraus folgt, dass der Erkenntnisgegenstand als vorbewusster im Subjekt selbst liegt. Nur so ist es möglich, dass Häberlin das Subjekt nicht als Teil des Ganzen, sondern vielmehr

---

[32] Vgl. Zantop, Art. Ontologie, 341.
[33] Damit ist Häberlins Ontologie ganz anders ausgerichtet als Heideggers Fundamentalontologie in *Sein und Zeit*, in dem dieser nach dem Sinn von Sein fragt.
[34] Vgl. Zantop, Art. Ontologie, 341.

als Repräsentant des Ganzen bezeichnen kann. Wichtig für die hierzu verhandelnde Problematik ist der Aspekt, dass die ontologische Ausrichtung des Subjekts, die sich apriori zeigt, immer auf die strukturlogische Bestätigung des objektiv realen Funktionszusammenhangs abzielt. Häberlins Ontologie bildet damit eine Brücke zwischen der sogenannten alten und der neuen Ontologie, d.h., der Realismus des objektiven Zusammenhangs der Subjekte ist kein materialer, sondern ein funktionaler. Gleichwohl meint Struktur keine gestufte Ordnung, keinen bewertend hierarchischen Aufbau, der sich zwischen Unvollkommenheit und Vollkommenheit entfaltet, wie dies etwa bei Nicolai Hartmann[35] und Heinrich Rombach angenommen werden kann, vielmehr expliziert Struktur die Relationalität als eine, die sich dynamisch von Vollkommenheit zu immer neuer Vollkommenheit anordnet.[36] Welche Bedeutung ergibt sich daraus für die Pädagogik bzw. die pädagogische Situation? Der skeptische Blick Michael Winklers, der davon spricht, dass das pädagogische Geschehen letztlich undefinierbar als eine Blackbox zu verstehen sei,[37] bietet eine provokante Spitze, um über eine strukturelle Ontologie der Pädagogik neuerlich nachzudenken. Auch wenn Winklers Rekurs systemtheoretisch bei der Option einer ontologischen Codierung der Pädagogik verbleibt, geht er den Schritt in eine Ontologisierung der Pädagogik deshalb nicht mit, weil die Frage der Veränderung der in der pädagogischen Situation vorfindlichen Dispositive unberücksichtigt bleibt bzw. zu schwach beantwortbar ist. So sehr dieser Einwand seine Berechtigung hat, so offensichtlich und beinah evident lassen sich aus Häberlins Ontologie die Strukturen der pädagogischen Situation begründen. Um dies aber mit aller Zurückhaltung zu tun, sollen folgend zehn thesenhafte Punkten vorgelegt werden, die als Perspektive und als Grundlage für ein weiteres Nachdenken dienen können.

1. Die Struktur der pädagogischen Situation ist sowohl anthropologisch als auch kosmologisch dadurch gekennzeichnet, dass die Partner der Erziehung, unabhängig vom Gegenstand, der im Erziehungsprozess verhandelt wird, dem menschlichen Widerspruch ausgesetzt sind. Damit ist gemeint, dass jenseits der jeweilig persönlichen Dis-

---

[35] Vgl. hierzu Schneider, Grundriss Geschichte der Metaphysik, 440f.
[36] Damit ist bei Häberlin das für Rombach kennzeichnende Moment einer evolutiven Ontologie ausgeschlossen.
[37] Vgl. Winkler, Kritik der Pädagogik, 123.

position beide Partner, ontologisch gesehen, sowohl unter ihren subjektiven Ansprüchen und Interessen stehen (Anthropologie) als auch im Ringen um ihre je eigene Bestimmung immer schon auf ihre objektive Realität ausgerichtet sind. In dieser Konstellation ist der Gegenstand der Erziehung, nämlich die Bestimmung des Partners der Erziehung, schon hinsichtlich seiner Realisierung formatiert.

2. Der Gegenstand der Erziehung, eben die Bestimmung des Partners der Erziehung, auf die Erziehung in ihrem Prozess zuläuft, wird durch den menschlichen Widerspruch in zweifacher Weise strukturell bedingt: Einerseits durch die Haltung des Erziehers gegenüber seiner eigenen subjektiven Ambivalenz, die einen Fortschritt und eine Vervollkommnung des Partners der Erziehung bzw. eine Angleichung desselben an eigene oder vorgegebene Ideale verlangt. In diesem Sinne ist Erziehung grundsätzlich eine Abkehr von der objektiven Realität (der objektiven Wahrheit des Ganzen). Andererseits betrifft diese Zweideutigkeit auch alle Dispositionen des Kontextes, der durch Menschen konturiert ist. Da der Kontext jedoch nicht nur durch die menschlichen Absichten jedweder Art gefärbt ist, sondern auch die objektive Realität des Zusammenhangs aller Subjekte spiegelt, ist der sogenannten dritte Faktor selbst wiederum ambivalent.

3. Hatte Häberlin selbst den Gegenstand der Erziehung als die je eigene Bestimmung des Partners der Erziehung solchermaßen gekennzeichnet, dass die Verwirklichung dieser Bestimmung nur durch die Überwindung des menschlichen Widerspruchs im Partnersubjekt erreichbar ist, so kann der Beitrag der Verwirklichung dieser Bestimmung durch den Erzieher nur als Hilfe bzw. als Begleitung überhaupt möglich sein. Damit steht jeder Erziehungsprozess ontologisch unter einem Vorbehalt, weil dem Erzieher die objektive Realisierung der Bestimmung des Partnersubjektes, die diesem aufgegeben ist, prinzipiell unmöglich ist. Was hier deutlich wird, ist die Codierung der Pädagogik durch Ontologie, denn da das Erziehungsgeschehen seine Grenze in der Bestimmung des Partnersubjektes hat, und diese Grenze vom Erziehersubjekt auf das Partnersubjekt nur durch Gewalt aufgehoben werden kann, ist eine durch Erziehung bewirkte Veränderung nur als Hilfe denkbar, die das Partnersubjekt bei der Bewältigung des menschlichen Widerspruchs unterstützt.

4. Der Kontext bzw. das Setting des Erziehungsgeschehens bestimmt Erziehung nur insofern, als der menschliche Widerspruch durch diesen aufgeladen und d. h., verschärft oder abgemildert und

auf die objektive Realität des Subjekts in seiner Vollkommenheit ausgerichtet wird. Häberlins ontologische Grundlegung der Pädagogik bedeutet für den Kontext der Erziehung, der auch als dritter Faktor verstanden werden kann, dass dieser nicht nur in seiner intentionalen, sondern auch in seiner funktionalen Beschaffenheit betrachtet werden muss. Die in der Disziplin der Pädagogik durchaus negativ belegten Begriffe intentional und funktional bekommen hinsichtlich des menschlichen Widerspruchs durch die subjektive Sphäre sowie die objektive Relationalität der Subjekte in ihrem Zusammenhang eine ganz neue Bedeutung. Intentionalität darf demnach nicht als interessierte und motivierte Absicht erzieherischer Interventionen verstanden werden, denn dies würde dem objektiven Realsinn der Bestimmung des Partnersubjekts widersprechen. Zudem zielt pädagogische Intentionalität immer auf die Ruhelegung des Widerspruchs, in dem sich das Subjekt im Ringen um seine eigene Bestimmung befindet. In dieser Hinsicht sind intentionale und funktionale Erziehung äquivalent, d. h., der Kontext spiegelt nichts anderes als die subjektiven Auseinandersetzungen des gesellschaftlichen Zueinanders im Erziehungsgeschehen. Deshalb versteht sich Pädagogik in der Arbeit am Zusammenhang der Subjekte als Sozialpädagogik, die sich in ihrer jeweiligen Auseinandersetzung mit ihren eigenen Widersprüchen befinden. Daraus folgt, dass Sozialpädagogik nicht nur, wie bereits ausgeführt, Gemeinschaftsbildung ist, dies ist sie und bleibt sie, sondern sie ist, ontologisch gesehen, der Versuch, auf gesellschaftlicher Ebene die Bedingungen dafür zu schaffen, dass der Realsinn des Funktionszusammenhangs im permanenten Bemühen der einzelnen Subjekte um ihre Bestimmung möglich wird.

5. In der immerwährenden Gestaltung von Rahmenbedingungen, die die menschliche Aufgabe sowohl kultur- wie gemeinschaftsbildend möglich macht, rechtfertigt sich die Ontologie, wie sie hier verstanden wird, in ihrer Veränderung, ohne sich am Wesen des Seienden abmühen zu müssen. D. h., Ontologie als klassisch verstandene Lehre vom Sein des Seienden wird hier in einen Modus von Lebensphilosophie mit objektiver Ausrichtung transformiert, verliert damit ihre Starre und Gewalttätigkeit und gewinnt ihre inklusive und gerechtigkeitsstiftende Bedeutung in der Relationalität der Subjekte, die sozialpädagogisch in ihrer Einheit abgebildet werden.

6. Häberlins Ansatz einer Allgemeinen Pädagogik steht damit konträr zu disziplinären Diskursen, die an die in ihnen liegende Notwendigkeit zur Verbesserung und Veränderung gekettet sind. Diese

Tatsache erklärt sich aus der gegenstrebigen Verbindung von Anthropologie und Geschichte, weil Ontologie zugunsten des Subjekts verweigert wird. Da Erfahrung als erste Kategorie eine Ontologie unmöglich macht, wird die Geschichte zum Schauplatz der Auseinandersetzung mit dieser Unsicherheit und führt zu einer Überforderung des Subjekts, die schließlich mit dessen Tod endet.[38] Die vermeintliche Wendung zum Objektiven, von der Nicolai Hartmann nach dem Ersten Weltkrieg gesprochen hatte, kennzeichnet nichts anderes als eine mögliche Exkulpierung der Ontologie und damit eine Rettung des Subjekts.

7. Was eine ontologische Grundlegung der Pädagogik leisten, und warum diese eine Alternative zu einer phänomenologischen oder materialistischen Deutung des Subjektes in der Spätmoderne bieten kann, soll anhand zweier Thesen kritisch erörtert werden. »Die Pädagogik der späten Moderne fügt sich also einer Gesellschaft der Individuen; sie reguliert nicht mehr, sondern zieht Strukturen und normative Erwartungen zurück. Das Subjekt soll zu seiner Subjektivität ermuntert werden. [...] Wer dem nicht genügt, übernimmt keine Verantwortung für sich und fällt aus den Maßnahmen des Förderns und Forderns.«[39] Diese Sicht Winklers enthält eine stille Kapitulation der Pädagogik, wenn dieser zurecht darauf hinweist, dass die Ermunterung des Subjekts zur eigenen Subjektivität nichts anderes als die Selbstüberlassung des Subjekts mit seiner ihm eigenen Aufgabe bedeuten muss. Diese triste Einsicht kann nur funktionieren, weil das Subjekt als eine einzelne Monade gedacht wird, es auf sich allein gestellt und durch gesellschaftliche Ansprüche von den anderen Subjekten abgekoppelt ist. Daraus folgt eine Monadisierung, die zwar eine Subjektivierung des Subjekts kennzeichnet, aber objektiv als eine Entsubjektivierung stattfindet, d.h., die vermeintliche Steigerung des Subjekts entlarvt sich dabei als eine perfide Form der Vergesellschaftung.[40] Bspw. wird diese Steigerung der Subjektivität im Bereich der Bildung im Aneignungsgrad vielfacher Kompetenzen messbar[41], wodurch Bildung als Programm ihre wissenschaftliche

---

[38] Vgl. Meyer-Drawe, Das Ich als Differenz der Masken, 390–400. Meyer-Drawe spricht hier von der Prekarität des Subjekts.
[39] Winkler, Kritik der Pädagogik, 252.
[40] Vgl. ebd., 252.
[41] Kompetenzlisten unterschiedlichster Art werden z.Zt. von unterschiedlichsten privaten und staatlichen Bildungs- und Fortbildungsinstitutionen als Parameter für eine gesellschaftliche Funktionsfähigkeit des Subjekts aufgeführt, was den Eindruck er-

Rechtfertigung in den Intensionen der Bildungsforschung manifestiert und damit zum Modus optimierter, gesellschaftlicher Konformität gerinnt. Bildung als Bildungsforschung geschieht dann im Auftrag und als Ausweis gesellschaftlicher und politischer Interessen und karikiert damit das zum instrumentalisierten Zerrbild, was einstmals Pädagogik geheißen hat. Oder anders gesagt: Intentionale und funktionale Erziehung werden gleichgeschaltet, weil die Rahmenbedingungen (funktional) so gestaltet sind, dass sie mit den intentionalen Absichten gesellschaftlich gesetzter Normen konvenieren. Damit geht eine Abwertung der Subjektivität einher, die auch und gerade an ihrer Überforderung erkennbar ist. Angesichts dieses Szenarios kann der Gedanke aufkommen, dass dem Subjekt sowohl individualistische wie holistische Träume aufgeschultert werden, um ontologische bzw. strukturelle Defizite bzw. Absenzen zu kompensieren. In der Tat zeigt sich hier die Angst vor der Möglichkeit des Objektiven als ideologischer Schrecken, deren scheinbar alternative Abbreviaturen sich in Resonanz- und Achtbarkeitsprogrammen spiegeln. Die vermeintliche Rettung des Subjekts und seiner subjektivistischen Weltsicht gelingt deshalb nicht, weil die subjektive Stärkung nichts anderes als die holistische Übernahme des Subjekts durch gesellschaftliche Leitideen darstellt. Das Fatale an dieser logischen Falle, in die das Subjekt gerät, liegt in der vermittelten Suggestion von Freiheit und Pluralität als Garanten für eine Bearbeitung der Moderne und ihrer Dilemmata. Zudem wird in der Entscheidung für die Geschichte die Option einer ontologisch fundierten Anthropologie verweigert, was einerseits zu bizarren Freiheits- und Optimierungsphantasien und andererseits zu sich hilflos häufenden Plädoyers der Anerkennung und Wertschätzung des Einzelnen führt. Lassen sich hier ohnmächtige und aufgesetzte Versuche gewahren, die Spannungen zwischen individuellen Bedürfnissen und gesellschaftlichen Anforderungen zu beruhigen?

8. Spätestens hier erscheint Häberlins ontologischer Entwurf als optionale Gegenstrategie einer Rettung der Pädagogik, weil eine Ontologie der Pädagogik die Möglichkeit der Objektivität offenhält. Bezieht sich Erziehung ausschließlich auf die Individuen und ihre Individualität, so bedeutet diese Intentionalität zwangsläufig eine

---

weckt, je mehr Kompetenzen erworben werden, desto besser wird eine gesellschaftliche Vielfältig- und Leistungsfähigkeit abgebildet, als deren Repräsentant das Individuum fungiert.

Anknüpfung III: Eine (Re-)Ontologisierung der Pädagogik?

strukturelle Reduktion[42], da es außerhalb des subjektiven Horizontes und der staatlichen Interessen, die wiederum auch nur intersubjektive Interessen abbilden, keine von Interessen bzw. politischer Pragmatik unabhängige, d.h., unverhandelbar deutungsfreie Sphären gibt. Das Wagnis einer ontologischen Grundlegung der Pädagogik liegt darin, dass aus philosophischer Einsicht eine positive Annahme des Strukturzusammenhangs gegeben werden kann, an dem jederzeit sowohl die subjektiven als auch die politischen Bemühungen abgemessen werden können. Ein Fehlen dieser Voraussetzungen dokumentiert sich an den ontologischen Leerstellen vieler Konzepte, die eine Systematisierung dahingehend unmöglich machen, als dass die für die Konzepte notwendige anthropologische Fundierung jedes Mal neu bestimmt und ausgehandelt werden muss. Daraus erwächst die Gefahr einer Selbstsozialisation, die durchaus mit einem Modus der Selbsterfindung vergleichbar ist, der alle Optionen auf strukturelle Erziehung unterminiert.[43] Eine Alternative, die wirklich eine Alternative zu den bestehenden Konzepten darstellen würde, kann demnach nur in einer strukturlogischen (d.i. ontologischen) Neuformatierung von Erziehung liegen.

9. Die sich daraus ergebenden Konsequenzen begründen ontologisch, und damit anthropologisch, eine Neuformatierung der pädagogischen Situation. Denn die Partnersubjekte im Erziehungsprozess repräsentieren einerseits den objektiv relationalen Zusammenhang aller Subjekte, der als unbedingte Basis aller subjektiven Orientierungsbemühungen gelten kann, und andererseits sind beide Partner in der pädagogischen Situation immer mit dem menschlichen Widerspruch konfrontiert. Und weil die menschliche Bestimmung des Partnersubjekts den Sinn von Erziehung vorgibt, kann das Subjekt niemals in die Verlegenheit einer Selbstsozialisation kommen. Selbstsozialisation in diesem Sinne ist aufgrund des objektiven Funktionszusammenhangs aller Subjekte ontologisch nicht möglich, d.h., sie ist nur ohne ontologische Fundierung denk- und erwartbar. In diesem Zusammenhang ist an Pestalozzis Brief aus Stans zu denken, der darin die Freiheit des Erziehungsprozesses vor dem Hintergrund einer ontologischen Geborgenheit beschreibt und damit Bedingungen formuliert, ohne deren Bestand sich Erziehung selbst aufheben würde.[44]

---

[42] Vgl. Winkler, Kritik der Pädagogik, 252.
[43] Vgl. ebd., 252 f.
[44] Vgl. Pestalozzi, Stanser Brief, 35: »Die eigentlichen Vorteile der menschlichen

10. Wurde der Blick auf eine mögliche Ontologisierung der Pädagogik gerichtet, so ist selbstverständlich zu fragen, inwieweit hier überhaupt Bedarfe gerechtfertigt sind. Würde nicht jeder Vorgang einer Ontologisierung als regressiver Akt gedeutet, der die vermeintlich gewonnene Autonomie des Subjekts wieder in die Arme der Heteronomie treibt und sich zudem gegen die Argumente der Optimierung, der Verflüssigung und autopoietischen Selbstkonnotation des Subjekts auszuweisen hätte? Die Angst vor normativen Grenzen, die verletzen, eingrenzen und exkludieren könnten, führt dazu, dass pädagogische Konzepte in ihrer Absicht, die Selbstmächtigkeit und Selbstbestimmung des Subjekts zu gewährleisten, den Pakt mit dem Teufel bestätigen, den sie gerade mit ihren Absichten vermeiden wollten. Konkret gesprochen: Den Toleranzverordnungen und Proklamationen von einer Freiheit in der Vielheit, die Bildungskonzepte jedweder Art aufzuweisen haben, stehen sichtbare und noch mehr unsichtbare Anpassungsvorgänge der einzelnen Subjekte an fremde Interessen entgegen.[45] Häberlin hatte an Pestalozzi herausgestellt, dass bei diesem die Fähigkeit der Hingabe des eigenen Ich und seiner Sonderinteressen an die Idee selbst, die Idee einer reinen geistigen Gemeinschaft, die Idee der harmonisch geeinten Menschheit, leitend für seine Pädagogik gewesen sei.[46] Mit Pestalozzi war es ihm daher möglich, im Modus der Hingabe den pädagogischen Eros umzuformatieren und zugleich zu verdeutlichen, dass eine ontologisch basierte Pädagogik den subjektivistischen Selbstlügen eine objektive Ausrichtung entgegenstellt. Es darf an dieser Stelle nochmals betont werden, dass sich Objektivität immer an der gelingenden Relationalität der Subjekte und nicht als Setzung einer moralischen noch so integeren Instanz begründet. Pestalozzi und mit ihm Häberlin beschreiben diesen Zusammenhang als die Idee einer harmonisch geeinten Menschheit, die den Skeptikern ein romantischer Wunschtraum und den Realisten eine pragmatische Unmöglichkeit ist, die aber eine Option sichtbar macht, die berechtigt scheinende Vorwürfe struktureller Gewalt hinter sich gelassen hat, weil das Subjekt mit seiner Bestimmung und seinem Widerspruch das Regulativ für eine zu realisierende Gemeinschaft aller Subjekte abbildet. Ontologisch

---

Kenntnisse und des Wissens bestehen für das Menschengeschlecht in der Sicherheit der Fundamente, von denen sie ausgehen und auf denen sie ruhen.«

[45] Vgl. Winkler, Kritik der Erziehung, 253.
[46] Vgl. Einleitung, 24.

Anknüpfung III: Eine (Re-)Ontologisierung der Pädagogik?

gesehen erweist sich daher Pädagogik als eine *Pädagogia perennis*, d. h., sie ist niemals festgelegt auf ein bestimmtes Ziel, weil die Objektivität des Subjekts aufgrund des menschlichen Widerspruchs subjektiv niemals in Gänze erreicht werden kann. All die großen Themen, die auf dem Feld der Pädagogik verhandelt werden, beispielsweise Bildungsgerechtigkeit, Inklusion, kohäsive und soziale Bildungsprozesse usw., könnten durch eine ontologische Strukturierung subjektgerecht und gleichberechtigt immer wieder am relationalen Zusammenhang aller Subjekte und dessen Objektivität reguliert werden.

Da eine hier vorgeschlagene Ontologie der Pädagogik nicht auf das Sein zielt, denn dies würde einen fortwährenden Streit um dessen Definition nach sich ziehen, sondern auf die Relationalität der Subjekte, besteht ihr Kern sowohl in der Stärkung des Subjekts als auch in der Austarierung dessen Interessen an der objektiven Gemeinschaft. Ontologie der Pädagogik kann daher immer nur eine Funktionsontologie sein, die zugleich in ihrer Relationalität den Kern und das Ziel aller Pädagogik intendiert. Die Vorbehalte gegenüber den Tatsachen struktureller Gewalt treffen hier nicht prinzipiell, denn diese sind aufgrund der objektiven Einheit aller Subjekte ausgeschlossen; die Problematik der Gewalt ist nur auf der Ebene des menschlichen Widerspruchs gegeben, auf der die subjektiven Interessen sich als Kampf um den Platz an der Sonne erweisen. Eine Ontologie, aus der eine unbedingte Anerkennung und Wertschätzung der Subjekte folgt, entgeht zudem der Gefahr einer moralischen Inanspruchnahme und könnte zu einer Ausnüchterung des Diskurses, etwa hinsichtlich der Kompetenzinflationen und ihrer pragmatistisch-polymorphen Entgrenzung, beitragen.[47]

---

[47] Vgl. Rorty, Pragmatismus als romantischer Polytheismus, 56–81, bes. 69f. – Der amerikanische Philosoph Richard Rorty hat den Konnex von Pragmatismus und Polytheismus als einen romantisierenden Modus der Suche nach der Wahrheit beschrieben und dem Pragmatismus wegen dessen pluraler Wahrheitsausrichtung einen unbedingten Vorrang eingeräumt, weil hier theoretische und ideologische Festlegungen aufgelöst würden. Damit bestätigt Rorty die Konsequenzen der durch die sogenannte sozialpädagogische Wende herbeigeführte pragmatisch orientierte Pluralisierung!

2.4. Anknüfung IV: Die intrikate Beziehung von Theorie und Praxis

Heute hat es den Anschein, die theoretische Produktion an den Universitäten und Hochschulen sei mit einem Um-zu versehen. Was heißt das? Theorie wird vielfach als politisches Rechtfertigungsinstrument verstanden, das aus der Praxis und für die Praxis zu begründen ist. Amalgamiert mit dem Anspruch auf plurale Weltdeutung, der im Forum politischer Debatten institutionalisiert werden soll, scheint die Theorie von ihrer eigentlichen Bedeutung immer mehr abgeschnitten zu werden. Daher demonstrieren sich am Verhältnis von Theorie und Praxis tendenziöse wie auch nachdenklich stimmende Perspektiven, die die vorgelegten philosophischen und pädagogischen Betrachtungen Häberlins in einer, zugegeben seltsamen, Aktualität aufscheinen lassen. Der irgendwie möglich-unmögliche Zusammenhang von Theorie und Praxis steht für etwas, d.h., er metaphorisiert nicht nur die Antinomien der Moderne, beispielsweise diejenigen von Einheit und Vielheit, sondern er reflektiert auch die Verführbarkeit von Philosophie und Wissenschaft durch die Politik.[48] Schon aus diesem Grund sind und können diese Anknüpfungsbemühungen keinen Versuch darstellen, das im Fachdiskurs nicht mehr beachtete Werk Häberlins zu rehabilitieren. Wie dem auch sei, Anknüpfungen sind doch als Ausblicke zu begreifen, die durch Rückgriffe funktionieren, so auch hier im Blick auf Häberlins Rektoratsrede von 1935, in der dieser über akademische Bildung nachdenkt und für eine Neujustierung des Verhältnisses von Theorie und Praxis plädiert. Nun haben Rektoratsreden, besonders in der Zeit des Nationalsozialismus, ihren besonderen Kontext und bedürfen daher einer besonderen Kritik. Interessant ist, dass Häberlin im Vorwort seiner Rede nicht nur Heideggers Rektoratsrede erwähnt, sondern sich von dieser auch ausdrücklich absetzt.[49] Dies ist für den heutigen Leser

---

[48] Hans Blumenberg hat in diesem Zusammenhang von Heideggers Anbiederung an Hitler und den Nationalsozialismus von der »Verführbarkeit des Philosophen« gesprochen. Vgl. Blumenberg, Die Verführbarkeit des Philosophen, bes. 75–79. 100–106.

[49] Vgl. Kamm, Leben und Werk II, 177. Kamm berichtet davon, dass die Rede Häberlins von den deutschen Kollegen mit aufatmender Zustimmung aufgenommen wurde, weil dessen Rektoratsrede einen dem nationalsozialistischen Wissenschafts- und Bildungsbegriff entgegengesetzten Standpunkt in aller Deutlichkeit zur Darstellung brachte. Als Ausweis dafür zitiert er aus einem Brief von Julius Ebbinghaus an Hä-

Anknüfung IV: Die intrikate Beziehung von Theorie und Praxis

insofern von Bedeutung, als Häberlin seine Rektoratsrede nicht dazu benutzt, um das politische Vorgehen seines Landes nachträglich oder visionär zu bestimmen. Häberlins Ausführungen sind darum als unpolitisch zu bezeichnen, einfach schon deshalb, weil der philosophische Weg der Suche nach Wahrheit der Politik vorausgehen muss. Wissenschaft, der durch die Politik Rahmenbedingungen diktiert werden, ist keine freie Wissenschaft. Freie Wissenschaft verfügt nämlich über eine philosophisch-ethische Konnotation und muss damit der Politik grundsätzlich vorausgehen, will sie den Nimbus der Freiheit bewahren. Die philosophisch-ethische Betonung des Primats der Theorie vor der Praxis hat zur Folge, dass die Politik und damit die Praxis ihre Deutungshoheit nicht aufrechterhalten kann. Gerade hier spiegelt sich der schon vielfach erwähnte und diskutierte Weg von Einsicht und Ethik. Nicht umsonst nimmt in Häberlins Rede die Frage nach der Bedeutung von Wissenschaft und Praxis den größten Raum ein, womit er eine Besinnung auf die Reihenfolge von Theorie und Praxis anregt. Häberlin betont, dass Wissenschaft von der Idee der Wahrheit lebe, wobei wichtig sei, dass die Idee der Wahrheit nichts anderes als ein ursprüngliches Wissen meine. Mit dieser Ursprünglichkeit der Einsicht (a priori) intendiert er ein zweifaches, nämlich ein sowohl philosophisches als auch empirisches Wissenschaftsverständnis. Im Rückgriff auf seine Ontologie kann er daher formulieren, dass das Seiende eines und in diesem Sinne ewig vollendet sei,[50] sodass Erkenntnis als Bemühen verstehbar werden kann, »diese ewige Einheit in aller Vielheit und allem Wandel zu entdecken«[51]. Philosophie stellt sich in ganz klassischer Weise als Grundbedingung und Vorraum der anderen Wissenschaften dar, d. h., Philosophie zeigt nicht nur, was der Mensch ist, nämlich ein um diese Einheit wissendes Individuum, sondern Philosophie zeigt auch, was Universität in ihrem Ursprung zu bedeuten hat. Häberlins Weg, das Wesen der Universität an der Problematik des Menschen zu rekapitulieren, hält den bildungspolitischen Machenschaften damaliger wie auch heutiger Tage den Spiegel vor, sodass an den bildungspolitischen Avancen ein Verständnis des

---

berlin vom 21.10.1936: »Viel zu lange hat die Philosophie auf diesem Gebiete mit Möglichkeiten gespielt, von denen sie nicht bemerkte, daß es das Spiel mit dem Selbstmorde und sogar mit dem Tode aller möglichen Wissenschaft war. Es muss ein Ort geben, wo die Wahrheit um ihrer selbst willen geehrt wird. Jawohl – es *muß* (kursiv i.O., M. H.): und gerade dieses *müssen* enthüllt sich nur der reinen Theoria«.
[50] Vgl. Über akademische Bildung, 10.
[51] Ebd., 11.

Menschen erkennbar wird, das ganz der Bestimmung politischen Willkür anheimgegeben zu sein scheint.

Gehen wir noch einmal einen Schritt zurück, und betrachten die anthropologische Disposition, so stellt sich der menschliche Widerspruch zwischen dem objektiven Wissen um Einheit und dem subjektiven Wollen nach Selbstbehauptung und Realisierung der eigenen Interessen nicht nur als die grundlegende Aufgabe des menschlichen Lebens und Miteinanders heraus, sondern als *das* Thema einer Allgemeinen Pädagogik. Und da, wie Häberlin schon bei seiner Berner Antrittsrede selbst sagte, Philosophie immer Pädagogik zu sein habe,[52] kann der Bildungsauftrag der Universität, der ja den Bildungsauftrag als Erziehungsauftrag versteht, in dieser anthropologischen Hinsicht auch nur zweigeteilt sein. Der eine Flügel universitärer Bildung ist Forschung als Bereich der Theoria, der andere ist Bildung als praktische Tätigkeit (Praxis), die dazu dient, die Erkenntnis in den Dienst des Lebens zu stellen. Wissenschaft und Praxis stellen sich hier (beinahe so, als würde Häberlin die Bologna-Reform kommentieren) als zwei gegensätzliche Strömungen dar, was für Häberlin den Grund darin hat, dass sich der (heutige) Wissenschaftsbegriff ausschließlich an der Erfahrung und nicht an einer ursprünglichen Einsicht orientiert. Erfahrung werde als praktische Erfahrung genommen, denn nur im Zusammenhang mit der Praxis, also nur dort, wo wir etwas wollen, würden wir das Dasein als solches erfahren.[53] Häberlin weist in diesem Zusammenhang darauf hin, dass alle Erfahrung zugleich Kritik, Urteil und Stellungnahme sei, was bedeute, dass es ohne subjektives Interesse keinen Widerstreit, keine irritierende Vielheit und keine Unvollendetheit gäbe. In dieser Annotation werde (möglicherweise) die Divergenz von Bildungsprozessen sichtbar, weil Theorie der Erfahrung nachgeordnet werde, weshalb um deren theoretische Rechtfertigung nicht nur ein permanenter Kampf zu führen sei, sondern auch, weil Erfahrung aus einem praktischen Anspruch stamme, der wiederum in eine Praxis münde. Jede Praxis beinhaltet daher einen Anlass und eine Aufforderung zu einem neuen Wollen.[54] Folglich bestimmt sich der Primat der Praxis aus der Erfahrung der unvollkommenen Welt, sodass diese zum Gegenstand der Arbeit

---

[52] Die Grundfrage der Philosophie, 18: »[...] so wie die Philosophie als ganze [...] als universelle Pädagogik bezeichnet werden könnte.«
[53] Vgl. Über akademische Bildung, 11.
[54] Vgl. ebd., 12.

wird, der überwunden werden muss. Alle Praxis, da sie auf einem subjektiven Wollen basiert, ist daher geleitet von der Idee der Vollendung, d. h., ohne die Erfahrung der Unvollendetheit der Welt würde es zu keinem Engagement und keiner menschlichen Tätigkeit kommen. Unvollendetheit exkulpiert daher die Praxis, weil Praxis Hoffnung konkretisiert und eine bessere Zukunft verspricht. Für Häberlin ist daher evident, dass Erfahrung und Praxis oder deren Ethos zusammengehören, weshalb Forschung und Fortschritt ohne diesen Zusammenhang undenkbar wären. Die daraus resultierende Reihenfolge von Praxis und Theorie enthält, weil sie sich aus dem subjektiven Wollen heraus generiert, die Möglichkeit politischer Instrumentalisierung und degradiert damit Theorie zur nachträglichen Option, einzig und allein für die Normierung des Faktischen bedeutsam zu sein. Aus diesem Grund und zur Vermeidung desselben setzt Häberlin dem subjektiv wollenden Menschen der Praxis denjenigen der wissenden Erinnerung entgegen, weil der theoretische Mensch aus der Einsicht in die Vollendetheit der Welt lebt und mit dieser Kraft seiner Erinnerung weiß, dass sein subjektives Wollen und damit seine Erfahrung dem objektiven Wissen um die Vollkommenheit des Seins widersprechen. Folglich manifestieren sich Theorie und Praxis im Menschen als unlösbare Antinomie, die ohne ontologische Grundlegung nicht nur nicht bearbeitet werden kann, sondern als solche dazu führt, dass die Praxis zum unendlichen Regress ihrer eigenen Rechtfertigung verdammt ist und deshalb letztlich an ihrer uneinholbaren Zukunft verzweifeln muss. Deshalb plädiert Häberlin für eine Umkehrung der Reihenfolge von Praxis und Theorie in Theorie und Praxis, rettet damit die Theorie als Gradmesser und Sicherungsinstrument der Praxis und diese wiederum vor dem »Engel der Geschichte« (Benjamin), d. h., ihrer eigenen unmöglichen Realisierung. Hier ist nicht einer revisionistischen Einstellung das Wort geredet, wie Kritiker*innen einwenden könnten, vielmehr geht es um eine Rettung und Wertschätzung des Menschen in der Rückbesinnung auf seine ontologische Gewissheit. Mit dieser Besinnung auf dessen Vollkommenheit kann der Mensch entlastet werden von dem unendlichen Anspruch, für seine eigene Vollendung und/oder die Rettung der Welt da zu sein und sich permanent beweisen zu müssen.[55] Hatte Häberlin von der konditionalen Verschränkung von Philosophie und

---

[55] Was letztlich zu einem unendlichen Kampf um Anerkennung führt und führen muss.

Pädagogik gesprochen, so zeigt sich der Sinn von Philosophie als immerwährende Erinnerung an die Einsicht in die Vollkommenheit der Welt und des Menschen. Daraus folgt im Weiteren, dass Pädagogik immer nur philosophische Pädagogik und damit eine *immerwährende* Pädagogik solchermaßen sein kann, dass sie Erziehung nicht an einer möglichen, sondern an einer ontologisch-tatsächlichen (d.i. schon bestehenden) Vollkommenheit auszurichten hat. Pädagogik wird damit zu einer *Pädagogia perennis*, womit einerseits Pädagogik als Hilfe immer nur und ausschließlich Bejahung und Bestärkung des Menschen ausdrückt und andererseits Pädagogik als Entlastungshandeln in der pädagogischen Situation zu begreifen ist. Die in den Ausführungen immer wieder angesprochene Ruhigstellung der Zielfrage der Erziehung bestätigt sich hier in der ontologischen Umcodierung der Praxis. Anders als bei Otto Willmann, der auch von einer *Pädagogia perennis* gesprochen hatte, und auch anders als bei der sozialpädagogischen Wende, die mit den Namen Nohl und Bäumer verbunden ist, hat eine *Pädagogia perennis* bei Häberlin eine prinzipielle Erinnerungsfunktion, d.h., sie ist philosophisch und intendiert aus sich heraus einen Widerstand gegen subjektive und politische Vereinnahmungen bzw. Übernahmen. Mit dieser philosophischen Fassung von Pädagogik kann der Rückweg zum Theorie-Praxis-Problem wie zur Thematik eines doppelten Bildungsauftrags der Universität gelingen, denn Häberlin gibt in diesem Zusammenhang zu bedenken, dass die Vereinigung von Theorie und Praxis nur unter der Führung der eigentlichen akademischen Bildung und damit nur in der Erziehung zur Erkenntnis gelingen kann. Die heute opportun erscheinende Transformation von Pädagogik in Bildung (resp. Bildungsforschung) verdeutlicht dieses Missverhältnis der unterschiedlichen Bildungsaufträge, denn unter dem Primat der Praxis steuert Bildung (Bildung wie Hochschulbildung allgemein) unweigerlich auf eine Praktisierung, Technisierung, Moralisierung und Politisierung zu. Die Folge wäre, dass »der Geist der Erkenntnis und der Wahrheit [...] erwürgt [würde, M. H.]«[56]. Häberlin kann deshalb davon sprechen, dass Praxis, »wo sie nicht durch wahre Einsicht geführt werde«[57], der Theoria gegenüber feindlich gesinnt und deshalb völlig intolerant und diktatorisch lebensfeindlich sei. Der doppelte Bildungsauftrag der Universität bemisst sich somit am Verständnis erkenntnistheoretischer Pro-

---

[56] Über akdemische Bildung, 24.
[57] Ebd.

zesse, d. h., Erkenntnis als Theoria hat keinen zeitlichen Index, der auf Zwecke und Interessen zurückzuführen wäre. Auch wenn Häberlins Argumentation hier schroff und beinahe exkludierend wirkt, so ist nicht zu leugnen, dass die Duldung einer dienstbaren bzw. verzweckten Erkenntnis letztlich zu einer Unterdrückung wirklicher Erkenntnis führen muss. Häberlin ist sich bewusst, dass mit der Reihenfolge von Theorie und Praxis nicht nur die Erkenntnistheorie neu formatiert wird, sondern auch die Bedeutung der Universität und der akademischen Bildung auf dem Spiel steht.[58] Sein Plädoyer, dass die Universität für die Theorie (d. i. die Wahrheit) unerschrocken einzustehen habe, koppelt sich an die Mahnung, sich nicht in die durch den Zeitgeist geforderte totale Praktisierung und Politisierung hineinziehen zu lassen. Eine an die Praxis verlorene Welt entferne sich immer mehr von der in der Theorie erworbenen Einsicht in den ontologischen und damit relationalen Zusammenhang der Subjekte. Häberlins Analysen aus dem Jahr 1935 wirken wie in unserer Zeit gesprochen, wenn von einer krisenerschreckten Gegenwart die Rede ist, die ihr Heil in »immer nervöserer Anspannung der technischen, wirtschaftlichen, politischen, pädagogischen, kurz praktischen Möglichkeiten«[59] sieht. Bildung müsse daher ihren Auftrag darin sehen, der praktisch-politischen Dominanz von Bildungsabsichten entgegenzuwirken und für ein Gut einzustehen und zu sorgen, »dessen Verlust Schaden an der Seele wäre«[60]. Wenn es daher Bildung nicht um die Erfüllung von Standards zu gehen hat, die der Maximierung subjektiver und politischer Interessen gelten, so zeigt sich, dass nicht ein geringeres, sondern ein immer größeres Maß an Theorie nötig ist, um eine dem Subjekt und seiner Bestimmung gemäße Bildung zu garantieren. Angesichts des aktuellen Diskurses um Bildung und Bildungsforschung wirkt Häberlins Invektive, dass Bildung Ausbildung beherrschend durchdringen müsse, wie eine selbsterfüllende Prophezeiung. Seine Ausführungen gehen dazu über, eine Führung durch Theorie oder theoretische Bildung nicht als Unterdrückung der praktischen Notwendigkeiten zu verstehen, sondern Bildung im Sinne der Theorie als Möglichkeit zu betrachten, einen Beruf, welcher Profession auch immer, prinzipiell über das Niveau eines Geschäfts zu

---

[58] Vgl. ebd., 25.
[59] Ebd.
[60] Ebd.

heben.[61] Der in einem Nebensatz seiner Rektoratsrede versteckte Hinweis, dass Bildung Beruf, man möchte sagen, Berufung verlange, weil Bildung eine gelingende bzw. edle Praxis will,[62] bestätigt Bildung deshalb nicht als elitäres Geschehen, sondern als eine Haltung, die aus theoretischer Einsicht gespeist wird. Damit aber ist unter Bildung ganz anderes zu verstehen als die funktionalistisch codierte und politisch instrumentalisierte Jagd nach Kompetenzen, denn in dieser verkommt Bildung zur performativen Gesinnung subjektiver und politischer Interessen und produziert so Exklusion, anstatt diese zu verhindern. Für Häberlin hingegen weist sich Bildung nicht durch Vielwisserei aus (es gibt den ungebildeten Gelehrten!)[63], sondern vielmehr als eine allgemeine Bildung, die in der Intensivierung objektiver Einsicht liegt und damit um eine Abmilderung des extensiven menschlichen Widerspruchs bemüht ist. An dieser Konnotierung von Bildung ließe sich jedes Bildungsprogramm und jeder Unterricht als bildend und d. h., als allgemeinbildend (i. S. der Gemeinschaft) verstehen, weil Bildung sich an der Wahrheit, die eine ist, ausrichtet und daher nur *eine* Bildung sein kann. Diese Sicht Häberlins ist durchaus anschlussfähig an Reflexionen über Bildung, wie sie beispielsweise Peter Bieri vorgelegt hat, und die in der Differenzierung von Selbstbildung und Ausbildung den Versuch unternehmen, ideologische Vereinnahmung des Bildungsbegriffs zu vermeiden.[64] Damit aber steht nicht nur das Verständnis von Bildung zur Debatte, sondern auch die sich am Pluralitätsdiskurs abarbeitenden Absichten, Wahrheit als kleinstmögliche Einheit zu rechtfertigen, weil diese sich mit der Frage konfrontiert sehen, wie sie das durch die Moderne aufgeworfene Verhältnis von Einheit und Vielheit beantworten und in die disziplinären Diskurse integrieren wollen.

Vor dem Hintergrund der häberlin'schen Ontologie zeigt sich *intensive* Bildung als Versuch, die objektive Wahrheit des einzelnen Subjekts wie dessen intersubjektive Relationalität zu bestätigen.

---

[61] Vgl. ebd., 26.
[62] Vgl. ebd.
[63] Vgl. hierzu Pascal, Pensees, Fr. 117, in welchem Pascal über die drei Stufen des Wissens erzählt und dabei zwischen der natürlichen Unwissenheit, dem Gelehrtentum und der wissenden Unwissenheit unterscheidet. – Weiterhin Bieri, Wie wäre es, gebildet zu sein?, 234. »Der Gebildete ist ein Leser. Doch es reicht nicht, ein Bücherwurm und Vielwisser zu sein. Es gibt – so paradox es klingt – den ungebildeten Gelehrten.«
[64] Vgl. Bieri, Wie wäre es, gebildet zu sein?, 228f.

Bildung signifiziert in diesem Sinne ihren pluralen Anspruch zur Stärkung des einzelnen Subjekts, weil sie intensiv und nicht extensiv ist oder, um es anders zu sagen, weil intensive Bildung immer inklusiv ist, widerspricht jede exklusive Bildung dem objektiven Status des Subjekts.

In einem globalisierten und durch Medien digitalisierten Zeitalter wird hier dem Subjekt seine besondere Stellung zugesprochen und diesem durch Bildung zugleich die Möglichkeit eröffnet, zwischen den zwei Wegen von *vita contemplativa* und *vita activa* zu wählen.[65] Ein Gedanke, der dann nicht nur im Weiteren bei Hannah Arendt virulent wird, sondern auch in Zeiten von Achtsamkeits- und Entschleunigungsdiktaten Paralleldiskurse außerhalb der Disziplinen vermeidet, weil diese in einem intensiven Bildungsverständnis den Disziplinen strukturell inhärent sind.

2.5. Anknüpfung V: Eine Ethik des Verstehens

Häberlin hat auf der Grundlage seiner ontologischen Kosmologie eine Ethik vorgelegt, die von einer Einheit ausgeht und darum, weil sie Einheit ist, notwendig vollkommen sein muss. Diese Einheit, die den Funktionszusammenhang in seinem Werden zu immer neuer Vollkommenheit kennzeichnet,[66] bildet den Hintergrund des Menschen und seiner Problematik; ein Hintergrund, der zugleich im Menschen selbst anwesend ist, weil der Mensch in seiner Existenz diese Ganzheit repräsentiert. Von Ethik in diesem Sinne ist auch immer mit jenem Vorzeichen zu sprechen. Meint Philosophie Einsicht in die Wahrheit, so bedeutet Ethik nichts Geringeres als den Versuch, das Leben und Handeln aus dieser Einsicht (episteme) zu gestalten und daran auszurichten. Aus dieser Einsicht zu handeln kann demnach nicht heißen, zu vergleichen und kritisch abzuwägen, vielmehr begründet sich Ethik im Handeln aus dieser Einsicht in das Ganze. Damit kann Ethik nicht die Lehre einer Weltverbesserung

---

[65] Peter Kamm zitiert in seinem monumentalen Werk über Häberlin eine Besprechung zu dessen Rektoratsrede, wo es heißt: »Es ist unter anderem das große Verdienst Häberlins, in klarer Entschiedenheit unablässig für das Recht der vita contemplativa einzustehen, und das gerade in einer Zeit, der die Praxis zum Götzen geworden ist, und die die Theorie nur insoweit gelten läßt, als sie dem Leben dient.« Vgl. Kamm, Leben und Werk II, 177.
[66] Vgl. Ethik, 11.

Anknüpfungen und Kritik – Koinzidierungsversuche

sein, denn eine solche, die von der Notwendigeit der Verbesserung ausginge, sei, so Häberlin, in der Wurzel falsch und unwahrhaftig.[67] Da Ethik nur philosophisch zu bestimmen ist, eben aus dieser Einsicht in die Wahrheit, muss wahrhaftige Ethik von einem großen Ja ausgehen und nicht von einem Nein, d. h., Ethik ist grundsätzlich verstehend und nicht kritisch.[68] Was aber folgt daraus für den Diskurs um ethische Modelle und Lebenskunstkonzepte, die in immer neuen Varianten ein besseres Leben versprechen? Eine verstehende Ethik ist grundsätzlich mindestens dialogisch (relational) und nicht solipsistisch, denn es geht zuerst nicht um die glückversprechende Realisierung subjektiver Interessen, sondern um die in der Relativität einsichtig gewordene Verbindung zu dem Anderen und den Anderen. Eine Möglichkeit wäre, Verstehen als Vollzug zu deuten,[69] d. h., wenn Ethik aus der Einsicht in die Wahrheit ein Verstehen des Zusammenhangs meint, in dem das Subjekt bzw. die Subjekte stehen, so bezeichnet Ethik den Vollzug dieser Einheit bzw. Anerkennung der Vollkommenheit. Nichts anderes meint Häberlin, wenn er das ethische Prinzip als Liebe fasst. Hinsichtlich der Pädagogik bedeutet Verstehen analog, das Handeln auf den Partner der Erziehung so auszurichten, dass dieser selbst die ihm eigene Bestimmung seines Lebens erkennt oder anders gesagt: Pädagogik aus dem ethischen Prinzip heißt, dem Partner zu helfen, der Dignität seiner eigenen Bestimmung ansichtig zu werden und ihn darin zu unterstützen, diese zu verwirklichen. Und so wie Philosophie immer eine unter Vorbehalt, immer *Philosophia perennis* ist, so meint das Attribut immerwährend eine permanente Anstrengung, der Wahrheit ansichtig zu werden, ohne diese jemals als persönlichen Besitz verbuchen zu können. Aus diesem Grund wird Verstehen nicht »gehabt«, sondern kann nur getan bzw. vollzogen werden.[70]

---

[67] Vgl. ebd., 12.
[68] Vgl. ebd.
[69] Auf die hier nicht ganz unproblematische Anleihe bei Heidegger sei hingewiesen, denn dieser hatte in *Sein und Zeit* das Dasein als verstehendes Dasein insofern gedeutet, als das Dasein in seinem Vollzug um sich selbst weiß und sich zu sich selbst verhält (ontisch-ontologische Vorrangigkeit des Daseins). Heideggers Verstehensbegriff ist nicht ethisch im Häberlin'schen Sinn. Von der persönlichen und philosophischen Distanz Häberlins zu Heidegger ist an anderer Stelle schon gesprochen worden. Vgl. Heidegger, Sein und Zeit, 12. 260 f.
[70] Hier zeigt sich nochmals der spinozistische Zug Häberlins, indem Verstehen in einem philosophisch sapientialen Sinn gedeutet wird.

Da das ethische Prinzip, wie gezeigt werden konnte, sowohl der Individualethik als Liebe wie auch der Sozialethik als Gerechtigkeit zugrunde liegt, eröffnen sich aus diesen zwei Modi (des einen Prinzips) Anschlussmöglichkeiten für einen Diskurs, der für die Anerkennung von Minderheiten, für gerechte Lebensbedingungen und Chancengleichheit kämpft. Da eine Analogie von Verstehen und Gerechtigkeit vorliegt, würde Verstehen als ethischer Orientierungsmodus im Dschungel der Gerechtigkeitstheorien insofern eine neue Sicht produktiv befördern, weil sich Verstehen als gemeinschaftsstiftendes Prinzip nicht an soziologischen Gesellschaftsdefinitionen i. S. von Tönnies orientieren würde.[71] D. h., Gerechtigkeit als Verstehen böte eine alternative Denkoption zu allen Modellen von Tausch- und Verteilungsgerechtigkeit sowie zu allen möglichen Formen von Gerechtigkeit, die auf Verhandlung oder Vereinbarung beruhen, denn der Ausgangspunkt läge nicht in einem Tausch- und Konkurrenzverhältnis, sondern in einem Denken der Einheit. Und beiden Formen, der der ethisch realisierten Gemeinschaft und derjenigen einer i. S. Tönnies soziologisch gefassten Gesellschaft, um es zugespitzt zu formulieren, wäre ein Modus von Gerechtigkeit eigen. Gemeinschaft als realisierte Form des ethischen Prinzips symbolisiert eine verstehende Gerechtigkeit, Gesellschaft hingegen eine notwendig vergleichende. Die Konsequenzen, die aus diesen Zuschreibungen folgen bzw. folgen würden, kämen sie denn als Denkkategorien für aktuelle Diskurse in Betracht, böten eben genau das, was eine hier vorgelegte Rezeption des Werkes Häberlins leisten möchte: Einerseits eine Neustimmulierung disziplinärer Auseinandersetzungen ohne Denkverbote und andererseits eine bewahrende Entdeckung des Reichtums der Tradition ganz im Sinne der Kritischen Theorie.

2.6. Anknüpfung VI: Das *große Ja* oder: Plädoyer für eine Pädagogik als ethische Bildung

Aus dem bisher Gesagten erhellt sich das spezielle Prinzip, dass Bildung sittliche Bildung in Ansehung des Menschen ist und damit Bildung zur Gemeinschaftsfähigkeit. Für die Pädagogik gilt daher, dass das Verstehen des Anderen nichts anderes meint als liebende Teilnahme an der Lebensaufgabe des Anderen und Bereitschaft zu kultu-

---

[71] Vgl. hierzu Tönnies, Gemeinschaft und Gesellschaft, 34 ff.

reller Hilfe, insofern diese nötig, und zur Fürsorge, wo diese nicht möglich ist. Hinter alledem steckt die Überzeugung an das absolute Gut-sein des Menschen. D. h., Häberlin bestimmt als Voraussetzung für jegliche Pädagogik nicht nur ein unbedingtes Gut-sein des Menschen, sondern sieht darin auch den Glauben an das Gut-sein der menschlichen Bestimmung bestätigt. Dieses positive Werturteil über den Mitmenschen in seiner wie auch immer ausgeprägten Existenz markiert eine ethische Sicht, die als Prämisse aller Begründungen fungiert und die anthropologisch nicht ausschließend ist, sondern alle Vielfalt und jeden Modus menschlicher Dispositionen in sich enthält. Diese unbedingte Bejahung des Menschen schließt allerdings »die kritische Bewertung unter dem Gesichtspunkt der Güte nicht nur nicht aus, sondern gerade ein.«[72] Daraus lässt sich ableiten, dass jede Form der Kritik nur auf die kulturelle Zuständlichkeit des anderen Menschen zielen kann. Pädagogik geht daher von einem Verstehen aus, meint also die objektive Bedeutung des Menschseins im Werden, wobei Kritik sich im Werden als subjektive Verlaufsform des objektiven Gutseins spiegelt. Pädagogik in diesem Sinne versteht sich als ethische Bildung, und nicht wie heute üblich als krude Form des Kompetenzerwerbs, die ausschließlich an der Messbarkeit und damit Vergleichbarkeit ausgerichtet ist. Pädagogik in ihrer ethischen Grundierung kann daher nicht anders denn als eine Allgemeine Pädagogik bestimmt werden. Allgemeine Pädagogik schließt von daher die Ausformungen in Bereichsethiken prinzipiell ein und vermeidet damit ein ausschließlich an der Zielfrage orientiertes Vorgehen. Wenn Häberlin vom *großen Ja* spricht, so ist damit die sachliche Hilfestellung für den Partner gemeint, die zwar Kritik sein kann, aber immer innerhalb dieses Ja die Tendenz hat, dem Anderen zu helfen. Er weist in diesem Zusammenhang ausdrücklich darauf hin, dass sachliche Einstellung zu Mitmenschen, und d. h. Kritik, »nur möglich ist auf der Grundlage des Verstehens«[73]. Das Ziel einer Pädagogik des *großen Ja* beruhigt damit die Zielfrage, weil Pädagogik immer davon auszugehen hat, dass das Ziel nicht in der Absicht des Erziehers, sondern in der Bestimmung des anderen Menschen liegt. Als Nebenbemerkung sei darauf hingewiesen, dass im pädagogischen Diskurs die Zielfrage deshalb dauernd virulent bleibt, weil sie von einer defizitären Grunddisposition des Menschen ausgeht. Weil dem so ist, weil der

---

[72] Allgemeine Pädagogik, 84.
[73] Ebd., 85.

Mensch als Mängelwesen verstanden wird, kann Pädagogik ihrer utopischen Ausrichtung niemals gerecht werden. Pädagogik, so Häberlin, geht von der ontologischen Einsicht aus, dass der Andere so ist wie ich. Wenn sich nun der Andere als der Andere in seinem Gutsein gespiegelt findet, dann zielt Pädagogik einzig und allein auf die Überwindung einer triebhaften Subjektivität und nicht auf eine Verbesserung des Menschen. Triebhaft meint hier das unbedingte Beharren auf den subjektiven Interessen und gesetzten Zielen. Die Pädagogik des unbedingten Ja stellt sich somit als ein Gegenentwurf zu aller vermeintlichen Absicht heraus, die Welt und den Menschen verbessern zu wollen. Deshalb kann Häberlin Erziehung als ein liebendes Verstehen kennzeichnen, sodass Pädagogik eben genau diese Pflege (Kultur) beschreibt, d.h. die Pflege der Liebesfähigkeit. Ein für die Pädagogik weiterer Aspekt wird aufgrund der ontologischen Vollkommenheit des Menschen bedeutsam, denn es ergeben sich hinsichtlich der Stellung jedes einzelnen Menschen keine wesensmäßigen Abstufungen, woraus folgt, dass die Güte des Erziehers (seine unbedingte Wertschätzung) keine Unterschiede bezüglich des Partners der Erziehung kennen kann. Damit ist das eingeholt, was heute in korrekter Weise als Akzeptanz der Vielheit proklamiert und als sozialpädagogischer Anspruch bzw. als eine ebensolche Haltung formuliert und eingefordert wird.[74] Wenn Bildung daher von Häberlin als Gemeinschaftsbildung verstanden wird, so gilt Bildung zuallererst dem Anderen, d.h. dem Mitmenschen. Damit erweitert sich ethische Bildung zur sozialen Bildung und berücksichtigt, dass Bildung ihren Sinn in der Gemeinschaft findet. Hier ist philosophisch die Relationalität der Subjekte in ihrem objektiven Status und das Subjekt in seiner Dignität ausgewiesen. Das *große Ja*, von dem Häberlin spricht, kennzeichnet damit sowohl den Zugang zur Welt, zur Stellung des Objektes wie die Relationalität der Subjekte. Weltbejahung und Förderung bzw. Steigerung des Subjekts sind demnach kongruent und vermeiden eine utopische Überforderung des Menschen durch pädagogische Programme. Es erweist sich zudem, dass Weltbejahung sich nicht als naive Formel der Geschichtsvergessenheit und/oder als subtiler Ausdruck einer Theodizee versteht, sondern vielmehr eine Mög-

---

[74] Vgl. dazu die Definition der IFSW von 2016, die in der Übersetzung des DBSH die Achtung von Vielfalt als eine der vier Grundprinzipien (neben dem Einsatz für soziale Gerechtigkeit, Menschenrechte und gemeinsame Verantwortung) sozialpädagogischen Handelns ausweist. Vgl. DBSH 2016, o. S.

lichkeit generiert, Gesellschaft und Geschichte aus einem positiven Selbst- bzw. Fremdverständnis heraus zu gestalten. Von hier aus wird das Anliegen einer sozialen Bildung verständlich, welches Häberlin mit der Bildung zur Gemeinschaftsfähigkeit umschreibt und dabei berücksichtigt, dass Pädagogik nichts anderes meinen kann als die Situationsklärung innerhalb des gesellschaftlichen Werdeprozesses.[75] Dabei ist von Häberlin ganz richtig gesehen, dass soziale Bildung eine besondere Aufgabe ethischer Bildung meint, indem soziale Bildung als eine besondere Modifizierung ethischer Bildung zu verstehen ist und Antwort auf gesellschaftliche Situationen zu geben versucht. Gleichwohl ist, wie weiter oben schon verdeutlicht wurde, eine gesellschaftliche Kohäsion nicht das Ziel sozialer Bildung, weil Gesellschaft eine Vorform unvollkommener Gemeinschaft abbildet. Eine soziale Bildung bzw. Sozialpädagogik kennzeichnet den zweiten Schritt in eine Welt hinein, d.h., Sozialpädagogik, die Weltbejahung als ihren Ausgangspunkt versteht, sieht sich mit der Unvollkommenheit der Gesellschaft bzw. der Gesellschaften konfrontiert. Wenn hier von sittlicher Unvollkommenheit gesprochen wird, und Häberlin tut dies, dann sind damit familiäre, staatliche, moralische, rechtliche usw. Dispositionen gemeint, die durch den menschlichen Widerspruch, d.h., durch die subjektiven Eigeninteressen, durch differente Weltanschauungen, Glaubens- und Heilsvorstellungen der Menschen produziert werden. Sozialpädagogik, um sie definitorisch in ihrer Aufgabe zu umreißen, versteht sich daher als Arbeit an der Zivilisation, um aus der Zivilisation heraus in eine Kultur zu finden, die in der Wertschätzung der Subjekte die objektive Einheit aller Subjekte repräsentiert. Sozialpädagogik verweist damit zurück auf den einzelnen Menschen und seiner Bestimmung für die Gemeinschaft und formuliert damit ihren eigentlichen pädagogischen Auftrag, der in der rechten (objektiven) und sittlichen Einstellung zur werdenden und im Werden immer gefährdeten Sozietät ausdrücklich wird. Wenn aber der einzelne Mensch zur Gemeinschaft bestimmt ist, so ist Sozialpädagogik nichts anderes als der immerwährende Versuch *(Pädagogia perennis)* an der Vergeistigung und d.h., der Vergemeinschaftung der Gesellschaft zu arbeiten.[76] Häberlin weist zu Recht darauf hin, dass Sozialpädagogik grundsätzlich eine wertende Einstellung zu jeder gesellschaftlichen Ausformung einzunehmen hat,

---

[75] Vgl. Allgemeine Pädagogik, 87.
[76] Vgl. ebd., 88.

gleichwohl kann und darf diese kritische Sicht auf Gesellschaft nur eine positive sein, weil das Ziel ja schon als die noch zu realisierende Abbildung der positiven Grundannahme, sprich: der Weltbejahung, feststeht. Die Insistenz auf dem »Warenwert allen Zustandes« heißt dann zuerst, dass all das, was ist, »historisch« gut ist, was aber nicht dazu verleiten darf, den jetzigen Zustand zu verewigen, weil dieser als menschlicher nicht vollkommen ist, sondern den Zustand und damit den Bedarf an kultureller Güte anzeigt. Damit wird die präsente Gesellschaft in ihren kulturellen Leistungen positiviert (wertgeschätzt), was auch bedeutet, dass sich alle Negationen innerhalb dieser positiven Wertung bewegen müssen. Sozialpädagogik gerät hier nicht, wie dies aktuelle und vermeintlich kritische Diskurse auszeichnet, zur lamorjanten Klage gesellschaftlicher Zustände, weil sie aus dem positiven Grund ihrer Gewissheit agiert. Aus diesem Selbstverständnis heraus kann (könnte) Sozialpädagogik zu einem »verstehenden« Impulsgeber für gesellschaftliche Prozesse und Veränderungen neuformatiert werden. An anderer Stelle hat dies Mührel als eine sozialpädagogische Haltung beschrieben, die nichts anderes meint als liebendes Verstehen.[77] D. h. negative Kritik, die ja die neuere Sozialpädagogik als identifizierendes Signum vor sich herträgt, kann daher nur Ausdruck der Entschlossenheit sein, an der kulturellen Unvollkommenheit als Ausdruck des menschlichen Widerspruchs zu arbeiten. Daraus ergibt sich, so Häberlin, der Sinn einer sozialen Bildung (Sozialpädagogik), denn diese ist Bildung zur Bejahung der Gesellschaft, womit sich Gesellschaft als Feld der Gemeinschaftsarbeit verifiziert. Sozialpädagogik plädiert als eine »verstehende« Sozialpädagogik nicht für die Flucht aus, sondern für ein Leben und ein Engagement in der (unvollkommenen) Gesellschaft, um an ihr zu arbeiten. Mit Recht weist Häberlin darauf hin, dass sich in der Praxis beide Seiten nicht voneinander trennen lassen, weil Sozialpädagogik einerseits durch den Entschluss gekennzeichnet sei, die Gesellschaft als Feld der Gemeinschaftsarbeit zu betrachten und sich andererseits im Mut manifestiere, in dieser unvollkommenen Gesellschaft zu leben. Beide Tendenzen zum Handeln bedingen sich, sodass die Bereitschaft mit dem Verständnis wachse, und dieses seinerseits jene Bereitschaft voraussetze.[78] Sozialpädagogik insistiert daher auf dem Votum, es könne keine Auswahl von Welten geben, sondern es sei

---

[77] Vgl. Mührel, Verstehen und Achten, 137 ff.
[78] Vgl. Allgemeine Pädagogik, 88.

Anknüpfungen und Kritik – Koinzidierungsversuche

nur die bestehende als die eine zu haben.⁷⁹ Diese Insistenz ist der Sozialpädagogik nur möglich, weil sie von der ontologisch fundierten Grundannahme der Weltbejahung getragen wird. Von daher braucht sie auftretende Debatten nicht zu fürchten, die bspw. durch den Generationenkonflikt lanciert werden und um die Pole Tradition und Fortschritt kreisen, weil Sozialpädagogik ein grundsätzlich positives Plädoyer präsenter Gesellschaftlichkeit darstellt. Auch politische Markierungen rechter oder linker Ordnung fallen diesbezüglich weg bzw. sind nichts weiter als unsichere, wohl auch zweifelnde Überzeugungen, die aus einer einsamen Subjektivität resultieren, die sich nur um ihre eigenen Interessen und mögliche Erfolge kümmert. Gesellschaftliche Programme zur Verbesserung der Gesellschaft, ob konservativ oder progressiv, laufen deshalb ins Leere oder in die Mühlen eines unendlichen Regresses, weil sie nicht von der ontologischen Relationalität der Subjekte, also deren prinzipiellem (einem) Gutsein ausgehen. Sozialpädagogik benennt die Konditionen für ein Forum, in und an dem alle Subjekte mitarbeiten (partizipieren) können, weil jedes Subjekt durch seine unbedingte Dignität für den Prozess gesellschaftlicher Veränderungen wertvoll ist.⁸⁰ Hier von einer philosophi-

---

[79] Bereits 1928 hatte Häberlin im Zusammenhang mit der menschlichen Problematik darauf hingewiesen, dass die Probleme des Lebens nicht durch die Flucht in eine andere, bessere Welt zu lösen seien. Damit wird einer christlich orientierten Jenseitsvertröstung ebenso widersprochen wie dem ideologischen Wunsch durch den »neuen Menschen« eine »neue Welt« schaffen zu wollen. – Vgl. Das ästhetische und das moralische Leben, 35–46, hier 43: »Was vor allem not tut, das ist die gänzliche Lösung von dem lebenswidrigen Wunsch und Anspruch, das Leben anders zu wollen oder zu gestalten, als es in seiner Problematik ist. Lösung von dem sozusagen kindlichen Anspruch des Besserwissens und Bessermachenwollens. Volle Wahrhaftigkeit, volle Anerkennung der unlösbaren Zweideutigkeit, also der »Sinnlosigkeit« (i. O., M. H.) des Lebens – wenn man unter Sinn eben die mögliche Eindeutigkeit oder Widerspruchsfreiheit versteht. Man muß sehen und sehen wollen, dass das Leben »rätselhaft« ist (*praktisch* rätselhaft), durch keine Praxis enträtselbar. Es ist »in sich unbegründet«, aus sich heraus »unverständlich«, eben weil es nicht eindeutig ist. Erst dieser *wahre* »Realismus«, dieser Respekt vor den Tatsachen, macht den Blick frei für das, was kein Moralismus sehen kann: für den *transzendenten* Grund und Sinn des Lebens.«
[80] Vgl. Pelluchon, Ethik der Wertschätzung. Das 2019 in deutscher Übersetzung erschienene Werk der französischen Philosophin Corine Pelluchon plädiert für eine ethische Neuformatierung des politischen Denkens und versucht, mit den ethischen Kategorien der Wertschätzung und Achtung eine Revision des gesellschaftlichen und globalen Bewusstseins im Sinne einer planetarischen Ökumene zu begründen. Einen ähnlichen Weg beschreitet Eric Mührel in seinem Buch *Verstehen und Achten*. Pelluchon und Mührel bestätigen grundsätzlich die hier ausgeführten Überlegungen, sind jedoch hinsichtlich ihrer Grundannahmen zu unseren dahingehend divergent, dass sie

schen bzw. sozialpädagogischen Begründung der Partizipation zu sprechen scheint vermessen, hat aber seine Berechtigung, weil sie sozialpädagogisch die bereits individualpädagogisch gewonnen Erkennisse zur pädagogischen Situation spiegelt, die recht verstanden nichts anderes zeigt als die Arbeits- bzw. Hilfsgemeinschaft zwischen den Partnern der Erziehung. Sozialpädagogik wirkt daher zurück auf die Einstellung des einzelnen Subjekts, die, so Häberlin, nichts anderes sein kann als die oberste Leitidee aller Wertung, »d. h. das Wissen um das objektive Gutsein dessen, was existiert«[81]. Bejahung des Subjekts bzw. Weltbejahung, wie sie titelgebend über diesen Studien steht, konnotiert das Grundprinzip, den Rahmen jedes Handelns der Subjekte untereinander und in der Welt. Nur durch die prinzipielle Dignität der Subjekte wie ihrer Relationalität, nur in der Sphäre dieser Leitidee, entgeht Pädagogik wie Sozialpädagogik der Gefahr moralistischer Anweisungen, sittlichem Eifertum sowie gesellschaftlichen »Konfessions«diktaten jedweder Couleur. Pädagogik wie Sozialpädagogik beinhaltet zuerst die Arbeit an der Selbstwertschätzung[82], die darin Wertschätzung präsenter Gesellschaftlichkeit ausdrückt.

Hält die hier vorgeschlagene Kategorie einer prinzipiellen Weltbejahung als Ausgangspunkt pädagogischen und sozialpädagogischen Denkens einer Kritik stand? Darüber ist nun zu handeln:

2.7. Anknüpfung VII: Kritik der Kritik

Eine Kritik an der Kritik scheint hier angebracht, denn der Terminus der Weltbejahung deckt sich berechtigterweise nicht mit der geschichtlichen Erfahrung. Wenn aber die geschichtliche Erfahrung grundsätzlich den Deutungshorizont der Konnotationen vorgibt, so ist zu erwarten, dass die Erfahrungen der Negativität zu überwältigend und zu naheliegend sind, Hans Blumenberg sprach aus diesem Grund vom Terror der historischen Erfahrung. Gerinnen hier die Kategorien der Weltbejahung und Wertschätzung zu unbegründbaren Postulaten aufgeklärter Kritik? Macht die Aufklärung und deren Dia-

---

die hier vorgebrachten ontologischen Annahmen nicht mitmachen bzw. nicht mitmachen können. Sie kommen demnach über einen anderen Weg zum Ziel.
[81] Allgemeine Pädagogik, 92.
[82] Vgl. Pelluchon, Ethik der Wertschätzung, 56 ff.

lektik mit all ihren Abschattungen daher andere Lesarten des Subjekts und der Welt problematisch, wenn nicht sogar unmöglich? Woher soll von einer Einheit und damit der Vollkommenheit der Welt außerhalb unserer Erfahrung gewusst werden? Woher kommt der Sinn für das ganz Andere? Ist es nur eine konstruierte und beruhigende Illusion oder doch eine Wirklichkeit, die, um es mit Kant zu sagen, die transzendentale Apperzeption durchbricht? Oder ist es möglicherweise eine Setzung, die nur, weil sie Setzung ist, eine Ontologie und damit einen Diskurs über Transzendenz rechtfertigen kann? All diese Fragen zusammengenommen rechtfertigen »scheinbar« eine ebensolche Zahl von Indikativen: 1. Häberlins Werk wirkt unplausibel, weil es die Wirklichkeiten, in denen wir leben (Blumenberg), hinter bzw. vor der Erfahrung verortet. 2. Häberlins Werk wirkt unplausibel und ist daher vergessen, weil es dem einzelnen Subjekt eine Wirklichkeit zumutet, die es nicht selbst geschaffen hat. 3. Häberlins Werk wirkt unplausibel, ist vergessen und unangenehm in seiner heteronomen Autonomie und im Versuch, das Vorrecht des subjektiven Bedürfnisses zu überwinden.

Mit dieser dreifachen Attacke mag alles gesagt und auch die begründete Ansicht geliefert sein, die von einer Beschäftigung mit Häberlins Werk absehen lässt und die zugleich das eigene Meinen und Interessiert-sein aufgrund der Erfahrungen von Gewalt, Abwertung und Rubrizierung als Anliegen des modernen und aufgeklärten Subjekts rechtfertigt. Aber ist bei all dieser Kritik bedacht worden, dass es nur gefilterte Kritik geben kann und damit auch jede subjektive Erfahrung in ihrer Wahrnehmung gefiltert ist? William Blake und im Anschluss an ihn Aldous Huxley, hatte die Frage gestellt, wie wir wohl uns selbst und die Welt wahrnehmen würden, wenn es den Filter der Subjektivität nicht gäbe.[83] Was würden wir wahrnehmen? Gehen wir von diesen Fragen aus, so betreten wir das Feld der Ästhetik, den Bezirk, der eine scheinbare Rede von Schönheit zulässt, ohne exekutiert zu werden. Deshalb soll an diesem Punkt keine Apologie des Werkes Häberlins stehen, sondern möchte mit einem beinahe hilflosen Hinweis einer Kritik begegnet werden, die sich in ihrer vermeintlich kritischen Kritik zugleich in ihrer Negativität verliert. Das Werk Häberlins, welches auf den zurückliegenden Seiten verhandelt wurde, steht trotz der 40 Bücher und zahlloser Arbeiten auf drei

---

[83] Vgl. Blake, Die Hochzeit von Himmel und Hölle; Huxley, Die Pforten der Wahrnehmung.

Säulen, der Ästhetik, der Logik und der Ethik. Nach diesem Schema gestaltet sich sein gesamtes Werk, was Fragen aufwirft, die mit der systematischen Anlage seines Werkes beantwortet werden könnten. Aber eine andere Frage rückt in den Blick: Warum steht die Ästhetik an erster Stelle? Diese Frage ist deshalb relevant, weil doch die vorangegangenen Analysen die Konditionalität von Philosophie und Ethik bestätigt und dazu geführt hatten, den Zusammenhang von Einsicht apriori und einer daraus folgenden Lebensgestaltung als den Konnex des häberlin'schen Werkes auszuweisen. Um auf die Frage, warum Ästhetik in der genannten Reihenfolge an erster Stelle steht, eine Antwort zu finden, ist ein doppelter Rückgriff auf bereits Gesagtes hilfreich. Einerseits darf an die beiden Erlebnisse aus der Jugendzeit Häberlins erinnert werden, die im zweiten Hauptteil interpretiert wurden und die in besonderer Weise die Problematik der Einsicht in das Ganze sowie in den Konnex von Einheit und Vielheit verdeutlichten. Andererseits geht diese doppelte Einsicht mit einer Wahrnehmung einher, die Gewissheit für den jungen Häberlin bedeutete. Diese Gewissheit stellte sich jedoch *nicht* als das Resultat des menschlichen Erkenntnisvermögens bzw. der psychischen Struktur des menschlichen Bewusstseins dar, sondern als eine Wahrheit, von der Häberlin betonte, dass sie analog zur ästhetischen Befriedigung den Charakter des ohne Zutun Empfangenen habe. Diese Gewissheit, so könnte gesagt werden, offenbart sich als überraschendes Geschenk, sodass diese »nicht Glück der Produktion, sondern Glück der Rezeption, wenn man so sagen darf, Glück im puren Erlebnis«[84] sei. Die von Häberlin anhand der Ästhetik dargestellte Überlegung zielt auf einen Moment, der, um mit Blake zu sprechen, hinter dem Filter der Subjektivität liegt, d. h., dieser Moment gibt das Objektive zu sehen, also die Wahrheit des Subjekts als Subjekt. In dieser geschenkten Einsicht in die Stellung des Subjekts wie in dessen Zusammenhang mit den anderen Subjekten zeigt sich, wie schon vielfach ausgeführt, die ontologische Relationalität und darin zugleich die Funktionalität jedes Subjekts. Ausgeschlossen ist damit die erwartbare Kritik an einer Ontologie, die einzig und allein, so zumindest möchte es diese Kritik suggerieren, das Seiende nicht nur bestimmen, sondern auch in seinem Wesen erfassen könnte. Auszuschließen ist diese Kritik auch deshalb, weil die durch die Ontologie aufgezeigte Relationalität nur bestimmt, dass ein Subjekt neben anderen Subjekten *ist* und in die-

---

[84] Allgemeine Ästhetik, 10.

sem Nebeneinander mit anderen Subjekten Subjekt sein kann, womit aber noch nichts und auch grundsätzlich nichts über die Eigenart dieses und/oder jenes Subjekts ausgesagt ist. Und weil dem so ist, ist die Einsicht in die Wahrheit als Ursprung jeder Weltbejahung (Anerkennung, Wertschätzung) nicht zuerst ethischer, sondern ästhetischer Natur. Dies aber bestätigt die von Häberlin vorgeschlagene Reihenfolge, indem Ästhetik als Initial aller ontologischen Begründung angesehen werden muss. D. h., die aus dem ästhetischen Ereignis generierte Einsicht legt den Funktionszusammenhang der Subjekte offen (Logik), der eine Ethik möglich macht und machen kann. Wird hier von einer Möglichkeit der Ethik gesprochen, so ist dies nicht zu verwechseln mit der Möglichkeit eines Handelns, das moralisch gegeben wäre, sondern meint eine aus dieser Einsicht resultierende Ethik, die, weil sie Gewissheit impliziert, ein liebendes Verstehen und damit Weltbejahung expliziert. Was ist mit dieser Begründung der Reihenfolge gewonnen? Die Ablehnung einer Ontologie, die durchaus im Sinne Kants mit dem Signum der Aufklärung versehen werden kann und daher als Kritik einer Kritik salonfähig ist, vergisst aber, dass die immer gegebenen heterogenen Erfahrungen der einzelnen Subjekte als gefilterte Erfahrungen nicht universalisiert werden können (eben weil sie gefiltert sind). Daraus folgt, dass bei Umkehrung der Reihenfolge, bei der die Ästhetik an dritter Stelle stehen würde, Ästhetik nicht anders verstanden werden kann denn als Rettungsversuch einer ausschließlich an den Phänomenen orientierten Philosophie, die bewusst jede Festlegung für den weiteren Diskurs offenlässt. Diesen Weg geht etwa Pelluchons *Ethik der Wertschätzung*, in der aus Tugenden eine Anerkennung der Dignität jedes einzelnen Subjekts deontologisch deduziert wird. Bei diesem Vorgehen, das einerseits legitim ist und andererseits ganz dem Mainstream unserer Tage entspricht, wird allerdings deutlich, dass eine nichtontologisch basierte Philosophie mit ihrem suchend-phänomenologischen Ansinnen im utopisch Ungefähren verbleiben muss. Um nicht die Unbestimmtheit einer Lebenskunst zum Abenteuer mit ungewissem Ausgang werden zu lassen, was nur der Selbstüberlassung des Partners der Erziehung mit den Herausforderungen seiner Bestimmung gleichkäme, bedarf es einer utopischen Reduktion durch Ästhetik. Dieser Angang hat nichts mit der oben begründeten Ruhelegung der pädagogischen Zielfrage zu tun, kann vielmehr als Versuch verstanden werden, in der Unbestimmtheit Orientierungsmarken zu setzen. Ähnliches gilt für den bisweilen unbedachten Umgang einer ethischen Grundierung der

Sozialpädagogik durch die Menschenrechte, denn auch hier wird deutlich, dass die Menschenrechte nichts weiter als eine nachträgliche Installation bilden, um das sozialpädagogische Handeln zu orientieren und zu normieren. So wird durch die Hintertür das wieder eingeführt, was vorher als nicht akzeptabler heteronomer Anspruch abgeschafft wurde, ein Dilemma, das geradezu die Produktion von Begründungssurrogaten provoziert. Aber damit wären wir wieder bei der utopischen Ausrichtung nachmoderner Deutungsfelder und deren unendlicher Weiterschreibung angelangt …

Epilog

Das Interesse an einem Werk mag sich mit dem Unbehagen an der Kultur erklären. Inwieweit diese Erläuterungen programmatisch werden, hat sich am Werk und seinen Inhalten selbst zu zeigen. Dabei hat das Programmatische etwas Unheimliches an sich, weil es suggeriert, dass gewusst wird, welche Dinge und Anliegen aktuell sind und was jetzt zu tun ist. Diese Zeitgebundenheit erweist sich allzu oft als kurzfristige Vizelösung, als ein Momentum, das seinen Grund in der unmittelbaren Erfahrung des Unbehagens hat. Der aufgeregte und aufgeladene Diskurs, der an der Zeit ist, und der nichts weiter als eine Reaktion auf eine bereits eingetretene Situation darstellt, rechtfertigt sich einzig und allein nur in seiner Anwendung. Angesichts einer drohenden Apokalypse jedoch nochmals oder wieder damit zu beginnen, jene Fragen zu stellen, die wir als unabweisbare in unserem Daseinsgrund vorfinden, mag anachronistisch oder renitent erscheinen, beansprucht jedoch für sich das Recht, innezuhalten und der Anwendungslogik jedes aktuellen Diskurses zu widersprechen. Damit kann der Eindruck entstehen, dass diese Fragen nicht nur unbeliebt, sondern sogar verhasst sind. Der erratische Block des Häberlinschen Werkes wirkt daher wie ein Stachel im Fleisch der disziplinären Diskurse, und wir können sagen, wie ein Mahnmal, das im Trümmerfeld philosophischer Selbstaufhebung zu Beginn des 21. Jahrhunderts als *Philosophia perennis* für eine nicht subjektgeleitete Wahrheit plädiert.[1] Häberlin hatte 1935 davon gesprochen, dass die Wahrheit nicht nur unbeliebt, sondern verhasst sei und wir Menschen als Subjekte eigentlich geneigt seien, die Wahrheit zurückzuweisen. Gleichwohl bestünde immer der Einwand, dass wir im Grunde unserer Seele wüssten, dass die Wahrheit recht habe. Die Wahrheit widerstrebe dem Subjekt deswegen, weil sich das Subjekt vor der Wahrheit retten

---

[1] Vgl. Luczak, Einleitung, 81.

wolle.[2] Aber wohin geraten die Bestrebungen des Subjektes, die sich nicht an der Wahrheit orientieren? Enden diese im durch das Subjekt und dessen Interessen konstruierten Schema eines Moralismus? Häberlin meinte, die Wahrheit verbiete uns, in moralistischer Weise die Programme und Aktionen, die die Subjekte aufgrund der berechtigten Erfahrungen von Ungerechtigkeit und Unvollkommenheit machen, als notwendig zu proklamieren.[3] Folglich überzeichnet jeder Moralismus subjektivistisch die durch Ungerechtigkeiten produzierten Notwendigkeiten, weshalb ein Ausweg möglicherweise nur darin liegen könne, dem Handelns des Subjekts eine anthropologisch-kosmologische Bestimmung ontologisch vorzuschalten. Dies aber macht einen Moralismus an sich unmöglich, weil die Wahrheit als eine gesetzte nicht in der Möglichkeit des einzelnen Subjektes steht. Von Belang ist dies deshalb, weil dadurch Vielheit mit ihren hermeneutischen Relevanzen nicht ausgeschlossen, diese vielmehr vor subjektiver Vereinnahmung geschützt wird. Insofern kann Häberlins Entwurf einer Ontologie, auch und gerade in seiner retrospektiven Systematik und seinem metaphysischen Optimismus, als erziehungs- und bildungsphilosophisches Vehikel zur Befragung der relevanten Fachdisziplinen dienen, um pragmatische Ausschließlichkeitsansprüche argumentativ aufzubrechen. Dies soll in drei Punkten erläutert und formuliert werden: 1. Metaphysischer Optimismus, begründbar? 2. Pädagogik als philosophische Seelsorge und 3. Sub specie aeternitatis.

1. Metaphysischer Optimismus, begründbar?

Einer der irritierendsten Gedanken Häberlins ist derjenige der ewigen Vollendung, ein metaphysischer Optimismus, der, so Wolfgang Stegmüller, die Frage nach einer Ethik stelle, die nicht ernstlich auf ein Sein und ein Sollen ausgehe. Stegmüller hatte in seiner Würdigung Häberlins diese Frage offengelassen, wohl auch deshalb, weil er die Möglichkeit einer Ontologie nicht bestreiten wollte.[4] In einer Rückwendung auf Häberlins Ethik soll hier noch einmal einen Versuch gewagt werden, angesichts des Seins ein Sollen verstehbar zu ma-

---
[2] Vgl. Wider den Ungeist, 7 f.
[3] Vgl. ebd., 146.
[4] Vgl. Stegmüller, Paul Häberlin, 344.

Epilog

chen, dass aufgrund der Ruhelegung der Zielfrage eigentlich ausgeschlossen ist. Warum ein Sollen? Häberlins Ethik und sein gesamtes Spätwerk zeichnen sich durch eine Abwehr deontologischer Begründungen aus, d.h., da Ethik auf einer Ontologie beruht, die die objektive Relationalität aller Subjekte aussagt, ist jedes mögliche Ziel bereits im Ursprung der ewigen Vollendung enthalten. Die wissenschaftlich-psychologische Seite der Ethik wird hier angesprochen bzw. in ihrem doppelten Ausgang des menschlichen Widerspruchs sichtbar. Einerseits bemüht sich Ethik um die Einsicht in die Idee des Ethos und ist darin ontologisch, andererseits ringt Ethik um das Verständnis der besonderen Formen oder Möglichkeiten der Manifestation dieser Idee im menschlichen Verhalten, darin ist sie psychologisch. Ontologisch wie psychologische Ausrichtung zeigen jedoch, dass der Umgang mit dem Ethos nichts weiter zu meinen scheint als einen Prozess der Bewährung, der das menschliche Verhalten auf sein objektives Wahrsein wie sein subjektives Wahrsein-wollen befragt. Ethik prüft demnach die Praxis auf die Manifestation des Lebens, wobei Prüfen hier nicht im Sinne eines normierenden Einordnens gedacht wird, sondern als ein Verstehen der objektiv guten Strukturen des Funktionszusammenhangs der Subjekte. Philosophische Ethik versucht deshalb nichts anderes, als den objektiven Kern im Verhalten des Subjekts in Korrespondenz zu bringen mit dessen Gutsein schlechthin. Hierbei ist nicht auf eine Gesinnungsethik zu schließen, vielmehr wird die grundsätzliche Haltung eines liebenden Verstehens zum Nachweis einer ewigen Vollendung, die als Hintergrundstrahlung das Verstehen codiert. Philosophische Ethik fragt, inwiefern unsere Werturteile und die entsprechenden Handlungen einen objektiven Sinn haben.[5] Das Durchdringen der Meinungen und Absichten menschlichen Handelns im ethischen Fragen zielt daher, wenn es wirklich ein Verstehen ist, auf das objektiv Gute und damit auf die objektive Bedeutung der ethischen Idee. Ethik geht daher in seinem Fragen nicht auf ein Ganzes hin, sondern setzt in jedem Werturteil die ewige Vollendung als Maßstab voraus. Nur in dieser Hinsicht kann von einem metaphysischen Optimismus gesprochen werden, der den Hiatus von Sein und Sollen nicht mehr bearbeiten muss, weil ein Sollen immer nur die subjektive Möglichkeit, nicht aber die objektive Wirklichkeit als Anspruch formuliert. Stegmüllers Reserve gegenüber dieser Problematik ist nur dann verstehbar, wenn eine

---

[5] Art. Ethik, 383.

Ontologie grundsätzlich ausgeschlossen ist. Von daher kann jede Ethik, die vor diesem Hintergrund expliziert wird, nur das allergrößte Befremden auslösen. Für den aktuellen Diskurs bedeutet dies, dass eine Ethik der Wertschätzung, wie sie beispielsweise von Pelluchon vorgelegt worden ist, da sie keine ontologische Grundlegung besitzt, sich über die Sein-Sollen-Dichotomie hinwegsetzt und vor einem Sollen verbleibt. Eine Ethik in dieser Hinsicht kann daher nur programmatisch genannt werden, weil sie aus der Unsicherheit der Bestimmung der Phänomene einen Sollensanspruch formuliert. Das Fatale an einer nicht ontologischen Bestimmung der Ethik liegt darin, dass das objektiv Gute zugunsten des subjektiv Guten mit der Begründung ausgeschlossen wird, es gäbe kein zu bestimmendes objektiv Gutes.[6] Fatal insofern, als der Anspruch auf ein subjektiv Gutes immer nur objektiv gemeint sein kann. Wird aber ein objektiv Gutes ausgeschlossen, so relativiert sich das Gute zum Maßstab subjektiver Interessen. Mit diesem Ausschluss würde jedoch auch jeder Grund, der überhaupt erst der Anlass für einen Optimismus wäre, unmöglich, womit das Subjekt in der Relation zu anderen Subjekten in einen Kampf um Anerkennung und Wertschätzung einzutreten hätte. Damit wird auch gesagt, dass Optimismus nicht einfach eine triviale Form des positiven Denkens ist, sondern auf ein Wissen rekurriert, das sich aus einer Einsicht in die Wahrheit (ein Wissen apriori) speist. Es ist daher evident, dass Häberlins philosophische Ethik das größte Unverständnis hervorrufen musste, weil die geschichtliche Erfahrung einen metaphysischen Optimismus obsolet machte. Die Nichtrezeption Häberlins kann daher, ganz im Sinne Stegmüllers, als das Aufklaffen einer philosophischen Kommunikationslosigkeit verstanden werden.[7] Anders gesagt: Anerkennung und Wertschätzung, die jedem Menschen zugesprochen werden, stellen in ihrem Anspruch nichts weiter als die Konsequenz einer bitteren Erfahrung vor einem leeren Hintergrund dar, die die Realisierung des Sollens rein auf der Erfahrung von Gewalt (Joas) und der Lernwilligkeit des Subjekts aufbaute und aufbauen müsste.

Metaphysischer Optimismus inhäriert zugleich einen Pessimismus hinsichtlich der Rede von einer Metaphysik überhaupt bzw. zweifelt die Überzeugung an, eine solche überhaupt anzunehmen. Stegmüllers doppelte Aussage drückt daher so etwas wie eine Ver-

---

[6] Vgl. ebd., 384.
[7] Vgl. Stegmüller, Paul Häberlin, 345.

wunderung gegenüber dem Ansatz Häberlins aus, dass dieser in einer Zeit, die das Ende der Metaphysik auch aufgrund der historischen Erfahrung schon manifestiert sah, meinte, eine objektive Wirklichkeit mit aller Selbstsicherheit und philosophischem Glauben postulieren zu können. Doch gerade in dieser Verwunderung formuliert sich das Dilemma der nachmetaphysischen Philosophie, die sich nicht aus der Absolutheit des subjektiven Horizontes befreien kann. Anders als die Phänomenologie, die trotz aller Versuche doch so etwas wie eine unhinterfragbare Basis des Vertrauens beinhaltet, ist Häberlins Philosophie nichts anderes als ein Hinweis darauf, dass die Garantie einer Objektivität eine Metaphysik nötig macht.

2. Pädagogik als philosophische Seelsorge

Häberlin hat auf den letzten Seiten seiner philosophischen Autobiographie einerseits seinen wissenschaftlichen Werdegang von der Theologie, der Psychologie und der Pädagogik hin zur Philosophie beschrieben, und andererseits nochmals die Motivation seines pädagogisch-philosophischen Werkes herausgestellt. Häberlin bemerkte dort selbst, dass die Idee einer Seelsorge immer leitend gewesen sei, d. h., sowohl die Pädagogik als auch die Philosophie sei für ihn immer Hilfe zum richtigen Leben gewesen.[8] Richtiges Leben bedeutete für ihn jedoch ein Leben in Wahrheit bzw. ein wahrhaftiges Leben, »Leben im wahren Glauben, welcher ja nicht ein Fürwahrhalten ist, sondern Wissen um die menschliche Bestimmung und in diesem Wissen – das nichts zu tun hat mit bloßer Theorie – Entschlossenheit, die Bestimmung zu erfüllen«[9]. Pädagogik wird hier als maieutisches Geschehen begriffen, dem Anderen zu seinem ihm eigenen Leben zu verhelfen. Wahrer Glaube darf deshalb nicht als missionarischer oder moralistischer Akt missverstanden werden, denn jede Erziehung in ihrer praktischen Intention reguliert sich an der aus der Wahrheit gewonnenen Einsicht, dass das Subjekt der Erziehung objektiv am Zusammenhang aller Subjekte partizipiert. Die Sorge innerhalb des Erziehungsgeschehens gilt daher der Bestimmung des Anderen und darf deshalb nicht am Horizont der eigenen Bestimmung abgemessen

---

[8] Vgl. Statt einer Autobiographie, 146.
[9] Ebd.

werden. Das zu bestimmen, was das richtige Leben sei, liegt also als Selbstverantwortung immer im jeweiligen Subjekt, d. h., die dem Subjekt eigene Bestimmung konnotiert die Norm aller Erziehung. Häberlin zeigt hier, dass mit der pädagogischen Absicht zugleich die philosophische seines eigenen Werkes erkennbar geworden sei.[10] Geht es aber in der Pädagogik um die Wahrheit des anderen Menschen, so kann sich der pädagogische nur als philosophischer Weg, nur als philosophische Seelsorge gestalten. Häberlins Abwehr einer schlechten Pädagogik, die nichts anderes als die subjektive Einsicht in die Wahrheit zur Norm für das andere Subjekt erhebt, codiert zugleich jede Pädagogik in ihrer Vorläufigkeit. Demnach ist wahre Pädagogik hinsichtlich der Wahrheit immer regulativ, denn sie weiß um den Vorbehalt bezüglich wahrhafter Einsicht und plädiert für eine philosophische Strenge und Zucht in der Formulierung vermeintlicher Erziehungsstandards. Die Insistenz auf Strenge und Vorläufigkeit der Wahrheitseinsicht bezeichnet, ganz ähnlich dem Tugendbegriff Herbarts[11], den Charakter und das Maß der Pädagogik, denn diese kann und darf nichts weiter als die Begleitung des anderen Subjekts zu dessen eigener (»richtiger«) Bestimmung sein.[12] Häberlins Aperçu, er wollte seine Hörer oder Leser zu einer eigenen Einsicht führen, bestätigte er solchermaßen, dass niemand von ihm etwas lernen, d. h., nichts von seinen eigenen Überzeugungen übernehmen sollte, sondern, wenn überhaupt, nur die Strenge und die Zucht des Denkens.[13] Damit aber wird Pädagogik zur Sorge um die Mündigkeit des Anderen, etwas, das den Respekt und die Wertschätzung gegenüber der Bestimmung des anderen Subjekts ausdrückt. Philosophische Seelsorge, wie sie heute gemeinhin unter dem Label einer phi-

---

[10] Vgl. ebd., 147.
[11] Vgl. Herbart, Umriß pädagogischer Vorlesungen, §8. – Herbart versteht hier Tugend als Namen für das Ganze des pädagogischen Zwecks.
[12] Diese hier vorgebrachte Formulierung mag an Adornos Antwort an Hegel erinnern, dass es kein wahres Leben im falschen gebe oder an Nietzsches Diktum von »richtigen«, d. h. wahren Leben, es ist im Blick auf die Sache nicht von Bedeutung, weil es Häberlin hier nur um den Zusammenhang von Einsicht in die Wahrheit und einer daraus folgenden Lebensführung geht. – Nietzsches Moralkritik zielt auf die Selbstbestimmung des Subjektes, wohingegen Adornos Kritik an einer durch Normen vorgestellten wahren Lebensweise sich aus der Erfahrung mit totalitären Regimen erklärt, die dem Menschen sagen wollten, wie wahrhaftig zu leben und was das wahre Leben sei.
[13] Vgl. Statt einer Autobiographie, 147.

Epilog

losophischen Lebenskunst firmiert,[14] ist pädagogisch gerade darin, indem sie für das Subjekt entdeckbar macht, dass es selbst mit allen anderen Subjekten zusammenhängt. Gerade in dieser philosophischen Begleitung, die dem anderen Subjekt im Dschungel subjektiver Interessen hilft, den objektiven Ort seiner eigenen Bestimmung nicht aus den Augen zu verlieren, bestätigt sich die formale Bedingung der Wahrheit. Das mag in Zeiten individualistischer bzw. kollektivistischer Programme unpopulär sein, aber eine Pädagogik als philosophische Seelsorge hat zumindest die Option auf ihrer Seite, unbedingte und garantierte Pluralität in einer Einheit denken zu können, ohne an der Dichotomie des menschlichen Widerspruchs zu scheitern. Häberlins Werk in dieser Lesart als eine Erkenntnisethik zu bezeichnen, scheint möglich und berechtigt, denn eine Erkenntnisethik, die danach fragt, wie wir denken sollen, »ist gerade dort gefragt, wo Neuland beschritten werden muss, Konsens über Methoden fehlt oder die Erkenntnissituation – aufgrund des Gegenstands, aufgrund der Geschichte, aufgrund des vorliegenden Kontexts – delikat ist.«[15] Erkenntnisethik würde auf eine Praxis zielen, deren Normativität sich gerade im freien Spiel der Pluralität der Subjekte als objektive Bejahung aller Subjekte abbildete. Doch geriete diese Freiheit nicht in den Strudel darwinistischer Interessenslogik, weil sie sich immer wieder durch die Einsicht in die Wahrheit der notwendig gleichberechtigten Partizipation aller Subjekte an der ewigen Vollendung regulieren würde.

Dass ein solches Denken Kritik auf sich ziehen würde, war Häberlin bewusst, weshalb er an seine Leser und Hörer wie auch an diejenigen dieser Darstellung die Aufgabe der Reflexion zurückgab. Er meinte, wer eine Darstellung wegen ihrer systematischen Form ablehne, der könne dies nur aus zwei Gründen tun[16]: 1. Der Skeptiker glaube überhaupt nicht an mögliche Wahrheit und damit an eine von subjektiven Interessen gereinigte Objektivität, womit allerdings für Häberlin ausgemacht war, dass dieses Urteil nicht philosophisch sein könne. 2. Jeder Skeptiker müsse den Nachweis liefern, »dass die dargestellte Einsicht da und dort *inhaltlich* (i.O., M. H.) falsch und das

---

[14] Vgl. hierzu Schmid, Philosophie der Lebenskunst; Ders., Das Leben verstehen. Schmid bezeichnet sich dort selbst als einen philosophischen Seelsorger.
[15] Sedmak, Theologisch denken, 2.
[16] Vgl. Statt einer Autobiographie, 147 f.

"System" künstliche Mache sei«[17]. Diese Anfragen an Häberlins Werk und an aktuelle Konzepte zu richten birgt einige Brisanz, weil sie ein prinzipielles Vorgehen der jeweiligen Disziplinen herausfordern. Hinsichtlich ihrer hermeneutischen wie heuristischen Spielräume hängt alles an der Grundlegung der Relationalität, dies hatte schon Herbart zu einer Abwendung vom Idealismus bewogen. Eine philosophische Begründung der Relationalität an Kant vorbei bzw. über diesen hinaus, die eine Entscheidung aus welchen Gründen auch immer verweigert, verbleibt notwendig in der Ungewissheit und im kritischen Status der Option. Gleichwohl, so könnte eingewandt werden, wird gerade in dieser freischwebenden Möglichkeit die Freiheit des Subjekts garantiert und ein Machtmissbrauch pädagogisch als Gegenfolie kritisch inszeniert. Eine Perspektive allerdings, die zwar auch von jedem einzelnen Subjekt, aufgrund des perennitiven Status von Pädagogik und Philosophie, immer wieder zu leisten ist, die aber mit dem Vorteil operiert, von einer positiven Grundannahme auszugehen.

3. Sub specie aeternitatis

Ein abschließender Gedanke, der koinzidierend die vorgelegten Interpretationen und die daraus entwickelten Perspektiven zusammenfassen könnte, ergibt sich aus einer Optik, die die Menschen und ihre je eigene Welt »sub specie aeternitatis« betrachtet. Häberlins Philosophie wie seine Pädagogik orientiert sich an der höchst möglichen Warte der Objektivität, wohl wissend, dass jede neu veranschlagte Perspektive in der Gefahr steht, in eine eigene und eigenwillige Subjektivität zurückzufallen. Philosophie wie Pädagogik speist sich aus der Liebe zur Weisheit und einer daraus folgenden Haltung zum anderen Menschen. Aus einer Einsicht in den objektiven Zusammenhang aller Subjekte kann für Häberlin nur folgen, dass jeder Teil des Ganzen die eine Vollkommenheit repräsentiert. Fassen wir die ganze Menschheit als diesen vollkommenen Funktionszusammenhang, dann ist jeder Mensch in seinem Menschsein nicht nur ein Konstituens der Vollkommenheit, sondern ein Modus der Vollkommenheit selbst. So sehr allerdings vom höchsten Standpunkt diese Einsicht evident sein mag, so ungeheuerlich ist sie aus der Perspektive des

---

[17] Ebd., 148.

Epilog

Subjekts. Denn der dem Subjekt eigene Modus des Vergleichens lässt eine Welt sehen, die voller Unterschiede und Wertungen ist, die das Subjekt setzt (schön-hässlich, dumm-intelligent, gut-böse, passend-unpassend, schwarz-weiss, gerecht-ungerecht usw.) und die eine Kritik nach sich zieht, die unterscheidet und entscheidet, was aus der Sicht des Subjektes gut und nicht gut ist. Den Menschen jedoch unter dem Blickwinkel der Vollkommenheit zu betrachten, gewährt und realisiert demgegenüber eine Einsicht (d. i. eine Weisheit), die keiner Utopie, keiner Verbesserung und keiner Optimierung mehr bedarf, weil jeder Mensch in seinem Mensch-sein vollkommen ist, weil er es unter dem Gesichtspunkt der Ewigkeit ist. Damit wird etwa jede Frage nach Gleichheit und gleicher Würde ontologisch aufgehoben, denn sie ist objektiv schon beantwortet, bleibt demnach einzig dem Subjekt in seinem Kampf um den Platz an der Sonne aufgegeben. In der Spannung von objektiver Einsicht und subjektivem Interesse haben sich Philosophie und Pädagogik zu bewähren, ihre disziplinäre Gestaltung hängt daran und dokumentiert sich in ihrer zeitlichen Logik, die entweder vertikal oder horizontal, utopisch oder wirklich ist.

Zygmunt Bauman hatte in einer Reflexion über Gemeinschaft gemeint, der erste und vordergründig wichtigste Sinn von Gemeinschaft sei Geborgenheit, Verständnis und Sicherheit, alles andere käme danach.[18] An diesen Gedanken kann Häberlins Werk angeschlossen werden, in der aus einer durch Einsicht errungenen Haltung in die vollkommene Grundbestimmung der Welt jedem Menschen die Sicherheit eines selbstbestimmten Lebens und einer wertschätzenden Güte zugesagt wird, die grundsätzlich niemanden ausschließt, weil alle schon in ihrer Individualität die vollkommene Einheit repräsentieren. Diese Warte ist unumstößlich positiv, sie formuliert ein großes Ja, von dem Häberlin in seiner Ethik gemeint hatte, es führe zum Verstehen und dynamisiere die immerwährend vollkommene Welt.

---

[18] Vgl. Bauman, Gemeinschaften, 7–12.

Literaturverzeichnis

Primärliteratur

Verzeichnis der Primärliteratur Paul Häberlins (folgend wird die <u>verwendete</u> Literatur chronologisch nach ihrem Erscheinen angezeigt).
   Eine ausführliche Bibliographie des Gesamtverzeichnisses der Schriften Häberlins nach Sichtung durch Peter Kamm. In: Kamm, P.: Paul Häberlin. Leben und Werk Bd. 1: Die Lehr – und Wanderjahre 1878–1922. Zürich 1977. 458–460; Ders.: Paul Häberlin. Leben und Werk Bd. 2: Die Meisterzeit 1922–1960. Zürich 1981. 669–679

1903
Über den Einfluß der spekulativen Gotteslehre auf die Religionslehre bei Schleiermacher. Basel

1908
Herbert Spencers »Grundlagen der Philosophie«. Eine kritische Studie. Basel

1910
Wissenschaft und Philosophie. Ihr Wesen und ihr Verhältnis. Bd. 1: Wissenschaft. Basel

1912
Wissenschaft und Philosophie. Ihr Wesen und ihr Verhältnis. Bd. 2: Philosophie. Basel

1914
Die Grundfrage der Philosophie. Berner Antrittsvorlesung. Basel

1915
Über das Gewissen. Basel. (2. Aufl.) Basel

1917
Das Ziel der Erziehung. Basel

1918
Wege und Irrwege der Erziehung. Grundzüge einer allgemeinen Erziehungslehre. Basel

Literaturverzeichnis

1921
Der Gegenstand der Psychologie. Eine Einführung in das Wesen der empirischen Wissenschaft. Berlin
Kinderfehler als Hemmungen des Lebens. Basel

1922
Eltern und Kinder. Psychologische Bemerkungen zum Konflikt der Genration. Basel
Verzeichnis der Vorlesungen Häberlins (1908–1922). In: Kamm, P.: Leben und Werk Bd. 1: Die Lehr- und Wanderjahre 1878–1922. Zürich 1977. 461–463

1923
Der Beruf der Psychologie. Basler Antrittsvorlesung. Basel
Der Leib und die Seele. Basel

1924
Der Geist und die Triebe. Eine Elementarpsychologie. Basel
Einleitung. In: Ders./Schohaus, W. (Hrsg.): »Pestalozzi in seinen Briefen. Briefe an die Braut und an Verwandte«. Zürich. 15–31

1925
Das Ziel der Erziehung. Basel
Der Charakter. Basel

1926
Das Gute. Basel

1927
Das Geheimnis der Wirklichkeit. Basel
Die Suggestion. Basel und Leipzig

1929
Allgemeine Ästhetik. Basel

1930
Das Wunderbare. Zwölf Betrachtungen über die Religion. Zürich
Philosophie aus Abenteuer des Geistes. Zürich

1931
Zum Thema Rousseau und Pestalozzi. In: SLZ (= Schweizer Lehrer Zeitung) 76. 319–320

1934
Das Wesen der Philosophie. Eine Einführung. München

1935
Wider den Ungeist. Zürich

1936
Über akademische Bildung. Basler Rektoratsrede (= Basler Universitätsreden 7). Basel

Möglichkeiten und Grenzen der Erziehung. Eine Darstellung der pädagogischen Situation. Zürich

1939
Naturphilosophische Betrachtungen. Eine allgemeine Ontologie Bd. 1: Einheit und Vielheit. Zürich

1940
Naturphilosophische Betrachtungen. Eine allgemeine Ontologie Bd. 2: Sein und Werden. Mit einem Epilog zum Ganzen. Zürich

1941
Der Mensch. Eine philosophische Anthropologie. Zürich
Leitfaden der Psychologie. Frauenfeld

1946
Ethik im Grundriß. Zürich

1947
Logik im Grundriß. Zürich

1948
Kleine Schriften. Zum 70. Geburtstag hrsg. von der Stiftung Lucerna. Bearbeitet von Peter Kamm. Zürich:
Lebens- und Studiengang. 13–17
Bericht über das pädagogisch-psychologische Schaffen. 18–31
Das ästhetische und das moralische Leben. 35–46
Zum »Ursprung der Naturphilosophie aus dem Geiste der Mystik«. 47–66
Philosophie und Wirtschaft. 67–72
Vom Sinn der Logik. 73–91
Von der Zukunft der Philosophie in der Schweiz. 92–105
Charakter und Vererbung. 106–118
Psychoanalyse und Erziehung. 121–131
Himmlische und irdische Liebe. 132–140
Idealistische und realistische Pädagogik. 141–160
Saure Wochen, frohe Feste. 161–174
Künstliche Paradiese. Vom Sinn der Rauschmittel. 175–185
Der Lehrer als Organ des demokratischen Staates. 186–200
Philosophie am Gymnasium? 201–206
Sexualgespenster. 209–218
Anschauung und Begriff. 219–227
Der eigene Standpunkt. 228–232
Zur Charakterologie des Landstreichers. 233–237
Der Konflikt der Generationen. 238–247
Zur Frage der Wahrnehmung. 248–266
Der Gegenstand der Psychiatrie. 267–280

1949
Handbüchlein der Philosophie. 60 Fragen und Antworten. Zürich

Literaturverzeichnis

1950
Anthropologie und Ontologie. In: Zeitschrift für philosophische Forschung 4. 6–28
Lexikon der Pädagogik in 3 Bänden. Hrsg. von Kleiner, H. u. a.: Band 1: Systematischer Teil A-J. Bern:
Art. Anthropologie, 61–62
Art. Ästhetik, 94–95
Art. Ästhetische Erziehung, 95–97
Art. Bestimmung, 183–184
Art. Bildung, 198–200
Art. Charakter, 229–231
Art. Dressur, 303
Art. Erfahrung, 341–343
Art. Erkenntnis, 344–345
Art. Eros, 351–352
Art. Erziehung, 364–366
Art. Ethik, 382–384
Art. Ethos, 384–385
Art. Freiheit, 469–471
Art. Geist, 519–521
Art. Generationenkonflikt, 541–542
Art. Gesinnung, 568–569
Art. Gewissen, 579–580
Art. Grenzen der Erziehung, 594–595
Art. Gut, höchstes, 603–604
Art. Ideal, 696–697
Art. Ideologie, 700–701
Art. Individualität, 712–714
Art. Intelligenz, 732–733

1951
Lexikon der Pädagogik in 3 Bänden. Hrsg. von Kleinert, H. u. a.: Band 2: Systematischer Teil K-Z. Bern:
Art. Liebe, 202–204
Art. Macht, 211–212
Art. Minderwertigkeitsgefühle, 273–274
Art. Möglichkeit der Erziehung, 278–279
Art. Moralismus, 280–281
Art. Moralität, 281–282
Art. Objektivität. 336–338
Art. Persönlichkeit, 368–369
Art. Philosophie, 390–392
Art. Psyche, 423–425
Art. Psychologie, 434–435
Art. Selbstbehauptung, 642–643
Art. Selbsterziehung, 646–647

Art. Sinn, 657–658
Art. Subjektivität, 733–734
Art. Suggestion, 734–737
Art. Theorie, 767–768
Art. Trieb, 781–783
Art. Verantwortung, 827–828
Art. Vererbung, 830–832
Art. Vergeistigung, 837–838
Art. Vernunft, 841–843
Art. Verstand, 844–845
Art. Wahrheit, 881
Art. Weisheit, 889–890
Art. Willensfreiheit, 903–906
Art. Wissenschaft, 909–911
Art. Ziel der Erziehung, 923–924

1951
Über Existenzphilosophie. In: Schweizer Lehrerzeitung (= SLZ) 97. 665–668
Philosophia perennis. Eine Zusammenfassung. Berlin/Göttingen/Heidelberg

1953
Allgemeine Pädagogik in Kürze. Frauenfeld

1954
Die Bedeutung der Psychologie für die Anthropologie. Vortrag, gehalten in der Sendereihe »Der Mensch als Gegenstand der Wissenschaft« der Funk-Universität Berlin. Manuskript aus dem Nachlass.

1956
Das Evangelium und die Theologie. München/Basel
Aus meinem Hüttenbuch. Erlebnisse und Gedanken eines Gemsjägers. Frauenfeld

1957
Leben und Lebensform. Prolegomena zu einer universalen Biologie. Basel/Stuttgart

1959
Statt einer Autobiographie. Frauenfeld
Philosophie und Wissenschaft. ZphF 13. 3–15
Vom Menschen und seiner Bestimmung. Zeitgemäße Betrachtungen. Schriften der Paul Häberlin Gesellschaft VIII. Zürich

1960
Das Böse. Ursprung und Bedeutung. Bern/München

1966
Zum ABC der Erziehung. Schriften der Paul Häberlin Gesellschaft Band II. Zürich: Lebensfragen, 9–51
Der Konflikt der Generationen, 52–65

Literaturverzeichnis

Pädagogische Wahrhaftigkeit, 66–76
Der Lehrer als Organ des demokratischen Staates, 77–96
Zum ABC der Erziehung, 97–109
Bemerkungen zum Thema Bestimmung des Menschen und Sinn der Erziehung, 146–157
Die Bedeutung der Methode, 158–167
Ansprache bei der Schlussfeier des Basler Lehrerseminars, 168–174

1975
Das Wunderbare. Zwölf Betrachtungen über die Religion. Schriften der Paul Häberlin Gesellschaft Band V. Zürich

1984
Allgemeine Pädagogik in Kürze. Schriften der Paul Häberlin Gesellschaft Band IX. Zürich

1990
Einsicht statt Vereinsamung. Schriften der Paul Häberlin Gesellschaft Band XII. Zürich:
Vereinsamung, 7–14
Niedergang der Kultur?, 15–30
Existenzialismus kritisch betrachtet, 31–41
Über Pseudophilosophie, 42–80

1997
Paul Häberlin – Ludwig Binswanger. Briefwechsel 1908–1960 mit Briefen von Sigmund Freud, Carl Gustav Jung, Karl Jaspers, Martin Heidegger, Ludwig Frank und Eugen Bleuler. Im Auftrag der Paul-Häberlin-Gesellschaft. Hrsg. und kommentiert von J. Luczak. Basel

2004
Häberlin für heute. Ausgewählte Stellen aus dem Gesamtwerk von Paul Häberlin (1878–1960). Im Auftrag der Paul-Häberlin-Gesellschaft herausgegeben von J. Luczak. Basel

Sekundärliteratur

Adorno, Th. W.: Drei Studien zu Hegel. Frankfurt/M. 1974
Adorno, Th. W.: Minima Moralia. Reflexionen aus dem beschädigten Leben. Frankfurt/M. 1991
Adorno, Th. W.: Negative Dialektik. Frankfurt/M. 1966
Agamben G.: Pilatus und Jesus. Aus dem Italienischen von A. Hiepko. Berlin 2014
Agamben, G.: Die kommende Gemeinschaft. Aus dem Italienischen von A. Hiepko. Berlin 2003
Anhorn, R.: Sozialstruktur und Disziplinarindividuum. Zu Johann Hinrich Wicherns Fürsorge- und Erziehungskonzept des Rauhen Hauses. Egelsbach/Köln/New York 1992
Anselm von Canterbury: Proslogion: Untersuchungen. Lat.-Dt. Hrsg. von F. S. Schmitt. Stuttgart-Bad Cannstatt 1995
Apel, K-O.: Transzendentale Reflexion und Geschichte. Hrsg. von S. Rapic. Frankfurt/M. 2017
Aristoteles: Philosophische Schriften 1–6. Darmstadt 1996 (Alle im Text zitierten Werke des Aristoteles folgen dieser Ausgabe)
Assmann, J.: Achsenzeit. Eine Archäologie der Moderne. München 2018
Augustinus, A.: Bekenntnisse. Eingeleitet und übertragen von W. Thimme. München 1982
Barth, P.: Art. Soziologie und Pädagogik. In: Rein, W. (Hrsg.): Encyklopädisches Handbuch der Pädagogik Bd. 8. Langensalza 1908. 682–691
Bartuschat, W.: Spinozas Philosophie. Über den Zusammenhang von Metaphysik und Ethik. Hamburg 2017
Bartuschat, W.: Spinozas Theorie des Menschen. Hamburg 1992
Bauer, Th.: Die Vereindeutigung der Welt. Über den Verlust an Mehrdeutigkeit und Vielfalt. Stuttgart 2018
Bauman, Z.: Moderne und Ambivalenz. Das Ende der Eindeutigkeit. Aus dem Englischen von M. Suhr. Hamburg 2012
Bauman, Z.: Retrotopia. Aus dem Englischen von F. Jakubzik. Berlin 2017
Baumann, Z.: Gemeinschaften. Auf der Suche nach Sicherheit in einer bedrohlichen Welt. Aus dem Englischen von F. Jakubzik. Frankfurt/M. 2017
Bäumer, G.: Die historischen und sozialen Voraussetzungen der Sozialpädagogik und die Entwicklung ihrer Theorie. In: Nohl, H./Pallat, L. (Hrsg.): Handbuch der Pädagogik Bd. 5. Langensalza 1929. 3–17
Benjamin, W.: Über den Begriff der Geschichte. In: Gesammelte Schriften Bd. I.2. Hrsg. von R. Tiedemann und H. Schweppenhäuser unter Mitwirkung von Th. W. Adorno und G. Scholem. Frankfurt/M. 1991. 691–704
Benz, H.: Individualität und Subjektivität. Interpretationstendenzen in der Cusanus-Forschung und das Selbstverständnis des Nikolaus von Kues. Münster 1999

Berger, P. L./Luckmann, Th.: Die gesellschaftliche Konstruktion der Wirklichkeit. Eine Theorie der Wissenssoziologie. Frankfurt/M. 2003
Besslich, B.: Wege in den Kulturkrieg. Zivilisationskritik in Deutschland 1890–1914. Darmstadt 2000
Beutler, K.: Das Problem der Normsetzung in der Pädagogik. In: Beutler, K./ Horster, D. (Hrsg.): Pädagogik und Ethik. Stuttgart 1996. 268–282
Bieri, P.: Wie wäre es, gebildet zu sein? In: Hastedt, H. (Hrsg.): Was ist Bildung? Eine Textanthologie. Stuttgart 2012. 228–240
Bieri, P.: Wie wollen wir leben? München 2015
Blanchot, M.: Die uneingestehbare Gemeinschaft. Aus dem Französischen und mit einem Kommentar von G. Bergfleth. Berlin 2015
Blankertz, H.: Die Geschichte der Pädagogik. Von der Aufklärung bis zur Gegenwart. Wetzlar 1992
Bloch, E.: Das Prinzip Hoffnung. Frankfurt/M. 1959
Bloch, E.: Pädagogica. Frankfurt/M. 1971
Blumenberg, H.: Art. Optimismus und Pessimismus. II. Philosophisch. In: Die Religion in Geschichte und Gegenwart. Bd. IV. 3. Aufl. Tübingen 1960. 1661–1664
Blumenberg, H.: Die Genesis der kopernikanischen Welt. Frankfurt/M. 1981
Blumenberg, H.: Die Legitimität der Neuzeit. Frankfurt/M. 1988
Blumenberg, H.: Höhlenausgänge. Frankfurt/M. 1989
Blumenberg, H.: Lebenszeit und Weltzeit. Frankfurt/M. 1986
Blumenberg, H.: Paradigmen zu einer Metaphorologie. Frankfurt/M. 1998
Blumenberg, H.: Selbsterhaltung und Beharrung. Zur Konstitution der neuzeitlichen Rationalität. In: Akademie der Wissenschaft und der Literatur in Mainz. Jg. 1969. Nr. 11. Mainz 1970. 333–383
Blumenberg, H.: Wirklichkeiten, in denen wir leben. Stuttgart 1981
Blumenberg, H.: Die Verführbarkeit des Philosophen. In Verbidung mit M. Sommer herausgegeben von Hans-Blumenberg-Archiv. Frankfurt/ M. 2000
Boghossian, P.: Angst vor der Wahrheit. Ein Plädoyer gegen Relativismus und Konstruktivismus. Aus dem Amerikanischen von J. Rometsch. Berlin 2013
Bohlken, E.: Art. Wertethik. In: Düwell, M./Hübenthal, C./Werner, M. H. (Hrsg.): Handbuch Ethik. Stuttgart 2011. 108–121
Bohnsack, F.: Martin Bubers personale Pädagogik. Bad Heilbrunn 2008
Bollerbeck, G: Bildung und Kultur. Glanz und Elend. Glanz und Elend eines deutschen Deutungsmusters. Frankfurt/M. 1996
Bollnow, O. F.: Anthropologische Pädagogik (= Schriften Bd. VIII). Hrsg. von Boelhauve, U. u. a. Würzburg 2013
Bollnow, O. F.: Das Wesen der Stimmungen (= Schriften Band I). Hrsg. von Boelhauve, U. u. a. Würzburg 2009
Bollnow, O. F.: Der Begriff des pädagogischen Bezugs bei Herman Nohl. In: Zeitschrift für Pädagogik 27. 1981. 31–37
Bollnow, O. F.: Existenzphilosophie und Pädagogik. Krise und neuer Anfang (= Schriften Band VIII). Hrsg. von Boelhauve, U. u. a. Würzburg 2014

Bollnow, O. F.: Existenzphilosophie und Pädagogik. Versuch über die unstetigen Formen der Erziehung. Stuttgart 1959
Bollnow, O. F.: Lebensphilosophie und Existenzphilosophie (= Schriften Band IV). Hrsg. von Boelhauve, U. u. a. Würzburg 2009
Bollnow, O. F.: Mensch und Raum (= Schriften Bd. VI). Hrsg. von U. Boelhauve u. a. Würzburg 2011
Bordt, M.: Art. Gott/Götter. In: Schäfer, C. (Hrsg.): Platon-Lexikon. Begriffswörterbuch zu Platon und der platonischen Tradition. Darmstadt 2007. 138–141
Bormann, K. von: Art. Kritik. In Historisches Wörterbuch der Philosophie Bd. 4. Hrsg. von Ritter, J./Grunder, K. Darmstadt 1976. 1249–1262
Bormann, K. von: Art. Kritik. In: Krings, H./Baumgartner, H. M./Wild, C. (Hrsg.): Handbuch philosophischer Grundbegriffe. München 1973. 807–822
Boros, L.: Mysterium mortis. Der Mensch in der letzten Entscheidung. Olten und Freiburg/Br. 1973
Brachmann, J.: Ein geradezu klassischer Fall – revisited. Michael Winkler und die Klassiker der Pädagogik. In: Brachmann, J./Corian, R./Koerrenz, R. (Hrsg.): Kritik der Erziehung. Der Sinn der Pädagogik. Bad Heilbrunn 2013. 27–40
Braun, W.: Vollkommenheit und Erziehung. Geschichte und Gegenwart. Weinheim 1997
Brezinka, W.: Erziehung in einer wertunsicheren Gesellschaft. München 1986
Brömse, M.: Utopien als Leitbilder Sozialen Handelns. In: Begemann, V./Heckmann, F./Weber, D. (Hrsg.): Soziale Arbeit als angewandte Ethik. Stuttgart 2016. 178–195
Brugger, W.: Art. Ordnung. In: Brugger, W (Hrsg.).: Philosophisches Wörterbuch. Freiburg/Br. 1976. 280–281
Brumlik, M.: Advokatorische Ethik. Zur Legitimation pädagogischer Eingriffe. Berlin/Wien 2004
Brune, J. P.: Art. Dilemma. In: Düwell, M./Hübenthal, C./Werner, M. H. (Hrsg.): Handbuch Ethik. Stuttgart 2011. 331–337
Buber, M.: Das Problem des Menschen. Heidelberg 1954
Buber, M.: Die Schriften über das dialogische Prinzip. Heidelberg 1954
Buber, M.: Hinweise. Gesammelte Essays. Zürich 1953
Buber, M.: Pfade in Utopia. In: Ders.: Werkausgabe 11.2. Schriften zur politischen Philosophie du zur Sozialphilosophie. Teilband 2: 1938–1965. Hrsg. und kommentiert von M. De Villa. Eingeleitet von F. Ferrari. Gütersloh 2019
Buber, M.: Reden über Erziehung. Heidelberg 1960
Buber, M.: Werkausgabe Bd. 8. Schriften zu Jugend, Erziehung und Bildung. Hrsg., eingeleitet und kommentiert von J. Jacobi. Gütersloh 2005
Buchholz, A.: Der Kampf um die bessere Welt. Geistige Ost-West-Probleme. Stuttgart 1962
Casper, B.: Art. Liebe. In: Krings, H./Baumgartner, H. M./Wild, C. (Hrsg.): Handbuch philosophischer Grundbegriffe. München 1973. 860–867

Sekundärliteratur

Cassirer, E.: Ausgewählter wissenschaftlicher Briefwechsel (= Nachgelassene Manuskripte und Texte. Bd. 18). Hrsg. von J. M. Krois unter Mitarbeit von M. Lauschke, C. Rosenkranz und M. Simon-Gadhof. Hamburg 2009

Cassirer, E.: Substanzbegriff und Funktionsbegriff. Untersuchungen über die Grundfragen der Erkenntniskritik. Darmstadt 1980

Celikates, R./Gosepath, S.: Einleitung: Grundbegriffe, Grundprobleme und Grundmodelle der Moralphilosophie. In: Celikates, Robin/Gosepath, Stefan (Hrsg.): Philosophie der Moral. Texte von der Antike bis zur Gegenwart. Frankfurt/M. 2009. 7–27

Cesana, A.: Paul Häberlin – Der Anspruch des Denkens. In: Angehrn, E./Rother, W. (Hrsg.): Philosophie in Basel. Prominente Denker des 19. und 20. Jahrhunderts. Basel 2011. 86–105

Charim, I.: Ich und die Anderen. Wie die neue Pluralisierung uns alle verändert. Wien 2018

Cohn, J.: Befreien und Binden. Zeitfragen der Erziehung überzeitlich betrachtet. Leipzig 1926

Cohn, J.: Der Sinn der gegenwärtigen Kultur. Ein philosophischer Entwurf. Leipzig 1914

Cohn, J.: Geist der Erziehung. Pädagogik auf philosophischer Grundlage. Leipzig und Berlin 1919

Cohn, J.: Wertwissenschaft. Stuttgart 1932

Deleuze, G.: Spinoza und das Problem des Ausdrucks in der Philosophie. Aus dem Französischen von U. Schneider. München 1993

Derbolav, J.: Die gegenwärtige Situation des Wissens von der Erziehung. Bonn 1956

Diels, H./Kranz, W.: Die Fragmente der Vorsokratiker. Reinbek b. Hamburg 1957

Dilthey, W.: Weltanschauung und Analyse des Menschen seit Renaissance und Reformation (= Gesammelte Schriften Bd. 2). Hrsg. von K. Gründer. Leipzig 1992

Dilthey, W.: Der Aufbau der geschichtlichen Welt in den Geisteswissenschaften (= Gesammelte Schriften Bd. 7). Hrsg. von K. Gründer. Leipzig 1992

Dilthey, W.: Die geistige Welt. Einleitung in die Philosophie des Lebens. Zweite Hälfte: Abhandlungen zur Poetik, Ethik und Pädagogik (Gesammelte Schriften 1). Hrsg. von K. Gründer und F. Rodi. Göttingen 1994

Dilthey, W.: Die Wissenschaft vom Menschen, der Gesellschaft und der Geschichte. Vorarbeiten zur Einleitung in die Geisteswissenschaften (1865–1880) (= Gesammelte Schriften Bd. 18). Hrsg. von K. Gründer. Leipzig 1994

Dilthey, W.: Einleitung in die Geisteswissenschaften. Versuch einer Grundlegung für das Studium der Gesellschaft und der Geschichte (= Gesammelte Schriften Bd. 1). Hrsg. von B. Groethuysen und K. Gründer. Leipzig 1990

Dilthey, W.: System der Ethik (= Gesammelte Schriften X). Hrsg. von H. Nohl. Göttingen 1981

Sekundärliteratur

Dilthey, W.: Weltanschauungslehre: Abhandlung zur Philosophie der Philosophie (= Gesammelte Schriften Bd. 8). Hrsg. von K. Gründer. Leipzig 1991

Dollinger, B.: Die Pädagogik der Sozialen Frage. (Sozial-)Pädagogische Theorie vom Beginn des 19. Jahrhunderts bis zum Ende der Weimarer Republik. Wiesbaden 2006

Dudek, P.: Reformpädagogik und Nationalsozialismus. In: Barz, H. (Hrsg.): Bildungsreform und Reformpädagogik. Wiesbaden 2018. 55–64

Duesberg, H.: Person und Gemeinschaft. Philosophisch-systematische Untersuchung des Sinnzusammenhangs von personaler Selbstständigkeit und interpersonaler Beziehung an Texten von J. G. Fichte und M. Buber (= Münchner philosophische Forschungen Bd. 1). Bonn 1970

Düwell, M./Hübenthal, C./Werner, M. H. (Hrsg.): Handbuch Ethik. Stuttgart und Weimar 2006

Durkheim, E.: Soziologie und Philosophie. Mit einer Einleitung von Th. W. Adorno. Übersetzt von E. Moldenhauer. Frankfurt 1976

Elias, N.: Über die Zeit. Arbeiten zur Wissenssoziologie II. Hrsg. von M. Schröter. Frankfurt/M. 1988

Eckert, M.: Identität und Individualität. Spuren cusanischer Philosophie bei Schleiermacher. In: Meckenstock, G. (Hg.): Schleiermacher und die wissenschaftliche Kultur des Christentums. Berlin/New York 1991. 349–368

Esposito, R.: Communitas. Ursprung und Wege der Gemeinschaft. Aus dem Italienischen von S. Schulz und F. Raimondi. Berlin 2004

Fellmann, F.: Das Vico-Axiom: Der Mensch macht die Geschichte. Freiburg/Br. und München 1979

Fellmann, F.: Ein Dichter und kein Denker. In: Frankfurter Rundschau vom 03. März 1997. 10

Fellmann, F.: Gelebte Philosophie in Deutschland. Denkformen der Lebensweltphänomenologie und der kritischen Theorie. Freiburg/Br./München 1983

Fellmann, F.: Lebensphilosophie. Elemente einer Theorie der Selbsterfahrung. Reinbek b. Hamburg 1993

Fichte, J. G.: Schriften zur Wissenschaftslehre. Werke Bd. 1. Hrsg. von W. Jacobs. Frankfurt/M. 1997

Fiedler, L. A.: Überquert die Grenze, schließt den Graben! Über die Postmoderne. In: Welsch, W.: Wege aus der Moderne. Schlüsseltexte der Postmoderne-Diskussion. Berlin 1994. 57–74

Flasch, K.: Die geistige Mobilmachung. Die deutschen Intellektuellen und der Erste Weltkrieg. Berlin 2000

Flasch, K.: Was ist Zeit? Augustinus von Hippo. Das XI. Buch der Confessiones. Historisch-Philosophische Studie. Frankfurt/M. 1993

Fleck, L.: Zur Krise der Wirklichkeit. In: Ders: Erfahrung und Tatsache. Gesammelte Aufsätze. Frankfurt/M. 1983. 46–58

Frank, M.: Ansichten der Subjektivität. Frankfurt/M. 2012

Friedenthal-Haase, M./Koerrenz, R. (Hrsg.): Martin Buber: Bildung, Menschenbild und Hebräischer Humanismus. Paderborn/München/Wien/Zürich 2005

Friedrich, L.: Das erzieherische Verhältnis aus der Sicht Martin Bubers. In: Friedenthal-Haase, M./Koerrenz, R. (Hrsg.): Martin Buber: Bildung, Menschenbild und Hebräischer Humanismus. Paderborn/München/Wien/Zürich 2005. 115–128

Fritsch, M. J.: Art. Akt-Potenz-Actus-purus. In: Franz, A./Baum, W./Kreutzer, K. (Hrsg.): Lexikon philosophischer Grundbegriffe der Theologie. Freiburg/Br. 2003. 19–20

Frost, U.: Einigung des geistigen Lebens. Zur Theorie religiöser und allgemeiner Bildung bei Friedrich Schleiermacher. Paderborn u. a. 1991

Frost, U.: Erziehen braucht das Verstehen einer Aufgabe. Zum Verhältnis von Pädagogik und Hermeneutik bei Schleiermacher. In: Burdorf, D./Schmücker, R. (Hg.): Dialogische Wissenschaft. Perspektiven der Philosophie Schleiermachers. Paderborn 1998. 229–240

Frost, U.: Art. Pädagogik. In: Ohst, M. (Hrsg.): Schleiermacher Handbuch. Tübingen 2017. 308–315

Fuhr, T.: Ethik des Erziehens. Pädagogische Handlungsethik und ihre Grundlegung in der elterlichen Erziehung. Weinheim und Basel 1998

Furley, D. J.: Aristotle and the Atomists on Infinity, in: Düring, I. (Hrsg.): Naturphilosophie bei Aristoteles und Theophrast. Heidelberg 1969. 85–96

Gabriel, M. (Hrsg.): Der Neue Realismus. Frankfurt/M. 2014

Gabriel, M.: Sinn und Existenz. Eine realistische Ontologie. 2016

Gadamer, H. G.: Antike Atomtheorie. In: Ders.: Griechische Philosophie I (= Gesammelte Werke 5). Tübingen 1985. 263–279

Gadamer, H. G.: Wahrheit und Methode. Tübingen 1960

Gamm, G.: Flucht aus der Kategorie. Die Positivierung des Unbestimmten als Ausgang aus der Moderne. Frankfurt/M. 1994

Gattung, C.: Der Mensch als Glied der Unendlichkeit. Zur Anthropologie von Spinoza. Würzburg 1993

Gauß, H.: Paul Häberlins Stellung innerhalb der deutschen Philosophie des 20. Jahrhunderts. In: Im Dienste der Wahrheit. Paul Häberlin zum 80. Geburtstag. Bern 1958. 39–54

Gava, G.: Transzendentale Argumente. In: Schrenk, M. (Hrsg.): Handbuch der Metaphysik. Stuttgart 2017. 410–415

Gehlen, A.: Über kulturelle Kristallisation. In: Welsch, W.: Wege aus der Moderne. Schlüsseltexte der Postmoderne-Diskussion. Berlin 1994. 133–143

Gehlen, A.: Urmensch und Spätkultur. Philosophische Ergebnisse und Aussagen. Frankfurt a. M./Bonn 1964

Gertenbach, L./Laux, H./Rosa, H./Strecker, D.: Theorien der Gemeinschaft zur Einführung. Hamburg 2010

Gessner, W.: Der Schatz im Acker. Georg Simmels Philosophie der Kultur. Weilerswist 2003

Giesecke, H.: Die pädagogische Beziehung. Pädagogische Professionalität und die Emanzipation des Kindes. Weinheim und Basel 1997
Gogarten, F.: Verhängnis und Hoffnung der Neuzeit. Die Säkularisierung als theologisches Problem. Stuttgart. 1953
Göhner, J. F.: Aposteriorische Metaphysik. In: Schrenk, M. (Hrsg.): Handbuch der Metaphysik. Stuttgart 2017. 435–440
Goodmann, N.: Weisen der Welterzeugung. Frankfurt/M. 1990
Graf, F. W.: »Old harmony«? Über einige Kontinuitätselemente in Paul Tillichs Theologie der Allversöhnung. In: Lehmann, H./Oexle, O. G. (Hrsg.): Nationalsozialismus in den Kulturwissenschaften Bd. 2: Leitbegriffe – Deutungsmuster – Paradigmenkämpfe – Erfahrungen und Transformationen im Exil (= Veröffentlichungen des Max-Planck-Instituts für Geschichte Bd. 211). Göttingen 2004. 375–416
Graf, F. W.: Geschichte durch Übergeschichte überwinden. Antihistorisches Geschichtsdenken in der protestantischen Theologie der 1920er Jahre. In: Küttler, W.: Geschichtsdiskurs 4: Krisenbewußtsein, Katastrophenerfahrungen und Innovationen 1880–1945. Frankfurt/M. 1997. 217–244
Graus, F.: Epochenbewusstsein-Epochenillusion. In: Herzog, R./Koselleck, R. (Hrsg.): Epochenschwelle und Epochenbewußtsein (= Poetik und Hermeneutik Bd. XII). München 1987. 531–533
Gronemeyer, M: Das Leben als letzte Gelegenheit. Sicherheitsbedürfnisse und Zeitknappheit. Darmstadt 1996
Gruschka, A.: Wozu Negative Pädagogik? In: Dammer, K.-H./Vogel, T./Wehr, H. (Hrsg.): Zur Aktualität der Kritischen Theorie für die Pädagogik. Wiesbaden 2015. 37–51
Guardini, R.: Das Ende der Neuzeit. Leipzig 1954
Gutschker, Th.: Aristotelische Diskurse. Aristoteles in der politischen Philosophie des 20. Jahrhunderts. Stuttgart/Weimar 2002
Haan, G. de: Die Zeit in der Pädagogik. Vermittlungen zwischen der Fülle der Welt und der Kürze des Lebens. Weinheim und Basel 1996
Häberle, I.: Zur Prophetie des behinderten Menschen. In: Neue Wege. Bd. 90 (1996). 245–246
Habermas J.: Bemerkungen zur Entwicklungsgeschichte des Horkheimerschen Werkes. In: Schmidt, A./Altwicker, N. (Hrsg.): Max Horkheimer heute. Werk und Wirkung. Fischer, Frankfurt am Main 1986. 163–179
Habermas, J.: Die Moderne – ein unvollendetes Projekt. In: Welsch, W.: Wege aus der Moderne. Schlüsseltexte der Postmoderne-Diskussion. Berlin 1994. 177–192
Habermas, J.: Ein Bewusstsein von dem, was fehlt. Über Glauben und Wissen und den Defaitismus der modernen Vernunft. In: Neue Züricher Zeitung vom 10. Februar 2007
Habermas, J.: Kultur und Kritik. Verstreute Aufsätze. Frankfurt/M. 1973
Hegel, G. W. F.: Vorlesungen über die Geschichte der Philosophie III. (Werke 20). Frankfurt/M. 1986
Hegel, G. W. F.: Vorlesungen über die Philosophie der Kunst. Hg. von A. Gethmann-Siefert. Hamburg 2003

Heidegger, M.: Die Selbstbehauptung der deutschen Universität. Das Rektorat 1933/34. Frankfurt/M. 1983
Heidegger, M.: Hönigswald aus der Schule des Neukantianismus. In: Ders.: Reden und andere Zeugnisse eines Lebensweges 1910–1976 (= Gesamtausgabe Bd. 16). Herausgegeben von Hermann Heidegger. Frankfurt/M. 2000. 132–133
Heidegger, M.: Kant und das Problem der Metaphysik. Frankfurt/M. 1998
Heidegger, M.: Sein und Zeit. Unveränderter Nachdruck der fünfzehnten, an Hand der Gesamtausgabe durchgesehenen Auflage mit den Randbemerkungen aus dem Handexemplar des Autors im Anhang. Tübingen 1986
Heinßen, J.: Historismus und Kulturkritik. Studien zur Geschichtskultur im späten 19. Jahrhundert. Göttingen 2003
Held, K.: Heimwelt, Fremdwelt, die eine Welt. In: Orth, E. W. (Hrsg.): Perspektiven und Probleme der Husserlschen Phänomenologie. Beiträge zur neueren Husserlforschung. Freiburg/München 1991. 303–338
Helfenbein, K. A.: Häberlins Lehre von der Erziehung. Frankfurt/M. 1965
Henning, T.: Kants Ethik. Eine Einführung. Stuttgart 2016
Henseler, J.: Sozialpädagogik und Reformpädagogik – Gemeinschaft als einheitlicher Bezugspunkt? In: Henseler, J./Reyer, J. (Hrsg.): Sozialpädagogik und Gemeinschaft. Historische Beiträge zur Rekonstruktion eines konstitutiven Verhältnisses (= Grundlagen der Sozialen Arbeit. Bd. 4.). Hohengehren 2000. 40–54
Herbart, J. H.: Allgemeine Pädagogik aus dem Zwecke der Erziehung abgeleitet. In: Ders.: Sämtliche Werke Bd. II. Hrsg. von K. Kehrbach. Bad Langensalza 1887. 1–139
Herbart, J. H.: Umriss pädagogischer Vorlesungen. In: Ders.: Sämtliche Werke Bd. X. Hrsg. von K. Kehrbach und O. Flügel. Aalen 1989. 65–196.
Hoch, C.: Zur Bedeutung des ›Pädagogischen Bezugs‹ von Herman Nohl für die Identitätsbildung von Jugendlichen in der Postmoderne. Eine Erziehungsphilosophische Reflexion. Würzburg 2005
Höffe, O.: Ethik. Eine Einführung. München 2013
Holzhey, H.: Art. Kritik. In Historisches Wörterbuch der Philosophie Bd. 4. Hrsg. von Ritter, J./Grunder, K. Darmstadt 1976. 1267–1282
Hönigswald, R.: Über die Grundlagen der Pädagogik. Ein Beitrag zur Frage des pädagogischen Universitäts-Unterrichts. München 1918
Hopfner, J.: Das Subjekt im neuzeitlichen Erziehungsdenken. Ansätze zur Überwindung grundlegender Dichotomien bei Herbart und Schleiermacher (= Beiträge zur pädagogischen Grundlagenforschung). Weinheim und München 1999
Horkheimer, M./Adorno, T. W.: Dialektik der Aufklärung, Frankfurt/M. 2013
Horkheimer, M.: »Was wir Sinn nennen, wird verschwinden.« In: Ders.: Gesammelte Schriften Band 7: Vorträge und Aufzeichnungen 1949–1973. Frankfurt/M. 2014. 345–357
Horkheimer, M.: Die Funktion der Theologie in der Gesellschaft. In: Ders.: Gesammelte Schriften Band 7: Vorträge und Aufzeichnungen 1949–1973. Frankfurt/M. 2014. 309–316

Horkheimer, M.: Die Sehnsucht nach dem ganz Anderen. In: Ders.: Gesammelte Schriften Band 7: Vorträge und Aufzeichnungen 1949–1973. Frankfurt/M. 2014. 385–404
Horkheimer, M.: Die verwaltete Welt kennt keine Liebe. In: Ders.: Gesammelte Schriften Band 7: Vorträge und Aufzeichnungen 1949–1973. Frankfurt/M. 2014. 358–362
Horkheimer, M.: Kants Philosophie und die Aufklärung. In: Ders.: Gesammelte Schriften Band 7: Vorträge und Aufzeichnungen 1949–1973. Frankfurt/M. 2014. 160–172
Horkheimer, M.: Philosophie als Kulturkritik. In: Ders.: Gesammelte Schriften Band 7: Vorträge und Aufzeichnungen 1949–1973. Frankfurt/M. 2014. 91–103
Horkheimer, M.: Traditionelle und kritische Theorie. Fünf Aufsätze. Frankfurt/M. 2011
Horkheimer, M.: Vernunft und Selbsterhaltung. In: Ders.: Gesammelte Schriften Bd. 5. Frankfurt/M. 2014. 320–350
Horkheimer, M.: Zur Kritik der instrumentellen Vernunft und Notizen 1949–1969. In: Ders.: Gesammelte Schriften Band 6. Frankfurt/M. 2008. 21–425
Hornig, G.: Religion und Theologie bei Schleiermacher. In: Andresen, C./Ritter, A. M. (Hrsg.): Handbuch der Dogmen- und Theologiegeschichte Bd. 3: Die Lehrentwicklung im Rahmen der Ökumenizität. Göttingen 1998. 150–152
Hoßfeld, Uwe, »Schaxel, Julius«. In: Neue Deutsche Biographie 22 (2005), S. 597–598 [Online-Version]; URL: https://www.deutsche-biographie.de/pnd118822977.html#ndbcontent (abgerufen am 11.05.2018)
Hügli, A.: Karl Jaspers – Philosophischer Glaube und Offenbarungsglaube. In: Angehrn, E./Rother, W. (Hrsg.): Philosophie in Basel. Prominente Denker des 19. Und 20. Jahrhunderts. Basel 2011. 106–123
Hundeck, M.: Das Ringen um Spanien. Der Hintergrund der Philosophie und der Sozialpädagogik José Ortega y Gassets. In: Hundeck, M./Mührel, E. (Hrsg.). José Ortega y Gasset: Sozialpädagogik als politisches Programm. Von Spanien nach Europa. Wiesbaden 2016. 85–111
Hundeck, M.: Die Angst vor der Unverfügbarkeit und der Anspruch auf Autopoiesis. In: Birgmeier, B./Mührel, E. (Hrsg.): Die Sozialarbeitswissenschaften und ihre Theorie(n). Positionen, Kontroversen, Perspektiven. Wiesbaden 2009. 279–290
Hundeck, M.: Die Erfahrung von Gewalt und die Sakralität der Person. Überlegungen zu einer Begründung der Menschenrechte und einer Menschenrechtsprofession. In: Mührel, E./Birgmeier, B. (Hrsg.): Menschenrechte und Demokratie. Perspektiven für die Entwicklung der Sozialen Arbeit als Profession und wissenschaftliche Disziplin. Wiesbaden 2013. 39–56
Hundeck, M.: Die Geheimnishaftigkeit der Person und die Würde des Menschen. Kritische Anmerkungen zu den Ansprüchen von Sozialpädagogik im Blick auf den Capabilities Approach. In: Mührel, E./Niemeyer, C./

Werner, S. (Hrsg.): Capability Approach und Sozialpädagogik. Eine heilige Allianz? Weinheim und Basel 2017. 121–143

Hundeck, M.: Durchbrochene Kontingenz und verdankte Existenz als Perspektive Sozialer Arbeit. Ein Beitrag zur Profession Sozialer Arbeit aus christlicher Sicht. In: Mührel, E. (Hrsg.): Ethik und Menschenbild der Sozialen Arbeit. Essen 2003. 51–72

Hundeck, M.: José Ortega y Gasset.: Sozialpädagogik als politisches Programm. Ein erläuternder Kommentar der Rede José Ortega y Gassets vor der Gesellschaft El Sitio in Bilbao am 12. März 1910. In: Hundeck, M./Mührel, E. (Hrsg.): José Ortega y Gasset: Sozialpädagogik als politisches Programm. Von Spanien nach Europa. Wiesbaden 2016. 31–75

Hundeck, M.: Welt und Zeit. Hans Blumenbergs Philosophie zwischen Schöpfungs- und Erlösungslehre (= Bonner Dogmatische Studien 32). Würzburg 2000

Hünersdorf, B.: Die Konzeption des Eros in der Spätphilosophie Natorps und seine Bedeutung für die Reformulierung seiner Sozialpädagogik. In: Bilstein, J./Uhle, R. (Hrsg.): Liebe. Zur Anthropologie einer Grundbedingung pädagogischen Handelns. Oberhausen 2007. 137–153

Huschke-Rhein, B.: Das Wissenschaftsverständnis in der geisteswissenschaftlichen Pädagogik. Dilthey-Litt-Nohl-Spranger. Stuttgart 1979

Husserl, E.: Die Krisis der europäischen Wissenschaften und die transzendentale Phänomenologie. Gesammelte Schriften Bd. 8. Hrsg. von E. Ströker. Hamburg1992

Husserl, E.: Vorlesungen zur Phänomenologie des inneren Zeitbewußtseins. Hrsg. von M. Heidegger. Tübingen 1980

Huxley, A.: Die ewige Philosophie. Philosophia perennis. Überarbeitete Fassung. Aus dem Englischen von H. R. Conrad. Freiburg/Br. 2008

Jacobi, J.: Einleitung. In: Buber, M.: Schriften zur Jugend, Erziehung und Bildung. (= Martin-Buber-Werkausgabe Bd. 8). Gütersloh 2005. 11–76

Jaeger, W.: Paideia. Die Formung des griechischen Menschen Bd. I. Berlin 1936

Jaeger, W.: Paideia. Die Formung des griechischen Menschen Bd. II. Berlin 1944

Jaeger, W.: Paideia. Die Formung des griechischen Menschen Bd. III. Berlin 1959

Jaspers, K.: Psychologie der Weltanschauungen. Berlin 1919

Jaspers, K.: Von der Wahrheit. München 1947

Jaspers, K.: Der Philosophische Glaube. Zürich 1948

Jaspers, K.: Vom Ursprung und Ziel der Geschichte. München 1949

Jaspers, K.: Der philosophische Glaube angesichts der Offenbarung. München 1963

Jauch, U. P.: Anna Tumarkin. Die erste Frau Philosophie-Professor Europas. In: Aargauer Zeitung vom 1.10.2017; URL: »https://www.aargauerzeitung.ch/kultur/buch-buehne-kunst/die-erste-frau-philosophie-professor-europas-131762340« (abgerufen am 08.06.2020)

Jegelka, N.: Paul Natorp. Philosophie, Pädagogik, Politik. Würzburg 1992
Joas, H.: Die Sakralität der Person. Eine neue Genealogie der Menschenrechte. Berlin 2011
Joas, H.: Was ist die Achsenzeit? Eine wissenschaftliche Debatte als Diskurs über Transzendenz. Basel 2014
Joël, K.: Antibarbarus. Vorträge und Aufsätze. Jena 1914
Joël, K.: Die philosophische Krisis der Gegenwart. Rektoratsrede. Leipzig 1914
Joël, K.: Die Überwindung des 19. Jahrhunderts im Denken der Gegenwart. In: Kant-Studien Band XXXII. Heft 4. Berlin 1927. 475–519
Joël, K.: Neue Weltkultur. Leipzig 1915
Joël, K.: Seele und Welt. Versuch einer organischen Auffassung. Jena 1912
Joël, K.: Selbstdarstellung. In: Schmidt, R. (Hrsg.): Die deutsche Philosophie in Selbstdarstellungen. Erster Band. Leipzig 1921. 71–90
Joël, K.: Wandlungen der Weltanschauung. Eine Philosophiegeschichte als Geschichtsphilosophie. Erster Band. Tübingen 1928
Joël, K.: Wandlungen der Weltanschauung. Eine Philosophiegeschichte als Geschichtsphilosophie. Zweiter Band. Tübingen 1934
Joël, K: Der Ursprung der Naturphilosophie aus dem Geiste der Mystik. Mit Anhang Archaische Romantik. Jena 1906
Jonas, H.: Das Prinzip Verantwortung. Frankfurt/M. 1987
Jonas, H.: Gnosis. Die Botschaft des fremden Gottes. Frankfurt/M. 1999
Kaminska, M.: Dialogische Pädagogik und die Beziehung zum Anderen. Martin Buber und Janusz Korczak im Lichte der Philosophie von Emmanuel Levinas (= Jüdische Bildungsgeschichte in Deutschland Bd. 7). Münster/New York/München/Berlin 2010
Kamm, P.: Philosophie und Pädagogik Paul Häberlins in ihren Wandlungen. Zürich 1938
Kamm, P.: Paul Häberlin. Leben und Werk Bd. 1: Die Lehr – und Wanderjahre 1878–1922. Zürich 1977
Kamm, P.: Paul Häberlin. Leben und Werk Bd. 2: Die Meisterzeit 1922–1960. Zürich 1981
Kant, I.: Werke in zehn Bänden. Hrsg. von W. Weischedel, Darmstadt 1983. Die folgenden Schriften Kants werden im Text zitiert:
– Kritik der reinen Vernunft. Bd. 3+4;
– Über eine Entdeckung, nach der alle neue Kritik der reinen Vernunft durch eine ältere entbehrlich gemacht werden soll. Bd. 5;
– Grundlegung zur Metaphysik der Sitten. Bd. 6;
– Kritik der praktischen Vernunft. Bd. 6;
– Die Metaphysik der Sitten. Bd. 7;
Kehl, M.: Eschatologie. Würzburg 1986
Keim, W./Schwerdt, U. (Hrsg.): Handbuch der Reformpädagogik in Deutschland (1890–1933) Teil I: Gesellschaftliche Kontexte, Leitideen und Diskurse Frankfurt/M. 2013
Keim, W./Schwerdt, U. (Hrsg.): Handbuch der Reformpädagogik in Deutschland (1890–1933) Teil II: Praxisfelder und pädagogische Handlungssituationen. Frankfurt/M. 2013

Keim, W./Schwerdt, U.: Reformpädagogik in Deutschland (1890–1933) – zur Einführung. In: Keim, W./Schwerdt, U. (Hrsg.): Handbuch der Reformpädagogik in Deutschland (1890–1933) Teil I. Frankfurt/M. 2013. 9–38

Keim, W.: Bildung versus Ertüchtigung. Gab es einen Paradigmenwechsel im Erziehungsdenken unter der Nazidiktatur? In: Lehmann, H./Oexle, O. G. (Hrsg.): Nationalsozialismus in den Kulturwissenschaften Bd. 2: Leitbegriffe – Deutungsmuster – Paradigmenkämpfe – Erfahrungen und Transformationen im Exil (= Veröffentlichungen des Max-Planck-Instituts für Geschichte Bd. 211). Göttingen 2004. 223–258

Kelsen, H.: Was ist Gerechtigkeit? Stuttgart 2017

Kessler, R.: Der Weg zum Leben. Ethik des Alten Testaments. Gütersloh 2017

Kienzler, K.: Gott in der Zeit berühren. Eine Auslegung der Confessiones des Augustinus. Würzburg 1998

King, V.: Pädagogische Generativität: Nähe, Distanz und Ambivalenz in professionellen Generationenbeziehungen. In: Dörr, M./Müller, B. (Hrsg.): Nähe und Distanz. Ein Spannungsfeld pädagogischer Professionalität. Weinheim und Basel 2012. 62–75

Kipper, J.: Notwendigkeit, Apriorizität und Analytizität. In: Schrenk, M. (Hrsg.): Handbuch der Metaphysik. Stuttgart 2017. 388–393

Klafki, W./Brockmann, J.-L.: Geisteswissenschaftliche Pädagogik und Nationalsozialismus. Herman Nohl und seine »Göttinger Schule« 1932.1937

Klafki, W.: Einleitung zur 7. Auflage. In: Pestalozzi über seine Anstalt in Stans. Weinheim und Basel 1997. 39–44

Klafki, W.: Pestalozzis »Stanser Brief«. Eine Interpretation. In: Pestalozzi über seine Anstalt in Stans. Weinheim und Basel 1997. 45–71

Klein, J.: Die Grundlegung der Ethik in der Philosophie Hermann Cohens und Paul Natorps – eine Kritik des Neukantianismus. Göttingen 1976

Klika, D.: Das Gefühl und die Pädagogik. Historische und systematische Aspekte einer problematischen Liaison. In: Klika, D./Schubert, V. (Hrsg.): Bildung und Gefühl. Baltmannsweiler 2004. 19–34

Klika, D.: Herman Nohl. Sein »pädagogischer Bezug« in Theorie, Biographie und Handlungspraxis (= Beiträge zur Historischen Bildungsforschung Bd. 25). Köln/Weimar/Wien 2000

Kluge, S.: Vermisste Heimat? Zum emanzipativ-repressiven Doppelcharakter der Gemeinschaftsthematik innerhalb der modernen Pädagogik. Berlin 2008

Knoepffler, N. Der Begriff »transzendental« bei Karl Rahner. Zur Frage seiner Kantischen Herkunft (= Innsbrucker Theologische Studien Bd. 39). Innsbruck-Wien 1993

Kocka, J. Das lange 19. Jahrhundert. Stuttgart 2003

Kodalle, K.-M.: Krise und Kritik: Eberhard Grisebachs nach-metaphysische Ethik. In: Kodalle, K.-M. (Hrsg.): Angst vor der Moderne. Philosophische Antworten auf Krisenerfahrungen. Der Mikrokosmos Jena 1900–1940. Würzburg 2000. 183–198

Kodalle, K.-M.: Schockierende Freiheit. Nachmetaphysische Ethik in der Weimarer Wendezeit. Wien 1996

Koerrenz, R./Collmar, R. (Hrsg.): Die Religion der Reformpädagogen. Ein Arbeitsbuch. Weinheim 1994
Koerrenz, R.: Herman Nohls Grundlegung der Erziehungswissenschaft. In: Kodalle, K.-M. (Hrsg.): Angst vor der Moderne. Philosophische Antworten auf Krisenerfahrungen. Der Mikrokosmos Jena 1900–1940. Würzburg 2000. 103–124
Koerrenz, R.: Kulturmuster als fragmentarische Kontinuitäten. Theorie (der Erziehung) zwischen Unschärfe und Fixierung. In: Brachmann, J./Coriand, R./Koerrenz, R. (Hrsg.): Kritik der Erziehung. Der Sinn der Pädagogik. Bad Heilbrunn 2013. 67–84
Koerrenz, R.: Otto Friedrich Bollnow. Ein pädagogisches Porträt. Weinheim und Basel 2004
Koerrenz, R.: Reformpädagogik am Anfang des 20. Jahrhunderts. Personen und Positionen. In: Barz, H. (Hrsg.): Bildungsreform und Reformpädagogik. Wiesbaden 2018. 157–167
Koerrenz, R.: Reformpädagogik. Eine Einführung. Paderborn 2014
Kohlenberger, H. K.: Art. Gesinnung. In: Historisches Wörterbuch der Philosophie Bd. 3. Hrsg. von Ritter, J./Grunder, K. Darmstadt 1974. 536–539
Konrad, F.-M.: Sozialpädagogik. In: In: Keim, W./Schwerdt, U. (Hrsg.): Handbuch der Reformpädagogik in Deutschland (1890–1933) Teil II. Frankfurt/M. 2013. 835–876
Köpp, U.: Neues Leben und Gemeinschaft. Zum Reformstreben in der Moderne. In: Sinn und Form 70. Jg. Heft 1. 2018. 46–60
Korff, H. A.: Geist der Goethezeit. Versuch einer ideellen Entwicklung der klassisch-romantischen Literaturgeschichte. Teil III. Frühromantik. Leipzig 1956
Koselleck, R.: Begriffsgeschichten. Frankfurt/M. 2010
Koselleck, R.: Kritik und Krise. Eine Studie zur Pathogenese der bürgerlichen Welt. Frankfurt/M. 2013
Koselleck, R.: Moderne Sozialgeschichte und historische Zeiten. In: Ders.; Zeitschichten. Frankfurt/M. 2003. 317–335
Koselleck, R.: Vergangene Zukunft. Zur Semantik geschichtlicher Zeiten. Frankfurt/M. 1979
Koselleck, R.: Vom Sinn und Unsinn der Geschichte. Aufsätze und Vorträge aus vier Jahrzehnten. Hrsg. und mit einem Nachwort von C. Dutt. Frankfurt/M. 2014
Koyré, A.: Von der geschlossenen Welt zum unendlichen Universum. Frankfurt/M. 1980
Kraft, V.: *Erhalten und Verbessern* oder: Wie viel kritische Theorie verträgt die Pädagogik? In: Brachmann, J./Coriand, R./Koerrenz, R. (Hrsg.): Kritik der Erziehung. Der Sinn der Pädagogik. Bad Heilbrunn 2013. 85–92
Kronen, H., Sozialpädagogik. Geschichte und Bedeutung des Begriffs. Frankfurt/M. 1980

Sekundärliteratur

Krückeberg, E.: Art. Kritik, immanente. In: Historisches Wörterbuch der Philosophie Bd. 4. Hrsg. von Ritter, J./Grunder, K. Darmstadt 1976. 1292–1293
Kuhlmann, C.: Geschichte Sozialer Arbeit I. Studienbuch. Schwalbach/Ts. 2011
Kuhn, Th. S.: Die Struktur wissenschaftlicher Revolutionen. Frankfurt/M. 1973
Kühnlein, M.: Wer hat Angst vor Gott? Über Religion und Politik im postfaktischen Zeitalter. Stuttgart 2017
Laube, R.: Platon und die Sophisten. In: Lehmann, H./Oexle, O. G. (Hrsg.): Nationalsozialismus in den Kulturwissenschaften Bd. 2: Leitbegriffe – Deutungsmuster – Paradigmenkämpfe – Erfahrungen und Transformationen im Exil (= Veröffentlichungen des Max-Planck-Instituts für Geschichte Bd. 211). Göttingen 2004. 139–164
Le Bon, G.: Psychologie der Massen. Hrsg. von H. Dingeldey. Stuttgart 1973
Lehmann, D.: Was ist Kritische Theorie – Eine Einladung. In: Dammer, K.-H./Vogel, T./Wehr, H. (Hrsg.): Zur Aktualität der Kritischen Theorie für die Pädagogik. Wiesbaden 2015. 15–33
Lehmann, H./Oexle, O. G. (Hrsg.): Nationalsozialismus in den Kulturwissenschaften Bd. 2: Leitbegriffe – Deutungsmuster – Paradigmenkämpfe – Erfahrungen und Transformationen im Exil (= Veröffentlichungen des Max-Planck-Instituts für Geschichte Bd. 211). Göttingen 2004
Leibniz, G. W.: Lehrsätze der Philosophie. Monadologie. Übersetzt und hrsg. von J. C. Horn. Würzburg 1997
Levinas, E. Jenseits des Seins oder anders als Sein geschieht. Aus dem Französischen von Th. Wiemer. Freiburg/Br. 1992
Levinas, E.: Die Zeit und der Andere. Übersetzt und mit einem Nachwort versehen von L. Wenzler. Hamburg 1979
Levinas, E.: Humanismus des anderen Menschen. Übersetzt und mit einer Einleitung versehen von L. Wenzler. Hamburg 1989
Levinas, E.: Totalität und Unendlichkeit. Versuch über die Exteriorität. Aus dem Französischen von N. Krewani. Freibur/Br./München 1987
Levinas, E.: Verletzlichkeit und Frieden. Schriften über die Politik und das Politische. Hrsg. von P. Delhom und A. Hirsch. Berlin 2007
Liegle, L.: Pfade in Utopia: Gemeinschaft bei Gustav Landauer und Martin Buber. In: Henseler, J./Reyer, J. (Hrsg.): Sozialpädagogik und Gemeinschaft. Historische Beiträge zur Rekonstruktion eines konstitutiven Verhältnisses (= Grundlagen der Sozialen Arbeit. Bd. 4.). Hohengehren 2000. 102–121
Lietz, H.: Religion als Lebensstil. In: Koerrenz, R./Collmar, R. (Hrsg.): Die Religion der Reformpädagogen. Ein Arbeitsbuch. Weinheim 1994. 207–212
Link, J.-W.: Reformpädagogik im historischen Überblick. In: Barz, H. (Hrsg.): Bildungsreform und Reformpädagogik. Wiesbaden 2018. 15–30
Liske, M.-Th.: Apriorische Metaphysik. In: Schrenk, M. (Hrsg.): Handbuch der Metaphysik. Stuttgart 2017. 429–434

Loch, W.: Grundbegriffe einer biographischen Erziehungstheorie. In: Leonhard, H.-W. et.al. (Hrsg.): Pädagogische Erkenntnis. Grundlagen pädagogischer Theoriebildung. Weinheim-München 1995. 109–129
Loew, C.: Die Richtung der Zeit. In: Schrenk, M. (Hrsg.): Handbuch der Metaphysik. Stuttgart 2017. 256–263
Löffler, W.: Die Attribute Gottes. In: Schrenk, M. (Hrsg.): Handbuch der Metaphysik. Stuttgart 2017. 201–207
Löffler, W.: Die Existenz Gottes. In: Schrenk, M. (Hrsg.): Handbuch der Metaphysik. Stuttgart 2017. 208–213
Lotz, J. B.: Art. Ontologie. In: Brugger, W.: Philosophisches Wörterbuch. Freiburg/Br. 1976. 276–277
Lotz, J. B.: Die Stufen der Liebe. Eros, Philia und Agape. Frankfurt/M. 1982
Lovejoy, A. O.: Die große Kette der Wesen. Frankfurt/M. 1985
Löwith, K.: Weltgeschichte und Heilsgeschehen. Die theologischen Voraussetzungen der Geschichtsphilosophie. Stuttgart 2004
Luczak, J.: Einleitung. In: Luczak, J. (Hg.) Paul Häberlin – Ludwig Binswanger Briefwechsel 1908–1960. Mit Briefen von Sigmund Freud, Carl Gustav Jung, Karl Jaspers, Martin Heidegger, Ludwig Frank und Eugen Bleuler. Im Auftrag der Paul Häberlin-Gesellschaft herausgegeben und kommentiert von J. Luczak. Basel 1997. 13–88
Lyotard, J.-F.: Der Widerstreit. Hrsg. von R. Clausjürgens und übersetzt von F. Vogl. München 1989
Lyotard, J.-F.: Die Moderne redigieren. In: Welsch, W.: Wege aus der Moderne. Schlüsseltexte der Postmoderne-Diskussion. Berlin 1994. 204–214
Marburger, H.: Entwicklung und Konzepte der Sozialpädagogik. München 1979
Marion, J.-L.: Gott ohne Sein. Aus dem Französischen von A. Letzkus. Herausgegeben und mit einem Nachwort versehen von K. Ruhstorfer. Paderborn 2014
Marquard, O. Schwierigkeiten mit der Geschichtsphilosophie. Aufsätze. Frankfurt/M. 1982
Marquard, O.: Abschied vom Prinzipiellen. Stuttgart 1981
Marquard, O.: Apologie des Zufälligen. Stuttgart 1986
Marquard, O.: Art. Anthropologie. In Historisches Wörterbuch der Philosophie Bd. 1. Hrsg. von Ritter, J./Grunder, K. Darmstadt 1971. 362–374
Marquard, O.: Das gnostische Rezidiv der Gegenneuzeit. Ultrakurztheorem in lockerem Anschluss an Blumenberg. In: Taubes, J. (Hrsg.): Religionstheorie und Politische Theologie Bd. 2: Gnosis und Politik. München 1984. 31–36
Marquard, O.: Skepsis und Zustimmung. Stuttgart 1984
Marquard, O.: Zeit und Endlichkeit. In: Baumgartner, H. M. (Hrsg.): Das Rätsel der Zeit. Philosophische Analysen. Freiburg/München 1996. 363–378
Marten, R.: Die Möglichkeit des Unmöglichen. Zur Poesie in Philosophie und Religion. Freiburg/München 2005
Marx, W.: Ethos und Lebenswelt. Mitleidenkönnen als Maß. Hamburg 1986

Matthes, E./Schütze, S.: Reformpädagogik vor der Reformpädagogik. In: Barz, H. (Hrsg.): Bildungsreform und Reformpädagogik. Wiesbaden 2018. 31–41
Matthes, E.: Geisteswissenschaftliche Pädagogik nach der NS-Zeit. Politische und pädagogische Verarbeitungsversuche. Bad Heilbrunn 1998
Matthiesen, M.: Machtstatt und Utopie. In: Lehmann, H./Oexle, O. G. (Hrsg.): Nationalsozialismus in den Kulturwissenschaften Bd. 2: Leitbegriffe – Deutungsmuster – Paradigmenkämpfe – Erfahrungen und Transformationen im Exil (= Veröffentlichungen des Max-Planck-Instituts für Geschichte Bd. 211). Göttingen 2004. 165–198
Mehring, R.: Begriffsgeschichte mit Carl Schmitt. In: Joas, H./Vogt, P. (Hrsg.): Begriffene Geschichte. Beiträge zum Werk Reinhart Kosellecks. Frankfurt/M. 2011. 138–168
Meier, C.: Gedenkrede auf Reinhart Koselleck. In: Joas, H./Vogt, P. (Hrsg.): Begriffene Geschichte. Beiträge zum Werk Reinhart Kosellecks. Frankfurt/M. 2011. 103–120
Meixner, U.: Art. Erkenntnis. In: Schäfer, C. (Hrsg.): Platon-Lexikon. Begriffswörterbuch zu Platon und der platonischen Tradition. Darmstadt 2007. 109–116
Meran, J.: Individualismus oder Kollektivismus? Versuch einer Rekonstruktion eines sozialwissenschaftlichen Grundlagenstreits. In: Zeitschrift für allgemeine Wissenschaftstheorie X/1. Wiesbaden 1979. 35–53
Messer, A.: Geschichte der Pädagogik Bd. 1. Freiburg/Br. 1931
Messer, A.: Geschichte der Pädagogik Bd. 2. Freiburg/Br. 1931
Messer, A.: Geschichte der Pädagogik Bd. 3. Freiburg/Br. 1930
Messer, A.: Natur und Geist. Philosophische Aufsätze. Osterwieck-Harz 1920
Messer, A.: Philosophische Grundlegung der Pädagogik. Breslau 1924
Messer, A: Lebensphilosophie. Leipzig 1931
Meyer, Th.: Ernst Cassirer. Hamburg 2006
Meyer-Drawe, K.: Das »Ich als die Differenz der Masken«. Zur Problematik autonomer Subjektivität. Vierteljahresschrift für wissenschaftliche Pädagogik 67 H. 4. 390–400
Mittelstraß, J.: Art. Kritik. In: Ders.: Enzyklopädie Philosophie und Wissenschaftstheorie Bd. 2. Darmstadt. 2004. 498–499
Mittelstraß, J.: Art. Philosophia perennis. In: Ders. (Hrsg.): Enzyklopädie und Wissenschaftstheorie Bd. 3. Stuttgart 2004. 130
Mollenhauer, K.: Erziehung und Emanzipation. Polemische Skizzen. München 1973
Mollenhauer, K.: Theorien zum Erziehungsprozeß. Zur Einführung in wissenschaftliche Fragestellungen. Neuwied 1972
Mührel, E.: Das Verständnis von Sozialpädagogik bei Ortega y Gasset. In: Hundeck, M./Mührel, E. (Hrsg.). José Ortega y Gasset: Sozialpädagogik als politisches Programm. Von Spanien nach Europa. Wiesbaden 2016. 77–84
Mührel, E.: Verstehen und Achten. Philosophische Reflexionen zur professionellen Haltung in der Sozialen Arbeit. Weinheim und Basel 2019

Muhri, J. G.: Normen der Erziehung. Analyse und Kritik von Herbert Spencers evolutionistischer Pädagogik. München 1982
Müller, C.: Sozialpädagogik als Erziehung zur Demokratie. Ein problemgeschichtlicher Theorieentwurf. Bad Heilbrunn 2005
Nagel, I.: Der Kritiker der Krise. Zum 50. Jahrestag von Reinhart Kosellecks Promotion – Rede beim Festakt der Universität Heidelberg am 23. November 2004. In: Joas, H./Vogt, P. (Hrsg.): Begriffene Geschichte. Beiträge zum Werk Reinhart Kosellecks. Frankfurt/M. 2011. 94–102
Natorp, P.: Art. Sozialpädagogik. In: Rein, W. (Hrsg.): Encyklopädisches Handbuch der Pädagogik Bd. VIII. Langensalza 1908. 675–682
Natorp, P.: Deutscher Weltberuf. Zweites Buch. Die Seele der Deutschen. Jena 1918
Natorp, P.: Philosophie und Pädagogik. Untersuchungen auf ihrem Grenzgebiet. Marburg 1909
Natorp, P.: Platos Ideenlehre. Eine Einführung in den Idealismus. Leipzig 1903
Natorp, P.: Religion innerhalb der Grenzen der Humanität. Ein Kapitel zur Grundlegung der Sozialpädagogik. Freiburg/Br. und Leipzig 1894
Natorp, P.: Rousseaus Sozialphilosophie. In: Gesammelte Abhandlungen zur Sozialpädagogik. Erstes Heft. Stuttgart 1922. 43–70
Natorp, P.: Selbstdarstellung. In: Schmidt, R. (Hrsg.): Die deutsche Philosophie in Selbstdarstellungen. Erster Band. Leipzig 1921. 151–176
Natorp, P.: Sozialidealismus. Neue Richtlinien Sozialer Erziehung. Berlin 1920
Natorp, P.: Sozialpädagogik. Theorie der Willenserziehung auf der Grundlage der Gemeinschaft. Stuttgart 1904
Neubauer, H.: Der philosophische Charakter der Pädagogik bei Paul Häberlin. Wien 1971
Nida-Rümelin, J.: Art. Metaethik – ein systematischer Überblick. In: Düwell, M./Hübenthal, C./Werner, M. H. (Hrsg.): Handbuch Ethik. Stuttgart 2011. 25–36
Nida-Rümlin, J./Spiegel, I./Tiedemann, M. (Hrsg.): Handbuch Philosophie und Ethik. Band I (Didaktik und Methodik). Band II (Disziplinen und Themen). Paderborn 2015
Niemeyer, C.: Art. Pädagogischer Bezug. In: Otto, H. U./Thiersch, H. (Hrsg.). Handbuch Soziale Arbeit. München 2011. 1060–1068
Niemeyer, C.: Friedrich Nietzsche. Leben-Werk-Wirkung (= Suhrkamp BasisBiographie). Berlin 2012
Niemeyer, C.: Klassiker der Sozialpädagogik. Einführung in die Theoriegeschichte einer Wissenschaft. Weinheim und München 2005
Niemeyer, C.: Nietzsche als Erzieher. Pädagogische Lektüren und Relektüren. Weinheim und Basel 2016
Niemeyer, C.: Nietzsche, die Jugend und die Pädagogik. Eine Einführung. Weinheim und Basel 2002
Niemeyer, C.: Nietzsche. Werk und Wirkung eines freien Geistes. Darmstadt 2013

Sekundärliteratur

Niemeyer, C.: Sozialpädagogik zwischen sexueller und sozialer Frage. Zur fortdauernden Ambivalenz eines Grundkonflikts. In: Dörr, M./Müller, B. (Hrsg.): Nähe und Distanz. Ein Spannungsfeld pädagogischer Professionalität. Weinheim und Basel 2012. 101–117
Niemeyer, C.: Sozialpädagogisches Verstehen verstehen. Eine Einführung in ein Schlüsselproblem Sozialer Arbeit. Weinheim und Basel 2015
Nietzsche, F.: Sämtliche Werke. Kritische Studienausgabe in 15 Bänden. Hrsg. von G. Colli/M. Montinari. München 1988
Nietzsche, F.: Vom Nutzen und Nachteil der Historie für das Leben. In: Ders.: Sämtliche Werke. Bd. 1. Kritische Studienausgabe in 15 Bänden. Hrsg. von G. Colli/M. Montionari. München 1988. 243–334
Nink, C.: Ontologie. Versuch einer Grundlegung. Freiburg/Br. 1952
Nohl, H.: Die sittlichen Grunderfahrungen. Eine Einführung in die Ethik. Frankfurt/M. 1949
Nohl, H.: Ausgewählte pädagogische Abhandlungen. Paderborn 1967
Nohl, H.: Charakter und Schicksal. Eine pädagogische Menschenkunde. Frankfurt/M. 1970
Nohl, H.: Die geistigen Energien der Jugendwohlfahrt. In: Ders.: Jugendwohlfahrt. Sozialpädagogische Beiträge. Leipzig 1927. 1–12
Nohl, H.: Die pädagogische Theorie in Deutschland und ihre Theorie. Frankfurt/M. 1988
Nohl, H.: Jugendwohlfahrt. Sozialpädagogische Beiträge. Leipzig 1927
Nohl, H.: Sokrates und die Ethik. Tübingen/Leipzig 1904
Nussbaum, M.: Die Grenzen der Gerechtigkeit. Behinderung, Nationalität und Spezieszugehörigkeit. Berlin 2010
Nussbaum, M.: Gerechtigkeit oder Das gute Leben. Gender Studies. Frankfurt/M. 2014
Oelkers, J.: Eros und Herrschaft. Die dunklen Seiten der Reformpädagogik. Weinheim und Basel 2011
Oelkers, J.: Ideologiekritik der Reformpädagogik. In: Barz, H. (Hrsg.): Bildungsreform und Reformpädagogik. Wiesbaden 2018. 43–54
Oelkers, J.: Pädagogische Ethik. Eine Einführung in Probleme, Paradoxien und Perspektiven. Weinheim und München 1992
Oelkers, J.: Reformpädagogik. Eine kritische Dogmengeschichte. Weinheim und München 2005
Oexle, O. G.: (Hrsg.): Das Problem der Problemgeschichte 1880–1932. Göttingen 2001
Oexle, O. G.: Von Nietzsche zu Max Weber.: Wertproblem und Objektivitätsforderung der Wissenschaft. In: Ders.: Geschichtswissenschaft im Zeichen des Historismus. Studien zu Problemgeschichten der Moderne. Göttingen 1996. 73–94
Oexle, O. G.: Krise des Historismus – Krise der Wirklichkeit. Eine Problemgeschichte der Moderne. In: Ders. (Hrsg.): Krise des Historismus – Krise der Wirklichkeit. Wissenschaft, Kunst und Literatur 1880–1932. Göttingen 2007. 11–116

Oexle, O. G.: Wirklichkeit – Krise der Wirklichkeit – Neue Wirklichkeit. Deutungsmuster und Paradigmenkämpfe in der deutschen Wissenschaft vor und nach 2933. In. Hausmann, F.-R. (Hrsg.): Die Rolle der Geisteswissenschaften im Dritten Reich 1933–1945 (Schriften des Historischen Kollegs, Kolloquien 53). München 2002. 1–20
Ohst, M. (Hg.): Schleiermacher Handbuch. Tübingen 2017
Omer, H./Alon, N./Schlippe, A. von: Feindbilder. Psychologie der Dämonisierung. Göttingen 2010
Omer, H./Schlippe, A. von: Autorität durch Beziehung. Die Praxis des gewaltlosen Widerstands in der Erziehung. Göttingen 2013
Omer, H./Schlippe, A. von: Autorität ohne Gewalt. Coaching für Eltern von Kindern mit Verhaltensproblemen. »Elterliche Präsenz« als systemisches Konzept. Göttingen 2011
Omer, H./Schlippe, A. von: Stärke statt Macht. Neue Autorität in Familie, Schule und Gemeinde. Göttingen 2010
Opielka, M.: Gemeinschaft in Gesellschaft. Soziologie nach Hegel und Parsons. Wiesbaden 2006
Ortega y Gasset, J.: Das Wesen geschichtlicher Krisen. Stuttgart 1952
Ortega y Gasset, J.: Der Mensch als ein Fremder. Schriften zur Metaphysik und Lebensphilosophie. Hrsg., übersetzt und mit einer Einführung versehen von S. Rohmer. Freiburg/München 2011
Ortega y Gasset, J.: Meditationen über Don Quijote. Stuttgart 1959
Ortega y Gasset, J.: Sozialpädagogik als politisches Programm. In: Hundeck, M./Mührel, E. (Hrsg.): José Ortega y Gasset: Sozialpädagogik als politisches Programm. Von Spanien nach Europa. Wiesbaden 2016. 5–25
Ortega y Gasset, J.: Vom Menschen als utopischem Wesen. Stuttgart 1954
Ortmeyer, B.: Mythos und Pathos statt Logos und Ethos. Zu den Publikationen führender Erziehungswissenschaftler in der NS-Zeit: Eduard Spranger, Herman Nohl, Erich Weniger und Peter Petersen. Weinheim und Basel 2010
Osterhammel, J.: Die Verwandlung der Welt. Eine Geschichte des 19. Jahrhunderts. München 2009
Pelluchon, C.: Ethik der Wertschätzung. Tugenden für eine ungewisse Welt. Aus dem Französischen übersetzt von H. Jatho unter Mitarbeit von Annette Jucknat. Darmstadt 2019
Pestalozzi über seine Anstalt in Stans. Mit einer Interpretation und einer neuen Einleitung von W. Klafki. Weinheim und Basel 1997
Pestalozzi, H.: Lienhard und Gertrud. Ein Buch für das Volk. In: Ders.: Gesammelte Werke Bd. 1. Hrsg. von E. Bosshart u. a. Zürich 1944
Pestalozzi, H.: Stanser Brief. In: Gesammelte Werke Bd. 9. Hrsg. von E. Bosshart u. a. Zürich 1944
Platon: Sämtliche Dialoge. In Verbindung mit K. Hildebrandt/C. Ritter/ G. Schneider. Hrsg. und mit Einleitungen, Literaturübersichten, Anmerkungen und Registern versehen von O. Apelt. Hamburg 2004 (alle im Text zitierten Werke entstammen dieser Ausgabe)
Pleger, W.: Das gute Leben. Eine Einführung in die Ethik. Stuttgart 2017

Sekundärliteratur

Pohl, W. (Hrsg.): Beiträge zur Philosophia und Paedagogia Perennis. Festgabe zum 80. Geburtstage von Otto Willmann. Freiburg/Br. 1919
Poser, H.: Leibniz' Philosophie. Über die Einheit von Metaphysik und Wissenschaft. Hamburg 2016
Prange, K.: Die Ethik der Pädagogik. Zur Normativität erzieherischen Handelns. Paderborn/München/Wien/Zürich 2010
Priss, R.: Darstellung und Würdigung der philosophischen, psychologischen und pädagogischen Hauptprobleme Paul Häberlin. Hannover 1932
Rahner, K.: Grundkurs des Glaubens. Einführung in den Begriff des Christentums. Freiburg/Br. 1976
Rahner, K.: Über den Begriff des Geheimnisses in der katholischen Theologie. In: Ders., Schriften zur Theologie Bd. IV. Einsiedeln 1967. 51–99
Raitel, J/Dollinger, B./Hörmann, G.: Einführung Pädagogik. Begriffe-Strömungen-Klassiker-Fachrichtungen. Wiesbaden 2009
Rami, D.: Existenz. In: Schrenk, M. (Hrsg.): Handbuch der Metaphysik. Stuttgart 2017. 216–223
Raulet, G.: Zur gesellschaftlichen Realität der Postmoderne. In: Krüger, H.-H. (Hrsg.): Abschied von der Aufklärung. Opladen 1990. 25–36
Reble, A.: Geschichte der Pädagogik. Dokumentationsband. Stuttgart 1993
Reble, A.: Geschichte der Pädagogik. Stuttgart 2009
Reckwitz, A.: Die Gesellschaft der Singularitäten. Zum Strukturwandel der Moderne. Berlin 2017
Reinhardt, V.: Geschichte der Schweiz. München 2006
Rendtorff, B.: Geschlechtsspezifische Aspekte von Nähe und Distanz – zur Sexuierung der Professionalisierungsdebatte. In Dörr, M./Müller, B. (Hrsg.): Nähe und Distanz. Ein Spannungsfeld pädagogischer Professionalität. Weinheim und Basel 2012. 90–100
Reyer, J./Henseler, J.: Zur Einleitung: Die Wiederentdeckung von »Gemeinschaft« für die Historiographie der Sozialpädagogik. In: Henseler, J./Reyer, J. (Hrsg.): Sozialpädagogik und Gemeinschaft. Historische Beiträge zur Rekonstruktion eines konstitutiven Verhältnisses (= Grundlagen der Sozialen Arbeit. Bd. 4.). Hohengehren 2000. 1–22
Reyer, J.: »Gemeinschaft« als regulatives Prinzip der Sozialpädagogik. Motive im 19. Jahrhundert. In: Zeitschrift für Pädagogik Jg. 45. H. 6/1999. 903–922
Reyer, J.: Individualpädagogik und Sozialpädagogik – Eine Skizze zur Entwicklung sozialpädagogischer Denkformen. In: Henseler, J./Reyer, J. (Hrsg.): Sozialpädagogik und Gemeinschaft. Historische Beiträge zur Rekonstruktion eines konstitutiven Verhältnisses (= Grundlagen der Sozialen Arbeit. Bd. 4.). Hohengehren 2000. 23–39
Reyer, J.: Kleine Geschichte der Sozialpädagogik. Individuum und Gemeinschaft in der Pädagogik der Moderne (= Grundlagen der Sozialen Arbeit 6). Hohengehren 2002
Reyer, J.: Macht und Grenzen der Erziehung. In: In: Keim, W./Schwerdt, U. (Hrsg.): Handbuch der Reformpädagogik in Deutschland (1890–1933) Teil I. Frankfurt/M. 2013. 577–604

Richter, S.; Lob des Optimismus. Geschichte einer Lebenskunst. München 2009

Ried, C.: Sozialpädagogik und Menschenbild. Bestimmung und Bestimmbarkeit der Sozialpädagogik als Denk- und Handlungsform. Wiesbaden 2017

Rintelen, F.-J.: Philosophie des lebendigen Geistes in der Krise der Gegenwart. Selbstdarstellung. Göttingen/Zürich/Frankfurt 1977

Rombach, H.: Die Welt als lebendige Struktur. Probleme und Lösungen der Strukturontologie. Freiburg/Br. 2003

Rombach, H.: Phänomenologie des sozialen Lebens. Grundzüge einer phäomenologischen Soziologie. Freiburg/München 1992

Rombach, H.: Strukturontologie. Eine Phänomenologie der Freiheit. Freiburg/München 1988

Rombach, H.: Substanz System Struktur. Die Ontologie des Funktionalismus und der philosophische Hintergrund der modernen Wissenschaft. 2 Bde. Freiburg/München 1981

Rorty, R.: Pragmatismus als romantischer Polytheismus. In: Ders.: Philosophie als Kulturpolitik. Aus dem Amerikanischen von J. Schulte. Frankfurt/M. 2019. 56–81

Rosenzweig, F.: Der Stern der Erlösung. Frankfurt/M. 1993

Rössler, W.: Art. Sozialpädagogik. In: Historisches Wörterbuch der Philosophie Bd. 9. Hrsg. von Ritter, J./Grunder, K. Darmstadt 1995. 1211–1217

Rousseau, J. J.: Emile oder über die Erziehung. Stuttgart 2003

Rülcker, T.: Ganzheit. In: In: Keim, W./Schwerdt, U. (Hrsg.): Handbuch der Reformpädagogik in Deutschland (1890–1933) Teil I. Frankfurt/M. 2013. 407–424

Rülcker, T.: Gemeinschaft und Gesellschaft. In: In: Keim, W./Schwerdt, U. (Hrsg.): Handbuch der Reformpädagogik in Deutschland (1890–1933) Teil I. Frankfurt/M. 2013. 533–558

Ruschig, U.: Materialismus: Kritische Theorie nach Marx. In: Klein, R./Kreuzer, J./Müller-Doohm, S. (Hrsg.): Adorno-Handbuch. Leben-Werk-Wirkung. Stuttgart 2011. 335–345

Sacks, O.: Eine Anthropologin auf dem Mars. Sieben paradoxe Geschichten. Reinbek b. Hamburg 1995

Sattig, Th.: Die Natur der Zeit. In: Schrenk, M. (Hrsg.): Handbuch der Metaphysik. Stuttgart 2017. 250–255

Sauerbrey, U.: Vermittlung und Aneignung. Zur Klärung erziehungswissenschaftlicher Begriffe. In: Brachmann, J./Coriand, R./Koerrenz, R. (Hrsg.): Kritik der Erziehung. Der Sinn der Pädagogik. Bad Heilbrunn 2013. 103–112

Schäfer, C.: Art. Gerechtigkeit. In: Schäfer, C. (Hrsg.): Platon-Lexikon. Begriffswörterbuch zu Platon und der platonischen Tradition. Darmstadt 2007. 130–135

Scheibe, W.: Die reformpädagogische Bewegung. Eine einführende Darstellung. Weinheim und Basel 1994

Sekundärliteratur

Scheler, M.: Der Formalismus in der Ethik und die materiale Wertethik. Halle/S. 1921
Scheler, M.: Die Stellung des Menschen im Kosmos. München 1949
Scheler, M.: Vom Ewigen im Menschen. München 1938
Schleiermacher, F. D. E.: Hermeneutik und Kritik. Mit einem Anhang sprachphilosophischer Texte Schleiermachers. Hrsg. und eingeleitet von M. Frank. Frankfurt/M. 1977
Schleiermacher, F.: Texte zur Pädagogik. Kommentierte Studienausgabe Band 1. Hrsg. von M. Winkler und J. Brachmann. Frankfurt/M. 2000
Schleiermacher, F.: Texte zur Pädagogik. Kommentierte Studienausgabe Band 2. Hrsg. von M. Winkler und J. Brachmann. Frankfurt/M. 2000
Schleiermacher, F.: Über die Religion. Schriften. Predigten. Briefe. Hrsg. von C. Albrecht. Frankfurt/M. und Leipzig 2008
Schlotter, S.: Die Tyrannei der Werte. Philosophie und Politik bei Bruno Bauch. In: Kodalle, K.-M. (Hrsg.): Angst vor der Moderne. Philosophische Antworten auf Krisenerfahrungen. Der Mikrokosmos Jena 1900–1940. Würzburg 2000. 89–102
Schlüter, D.: Art. Akt/Potenz. In: Historisches Wörterbuch der Philosophie Bd. 1. Hrsg. von Ritter, J./Grunder, K. Darmstadt 1971. 134–142
Schmid, W.: Philosophie der Lebenskunst. Eine Grundlegung. Frankfurt/M. 1999
Schmid, W.: Das Leben verstehen. Von den Erfahrungen eines philosophischen Seelsorgers. Berlin 2016
Schmidt-Lauff, S. (Hrsg.): Zeit und Bildung. Annäherungen an eine zeittheoretische Grundlegung. Münster u. a. 2012
Schmitt, C.: Politische Theologie. Vier Kapitel zur Lehre von der Souveränität. Berlin1993
Schneider, H.: Art. Philosophie, immerwährende. In: Historisches Wörterbuch der Philosophie Bd. 7. Hrsg. von Ritter, J./Grunder, K. Darmstadt 1989. 898–900
Schneider, N.: Grundriss der Geschichte der Metaphysik. Von den Vorsokratikern bis Sartre. Eine Einführung. Hamburg 2018
Schoeps, H.: Art. Heuristik. In: Ritter, J. (Hrsg.): Historisches Wörterbuch der Philosophie Bd. 3. Darmstadt 1974. Sp. 1115–1120.
Schohaus, W.: Erziehung zur Menschlichkeit. Ein Buch für Eltern und Lehrer. Frauenfeld 1969
Scholem, G.: Erlösung durch Sünde. Judaica 5. Hrsg., aus dem Hebräischen übersetzt und mit einem Nachwort versehen von M. Brocke. Frankfurt/M. 1992
Scholem, G.: Walter Benjamin – die Geschichte einer Freundschaft. Frankfurt/M. 1990
Schonig, B.: Irrationalismus als pädagogische Tradition. Die Darstellung der Reformpädagogik in der pädagogischen Geschichtsschreibung. Weinheim und Basel 1973
Schrenk, M. (Hrsg.): Handbuch der Metaphysik. Stuttgart 2017

Schubert, V.: Die pädagogische Atmosphäre revisited. In: Klika, D./Schubert, V. (Hrsg.): Bildung und Gefühl. Baltmannsweiler 2004. 107–135
Schubert, V.: Liebe und das Recht auf Abhängigkeit – Über das *amae*-Konzept und seine Bedeutung für die pädagogische Anthropologie. In: Bilstein, J./Uhle, R. (Hrsg.): Liebe. Zur Anthropologie einer Grundbedingung pädagogischen Handelns. Oberhausen 2007. 263–275
Schulz, W.: Der gebrochene Weltbezug. Aufsätze zur Geschichte der Philosophie und zur Analyse der Gegenwart. Stuttgart 1994
Schulz, W.: Grundprobleme der Ethik. Pfullingen 1989
Schulz, W.: Ich und Welt. Philosophie der Subjektivität. Stuttgart 1979
Schulz, W.: Subjektivität im nachmetaphysischen Zeitalter. Stuttgart 1992
Schupp, F.: Geschichte der Philosophie im Überblick Bd. I. Hamburg 2003
Schurr, J.: Schleiermachers Theorie der Erziehung. Interpretationen zur Pädagogikvorlesung von 1826. Düsseldorf 1975
Schützeichel, R.: Methodologischer Individualismus, sozialer Holismus und holistischer Individualismus. In: Ders., Das Mikro-Makro-Mikro-Modell der sozialogischen Erklärung. Zur Ontologie, Methodologie und Metatheorie eines Forschungsprogramms. Wiesbaden 2009. 357–371
Schweitzer, A.: Die Lehre von der Ehrfurcht vor dem Leben. Grundtexte aus fünf Jahrzehnten. München 1966
Schweizer, J.: Der Weg zum freien Menschen. Kurze Einführung in die Psychologie und Pädagogik Paul Häberlins. Basel 1927
Sedmak, C.: Theologisch denken. Erkenntnistheorie aus der Begegnung mit Gott. Freiburg/Br. 2019
Seidl, H.: Art. Möglichkeit. In: Historisches Wörterbuch der Philosophie Bd. 4. Hrsg. von Ritter, J./Grunder, K. Darmstadt 1984. 72–92
Seitschek, H. O.: Art. Bildung. In: Schäfer, C. (Hrsg.): Platon-Lexikon. Begriffswörterbuch zu Platon und der platonischen Tradition. Darmstadt 2007. 60–63
Sieg, U.: »Deutsche Wissenschaft« und Neukantianismus. Die Geschichte einer Diffamierung. In: Lehmann, H./Oexle, O. G. (Hrsg.): Nationalsozialismus in den Kulturwissenschaften Bd. 2: Leitbegriffe – Deutungsmuster – Paradigmenkämpfe – Erfahrungen und Transformationen im Exil (= Veröffentlichungen des Max-Planck-Instituts für Geschichte Bd. 211). Göttingen 2004. 199–222
Simmen, M.: Vom Menschenbild bei Pestalozzi und Häberlin. Eine Skizze zur philosophischen Anthropologie. In: Im Dienste der Wahrheit. Paul Häberlin zum 80. Geburtstag. Bern 1958. 91–108
Sommer, M.: Lebenswelt und Zeitbewußtsein. Frankfurt/M. 1990
Spengler, O.: Der Untergang des Abendlandes. München 1960
Spierling, V.: Ungeheuer ist der Mensch. Eine Geschichte der Ethik von Sokrates bis Adorno. München 2017
Spinoza, B.: Ethik in geometrischer Methode dargestellt. Lateinisch-Deutsch. Neu übersetzt, herausgegeben, mit einer Einleitung versehen von W. Bartuschat. Hamburg 2015

Sekundärliteratur

Spinoza, B.: Ethik in geometrischer Methode. In: Opera omnia. Bd. II. Hrsg. von K. Blumenstock. Darmstadt 1980

Spranger, E.: Pädagogische Perspektiven. Beiträge zu Erziehungsfragen der Gegenwart. Heidelberg 1955

Spranger, E.: Weltfrömmigkeit. Leipzig 1941

Staub-Bernasconi, S.: Der Beitrag einer systemischen Ethik zur Bestimmung von Menschenwürde und Menschenrechten in der Sozialen Arbeit. In: Dungs, S./Gerber, U./Schmidt, H./Zitt, R. (Hg.): Soziale Arbeit im 21. Jahrhundert. Ein Handbuch. Leipzig 2006. 267–289

Staub-Bernasconi, S.: Soziale Arbeit als Handlungswissenschaft: systemtheoretische Grundlagen und professionelle Praxis. Bern 2007

Stegmüller, W.: Paul Häberlin. In: Ders.: Hauptströmungen der Gegenwartsphilosophie Bd. 1. Stuttgart 1976. 315–345

Steiner, U.: Von Bern nach Muri. Vier unveröffentlichte Briefe Walter Benjamins an Paul Häberlin im Kontext. In: Deutsche Vierteljahresschrift für Literaturwissenschaft und Geistesgeschichte. 75. Jg. 2001. 430–490

Stuke, H.: Art. Kritik, kritische. In: Historisches Wörterbuch der Philosophie Bd. 4. Hrsg. von Ritter, J./Grunder, K. Darmstadt 1976. 1293–1294

Sünkel, W.: Art. Hermeneutik. In: In: Ritter, J. (Hrsg.): Historisches Wörterbuch der Philosophie Bd. 3. Darmstadt 1974. 1061–1074

Sünkel, W.: Erziehungsbegriff und Erziehungsverhältnis. Allgemeine Theorie der Erziehung Bd. 1. Weinheim und München 2011.

Tenorth, H.-E.: Geschichte der Erziehung. Einführung in die Grundzüge ihrer neuzeitlichen Entwicklung. Weinheim und Basel 2010

Tenorth, H.-E.: Zur deutschen Bildungsgeschichte 1918–1945. Probleme, Analysen und politisch-pädagogische Perspektiven. Köln/Wien 1985

Tetens, H.: Gott denken. Ein Versuch über rationale Theologie. Stuttgart 2015

Tetens, H.: Realismus und Anti-Realismus im Allgemeinen. In: Schrenk, M. (Hrsg.): Handbuch der Metaphysik. Stuttgart 2017. 230–236

Theunissen, M.: Der Andere. Studien zur Sozialontologie der Gegenwart. Berlin/New York 1977

Theunissen, M.: Negative Theologie der Zeit. Frankfurt/M. 1989

Thielicke, H.: Zu Gast auf einem schönen Stern. Erinnerungen. Hamburg 1984

Tillmann, J.: Trajektivität. Anstöße zu einer Metatheorie der Sozialarbeitswissenschaften. Hannover 2007

Tönnies, F.: Gemeinschaft und Gesellschaft. Grundbegriffe der reinen Soziologie. Darmstadt 1979

Toulmin, S.: Kosmopolis. Die unerkannten Aufgaben der Moderne. Frankfurt/M. 1991

Tumarkin, A.: Spinoza. Acht Vorlesungen gehalten an der Universität Bern. Leipzig 1908

Tumarkin, A.: Wesen und Werden der schweizerischen Philosophie. Frauenfeld 1948

Uhle, R.: Pädagogische Liebe und emphatische Pädagogik. In: Bilstein, J./ Uhle, R. (Hrsg.): Liebe. Zur Anthropologie einer Grundbedingung pädagogischen Handelns. Oberhausen 2007. 101–117
Vogel, T./Dammer, K.-H.: Fragen zur Aktualität Kritischer Theorie – Eine Einleitung. In: Dammer, K.-H./Vogel, T./Wehr, H. (Hrsg.): Zur Aktualität der Kritischen Theorie für die Pädagogik. Wiesbaden 2015. 1–12
Volkmann, M.: Martin Bubers hebräischer Humanismus. In: Friedenthal-Haase, M./Koerrenz, R. (Hrsg.): Martin Buber: Bildung, Menschenbild und Hebräischer Humanismus. Paderborn/München/Wien/Zürich 2005. 181–193
Waldenfels, B.: Platon. Zwischen Logos und Pathos. Frankfurt/M. 2017
Weber, M.: Gesammelte Aufsätze zur Wissenschaftslehre. Tübingen 1982
Weber, M.: Wirtschaft und Gesellschaft. Tübingen 2002
Weier, W.: Gibt es objektive Wahrheit? Auseinandersetzung mit der neuzeitlichen Erkenntniskritik. Paderborn 2014
Weischedel, W.: Der Gott der Philosophen. Grundlegungen einer philosophischen Theologie im Zeitalter des Nihilismus. Darmstadt 1983
Weiß, J.: Erlösung vom »chaotischen Leben der Tage«. Max Schelers Suche nach Weltanschauung. In: Kodalle, K.-M. (Hrsg.): Angst vor der Moderne. Philosophische Antworten auf Krisenerfahrungen. Der Mikrokosmos Jena 1900–1940. Würzburg 2000. 125–134
Wendt, W. R.: Case Management im Sozial- und Gesundheitswesen. Freiburg/Br. 2010
Wendt, W. R.: Geschichte der Sozialen Arbeit I. Die Gesellschaft vor der sozialen Frage. Stuttgart 2008
Wesche, T.: Negative Dialektik: Kritik an Hegel. In: Klein, R./Kreuzer, J./Müller-Doohm, S. (Hrsg.): Adorno-Handbuch. Leben-Werk-Wirkung. Stuttgart 2011. 317–325
Willmann, O.: Pädagogische Vorträge über die Hebung der geistigen Tätigkeit durch den Unterricht. Leipzig 1905
Willmann, O.: Über Sozialpädagogik. In: Ders.: Sämtliche Werke Bd. 7 (1882–1901). Hrsg. von H. Bitterlich-Willmann. Aalen 1982. 422–436
Willmann, O.: Vorlesung »Enzyklopädie der Pädagogik«. In: Ders.: Sämliche Werke Bd. 4 (1875–1881). Hrsg. von H. Bitterlich-Willmann. Aalen 1980. 209–294
Windelband, W.: Die Geschichte der Neueren Philosophie in ihrem Zusammenhange mit der allgemeinen Kultur und den besonderen Wissenschaften. Erster Band: Von der Renaissance bis Kant. Leipzig 1919
Windelband, W.: Die Geschichte der Neueren Philosophie in ihrem Zusammenhange mit der allgemeinen Kultur und den besonderen Wissenschaften. Zweiter Band: Von Kant bis Hegel und Herbart. Leipzig 1919
Windelband, W.: Fichtes Geschichtsphilosophie. In: Ders.: Präludien 1. Aufsätze und Reden zur Philosophie und ihrer Geschichte. Tübingen 1915. 260–272

Sekundärliteratur

Windelband, W.: Sub specie aeternitatis. Eine Meditation. In: Ders.: Präludien 2. Aufsätze und Reden zur Philosophie und ihrer Geschichte. Tübingen 1915. 333–345
Windelband, W.: Über die gegenwärtige Lage und Aufgabe der Philosophie. Ein Vortrag. In: Ders.: Präludien 2. Aufsätze und Reden zur Philosophie und ihrer Geschichte. Tübingen 1915. 1–23
Windelband, W.: Von der Mystik unserer Zeit. In: Ders.: Präludien 1. Aufsätze und Reden zur Philosophie und ihrer Geschichte. Tübingen 1915. 290–299
Windelband, W.: Was ist Philosophie? Über Begriff und Geschichte der Philosophie. In: Ders.: Präludien 1. Aufsätze und Reden zur Philosophie und ihrer Geschichte. Tübingen 1915. 1–54
Winkler, M. Eine Theorie der Sozialpädagogik. Stuttgart 1988
Winkler, M.: Art. Sozialpädagogik. In: Benner, D./Oelkers, J. (Hrsg.): Historisches Wörterbuch der Pädagogik. Weinheim und Basel 2004. 903–929
Winkler, M.: Einleitung. In: Schleiermacher, F.: Texte zur Pädagogik Bd. 1. Hrsg. von M. Winkler und J. Brachmann. Frankfurt/M. 2000. VI-LXXXVI
Winkler, M.: Erziehungswissenschaft vor dem Hintergrund des Verfalls der Zeit – eine Intervention nicht frei von Polemik. In: Krüger, H.-H. (Hrsg.): Abschied von der Aufklärung. Opladen 1990. 225–240
Winkler, M.: »Zu einem anmaßenden Ich, worüber so viel Geschrei ist, hat man es noch gar nicht gebracht«. Friedrich Schleiermacher und das Problem der Bildung in der Moderne. In: Burdorf, D./Schmücker, R. (Hg.): Dialogische Wissenschaft. Perspektiven der Philosophie Schleiermachers. Paderborn 1998. 207–228
Winkler, M.: Friedrich Schleiermacher (1768–1834). In: Dollinger, B.: Klassiker der Pädagogik. Die Bildung der modernen Gesellschaft. Wiesbaden 2012
Winkler, M.: Geistesgeschichtliche Traditionslinien. In: Bock, K./Miethe, I. (Hrsg.): Handbuch der qualitativen Methoden in der Sozialen Arbeit. Opladen/Farmington Hills 2010. 23–38
Winkler, M.: Geschichte und Identität. Versuch über den Zusammenhang von Gesellschaft, Erziehung und Individualität in der Theorie der Erziehung Friedrich Daniel Ernst Schleiermachers. Bad Heilbrunn 1979
Winkler, M.: Klaus Mollenhauer. Ein pädagogisches Porträt. Weinheim und Basel 2002
Winkler, M.: Kritik der Pädagogik. Stuttgart 2006
Winkler, M.: Stichworte zur Antipädagogik. Elemente einer historisch-systematischen Kritik. Stuttgart 1982
Wüthrich, C.: Die Struktur von Raum und Zeit. In: Schrenk, M. (Hrsg.): Handbuch der Metaphysik. Stuttgart 2017. 244–249
Wyder, X.: Die Schau des Menschen bei Paul Häberlin. Werthenstein 1955
Wyrobnik, I.: Über »die Liebe« in Janusz Korczaks Schriften. In: Bilstein, J./Uhle, R. (Hrsg.): Liebe. Zur Anthropologie einer Grundbedingung pädagogischen Handelns. Oberhausen 2007. 155–169

Yovel, Y.: Spinoza. Das Abenteuer der Immanenz. Aus dem Englischen von B. Flickinger. Göttingen 1996
Zantop, H.: Art. Ontologie. In: Kleiner, H. u. a. (Hrsg.): Lexikon der Pädagogik in 3 Bänden. Band 2: Systematischer Teil K-Z. Bern 1951. 341
Zeller, E.: Grundriss der Geschichte der griechischen Philosophie. Leipzig 1908
Ziche, P.: Wissenschaftliche Weltanschauung. Gemeinsamkeiten und Differenzen monistischer und anti-monistischer Bewegungen. In: Kodalle, K.-M. (Hrsg.): Angst vor der Moderne. Philosophische Antworten auf Krisenerfahrungen. Der Mikrokosmos Jena 1900–1940. Würzburg 2000. 63–88
Ziegler, Th.: Allgemeine Pädagogik. Sechs Vorträge. Leipzig und Berlin 1914
Žižek, S.: Die politische Suspension des Ethischen. Frankfurt/M. 2014

Index

Adorno 95, 107, 111–112, 116, 196, 199, 371
Agamben 99, 117, 313
Alon 252
Anhorn 55
Arendt 150, 353
Aristoteles 63, 69, 87, 98–99, 121, 203, 219, 303
Assmann 40
Augustinus 67, 121–122

Barth 79, 232
Bartuschat 87, 216
Barz 283
Bauch 137
Bauer 108
Bauman 45, 309, 374
Bäumer 49–50, 54, 58, 73, 75, 280, 310, 324, 350
Benjamin 111, 157, 163, 349
Benz 234
Berger 118
Besslich 137
Bieri 76, 81, 149, 293, 303, 352
Binswanger 128
Blake 362
Blankertz 38, 40–41
Bloch 320, 326
Blumenberg 35, 38, 46, 56, 63, 69, 95–96, 106, 112, 118, 121, 131, 138, 147, 196, 288, 346, 361–362
Boghossian 33, 89, 118, 145, 149, 194, 199, 329–330
Bohlken 83
Bohnsack 292
Bohr 137

Bollerbeck 277, 281
Bollnow 49, 54, 59–60, 63, 102–105, 116–117, 119, 210–211, 232, 257, 261, 263, 267, 269, 276, 280
Bordt 83
Bormann 97–101
Boros 100
Brandt 138
Brezinka 50, 91
Brockmann 138, 261
Brugger 101, 217
Brumlik 57
Brune 46
Buber 210, 268, 286–292, 295, 302, 311, 321
Buchholz 234

Calvin 171
Casper 278
Cassirer 81, 137, 143, 183, 189, 329
Cesana 144, 162
Charim 315
Cohn 50, 236
Cusanus 234, 332

de Lagarde 136
Derbolav 228
Derrida 278
Descartes 86–87, 152, 171, 200–203, 209
Diels 201–202
Dilthey 49, 51–53, 61, 102, 139, 163, 165, 167, 174, 237, 271
Dollinger 280
Duesberg 321
Düwell 91

409

Index

Eckert 234, 332
Einstein 137
Endres 312
Eucken 139, 231

Fechner 140, 321, 328
Fellmann 49, 102, 118, 198
Fichte 138, 140, 262, 321, 333
Finkielkraut 146, 286
Fleck 132, 141
Freud 47, 96, 128, 155, 233
Friedrich, 287, 292
Fritsch 303
Frost 92
Furley 203

Gabriel 145, 194, 301
Gadamer 203
Gamm 96
Gattung 314
Gaus 276–279, 281, 283
Gauss 228, 277–278
Geheeb 276, 283
Gehlen 61, 68
Gessner 137
Giesecke 263
Giordano Bruno 171
Gogarten 196
Graus 46
Guardini 196, 210
Gutschker 87

Häberle 259
Habermas 36, 47, 90, 97, 105, 109, 112–113
Hartmann 144, 338, 341
Hegel 96, 107, 148, 189, 196
Heidegger 48, 61, 103, 137, 144, 148, 210, 301–302, 354
Heisenberg 137
Held 37
Helfenbein 228
Henseler 310
Herbart 233, 371, 373
Hippokrates 101
Hitler 346
Hobbes 54, 72–73, 312

Hoch 267
Holzey 106
Holzhey 96
Hönigswald 137
Hopfner 284
Horkheimer 37, 95–96, 100, 105–108, 111–112, 116, 199, 327
Hornig 79
Hoßfeld 161
Hübenthal 91
Hügli 169
Humboldt 76
Hume 84
Hundeck 69–70, 74, 87, 95, 131, 147, 184, 195, 214–215, 234, 288, 292, 314, 318, 324
Hünersdorf 280
Huschke-Rhein 237
Husserl 37, 91, 110, 121, 132, 301
Huxley 188, 362

Jacobi 286, 292
Jaeger 57, 152
Jaspers 39–40, 144, 169, 250
Jauch 163
Jegelka 324
Joas 40, 369
Joël 40, 45, 49, 79, 132, 139–144, 152, 175, 321, 328, 331
Jonas 50, 95–96, 195

Kaminska 292
Kamm 63, 139, 146, 153–154, 156, 160–161, 170, 190–191, 200, 222, 228, 230–231, 233, 318, 329, 346, 353
Kant 36, 59, 61, 74, 77–79, 90, 94, 96, 100, 121, 142, 156, 163–165, 167, 170, 207–208, 212, 214–216, 264, 301, 328–329, 331, 362, 373
Kauhaus 227
Kehl 99
Keim 54
Kenklies 227
Kerschensteiner 233, 276, 280
Kessler 57
Kienzler 121–122

Kierkegaard 104
Klafki 78, 138, 261, 268
Kleinert 227
Klika 262, 264–266
Kluckhohn 321
Kluge 110
Knoepffler 208
Kocka 46, 280
Koerrenz 54, 57–59, 62, 87, 102, 227, 232, 242, 277, 280, 290, 292
Kohlenberger 77, 79
Korff 138
Koselleck 101, 106–116, 135, 277
Kranz 201–202
Kronen 55
Krückeberg 108
Kuhlmann 55, 58–59, 278
Kuhn 277

Langbehn 136
Le Bon 317
Lehmann 106
Leibniz 64, 152, 171, 181, 195–196, 216–217, 220
Levinas 60, 91, 117, 146, 178, 210, 214, 260, 285, 301–302
Lietz 59
Loch 262
Lotz 201, 278
Lovejoy 131
Löwith 196
Luckmann 118
Luczak 207, 246, 301, 366
Lyotard 89

Mager 55
Marburger 85
Marion 301
Marquard 47, 54, 60–61, 68, 72, 90, 92, 207, 222
Marten 56
Marx 58, 60, 96, 106–108, 198
Matthes 228
Meixner 84
Menger 136
Meran 324
Messer 237

Meyer 143, 341
Meyer-Drawe 341
Mittelstraß 106, 189
Mollenhauer 266
Moore 84
Mührel 74, 246–247, 278, 292, 317, 359–360
Müller 55

Nagel 111, 114–116
Natorp 54, 59, 72–74, 83–86, 88–89, 157, 232, 236, 312, 324
Neubauer 228
Nida-Rümelin 84–85
Niemeyer 39, 50, 54, 72, 77, 85, 97, 133–134, 236, 265, 267–268, 271, 280
Nietzsche 49, 97, 132–136, 141, 272
Nohl 49–51, 54–55, 71, 75, 83–85, 87, 102, 138, 228, 236, 259, 261–275, 281–282, 310, 323–325, 350
Nussbaum 86
Nusser 277

Oelkers 267, 276–278, 282–284, 310
Oexle 131–137, 141
Omer 252–253
Ortega y Gasset 70, 74, 100, 105, 157, 232, 317–318
Ortmeyer 138, 228, 261, 266–267, 271–273, 275, 282–284
Osterhammel 46

Pallat 310
Parmenides 151, 157, 187, 200–203, 208, 336
Pascal 157, 332, 352
Pelluchon 360–361, 369
Pestalozzi 71, 77–78, 157, 168, 172, 279–280, 343–344
Platon 59, 69, 83–86, 88–90, 152, 157, 203, 278, 324
Pleger 83, 86, 88, 90
Plügge 104–105, 116, 119
Pohl 312
Poser 195

Index

Prange 53, 66, 81, 91, 93, 247
Priss 228

Rahner 208, 214, 250
Reble 227
Reinhardt 228
Rendtorff 265
Reyer 76, 261, 310, 312
Richard von St. Viktor 214
Ried 52, 86
Rogers 247
Rombach 330, 338
Rorty 345
Rosenzweig 121
Roth 228
Rother 139
Rousseau 62, 72, 106–107, 262, 272, 296
Rülcker 320–322
Rülckers 310

Sacks 258
Sandkaulen 111–112
Schäfer 88
Schaxel 161
Scheibe 133
Scheler 50, 144, 167, 197, 222, 225
Schelling 139–140
Schleiermacher 40, 53, 77–80, 86, 92, 95, 141, 152, 215–216, 232, 234, 285, 294, 328, 330–331, 333–335
Schlippe 252
Schlotter 137
Schlüter 303
Schmid 372
Schmitt 49, 112, 116
Schmitz 225
Schmoller 136
Schneider 193, 195–197, 338
Scholem 48, 163
Schonig 102, 265–266, 272
Schöpf 277–278
Schulz 37, 106
Schupp 201, 203
Schützeichel 323
Schwarzkopf 227
Schwerdt 54

Sedmak 372
Seidl 300–302
Seitschek 57
Sieg 72, 137, 141
Sokrates 83–85, 87–89, 166, 271, 273–274, 325
Spencer 154, 328
Spengler 99
Spierling 83–84
Spinoza 67, 87, 120–121, 152, 163, 167, 171, 182, 190, 212–213, 216–219, 315, 320, 331
Spranger 228, 280–283, 323
Staub-Bernasconi 89, 181
Stegmüller 144, 156, 367, 369
Steiner 163
Steuchus von Gubbio 193
Stuke 108
Sünkel 40, 234, 254–255, 261, 268

Tenorth 140
Tetens 328
Theunissen 210
Thielicke 282
Tillmann 52
Tönnies 55, 73, 279, 321–322, 325, 336, 355
Tumarkin 159, 162–165, 167–168, 170–171, 173–174, 216

Uhle 276–279, 281, 283
Ullrich 283

Vaihinger 97
Volkmann 292
von Below 69
von Hartmann 133
von Schlippe 253
von Wyder 228

Weber 133, 159, 283
Weier 194
Weischedel 152, 167
Wendt 76
Weniger 102, 228
Werner 60, 91
Wichern 54–55, 58–59, 157

Wilhelm 102, 137, 155, 159, 163, 228
Willmann 312, 350
Windelband 137, 142, 159
Winkler 51–54, 57–59, 62, 71, 73, 75, 79, 86, 239, 294, 333–336, 338, 341, 343–344

Yovel 216

Zantop 207, 301, 337
Zeller 69, 121
Zutt 104
Zwingli 171

Danksagung

Die vorliegenden Studien zum Werk Paul Häberlins sind in einem Zeitraum von zwei Jahren entstanden und wurden im Jahr 2018 als Habilitationsschrift an der Sozial- und Verhaltenswissenschaftlichen Fakultät der Friedrich-Schiller-Universität Jena eingereicht und angenommen. Für die Drucklegung wurde diese überarbeitet und erweitert. Mein Dank gilt vor allen den wissenschaftlichen Begleitern Prof. Dr. Dr. Ralf Koerrenz, Prof. Dr. Dr. Michael Winkler und Prof. Dr. mult. Nikolaus Knoepffler, die als profunde Kenner ihrer Fachdisziplinen wichtige Hinweise, Anregungen und Kritik gegeben und formuliert haben, damit diese Schrift den Leerraum der Häberlin-Rezeption zumindest ein Stück weit wieder füllen kann.

Ein besonderer Dank gilt Michael Winkler für sein wertschätzendes und weiterführend-kritisches Vorwort, welches ein gewichtiges Plädoyer darstellt, die pädagogische Philosophie und die philosophische Pädagogik wieder für die disziplinären Diskurse fruchtbar zu machen. Der Sozialpädagogin und angehenden Philosophin Frau Miriam Grafe danke ich für die mühsame Arbeit des Korrekturlesens, die sie mit hilfreichen Anmerkungen begleitet hat. Schließlich darf ein Wort des Dankes an Herrn Dr. Martin Hähnel vom Alber Verlag für das Lektorat und die Begleitung bei der Drucklegung des Manuskriptes nicht fehlen und dem Verlagsleiter Herrn Lukas Trabert, dass die *Studien zu Paul Häberlin* im Alber Verlag erscheinen können.